乃东年鉴

སྣེ་གདོང་ལོ་རིམ་མེ་ལོང་།

2022

（总第7卷）

乃东区地方志编纂委员会　编

方志出版社
Publishing House of Local Records

图书在版编目（CIP）数据

乃东年鉴. 2022 / 乃东区地方志编纂委员会编.—
北京：方志出版社, 2022.12
ISBN 978-7-5144-5362-1

Ⅰ. ①乃… Ⅱ. ①乃… Ⅲ. ①乃东—2022—年鉴
Ⅳ. ①Z527.54

中国版本图书馆CIP数据核字（2022）第242593号

责任编辑：王娜
责任校对：刘玉霞
责任印制：梅中英
出 版 者：方志出版社
地　　址：北京市朝阳区潘家园东里 9 号（国家方志馆4层）
邮　　编：100021
网　　址：http://www.zgfzcb.cn
发　　行：方志出版社图书营销中心（010-67110500）
印　　刷：河南金宝丽印刷科技有限公司
开　　本：889毫米 × 1194毫米　1/16
印　　张：28.5
字　　数：822千字
版　　次：2022年12月第1版
印　　次：2022年12月第1次印刷
定　　价：360.00元

西藏自治区测绘院编制
审图号：藏S（2018）022号

数字乃东2021

土地面积：2208.85平方千米

年末户籍总人口：68485人

城镇人口：28599人

乡村人口：39886人

地区生产总值：76.06亿元

第一产业增加值：1.62亿元

第二产业增加值：28.76亿元

第三产业增加值：45.68亿元

全社会固定资产投资总额：64亿元

一般公共财政收入：3.40亿元

税收收入：2.60亿元

社会消费品零售总额：49.10亿元

农村居民人均可支配收入：21855元

城镇居民人均可支配收入：43100元

农林牧渔业总产值：3.06亿元

粮食总产量：24536.20吨

小麦产量：15733.63吨

青稞产量：8568.21吨

油菜产量：1266.80吨

蔬菜产量：21339.79吨

年末牲畜存栏数：104942头（只、匹）

全年牲畜总出栏数：51458头（只）

工业总产值：5.15亿元

工业增加值：1.80亿元

公路总里程：476.46公里

旅游接待人数：27.10万人次

旅游总收入：2976万元

AAAA级旅游景区：1个

AAA级旅游景区：1个

学校：42所

在校生：4556人

文化经营单位：60家

专业艺术团体：1个

广播电视人口覆盖率：99.60%

卫生机构：9家

实际开放床位：30张

图1　2016—2021年乃东区生产总值GDP及增速图

图2　2016—2021年乃东区工业增加值及增速图

图3　2016—2021年乃东区固定资产投资及增速图

图4　2016—2021年乃东区社会消费品零售总额及增速图

图5　2016—2021年乃东区一般公共财政收入及增速图

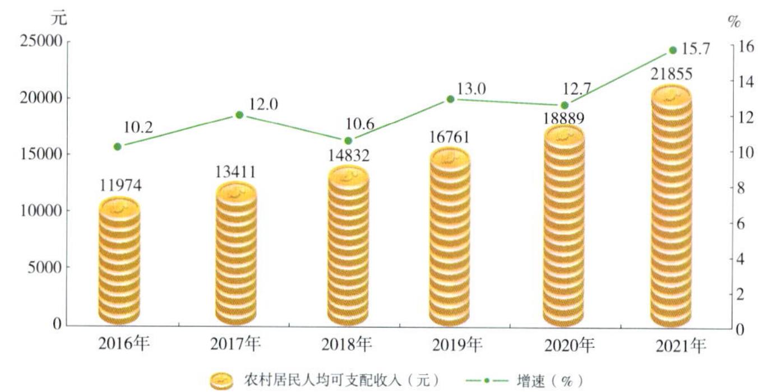

图6　2016—2021年乃东区农村居民人均可支配收入及增速图

大事要闻

2021年10月10—11日，湖北省委副书记、省长王忠林（中）率领湖北省党政代表团，在西藏自治区党委副书记、自治区政府代理主席、拉萨市委书记严金海（左一）等的陪同下，赴山南市学习考察，并召开对口支援工作座谈会。图为湖北省党政代表团一行在乃东区颇章乡西藏宏农藏鸡养殖基地考察

2021年11月18日，西藏自治区党委副书记、自治区人大常委会主任洛桑江村（左）到乃东区看望自治区人大常委会原副主任次仁拉姆（右）

2021年11月1日，西藏自治区人大常委会副主任、山南市委书记许成仓（左边二排中）参加中共山南市第二次代表大会乃东区代表团审议市委工作报告和市纪委工作报告。图为审议现场

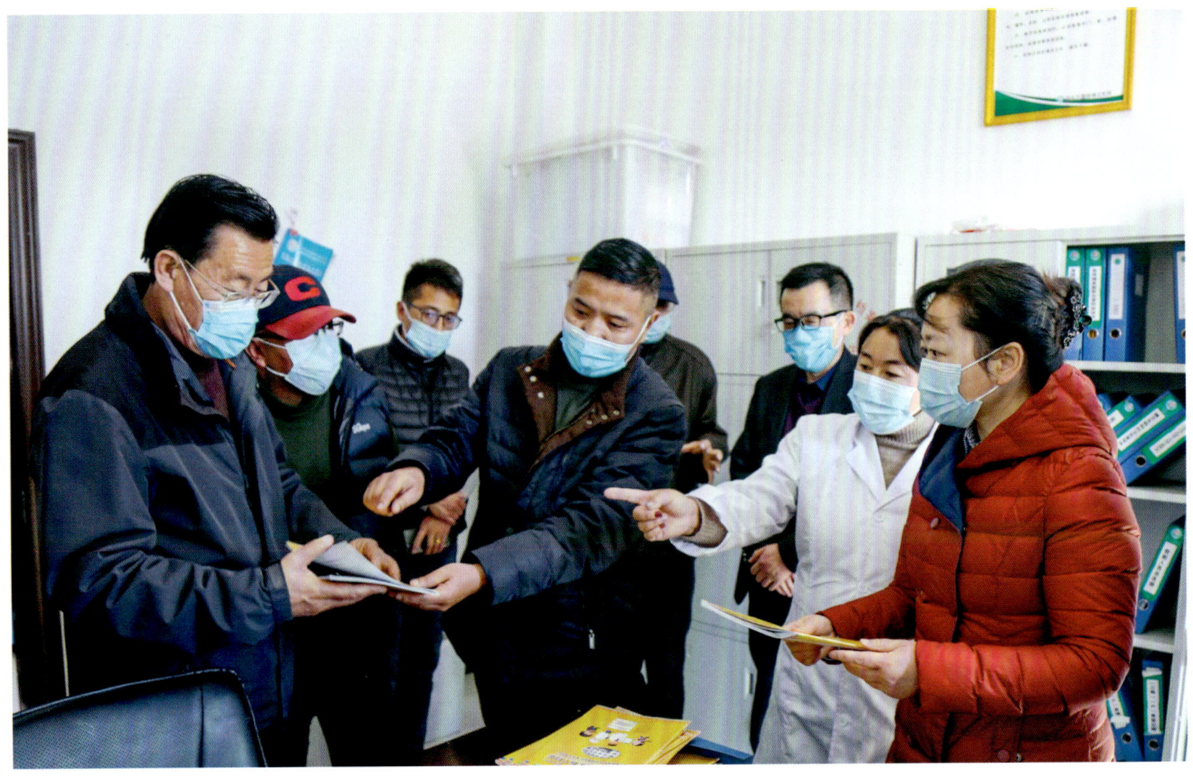

2021年3月23日，西藏自治区人大常委会副主任唐明英（右一）率调研组到乃东区幼儿园和区卫生服务中心，开展农牧区学前教育发展情况专题调研和《西藏自治区实施突发公共卫生事件应急条例办法（草案）》立法调研，并召开座谈会。图为唐明英在乃东区卫生服务中心调研

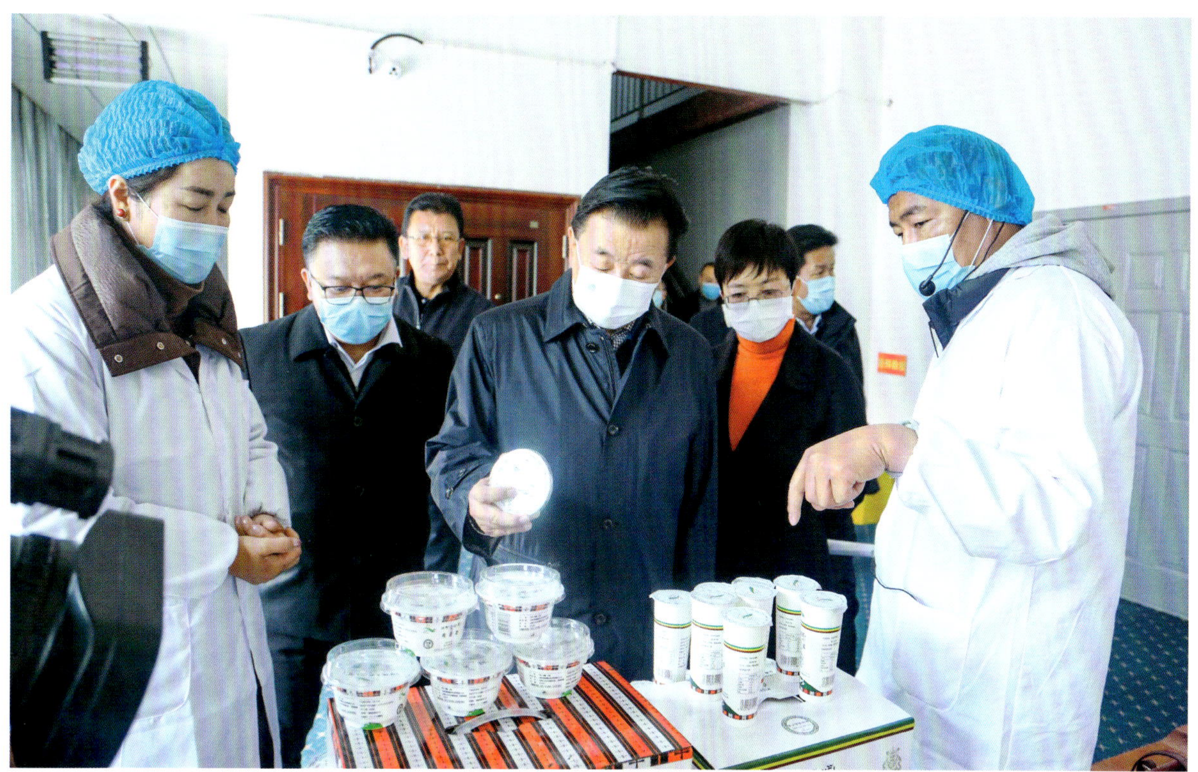

2021年11月17—19日，西藏自治区政府副主席甲热·洛桑丹增（中）率调研组到乃东区西区农贸市场、雅砻惠民乳业有限责任公司等地调研。图为甲热·洛桑丹增在雅砻惠民乳业有限责任公司调研

2021年3月14日，西藏自治区政府副主席多吉次珠（前排左二）率调研组到乃东区昌珠寺、扎西曲登社区等地调研。图为调研组在昌珠寺调研寺庙管理、文物保护和消防安全等情况

2021年3月24日，西藏自治区政府副主席江白（左一）率调研组到乃东区就结巴乡滴新村矮化苹果种植情况、市委后山造林绿化选址点情况等进行调研

2021年8月31日，人社部规划财务司司长张立新（前排左三）一行到乃东区“泽贴尔”纺织技艺有限公司调研就业创业情况。山南市委副书记、代理市长次仁平措（前排左二），副市长索朗曲巴（左一），乃东区委副书记、区长索朗平措（右一）等陪同调研

2021年11月24日，山南市委副书记、市长次仁平措（前排中）到乃东区鲁琼物资交流会现场调研展区搭建、疫情防控、公共安全、服务保障等筹备情况

2021年2月12日，山南市人民政府副市长、乃东区委书记尼玛次仁（右二）到泽贡高速检查站看望慰问新型冠状病毒肺炎疫情防控执勤工作人员

2021年12月7日，西藏自治区第十次党代会党代表、山南市副市长、乃东区委书记张维为乃东区各族干部群众宣讲党的十九届六中全会和自治区第十次党代会精神

2022年6月18日，乃东区委副书记、区长候选人索朗平措（右三）一行到泽当街道结莎社区、山南火车站、结巴乡门中村等地调研

2021年6月26日，中国共产党乃东区第二次代表大会第一次全体会议在山南市科技文化中心401会议室召开

2022年6月26日，乃东区第二次代表大会在山南市科技文化中心召开

2021年6月29日，乃东区在山南市科技文化中心召开"光荣在党50年"纪念章颁发仪式暨"两优一先"表彰大会

2022年4月30日，乃东区完成全区6个乡镇党委换届工作，共选举产生党委委员54名，纪委委员26名。图为昌珠镇新一届乡镇党委合影留念

2022年6月9日，乃东区新一届领导班子成员以“行走的课堂”形式，到结巴乡桑嘎村“西藏第一朗生互助组”、昌珠镇克松社区“西藏民主改革第一村”重走红色路线，以现场式、沉浸式、体验式开展红色研学活动。图为在西藏民主改革第一村陈列馆

2021年3月8日，乃东区举办以“以文沁心，做书香女人”“花开疫散庆三八，书香温婉女人花”为主题的读书分享活动

2021年5月9日，由西藏自治区党委宣传部主办，西藏哈呼曲艺社、山南市委宣传部承办，乃东区新时代文明实践中心协办的“永远跟党走”群众文化活动在乃东区昌珠镇举行。图为活动现场

2021年7月14日，乃东区新时代文明实践中心在克松社区开展学习贯彻习近平总书记“七一”重要讲话精神巡回宣讲

2021年1月17日，西藏首家县级融媒体中心——乃东融媒体中心举行揭牌仪式

2021年7月1日，乃东区农牧民群众代表在山南市体育场举行“跳果谐·颂党恩”联欢活动庆祝中国共产党成立100周年

2021年3月20日，乃东区昌珠镇与西藏长投农业科技发展有限公司举行农业三产融合援藏产业项目昌珠全域有机种植基地签约仪式

2022年6月28日，乃东区在颇章乡斯堆村举行首批易地扶贫搬迁安置住房不动产权证书颁发仪式

2021年5月20日，乃东区结巴乡夜伴蜂声西藏蜜蜂文化主题生态园开园，这是山南市首家蜜蜂文化主题生态园。图为生态园园区一角

2021年9月14日，雅砻人民公园开园。图为公园俯瞰图

2021年6月25日，拉林铁路开通运营。图为首发列车D2021次抵达山南站

山南火车站设有2座站台、5条到发线，其站房设计理念源于西藏第一座宫殿——雍布拉康，充分彰显“人文山南”的理念。车站入口外挑檐廊立柱，内嵌藏红色线条，柱脚增加石刻吉祥结图案，候车大厅天花吊顶采用藻井与吉祥结相融合的设计，完美诠释“藏之源、山之南、河之畔、湖之蓝”的山南印象。图为山南火车站外景图

2021年10月14日，“湘藏一家亲，万名游客进山南”湖南专列首发团一行620人入住乃东区扎西曲登社区，正式开启“藏源雅砻”体验游之旅

2021年11月26日，乃东区政府、山南旅投以及上海景域驴妈妈集团在泽当饭店开展座谈会，共商昌珠历史文化名镇开发项目

2021年9月14日，由山南市文化局主办，市群众艺术馆、乃东区民族哔叽专业合作社承办的“雅鲁藏布”现代藏装服饰秀在雅砻人民公园举行

2021年12月1—7日，山南市第41届雅砻物资交流会在乃东区泽当街道鲁琼物交会市场举行。图为物交会开幕式现场

拉林铁路是中国西藏自治区境内一条连接拉萨市与林芝市的国铁一级单线电气化铁路，也是川藏铁路的重要组成部分，起于协荣站，沿拉萨河而下，经贡嘎转向东，经山南、朗县、米林，跨越雅鲁藏布江到林芝站 ，全长403.144千米，设计时速160千米。铁路于2014年12月19日开工建设 ，2021年6月25日开通运营。图为拉林铁路乃东段

泽贡高等级公路起于“两桥一隧”公路嘎拉山隧道南口向东陇巴互通立交，沿雅鲁藏布江北岸布设，终点泽当大桥北桥头，路线全长89.869千米，设计时速100千米，采用双向四车道一级公路设计标准，整体式路基宽度为23米，分离式路基宽度为11.5米。图为泽贡高等级公路乃东段

2021年，乃东区加快城市建设步伐，进行老旧小区改造、市政基础设施建设、保障性住房建设，城市面貌日新月异。图为乃东城区一角

发展中的乃东区

2021年11月18日，藏源路通车

2021年5月9日，乃东区颇章乡西藏宏农藏鸡养殖基地首批7万只鸡苗正式进舍养殖

幸福乃东

2021年8月9日，乃东区昌珠镇扎西曲登社区举行西藏和平解放70周年中央代表团纪念品发放仪式

2021年，乃东区在全区范围内营造热烈庆祝中国共产党成立100周年和热烈庆祝西藏和平解放70周年氛围

2021年8月18日，乃东区群众喜笑颜开地把西藏和平解放70周年中央代表团纪念品领回家

2022年6月27日，由乃东区委、政府主办的以“永远跟党走 奋进新征程”为主题的庆祝中国共产党成立100周年和西藏和平解放70周年文艺会演在会议中心举行

2021年8月19日，乃东区昌珠镇克松社区居民收看西藏和平解放70周年庆祝大会直播后，到西藏民主改革第一村陈列馆广场跳果谐舞，共同庆祝西藏和平解放70周年

2021年4月22日，山南市城市书屋揭牌暨开放活动仪式在乃东区泽当街道综合文化站举行。图为在泽当街道开展“书香乃东”读书活动

2021年5月11日，在乃东区泽当街道结莎社区举行“山南市庆祝中国共产党成立100周年和西藏和平解放70周年优秀影片展映”活动启动仪式

2021年6月10日，乃东区委宣传部联合团区委开展以“青春同心、永跟党走”为主题的“书香乃东”之“青春与信仰同行”读书活动。图为活动现场

2021年11月30日，乃东区多颇章乡举办学习宣讲中共十九届六中全会精神暨文化交流文艺演出。图为文艺演出现场

2021年3月28日，乃东区多颇章乡嘎东团结新村举办新时代文明实践活动之党史学习教育“五个起来”活动。图为以“党的历史我知道”为主题的“书香乃东”读书活动

2021年3月5日，乃东区新时代文明实践中心志愿服务总队组织开展新时代文明实践活动之学雷锋·讲文明——“点亮心灯照亮心路”志愿服务活动。图为志愿者在为环卫工人发放爱心午餐和口罩

2021年12月16日，乃东区开展“新时代文明实践活动”之“弘扬主旋律、传播正能量、争当新时代优秀宣讲员”演讲比赛。图为荣获一等奖者格桑平措

2021年12月5日，乃东区各新时代文明实践中心（所、站）的13支志愿服务队在雅砻物交会现场开展“文明实践进市场 志愿服务暖人心”新时代文明实践推动日活动。图为志愿者向群众宣讲反对铺张浪费倡议书

2021年5月10日，乃东区多颇章乡索朗村村民采收贝母

2021年8月9日，乃东区昌珠镇扎西曲登村村民秋收

2021年3月16日，乃东区昌珠镇门中岗社区在“西藏第一块农田”举行开耕仪式

雅砻灌区有干渠工程10条，即雅砻东、西干渠，琼果主干渠和琼果东、西干渠等，总长89.8千米；支渠88条，总长39.6千米。另有干渠配套交叉建筑工程。喷灌农田面积15000亩，普通节水灌溉农田面积185158亩，林木草地灌溉面积116210亩。图为位于乃东区的雅砻灌区西干渠取水口

2021年5月18日，山南市第十届“体彩杯”足球赛在市体育场举行。图为乃东区代表队

2021年9月24日，西藏山南国道219“一措再措”高原房车自驾露营节活动在乃东区昌珠镇扎西曲登社区举行启动仪式

2021年6月1日，乃东区藏语汉语幼儿园举办“花开新时代　童心永向党”庆祝“六一”儿童节活动

2021年9月16日，乃东区雪巴藏戏队在雅砻人民公园表演传统藏戏剧目《文成公主》

2021年2月4日，在乃东区昌珠镇扎西妥门社区举行山南市农牧民宣讲员学习国家通用语言暨能力素质提升“夜校班”开班仪式

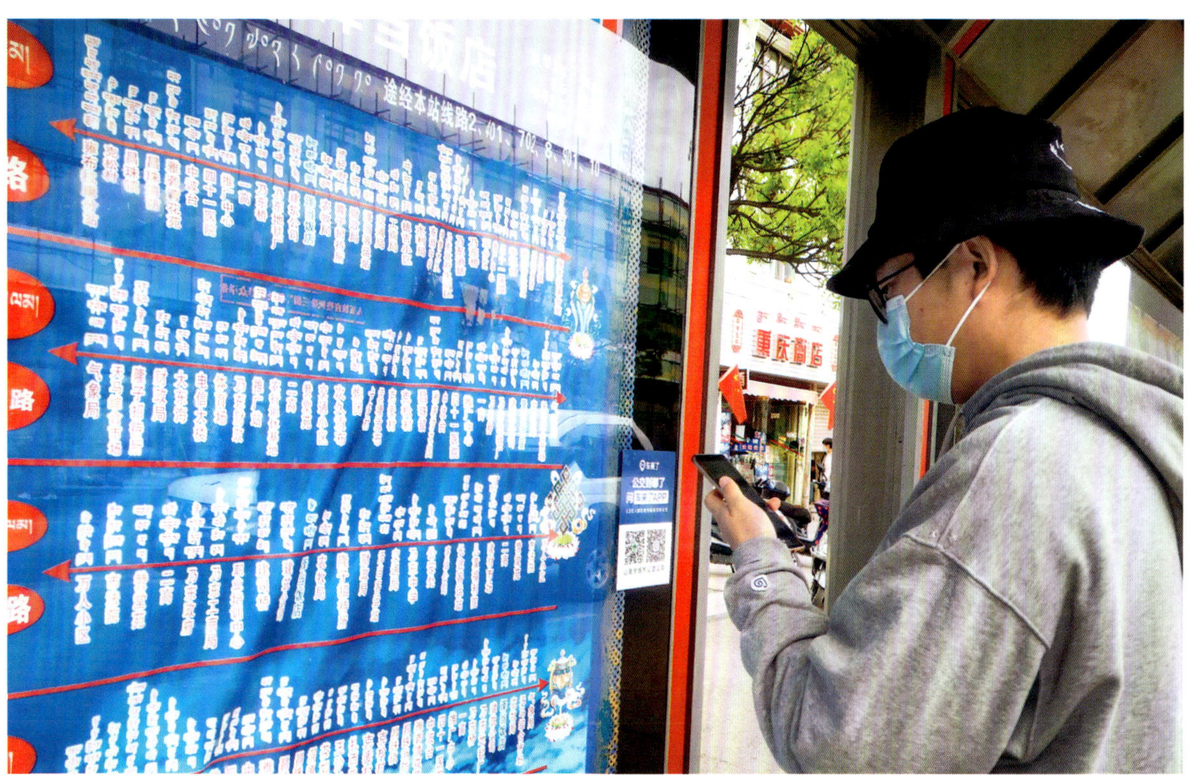

2021年5月1日，山南市正式上线“车来了”App，覆盖全市12条公交线路。图为市民在查询公交信息

雅江乃东段（秋季）

雅江乃东段（夏季）

乃东区昌珠镇克松社区油菜田场景（2021年6月摄）

乡村公路秋色（2021年摄）

结巴乡多若村现代农业园区（2021年摄）

2021年3月12日，山南市组织市（中、区）直机关及乃东区、扎囊县、贡嘎县开展2021年“万人万亩”义务植树活动。乃东区义务植树1200亩、4万余株

黑颈鹤（2021年摄）

《乃东年鉴（2022）》编纂委员会

《乃东年鉴（2022）》编辑部

编辑说明

一、《乃东年鉴（2022）》以马克思列宁主义、毛泽东思想、邓小平理论、“三个代表”重要思想、科学发展观、习近平新时代中国特色社会主义思想为指导，坚持辩证唯物主义和历史唯物主义的立场、观点和方法，力求全面、客观、系统地记述2021年度区域发展情况，为各级领导了解乃东区情、实施科学决策提供依据；为各行业、各部门、各单位查询资料，为国内外各界人士认识、研究乃东提供可靠的信息，是乃东区精神文明建设和对外宣传的窗口。

二、《乃东年鉴（2022）》采用分类编辑法，由类目、分目、条目组成，条目为主要记事单元。设特载、专辑、大事记、区情综述、中国共产党乃东区委员会、乃东区人民代表大会、乃东区人民政府、中国人民政治协商会议乃东区委员会、中共乃东区纪律检查委员会　乃东区监察委员会、群众团体、法治、军事、综合经济管理、财税・金融、农林牧水、商贸・旅游、城乡建设・生态保护、交通运输・邮政、教育・体育、文化・卫生、应急管理、社会民生、乡镇（街道）概况、人物、附录。

三、《乃东年鉴（2022）》统计数据使用法定计量单位，价值指标绝对数凡未注明的，按记载2021年价格计算。计量单位一律以《量和单位》（GB 3100—3102—1993）为准，个别常用成习惯且不便换算的用市制，如农田单位“亩”。简化字以《通用规范汉字表》为准；标点符号以《标点符号用法》（GB/T 15834—2011）为准；数字以《出版物上数字用法》（GB/T 15835—2011）为准。

四、《乃东年鉴（2022）》入鉴资料、图片均由各撰稿单位提供，并经主要负责人审核。主要数据和统计资料由乃东区统计局提供，部分数据由各相关部门提供。由于统计口径等原因，相关部分的个别数据与统计资料不一致的，以统计资料为准。

目　录

特　载

专　辑

乃东区党史学习教育

乃东区委“三更”专题教育

“平安乃东”建设

大事记

区情综述

自然地理

建置区划

特色地情

人口和民族宗教

国民经济和社会发展

中国共产党乃东区委员会

综述

重要会议

区委办工作

乃东区人民代表大会

综述

重要会议

执法监督

人事任免

视察与调研

代表工作

办公室工作

乃东区人民政府

综述

重要会议

政务服务

信访工作

行政审批　便民服务

后勤服务

藏语文工作

地方志工作

拆迁工作

中国人民政治协商会议乃东区委员会

综述

重要会议

政协履职

中共乃东区纪律检查委员会 乃东区监察委员会

综述

重要会议

执纪监督

党风廉政建设

群众团体

乃东区总工会

中国共产主义青年团乃东区委员会

乃东区妇女联合会

乃东区工商业联合会

乃东区残疾人联合会

法　治

政法委及综治

公安

检察

法院

司法行政

军　　事

人民武装

武警

综合经济管理

发展与改革

自然资源

审计

统计

乡村振兴

市场监督管理

乃东区善为扶贫开发投资有限责任公司

索当投资有限公司

财税·金融

财政

税务

中国农业银行股份有限公司乃东支行

农林牧水

农牧·科技

林业和草原

水利

商贸·旅游

商贸

旅游

城乡建设·生态保护

城乡建设与管理

生态保护

交通运输·邮政

交通运输

邮政

教育·体育

教育

体育

文化·卫生

文化

广播电影电视与融媒体

卫生健康

医疗服务

疾病预防控制

应急管理

综述

安全生产

防灾减灾

消防救援

社会民生

民政

人力资源与社会保障

退役军人事务管理

医疗保障

民族与宗教

乡镇(街道)概况

泽当街道办事处

昌珠镇

亚堆乡

结巴乡

颇章乡

索珠乡

多颇章乡

人 物

附 录

特　　载

在中共乃东区第二届委员会第四次全体会议上的讲话

山南市副市长、中共乃东区委书记　张　维

（2022年1月8日）

全会的主要任务是：坚持以习近平新时代中国特色社会主义思想为指导，深入学习贯彻党的十九届六中全会、自治区第十次党代会和山南市第二次党代会精神，牢记嘱托、感恩奋进，着力推进乃东区长治久安和高质量发展，干在实处、走在前列、当好排头兵。

下面，我讲几点意见。

一、深刻领会、准确把握党的十九届六中全会、自治区第十次党代会及山南市第二次党代会的重大意义，切实把思想和行动统一到党中央、区党委和市委的决策部署上来

党的十九届六中全会，是在中国共产党百年华诞的重要时刻，在党和人民胜利实现第一个百年奋斗目标、全面建成小康社会，正向着全面建成社会主义现代化强国的第二个百年奋斗目标迈进的重大历史关头，召开的一次具有里程碑意义的重要会议。

要深刻领会总结党的百年奋斗重大成就和历史经验的重大意义。全会审议通过的决议，系统总结了党的百年奋斗重大成就和历史经验，总结了党在不同时期的主要任务和历史成就，指出了党百年奋斗的历史意义和宝贵经验。我们要从党的百年奋斗中汲取智慧力量，弘扬伟大建党精神，以更加昂扬的姿态迈向新征程、建功新时代，奋力推动长治久安和高质量发展开新局、谱新篇。

要深刻领会习近平总书记在全会上的重要讲话精神。习近平总书记发表的重要讲话，全面总结了一年来党和国家工作取得的巨大成就，深刻阐述了决议精神，科学回答了一系列方向性、根本性、战略性重大问题，提出了许多新思想新观点新论断。我们要把习近平总书记重要讲话精神作为根本遵循，始终沿着习近平总书记指引的方向奋勇前行。

要深刻领会党的百年奋斗的初心使命和重大成就。全会全面回顾了一百年来我们党团结带领人民实现中华民族伟大复兴的光辉历程，深刻阐述了党在不同历史时期所创造的伟大成就，展现了中国共产党的政治担当、历史自觉、人民立场、复兴使命。我们要引导各族群众牢记初心使命，坚定理想信念，走好实现第二个百年奋斗目标新的赶考

之路。

要深刻领会中国特色社会主义进入新时代的历史性成就和历史性变革。党的十八大以来，以习近平同志为核心的党中央，以伟大的历史主动精神、巨大的政治勇气、强烈的责任担当，解决了许多过去想解决而没有解决的难题，办成了许多过去想办而没有办成的大事，推动了党和国家事业取得了历史性成就、发生了历史性变革。我们要坚持以习近平同志为核心的党中央坚强领导，坚定不移走中国特色社会主义道路，为实现第二个百年奋斗目标不懈奋斗。

习近平新时代中国特色社会主义思想是当代中国马克思主义、21 世纪马克思主义，是中华文化和中国精神的时代精华，实现了马克思主义中国化新的飞跃。我们要认真学习贯彻习近平新时代中国特色社会主义思想，始终在思想上政治上行动上同以习近平同志为核心的党中央保持高度一致。

全会确立了习近平总书记党中央的核心、全党的核心地位，确立了习近平新时代中国特色社会主义思想的指导地位，这是深刻总结党的百年奋斗、党的十八大以来伟大实践所得出的最大政治成果、最重要的历史结论。我们要把“两个确立”作为最深刻的政治领悟和政治信念，把“两个维护”作为最根本的政治纪律和政治规矩，真正把对党的绝对忠诚体现到一言一行、具体工作和实际成效上。

要深刻领会党的百年奋斗的历史意义和历史经验。党的百年奋斗历史，系统阐述了 5 个方面巨大贡献和 10 条宝贵历史经验，深刻总结了党百年奋斗的光辉历程，深刻揭示了党和人民事业不断成功的根本保证、根本原因和根本途径。我们要善于把党的历史经验传承好发扬好运用好实践好，从党的百年奋斗历程宝贵经验中寻找推动乃东改革发展稳定的经验启示，增强做好各项工作的系统性、预见性、创造性。

要深刻领会以史为鉴、开创未来的重要要求。全会号召全体党员牢记中国共产党是什么、要干什么这个根本问题，提出了“四个必须”的重要要求。我们弄明白“是什么”，就要牢记自己的第一身份是党员、第一职责是为党工作；弄明白“要干什么”，就要把职位当作干事创业、为民服务的平台，把全部心思和精力用在为党工作上，为党和人民争取新的更大光荣。

自治区第十次党代会，是在“两个一百年”奋斗目标历史性交汇、党的十九届六中全会发出新时代强音的关键节点，在西藏工作站在新起点、开启新征程的重要时刻，召开的一次重要会议。

要深刻领会自治区第十次党代会的重大意义。大会充分肯定了过去五年取得的全方位进步、历史性成就，客观指出了存在的不足，精准研判了西藏工作面临的形势，透彻分析了面临的难得历史机遇，对于今后工作作出了战略性安排，是我们做好各项工作的重要遵循。我们要把思想和行动统一到会议部署和王君正书记讲话精神上来，以实际行动和成效推动党代会描绘的宏伟蓝图变成辉煌现实。

要准确把握自治区第十次党代会的精神实质。大会概括总结了“十个必须”的经验，综合判断“六个方面”的风险挑战和困难问题，系统分析了西藏工作呈现出“五期叠加”新的阶段性特征，从“八个方面”提出了今后五年的重点任务，明确了着力推进“四个创建”、努力做到“四个走在前列”的目标任务。我们要主动对标对表，找准服从服务全区大局的结合点和着力点，为全区实现“四个创建”“四个走在前列”奋斗目标作出应有贡献。

山南市第二次党代会，是深入学习贯彻习近平总书记视察西藏重要讲话指示精神和王君正书记在山南调研考察时讲话精神的关键时期，召开的一次重要会议。

要深入领会山南市第二次党代会的重要意义。会议全面总结了过去五年山南取得的全方位进步、历史性成就，分析了面临的良好发展机遇和基础条件，提出了奋斗目标、重点任务和工作措施，明确了 6 个方面“走在全区前列”的具体目标。我们要切实把思想和行动统一到会议精神上来，认真学习好会议精神，贯彻好各项部署，落实好各项要求，为奋力实现山南走在全区前列做出应有贡献。

要准确把握山南市第二次党代会的精神实质。会议从 10 个方面总结了过去五年取得的巨大成就，提出了“7 个必须”的历史经验，明确了未来五年工作的指导思想和奋斗目标，部署了6个方面重点举措和党的建设重点任务。我们要认真学习研究，找准走在全区前列的路径措施，干在实处、走在前列、当好排头兵。

要深入领会许成仓书记在参加乃东代表团讨论时的讲话精神。党代会期间，许成仓书记特意到乃东代表团，讨论审议党代会报告，要求我们要认清形势，找准差距，努力做好“四件大事”，落实“八大任务”，实现“四个确保”，奋发有为、主动担当、开拓创新，不断提高自身发展能力，为推动山南走在全区前列作出应有贡献。我们要认真学习、深刻理解许成仓书记讲话精神和市委新的部署要求，立足实际，发挥首位作用，把握机遇、掌握主动，坚持守土有责、守土负责、守土尽责，努力在推动实现山南各项事业走在全区前列中当好“排头兵”，以优异成绩回报市委和许成仓书记的关心厚爱。

二、紧紧围绕“四个创建”“四个走在前列”，加快推进长治久安和高质量发展走在全区前列，努力实现“干在实处、走在前列、当好排头兵”奋斗目标

区党委提出“着力推进‘四个创建’、努力做到‘四个走在前列’”，市委提出“着力抓好‘四件大事’、完成‘八大任务’，实现‘四个确保’，在推进长治久安和高质量发展上走在全区前列”目标任务，为我们做好各项工作指明了方向、提供了遵循。我们要进一步解放思想、自我加压、积极作为，奋力推进乃东区长治久安和高质量发展，努力实现“干在实处、走在前列、当好排头兵”的奋斗目标。

（一）围绕推动社会治理体系和治理能力现代化，在维护社会大局持续和谐稳定上干在实处、走在前列、当好排头兵。树牢总体国家安全观，坚定不移把维护稳定作为第一位的工作任务，坚持底线思维和问题导向，居安思危、未雨绸缪，不断筑牢国家安全屏障。要深化反分裂斗争。全面落实“反分裂斗争各项工作只能加强、不能放松”的要求，从打赢最复杂斗争、迎接最严峻考验、应对最困难局面的高度谋划推动工作，充分做好思想、工作、力量、措施和物资准备，宁可备而不用，不可用而无备。深入开展反分裂斗争教育，深刻揭露达赖集团祸藏乱教、制造动乱、分裂祖国的反动本质和阴谋罪行，教育引导、广泛发动干部群众坚决与达赖集团进行斗争，牢牢掌握反分裂斗争主动权。要坚持我国宗教中国化方向。以“五个有利于”为标准，依法管理宗教事务，严守“三个不增加”底线，积极引导藏传佛教与社会主义社会相适应。全面落实《关于淡化宗教消极影响办法》，让群众理性对待宗教，淡化宗教消极影响。常态化推进“遵行四条标准、争做先进僧尼”教育实践活动，教育引导宗教界人士和广大僧尼破除特权思想，树牢国大于教、国法大于教规、公民大于教民的观念。要提高社会治理水平。健全立体化、信息化社会治安防控体系，强化依法治理。健全既管好“肚子”更管好“脑子”的长效机制，牢牢掌握意识形态工作领导权和主动权。坚持和发展新时代“枫桥经验”，健全“监测、预警、处置、反馈”风险闭环管理管控机制，构建“信访打头、调解优先、诉讼断后”矛盾纠纷过漏体系，最大限度将矛盾纠纷化解在基层、消除在萌芽状态。深入开展平安创建活动，推动更高水平“平安乃东”建设。

（二）围绕创建全国民族团结进步模范区，在铸牢中华民族共同体意识上干在实处、走在前列、当好排头兵。全面贯彻习近平总书记关于加强和改进民族工作的重要思想，以铸牢中华民族共同体意识为主线，扎实做好新形势下民族工作，促进各民族广泛交往、全面交流、深度交融。要深入开展中华民族共同体意识教育。大力开展民族团结、爱国主义、反分裂斗争、新旧西藏对比和马克思主义“五观”“两论”教育，持续开展“四史”及西藏地方和祖国关系史教育，引导各族干部群众不断增进“五个认同”。持续推进国家通用语言文字教育教学，确保群众和学生熟练掌握和使用国家通用语言文字。加强学校思政教育，把爱国主义精神贯穿各级各类学校教育全过程，把爱我中华的种子埋入每个青少年的心灵深处。要全面加强中华民族共同体建设。落实自治区民族团结进步模范区创建条例和规划，持续开展模范创建“九进”活动，唱响共产党好、社会主义好、改革开放好、伟大祖国好、各族人民好的主旋律。深化示范创建工作，2022年建成自治区级民族团结进步模范区，2025年建成全国民族团结进步模范区，所有党政机关、企事业单位和人民团体

建成区级民族团结进步模范单位。要加强民族交往交流交融。坚持从工作、生活等日常环节入手，构建各族群众互嵌式居住环境，形成共居共学、共建共享、共事共乐的社会格局。深化与区内外经济、文化、人员双向交流。鼓励区内外企业、个人、高校毕业生到乃东兴业发展、扎根圆梦。

（三）围绕创建高原经济高质量发展先行区，在加快推动高质量发展上干在实处、走在前列、当好排头兵。坚持稳中求进工作总基调，完整准确全面贯彻新发展理念，服务融入新发展格局，全面落实“三个赋予一个有利于”要求，坚持“跳出乃东看乃东、跳出山南看乃东”，以更高标准、更严要求，站在更高层面、更大格局中思考谋划乃东工作。要抓好项目。坚持“项目为王”的理念，落实好“招商项目抓谋划、前期项目抓开工、在建项目抓进度、竣工项目抓投产、问题项目抓整改、投产项目抓效益”要求，抓紧对项目进行梳理，掌握项目建设情况，加快完成集中开工项目前期工作，科学谋划今年项目建设，确保项目有序推进。要抓好产业。扎实推进高原特色农牧业、绿色工业、现代商贸物流、清洁能源、文化旅游等重点产业发展，推动产业提档升级增效，不断提升一、二、三产融合发展水平。加快产业链打造，深化延链、补链、扩链、强链，不断拓宽市场销售渠道，确保产业健康发展。

（四）围绕改善人民群众生活品质，在建设宜居宜业城市上干在实处、走在前列、当好排头兵。树牢以人为核心的城市发展理念，坚持高起点规划、高标准建设、高质量管理，不断提升城市精细化、制度化、规范化管理水平。要建设生态宜居的城市。深入推进城市更新行动，着力在城市绿道、绿地、停车场、公园、给排水、老旧小区改造、生活垃圾处理等方面加大项目谋划、储备和建设力度，全面改善城市居住、交通、生活、休闲品质。要建设人人向往的城市。按照“精准规划、精致建设、精细管理、精心经营”的要求，聚焦供给齐全、设施齐全、服务齐全，全力做优城市的商圈业态、做美城市的形态风貌、做强城市的基础功能，努力把泽当城区建设成为小而美、小而全、小而精的城市，不断提升城市的美誉度和群众的满意度。要加强城市治理。重点做好城区防违控违、私搭乱建、背街小巷垃圾、污水等问题治理，不断提升城市整体形象。要统筹城市综合执法力量，明确执法权限，细化环卫收费、行政处罚、强制执行等各项措施，推动构建有法可依、有据可查、权责明确、规范高效城市治理新格局，全面提升城市治理体系和治理能力现代化。

（五）围绕保障和改善民生，在推动实现共同富裕上干在实处、走在前列、当好排头兵。坚持以人民为中心的发展思想，把群众身边的小事作为各级党委、政府的大事来抓，一件一件办好民生实事，用心用情用力解决好群众急难愁盼问题。要巩固拓展脱贫攻坚成果。着力推动巩固拓展脱贫攻坚成果同全面推进乡村振兴有效衔接，全面落实“四个不摘”要求，建立健全防返贫监测和帮扶机制，对脱贫人口、边缘人口、易返贫人口要密切关注、实时跟踪，做到定期排查、动态管理，重点关注和监测收入水平变化，坚决防止发生规模性返贫。要大力实施乡村振兴战略。加快推进乡村振兴项目建设，持续抓好扶贫产业发展，深化拓展扶贫产业利益联结机制，狠抓群众就业增收。持续加大乡风文明建设，不断完善村规民约，建强农牧区基层党组织，确保实现“五大振兴”。准确把握各村居（社区）在产业、文化、人才、生态、组织方面的优势，坚持突出重点、因村施策、发挥优势、补齐短板，推动乡村振兴实现“多点开花”。要持续保障改善民生。完善参与能干会干的项目建设、产业基地利益联结、资源开发受益、生态岗位吸纳等长效机制，确保群众持续稳定增收。提高就业质量，积极引导社会各界转变就业观念，重点做好高校毕业生就业创业工作。扎实做好城镇困难人员、残疾人和退役军人等重点群体就业工作，确保零就业家庭动态清零。办好人民满意教育，落实立德树人根本任务，推动义务教育优质均衡发展，严格学校和教师管理，提高教育教学质量。实施健康乃东行动，加强健康干预和疾病救治，完善公共卫生应急保障体系。大力发展文化事业，实施文化惠民工程，建强基层群众文化阵地。

（六）围绕创建国家生态文明高地，在生态文明保护和建设上干在实处、走在前列、当好排头兵。认真践行绿水青山就是金山银山、冰天雪地也是金山银山的理念，坚定不移走生态优先、绿色发展之路，守护好乃东的生灵草木、万水千山。要推进生态修复治理。推动山水林田湖草沙冰一体化保护与系统治理，继续做好植树造林、森林抚育、防沙治沙等工作。把握造林项目季节性特点，今年林业项目3月前开工建设。积极推进雅江防护林工程建设，全力推进雅江中游“百里生态走廊”建设，努力让绿色成为乃东最亮丽的底色。要扎实推进农牧区人居环境和生态环境整治。开展美丽宜居示范乡村创建，引导群众自己动手建设美丽家园。开展农村生态环境整治，引导群众保护生态、保护耕地、保护生物多样性，严防破坏生态环境和乱占耕地建房等问题。要实施生态富民工程。坚持在保护中发展、在发展中保护，主动服务国家碳达峰碳中和战略，加大水光风储等清洁能源项目谋划和储备，全力打造雅江中游清洁能源基地，对接落实好生态综合补偿机制，让群众在参与生态建设中走上致富路、吃上生态饭。

（七）围绕创建国家固边兴边富民行动示范区，在做好新时代强边工作上干在实处、走在前列、当好排头兵。坚决贯彻落实习近平总书记“治国必治边、治边先稳藏”的战略思想，引导群众积极参与到边境安全和边防巩固的各项任务中来。要加快推进抵边安居。进一步宣传、发动乃东区村居（社区）群众向边境一线转移，让乃东村居（社区）群众也成为扎根边陲的一分子。要完善协同发展机制。积极主动对接边境县经济社会发展需求，建立健全协同发展工作机制，加强战略物资储备库建设，在基础设施投入、重大项目建设等方面分享经验、给予支持、让利出力。要把好第一道关口。加强江北检查站、公安一级检查站盘查力度，守护好进入山南通往边境的第一道防线，把不稳定因素、不确定隐患消除在第一道关口。

（八）围绕坚持党要管党全面从严治党，在全面加强党的建设上干在实处、走在前列、当好排头兵。全面加强各领域各层级党的建设，为长治久安和高质量发展走在全区前列提供坚强政治保证。要忠诚践行“两个维护”。把增强“四个意识”、坚定“四个自信”、做到“两个维护”作为政治建设的根本问题，不断提高政治判断力、政治领悟力、政治执行力。严守党的政治纪律和政治规矩，坚决维护党中央权威和集中统一领导，坚决做到信赖核心、忠诚核心、维护核心，确保党中央、区党委和市委各项决策部署落到实处。要持续强化理论武装。坚持把学习贯彻习近平新时代中国特色社会主义思想作为首要政治任务，深入学习领会习近平总书记西藏工作重要论述、习近平总书记视察西藏重要讲话重要指示精神，坚持各级领导干部带头学，各级理论学习中心组集中学习，各级党组织广泛学习，广大党员干部自觉学习，真正学懂弄通做实。要建设高素质干部队伍。坚持新时代好干部标准和民族地区干部“四个特别”要求，牢固树立正确选人用人导向，拓宽选人用人渠道和视野，加大优秀年轻干部选拔使用力度，真正把政治上靠得住、工作上干得好、作风上过得硬、群众信得过的干部选拔任用起来，努力建设一批忠诚干净担当的高素质干部队伍。要建设过硬基层党组织。坚持抓基层、打基础，引导各级党组织始终坚持党的领导，始终做到旗帜鲜明、立场坚定。充分发挥基层党组织在维护稳定、乡村振兴、城市管理等工作中的重要作用，努力把基层组织建设成为反分裂斗争的桥头堡、民族团结的工作队、群众致富的带头人。要加强党风廉政建设和反腐败斗争。牢固树立西藏虽然处于反分裂斗争前沿阵地和主战场、维护稳定任务重，但在党风廉政建设和反腐败斗争问题上没有任何特殊性的思想，把严的主基调长期坚持下去。突出领导班子和“关键少数”，全面加强“政治体检”，深化政治巡察。紧盯权力运行的关键环节，深化运用“四种形态”，严肃惩治腐败，全面巩固反腐败斗争取得压倒性胜利。

三、转变作风，狠抓落实，确保党的十九届六中全会、自治区第十次党代会和山南市第二次党代会精神落地落实

全区各级党组织和广大党员干部要把学习贯彻党的十九届六中全会、自治区第十次党代会和山南市第二次党代会精神作为当前和今后一个时期的重要政治任务，精心组织、周密安排，推动党中央、区党委和市委的决策部署不折不扣贯彻落实。

（一）系统学习，学深悟透。各级党组织要通过党委（党组）会、理论学习中心组学习会、讨论会、报告会、读书班等多种形式，切实抓好全会和党代会精神的学习，保证学习质量和效果。广大党员干部要认认真真、原原本本学习全会和党代会精神，全面掌握主要内容、精神实质、实践要求，做到融会贯通、学以致用，把学习成果转化为做好工作的能力和动力。组织部门要把学习贯彻全会和党代会精神纳入干部培训的重要内容，对党员干部分期分批进行专题培训，实现全区党员干部学习全覆盖。

（二）深入宣讲，广泛宣传。各级党组织要积极开展形式多样的宣传宣讲活动，要组建宣讲团、小分队深入基层干部群众广泛宣讲全会和党代会精神，确保家喻户晓、人人皆知。各级领导干部要深入所在党组织、联系点、联系寺庙、基层一线，面对面向广大党员干部、基层群众宣传宣讲，使党员干部解惑解渴，使基层群众听得懂、能领会、可落实。宣传部门要充分发挥藏源发布、网信乃东、新时代文明实践中心（所、站）、“四讲四爱”宣讲团、驻村工作队、驻寺干部和农牧民骨干宣讲员的作用，开展全方位多层次立体式的宣传宣讲，持续营造浓厚氛围。

（三）敢于担当，真抓实干。要担当作为。要把心思用在干事创业上，把精力用在狠抓落实上，用真抓的实劲、敢抓的狠劲、善抓的巧劲、常抓的韧劲，克服困难、清除障碍，善始善终、善作善成。要求真务实。坚持一切从实际出发，重实际、说实话、办实事、求实效，始终密切与群众的联系。加强调查研究，多到基层了解真实情况和群众真实想法，真正把情况摸准、弄清、搞透，做到心中有数。要坚持问题导向。能够认识问题是一种清醒，勇于解决问题是一种担当，能够解决问题是一种能力。要经常深入到困难现场推动问题解决，对群众反映的突出问题，要第一时间赶赴现场着手处理，决不能遇到问题躲着拖着。

（四）加强督查，推动落实。各级党组织和广大党员干部要坚持把学习贯彻全会和党代会精神，与抓好本职工作、推动落地见效紧密结合，确保党中央、区党委和市委决策部署取得实实在在的成效。要逐项对标对表，把党中央、区党委和市委的决策部署项目化、具体化，研究制定乃东工作走在全区前列的办法举措，明确时间表、任务书、路线图和责任人，倒排工期、挂图作战、狠抓进度，高效率快节奏推进各项工作。督查部门要加强督导检查，把学习贯彻全会和党代会精神纳入督查通报范围，严格督导、较真碰硬，确保落到实处、见到实效。

各位委员，同志们，山再高，往上攀，总能登顶；路再长，走下去，定能到达。让我们更加紧密地团结在以习近平同志为核心的党中央周围，以习近平新时代中国特色社会主义思想为指导，在自治区党委、市委坚强领导下，以史为鉴、开创未来，埋头苦干、勇毅前行，加快推进乃东长治久安和高质量发展走在全区前列，为全区“四个创建”“四个走在前列”做出应有贡献，以更加优异的成绩迎接党的二十大胜利召开。

乃东区第二届人民代表大会常务委员会工作报告

——在乃东区第二届人民代表大会第三次会议上

中共乃东区委副书记、人大常委会主任　梅先阳

（2022 年 1 月 13 日）

2021 年主要工作回顾

2021 年，习近平总书记亲临西藏视察指导，全区各族儿女同庆党的百年华诞，同庆西藏和平解放 70 周年，如期全面建成小康社会，党中央首次召开人大工作会议，这是我们党和国家历史上、人大工作史上、西藏发展史上具有里程碑意义的一年。一年来，在以习近平同志为核心的党中央集中统一领导和自治区党委、市委、区委的坚强领导下，在市人大常委会的有力指导下，区人大常委会坚持以习近平新时代中国特色社会主义思想为指导，深入学习贯彻落实党的十九大和十九届历次全会精神以及中央人大工作会议、中央第七次西藏工作座谈会精神，深入学习贯彻习近平法治思想、习近平总书记关于坚持和完善人民代表大会制度的重要思想、关于西藏工作的重要论述和新时代党的治藏方略，坚持党的领导、人民当家作主、依法治国有机统一，坚决拥护和捍卫“两个确立”，切实增强“四个意识”、坚定“四个自信”、做到“两个维护”，紧紧围绕“四件大事”，忠实履行宪法法律赋予的职责，召开人民代表大会 3 次、人大常委会 8 次、主任会议 17 次，顺利完成了我区换届选举工作，依法助推乃东长治久安和高质量发展。

一、始终坚持党的全面领导，坚定人大工作正确方向

党的领导是人民代表大会制度最鲜明的特征。坚持党的领导是人民代表大会制度本质特征和政治优势的集中体现。我们牢牢把握人大是党领导下的政治机关这个定位，旗帜鲜明讲政治，始终在政治立场、政治方向、政治原则、政治道路上同以习近平同志为核心的党中央保持高度一致，坚决贯彻落实党中央、区党委、市委和区委各项决策部署，确保党的主张通过人民代表大会制度和法定程序成为全区各族人民的共同意志，用人大工作的实际成效体现对“两个维护”的坚定坚决。

（一）坚持以习近平新时代中国特色社会主义思想为指引。把深入学习贯彻落实党的十九大和十九届历次全会、习近平新时代中国特色社会主义思想、中国共产党成立 100 周年大会上的讲话、习近平法治思想、习近平总书记关于坚持和完善人民代表大会制度的重要思想和中央人大工作会议精神作为理论武装的重中之重，纳入人大常委会党组会议理论中心组学习的首要议题，共召开理论中心组学习会 14 次，人大常委会党组成员宣讲会 8 场次，在学懂弄通做实上下功夫，在强化理论武装中坚定制度自信，把牢人大工作正确政治方向。

（二）坚持以全面贯彻新时期党的治藏方略为方向。深入学习宣传贯彻落实中央第七次西藏工作座谈会、习近平总书记视察西藏时的重要讲话精神、习近平总书记关于西藏工作的重要指示精神和新时代党的治藏方略、自治区第十次党代会、市委

第二次党代会、区委第二次党代会精神，按照“双联系”分工，区人大常委会组成人员带头宣讲16场次，不断增强人大代表和人民群众对新时期做好西藏工作重要性认识。

（三）坚持以党对人大工作的全面领导为根本。坚持和加强党的全面领导，坚持人大工作与区委中心工作方向一致、目标一致、步调一致。全面落实重大事项请示报告制度，先后就人大常委会“一要点三计划”、人大换届选举、召开人代会、人大常委会党组班子成员分工调整等重大事项、重要工作向区委请示报告15件。坚持党管干部原则，依法做好人事任免工作，依法选举任免国家机关工作人员97人次，通过法定程序圆满实现区委人事安排意图。充分发挥人大常委会党组、机关党组“把方向、管大局、保落实”的政治功能，召开人大常委会党组会议14次、人大常委会机关党组会议19次，确保了党委决策部署到哪里，人大工作就跟进落实到哪里。

二、始终坚持履行法定职责，监督工作取得新成效

紧紧围绕区委中心工作和区政府重点工作，聚焦我区改革发展稳定大局和人民群众普遍关心的热点难点问题，坚持正确监督、有效监督、依法监督，切实维护人民群众的合法权益，让各族群众的获得感成色更足、幸福感更可持续、安全感更有保障。

（一）聚焦铸牢共同体意识，助力维护社会和谐稳定。组织各级人大代表深入学习宣传中央民族工作会议精神、《西藏自治区民族团结进步模范区创建条例》、区委民创工作会议精神，召开关于全区人大系统开展“铸牢中华民族共同体意识学习教育实践活动”启动部署会，召开推进会1次，交流发言5人，开展乃东区民族团结进步模范区创建工作专题询问1次，开展《西藏自治区民族团结进步创建条例》执法检查，提出加强我区民创工作的意见建议4条，扎实推动“铸牢中华民族共同体意识学习教育实践活动”往深里走、往实里走，增强铸牢中华民族共同体意识的政治自觉、思想自觉、行动自觉，构建各民族共有精神家园，持续促进各民族交往交流交融。牢固树立总体国家安全观，始终坚持旗帜鲜明反分裂，坚决维护稳定，坚决扛起维稳责任，严格落实区委关于维稳和疫情防控各项措施，人大常委会党组成员在重要时段、敏感节点深入乡镇（街道）、村居（社区）、寺庙联系点，开展维护稳定和疫情防控调研，蹲点督导维稳和疫情防控等工作26次，积极参与指挥部带班值班56天，夯实社会和谐稳定基础，为我区维护稳定和疫情防控工作积极作为。

（二）聚焦新发展理念，助力经济高质量发展。紧扣我区经济社会发展目标任务，突出做好“六稳”工作、落实“六保”任务，审查批准乃东区“十四五”规划和二〇三五年远景目标纲要、乃东区2016—2021年国民经济和社会发展计划执行情况与今后五年工作安排的报告、乃东区2016—2021年财政预算执行情况的报告、国土空间总体规划、财政预决算报告、国民经济计划报告等重大事项，依法作出决议决定6项。听取审议乃东区人民政府工作报告、2020年度审计工作专项报告、2020年以来审计查出问题整改落实情况报告、国有资产管理情况报告等5个工作报告，形成审议意见5份。审查批准2020年度财政预决算公开情况、2021年上半年国民经济和社会发展计划执行情况、2021年上半年财政预算执行情况3个报告；协助市人大常委会开展民营经济发展调研。同时，区政府投入177万元，建成并试运行人大预算联网审查监督系统，运用现代化技术手段，强化预算支出监督力度，为实现高质量发展履职尽责。

（三）聚焦改善民生，助力实现人民日益增长的美好生活期盼。聚焦群众普遍关注的民生问题，扎实开展乃东区“百千万”工程和重大项目建设情况代表视察，对乃东区“三农”工作、防止返贫、群众增收等进行专题调研，对土地管理法、农村土地承包法、城乡规划法、食品安全法等5部法律法规进行执法检查，听取审议乃东区就业创业、退役军人保障、2021年度区人大常委会审议审查意见建议落实情况等5个专项报告，并进行满意度测评。积极配合自治区和山南市两级人大对水法、污染防治法、工会法、山南市城市建设管理条例、文明行为促进条例等6部法律法规开展执法检查，对西藏自治区药品管理条例、山南市村居社区管理条例、山南市

红色文化资源保护利用条例等地方性法律法规开展立法调研和征求意见13次，对妇女权益保障、学校周边食品安全等有关事项进行调研5次，促进了民生领域热点难点问题的有效解决。

（四）聚焦司法公正，助力维护社会公平正义。听取审议乃东区“七五”普法工作报告、区人民法院工作报告、区人民检察院工作报告、区人民法院刑事和民事审判工作专项报告、区人民检察院执行活动法律监督和适用认罪认罚制度执行情况专项报告，确保司法公正和社会公平正义。

（五）聚焦生态文明，助力美丽乃东建设。深入开展以建设美丽乃东为内容的“雅砻环保行”活动，推动绿色发展，驻我区的各级人大代表315人参与活动；开展乡村振兴和人居环境综合整治工作专题调研，提出针对性的建议意见6条；听取审议2021年度环境状况和环境保护目标完成情况报告，形成审议意见1份，为践行“绿水青山就是金山银山、冰天雪地也是金山银山”理念积极作为。

三、始终坚持代表主体地位，扎实践行全过程人民民主的重大理念

人民代表大会制度是实现全过程人民民主的重要制度载体，人大代表是人民代表大会制度的主体，坚持以人民为中心，尊重代表主体地位，支持和保障代表依法履职，代表工作活力持续增强，代表作用得到有效发挥。

（一）积极发挥重要制度载体作用，奋力推进全过程人民民主的生动实践。2021年是县乡人大换届选举之年，按照党中央、自治区党委、市委、区委关于做好县乡两级人大换届选举工作的要求，圆满完成了乃东区乡两级人大换届选举工作，选举产生市级人大代表38名、区级人大代表151名、乡级人大代表286名；选举产生了新一届区人大常委会组成人员，区人民政府区长、副区长，区监察委员会主任，区人民法院院长和区人民检察院检察长。广大人民群众积极参与我区换届选举，参加选举的选民68011人，占总选民的96.55%。不断完善人大代表和人民群众参加人大常委会会议和活动制度，先后组织人大代表和普通群众参加我区重大项目视察、执法检查、专题调研、“八岗五访三结对”、“三日四周八个一”等活动392人次，邀请人大代表列席人大常委会88人、人民群众27人。区二届人大一次会议代表所提意见建议14件，答复率100%，办理率94%。畅通反映情况、听取意见渠道，确保在决策、执行、监督、落实各环节都能听到来自人民的声音，都有人民的参与。

（二）突出“两项制度”落实，密切同代表和群众的联系。扎实落实人大常委会“双联系”制度，人大常委会组成人员联系人大代表、人大代表按选区或选举单位联系选民实现“双百”目标。扎实落实人大代表选岗、人大定岗、年度考核评岗制度，加强代表监督管理，每名代表主动认领3—5个岗位，推动人大代表岗位职责落到实处，区乡两级437名人大代表设岗定责实现了全覆盖。

（三）做好“规范化提升”，为代表履职创造良好条件。加强各级代表活动阵地规范化建设，制定《区人大常委会关于贯彻落实〈山南市人大常委会关于进一步推进“人大代表之家”规范化提升和常态化活动的实施意见〉的方案》，在区委的坚强领导和区政府的大力支持下，投入61万元，对我区8个“人大代表之家”、38个“人大代表联络站”进行了规范化建设和提升。

（四）加强学习培训，提高代表履职能力建设。加大培训力度，组织驻乃东区的四级人大代表、区乡两级人大工作人员集中学习培训4次753人，组织人大代表考察团3批47人，赴林芝、昌都、日喀则等市县考察学习，接待安徽省、湖南省、湖北省、日喀则市、林芝市、昌都市、那曲市、阿里地区等省、市、县区、乡镇人大考察团19次197人次，参加自治区、市两级人大和组织部组织的干部培训19人次。通过学习培训、走出去、迎进来，全面提升各级人大代表的思想政治素质和依法履职能力。

四、始终坚持忠诚干净担当，自身建设得到新加强

深入学习贯彻落实中央人大工作会议精神、习近平总书记在中央党校开班式上的讲话精神，深入学习贯彻落实习近平总书记关于“四个机关”的重要论述，不断提高政治判断力、政治领悟力、政治执行力。坚持以政治建设为统领，扎实开展党史学

习教育，进行专题研讨8次；深入开展“三更”专题教育，进行交流研讨5次。不断强化常委会党组建设，加强人大常委会机关党组、党支部建设，召开党建工作专题会议2次、党风廉政建设专题会议2次、意识形态领域专题会议2次、常委会党组成员讲党课8次，党建质量稳步提升，不断提高人大干部的思想政治素质和履职能力。

各位代表，一年来，区人大常委会工作的成绩来之不易，根本在于以习近平同志为核心的党中央集中统一领导，根本在于习近平新时代中国特色社会主义思想的科学指引，是在自治区党委、市委和区委坚强领导下，在市人大常委会的有力指导下，全体人大代表、常委会组成人员、全体人大工作者尽职尽责的结果，是区人民政府、区监察委员会、区人民法院、区人民检察院和乃东各族干部群众大力支持、积极参与、充分信任和共同努力的结果，在此，我代表乃东区第二届人大常委会表示衷心的感谢！

一年来，区人大常委会各项工作虽然取得了一定的成绩，但我们也清楚地看到，我区人大工作与新时期党中央对人大工作的新要求，与新时代党的治藏方略，与人民群众对法治乃东建设新愿望，还存在一定的差距和不足，主要是：对人大制度认识不深刻的问题；人大代表参与全过程人民民主不够的问题；法定监督方式运用还不够充分的问题；自身建设还需不断加强的问题。对此，我们将高度重视，努力在今后的工作中不断加强和完善。

2022年主要工作安排

2022年是全面建设社会主义现代化国家向第二个百年奋斗目标进军新征程的重要一年，是深入贯彻落实自治区第十次党代会、市委第二次党代会和区委第二次党代会以及区委第四次全会确定的目标任务的开局之年，是全面实施“十四五”规划的重要之年，更是党的二十大召开之年。乃东区人大常委会工作的总体要求是：坚持以习近平新时代中国特色社会主义思想为指导，全面贯彻落实党的十九大和十九届历次全会精神以及中央人大工作会议、中央民族工作会议、全国宗教工作会议、中央第七次西藏工作座谈会精神，深入贯彻落实习近平法治思想、习近平总书记关于坚持和完善人民代表大会制度的重要思想，深入贯彻落实习近平总书记关于西藏工作的重要论述和新时代党的治藏方略，深入贯彻落实王君正书记关于做好西藏人大工作“五个方面”具体要求和在山南考察调研时的重要讲话精神，弘扬伟大建党精神，增强“四个意识”、坚定“四个自信”、做到“两个维护”，始终坚持党的领导、人民当家作主、依法治国有机统一，在党中央的集中统一领导和区委的坚强领导下，紧紧围绕自治区第十次党代会、区党委经济工作会议、自治区“两会”、市委第二次党代会、市两会和区委第二次党代会、区委第四次全会、区委经济工作会议的部署，坚持稳中求进工作总基调，完整、准确、全面贯彻新发展理念，不断发展全过程人民民主，锚定“四件大事”，依法履行职责、主动担当作为，着力捍卫“两个确立”，做“两个维护”的忠诚践行者；着力树牢“四个自信”，做中国特色社会主义的坚定信仰者；着力推进“四个创建”，做自治区第十次党代会、市委第二次党代会和区委第二次党代会以及区委第四次全会精神落实落地的勇于担当者；着力履行“三大职权”，做以人民为中心思想的忠实实践者；着力打造“四个机关”，做改进作风狠抓落实的坚决行动者，高质量做好监督、代表、自身建设等工作，奋力开创新时代人大工作新局面，为着力推进“四个创建”、努力做到“四个走在前列”、聚力“八大任务”、实现“四个确保”提供有力法治保障，为建设团结富裕文明和谐美丽的社会主义现代化新乃东作出新的更大贡献，以优异成绩迎接党的二十大胜利召开。

一、紧紧围绕党对人大工作的全面领导，力争在建设政治机关上干在实处、走在前列、当好排头兵

深入学习贯彻落实习近平总书记关于坚持和完善人民代表大会制度的重要思想，深入学习贯彻落实中央依法治国会议、中央人大工作会议、自治区党委人大工作会议精神，深入学习贯彻落实自治区党委和王君正书记关于做好西藏人大工作“五个方面”具体要求，始终把党的领导放在人大工作的核心地位，始终坚持党的基本理论、基本路线、基本

方略，旗帜鲜明讲政治，善于从政治上看问题，善于把握政治大局，不断提高政治判断力、政治领悟力、政治执行力，在增强“四个意识”、坚定“四个自信”、捍卫“两个确立”、做到“两个维护”上重行重效；在贯彻落实党中央决策和区党委、市委、区委部署上吃透精神实质，在学懂弄通做实上持续用劲，严格落实请示报告制度，不断学习、不断实践、不断领悟，不断开创人大工作新局面。完整、准确、全面贯彻新时代党的治藏方略，坚持把贯彻新时代党的治藏方略作为长期的政治任务，在完整、准确、全面贯彻上下功夫，落实到人大工作各方面各环节，紧扣统筹推进“五位一体”总体布局、协调推进“四个全面”战略布局和“四件大事”、着力推进“四个创建”、“四个走在前列”的总目标、市委“六个走在全区前列”和区委“干在实处、走在前列、当好排头兵”的要求，始终把总目标要求作为人大工作的总纲，紧紧围绕总目标谋划推进人大各项工作，出实招、亮新招、见真招，通过行使决定权和任免权为实现总目标提供法治保障和组织保障，通过行使监督权为实现总目标提供服务保障，通过代表履职为实现总目标凝心聚力。

二、紧紧围绕维护稳定担当作为，力争在推进民族团结模范区建设上干在实处、走在前列、当好排头兵

持续深入学习贯彻宣传落实习近平总书记关于加强和改进民族工作的重要思想，全面贯彻落实中央民族工作会议精神、中央第七次西藏工作座谈会精神、自治区、市、区三级维护稳定会议精神，深刻认识反分裂斗争进入关键期对人大工作的新要求，以铸牢中华民族共同体意识为主线，以维护祖国统一、加强民族团结作为一切工作的着眼点和着力点，牢牢掌握反分裂斗争主动权，持续深入开展“铸牢中华民族共同体意识学习教育实践”活动、深入推进“国家通用语言文字学习使用”活动、“民族团结进步模范区创建”活动、“民族团结进步月”活动，持续加强《西藏自治区民族团结进步模范区创建条例》执法检查和专题询问审议意见贯彻落实情况的跟踪监督，对《宗教事务条例》和《西藏自治区大型宗教活动管理办法》进行执法检查。切实加强宪法实施和监督，维护宪法权威，认真抓好宪法宣誓制度、宪法日活动、规范性文件备案审查和人大制度宣传月活动。切实加强对依法行政、依法监察和公正司法工作的监督，听取和审议“八五”普法规划、法治政府建设、区监察委员会有关专项报告、公安机关执法规范化建设、法院立案诉讼、检察院办理控告申诉案件情况等报告，深入开展“三日四周八个一”活动、“人大制度宣传月”等活动，积极探索人大工作的新路径、新方法，更好为我区稳定大局服务。

三、紧紧围绕经济发展依法履职，力争在推进高原经济高质量发展先行区建设上干在实处、走在前列、当好排头兵

深入学习宣传贯彻落实党的十九大和十九届历次全会精神，深入贯彻落实习近平经济思想、以人民为中心的发展思想、中央经济工作会议、自治区第十次党代会和自治区经济工作会议、市委第二次党代会和市委经济工作会议、区委第二次党代会和区委第四次全会以及区委经济工作会议精神，深刻认识经济社会进入高质量发展转型期对人大工作的新挑战，坚持稳中求进工作总基调，完整、准确、全面贯彻新发展理念，服务融入新发展格局，全面落实“三个赋予一个有利于”要求，不断加强对经济工作的监督，听取审查计划和预算报告、预算调整报告、决算报告、审计工作报告、审计查出问题整改落实情况报告、固定资产管理情况报告、乡村振兴、特色农牧业发展情况等报告。围绕公共卫生服务体系建设情况，开展专题调研和专题询问。持续推进人大预算联网监督系统运用，着力加强对政府全口径预算监督力度。

四、紧紧围绕生态环境依法履职，力争在推进国家生态文明高地建设上干在实处、走在前列、当好排头兵

深入学习宣传贯彻落实习近平生态文明思想，坚持生态优先、保护第一，努力推进绿色发展。扎实践行“绿水青山就是金山银山、冰天雪地也是金山银山”理念 、“山水林田湖草沙冰生命共同体”论断，坚定不移走生态优先、绿色发展之路，守护好乃东的生灵草木、万水千山。着力推进绿色发展，对《中华人民共和国环境保护法》《西藏自治区国

家生态文明高地建设条例》《山南市城市建设管理条例》进行执法检查，听取2022年度生态环境目标任务和环境保护情况报告，持续开展“雅砻环保行”活动。

五、紧紧围绕强边依法履职，力争在推进国家固边兴边富民行动示范区建设上干在实处、走在前列、当好排头兵

牢固树立总体国家安全观，深入学习宣传贯彻落实“治国必治边、治边先稳藏”的战略思想和习近平总书记关于“加强民族团结、建设美丽西藏”的重要批示、自治区和山南市强边工作会议精神，对“易地搬迁”点群众生产生活情况进行调研，持续在人大代表和全体人大工作者中深入开展争做“神圣国土守护者、幸福家园建设者”活动，发挥驻乃东的各级人大代表在守土固边中的带头作用。

各位代表，让我们更加紧密地团结在以习近平同志为核心的党中央周围，按照党中央、自治区党委、市委、区委的部署要求，在区委的坚强领导下，统一思想、统一意志、统一行动，紧紧围绕全面贯彻落实党的十九届六中全会、自治区第十次党代会、市委第二次党代会和区委第二次党代会以及区委第四次全会精神主动担当作为，争做“两个维护”的忠诚践行者、中国特色社会主义的坚定信仰者、自治区和山南市以及乃东区党代会和区委第四次全会精神落实落地的勇于担当者、以人民为中心思想的忠实实践者、改进作风狠抓落实的坚决行动者，以干在实处的奋斗姿态，走在前列的拼搏精神，争当排头兵的优异成绩，喜迎党的二十大召开。

名词解释

1.“五位一体”：经济建设、政治建设、文化建设、社会建设和生态文明建设。

2.“四个全面”：全面建设社会主义现代化国家、全面深化改革、全面依法治国、全面从严治党。

3.“四件大事”：稳定、发展、生态、强边。

4.“四个确保”：确保国家安全和长治久安，确保人民生活水平不断提高，确保生态环境良好，确保边防巩固和边境安全。

5.“四个意识”：2016年1月29日召开的中央政治局会议，公开提出“增强政治意识、大局意识、核心意识、看齐意识”。

6.“四个自信”：即中国特色社会主义道路自信、理论自信、制度自信、文化自信。

7.“两个维护”：即坚决维护习近平总书记党中央的核心、全党的核心地位，坚决维护以习近平同志为核心的党中央权威和集中统一领导。

8.“十九届历次全会”：包括党的十九届一中全会、十九届二中全会、十九届三中全会、十九届四中全会、十九届五中全会、十九届六中全会。

9.“新时代党的治藏方略”：必须坚持中国共产党领导、中国特色社会主义制度、民族区域自治制度；必须坚持治国必治边、治边先稳藏的战略思想；必须把维护祖国统一、加强民族团结作为西藏工作的着眼点和着力点；必须坚持依法治藏、富民兴藏、长期建藏、凝聚人心、夯实基础的重要原则；必须统筹国内国际两个大局；必须把改善民生、凝聚人心作为经济社会发展的出发点落脚点；必须促进各民族交往交流交融；必须坚持我国宗教中国化方向、依法管理宗教事务；必须坚持生态保护第一；必须加强党的建设特别是政治建设。

10.“三个赋予一个有利于”：所有发展都要赋予民族团结进步的意义，都要赋予维护统一、反对分裂的意义，都要赋予改善民生、凝聚人心的意义，都要有利于提升各族群众获得感、幸福感、安全感。

11.“四个创建”“四个走在前列”：西藏自治区第十次党代会提出，要着力创建全国民族团结进步模范区，努力做到民族团结进步走在全国前列，着力创建高原经济高质量发展先行区、努力做到高原经济高质量发展走在全国前列，着力创建国家生态文明高地、努力做到生态文明建设走在全国前列，着力创建国家固边兴边富民行动示范区、努力做到固边兴边富民行动走在全国前列。

12.“王君正书记关于做好西藏人大工作的‘五个方面’具体要求”：坚持党的领导，强化理论武装，提升立法质量，大力支持保障集中民智、民意，加强自身建设。

13.“八大任务”：树牢总体国家安全观，坚决维护社会大局稳定；完整准确全面贯彻新发展理

念，着力推动高质量发展；贯彻以人民为中心的发展思想，切实改善和保障民生；大力加强生态文明建设，铸牢国家生态安全屏障；夯实民族团结进步基础，进一步铸牢中华民族共同体意识；依法管理宗教事务，积极推进藏传佛教中国化；加快推进边境地区建设，坚决维护国家核心利益；加快发展社会主义民主政治，巩固安定团结的大好局面。

14.“六稳”“六保”：稳就业、稳金融、稳外贸、稳外资、稳投资、稳预期；保居民就业、保基本民生、保市场主体、保粮食能源安全、保产业供应链稳定、保基层运转。

15.“七五”普法规划：中央宣传部、司法部关于在公民中开展法治宣传教育的第七个五年规划（2016—2020 年）。

16.“八五”普法规划：中央宣传部、司法部关于在公民中开展法治宣传教育的第八个五年规划（2021—2025 年）。

17.建设“四个机关”：即切实将人大常委会机关建设成坚定的政治机关、有为的权力机关、务实的代表机关、担当的工作机关。

18.“三农”：指农业、农村和农民。所谓“三农”问题，就是指农业、农村和农民这三个问题。

19.党史学习教育：2021 年 2 月 1 日，中共中央决定在全党开展的党史学习教育，激励全党不忘初心、牢记使命。

20.“三更”专题教育：指在全体党员中开展政治标准要更高，党性要求要更严，组织纪律性要更强专题学习教育。

21.“双联系”即：区人大常委会组成人员联系代表、代表联系选民或选举单位。

22.“三日四周八个一”：“三日”即每月 5 日为代表学习培训日、每月 10 日为代表联系选民接待日、每月 20 日为代表集中议事日。“四周”即：每年 3 月第一周为“集中研讨周”、每年 6 月第二周为“建议督办周”、每年 9 月第三周为“视察检查周”、每年 11 月第四周为“调研献策周”；“八个一”即依托“人大代表之家”平台，与每年的法律法规主题宣传活动相结合、民生实事项目人大代表票决制试点工作、“人大制度宣传月”活动和调研、视察、执法检查、代表培训等活动相结合，组织代表深入开展“学好一部法律、宣讲一次政策、开展一次走访、提出一条建议、做好一件实事、化解一个矛盾、解决一个问题、进行一次述职”活动。

23.“八岗五访三结对”：“八岗”即民族团结岗、综合治理岗、乡村振兴岗、文明新风岗、为民纾困岗、生态文明岗、环境治理岗、稳边兴边岗，每名代表从 8 个岗位中认领认领 3—5 个岗位（民族团结岗、为民纾困岗为每名代表必选岗位，稳边兴边岗为边境县乡代表必选岗位），每个岗位每年至少开展 1 次活动和实事，并加强监督管理，推动岗位职责落到实处；“五访”即走访离任代表、走访困难户、走访上访户、走访和谐稳定带头人、走访发家致富者；“三结对”即与选民结对子、与困难户结对子、与上访户结对子，多措并举帮助选民和群众。

政府工作报告

——在乃东区第二届人民代表大会第三次会议上

中共乃东区委副书记、区长 索朗平措

（2022 年 1 月 13 日）

2021 年工作回顾

2021 年，是全区各族干部群众政治生活中极不平凡的一年，是乃东经济社会发展中极为不易的一年。一年来，在自治区党委政府、市委市政府的坚强领导下，在以张维书记为班长的区委指挥带领下，我们坚持以习近平新时代中国特色社会主义思想为指导，深入贯彻落实习近平总书记关于西藏工作重要论述和新时代党的治藏方略，以及视察西藏重要讲话重要指示精神，坚持稳中求进工作总基调，立足新发展阶段，完整准确全面贯彻新发展理念，服务和融入新发展格局，推动高质量发展，实现“十四五”良好开局，全区经济社会发展取得良好成效。预计全年完成地区生产总值 74.57 亿元（含市直），同比增长 9%；完成固定资产投资 62.1 亿元（含市直），同比增长 1%；完成社会消费品零售总额 48.9 亿元（含市直），同比增长 10%；实现农村居民人均可支配收入 21344 元，同比增长 13%；实现工业增加值 1.635 亿元，同比增长 9%；完成税收收入 5.83 亿元，同比增长 14.3%；完成一般公共预算收入 3.44 亿元，同比增长 1.35%。预计地区生产总值、社会消费品零售总额、税收收入增幅位居全市第一。

过去一年，我们坚持真抓实干、铆足气力抓建设，重点项目有力推进。全年共实施项目 68 个（不含市直），总投资 101.38 亿元。储备“十四五”项目 355 个，纳入自治区总盘子 68 个，估算总投资分别为 161.93 亿元、11.3 亿元。江北公安一级检查站、斯堆村批布组公路、贡布日山旅游景区建设、西藏宏农藏鸡产业园一期、矮化苹果种植以及嘎东团结新村、志岗村、斯堆村易地搬迁庭院经济建设项目建成投用。乃东家园一、二期项目基本建成。江萨吉祥花园、贡康小区、格巴小区沿街商业开发、诺一·雅江天街商业广场、恒宇商业广场、锦砻·御江府、泽当大道片区城中村（棚户区）改造等项目有序推进。乃东区疾控中心、乃东居委会片区城中村（棚户区）改造、支那村水库等项目正式启动。

过去一年，我们坚持优化升级、全力以赴兴产业，产业发展提质增效。全年完成总播种面积 6.02 万亩，粮经饲比例 74 ∶ 15 ∶ 11，粮食产量达到 2.4 万吨，同比增长 1%。乃东区青稞种植系统被列入第六批中国重要农业文化遗产名单。结巴 3500 亩连片饲草基地开发建设项目前期工作积极推进。新生仔畜 3.98 万头，成活率 95%。猪牛羊肉产量 4900 吨、禽肉产量 407.9 吨、蛋产量 750 吨，同比分别增长 35.7%、400%、176%。完成黄牛改良冻配 5294 头，春秋两季重大动物疫病免疫密度达 100%。生猪（藏猪）、奶牛、藏鸡等特色产业基地初具规模。27 个“十三五”产业项目产权归属明晰和固定资产清产核资工作全面完成。锦泽商砼、协和太阳能等规上企业运营良好，累计实现营业收入 2.3 亿元，较去年增长 35.29%。嘎东团结新村房顶分布式光伏项目积极推进。才朋、郭乃风力发电项目进入测风阶段。成功举办 2021 西藏山南乃东旅游推介会，与湖北省中国旅行社达成游客输送合作协议。扎西曲登民宿、夜伴蜂声休闲园等特色旅游产业持续壮大。各大景点累计接待游客27.1万人次、实现旅游综合收入2976.28万元,同比分别增长82%、182%。成功举办第41届雅砻物资交流会,总成交额6.1亿元,同比增长22%。

过去一年,我们坚持以人为本、千方百计惠民生,民生福祉更加普惠。统筹四级资金46540.38万元,巩固拓展脱贫攻坚成果同乡村振兴有效衔接,脱贫群众人均纯收入达到15980.49元。本级投入4300余万元实施2021年"十件民生实事",有效解决一批群众急难愁盼问题。本级投入6700余万元实施教育教学质量提升行动,中(小)考成绩名列全市各县(区)前列。中(小)学入学率、农牧区学前三年受教育率均达到100%。兑现"三包"、大学生资助金等3243.84万元。26所村(社区)双语幼儿园饮水改造、颇章乡小学标准化建设、乃东实验小学学生公寓楼建成投用。乃东区融媒体中心入选"2021年全国县级融媒体中心能力建设十佳创新案例"。克松钔谐等11个文艺项目认定为县级非物质文化遗产代表性项目。常态化疫情防控、疾病防控、妇幼保健等工作扎实开展,2021—2022年农村妇女"两癌"筛查任务超额完成。城乡居民基本医疗保险参保率达99.9%,兑现城乡居民基本医疗保险、大病保险等资金4722.1万元。城乡居民基本养老保险参保率达98%,发放养老金1600.5万元。兑现城乡低保、残疾人"两项补贴"等资金1385.1万元。新建成区级转移就业基地2个。实现转移就业12155人、外出务工总收入13141.7万元,完成全年目标任务的101%、154%。675名应届高校毕业生实现就业,就业率达99.85%。

过去一年,我们坚持统筹发展、不遗余力补短板,城乡建设协调推进。国土空间规划编制成果初步形成,42个村(社区)乡村振兴规划进入深度编制阶段。完成农村集体土地所有权确权登记。实施农牧区人居环境整治三年行动,完成户厕改造6467户。亚桑美丽宜居示范村项目、色康居委会人居环境整治工程全面建成。国家数字乡村试点工作有序开展,与钉钉(中国)信息技术有限公司签订了数字乡村框架合作协议。完成纬一路、湖北大道南延伸段二期等9个重点项目征地拆迁工作,累计兑现拆迁补偿资金8808.04万元,完成还迁安置46户。卫生城市创建积极推进。西藏和平解放70周年泽当城区环境整治圆满完成。

过去一年,我们坚持绿色发展、凝心聚力促崛起,生态环境持续改善。完成32个生态文明村(社区)创建。《乃东区生态文明建设规划》《乃东区农村生活污水处理专项规划(2021—2035)》编制完成。生态环境六大专项整治工作有力推进。完成自治区第三环保督察反馈问题整改,全区所有非金属矿产企业全部关停,中铁五局多颇章道砟场等生态环境治理恢复积极推进。医疗废物提标升级改造项目基本建成,雅砻库区生态清洁流域综合治理工程、支那村污染土壤钝化修复项目加快推进。自然灾害综合风险普查全面启动。完成义务植树、"四旁"植树3000亩、项目造林21954亩(含飞播造林13650亩)。空气质量优良指数达98%以上,集中式饮用水源地和主要江河湖泊水质达标率100%。

过去一年,我们坚持创新驱动、锲而不舍谋发展,改革开放持续深化。农村宅基地改革试点稳步推进,基础信息摸底调查入户率达100%。建成农村集体资产"三资"管理平台。探索推进农村股份合作社股权抵押贷款,发放结莎社区股份经济合作社股权抵押贷款1000万元。产权制度改革在自治区、市级验收中均被评为优秀档次。持续深化"放管服"改革,四级、三级、二级发布事项办理深度分别为51.3%、97.72%、100%,即办事项占比36.7%,承诺时间压缩52.9%。持续推行"先照后证""多证合一""证照分离"等惠企政策,企业登记事项网上办理率达95%。养老保险、医疗保险关系转移等实现"跨市通办"。积极引导个体工商户转型升级,全区共有市场主体10232户,从业人员41258人,注册资金198.45亿元,商标1270件。持续优化营商环境,兑现4家企业产业扶持金、代理招商购买服务费10751.6万元,减税降费3600余万元。完成"十四五"对口援藏项目投资2620万元,完成社会援藏投资655.98万元。

过去一年，我们坚持共治共享、久久为功筑防线，社会大局和谐稳定。依法管理宗教事务，寺庙管理长效机制不断健全。建成7个乡镇（街道）、53个村（社区）综治中心（站），圆满完成习近平总书记视察西藏、西藏和平解放70周年庆祝活动期间维稳安保任务，荣获“2017—2020平安中国建设示范区”。全面启动“八五”普法，深入开展“法律七进”活动。严格落实社区矫正、安置帮教人员教育管控措施。强化部门联动执法，加强重点部位隐患排查整治和重点领域公共安全监管。严格落实安全生产工作责任制，全区安全生产形势总体平稳。畅通群众来信来访渠道，受理各类来信来访119件388人次，办结率97.5%，受理拖欠农民工工资案件212起1563人，追回劳动报酬2586.9万元。

过去一年，我们坚持依法行政、持之以恒提效能，政府建设持续加强。深入开展党史学习教育和“三更”专题教育，全年开展政府党组理论中心组学习31次。加强对“三重一大”事项研究，全年召开政府常务会议11次，研究事项124项，提交区委研究审定34项。坚持政府带头过紧日子，2021年“三公”经费支出505.4万元，同比下降27%。自觉接受人大、政协监督，办理人大代表意见建议38件、政协委员提案28件，办复率、满意率均达到100%。坚持依法履行政府职能，法治政府建设取得新成效。2021年政务公开信息682项，较去年增长27.7%。广泛听取工商联、社会各界人士意见，工会、共青团、妇联作用发挥明显，妇女、儿童和残疾人事业取得新进展。

各位代表，过去的一年，我们经受了异常严峻的考验，取得了来之不易的成绩，成绩的取得，离不开市委、市政府的坚强领导，离不开区委的指挥调度，离不开区人大、政协和社会各界的有效监督，离不开武汉人民的无私援助，凝结了全区各族人民的艰苦奋斗。在此，我代表区政府，向各领域辛勤工作的各族干部群众致以崇高的敬意！向人大代表、政协委员和社会团体，向所有援藏干部，向驻军部队、武警官兵和政法干警，向所有关心支持乃东发展的各界人士，表示衷心的感谢！

各位代表！站在新的起点上，我们要清醒认识到全区经济社会发展面临的困难和挑战。一是运用新发展理念推动高质量发展的意识和能力不足，招商引资成果与发展壮大实体经济不匹配；二是一、二、三产融合发展不够，产业集聚效应不明显，未形成成熟的产业链，高质量发展内生动力不足；三是个别部门办事效率低、服务意识差，缺乏干在实处、走在前列、当好排头兵的思想自觉和行动自觉。这些阻碍我们前进的“绊脚石”，都需要我们高度重视、认真对待，采取有效措施加以解决。

2022年工作安排

各位代表！2022年是党的二十大召开之年，是实施“十四五”规划承上启下的关键之年，是我区加快发展的重要战略机遇期。机遇与挑战并存，机遇大于挑战。我们要坚定信心，锐意进取，奋发有为，全力推进乃东长治久安和高质量发展。

2022年我区经济社会发展的指导思想是：坚持以习近平新时代中国特色社会主义思想为指导，深入贯彻落实党的十九大和十九届二中、三中、四中、五中、六中全会精神以及中央第七次西藏工作座谈会精神，贯彻习近平总书记关于西藏工作重要论述和新时代党的治藏方略，以及视察西藏重要讲话重要指示精神，贯彻自治区第十次党代会、市第二次党代会精神，增强“四个意识”、坚定“四个自信”、捍卫“两个确立”、做到“两个维护”，坚持稳字当头、稳中求进，立足新发展阶段，完整准确全面贯彻新发展理念，主动服务和融入新发展格局，围绕“四个创建”“四个走在前列”，落实“三个赋予一个有利于”要求，坚持“基础先行、产业兴区、绿色崛起、富民强区”，统筹疫情防控和经济社会发展，统筹发展和安全，继续做好“六稳”“六保”工作，抓好“四件大事”、实现“四个确保”，保持平稳健康的经济环境、国泰民安的社会环境、风清气正的政治环境。

2022年经济社会发展主要目标是：地区生产总值增长8%，固定资产投资增长3%，社会消费品零售总额增长11%，规模以上工业增加值增长9%，城乡居民人均可支配收入分别增长10%、12%，居民消费价格涨幅控制在3%以内，城镇登记失业率控制在2%以内。

实现上述发展目标，我们要抓好以下八个方面工作。

（一）突出发展重点，做强五大产业，激发经济发展的不竭动能

大力发展高原特色农牧业。坚持稳粮、兴牧、强特色，确保全区粮食、经济作物、饲草料种植面积、良种推广面积稳定在4.5万亩、1万亩、0.35万亩、0.25万亩。持续抓好黄牛、犏牛改良，强化接羔育幼指导服务，确保怀胎率和存活率。全面完成包虫病综合防治三年工作目标，加强重大动物疫病防控，确保重大动物疫病免疫密度、其他疫苗免疫密度、抗体合格率分别达95%、70%、75%以上。深入推进以青稞、奶牛、生猪、藏鸡为主的产业发展，培育一批产业链条完整的规模化产业集群。高标准推进绿色食品原料（青稞）标准化生产基地建设，大力推进“三品一标”认证，力争新增绿色食品原料基地和国家地理标志农产品各1个。大力推进数字乡村试点工作，强化科技成果转化和推广应用。加快发展绿色工业。主动融入藏中清洁能源基地建设，力争开工建设清洁能源20万千伏。加快推进太阳能、风能综合利用拟选址工作，扎实开展抽水蓄能前期调研。大力发展新能源、民族手工业、天然饮用水等绿色工业，加快推进才朋、郭乃风力发电项目和夏果、郭乃光伏发电项目，实施好嘎东团结新村房顶分布式光伏项目。鼓励支持锦泽商砼、协和太阳能等企业发展壮大，不断扩大市场占有份额。加强优秀民族手工艺传承创新，促进民族特色产品标准化规范化发展。做优做强文化旅游业、现代服务业、商贸物流业。加快文化旅游业发展，促进文旅融合。加强区内外旅游合作，推动雅拉香布景区外包运营。加快西藏青禾旅游开发有限责任公司组建运营，积极推动昌珠历史文化名镇景区整体开发。坚持特色、高端、精品，试点开设门中岗精品民宿。加强文化旅游线上线下宣传推介，力争全年接待游客30万人次、实现旅游综合收入5000万元。积极发展生产性服务业和生活性服务业，加快打造多元化、综合性消费需求的商业网络。因地制宜制定《乃东区发展商贸物流业五年行动计划》，建立完善“三级”物流服务体系，加快推进电子商务进农村综合示范项目。办好第42届雅砻物资交流会，力争2022年社会消费品零售总额同比增长11%以上。

（二）加快项目建设，扩大有效投资，筑牢基础先行的发展基石

紧盯政策争取国家投资。抓住中央“适度超前开展基础设施投资”“适当增加中央预算内投资”的重大契机，用好中央为西藏量身定制的优惠政策，精心谋划一批强基础、增功能、调结构、惠民生、利长远的重大产业项目、重大基础设施项目、重大生态环保项目、重大民生项目。认真梳理“十四五”规划项目盘子，加大跑办衔接力度，争取更多项目、资金和优惠政策。加强调度落实重大投资。抓好项目全过程管理，建立健全相关项目单位联席会议制度，深入实行“县级干部+职能部门+项目企业”“一对一”跟踪服务管理模式，加快推进火车站站前广场整体开发，积极推进羊卓·峰住宅、陇巴国际商场、恒宇商业广场、诺一·雅江天街、锦砻·御江府商业体开发、山南万源府酒店、木森度假酒店等项目，启动山南标准化厂房建设项目。优化理念加大招商引资。树立“大招商、招大商”的理念，主动对接国企、央企和500强企业，积极引进一批创新能力强、投资规模大、产业层次高、带动潜力足的企业落户乃东。加大招商引资力度，力争2022年引进招商引资企业10家，完成注册资金2亿元，确保全年招商引资到位资金50亿元，完成固定资产投资30亿元以上。聚焦短板用好援藏投资。巩固拓展“一心两翼”援藏模式，抓住“十四五”援藏工作重点，聚焦补短板、强弱项，持续深化医疗“组团式”援藏，全力提升医疗软实力。深化“武汉两区对口支援乃东一个乡镇”机制，促进鄂藏两地深入交往交流交融。加快推进“十四五”援藏项目建设，确保2022年计划实施的5个项目顺利推进。

（三）统筹区域发展，力促乡村振兴，搭上互融齐飞的筑梦列车

积极融入新发展格局。充分发挥山南首区优势，主动融入全区“一核一圈两带三区”发展新格局，加快拉萨山南经济一体化进程，推进交通、公共服务一体化建设，以建设泽当与拉萨一小时经济圈为契机，承接好拉萨非首府功能，奋力推进经济高质量发展走在前列。全面推进乡村振兴。严格落实“四个不摘”要求，巩固拓展脱贫攻坚成果同乡村振兴有效衔接，落实好防返贫动态监测和精准帮扶机制，实现返贫致贫人口动态清零，确保不发生规模性返贫。实施好多颇章乡人居环境整治项目，建成克松社区乡村振兴示范引领项目，启动门中岗社区、索珠村、雪村乡村振兴旅游示范村建设项目。扎实推进城乡建设。本级投入3000万元实施城市更新行动，着力解决城区防违控违、房屋私搭乱建、线路私搭乱接、背街小巷垃圾遍地、污水排放困难等突出问题。因地制宜推进老旧小区改造提升，实施好乃东老城区棚户区改造、门次、香曲西路退休区老旧小区改造等项目，加快推进污水处理厂二期项目。启动泽当大道改扩建、滨江大道改扩建、三湘大道南延伸段等重点项目拆迁。积极推进乃东至桑日高等级公路、乃东至墨竹工卡公路、亚堆乡S510线至措美县交界公路等项目，实施好恰当村琨组公路、郭乃村五组公路、滴新村通组公路等项目，力争创成市级“四好农村路”示范区。

（四）夯实社会保障，增进民生福祉，探索共同富裕的乃东路径

推动就业创业全面发展。落实好乃东区就业创业政策补贴暂行办法。创成自治区级“双创中心”，力争孵化小微企业30家以上。继续将400万元以下项目交由具备条件的农牧民施工企业实施，确保施工企业中农牧民用工量达80%以上。开展定岗定向技能培训，持续提高民工联队组织化规模化程度，力争全年完成转移就业1.3万人以上，创收1.4亿元。全面落实高校毕业生“八个一批”措施，确保就业率保持在99%以上。扎实做好城镇困难人员、残疾人和退役军人等重点群体就业，确保零就业家庭动态清零。推动教育事业全面发展。落实好教育教学质量提升行动计划，持续加大本级财政教育领域投入，加快推进学校标准化建设，稳步推进智慧校园建设和各小学信息化工程，实施好索珠乡小学、地新村、门中村、曲德沃村幼儿园改扩建等项目。认真开展教师“一考三评”活动，持续推进教研教改。认真落实“五个一”举措，组织开展思政教师全员培训。完善以国家通用语言文字为主体的一体化教育教学体系。严格落实“双减”政策，推进义务教育优质均衡发展，巩固农牧区学前三年入园率、小学适龄儿童入学率、初中阶段毛入学率“三个100%”成果。推动公共文化全面发展。积极推进文创产品投入市场，着力提高文化产业增加值占比。积极推进县级文化馆、图书馆总分馆制建设试点，力争走在自治区三个试点县（区）前列。全面深化藏语文社会用字清理整顿，出版发行《山南市乃东区地名历史文化释义》《山南市乃东区山水文化》。努力创作7—10部有地域特色、彰显藏源文化底蕴的文艺作品，扎实开展“深入生活、扎根人民”“文化进万家、戏曲进乡村”活动。继续做好非物质文化遗产挖掘保护工作，开工建设乃东区非物质文化遗产体验中心。推动健康乃东全面发展。深入实施医疗卫生健康发展行动，持续推进国家健康促进试点县（区）创建。全面推进远程会诊平台、双向转诊平台、基本公共卫生服务平台、妇幼保健平台建设，积极做好重大传染病、慢性病、地方病、结核病、包虫病等筛查防治工作。全力改善城乡体育基础设施，促进全民健身与全面健康融合发展。推动社会保障全面发展。深入推进基本医疗保险全民参保，落实好大病保险和医疗救助政策，做到应保尽保、应救尽救。完成村（社区）卫生室医保定点机构申请和医保系统延伸，为群众就近就医提供便利。加大乡镇（街道）社工站建设力度，实施好特困人员集中供养服务中心提升改造项目，扎实做好社会救助、社会福利、优抚安置等工作，全力保障妇女、儿童、老人、残疾人合法权益。

（五）坚持绿色崛起，建设生态文明，擦亮绿水青山的靓丽底色

全面推进生态保护修复。坚持山水林田湖草沙冰一体化保护和系统治理，扎实推进“一江三河”流域生态保护修复，深入实施国土绿化行动，加大植树造林、森林抚育、防沙治沙力度，力争完成义务植树、“四旁”植树2500亩、造林4000亩、防沙治沙1000亩。完成中央环保督查反馈问题整改销号，有序开展中铁五局道砟场等有主矿山及历史遗留无

主矿山生态环境恢复治理。全面强化环境综合治理。持续加大环境污染防治和综合治理力度，全面实施大气、水、土壤污染防治工程，确保空气优良指数保持在98%以上，水质达标率保持在100%。深入实施农牧区人居环境整治三年行动，因地制宜推进农村厕所革命，完成1022户户厕改造任务。认真筹备中央环保大督查迎检工作。全面落实生态安全责任。坚持生态优先、绿色发展，落实好河长制、湖长制、林长制。持续强化“三线一单”硬性约束，全面落实环境保护“一票否决”制度，严禁“三高”项目进入。加大重大基础设施建设等环境执法监管，以最严格的制度保护好乃东的山山水水、一草一木。

（六）推进深层改革，提高行政效能，营造高效一流的发展环境

深化农业农村改革。积极稳妥推进农村宅基地制度改革试点，做好宅基地“三权分置”和房地一体确权登记颁证。探索推进宅基地和房屋使用权流转、宅基地退出、宅基地有偿使用、闲置宅基地盘活利用等方面制度体系建设。深化“放管服”改革。深入开展“证照分离”“多证合一”改革，推广商事登记自助服务、智能审批应用，确保企业登记事项网上办理率保持在95%以上。深入推进“互联网+政务服务”，积极推动“跨省通办、跨市通办”。持续优化营商环境，以更好营商环境培育更多市场主体，力争2022年市场主体增加1000户。深化重点领域改革。推动预算管理一体化改革全面落实，将本级政府收支预算、部门和单位预算收支、政策和项目全部纳入绩效管理。严格落实各项减税降费政策，持续开展“便民办税春风行动”，帮助企业减负纾困。加快完善区属国企现代企业制度，提高企业运行效率。

（七）坚守安全底线，提升治理水平，巩固平安建设的创建成果

扎实推进民族团结进步创建。坚持依法管理宗教事务，不断完善宗教事务治理体系。持续推进民族团结进步模范区创建“九进”活动，大力开展民族团结、爱国主义、反分裂斗争、新旧西藏对比和马克思主义“五观”、“两论”教育，持续开展“五史”教育，引导各族群众铸牢中华民族共同体意识。持续加强基层治理体系建设。依托“雪亮工程”、“智慧公安”、“智慧警务”、维稳大数据中心等平台拓展矛盾纠纷化解渠道。全面推进“八五”普法，深入开展法律“七进”活动，做好社区矫正、人民调解、安置帮教工作。加强网络监管，开展“清朗”“网剑”专项行动，依法严厉打击网络违法犯罪行为。严格落实信访联席会议制度、“三级信访接待日”、领导包案、通报考核机制，最大限度解决信访和“双拖欠”问题。坚决守住安全发展底线。加强自然灾害防治，认真做好第一次全国自然灾害综合风险普查与评估。深化安全生产专项整治三年行动，强化事故多发领域安全监管，持续消除道路交通、工程建设、公共消防等领域安全隐患。扎实开展食品安全专项整治，力争2022年底“明厨亮灶”率达到100%，食品抽检合格率达95%以上。聚焦重点领域、重点部位、重点通道，坚持人、物、环境同防，压实“四方责任”，落实“四早措施”，坚决防止输入性疫情隐患。加快推进疫苗接种，实现目标人群应接尽接。

（八）狠抓作风转变，加强自身建设，铸就走在前列的第一方阵

旗帜鲜明提站位。自觉增强“四个意识”、坚定“四个自信”、捍卫“两个确立”、做到“两个维护”，切实在思想上政治上行动上同以习近平同志为核心的党中央保持高度一致，不断提高政治判断力、政治领悟力、政治执行力，始终做政治上的“明白人”“老实人”。依法行政提效能。严格落实“三重一大”制度，充分发挥司法、审计、法律顾问作用，做到依法、民主、科学决策。自觉接受人大法律监督、政协民主监督和社会舆论监督，主动听取意见，回应社会关切。大力推进政务公开，保障广大群众的知情权、参与权、监督权。担当作为抓落实。深入开展改进作风狠抓落实工作，教育引导政府班子成员和部门始终保持等不起的紧迫感、慢不得的危机感和坐不住的责任感，用“跳起来摘桃子”的劲头，瞄准先进、自我加压，全力以赴推进高质量发展。持之以恒抓廉政。严格履行“一岗双责”，纵深推进政府系统党风廉政建设和反腐败斗争。坚持政府带头过紧日子，精打细算做好预算安排，压减一般

性行政支出，把更多财力用到保民生、补短板、促发展上。不折不扣落实中央八项规定及其实施细则精神和区党委实施办法，永葆为民、务实、清廉的政治本色。

各位代表，蓝图已绘就，使命在召唤，奋进正当时。让我们以习近平新时代中国特色社会主义思想为指导，紧密团结在以习近平同志为核心的党中央周围，在自治区党委政府、市委市政府、区委的坚强领导下，解放思想、勇于担当，积极作为、真抓实干，奋力谱写乃东长治久安和高质量发展新篇章，以优异成绩迎接党的二十大胜利召开！

名词解释

"三个赋予一个有利于"：是指西藏所有发展都要赋予民族团结进步的意义，都要赋予维护统一、反对分裂的意义，都要赋予改善民生、凝聚人心的意义，都要有利于提升各族群众获得感、幸福感、安全感。

"两个确立"：是指党确立习近平同志党中央的核心、全党的核心地位，确立习近平新时代中国特色社会主义思想的指导地位。

"三高"项目：是指高污染、高耗能、高排放项目。

"三品一标"：是指无公害农产品、绿色食品、有机食品，农产品地理标志。

"一江三河"流域：是指雅鲁藏布江、温曲河、雅砻河、多雄河流域。

"三更"专题教育：是指政治标准要更高、党性要求要更严、组织纪律性要更强专题教育。

"五史"教育：是指党史、新中国史、改革开放史、社会主义发展史、西藏地方和祖国关系史教育。

"三线一单"：是指生态保护红线、环境质量底线、资源利用上线，生态环境准入清单。

"八五"普法：是指普法宣传教育的第八个五年规划。

"两癌"筛查：是指宫颈癌和乳腺癌的筛查。

宅基地"三权分置"：是指宅基地的所有权、使用权，以及农户作为集体经济成员的资格权。

教师"一考三评"活动：是指考业务知识水平、评思想政治和师德师风、评课堂教学能力、评信息技术应用能力。

"四旁"植树：是指路旁、水旁、宅旁、村旁植树。

"双拖欠"：是指工程款和民工工资拖欠问题。

法律"七进"：是指法律进机关、进乡村、进社区、进企业、进学校、进单位、进寺庙。

"四好农村路"：是指建好、管好、护好、运营好农村路。

压实"四方责任"：是指压实属地、部门、单位、个人的责任。

落实"四早措施"：是指早发现、早报告、早隔离、早治疗。

民族团结进步模范区创建"九进"活动：是指民族团结进步模范区创建进机关、进乡镇、进村居、进学校、进宗教活动场所、进连队、进企业、进景区、进家庭。

高校毕业生"八个一批"：是指国企央企吸纳就业一批、公开考录就业一批、区外助力就业一批、民企吸纳就业一批、强化基层就业一批、创业带动就业一批、结对帮扶就业一批、政府托底就业一批。

中国人民政治协商会议第一届乃东区委员会常务委员会工作报告

——在政协第二届乃东区委员会第一次会议上

乃东区政协主席 格 桑

（2021 年 7 月 2 日）

一届委员会工作的回顾

区政协一届一次会议以来的五年，是极不平凡的五年。我们共同见证了新中国成立 70 周年、人民政协成立 70 周年、改革开放 40 周年、西藏民主改革 60 周年，我们勠力同心、攻坚克难，打赢疫情防控阻击战，全面建成小康社会取得伟大成就，“十三五”圆满收官，“十四五”全面擘画。五年来，在中共乃东区委的正确领导下，全区人民万众一心、破难攻坚、砥砺奋进，综合实力稳步提高，脱贫攻坚全面胜利，经济结构不断优化，社会事业加快推进，人民生活明显改善，在全面建设社会主义现代化新乃东的征程上阔步前进。

五年来，一届区政协坚持以习近平新时代中国特色社会主义思想为指引，在中共乃东区委坚强领导下，团结带领广大政协委员，高举爱国主义和中国特色社会主义伟大旗帜，坚持团结民主两大主题，自觉投身改革创新时代潮流，胸怀大局，开拓创新，整合政协力量，融会三项职能，丰富履职载体，拓展协商平台，在全面建设社会主义现代化新乃东的新征程中，贡献政协智慧、展现政协作为，续写了乃东政协事业发展史上的崭新篇章。

一、提高政治站位，坚定正确政治方向，确保政协工作与党委“同心、同向、同行”。

强化理论武装。一届区政协始终以思想政治建设为统领，打牢团结奋斗的共同思想政治基础。坚定自觉用习近平新时代中国特色社会主义思想武装头脑、指导实践、推动工作。及时召开党组会议、主席会议并通过集中培训、专题讲座、研讨交流、上党课等，深入学习贯彻党的十八大、十九大及历次全会和中央第六、七次西藏工作座谈会精神，深入学习贯彻习近平总书记关于人民政协的重要指示精神，深入学习贯彻新时代加强和改进人民政协工作的意见、关于加强新时代人民政协党的建设工作的若干意见等重要文件，深入学习贯彻区党委、市委、区委党代会及历次全会精神等。五年来，共围绕学习贯彻中央和区党委、市委、区委重大决策部署召开 68 次党组会议、18 次常委会会议、50 次主席会议。

坚定正确政治方向。旗帜鲜明讲政治是对政协工作的根本要求，是政协委员的应尽职责。一届区政协毫不动摇地坚持中国共产党的领导，坚定不移地走中国特色社会主义政治发展道路，牢固树立“四个意识”，坚定“四个自信”，自觉地做到拥戴、信赖、忠诚、捍卫党的领袖和核心；自觉地维护以习近平同志为核心的党中央权威和集中统一领导；自觉地笃行贯彻习近平总书记治边稳藏重要战略思想和依法治藏、富民兴藏、长期建藏、凝聚人心、夯实基础的重要原则；自觉地牢固树立以人民为中心的发展思想和履职为民理念；自觉地贯彻落实区委重大决策部署和对政协工作的要求。积极争取区委的支持，政协机构改革有关意见，区政协设立专门委员会1个，乡镇（街道）政协委员联络办公室按照“有人员、有场所、有设施、有制度、有活动”的“五有”要求，进一步充实和加强了工作力量。以换届为契机，主动协调组织、统战部门，出台区委政协换届指导意见，改进委员推荐、产生机制，确保了政协换届工作顺利进行。

加强政协党的建设。认真贯彻落实区委关于加强新时代人民政协党的建设工作的实施意见，认真做好重要计划、重点工作、重大制度审议把关，认真做好思想教育、政策宣传，积极引导全体政协委员不断增强“四个意识”、坚定“四个自信”、做到“两个维护”。召开政协党的建设专题会议，以党的建设为统领，建立健全《党组工作规则》等8项制度，认真落实“三会一课”制度，贯彻民主集中制，扎实开展党内委员联系党外委员工作，积极发挥党员委员在思想引领、带头履职、民族团结、合作共事等方面的模范作用，发挥政协党组织在政协工作中的领导作用，起到了把方向、管大局、保落实作用。五年来，区政协党组向区委请示报告49次。

二、紧紧围绕中心、服务发展大局，确保协商议政“奋发、务实、有为”。

紧盯重大决策开展整体协商。一年一度的全体会议上，广大委员以高度的政治责任感和使命感围绕政府工作报告和其他报告，进行广泛协商讨论，提出许多富有建设性的意见和建议，为区委、区政府科学决策提供了参考。委员们围绕大学生就业、基层教育事业发展、加强民族团结、完善基层公共卫生治理体系、建立健全防止返贫监测机制等热点难点议题，进行了大会发言，发表的意见建议得到了与会领导的积极评价和充分肯定。一届三次会议以来，共有19人次作了大会发言。委员们还通过分组讨论、社情民意信息等形式，围绕“十四五”规划的制定、政府工作报告等事关全局的重大事项，涉及经济社会发展的突出问题，以及人民群众关心的热点难点问题进行协商讨论，积极议政建言。

紧盯重点工作开展专题协商。一届区政协相继围绕实现“十三五”目标、脱贫攻坚、生态环境建设、基层公共卫生、优化发展环境、征地拆迁、扶贫产业项目、重点项目建设等常态工作为议题，会前组织委员视察调研，会中听取情况通报，开展专题协商，会后将协商意见以调研报告、视察报告的形式报送区委、区政府，得到了党政领导的重视和采纳。先后围绕实施乡村振兴战略、“十四五”规划编制等课题，召开专题议政性常委会会议开展协商讨论。每年召开一次经济工作运行情况通报会，邀请区政府领导出席并通报有关情况。

紧盯重要问题开展办理协商。研究制定了《政协乃东区委员会提案工作条例》《政协乃东区委员会重点提案遴选与督办暂行办法》等，积极推动提案工作制度化、规范化。一届一次会议以来，为做好提案办理落实工作，在提高提案质量上下功夫，强化提案办前、办中、办后“三沟通”的工作流程，推行主席督办、现场督办、跟踪督办，增强提案承办单位办理协商意识，形成了提案者、提案承办单位和综合委多方沟通协商机制，有效改变以往少数承办单位“重答复、轻落实”的现象。一届会议期间，共收到提案186件，经审查立案171件，占提案总数的91.9%；未立案15件，占提案总数的8.1%。提案办结率100%，回访率100%，满意和基本满意率96.1%，切实解决了一部分群众的困难和问题。

三、倾情履职为民、助力民生改善，确保建言资政“为民、利民、助民”。

不断拓展民主监督履职创新。一届区政协积极探索民主监督新途径，切实加大监督力度，不断提高监督实效。围绕农村环境卫生综合整治、优化发展环境专项行动、农牧民群众增收、重点项目建设、安全饮水等区委、区政府的重大部署和重点工作，经常性地开展民主监督，推进了相关工作深入开展。选派2名政协委员和1名主席会成员参与泽当城区房屋拆迁评定等级工作，履行监督职能。五年来，组织政协委员130余人次，参加听证会、咨询会、监督会、审判会和各类考试监督等，有力促进了相关部门改进工作、服务群众。

积极反映社情民意。五年来，区政协认真了解民情民意，关注民生，把当前社会带有普遍性、突出性的问题,通过政协委员及时搜集,如实反映给党政部门,很多信息成为决策的重要参考。一届会议期间,共搜集社情民意信息 21 条,涉及基础设施建设、道路交通等多个方面,切实解决了关系群众切身利益的一些问题。比如《昌珠镇扎西妥美社区防洪堤维修》《结巴乡草莓基地道路安全隐患问题》等,在区政协的重视和相关部门的积极配合下,得到了有效的落实和解决。

参与中心工作有声有色。面对突如其来的新冠肺炎疫情,区政协及其常委会第一时间向全体委员发出积极参与防控疫情的倡议书,号召政协委员和机关干部深入一线开展疫情防疫防控和踊跃捐款、捐物奉献爱心。我区各级各界政协委员为疫情防控捐款捐物 74.5 万余元。围绕打赢脱贫攻坚战,广大政协委员立足本职岗位,发挥各自优势,积极献计出力,作出重要贡献,五年来,在委员中开展"热心慈善、关注民生、扶贫济困"主题活动 5 次,累计捐款捐物 241.5 万余元。在优化发展环境专项行动中,委员们积极配合市、区优化办做好矛盾纠纷调解和安全隐患排查工作,自觉拆除了违建 3500 余平方米。在扫黑除恶专项斗争中,积极发出倡议,号召各级委员带头提高站位、带头宣传发动、带头遵纪守法、带头监督助力、带头参与支持。坚持做好"河长制""结对认亲""社区报到服务""帮扶大学生就业"等活动。先后安排 9 名主席、副主席承担我区优化发展专项整治行动、脱贫攻坚、新冠疫情防疫防控和复产复工、维稳督导、创建卫生城市、蹲点督战易地扶贫搬迁安置房建设等专项督导任务。

四、加强团结合作、广泛凝聚共识,确保协商格局"广泛、多层、有效"。

铸牢中华民族共同体意识。深刻认识把握西藏政协工作的特殊性,"把铸牢中华民族共同体意识、促进宗教与社会主义社会相适应"作为政协发挥特殊优势作用的职责使命和履职重点,组织政协委员广泛联系界别群众,深入开展民族团结宣传教育,着力助推民族团结进步示范创建工作;教育引导各族各界群众以卓嘎、央宗姐妹等先进典型为标杆,牢固树立"三个离不开"思想,树立正确的"五观",增进"五个认同",促进各民族交往交流交融,铸牢了中华民族共同体意识。深入开展"遵行四条标准、争做先进僧尼"等教育活动,深入宣传党的宗教政策和利寺惠僧政策,教育引导广大僧尼认清十四世达赖和达赖集团的反动本质,旗帜鲜明反对分裂,坚决维护祖国统一。积极发挥各界别委员作用,教育引导信教群众理性对待宗教、淡化宗教消极影响,过好当下幸福生活,不断促进宗教与社会主义社会相适应。

加强与各族各界人士交往联系。一届区政协牢牢把握团结和民主两大主题,充分调动一切积极因素,搭好团结联谊"大舞台",画好凝心聚力"同心圆",不断巩固民主团结、生动活泼、安定和谐的政治局面。主动加强与其他民族、社会各界人士的联系交流,深入开展"谈心谈话""走访慰问""委员联谊"等活动,加强同各族各界的沟通联系,坚持走访宗教界委员。组织党外委员实地参观或视察我区创建民族团结进步示范区工作成果展、重点项目和克松爱国主义教育基地、市廉政教育基地、市烈士陵园、市博物馆、市政协文史馆,切身感受新变化、新成就,增强坚定不移跟党走、同心协力保稳定促发展的信心和自觉。通过安排大会发言、组织视察调研、办理提案、反映社情民意信息等,鼓励和支持党外委员踊跃发表见解和主张。五年来,党外委员提交的 9 篇大会发言材料、提出的 153 件提案、报送的 18 篇社情民意信息,都得到了充分反映和及时答复和办理。

充分发挥政协的独特优势。加强政协文史资料的征集审核工作,按照"亲历、亲见、亲闻"的原则,修改完善了我区 25 座寺庙拉康日追和 5 座已被损毁的寺庙拉康的目录及历史简介。撰写上报了 2016 年至 2020 年度《自治区政协年鉴》(乃东篇)、《山南政协 60 年》(乃东篇)、《乃东年鉴》(政协篇)、《乃东县志 · 政协志(2000—2010)》。加强与各地政协交流合作,协助全国政协、自治区政协、市政协和湖北、广西、四川、贵州、内蒙古、重庆等省市政协考察团在乃东的调研考察,为促进地方经济文化的横向联系和区域性交流合作做出了积极努力。五年来,共接待兄弟政协来乃东考察交流团

124批1269人。先后组织5批各乡镇(街道)政协工作联络员和政协委员共50人次分赴四川、云南、广西、新疆、日喀则等地考察学习,形成考察学习报告5篇。通过考察学习,开阔了眼界,拓展了思路,进一步促进了工作交流。

五、注重固本强基、强化自身建设,确保政协形象"忠诚、担当、实干"。

着力搭建学习研究平台。以理论学习中心组学习、委员集中培训、专题辅导报告等多种形式,组织委员深入学习贯彻中国特色社会主义理论体系,坚持用马克思主义中国化最新成果武装头脑,切实增强贯彻落实科学发展观的自觉性和坚定性。认真学习贯彻《中共中央关于加强和改进人民政协工作的意见》和习近平总书记在庆祝人民政协成立70周年大会上的重要讲话精神,切实增强履行职能的使命感和责任感。充分发挥政协党组的领导核心作用,深入开展"两学一做""不忘初心、牢记使命""党史""政治标准要更高,党性要求要更严,组织纪律性要更强"等学习教育活动,全面学习《习近平谈治国理政》、新修订的《中华人民共和国宪法》、《中国人民政治协商会议章程》、党史、新中国史、改革开放史、社会主义发展史、人民政协史、西藏地方与祖国关系史,进一步提高广大委员与政协机关干部的履职能力和工作水平。

着力强化委员主体作用。政协委员是人民政协履职的主体,充分发挥政协委员的主体作用,是做好政协工作的重要基础和关键环节。五年来,区政协以加强政协委员履职能力建设为着力点,不断创新和完善政协委员管理服务方式,为委员发挥主体作用提供了坚强的组织保证,履职积极性和水平明显提升。探索完善履职考核评价体系,建立委员履职档案。不断提升委员履职能力,加强委员学习培训,引导委员积极参与各类会议、活动和学习培训。组织委员开展视察、调研、考察,加强沟通,相互学习。适时召开政情通报会,使委员们进一步知情明政,提高履职能力。完善区政协党组成员联系党员委员、党员委员联系党外委员制度,充分利用"书香政协"、微信群等平台载体宣传党的主张,引导广大政协委员自觉把思想和行动统一到坚持和发展中国特色社会主义事业上来。五年来,共组织各类学习培训18批次,参加委员940人次,安排各级政协委员参加上级教育培训56人次,委员参与调研视察考察活动800余人次,政协委员深入村(居)、寺庙宣讲政策82余场次。开展一届区政协优秀提案评选表彰活动,积极调动委员参政议政自觉性和积极性。

着力提升机关服务水平。强化学习修素质,建立健全长效学习机制,坚持党组理论中心组学习、书记讲党课制度,促使党员干部思想上受到启发、理论上得到武装、能力上获得提高。拓宽学习途径,充分利用"学习强国"学习平台开展党员教育培训工作。强化服务转作风,深入开展"党员干部政治纪律教育""以案促改、以问题促改"主题活动和签订党员干部不参与赌博、制止餐饮浪费、培养节约习惯行为等主题活动,切实转变干部作风,强化干部的宗旨意识与服务意识。开展精文减会、基层减负、力戒形式主义和官僚主义,推行机关干部结对帮扶、为民办实事活动,着力构建党员干部下基层长效机制,在帮助群众解决实际困难中拉近干群距离,增进干群感情。强化廉政保纯洁。坚持教育预防不放松,增强党员干部的法纪和廉政意识。加强党风廉政建设,加大督促检查力度,做好日常提醒谈话工作,从严教育管理机关干部职工。积极配合支持区委巡察工作,持之以恒正风肃纪。严格遵守中央八项规定及其实施细则精神,力戒形式主义和官僚主义,领导干部作风和机关工作作风进一步转变。支持乡镇(街道)委员联络办公室工作,推进政协工作向基层延伸。

五年来,我区人民政协事业有了新的发展,政协各项工作有了新的突破。这是中共乃东区委正确领导的结果,是区人大、区政府大力支持的结果,是政协各参加单位和全体政协委员共同努力的结果,也是区政协老领导、老同志关心支持的结果。在此,我谨代表区政协第一届委员会,向关心支持政协工作的各位领导、各位委员、各位同志和各界朋友表示崇高的敬意和衷心的感谢!

区政协一届委员会虽然做了一些工作,取得了一定的成绩,仍存在一些问题和不足:政治协商的形式需进一步探索，民主监督的力度需进一步加大，参政议政的方式需进一步改进，委员主体作用的发挥需进一步改善，专委会工作需进一步提高，文史领域需进一步拓展。对存在的这些问题，在今后的工作中要认真加以改进和完善。

一届委员会工作的主要经验

各位委员，在探索与奋进的五年工作实践中，我们积累了宝贵的经验。这些经验凝聚着广大委员的智慧，蕴含着事业进步的哲理，是我们今后工作应当遵循的重要原则。回顾一届区政协的工作，我们总结了以下几个方面的体会和认识。

一是坚持中国共产党的领导，是做好政协工作的根本保证。中国共产党的领导是历史发展的必然，中国共产党是我国社会主义事业的领导核心，也是人民政协事业的领导核心，是人民政协履行职能、发挥作用的根本保证。区政协事业的不断发展需要区委在政治上加强领导、组织上予以保证、工作上给予大力支持，要把政协工作放到区委全局工作中思考谋划。同时，区政协只有坚定社会主义和共产主义理想信念不动摇，坚持党的思想路线、政治路线、组织路线、群众路线，坚定中国特色社会主义道路自信、理论自信、制度自信、文化自信，才能在思想和行动上始终同党中央保持高度一致，真正维护党中央权威，才能更好地履行职能。

二是坚持围绕中心服务大局，是政协履行职能的基本原则。政协工作只有紧紧围绕中心，服务大局，才能体现出自身的优势，才能有更大的作为，才能取得成效，才能创新发展。围绕中心服务大局，政协要自觉服从和服务于区委的工作中心和发展总体目标，找准区委、区政府正在谋划的重大问题、正在实施的重大战略，抓住事关全局的大事，既议政又监督，既献计又出力；精心谋划，精心组织，深入基层，深入调研，深入思考，把履职成效体现在区委、区政府决策部署上，体现在人民群众切身利益上，体现在政协参加单位和委员满意上。

三是坚持团结和民主，是人民政协工作的永恒主题。人民政协是最广泛的爱国统一战线，是发扬人民民主、联系各方群众的重要组织，是我国政治生活中发扬社会主义民主的一种重要形式，团结和民主集中体现了人民政协的性质，对人民政协事业发展起到了重要促进作用。团结和民主，是社会和谐稳定的基础，改革发展的力量源泉。团结增强凝聚力，民主增强认同感，两者互相依存，相互支撑。区政协要把团结民主贯穿于政协工作的全过程，团结一切可以团结的力量，调动一切积极因素，营造团结民主、宽松和谐、奋发向上、生动活泼，心往一处想，劲往一处使的良好氛围。

四是坚持民生为本，是政协工作的重中之重。人民政协要代表最广大人民的利益来协商国是，她的人民性决定了政协必须把民生问题始终放在政协工作的重中之重，要坚持“三个赋予、一个有利于”的发展定位，推动“四件大事”。区政协委员来自社会各个阶层、各个界别，是各阶层、各界别的代表。代表各自所联系的群众到政协这个平台上来发扬民主，参政议政，反映诉求。他们生活在群众之中，和群众紧密联系，对民生问题，群众的生活、群众的困难、群众的心愿、群众的喜怒哀乐，都一目了然，感受深切。他们在政协这个平台上协商议政，反映最多、最有切身感受、最有生动内容的，就是民生问题，民生问题也必然要成为政协工作的重中之重。

五是坚持政协委员的主体地位，是做好政协工作的关键所在。政协委员是人民政协工作的主体，政协的潜力在委员，实力在委员，活力也在委员。充分发挥委员主体作用是政协一项基础性、经常性、全局性的工作，是政协有效履职，开展工作的客观需要。依靠委员、充分发挥委员的主体作用，是做好政协工作，提高整体水平的基础和关键。区政协要注重保障委员民主权利、注重提高委员素质、注重完善相关制度、注重开辟各种渠道，使委员的主体作用进一步发挥，参政议政更显实效。

对二届委员会工作的建议

各位委员、同志们，刚刚闭幕的中国共产党乃东区第二次代表大会，绘就了乃东未来五年的发展蓝图。未来五年，将是我区实现“十四五”规划落实，立足新发展阶段、贯彻新发展理念、构建新发展格局，推动高质量发展、促进社会安定和谐、开启全面建设社会主义现代化新征程的五年，也是人民政协肩负新使命、谋求新作为、开创新局面的五年。形势令人鼓舞，使命催人奋进。新一届区政协要高举中国特色社会主义伟大旗帜，以习近平新时代中国特色社会主义思想为指导，全面贯彻新时代党的治藏方略，紧密团结在以习近平同志为核心的党中央周围，深入贯彻习近平总书记系列重要讲话精神和治国理政新理念新思想新战略，在区委的坚强领导下，紧紧围绕区第二次党代会提出的目标任务，聚焦“四件大事”，认真履行职能，努力做到在把握正确政治方向上坚定新自觉，在助推改革发展稳定上展现新作为，在政协协商民主建设上取得新发展，在促进大团结大联合上形成新局面，在发挥委员主体作用上彰显新气象，在加强政协自身建设上树立新形象，为全面建设社会主义现代化新乃东凝聚共识，贡献政协智慧。

（一）坚持党对政协工作的全面领导，在把握正确政治方向上坚定新自觉。把学习贯彻习近平新时代中国特色社会主义思想作为重中之重，认真学习关于人民政协的新思想新要求，开展政协委员全员培训，着力在学懂弄通做实上下功夫，增进高度的政治认同、思想认同、理论认同、情感认同，增强“四个意识”、坚定“四个自信”、做到“两个维护”，始终在政治立场、政治方向、政治原则、政治道路上同以习近平同志为核心的党中央保持高度一致，在思想上高度认同，政治上坚决维护，组织上自觉服从，行动上紧紧跟随。把学习领会贯彻党的创新理论同今后工作部署结合起来，紧密联系政协实际找到落实基点，切实在工作中贯彻下去、体现出来。

（二）始终聚焦主责主业，在助推改革发展稳定上展现新作为。坚决贯彻落实习近平总书记关于政协要聚焦党和国家中心任务献计出力的重要思想，围绕中心、服务大局，为改革发展思与谋、为和谐稳定导与促、为群众利益鼓与呼、为画出最大同心圆践与行，全面提升政协履职水平。把维护祖国统一、加强民族团结作为履职着眼点和着力点，把维护稳定作为履职第一政治责任，在维护祖国统一、加强民族团结、反分裂斗争等方面发挥优势作用。把助推改革发展作为履职第一要务，以实现“十四五”规划目标迈进作为履职方向，建睿智之言、出务实之力。把助力建设美丽乃东作为履职光荣使命，像保护生命一样保护生态环境，为建设美丽乃东竭智尽力。把改善民生、凝聚人心作为履职出发点和落脚点，致力于满足人民对美好生活的需要调查研究、咨政建言。把助力实施乡村振兴战略作为助推“三农”工作的重大责任，用绣花的功夫全力助推农牧业全面升级、农村全面进步、农牧民全面发展。

（三）准确把握性质定位，在政协协商民主建设上取得新发展。坚决贯彻落实习近平总书记关于发挥政协在社会主义协商民主建设中重要作用的重要思想，贯彻落实中央、区党委、市委、区委政协工作会议精神，把协商民主贯穿政治协商、民主监督、参政议政全过程。坚持问题导向、目标导向，聚焦党政所需、群众所盼、政协所能的重要任务，制定实施好年度协商计划，选择切口小、可操作性强的课题视察调研，使其成为政协履职品牌和特色。认真落实习近平总书记“有事好商量、众人的事情由众人商量，是人民民主的真谛”的重要指示，完善协商议政内容和形式，坚持以全委会为龙头，以专题议政性常委会为重点，以专题协商会、提案办理协商会为常态，组织广大委员持续深入协商议政，推动形成完整的制度程序和参与实践。加强民主监督，重点监督党和国家重大方针政策、区委决策部署的贯彻落实情况，补齐政协履职短板。

（四）最大限度凝心聚力，在促进大团结大联合上形成新局面。坚决贯彻落实习近平总书记关于政协加强团结联谊的重要思想，坚持大团结大联合，强化统战政协意识，协助区委、政府做好协调关系、增进团结、凝聚人心的工作，巩固和发展我区最广泛爱国统一战线。深化民族团结进步教育，加强各民族交往交流交融，促进各族各界像石榴籽一样紧紧抱在一起，共同团结奋斗、共同繁荣发展。全面贯彻党的宗教工作基本方针，坚持我国宗教的中国化方向，着力在“导”上下功夫，充分发挥宗教界委员在团结教育引领方面的积极作用，积极引导宗教与社会主义社会相适应。通过委员密切联系群众，做好教育引导、解疑释惑、化解矛盾、凝心聚力工作。毫不动摇地鼓励、支持和引导非公经济发展，积极建言献策，促进非公经济健康发展和非公有制经济人士健康成长。持续开展对外友好交往。

（五）驰而不息提升能力，在发挥委员主体作用上彰显新气象。坚决贯彻落实习近平总书记关于推进政协履职能力建设的重要思想，抓住委员队伍建设这个关键，强化委员联络服务与管理，积极推进乡镇（街道）政协委员联络服务机构建设，为委员知情明政、履职尽责创造良好条件。有针对性地加强委员学习培训，不断提高政治把握、调查研究、联系群众、合作共事能力。强化委员主体意识和参与意识，全面增强履职本领，提高政治把握能力、调查研究能力、联系群众能力、合作共事能力，坚持不懈改进作风，有效履行委员职责。把政协履职需求与委员能量发挥有效匹配，汇聚“正能量”、产生“正效果”。

（六）持之以恒强基固本，在加强政协自身建设上树立新形象。大兴调查研究之风，优化队伍结构，改进组织方式，深入基层、沉到一线，用事实和数据说话，把协商议政、民主监督建立在扎实调研基础上。做好提案、视察、大会发言、社情民意信息等工作，在提升质量上下功夫。牢固树立反腐倡廉在政协没有特殊性的意识，坚决贯彻执行中央八项规定及其实施细则精神，营造风清气正的政治生态。坚持政协党的领导体制，加强和改进专门委员会建设，强化机关服务保障能力。积极主动服从于市政协指导，服务于乃东各项工作。加强对乡镇（街道）政协联络办公室工作指导。

各位委员！新时代人民政协使命光荣、责任重大。让我们更加紧密地团结在以习近平同志为核心的党中央周围，在区委的坚强领导下，学习践行新思想新理论，贯彻落实新部署新要求，团结拼搏、砥砺奋进，更好发挥人民政协专门协商机构作用，为推动乃东政协事业创新发展，为建设团结富裕文明和谐美丽的社会主义现代化新乃东做出新的更大贡献！

专 辑

乃东区党史学习教育

【概况】 2021年,乃东区委及时制订《乃东区党史学习教育实施方案》《乃东区党史学习教育“我为群众办实事”实践活动的实施方案》,成立由区委主要领导担任组长的乃东区党史学习教育领导小组,抽调7名精干人员成立党史学习教育领导小组办公室。3月2日,区委召开全区党史学习教育动员部署会议,对党史学习教育进行安排部署,并提出具体要求,确保层层压实工作责任。至年底,全区开展理论宣讲240余场,1000余名干部接受教育。县级干部、区直单位负责人、乡镇班子成员共开展党史学习教育专题宣传160余场次,受教育干部群众8700余人次。充分发挥106名骨干宣讲员作用,同时借助扎西妥门微信公众号、桑嘎之声等载体,推动党史学习“飞入寻常百姓家”,其间共宣讲300余场次,受众达6万余人次。全年投入资金19593.44万元,解决乃东区2021年“十件民主实事”;解决县级干部调研发现问题36个,涉及资金2646.68万元;各级各部门共办实事446件,投入资金2147.09万元。

【经费投入】 2021年,乃东区本级财政投入50万元专项经费,为各级各部门征订学习书籍4630本,定制学习专用笔记本200本,制作《学党史MG动漫系列宣传片》,印制《中共党史精编知识》(口袋书)4000本,刻录党史视频学习光盘2期1000张。整合各层级、各部门办实事项目资金24537.21万元,为全区党史学习教育开展提供有力保障。

【督促指导】 2021年,乃东区成立8支党史学习教育巡回指导组,分别由县级领导任组长,结合各级巡视巡察工作,对7个乡镇(街道)和区直单位学习教育工作情况进行全程督导,区委常委会先后7次专题听取研究党史学习教育推进情况,分析存在的问题,确保党史学习教育有效推进。

【集中学习】 2021年,乃东区各级党组织通过理论中心组、党支部会议等形式,深入学习习近平新时代中国特色社会主义思想以及党的历史、改革开放史、新中国史、中国革命史、西藏与全国其他省市关系史等,区委召开专题学习研讨会5次,各级党组织开展专题学习研讨200场次,重温入党誓词900余人次,撰写高质量心得体会文章600余篇。

【上门送学】 2021年,乃东区委组建由24名专家、党校教师、全国全区优秀共产党员、老党员老干部等组成的宣讲队,深入各部门、乡镇、村(社区)宣讲中共十九届六中全会精神、习近平总书记在中国共产党成立100周年大会上的重要讲话精神和在西藏视察时重要讲话精神,结合乃东实际,深入宣讲克松改革故事、亚堆支前故事、泽当发展故事。

全年开展理论宣讲240余场,1000余名干部接受教育。

【检查整改】 2021年,乃东区各级党组织紧扣主题,严格按照自治区党委和市委相关要求,组织召开党史学习教育专题组织生活会,全体党员干部认真交流思想收获、查找差距不足、并建立检视问题整改清单,确保逐一整改销号。县级干部共查摆问题461条,已整改423条,整改率91.76%。

【重点领域学习教育】 2021年,乃东区委开展“重温红色历史·传承奋斗精神”重走红色路线活动,引导县级干部重温初心使命。宣传领域策划创作“红色印记,克松精神”“光荣在党五十年”“再唱山歌给党听”等群众喜闻乐见的短视频专辑,宣传乃东人爱国爱党、奋勇争先精神。教育领域以“少年儿童心向党”为主题,组织开展“五个一”党史进校园系列活动,上好广大学生人生第一课。涉宗领域开展“学党史、感党恩、听党话、跟党走”主题巡回宣讲活动,教育引导僧众学史爱党、明理守法。

【主题活动】 2021年,乃东区各单位结合工作实际,开展“开展红色教育 铸牢忠诚警魂”“党史百年天天读”“红色故事天天讲”“书记讲给书记听”“重忆红色历史 传承红色基因”等特色活动,巩固学习教育成效。截至年底,各单位集中观看党史题材电影139次,参观红色教育基地88次,开展讲党课90余次,积极引导党员干部坚定共产主义理想信念。

【党史研学】 2021年,乃东区探索创新“克松陈列馆”参观学习模式,推出沉浸式“一站打卡”八个特色红色研学项目,变“陈列式展览”为“多样式教育”,变“阵地式讲解”为“体验式互动宣讲”,克松陈列馆累计接待参观团体413批次、2.5万人次,并获评自治区级基层理论宣讲教育基地。

【宣传报道】 2021年,乃东区在“藏源发布”App上开辟奋斗百年路起航新征程专栏,设置“党史天天学”“党史微课堂”“党史诵读”等专题。探索“学习强国直播+党史学习”新模式,群众通过集中观看党史和参与线上答题,进一步强化学习成效。“藏源发布”App、“网信乃东”“学习强国”等新媒体平台发布党史教育相关稿件461条,浏览量达5万余人次,其中“学习百年党史汲取奋进力量乃东区第三届道德总堂开讲”等10篇报道被国家级媒体采用,抖音官方账号发布相关信息4条,浏览量1.8万余人次。

【文艺宣传宣讲】 2021年,乃东区以庆祝中国共产党成立100周年和西藏和平解放70周年为契机,深入开展庆祝中国共产党成立100周年暨西藏和平解放70周年文艺下乡演出47场次,受众2.7万余人次。开展党史学习教育“五下乡”活动2次,服务群众1600余人次。组织开展自治区第十次党代会“文化润边”理论+文艺宣讲活动,开展专题宣讲45场次,受教育人数2300余人次,转发相关稿件28条,浏览人数达1万余人次。

【为民服务】 2021年,乃东区结合党史学习教育“我为群众办实事”实践活动,区委、区政府制订出台《乃东区2021年“十件民生实事”实施方案》,涵盖特色产业发展、基础设施建设、民生领域、环境整治、城市管理、弱势群体帮扶等方面23个具体项目,涉及资金19593.44万元,基本完成实施。解决县级干部调研发现问题36个,涉及资金2646.68万元。各级各部门共办实事446件,投入资金2147.09万元。各部门、各乡镇(街道)结合自身实际,开展形式多样的办实事主题活动,确保办实事有亮点、有成效。昌珠镇持续打造扎西曲登社区党建+文旅产业品牌,帮助群众增收致富。结巴乡开通“绿色银行”兑换点,引导群众保护环境。索珠乡依托六芽农牧业发展公司,向群众分享发展红利。多颇章乡设置“夜话嘎东”栏目,积极引导搬迁群众融入新环境、共建新生活。

乃东区委“三更”专题教育

【概况】 2021年1月18日，乃东区委召开“三更”专题教育动员部署会，安排部署专题教育各项工作，各乡镇（街道）、区直有关单位均于31日前完成动员部署工作，全区全面开展“三更”专题教育。截至年底，区委召开学习会9次、研讨会5次、理论测试4次，开展区委书记、纪委书记、组织部部长讲党课各1次，邀请自治区党校教授开展专题辅导1次，通过“藏源发布”开展线上答题4次。各级党委（党组）共召开学习会136次、研讨会52次、理论测试45次，55名专题教育对象带动500余名党员干部参与到专题教育学习中，专题教育实现“点”的突破带动“面”的提升。

【组织制度建设】 2021年，乃东区委成立以区委书记为组长的专题教育领导小组，抽调3名干部组建专题教育领导小组办公室及其工作专班。结合实际，制定《关于在全区开展“政治标准要更高，党性要求要更严，组织纪律性要更强”专题教育的工作方案》《区委“政治标准要更高，党性要求要更严，组织纪律性要更强”专题教育任务分解方案》等文件，制作下发专题教育知识点“一口清”，理清思路、明确重点。

【宣传工作】 2021年，乃东区委坚持线上线下联动，依托“藏源发布”App、微信公众号和LED电子屏、宣传展板等，及时推送专题教育信息，滚动播放专题教育宣传标语，实时更新专题教育进展，推动专题教育宣传实现全覆盖。

【学习研讨】 2021年，乃东区委注重“领导带学、个人自学、集体研学、考试评学、实践检学”，创新学习载体、丰富学习形式，夯实专题教育基础。区委以理论中心组学习为抓手，组织县级干部、乡镇（街道）党政正职开展学习研讨及理论测试，为各级党组织作示范引导。各级党委（党组）以理论中心组学习、“三会一课”、主题党日、干部大会、例会学习等形式有序组织更多党员干部参与到专题教育学习中，扩大专题教育成效。为县级干部、乡镇（街道）党政正职发放“六个一”理论学习大礼包，增强党员领导干部学习的主动性和实效性。

【警示教育】 2021年，乃东区委坚持“警”字当头，打造“理论课堂、现场课堂、行走课堂”三个课堂，从“党性教育、以案示警、现场体验、法庭旁听”全方位发力，提高警示教育的针对性。3月17日、4月22日，分别组织县级干部、乡镇（街道）党政正职、区直各单位负责人观看《全面从严治党在西藏》第1集《没有任何特殊性》、第2集《正风肃纪不松劲》；3月31日，以丁某违纪违法案开展警示教育；4月15日组织全区党员干部观摩危险驾驶案庭审现场；5月19日，组织县级干部、乡镇（街道）党政正职参观山南市廉政教育基地；6月9日，参观山南市纪委“三更”专题教育廉政警示教育展。为县级干部、乡镇（街道）党政正职发放《正风反腐就在身边》《围猎》《清流毒》等一系列警示教育专题片。各级党委（党组）坚持将警示教育当做专题教育“必修课”，组织学习典型案例108场次，观看警示教育专题片96场次，参观警示教育基地47场次，提升党员干部的纪律意识和规矩意识。

【检视整改】 2021年，乃东区委突出问题导向，坚持深入一线察实情、对标要求找差距、敞开大门听意见、立足本职找短板，全方位查摆问题、深层次剖析根源，多措施整改落实，确保把问题找准找实、把根源挖深挖透。全区共有专题教育对象58名。其中，县级干部33名，乡镇（街道）党政正职11名（有

3 名乡镇党政正职为县级干部，已计入县级干部），四级调研员及以上 14 名，共检视问题 281 条，制定整改措施 344 条。截至年底，已整改 281 条，整改率达 100%。

【整改落实】 2021 年，乃东区委建立“问题导向、清单管理、结果倒逼”的问题整改机制。对查摆出的问题进行分析研究，逐条列出清单，建立整改台账，实行销号管理，同时明确责任主体、整改措施和进度时限。截至年底，共建立问题清单 55 个，检视问题 188 条，制定整改措施 246 条，完成整改 129 条。同时将专题教育开展情况纳入纪委日常监督检查范围，推动真改实改，建立长效机制。

【同党史学习教育相结合】 2021 年，乃东区委将专题教育学习研讨和党史学习教育结合起来，统筹推进“调查研究找问题”和“我为群众办实事”实践活动调研工作，确保“两个教育”统分结合、互融共促。截至年底，26 名县级干部、乡镇（街道）党政正职深入基层一线蹲点调研，通过“问需于民”收集到群众急难愁盼的事件 89 件，即知即行办理 20 件，各责任单位主动认领 37 件，剩余 32 件提交至区委、区政府协调办理。

【同系列主题相关活动】 2021 年，乃东区委坚持聚焦主题，将专题教育融入“三八”国际妇女节、“3·28”西藏百万农奴解放纪念日、清明节、“世界读书日”、“五一”国际劳动节、“五四”青年节等重要节日活动，举办“牢记嘱托跟党走，巾帼奋斗新征程”主题活动、“办实事、解难事，送温暖、传党恩”志愿者活动、“以文沁心，做书香女人”主题读书会、“致敬英雄、缅怀先烈，铭记功勋、英魂永存”主题纪念活动、“格桑花开、青稞飘香”主题歌唱比赛、“迎五一、庆五四”知识竞赛和“再唱山歌给党听”系列活动等各类主题活动 74 场次，深化专题教育总体效果。

【同工作相结合】 2021 年，乃东区委坚持将专题教育抓在日常，把专题教育融入领导干部政治素质提升、基层党员干部队伍建设、政法队伍教育整顿等工作中，先后举办 1 期党政领导干部党性修养专题培训班、3 期党员政治教育培训班、15 期政法队伍政治轮训班，参训人数达 900 余人，使专题教育成为经常性工作的组成部分。

“平安乃东”建设

【概况】 中共十八大以来，乃东区始终坚持以习近平新时代中国特色社会主义思想为指导，牢牢把握推进治理体系和治理能力现代化的总要求，立足“五治”作用发挥，积极探索、实践具有乃东特点的平安建设之路。乃东区坚持把平安建设作为重要工作纳入经济社会发展总体规划，成立党政主要领导为双组长的领导小组，实行“党委领导、政府组织、政法牵头、部门协同、乡镇落实、纪检监督”的推动机制，把党的制度优势转化为平安建设的治理效能。平安建设考核多次排名全市第一，群众安全感满意度连续3年排全市第一。

【党建引领】 乃东区建立“街道大工委、社区大党委、网格党小组、兼职委员”的党建纵向管理机制，落实党建工作与平安建设同谋划、同部署、同落实、同考核的工作机制，依托“社区吹哨、机关报到、支部吹哨、党员报到”的基层党建“双报到”机制，组织辖区173家企事业单位、5000余名党员深入开展“七彩志愿服务”、“三包五带五促”、收集解决“微心愿”等活动，解决群众急难愁盼问题，党群干群关系更加融洽、服务群众更加直接。

【法治建设】 乃东区充分发挥专业职能部门作用，强化网络舆情监管，严厉打击各种违法犯罪活动，牢牢掌握反分裂斗争主动权，确保意识形态领域绝对安全。常态化开展扫黑除恶专项斗争，建立完善排查整治常态运行机制，持续开展重点行业领域治安排查整治专项行动，治安突出问题和行业乱象得到依法整治、严厉打击，各族人民群众安全感明显提升。深入开展“菜单式普法”，采取“司法部门理单、群众点单、职能部门买单、社会评单”模式，深度挖掘民俗文化、地域文化等资源，培育“时代楷模”结巴乡桑嘎村朗生互助组组长次仁拉姆、亚堆乡曲德沃村省级劳模次仁央宗等先进典型，推进司法调解、立案服务、巡回审判、司法裁决进乡村。

【德治教化】 乃东区结合中国共产党成立100周年和西藏和平解放70周年系列活动，深入开展党史学习教育和政法队伍教育整顿活动，充分挖掘克松“西藏民主改革第一村”、结巴朗生互助组等红色资源，开展学习教育5000余场次，弘扬伟大建党精神、传承红色基因。以“大视频+云广播”为载体，利用普法大屏、广播喇叭、巡回宣讲分队和宣讲骨干，持续开展社会主义核心价值观、“四讲四爱”等道德讲座和法制宣传，提升群众道德素养。以见义勇为先进个人、最美乃东人、“十佳政法干警”评选表彰为载体，加强先进典型的宣传报道，弘扬崇尚先进、争当先进的良好风尚。发扬村（社区）首创精神，完善村规民约，引领群众争做守法公民、共建平安村居。

【基层自治】 乃东区组建“双联户”2000余个，涉及联户群众6万余人，实现乡镇（街道）、村（社区）、机关单位、企业商户全覆盖，常态化落实“10+1”工作职能，提高群众自我服务、自我管理、自我治理的积极性主动性。建立完善“四护一队”“红袖标”平安志愿者群防群治队伍57支557人，适时启动巡逻守护工程，有效形成共建共治共享的社会治理格局。依托综治中心、诉讼服务中心、信访接待室、温馨调解室等平台，健全“县级干部包乡、乡镇干部包片、村组干部包户”机制，落实“责任制+清单制+销号制”措施，压实“干部跟进、蹲点指导、精准排查、跟踪稳控”责任，连续3年实现群体性聚集和集访非访事件“零发生”。截至2021年年底，乃东“云调解室”、克松社区“乡贤馆”、结巴乡“枫桥经验”派出所、交警行业调解“七步法”等矛盾纠纷化解新模式已初见成效，打造新时代“枫桥经验”的“乃东版”。

建立完善“重点部门、重点物品”分类管理机制，健全“点线面”巡逻防控机制和公安武警武装巡逻联勤联动机制，发挥各级公安检查站环山南“护城河”作用。

【智治建设】 乃东区以泽当城区为重点，集中力量推动视频监控系统和综治中心建设，加强视频监控资源整合接入、综治中心实体化服务，建成覆盖泽当城区视频监控，建成覆盖区乡村“三级”的标准综治中心26个，构建“综治中心+雪亮眼睛”城市智能化管理体系，实现用“雪亮眼睛”看护百姓安全。率先在泽当街道琼嘎顶社区探索试点“智能化门牌”管理模式，将房屋门牌二维码和公安机关“治安防控”App全面融合，实现流动人口信息化管理。截至2021年年底，安装智能化门牌423处，录入人员信息1284人，“以码管房、以房管人”的流动人口管理模式正在逐步完善。累计投入4000余万元，建成乃东综治网格视联系统，探索打造“网格+社区+警务站”联动融合新机制，并将“双联户”联户长列为兼职网格员，提升基层管理精细度。

大事记

1月

4日 乃东区召开村(社区)“两委”换届工作动员部署会,学习贯彻习近平总书记对关于村(社区)“两委”换届工作的重要指示批示精神和中央、西藏自治区党委、山南市委部署要求,全面安排部署乃东区村(社区)“两委”换届工作。山南市政府副市长、乃东区委书记尼玛次仁,市委组织部副部长、老干部局局长、市村(社区)“两委”换届工作第一指导检查组组长潘华泉出席会议并讲话。区委副书记、政府区长、区村(社区)“两委”换届工作领导小组常务副组长张维主持会议。

6日 乃东区人民医院设立接种门诊和急诊科2个接种点。

7日 西藏自治区工商联二级巡视员刘炳行带队的自治区民营经济考评组第五考核组到乃东区检查指导民营经济工作开展情况。考评组一行,通过“看、听、查、问”等方式,对乃东区民营经济工作领导小组日常工作、政策执行情况、队伍建设情况、民营经济发展情况等内容进行全面考核。

同日 山南市副市长、乃东区委书记尼玛次仁到颇章乡布仁村检查指导换届工作开展情况。尼玛次仁通过听取布仁村换届工作推进情况汇报,详细了解前期人选、谈心谈话、离任审计等准备工作落实情况。

同日 乃东区文化局组织召开春节、藏历新年期间文化市场疫情防控工作安排部署会议,传达学习《关于做好西藏健康码新旧衔接与推广使用工作的通知》《乃东区今冬明春新冠肺炎疫情防控应急预案》和《突发公共卫生事件应急条例》;通报近期文化市场疫情防控工作开展情况,深入分析当前乃东区疫情防控工作面临的形势,安排部署文化市场疫情防控工作。区委常委、政府副区长江建军,副区长格桑罗布出席会议。

8日 山南市委组织部副部长、老干部局局长潘华全带队到乃东区泽当街道鲁琼社区检查指导换届选举工作,详细了解鲁琼社区换届初步人事方案酝酿、选民登记、氛围营造等具体工作开展情况,对可能存在的风险隐患提出意见建议。

同日 乃东区“扫黄打非”办联合山南市“扫黄打非”办、区公安局、区文化局、区市场监督管理局,对天马市场打字复印店、音像制品店、图书销售店、歌舞娱乐场所和网吧等进行综合执法检查。

10日 乃东区泽当街道琼嘎顶社区开展“社区群众心向党 各族人民心连心”主题群众活动日活动。社区建档立卡贫困户、8个民族代表、天马商贸有限责任公司负责人、琼嘎顶社区第四党支部(小个专)全体党员、社区班子成员、新时代文明实践活动站志愿者、驻村工作队等280余人参加活动。

11日 西藏自治区群众艺术馆(自治区非物质文化遗产保护中心)党委副书记、馆长央金卓嘎及副馆长索朗旺堆一行到乃东区扎西曲登社区调研自治区首届乡村2021年全国“村晚”示范展示活动选址情况。

12—14 日 中国人民政治协商会议第一届乃东区委员会第七次会议在山南市科技文化中心召开。应到委员 64 人，实到委员 58 人。会议审议通过区政协主席格桑代表政协第一届乃东区委员会常务委员会作的工作报告、区政协副主席达娃格桑代表政协第一届乃东区委员会常务委员会作的提案工作情况的报告、政协第一届乃东区委员会第七次会议政治决议。区领导尼玛次仁、张维、梅先阳、殷功博、马小强、次仁顿珠、谢爱霞、巴桑次仁、杨立、江建军、琼美朵、边巴刚组、达娃(区人大)、刘存松、宗巴、仓巴次仁、格桑罗布、张琥、张小波、格桑多布杰、汪斌、达娃(区公安局)、布琼等出席。

13 日 乃东区委一届七次全会暨区委经济工作会议在山南市科技文化中心召开，会议以习近平新时代中国特色社会主义思想为指导，全面贯彻落实党的十九届五中全会、中央经济工作会议、中央第七次西藏工作座谈会和区党委九届九次全会暨区党委经济工作会议、市委一届七次全会及市委经济工作会议精神，总结过去五年和 2020 年经济工作、分析经济社会发展形势，研究部署“十四五”规划和 2035 年远景目标及 2021 经济工作。山南市政府副市长、区委书记尼玛次仁主持会议并作全会报告，区委副书记、政府区长张维就 2021 年经济工作进行安排部署。

同日 召开乃东区两会党员干部大会。会议由山南市副市长、区委书记尼玛次仁主持。区领导梅先阳、殷功博、马小强、格桑、次仁顿珠、谢爱霞、巴桑次仁、杨立、江建军、多吉次仁出席会议。

15 日 山南市妇联党组书记、主席人选马玉玲一行 4 人到乃东区走访慰问“两癌”贫困母亲，并为每人发放 1 万元的“贫困母亲‘两癌’救助专项基金”和 1000 元的“贫困母亲‘两癌’慰问金”。

同日 乃东区委常委会班子召开民主生活会。山南市副市长、区委书记尼玛次仁主持会议并讲话。市纪委副书记、监委副主任杨日军，市委组织部副部长田卫斌到会指导。会议通报 2019 年度“不忘初心、牢记使命”主题教育专题民主生活会查摆问题整改落实情况、2020 年度民主生活会会前准备情况和征求意见情况。尼玛次仁代表区委常委会班子作对照检查。随后，尼玛次仁带头作个人对照检查，张维、梅先阳、殷功博、马小强、次仁顿珠、谢爱霞、巴桑次仁、杨立、多吉次仁、江建军依次作个人对照检查，开展相互批评，邹云、李欣提交书面对照检查材料，并委托人员对其他班子成员开展批评。

同日 乃东区 2019 年公共租赁房建设项目(结莎社区地块)开工，总投资 6667 万元，其中中央预算内投资 1000 万元、中央财政补助资金 1000 万元，其余资金申报地方政府专项债券资金，项目位于嘎玛庆社区格巴小区，新建 200 套公租房，新建 6# 楼(公租房)2277.83 平方米、7# 楼(公租房)2079.48 平方米、8# 楼(公租房)1882.49 平方米、9# 楼(公租房)2497.81 平方米、10# 楼(公租房)2495.45 平方米、11# 楼(公租房)8368.47 平方米以及设备购置等。

16 日 乃东区政府党组班子召开 2020 年度民主生活会。会议由区委副书记、政府区长张维主持。会议围绕“学习贯彻党的十九届五中全会及中央第七次西藏工作座谈会精神，对照中央提出的“十四五”经济社会发展主要目标和 2035 年远景目标，对照新时代党的治藏方略，对照自治区党委九届八次全会精神和山南市委一届五次六次全会精神，加强科学谋划，查找短板弱项”等 5 个方面，深刻查摆问题，举出具体事例，深入剖析问题产生的根源，明确整改措施和努力方向。并通报“不忘初心、牢记使命”主题教育专题民主生活会问题整改情况及此次民主生活会会前准备情况。张维代表区政府党组班子作对照检视，区政府党组班子成员逐一检视剖析。区政府党组班子全体在家成员参加会议，区纪委监委、区委组织部有关负责人以及乃东区“两代表一委员”、基层代表列席会议。

同日 乃东区 2019 年公共租赁房建设项目(泽当社区地块)开工，总投资 5198 万元，其中中央预算内投资 800 万元、中央财政补助资金 800 万元、其余资金申报地方政府专项债券资金，项目位于琼嘎顶社区江萨吉祥花园小区，新建 160 套公租房，新建 7# 楼(公租房)2418.98 平方米、9# 楼(公租房)1892.33 平方米、10# 楼(公租房)1892.33 平方米、11# 楼(公租房)1892.33 平方米、12# 楼(公租房)1566.85 平方米、13# 楼(公租房)1892.33 平方米、14# 楼(公租房)1892.33 平方米、15# 楼(公租房)1566.85 平方米以及设备购置等。

17 日 西藏首家县级融媒体中心——乃东区融媒体中心正式揭牌。山南市副市长、乃东区委书记尼玛次仁出席揭牌仪式并致辞。区委副书记、政府区长张维,区委常委、宣传部部长谢爱霞,新华社西藏分社副社长黄豁,新华社新闻信息中心西藏中心主任尹天玺、人民网西藏频道总经理陈曦以及新闻事业相关资深媒体人参加仪式。

同日 乃东区 2019 年公共租赁房建设项目(乃东社区地块)开工,总投资 7965 万元,其中中央预算内投资 1350 万元、中央财政补助资金 1350 万元,其余资金由社区自筹。项目位于罗布林卡社区贡康小区,新建 270 套公租房,新建 2# 楼(公租房)3299.08 平方米、3# 楼(公租房)6648.61 平方米、12# 楼(公租房)4919.64 平方米、13# 楼(公租房)5189.86 平方米、14# 楼(公租房)3536.55 平方米以及设备购置等。

19 日 乃东区召开 2020 年"遵行四条标准,争做先进僧尼"教育实践活动表彰大会,对模范寺庙、先进僧尼及优秀驻寺干部进行表彰。区委常委、统战部部长、民宗局局长多吉次仁,政府副区长仓巴次仁,区政协副主席达瓦格桑出席会议。

1 月 19 日至 2 月 2 日 乃东区对全区 543 名退休干部职工、48 名乡镇(街道)聘用干部、14 名"三老人员"、14 名困难党员、53 名村(社区)党组织第一书记、50 名乡村振兴专干、53 个驻村工作队开展"三大节日"走访慰问活动,共走访、慰问 775 人,发放慰问金 77.6 万元。

20 日 为积极响应新冠病毒疫苗接种号召,山南市政府副市长、乃东区委书记尼玛次仁,区委副书记、政府区长张维到乃东区人民医院疫苗接种点,带头参加并完成新冠疫苗接种。

21 日 乃东区民政局组织工作人员到 7 个乡镇(街道)开展"牵手关爱、情暖童心"慰问活动,向全区留守、困境儿童送去价值 10 万元的学习用品 256 套。

22 日 山南市委统战部副部长、市工商联党组书记李国庆率市疫情防控第三督导组先后到乃东区龙马宾馆、天马商贸有限责任公司、诺追建筑有限公司、茹巨农业科技有限公司、西藏弘树建筑有限责任公司等民营企业,督导疫情防控工作。

27 日 由布达拉宫管理处副处长贡嘎扎西带队的西藏自治区文物安全考评组一行到乃东区开展文物安全目标责任制考评工作。考核组一行实地查看达杰林寺、雍布拉康等文物保护单位的文物安全和安全管理情况,对文物安全工作开展情况、文物安全措施落实情况等情况进行督导检查。考核组对乃东区文物安全、消防安全工作给予充分肯定。山南市文化局副局长杨文平、乃东区副区长达瓦顿珠陪同考核。

同日 由山南市应急管理局党委委员、副局长张海军为组长的市考核组到乃东区开展 2020 年度安全生产目标责任制考核。考核采取实地检查、听取汇报、查阅资料、问卷调查、召开座谈会等方式进行。考核组对乃东区安全生产工作给予充分肯定。区委常委、常务副区长巴桑次仁一同考核。

同日 乃东区卫健委组织区卫生服务中心、疾控中心、各乡镇卫生院、辖区社区卫生室的医务人员,到辖区的政务大厅、建设银行、农业银行、烟酒专卖店、超市、水果店等人员密集场所的设备和工作人员进行核酸采样。共采集重点环境样本 138 份,经检测,新冠病毒核酸均为阴性。

28 日 生态环境乃东区分局组织区发改委、住建局、农业农村局、商务局、市监局等部门到龙马市场集中开展"塑料污染治理"工作,共发放 500 份《乃东区"禁塑"倡议书》和 500 个购物袋。

29 日 乃东区民政局组织工作人员到 7 个乡镇(街道),对农村低保、困难残疾人、分散特困户、事实无人抚养儿童、孤儿、护理人员共 707 人开展慰问活动,送去慰问金 35.35 万元。

同日 乃东区退役军人事务局深入 7 个乡镇(街道)开展"三大节日"慰问活动,对 60 岁以上的退役军人及家庭困难退役军人共 89 人进行年前慰问,送去慰问金 5.34 万元。

2月

1日　雅砻惠民乳业有限责任公司到乃东区泽当街道结莎社区，看望慰问贫困户、五保户，送去价值17600元的棉被、酸奶、锅、水壶及慰问金。

3日　乃东区组织社会各界人士召开迎新春座谈会，传达学习习近平总书记同党外人士迎新春座谈会上的讲话精神，通报乃东区2020年经济指标完成情况和2020年统一战线工作报告，听取各界人士围绕乃东区中心工作的建言献策，并开展慰问。区委副书记、组织部部长马小强，区政协副主席夏成坤，区委常委、统战部部长、民宗局局长多吉次仁出席会议。全区党外爱国人士代表、民族界人士代表、非公经济人士代表、党外干部代表、宗教界人士代表及区委统战部（民宗局）、工商联干部共30余人参加座谈会。

同日　乃东区委常委、政府常务副区长巴桑次仁率区发改委、扶贫办等相关单位负责人到嘎东团结新村、琼嘎顶搬迁安置点、鲁琼搬迁安置点开展节前送温暖活动，为774户搬迁群众送去慰问金38.7万元（每户500元）。

同日　乃东区泽当街道赞堂社区举行2020年经济合作社揭牌发证暨分红仪式，为社区70户240人分红153万余元。区委副书记、区长张维，区委常委、泽当街道党工委书记次仁顿珠出席仪式。

4日　西藏江北工程建设有限公司到多颇章乡布麦村对建档立卡贫困户进行年前慰问，为布麦村30户建档立卡贫困户送去大米、水果等慰问品和每户300元的慰问金，共2.1万元

5日　乃东区完成53个村（社区）党组织换届选举工作，选举产生新一届党组织班子成员299名，其中党组织书记53名、副书记69名、委员177名。

同日　乃东区委常委、常务副区长巴桑次仁率区市场监管局、卫健委、商务局、交通局到西区菜市场、龙马市场、海利集团、惠好百货、乃东客运站、昌珠镇蔬菜基地就粮油肉禽蛋菜奶盐等生活必需品价格情况、商品供需关系、企业疫情防控等情况进行检查。

同日　乃东区征地拆迁办对山南火车站、站前广场、乃东家园二期等6个建设项目涉及的21户拆迁群众进行还迁安置分房抽签仪式。

8日　乃东区委副书记、区长、双拥领导小组副组长张维带队走访慰问11家驻军部队，送去酸奶、牛奶、矿泉水等慰问物资，折合人民币2.2万元。区人武部部长杜飞，区退役军人事务局负责人一同走访慰问。

同日　乃东区副区长格桑罗布代表区委、政府，对全区170名环卫工人开展新春慰问活动，送去慰问金17万元。

12日　山南市政府副市长、乃东区委书记尼玛次仁先后到乃东派出所、泽当派出所、警务站、警务室、高速检查站、泽当街道办事处、消防大队看望慰问节日期间坚守在岗位上的基层民警和干部，并送去慰问金。

23日　山南市生态环境局副局长尼玛带队到乃东区多颇章乡、金鲁社区开展雅江流域生态环境综合治理项目调研工作。

25日　全国脱贫攻坚总结表彰大会在北京人民大会堂举行，乃东区民族藏帖尔手工业残疾人福利有限公司总经理巴桑荣获全国脱贫攻坚先进个人奖。

26日　乃东区消防救援大队联合区应急管理局深入辖区人员密集场所开展消防安全夜查行动，共检查单位6家，发现火灾隐患5处，下发《责令限期改正通知书》3份。

3月

2日　乃东区委党史学习教育动员大会召开，会议传达学习《习近平在党史学习教育动员大会上的重要讲话精神及中共中央关于在全党开展党史学习教育的通知精神》和西藏自治区党委、山南市委党史学习教育动员部署会议精神，并就贯彻落实党史学习教育工作进行安排部署。山南市副市长、乃东区委书记尼玛次仁主持会议并讲话，区领导张维、梅先阳、马小强、杨立、谢爱霞、多吉次仁、李欣

等出席，全区7个乡镇（街道）、48家区直单位主要负责人参加会议。

同日 乃东区委召开“政治标准要更高，党性要求要更严，组织纪律性要更强”专题教育第1次专题学习研讨会，传达学习《中国共产党地方委员会工作条例》《党委（党组）落实全面从严治党主体责任规定》《中共中央关于加强党的政治建设的意见》等党内法规。区委副书记、区长张维主持会议并讲话。在家县级干部、乡镇（街道）一名党政正职、区直各单位主要负责人参加会议。

同日 乃东区委常委、泽当街道党工委书记次仁顿珠，区委常委、政府常务副区长巴桑次仁率区公安局、区应急管理局、区消防救援大队和泽当社区相关部门负责人一行深入月光市场、鲁琼木材加工市场、快修市场、西区菜市场、天马市场等“不放心、不托底”场所开展消防安全检查工作。

4—9日 乃东区农业农村局对全区各乡镇（街道）散养户进行非洲猪瘟环境监测和小反刍兽疫抽样监测工作。

5日 乃东区组织全区干部职工收听收看第十三届全国人民代表大会第四次会议开幕式。

同日 乃东区新时代文明实践中心志愿服务总队组织13支志愿服务队、9个实践点、14个基地、7个所、53个站、2个爱心企业志愿服务队，开展新时代文明实践之学雷锋、讲文明——“点亮心灯 照亮心路”志愿服务活动，共开展活动60余场次，3000余名志愿者参加，受众群众达2万余人。

同日 乃东区发改委深入金珠药业厂、雍布拉康藏药厂、哈达幸福家园项目、乃东家园二期、泽当（城中区）棚户区改造建设项目点督导检查复工复产及疫情防控工作。

同日 江萨吉祥花园小区沿街商业（金包银）开发建设项目开工，总投资21847万元，为社区自筹。项目位于琼嘎顶社区泽当大道南侧、泽当大道支线二西侧，建设内容包括建筑安装工程、附属设施设备及总评。

8日 乃东区开展以“以文沁心，做书香女人”“花开疫散庆‘三八’，书香温婉女人花”为主题的读书分享活动。区委常委、宣传部部长谢爱霞，区人大常委会副主任琼美朵，副区长宗巴出席。

同日 格巴小区沿街商业（金包银）开发建设项目开工，总投资23264万元，为社区自筹。项目位于嘎玛庆社区泽当大道北侧、站前路南侧、站东路东侧，建设内容包括建筑安装工程、附属设施设备及总评。

9日 乃东区文化局组织7个乡镇（街道）52村居（社区）开展村级文艺演出队队旗发放工作，为每个村居（社区）发放藏汉双语队旗3面和数字资源包1套。

10日 乃东区畜禽类污资源化利用整县推进建设项目（二期）开工，总投资1748万元，其中：国家投资1289万元、企业自筹230万元、地方配套230万元（群众投劳），项目新建污水处理（沼气池1110.26平方米、沼气设备间68.64平方米及附属工程），新建沤粪池1177座、蚯蚓养殖（蚯蚓养殖棚1205.64平方米及附属工程）及设备购置等。

11日 乃东区召开政法队伍教育整顿动员部署会。山南市政府副市长、乃东区委书记尼玛次仁出席会议并讲话，区领导马小强、杨立、邹云出席会议。

同日 乃东区消防救援大队组织山南市第二实验幼儿园、未来双语幼儿园280名师生开展“开学第一课——移动式消防文化主题乐园”活动。

12日 乃东区组织全区1000余名干部职工到多颇章乡开展义务植树造林活动。

同日 乃东区中学举行以“奋战百日 领跑山南”为主题的中考毕业生百日冲刺誓师大会，区委副书记、政府区长张维，副区长格桑罗布出席，全校九年级全体师生、家长参加誓师大会。

13日 乃东区公安局组织警力开展社会面清查行动，共出动警力110人，警车25台，检查娱乐场所18家、旅店业14家、商铺62家、网吧13家、重点单位18家、出租房103间，清查人员231人；清查整治治安隐患2处、消防隐患3处，并责令其立即整改；检查车辆200余辆，查处各类道路交通违法行为6起，其中无证驾驶1起、其他道路交通违法行为5起。

14日 乃东区委政法委联合山南市委政法委在白日街开展综治宣传月活动，共设立咨询台91

个，宣传展板 56 个，悬挂横幅 70 余条，出动宣传车 61 台、宣传人员 400 余名，发放宣传资料 480 种 4 万余份。

15 日　乃东区市场监督管理局在白日街开展以“守护安全　畅通消费”为主题的“3·15”系列宣传活动，活动通过设立宣传咨询台、悬挂宣传标语、放置宣传展示牌、发放各类宣传单等方式，为群众讲解消费者维权知识。活动共发放宣传资料 1200 多份，发放雨伞、布袋、折叠包、杯子、帽子等各类宣传物品 6400 余份，现场受理各类咨询 300 余人次。并围绕重点领域、重点产品、行业、区域就假冒伪劣产品、“三无”产品、农资产品、过期食品以及保健食品等进行专项执法检查，共出动执法车 5 辆、执法人员 16 人，检查经营户 87 户，现场责令整改 2 户。

16 日　共青团乃东区委组织召开中国少年先锋队乃东区第一届第一次代表大会，总结乃东区少先队过去三年的工作，部署下一步工作。并对乃东区优秀少先队员、优秀少先队辅导员、优秀少先队集体进行表彰。区委副书记、组织部部长马小强出席，90 名少年先锋队成人代表和少先队员代表参加会议。

同日　乃东区各村居（社区）举行春耕仪式，区委副书记、区长张维出席昌珠镇克麦社区春耕仪式。

同日　乃东路派出所深入山南市第二高级中学开展预防电信网络诈骗“千人宣讲”活动。民警用真实案例，向广大师生讲解预防电信网络诈骗及交通安全、校园霸凌、禁毒等相关知识，并重点解读当前电信网络诈骗犯罪的手段及预防措施。活动共出动警力 4 人、警车 1 台，发放宣传资料 300 余份，受教育师生 2200 余人。

17 日　乃东区委召开“政治标准要更高，党性要求要更严，组织纪律性要更强”专题教育第二专题研讨会暨警示教育会议，山南市副市长、区委书记尼玛次仁主持会议并讲话。会议传达学习专题教育读本（党性要求篇）《革命理想高于天》《中国共产党党委（党组）理论学习中心组学习规则》《关于进一步激励广大干部新担当新作为的实施意见》篇目，集中观看《全面从严治党在西藏》第 1 集《没有任何特殊性》，随后，巴桑次仁、杨立、多吉次仁、邹云 4 人紧扣“加强党性修养、坚定理想信念宗旨、勇于担当作”为主题，研讨发言。

18 日　乃东区完成 53 个村（居）统一社会信用代码证换发工作。

20 日　乃东区昌珠镇与西藏长投农业科技发展有限公司农业三产融合援藏产业项目昌珠全域有机种植基地签约仪式在扎西曲登社区广场举行。项目总投资为 3 亿元。湖北省第九批援藏工作队领队、山南市委副书记、常务副市长李修武，乃东区委副书记、政府区长张维，武汉市第九批援藏工作队领队、乃东区委常务副书记殷功博，山南市农业农村局副局长吴超，西藏长投农业科技发展有限公司总经理尹玉刚等参加签约仪式。

22—26 日　乃东区举办第一期党员政治教育培训暨新任村（社区）干部任职培训，邀请山南市委组织部、区纪委监委、区委统战部、区民政局、区公安局、区教育局等 10 个部门干部以及 3 名优秀党组织书记围绕国家通用语言、基层组织建设、乡村振兴建设、党史学习教育、党风廉政教育、反分裂斗争和维稳工作以及政法队伍教育整顿等内容进行授课，全区新任村（社区）“两委”班子成员和监督委员会主任共 124 人参加培训。

23 日　乃东区“扫黄打非”办联合区公安局、市场监督管理局、泽当街道“扫黄打非”办开展清缴非法出版物专项行动，共出动执法人员 15 人次，检查宗教用品店 6 家、打字复印店 5 家、书吧 1 家、农家寺庙书屋各 1 家。

25 日　乃东区组织政法系统干警到山南市检察院警示教育基地参观学习。区领导邹云、格桑多布杰、汪斌一同参观学习。

26 日　山南市副市长、乃东区委书记、区政法队伍教育整顿领导小组组长尼玛次仁在区会议中心开展以“铸就忠诚强化担当，以教育整顿的实际成效打造新时代政法铁军”为主题的政法队伍教育整顿区委书记讲党课活动。西藏自治区政法队伍教育整顿第三驻点指导组成员阿旺出席。全区政法干警 360 余人参加。

28 日　乃东区各族各界开展纪念西藏百万农

奴解放62周年庆祝活动。

同日 全区各乡镇(街道)、村(社区)、机关(事业)单位、学校、寺庙组织全体干部职工、群众分别举行"升国旗、唱国歌"仪式。

同日 乃东区新时代文明实践活动中心开展党史学习教育"五个起来"活动"党的历史我知道"为主题的"书香乃东"走进嘎东团结新村活动。

同日 乃东区委统战部、区工商联联合天马商贸有限责任公司、雅砻文化旅游开发有限责任公司、山南茹巨农业科技有限责任公司、西藏哗叽服饰有限公司到亚堆乡完小和乃东区五保集中供养中心,为351名学生、247名孤寡老人送去价值3.2万元的学习用品和生活用品。

29日 乃东区邀请山南市委党校中级讲师伍雪静,开展"中国共产党的奋斗历程及经验启示"专题讲座。伍雪静以中国共产党成立100年来的历史发展为主线,通过新民主主义时期的苦难辉煌、社会主义革命和建设时期的艰辛探索、改革开放和社会主义现代化建设新时期的创新发展、中国特色社会主义进入新时代等四个历史阶段,重温中国共产党的百年历史。全区政法干警60余人参加。

30日 中国共产党乃东区第一届纪律检查委员会第六次全体会议在山南市科技文化中心召开。山南市副市长、乃东区委书记尼玛次仁出席会议并讲话。区委常委、纪委书记、监委主任杨代表区纪委常委会作题为《坚定不移推动全面从严治党走深走实为稳步推进"十四五"规划开好局起好步》的工作报告。区领导张维、梅先阳、殷功博、马小强、次仁顿珠、谢爱霞、多吉次仁出席会议。

同日 乃东区开展"走进军史馆 重温红色记忆 抓好队伍教育整顿"为主题的"书香乃东"走进政法读书分享活动。活动通过参观军史馆、分享参观感受、分享读书心得等形式,为政法干警上了深刻的革命历史教育课。区领导邹云、格桑多布杰出席活动。

31日 乃东区召开区委政法工作会议暨平安建设(综治工作)部署会议,传达学习习近平总书记对政法工作的重要指示精神、西藏自治区党委和山南市委主要领导批示精神以及中央、自治区党委、山南市委政法工作会议精神,通报2020年平安建设(综治工作)暨"先进双联户"创建活动检查考评情况,安排部署2021年政法工作暨平安建设(综治工作)。区委副书记、组织部部长马小强出席会议并讲话。区委常委、政法委书记、公安局局长兼督察长邹云主持。区领导刘积庭、张琥、格桑多布杰出席会议。

同日 乃东区新时代文明实践中心理论政策宣讲志愿服务队和区委政法委深入铁路沿线的金鲁、结莎、嘎玛庆、琼嘎顶、鲁琼等社区开展铁路安全防护基本知识宣讲活动,共发放宣传单630张,受众群众250余人次。

同日 乃东区卫健委和武汉市第三医院光谷院区急重症党支部开展"弘扬英雄之城精神 促进藏源之地发展"线上联合支部主题党日活动。邀请山南市委党校老师孙明玉讲党课。武汉市第九批援藏工作队党支部书记、区委常务副书记殷功博,区人大常委会副主任琼美朵,武汉市第三医院党委书记赵光,全国抗疫先进个人付守芝出席活动。

4月

1日 乃东区县处级领导干部到山南市军分区军史馆开展"学党史 读军史 重温历史 感悟初心"主题党日活动。

2日 乃东区委理论学习中心组召开党史学习教育专题学习研讨会,围绕中央党校网络课程《中共党史专题讲座》中国共产党为什么"能"做专题学习研讨。山南市副市长、区委书记尼玛次仁主持会议并讲话。区领导殷功博、刘积庭、宗巴、达娃格桑作研讨交流。

同日 乃东区召开民族团结进步创建工作推进会,传达学习《全区推进铸牢中华民族共同体意识工作部署会议精神》。

7日 山南市副市长、乃东区委书记尼玛次仁一行到乃东区泽当大道片区(城中村)棚户区改造、乃东家园二期、格巴小区沿街(金包银)开发和香曲西路市政工程(泽当大道至格桑路段)等重点项目施工现场检查工程进展情况，副区长格桑罗布一同检查。

同日 乃东区新时代文明实践活动之党史学习教育“五个起来”活动暨2021年文化科技卫生法律和爱国爱教宣传服务“五下乡”启动仪式在亚堆乡曲德贡村新时代文明实践站举行。区委常委、宣传部部长、区新时代文明实践中心副主任、办公室主任谢爱霞出席，区文明委成员单位、区新时代文明实践中心“13+N”支志愿服务队亚堆乡新时代文明实践所志愿服务队、曲德贡村新时代文明实践站志愿服务队参加。

8日 乃东区住建局对泽当大道片区棚户区改造、2018年公租房（藏医药传承地块）项目开展工程建设领域突出问题专项整治及挂靠借用资质投标违规出借资质问题开展专项清理工作。

8—9日 山南市委宣传部常务副部长何广海一行先后到乃东区亚堆乡、乃东区党史学习教育办公室、结巴乡、结沙社区、琼嘎顶社区、金鲁社区、多颇章乡等地，围绕意识形态工作、新时代文明实践工作、理论学习中心组工作、党史学习教育工作、“三更”学习教育工作开展调研，并现场进行理论知识测试。

12日 武汉市第九批援藏工作队领队、乃东区委副书记殷功博，区委常委、副区长江建军到扎西曲登社区迎接首批湖北专列的500余名游客。

15日 乃东区召开2020年意识形态和宣传思想工作总结表彰暨2021年重点工作安排部署会，并对2020年度全区宣传思想工作先进集体、先进工作者进行表彰。区领导梅先阳、谢爱霞、江建军出席会议。

20日 乃东区委副书记、区长张维主持召开全区国家数字乡村项目推进工作座谈会，与阿里巴巴集团和国峻建设集团进行洽谈，听取乃东区国家数字乡村项目前期推进情况和两家集团制定的乃东区国家数字乡村建设方案介绍。区委常委、宣传部部长谢爱霞出席，山南市委网信办、乃东区相关单位主要负责人参加会议。

20—21日 湖北省粮油集团党委副书记、总经理杨建安一行到乃东区就农业三产融合项目进行深入调研和考察交流。

21日 山南市工商联副主席、乃东区政协委员、原四川省成都市流动党员党委山南支部书记、区工商联会员企业西藏弘树建设有限公司董事长颜树根率党支部成员到乃东区颇章乡达当村开展帮扶村级集体经济捐赠活动，共捐赠资金55万元。

22日 乃东区召开第九批驻村工作总结暨第十批驻村工作动员部署大会，表彰西藏自治区、山南市两级创先争优强基础惠民生活动先进驻村（居）工作队、先进驻村（居）工作队员、优秀第一书记、优秀组织单位。区委副书记、组织部部长马小强，区委常委、常务副区长巴桑次仁主持。

25日 山南市人大常委会“雅砻环保行”活动组到乃东区调研城乡环境工作开展情况，并召开座谈会。市人大常委会副主任贡觉多吉出席会议并讲话，区委副书记、人大常委会主任梅先阳出席。副区长张琥作工作报告，区住建局、山南市生态环境局乃东分局、农业农村局、水利局、商务局、林草局等部门围绕各自工作开展情况和工作中存在的问题作交流发言；会上书面传达学习《中华人民共和国固体废物污染环境防治法》。

同日 乃东社区九组、尼木沟、岗巴小区改造项目开工，总投资978.32万元，为国家投资、市级财政和居民自筹。建项目改造小区道路、给排水、管沟、电力、照明等附属设施建设。

26日 乃东区政府对2019年城乡建设用地增减挂钩项目建设情况进行实地督导检查。督导组一行先后到索珠乡索珠村、结巴乡格桑村、滴新村项目点，听取项目负责人安全生产和项目建设情况的汇报，详细了解项目工程进度和施工过程中的困难。

29日 乃东区政协工作推进会暨提案工作表彰会在山南市科技文化中心召开。会议传达学习全国、西藏自治区、山南市政协全会精神，总结一届区政协提案工作的主要成绩和经验，研究做好新时代下政协提案工作的新思路、新方法、新举措，对推进乃东区政协工作进行安排部署，表彰建议办理提案工作先进集体和先进个人。区政协党组书记、主席格桑出席会议并讲话。

同日　山南市医疗废物集中处置中心提标升级项目开工，总投资1800万元，项目设计日处理量为5吨，提标升级医疗废物处置中心一座、强化收运系统，占地3.62亩，采用二燃室工艺，能处置感染性和损伤性、化学性、病例性、药物性医疗废物。

30日　乃东区完成全区6个乡镇党委换届工作，共选举产生党委委员54名、纪委委员26名。

5月

3日　湖北省“十四五”带动集体经济薄弱村藏鸡集中养殖项目签约仪式在乃东区颇章乡举行。区委常委、副区长江建军，副区长张琥出席签约仪式。

同日　乃东区委副书记、区长张维一行到泽当街道琼嘎顶社区易地搬迁安置小区入户调研脱贫巩固工作，走访洛桑顿珠等3户建档立卡贫困户，详细了解他们的生产生活情况及生活中存在的困难。区委常委、副区长李欣，副区长格桑罗布一同调研。

6日　乃东区公安局召开教育整顿专题民主生活会。会议邀请西藏自治区政法队伍教育整顿第三指导组现场指导二组副组长、区高法三级高级法官达嘎巴珠到会指导。区委常委、公安局局长兼督察长邹云出席会议。

7日　乃东区自然资源局、农业农村局、林草局、水利局、财政局、发改委、扶贫办等部门组成的自验小组，对乃东区2018年城乡建设用地增减挂钩项目建设情况进行县(区)级自验。2018年增减挂钩项目总投资215.42万元，其中建安费179.15万元，建设面积98.07亩，结余指标95.06亩。自验小组通过听取施工单位汇报，了解村组满意度，现场核实旧房拆除、土地平整、克土回填、渣土外运、围栏和水渠建设情况等方式，详细了解项目建设情况，经验收，该项目基本达到自验条件，同意申报市级验收。

9日　由西藏自治区党委宣传部主办，西藏哈呼曲艺社、山南市委宣传部承办，乃东区新时代文明实践中心协办的“永远跟党走”文艺宣传活动在乃东区昌珠镇广场举办。

11日　由乃东区委宣传部、区新时代文明实践中心道德讲堂志愿服务队主办的“学习百年党史汲取奋进力量”第三期道德总堂活动开讲。区委常委、宣传部部长谢爱霞出席，区政法系统代表、师生代表、优秀企业家代表及农牧民群众共100余人参加活动。

12日　乃东区召开2021年西藏自治区级生态文明建设示范县(区)、乡镇(街道)、村(居)动员部署暨创建工作会议，安排部署2021年度乃东区西藏自治区级生态文明建设示范村创建工作，邀请四川省核工业辐射测试防护院专家对西藏自治区生态文明建设示范村(居)各项指标进行详细解读。

同日　乃东区减灾委组织各成员单位在白日街集中开展以“防范化解灾害风险，筑牢安全发展基础”为主题的防灾减灾、安全生产宣传教育活动，共发放安全防范知识及防灾减灾相关资料2400余份，发放雨伞50把、布袋153个、一次性纸杯350个、卷尺5盒、宣传袋100个。

13日　山南市副市长、乃东区委书记、区政法队伍教育整顿领导小组组长尼玛次仁带队到区法院、检察院、公安局就教育整顿查纠整改环节工作开展情况进行实地调研，并召开座谈会。区领导张维、马小强、谢爱霞、杨立、邹云、汪斌等区教育整顿领导小组副组长一同调研。

14日　乃东区召开第二届人民代表大会选举工作部署暨培训会。区委副书记、区长、换届选举领导小组副组长张维出席会议并讲话。区选举委员会副主任琼美朵主持。山南市人大副秘书长王建红、区人大常委会副主任(人选)次仁罗布列席会议。区换届选举委员会成员、各选区负责人及选举工作人员共430余人参加会议。

同日　乃东区残联开展第三十一次“全国助残日”贫困家庭重度残疾人慰问活动，共慰问70名贫困家庭重度残疾人，送去慰问金3.5万元。

17日　由西藏自治区自然资源厅、山南市自然资源局组成的调研组到乃东区琼嘎顶易地搬迁安置点调研不动产登记工作开展情况。政府副区长李欣一同调研。

同日 山南市人大常委会党组成员、副主任松嘎率执法检查组先后到乃东区民创办、天马民族团结商场等地，采取实地查看、现场交流等方式，对贯彻落实《西藏自治区民族团结进步模范区创建条例》情况进行执法检查。副区长宗巴一同检查。

18日 乃东区多颇章乡易地搬迁嘎东团结新村厅都沟林草兼种项目开工，总投资2421万元，项目平整土地1118.4亩、改土及加肥941.4亩，新建田间道路11条，配套林木5971株，新建田坎砌石，种植紫花苜蓿、燕麦草等。

19日 乃东区组织在岗县级干部、乡镇（街道）党政正职到山南市检察院廉政教育基地参观学习。

同日 乃东区举办2021年度第二期党员政治教育培训暨第一书记、乡村振兴专干、大学生村官党务素质提升培训班，主要采取理论授课、实地观摩、专题党课、知识测试等方式进行。区委副书记、组织部部长马小强出席开班仪式，并结合"三更"专题教育讲党课，全区共94人参加培训。

同日 由山南市旅发局和乃东区旅发局共同举办的以"畅游幸福新西藏·守护地球第三极"为主题的山南市2021年"5·19"中国旅游日活动在雍布拉康举行。市、区两级旅发局机关干部、山南各旅游星级酒店、山南旅游安徽联络代表等100余人参加活动。

同日 生态环境乃东区分局聘请第三方监测机构对嘎东团结新村环境空气、土壤、水质进行监测采样。

20日 乃东区委书记张维主持召开2021年党风廉政工作会议，深入贯彻落实习近平总书记在十九届中央纪委第五次全会上的重要讲话精神，贯彻落实国务院、西藏自治区人民政府第四次廉政工作会议精神和2021年山南市政府系统党风廉政工作会议精神，总结2020年乃东区党风廉政工作，分析形势，部署2021年重点任务。

同日 山南市首家蜜蜂文化主题生态园—乃东区夜伴蜂声西藏蜜蜂文化主题生态园开园。生态园位于乃东区结巴乡结巴村，园区以养殖基地、体验基地、电商中心、生产工厂和科研基地五位一体模式。

同日 乃东区多颇章乡易地搬迁点手工业编织加工项目开工，总投资1007.66万元，其中自治区财政专项扶贫资金570万元、县本级财政配套437.66万元，项目新建商铺及办公室2783.11㎡、设备购置及附属工程等。

21日 乃东区邀请西藏自治区党校、自治区行政学院政法教研部主任、教授扎西多布杰为全区党员干部开展以"如何在'政治标准要更高，党性要求要更严，组织纪律性要更强'专题教育中加强党性锻炼，增强党性修养"为主题，从"三更"专题教育的重大意义和目标要求、什么是党性及党性修养、为何要增强党性修养、如何进行党性锻炼等四个方面进行专题教育辅导。副区长格桑罗布主持会议，在家县级干部，乡镇（街道）党政正职，村（社区）第一书记、乡村振兴专干，区直各单位干部职工共220余人参加。

23日 乃东区委书记张维主持召开乃东区国家数字乡村项目推进工作第二次座谈会，与阿里巴巴数字乡村区域经济发展事业部专家组共商乃东区数字乡村产业化发展事宜。区委常委、宣传部部长谢爱霞出席。

26日 中国共产党乃东区第一届纪律检查委员会第七次全体会议在泽当召开。会议审议通过中国共产党乃东区第一届纪律检查委员会向乃东区第二次代表大会作的工作报告，同意将报告提请中国共产党乃东区第一届委员会第九次全体会议审议。区委常委、纪委书记、监委主任杨立出席并讲话。

27日 乃东区在区实验小学举行《写给青少年的党史》书籍发放仪式暨各学校党史学习教育交流会，向全区8所学校发放90套《写给青少年的党史》书籍，总价值2万余元。区委副书记、组织部部长马小强，副区长格桑罗布出席活动。

28日 由乃东区人民政府和武汉市第九批援藏工作队共同举办的"英雄武汉人　畅游藏源地"为主题的2021西藏山南乃东旅游推介会在武汉举行。武汉市委统战部副部长、市民宗委（市援藏办）主任赵学龙出席活动，区委常务副书记、武汉第九批援藏工作队领队殷功博致辞。副区长张琥参加活动。

同日 乃东区委书记张维主持召开区委理论中心组党史学习教育第2次专题学习研讨会，深入学习、深刻领会习近平新时代中国特色社会主义思想的精髓要义，准确把握习近平总书记关于西藏工作的重要论述和党中央对西藏工作的新部署新要求。会上，与会人员集中收听收看中共中央党校（国家行政学院）中共党史教研部高中华教授主讲的《遵义会议与长征胜利》；区领导梅先阳、谢爱霞、李欣先后领学《习近平新时代中国特色社会主义思想学习问答》；杨立、琼美朵、达娃顿珠、侯树彬分别结合各自工作，作学习研讨。

31日 乃东区乡村振兴局举行揭牌仪式。区领导张维、索朗平措、李欣、张靖出席揭牌仪式。

同日 乃东区委召开农村工作会议暨农牧民增收工作会议，安排部署新发展阶段全区“三农”工作。区委书记张维出席会议并讲话。区委副书记、区长候选人索朗平措主持会议。

6月

1日 乃东区实验小学举办庆祝六一儿童节暨建党100周年和西藏和平解放70周年文艺会演。区委副书记、区长候选人索朗平措与学校师生一同观看文艺演出。

同日 乃东区工商联会员企业茹巨农业科技有限公司深入索珠乡完全小学和乡幼儿园开展“情暖童心 六一慰问”活动，为182名学生送去价值25万余元的学习用品。

3日 广电先锋·乃东分队结合党史学习教育，开展以“‘新视界 新声音 新境界’广电先锋乃东在行动”为主题的“我为群众办实事”活动，为亚堆乡曲德贡村群众发放新一代“户户通”设备367套。区委常委、宣传部部长白玛维色出席活动。

7—8日 乃东区人大常委会组织区财政局、教育局等部门深入结巴乡小学、多颇章小学等4所小学和区财政局、教育局等地，开展“十三五”时期中央、地方财政及援藏教育经费投入和使用管理情况调研。区人大常委会副主任琼美朵、次仁罗布，副区长朱京涛一同调研。

8日 共青团武汉市委联合武汉市第九批援藏工作队先后到乃东区实验小学和昌珠镇小学，实地考察学校教育环境和少年儿童成长教育情况，向两所学校的学生送去价值30万元的学习用品600套和青少年拓展训练活动3场。

同日 乃东区泽当猴子洞旅游景区建设项目竣工，总投资1000万元，为国家投资。项目新建游步道1000米、景区内道路800米、停车场及附属工程。

9日 乃东区新一届领导班子以“重温红色历史·传承奋斗精神”为主题，到结巴乡桑嘎村“西藏第一朗生互助组”、昌珠镇克松社区“西藏民主改革第一村”，以现场、沉浸、体验的方式开展红色研学活动。

同日 乃东区组织在岗县级领导、乡镇（街道）党政正职共34人，到山南市纪委参观学习“三更”专题教育廉政警示教育展。

同日 乃东区召开“永远跟党走”群众性主题宣传教育活动之新时代文明实践理论宣讲员培训会，7个乡镇（街道）党委宣传委员、文明实践所副所长，新时代文明实践中心（所、站）基层理论政策宣讲员，统战、教育系统骨干宣讲员，共140余人参加培训会。区委常委、宣传部部长白玛维色出席并讲话。

同日 乃东区健康促进办邀请山南市藏医院副主任医师曲尼边巴，开展健康教育业务知识与技能服务水平培训。区人民医院、各乡镇（街道）卫生院负责人、各村（社区）村医共54人参加培训。

10日 山南市中级人民法院党组书记、院长卓玛央宗应邀到乃东区作“三个规定”专题辅导报告。区委书记张维主持会议并讲话，全区在家县级干部，各乡镇（街道）、区直各部门主要负责人，政法系统全体干警听取聆听辅导报告。

同日 乃东区村企共建促增收工作会议在亚堆乡召开。会议听取亚堆乡8个村基本情况及下一步发展规划简要汇报，8家企业负责人结合各企业优势及结对帮扶内容作表态发言。区领导梅先阳、次仁罗布、仁青旺堆出席会议。

同日 乃东区委宣传部联合团区委在区融媒体中心开展以“青春与信仰同行”为主题的青年读书分享会。区委常委、组织部部长张靖，区委常委、宣传部部长白玛维色出席读书会。

同日 乃东区文化（文物）局开展以“人民的非遗、人民共享”为主题的2021年乃东区“文化和自然遗产日”活动。全区国家级、自治区级、市级、县级非物质文化遗产项目代表性传承人及项目负责人共31人参加活动。

12日 乃东区委政法委（平安办）组织全区平安建设各成员单位到白日街集中开展“6月综治宣传周”宣传活动，共发放藏汉宣传资料4000余份、宣传小礼品1000余个，受教育人数达5000余人次。

同日 西藏首家社会工作服务站——乃东区泽当街道办事处社会服务工作站举行揭牌。

15—16日 乃东区宗教领域学教办负责人及工作人员深入各寺庙、拉康组织僧尼开展“学党史、感党恩、听党话、跟党走”主题巡回宣讲活动。

16日 乃东区委常委、宣传部部长白玛维色一行到结巴乡桑嘎村调研爱国主义教育基地“朗生互助组”展示厅提升改造事宜，并检查指导桑嘎村党史学习教育工作开展情况和新时代文明实践所、站建设运行情况。

17日 乃东区召开六大环境专项整治推进工作会议，通报乃东区六大环境专项整治工作开展情况，听取各部门工作情况汇报。副区长张琥主持会议。

18日 乃东区委书记张维主持召开党史学习教育暨“政治标准要更高　党性要求要更严　组织纪律性要更强”专题教育研讨会。区领导索朗平措、梅先阳、殷功博、邹云、格桑、李欣、江建军、强巴、高良平、张靖、次仁罗布、宋超、平措等13名同志结合西藏自治区人大常委会副主任、山南市委书记许成仓及山南市委领导的辅导报告分别作交流发言。

同日 乃东区委副书记、区长候选人索朗平措到泽当街道结莎社区、山南火车站、结巴乡门中村等地调研疫情防控、乡村振兴有效衔接和村（社区）集体经济发展等工作。区领导宋超、达娃顿珠一同调研。

20日 乃东区委书记张维，区委副书记、区长候选人索朗平措分别前往各乡镇（街道）看望慰问50年党龄的老党员，并颁发纪念章。区委常委、组织部部长张靖一同参加。

同日 乃东区委副书记、区长候选人索朗平措，副区长达娃顿珠一行率区发改委、自然资源局、林草等负责人到多颇章乡检查指导砂石料开采管理工作。

22日 乃东区委常委、宣传部部长白玛维色一行深入昌珠镇调研指导新时代文明实践建设运行及党史学习教育工作开展情况，区人大常委会副主任（人选）、昌珠镇党委书记达瓦云丹一同调研。

同日 乃东区雅砻河流域污染治理工程—农村生活污水处理工程开工，总投资1277万元，项目新建污水处理厂（650.63平方米）及污水管网等。

23日 乃东区多颇章乡易地搬迁嘎东团结新村水利设施项目开工，总投资1307万元，主要建设渠道工程，含机井出水管工程（4条）1207米、支渠工程（8条，0.4×0.4）4726米、斗渠工程（149条，0.3×0.3）29118.00米，建筑物工程包括闸阀井工程6座、单向分水口工程（0.3×0.4）36座、单向分水口工程（0.3×0.3）971座、陡槽工程17座、单向分水陡槽工程130座、农道桥工程23座、盖板工程（472米）118处、分水闸工程（0.4×0.4分0.4×0.4）5座、连接池工程4座，机井工程4眼，机电设备及安装工程（含变压器部分2台），金属结构设备及安装工程（含机井工程4眼、管道工程1207米、建筑物工程）等。

24日 乃东区委书记张维一行深入各村居开展“退伍老兵跟党走”走访慰问活动，为退伍老兵送去慰问金和慰问品。

25日 拉林铁路开通运营，是西藏自治区境内一条连接拉萨、山南、林芝的国铁Ⅰ级单线电气化铁路。拉林铁路起于协荣站（利用拉日铁路接入拉萨站和拉萨南站），沿拉萨河而下，经贡嘎转向东，经山南、朗县、米林等34个车站，跨越雅鲁藏布江16次到林芝站，全长403.144千米、设计速度160千米／小时。

26—27日 中国共产党乃东区第二次代表

大会在泽当召开。会议应到代表183名，实到代表167名，区委书记张维代表中共乃东区一届委员会作题为《把握新发展阶段，构建新发展格局，为建设社会主义现代化新乃东接续奋斗》的报告，区委常委、纪委书记、监委主任高良平代表中共乃东区第一届纪律检查委员会作题为《忠诚履职尽责，勇于担当作为，努力推进新时代纪检监察工作高质量发展》的报告，选举产生中共乃东区第二届委员会委员26名，候补委员6名，纪律检查委员会委员13名。27日，召开中共乃东区第二届委员会第一次全体会议和第二届纪律检查委员会第一次全体会议，选举产生区委常委12名，按姓氏笔画排序依次为白玛维色、杜飞、李欣、邹云、张俊（女）、张维、张靖、侯树彬、索朗平措、高良平、梅先阳、强巴，其中张维当选区委书记，索朗平措、梅先阳、邹云当选副书记；纪律检查委员会委员13名，区纪委常委5名，按姓氏笔画排序依次为央庆普赤（女）、次吉卓玛（女）、何磊、张和、高良平，其中高良平当选区纪委书记，张和、次吉卓玛当选区纪委副书记。区委领导张维、索朗平措、梅先阳、殷功博、邹云、杜飞、李欣、江建军、强巴、侯树彬、高良平、张靖、白玛维色、张俊出席。山南市委换届风气督导组第五组有关同志到会指导。

27日 由中共乃东区委员会、区人民政府主办的以“永远跟党走 奋进新征程”为主题的庆祝中国共产党成立100周年和西藏和平解放70周年文艺汇演在区会议中心举行，区委书记张维出席并致辞。乃东区党代表、退休干部、环卫工人、干部职工和农牧民群众一同观看。

同日 羊卓峰建设项目开工，总投资49918.36万元，项目位于山南市泽当大道北侧、站前路南侧，主要建设住房，总建筑面积100437.17平方米。

28日 乃东区委书记张维率区领导索朗平措、梅先阳、格桑、邹云、张靖、张俊，走访慰问“光荣在党50年”纪念章获得者、老干部、第一书记和政法干警。

同日 乃东区委书记张维到泽当街道结莎社区督导调研新冠肺炎疫苗接种工作。张维一行详细了解接种点人员组织、流程设置、功能分区、疫苗存储和医疗保障等情况，询问疫苗供应、接种率和遇到的问难，并慰问奋战在新冠疫苗接种一线的医务人员，了解他们的生产生活情况。

同日 乃东区贡布日山旅游景区建设项目竣工，总投资1000万元，为国家投资。项目新建游步道1000米、停车场及附属工程。

同日 乃东区自然资源局组织相关部门以党史教育为契机，到颇章乡斯堆村易地搬迁21户开展不动产权证发放工作，并举行首批易地扶贫搬迁安置住房不动产权证书颁发仪式。

29日 乃东区在山南市科技文化中心举行“光荣在党50年”纪念章颁发仪式暨“两优一先”表彰大会，为15名“光荣在党50年”老党员代表颁发纪念章，为15名“光荣在党30年”老党员代表颁发纪念证，为45名“两优一先”表彰对象颁发荣誉证书和奖牌，并发放慰问金和奖金。区委书记张维作“学党史、悟思想、办实事、开新局”专题党课报告。区委副书记、区长候选人索朗平措主持会议，在家县级领导出席会议。

同日 乃东区公安局组织警力开展社会面集中清查行动，共出动警力100人、警车40台，检查旅店业28家、洗（足）浴场所33家、娱乐场所39家、商铺69家、茶楼（馆）38家、出租房56间、加油站6家、加气站2家、烟花爆竹仓库1家、民爆存储库1家，盘查人员80余人、尿检60余人、DNA血样采集18人。通过清查发现安全隐患6处，其中酒店从业人员档案未建立1处、酒店登记不规范1处、餐馆监控设备运行不正常1处、餐馆从业人员档案不齐全1处、娱乐场所灭火器压力不足1处、昌珠镇某超市发现过期商品（已移交乃东区市场监督管理局做后续处理），未办理居住证21人，并责令限期整改。

30日 乃东区召开“迎华诞、践初心、履使命”主题座谈会，区委书记张维主持会议并讲话，区委常委、组织部部长张靖出席会议。

同日 乃东区委落实区党委第三巡视组巡视“回头看”反馈意见整改工作动员部署会议召开，区委书记张维出席会议并讲话，区委副书记、区长候选人索朗平措主持会议并作安排部署。会上区委常委、区委办主任张俊就区委关于区党委第三巡视组巡视“回头看”反馈意见的整改方案作说明。

同日 2018年公租房建设项目(藏医药传承创新地块)竣工,总投资2758.5万元,其中国家投资779.38万元,其余资金为本级配套。项目新建1号楼(AB户型)5993.92平方米、地下室466.50平方米、附属工程及给排水、消防水、采暖工程等。

是月 乃东区江北公安一级检查站建设项目竣工,总投资2600万元,项目位于多颇章乡布麦村境内泽贡高等级公路K88+700(公路南侧),新建业务技术用房2万平方米及附属设施,占地面积20.76亩。

7月

1日 西藏自治区歌舞团、乃东区艺术团先后到昌珠镇、结巴乡开展以“决胜全面小康、决战脱贫攻坚”为主题的送文艺下乡惠民演出活动。

同日 乃东区组织在岗县级领导、区直各单位主要负责人集中收听收看庆祝中国共产党成立100周年大会直播。随后在岗县级领导一同到山南市博物馆参观学习,回顾百年征程波澜壮阔,体会百年初心历久弥坚。

同日 乃东区委副书记、区长候选人索朗平措以“感悟百年激荡党史,推进乃东高质量发展”为题,为政府系统党员领导干部上了一堂党史学习教育专题党课。

2—4日 乃东区第二届人民代表大会第一次会议在泽当召开,会议应到代表151名,实到代表137名,符合法定人数。会议听取和审查《乃东区人民政府工作报告》《乃东区人大常委会工作报告》《乃东区人民法院工作报告》《乃东区人民检察院工作报告》《乃东区2016—2021年国民经济和社会发展计划执行情况与今后五年工作安排的报告》《乃东区2016—2021年财政预算执行情况的报告》;表决通过关于乃东区第二届人民代表大会常务委员会组成人员名额的决定、关于设立乃东区第二届人民代表大会专门委员会的决定;选举产生乃东区第二届人民代表大会常务委员会主任1名、副主任4名、委员22名,区人民政府区长1名、副区长8名,区监察委员会主任1名,区人民法院院长1名,区人民检察院检察长1名;表决通过乃东区第二届人民代表大会专门委员会组成人员名单。

2—4日 中国人民政治协商会议第二届乃东区委员会第一次会议在泽当召开。会议选举产生政协第二届乃东区委员会主席1名、副主席4名、常务委员10名。会议由区政协主席格桑主持。区领导张维、索朗平措、梅先阳、殷功博、邹云、杜飞、李欣、侯树彬、高良平、张靖、白玛维色、张俊等出席。

2—5日 乃东区农业农村局协同西藏自治区农牧科学院专家深入乃东区田间地头开展第二次青藏科考工作。经调查,在亚堆乡发现亚桑嘎夏、才朋吾玖,在多颇章乡布麦村发现古拥三个早熟、具有代表性的当地青稞品种。

8日 乃东区举办“学党史感党恩 新征程再出发”主题教育演讲比赛。全区各10名选手参加比赛。经现场评审,多颇章乡石鑫荣获一等奖。区领导张维、索朗平措、梅先阳、殷功博、邹云、格桑、李欣、侯树彬、张靖、白玛维色、张俊、琼美朵、次仁罗布、达瓦云丹、宋超、朱京涛、张秀丽、布琼出席。

9日 乃东区市场监督管理局举行“餐饮服务食品安全示范店”授牌仪式,对首批通过验收的7家优质餐饮服务市场主体进行授牌。

13日 乃东区委书记张维主持召开区委第九次理论学习中心组学习(扩大)会,传达学习习近平总书记在中国共产党成立100周年大会上的讲话精神和新华社、人民日报评论员文章。区领导索朗平措、邹云、杜飞、江建军、高良平、张俊作交流发言,强巴、侯树彬、张靖作书面发言。

同日 乃东区委常委、统战部部长强巴深入亚堆乡、颇章乡开展铸牢中华民族共同体意识主题巡回宣讲活动。

14日 西安交通大学新闻与新媒体学院传播系主任、教授吴锋一行到乃东区融媒体中心进行调研,区委书记张维参加调研并与吴锋一行进行座谈交流,区委常委、宣传部部长白玛维色一同调研。

同日　乃东区在昌珠镇克松社区开展习近平总书记“七一”重要讲话精神巡回宣讲启动仪式暨新时代文明实践中心建设工作现场交流会。区委常委、宣传部部长、区新时代文明实践中心办公室主任白玛维色作动员讲话和示范宣讲。

15日　武汉市自然资源局和乃东区自然资源局联合召开规划援藏工作视频会，就国土空间总体规划、村庄规划、规划管理、规划执法、不动产登记、矿山恢复治理、地灾防治等工作进行交流。

16日　乃东区政协召开庆祝中国共产党成立100周年、西藏和平解放70周年座谈会。区政协主席格桑主持会议并讲话，副主席夏成昆、张秀丽、布琼出席，全区各单位主要负责人、政协委员代表、政协办全体干部职工参加会议。

同日　乃东区卫生服务中心在湖北省援藏外科专家何凡的带领下，成功开展第一例乳房包块切除手术，援藏业务院长叶先智参与手术。

17日　乃东区多若村棚改安置房（一期）建设项目完工，总投资1323.25万元，其中国家投资34万，其余资金由本级配套。项目新建棚改安置房17套，建筑面积3946.01平方米及配套附属设施。

20日　乃东区委“两新”工委全体会议召开，区委常委、组织部部长张靖出席会议并讲话。会议集中学习习近平总书记在庆祝中国共产党成立100周年大会上的重要讲话、全市基层党建工作推进会精神和加强两新组织党的建设的实施意见，研究成立3个行业党委。

21日　乃东区应急管理局（普查办）组织召开第一次全国自然灾害综合风险普查启动暨清查对象范围培训会。会上区应急管理局（普查办）对风险普查工作进行安排部署，并邀请第三方重点对自然灾害普查的意义目的、目标任务、组织实施、灾害和承灾体调查、基层减灾能力调查、风险普查系统操作工作要求和业务知识进行培训讲解。

27日　乃东区委副书记、区长索朗平措深入亚堆乡才朋村、郭乃村，昌珠镇白荣社区，督导检查防汛工作。区政协主席格桑一同检查。

同日　乃东区文化（文物）局、综合文化服务中心、区退役军人事务局联合举办以“送文艺进军营、军地共叙鱼水情”为主题的庆“八一”建军节活动。副区长李学军出席活动。

28日　乃东区委副书记、区长索朗平措，区委副书记、政法委书记、公安局局长兼督察长邹云分别带队深入驻地部队开展“八一”建军节走访慰问活动，为驻地官兵送上节日的问候和慰问品。

同日　乃东区住建局联合山南市城市管理和综合执法局、西藏国策公司山南分公司对山南市格桑路进行市容和卫生整治工作，重点对出店经营、占道经营、随意晾晒、高音喇叭揽客、乱贴小广告和随意投放垃圾等行为进行集中处置，共出动45人，发放《告市民书》200余份，当场整改出店经营78处、违规占道19处、清理违规乱贴小广告23处、收集任意投放垃圾56处，并对102家商户进行宣传。

29日　以“聚力创新共融发展　助力基层声音传播”为主题的区县融媒体中心建设与发展海沧论坛”在厦门海沧举行，乃东区融媒体中心应邀参加，并荣获“新华社融媒体产品优秀传播奖”。

8月

6—8日　西藏自治区第一批政法队伍教育整顿第六驻点指导组第三组组长、自治区公安厅反恐特侦队机关纪委副书记申延辉一行深入乃东区开展交叉督导指导工作。指导组通过“听、查、谈、访、问”等方式，对学习教育效果、案件线索办理、顽瘴痼疾整治、督导意见整改、制度机制建设、为民办实事成效、舆论宣传等工作情况进行督导检查，对检查出的问题进行现场反馈。交叉督导指导组共下发问题反馈单5份，反馈督导意见共22条，其中区教整办4条、区公安局5条、区检察院4条、区法院4条、区司法局5条。山南市、乃东区政法队伍教育整顿领导小组相关负责人一同督导检查。

8日　乃东区委书记张维到辖区各寺管会专题调研宗教工作。张维通过听取汇报、座谈交流、实地检查等形式详细了解寺管会的党建、维稳、疫情防控、民族团结进步创建、各类主题教育活动开展情况和寺管会工作中存在的困难，并向寺管会干部宣讲习近平总书记在庆祝中国共产党成立100周年大会上的讲话和在西藏考察时的讲话精神。区委常委、统战部部长强巴一同调研。

10日 乃东区泽当街道结莎社区股份经济合作社的乡村振兴产业项目雍布岛林卡正式开业。

11日 乃东区发改委联合邮储银行山南分行、华林证券公司、国泰君安证券公司召开地方政府专项债券培训会议。会上，两家证券公司对政府专项债券概念、特点、申报流程、项目评审要点进行讲解。区委副书记、区长索朗平措，副区长宋超，邮储银行山南分行行长拉巴顿珠及区直政府各部门参加主要负责人培训会议。

13日 西藏自治区文化厅二级巡视员、非遗处处长吉吉一行到乃东区对国家级非物质文化遗产项目泽贴尔编织技艺、雅砻扎西雪巴藏戏，开展首批自治区非遗旅游景区（点）项目申报初步审查工作。山南市文化局党组书记司刚存，乃东区委常委、副区长江建军一同审查。

15日 乃东区多颇章搬迁点防洪工程完工，总投资936.87万元，为国家投资，其中建筑安装工程费用791.26万元、工程建设其他费用118.83万元、基本预备费26.76万元。项目建设地点为多颇章乡多颇章曲河口上游约3千米段，主要建设治理河道长度866.48米，新建堤防总长度1728.43米。

18日 以中共中央政治局常委、全国政协主席汪洋为团长的中央代表团飞抵拉萨，出席西藏和平解放70周年庆祝活动。20日，中共中央书记处书记、中央统战部部长、中央代表团副团长尤权率山南分团到乃东区民族哗叽手工编织专业合作社、昌珠镇西藏民主改革第一村陈列馆、扎西曲登社区看望慰问各族各界干部群众。

19日 乃东区组织全体党员干部和各族群众收听收看西藏和平解放70周年大会直播盛况。

20日 中央首批3000箱西藏和平解放70周年纪念品直抵乃东区。乃东区在泽当街道琼嘎顶社区举行西藏和平解放70周年庆祝活动纪念品发放仪式。

22日 山南市藏医院在乃东区多颇章乡嘎东团结新村易地搬迁点开展以“百年华诞同筑梦 医者担当践初心”为主题的第四届“中国医师节”义诊宣传活动。山南市藏医院15名专家为300余名村民进行现场诊疗，并赠送价值4万元的药品。

24日 乃东区委书记张维到扎西多卡寺和泽当街道嘎玛庆社区、罗布林卡社区开展走访慰问部分“三老”人员活动。

同日 乃东区委副书记、区长索朗平措一行到火车站站前广场看望慰问一线环卫工人。

25日 乃东区文化（文物）局为达杰林寺大威德金刚坛城（彩沙绘制）、昌珠阿尔谐、茶如朵果3个山南市级非物质文化遗产代表性项目名录发放牌匾。

28日 乃东区委书记张维到颇章乡宣讲习近平总书记建党100周年大会上的讲话精神和在西藏视察时的讲话精神。

同日 陇巴国际商场酒店建设项目开工，总投资22095.21万元，项目位于山南市泽当大道北侧、站前路南侧，建设商住楼及酒店，总建筑面积39258.07平方米。

30日 中共乃东区第二届委员会第二次全体会议召开，传达学习习近平总书记视察西藏重要讲话重要指示精神和自治区党委九届十次全会、山南市委一届九次全会精神；听取区委书记张维代表区委常委会作的工作报告；审议通过《中共乃东区委员会关于坚决贯彻落实习近平总书记视察西藏重要讲话重要指示精神奋力谱写长治久安和高质量发展新篇章的实施方案》。会议由区委常委会主持。

同日 二届乃东区委第一轮巡察工作动员部署会召开。区委书记、巡察工作领导小组组长张维出席并讲话，区委常委、巡察工作领导小组常务副组长高良平主持，区委常委、巡察工作领导小组副组长张靖宣读《二届乃东区委第一轮巡察组组长授权任职及任务分工决定》，山南市委巡察二组组长回永广到会指导。

同日 乃东区委副书记、区长索朗平措到亚堆乡宣讲习近平总书记在庆祝中国共产党成立100周年大会上的重要讲话精神和在西藏视察时的讲话精神。

9月

1日 结莎热邓老旧小区改造项目开工，总投资630万元，其中中央预算378万元、本级配套244.4万元、居民自筹7.6万元。项目建设内容及规模为：道路工程7680.02平方米、土石方工程、涵洞工程、给排水工程、电气工程、电线杆拆除、燃气管道及设备购置等。

2日 乃东区政协召开以“铸牢中华民族共同体意识 汇聚团结奋进强大力量”为主题的庆祝西藏和平解放70周年座谈会，区政协主席格桑出席并讲话，副主席夏成昆主持会议。

同日 乃东区开展党史学习教育知识测试活动，全区副科以上党员干部共275人参加，其中科级党员干部246人、县级党员干部29人。

5日 乃东区新时代文明实践推动日启动仪式在白日街举行。区委书记、区新时代文明实践中心主任张维出席并致辞。

同日 乃东区索珠乡茹巨藏香猪养殖产业链延伸加工项目开工，总投资2000万元，项目新建综合楼2485.85平方米、加工车间1777.1平方米、冷冻车间305.83平方米、门卫室34.59平方米、附属工程及设备购置等。

8日 山南市委副书记、代市长次仁平措深入乃东区结巴乡雅砻特色产业有限公司、雅砻休闲农业园区、夜伴蜂声蜜蜂园、扎西多卡寺，索珠乡完小、支岗村、藏药谷、藏香猪养殖基地等地，向广大基层干部、群众、师生、僧尼、企业员工宣讲习近平总书记“七一”重要讲话精神和视察西藏时重要讲话重要指示精神。

9日 乃东区委召开教育工作暨教学质量分析会议。区委书记张维出席会议并讲话，会议由区委副书记、区长索朗平措主持。会议总结2020—2021年教育教学工作，安排部署学校的疫情防控、校园安全等工作，表彰28个先进集体、56名优秀教师、20名优秀学生，共发放奖励资金172.2万元。

19—21日 乃东区市场监督管理局采取轮流检查方式，对辖区大型餐饮店、娱乐场所、商超、粮油店、小摊贩、月饼市场等进行市场秩序专项整治行动。共检查餐饮店57家、娱乐场所20家、月饼店12家、粮油店8家、商超5家、小摊贩18户，签订《疫情防控承诺书》62份，下达《日常监督检查意见书》15份，处理投诉、举报案件4起。

23日 由西藏自治区农业农村厅政策与改革指导处副处长唐川石和四川省农业科学院遥感与数字农业研究所两名专家组成的农村集体产权制度改革工作领导小组到乃东区泽当街道开展自治区级抽查验收工作。验收组通过听取汇报、查阅资料的形式，围绕全面确认农村集体经济组织成员身份、加快推进经营性资产股份合作制改革、赋予农牧民集体资产股份权能、发挥农村集体经济组织功能作用、全面加强农村集体资产财务管理、农村集体资产清产核资以及具体工作举措等7个方面，对泽当街道结莎社区、泽当社区农村集体产权制度改革工作开展流程进行检查验收。并对泽当街道及社区农村集体产权制度改革工作给予肯定。副区长宗巴一同检查。

24日 西藏自治区自然资源厅检查组到乃东区对“十三五”耕地保护工作进行督导检查。检查组通过实地检查、听取作汇报的形式，对乃东区高标准农田项目和2019年增减挂钩项目进行详细了解，并充分肯定乃东区耕地保护目标责任制履行情况。山南市自然资源局和乃东区相关单位负责人一同检查。

28日 乃东区邀请西藏珠峰律师事务所律师旦增卓嘎，开展“民法典进机关”专题讲座，区委书记张维主持并讲话。旦增卓嘎围绕民法典中物权、合同、婚姻家庭、侵权责任等法律知识进行专业的解读。全区195名干部职工参加。

30日 第二批西藏自治区基层理论宣讲示范基地在乃东区克松社区西藏民主改革第一村陈列馆挂牌。山南市委宣传部常务副部长何广海、乃东区人大常委会副主任次仁罗布出席。

是月 乃东区公安局索珠乡公安派出项目建设完工，总投资800万元，项目位于索珠乡新卫生院东侧，新建业务用房2000平方米及附属设施，占地面积12.5亩。

是月 乃东区公安局颇章乡公安派出所建设项目完工，总投资800万元，项目位于颇章乡农行南侧，新建业务用房2000平方米及附属设施，占地面积13.5亩。

是月 乃东区公安局亚堆乡公安派出所建设项目完工，总投资800万元，项目位于亚堆乡公交站东侧，新建业务用房2000平方米及附属设施，占地面积12.18亩。

10月

1日 乃东区人民政府和山南旅游文化投资有限责任公司签署战略合作框架协议。山南旅投公司党委书记、董事长益西旺久，山南市旅发局副局长李永周，乃东区委书记张维，区委副书记、区长索朗平措，区委常委、副区长江建军出席。索朗平措和益西旺久分别代表乃东区人民政府和山南旅游文化投资有限责任公司签署战略合作框架协议；江建军介绍乃东区旅游发展总体情况及“十四五”发展思路；益西旺久介绍山南旅投公司的基本情况。

同日 乃东区多颇章乡小学改扩建建设项目开工，总投资2847.18万元，项目改扩建教学综合楼3628.46平方米，学生宿舍1335.36平方米，食堂662.39平方米，门卫室30平方米，5#公共厕所95.30平方米，设备用房405.21平方米，原建筑室内立面改造5529.88平方米，原建筑外立面改造3042.74平方米以及附属工程等。

7日 乃东区昌珠镇小学供暖项目开工，总投资533万元，供暖总面积7995平方米。

10—13日 受西藏自治区住建厅委托的第三方机构苏州城市建设项目管理有限公司选派的专家组与山南市住建局质安科、乃东区住建局工作人员组成的巡查组，到乃东区对34个在建房屋建筑工程项目进行检查。巡查组通过听取汇报、实地查看的方式，围绕项目实体质量、施工安全生产状况、施工起重机械安全运行状态、工程质量安全行为等施工质量安全，开展巡查工作，并提出存在的问题及限期整改要求。

13—18日 共青团湖北省委副书记王云清率湖北省青年代表团到乃东区多颇章乡“希望空间”、西藏清诺科技产业孵化园、安琪集团生物技术中心援藏分中心、乃东区哔叽民族手工编织专业合作社、乃东区双创中心、宏农藏鸡产业园等地，调研产业援藏、对口帮扶、志愿服务等工作，并同山南市青年代表、湖北省选派的“西部计划”志愿者代表座谈。共青团山南市委书记黄华、区委组织部部长张靖一同调研。

14日 “湘藏一家亲，万名游客进山南”湖南专列首发团游客620人抵达乃东区扎西曲登社区，开启“藏源雅砻”体验之旅。扎西曲登社区举行欢迎仪式，山南市旅发局局长罗文金出席仪式。

同日 乃东区开展以“喜逢盛世感党恩　夕阳胜似霜叶红”为主题的重阳节关爱老人活动，区委书记张维，区委副书记、区长索朗平措，区委常委、宣传部部长白玛维色，副区长李学军出席活动。

14—15日 山南市委副书记、党史学习教育第四巡回指导组组长杨昶到乃东区索珠乡和颇章乡机关、索珠乡藏药材种植基地、西藏宏农百万羽藏鸡养殖基地、乃东区中学、昌珠寺管会调研指导党史学习教育工作。山南市总工会书记、市党史学习教育第四巡回指导组副组长白玛顿珠，乃东区委书记张维，区委常委、宣传部部长白玛维色一同调研。

16日 乃东区组织召开《乃东区地名历史文化释义》及《乃东区山水文化》书籍评审会议，西藏社会科学院民族研究所所长金果·次仁平措等专家到会指导。区委副书记、区长索朗平措出席并讲话。副区长仁青旺堆主持会议。

18日 乃东区在山南市科技文化中心广场举行2021年高校毕业生暨农牧民转移就业专场招聘会。招聘会共有80家用工企业单位，提供涵盖教育、医疗、保险、物业管理、建筑工程、水利水电、财务管理、平面设计、行政管理、酒店餐饮、保安、保洁等岗位1013个，其中高校毕业生岗位611个、城乡劳动力岗位402个。

20日 西藏自治区党委宣传部媒体融合处处长腾庭国一行到乃东区融媒体中心考察指导县级

融媒体中心建设及运营。考察组一行先后到乃东融媒体中心的指挥中心、虚拟演播室、公共办公场所等区域,详细了解乃东区融媒体中心基本运营情况,并召开座谈会。

23 日 乃东区多颇章乡农村人居环境整治项目开工,总投资 3467.8 万元,其中建筑安装工程费用 3090.97 万元、工程建设其他费用 308.83 万元、基本预备费 68 万元。资金来源为自治区财政资金 82.44 万元、地市级资金 1363.74 万元、其余资金由乃东区本级配套。项目建设地点为多颇章乡索朗村、布麦村,主要建设布麦村、索朗村路基工程、路面工程、排水工程、拆除工程、路灯及附属工程等。

25 日 山南市“扫黄打非”领导小组办公室组成工作组到乃东区检查指导“扫黄打非”工作。工作组实地走访 4 家书店、1 家印刷厂、1 个打字复印店、2 个宗教用品店、4 家歌舞娱乐厅、1 家电影院等文化场所,检查指导“扫黄打非”工作落实情况和疫情防控措施落实情况。

26 日 由武汉市自然资源和规划局副总督察吴立群带队的调研考察团一行,到乃东区考察自然资源和规划系统工作情况,并向乃东区自然资源局捐赠工作经费 20 万元。区委副书记、人大常委会主任梅先阳,副区长张琥出席会议。

27 日 中国共产党乃东区代表会议召开。会议应到代表 142 名,实到代表 137 名。会议听取关于乃东区出席中国共产党山南市第二次代表大会代表候选人产生情况的报告;审议通过《中国共产党乃东区代表会议选举办法(草案)》、大会总监票人、监票人名单;宣布总计票人、计票人名单。区领导张维、索朗平措、梅先阳、殷功博、邹云、格桑、李欣、江建军、强巴、侯树彬、高良平、张靖、张俊等出席。

同日 乃东区委书记张维主持召开区委理论学习中心组第十二次学习(扩大)会议,学习贯彻中央民族工作会议精神,并开展专题研讨。山南市委宣传部副部长贺云松到会指导,在岗区县级领导出席会议。

是月 山南市火车站派出所项目竣工,总投资 1102 万元,建筑面积 3063 平方米及附属设施,占地面积 11.87 亩。

11月

2 日 乃东区召开 2021 年度生态环境保护考核工作安排部署暨考核工作培训会,副区长张琥主持并讲话。会议邀请春天环保公司工作人员对西藏自治区生态环境保护考核办法中各项指标进行详细的解读。

8 日 山南副市长、乃东区委书记张维主持召开二届区委第 16 次常委会(扩大)会议暨区委理论学习中心组会议,传达学习九届自治区党委第 201 次常委会会议、中国共产党山南市第二次代表大会、山南市第二届人民代表大会、政协第二届山南市委员会第一次会议精神,安排部署相关工作。区“两代表一委员”围绕会议精神,结合工作实际作交流发言。全体在家县级领导出席会议,各乡镇(街道)、区直各部门主要负责人参加会议。

10 日 乃东区委宣传部召开宣传思想文化工作座谈会,学习王君正书记在山南调研时的重要指示精神和在宣传思想文化战线调研时的重要指示精神以及山南市“两会”精神,区委常委、宣传部部长白玛维色主持会议并讲话。

12 日 山南市副市长、乃东区委书记张维主持召开区委第十四次理论学习中心组学习会,深入学习贯彻习近平总书记关于安全生产工作的重要论述,传达学习自治区党委书记王君正在自治区党委理论学习中心组 2021 年第 12 次学习会上的讲话精神,集中观看《〈生命重于泰山——学习习近平总书记关于安全生产重要论述〉电视专题片》,会议邀请四川省安全专家、四川煤监局专家、四川省安全培训专家华道友,围绕新修订的《安全生产法(2021 年)》,以“强化责任落实 推动安全发展”为题作专题辅导。

同日 乃东区人民政府与西藏凯风进取创业投资有限公司召开座谈会,并向区人民政府捐赠教育资金 400 万元。区委副书记、区长索朗平措主持会议并讲话。副区长朱京涛,西藏凯风进取创业投资有限公司高级投资经理侯义丰一行出席会议。

15日 山南市副市长、乃东区委书记张维主持召开二届区委第17次常委会(扩大)会议,传达学习中国共产党第十九届中央委员会第六次全体会议精神、习近平总书记在深入推动黄河流域生态保护和高质量发展座谈会上的重要讲话精神、10月18日中共中央政治局会议精神、西藏自治区党委书记王君正在听取山南市工作汇报时的讲话精神等内容,听取2021年前三季度全区经济运行情况报告,安排部署相关工作。

同日 乃东区2021年矮化苹果种植项目完工,总投资26500万元,种植面积5000亩。结巴乡滴新村项目点种植面积1601亩,投资8480万元。亩均投资5.3万元,其中苗木亩均投资19080元,占亩均投资的36%,每亩种植180株矮化苹果树苗,一株苗子106元。基础设施及其他费用亩均投资33920元,占亩均投资的64%。平摊到每株苹果树上的造价为294.4元/株。多颇章布麦村项目点种植面积2083亩,投资10929.14万元。亩均投资5.29万元,其中苗木亩均投资19080元,占亩均投资的36%,每亩计划种植180株矮化苹果树苗,一株苗子106元;基础设施及其他费用亩均投资33820元,占亩均投资的64%。平摊到每株苹果树上的造价为293.89元/株。金鲁社区项目点植面积1316亩,投资7070.2万元。亩均投资5.3万元,其中苗木亩均投资19080元,占亩均投资的36%,每亩计划种植180株矮化苹果树苗,一株苗子106元;基础设施及其他费用亩均投资33920元,占亩均投资的64%。平摊到每株苹果树上的造价为294.4元/株。

16日 乃东区委副书记、区长索朗平措主持召开前三季度经济运行情况通报暨经济工作部署会议,传达学习西藏自治区党委书记王君正在区党委常委会会议研究前三季度经济运行情况时的讲话精神及自治区、山南市2021年前三季度经济运行情况通报暨经济工作部署会议精神,分析当前经济工作形势,安排部署下一阶段工作。

17日 乃东区举办以"我敢闯我会创"为主题的第二届全民创新创业大赛。山南市人社局党组成员、副局长旦增贡布,区委常委、组织部部长张靖出席。雅砻豌豆粉丝、乃东区支岗茨萝、益善高原精品等12个创业项目参赛,经过激烈角逐,决出一等奖1名、二等奖2名、三等奖3名、优秀奖4名。

18日 乃东区全面启动3—11岁人群新冠病毒疫苗接种工作。

21日 乃东区消防救援大队组织鲁琼家具加工市场微型消防站队员及附近商户开展灭火救援实战演练。区领导张维、李欣、侯树彬现场观摩演练活动。

24日 乃东区召开预防青少年违法犯罪专项组2021年工作推进会,通报2021年预防青少年违法犯罪工作开展情况,听取4家成员单位工作开展情况及下一步工作意见建议,部署预防青少年违法犯罪考核工作。区委常委、组织部部长张靖出席会议。

24—26日 乃东区政协主席格桑带队组织各级政协委员,到亚堆乡亚桑村、昌珠镇扎西曲登社区人居环境整治项目点考察,并召开座谈会,传达学习中国共产党十九届六中全会精神,围绕考察内容进行交流发言。

25日 西藏自治区文化厅党组成员、副厅长阎平一行到乃东区开展国家公共文化服务体系示范区创新发展复核工作。复核组以实地检查、听取汇报、查阅资料等方式,先后对山南市图书馆、乃东区公共文化机构进行实地检查。山南市文化局党组成员、副局长杨文萍、乃东区委常委、副区长江建军一同检查。

同日 山南市文物安全考核组到乃东区开展2021年度文物安全目标责任制考评工作。考核组通过查阅资料、实地考察、听取汇报等方式,对乃东区文物保护单位雍布拉康和扎西曲登寺的文物安全管理、消防安全防范措施、文物古建消防培训、安全宣传教育等文物安全目标责任落实情况进行全面考核,并对乃东区2021年度文物安全目标责任制的落实给予肯定。

26日 乃东区人民政府与上海景域驴妈妈集团、山南旅投公司在泽当饭店召开座谈交流会。会上,双方围绕昌珠特色小镇建设和历史文化名镇项目合作,推进乃东区文旅产业高质量发展等内容进行深入探讨。山南旅投公司董事长益西旺久，乃东区委副书记、区长索朗平措，区委常委、常务副区长李欣，上海景域驴妈妈高级副总裁、景域奇创旅游集团董事长李丹，上海景域驴妈妈集团助理总裁兼西部大区总经理朱海峰、景域奇创旅游集团商务总经理王伟等出席。会议由索朗平措主持。

26—27 日　乃东区新冠肺炎疫情联防联控领导小组在物交会现场、山南市警训基地、乃东区人民医院、泽当街道鲁琼社区易地搬迁点、惠好超市等地开展新冠肺炎疫情应急处置综合模拟演练。

27 日　乃东区亚桑村美丽宜居示范村人居环境整治建设项目竣工，总投资 1509 万元，为本级配套；项目新建管理用房 369 平方米、居民改造 18000 平方米、垃圾池 60.16 平方米以及附属工程等。

28 日　乃东区雅砻库区生态清洁流域综合治理工程项目开工，总投资为 2292.43 万元。

12 月

1—7 日　西藏山南市第 41 届雅砻物资交流会在乃东区举行。物交会分六大展区，主要包括各县（区）展区、特色产品展区、餐饮区、游乐场区等。参展商户 3921 户，逛展群众 20 余万人次，上市商品 895 种，累计成交额 6.1 亿元，同比增长 22%。此次物交会市级配套 500 万元专项资金，发放促消费抵扣券，兑现抵扣券 435.975 万元，撬动消费 2790.24 万元。

2 日　山南市副市长、乃东区委书记张维主持召开区委常委会（扩大）会议和理论学习中心组学习会议。传达学习 11 月 18 日中共中央政治局会议精神和习近平总书记在中央全面深化改革委员会第二十二次会议上的重要讲话精神、习近平总书记《关于〈中共中央关于党的百年奋斗重大成就和历史经验的决议〉的说明》、中国共产党西藏自治区第十次代表大会精神和自治区党委王君正参加山南代表团讨论时的讲话精神，研究贯彻乃东区实施意见，安排部署相关工作。

5 日　乃东区“扫黄打非”办公室结合新时代文明实践活动推动日，联合山南市“扫黄打非”办公室、文化市场综合执法支队、民宗局和区公安局、市场监督管理局等部门对山南市物资交流会文化市场进行全面检查。

7 日　西藏自治区党代表、山南市副市长、乃东区委书记张维为乃东区干部群众宣讲党的十九届六中全会和自治区第十次党代会精神。

8—9 日　乃东区组织各乡镇（街道）、区直各单位党员干部集中收看建党 100 周年特别节目《榜样 6》，营造崇尚先进、见贤思齐的浓厚氛围。

9—15 日　乃东区委常务副书记殷功博率乃东区医疗卫生健康系统的 20 名临床医生、医疗管理部门代表、乡镇基层卫生院负责人到武汉市第一医院、第三医院、第四医院、武汉儿童医院及部分社区卫生服务中心考察学习。考察团通过集中培训、实地参观等形式，详细了解常态化疫情防控下的医院感染管理、分级诊疗、发热门诊闭环管理、社区卫生服务中心建设等情况。

9 日　乃东区举行“乃东‘云’调解站”揭牌仪式，区委副书记、政法委书记、公安局局长兼督察长邹云、区人民法院院长拉巴卓玛出席揭牌仪式。

10 日　西藏自治区妇联党组副书记、主席江措拉姆一行到乃东区昌珠镇扎西曲登社区妇女茶馆、家庭旅馆和巾帼服务站等地，以实地察看的方式，对乃东区基层妇联工作进行调研。山南市妇联党组书记、主席马玉玲，乃东区委常委、组织部部长张靖一同调研。

13 日　乃东区畜禽类污资源化利用整县推进建设项目（一期）竣工，总投资 2051 万元，其中中央预算内资金 1511 万元、地方配套 270 万元（群众投劳）、企业自筹 270 万元，项目新建粪污处理中心（蚯蚓养殖区）1205.64 平方米，晾晒大棚 563.04 平方米，加工车间 1345.32 平方米，固液分离区 305.04 平方米，溶气气浮机设备间 19.84 平方米，设备间 14.85 平方米，沤粪池 13824 平方米及附属工程、设备购置等。

13—17 日　山南市副市长、乃东区委书记张维，区领导索朗平措、邹云、格桑、李欣、张靖、李欣、侯树彬、张俊、白玛维色、琼美朵、宗巴、李学军、邓文彬、朱京涛、夏成昆、张秀丽深入村居(社区)、学校和寺庙等地，开展中共十九届六中全会和自治区第十次党代会精神宣讲。

14日 乃东区颇章乡斯堆村批布组公路项目竣工，总投资1472万元，项目起点为斯堆村委会，终点位于批布组，新建路基工程3.491千米、路面工程5.421千米(老路维修加宽1.93千米)、桥梁涵洞工程3.491千米、交叉工程5处、公路设施及预埋管线工程3.491千米、安全设施3.491千米、其他工程1.234千米。全线按四级公路标准建设。

16日 乃东区举办基层骨干宣讲员宣讲大赛，区领导白玛维色、琼美朵、仁青旺堆出席活动。

17日 西藏自治区党委政法委副秘书长陈文强到乃东区宣讲中共十九届六中全会和自治区第十次党代会精神，山南市副市长、乃东区委书记张维出席宣讲会。

同日 乃东区召开铸牢中华民族共同体意识活动推进会暨人大代表培训会。驻乃东区的市级、区级、部分乡级人大代表、部分寺庙僧人代表以及区乡两级人大工作人员共129人参加。

18日 第二届全国县级融媒体中心能力建设年会在成都双流举行，乃东区融媒体中心入选“2021年全国县级融媒体中心能力建设十佳创新案例”，是西藏自治区唯一获奖的县(区)级融媒体中心。

20日 中共西藏宏农农业发展有限公司支部委员会揭牌成立。山南市委常委、组织部部长冯小义，副市长、乃东区委书记张维，区领导殷功博、张靖、邓文彬出席活动。

21日 山南市人民检察院党组书记、检察长刘发林到乃东区人民检察院调研指导工作，并宣讲中共十九届六中全会和自治区第十次党代会、山南市第二次党代会和“两会”精神。

24日 山南市香曲西路(格桑路至泽当大道段)市政道路工程竣工，总投资3706.46万元，为国家投资。项目改建道路总长617米、宽34米，以及交通、给排水、电力通信、照明、景观等附属配套工程。

25日 乃东区多颇章乡嘎东团结新村(易地搬迁)灌区工程开工，总投资1498.85万元。

28—30日 山南市副市长、乃东区委书记张维率区发改委、人社局、信访局等部门负责人，深入结巴乡、泽当街道众益商业广场、贡布日家苑项目建设点，现场督办重点信访案件化解工作，协调解决实际问题。

月底 泽当大道片区(城中村)棚户区改造项目形象进度为98%，总投资27859.86万元，其中国家投资2020万元，其余资金为市区财政配套。项目新建独栋安置房24691.3平方米，其中安置房298套、公租房108套(2020年公租房指标90套)及独栋安置房院内附属；多层及高层安置房35641.74平方米，其中商业9739.98平方米、公租房8123平方米、地下室7298.74平方米、东侧大门13.95平方米、西侧大门13.95平方米及其附属工程等。

区情综述

自然地理

【地理位置】 乃东藏语意为“象鼻山前”。位于西藏自治区南部念青唐古拉山南麓与喜马拉雅山北侧的雅鲁藏布江中游河谷地段，地处北纬28° 44′—29° 36′、东经91° 32′—92° 02′。东邻桑日、曲松两县，西与扎囊县比邻，南接琼结、隆子、措美三县，北连拉萨市墨竹工卡县，总面积2182.42平方千米。是中共山南市委、市人民政府机关所在地，是山南市重要的政治、经济、文化和交通中心。海拔3560米，距贡嘎机场97千米、拉萨135千米。

【自然环境】 地质、地貌 乃东区地质构造复杂，地处喜马拉雅板块和冈底斯—念青唐古拉板块衔接部位，著名的雅鲁藏布江缝合带呈近东西向横亘县域中部。断裂发育，以走向近东西的雅鲁藏布江断裂带最为典型。此外，在大雄山峰一带还见有一走向近东西的向斜构造。地貌以高山和谷地为主，最高海拔6635.8米，最低海拔3532.4米，平均海拔4500米。全区面积中：山地面积1883.1平方千米，占全县辖区面积的85%，平均海拔5196米，相对高度966米；谷地面积284.31平方千米，占全县辖区面积的12.87%，海拔高度3500—3700米。除高山、谷地外，余部为小湖盆地等地貌类型。

气候 乃东区位于中国西南部，属高原温带半干旱大陆性季风气候。2021年，乃东区总体天气气候特征为雨季明显提前，降水时空分布不均、汛期多局地短时强对流天气，盛夏强降雨时段集中，气温波动大，冬春季节多扬沙、浮尘天气。乃东区于5月3日进入雨季，与常年相比雨季早20天。年降水量为466.6毫米，较常年同期值相比多18.9%，其中，2月11日，泽当站日降水量为18.6毫米，超历史同期极值11.0毫米(2018年2月26日)；年平均气温为10.0℃，较常年同期值相比高0.8℃；年日照时数为3656.3小时，较常年同期值相比多28.2%；冬春季(1—4月)降水量为26.4毫米，较常年同期值相比多22.1%；平均气温为6.2℃，较常年同期值相比高1.4℃，冬春季节乃东区大风、扬沙、浮尘天气频繁；初夏(5—6月)高温少雨与降水集中时段交替出现，盛夏(7—8月)降水天气频繁，部分时段连续出现中雨或大雨天气，造成不同程度的洪涝、泥石流、滑坡等灾害；秋冬季(10—12月)乃东区降水量为3.9毫米，较常年同期值相比少61.4%；平均气温为6.5℃，较常年同期值相比高1.4℃。

2021年乃东区气象数据一览表

表1

	项目	1月	2月	3月	4月	5月	6月	7月	8月	9月	10月	11月	12月	全年
平均气温（℃）	平均值	3.1	2.7	6.8	8.9	14.4	18.0	16.5	16.4	14.2	12.4	5.7	1.3	10.0
降水量（毫米）	累计值	0.4	18.6	6.2	1.2	45.0	52.9	137.1	145.0	56.3	3.7	—	0.2	466.6
平均相对湿度（%）	平均值	25.2	31.1	37.4	33.6	44.5	45.3	62.6	64.2	58.2	44.5	29.7	30.3	42.2
日照时数（小时）	累计值	268.5	271.4	319.4	325.3	344.9	335.7	324.7	312.7	310.6	313.9	272.6	256.6	3656.3
气压（百帕）	平均值	656.8	659.3	659.1	660.6	659.8	660.0	661.5	—	664.1	662.6	659.6	660.4	660.7
极大风速、风向	风速（米/秒）	18.1	14.3	19.1	19.1	17.3	15.7	19.1	13.8	17.9	14.3	15.3	19.8	16.7
	风向	西南西	南南西	南南西	西南西	南	南西	北北西	北东	西北西	南南西	南南西	南南西	西

土壤　乃东区土壤类型多样，从谷地至高山顶，分布着山地灌木草原土、亚高山草原土和亚高山草甸土、高山草甸土、高山寒漠土以及高原潮土、风沙土等。由于地理形成期短，土壤发育历史不长，除地貌、气候影响外，受成土母质、植被等方面的影响，土壤发育呈现幼年性、有机质分解差、碳酸盐含量高、盐碱性重等特点。因此，普遍表现出矿物分化不深、黏粒含量低（8%—25%）、土体松散、土地浅薄、粗骨性强、侵蚀严重等特点，耐牧性差。耐牧性较强的土壤仅限于潜育或沼泽化草甸土。共有8个土类、9个亚类、7个土属类。高山寒漠土地占土壤面积的1.76%，草毡土（高山草甸土）占土壤面积的33.57%，黑毡土（亚高山草甸土）占土壤面积的15.12%，巴嘎土（亚高山草原土）占土壤面积的17.69%，阿嘎土（灌木草原土）占土壤面积的19.05%，草甸土占土壤面积的1.89%，风沙占土壤面积的4.19%，潮土占土壤面积的36%。

【自然资源】　植被　乃东区在西藏植被区划中，属藏南山地灌丛草原区，地带性植被为温性中生灌丛草原。植被大体分为4个垂直带：山地灌丛草原带、亚高山灌丛草甸带、高山草甸带、高山稀疏垫状植被带。全区有野生植物55科、199属、424种，其中草本植物371种，木本植物53种，其中乔木13种，灌木40种。371种草本植物中可作饲用的350种，包括中等以上适口牧草183种，其中优良牧草94种；牲畜不食杂草167种，其中有毒害草57种。350种饲用植物中，有禾本科61种，莎草科22种，豆科17种，杂草类250种。药用植物有270多种，主要有虫草、贝母、雪莲花、秦艽、土当归、牛蒡子、大黄、枸杞、麻黄、黄连、当归、茵陈蒿、沙生槐豆、地耳草、纤毛婆婆纳、伞梗虎耳草、党参、人参果、明党参、糖芥、丁香、水柏枝、藏茴香、东莨菪、问荆、大麻、龙胆草、诃子、野冬苋菜、花木通、鹅首马先蒿、卷丝苦苣苔、三颗针、铁丝草、菥蓂、水葫芦、唐松草、水黄连、马先蒿、甜草、唐古特青兰、手掌参、矮泽芹、青活麻、醋柳果、麻黄、笔直黄芪、石蒿等。

动物资源　乃东区动物种类繁多，脊椎动物有鱼类、两栖类、爬行类、鸟类、哺乳类；无脊椎动物有扁形动物和线形动物、环节动物、节肢动物等。国家一级保护动物有白鹤、金雕、黑颈鹤、豺、胡秃鹫。二级保护动物有黑熊、獐、高山秃鹫。

水资源　乃东区域内水系发达，呈树枝状分布，水源比较丰富，水质好，全区共有大小溪河40

条，其中江河水大于10平方千米以上的河流有9条，湖泊54个、面积184.1公顷。各河流多年平均径流量4111亿立方米，水域面积25.95平方千米，占全区总面积的1.2%。境内的主要河流有4条，流域面积2670公顷，其中雅鲁藏布江经乃东区流出，属外流河。其余雅砻河、温区河和多雄河3条河流属内流河。各类水库3座，其中中型水库2座，小型水库1座。

矿藏 乃东已发现的矿产种类主要有铬铁矿、金、银、铜、白云母、水晶、石灰岩等20多种，矿产地19处。现阶段主要以三类矿产开发为主。固体矿产地中，黑色金属矿产地2处、有色金属矿产地1处、特种非金属矿产地2处、建筑材料矿产地14处。具有潜在优势的矿种有石灰岩、水晶、铜矿等。2011年以来，石灰岩、铜矿探明储量分别约1000万吨、49万吨（金属量），建筑用石材、建筑用砂已开采矿区累积占用储量分别达1500余万立方米、1700余万立方米。2021年，乃东区境内设置2个采矿权，矿产勘察单位共有探矿权7个。

建置区划

【沿革】 *建置* 在4万—5万年前，藏族先民们就已在今雅鲁藏布江南岸的雅砻地区居住。

公元前127年，部落酋长聂赤从波沃（即波密）来到乃东雅砻地区后，被众人拥立为雅砻"蕃"部落首领，成为西藏历史上第一位赞普。聂赤将努部首领等小邦收为属民，修建雍布拉康，首府设在雍布拉康附近的俄日吉雪，治理乃东一带。第九代赞普将首府转移至青域（今琼结），使乃东一带成为西藏的政治中心。松赞干布统一西藏高原后，633年，在拉萨建政治中心。松赞干布与文成公主常到乃东，在雍布拉康居住。吐蕃地方政权时期，西藏行政与军事上划分为5个茹（翼）和61个东岱（千户部），今山南市范围在五茹之一的沃茹管辖范围之内，治所在今乃东区昌珠镇。乃东区范围相当于沃茹的雅砻东岱（千户）管辖范围。雅砻下部，即亚达，设有域一参（吐蕃时期的行政机构），配域参本一职。

吐蕃末代赞普达玛被刺后，沃茹达玛之子约松占据乃东。公元869年，"邦金洛"平民大起义爆发，迅速席卷包括乃东在内的整个山南地区，乃东成为平民起义进攻的主要目标之一，起义彻底覆灭吐蕃奴隶制地方政权，出现割据政权。乃东的上雅砻（亚堆）由钦姆氏和聂氏家族为首建立的两个官长贵族统治。颇章地新以下的亚达地区则在达玛之子约松的统治之下。约松子贝考赞死后，迎请拉萨云丹后裔赤德滚赞为首领。其后，约松的第四代后裔赤穷占据雅砻，居琼结青哇达孜宫，扩展势力，为雅砻觉阿王系之祖。赤穷的孙子玉坚在雅砻为首领，居乃东结莎和琼结唐波且。1037年，乃东由雅砻觉阿王系统治。

1235年，丹玛贡尊任帕竹总管，统治乃东等地。1240年，窝阔台子阔端王派多达那波将军率蒙古兵入藏，控制包括乃东在内的西藏地区，帕竹万户及其属下亚桑千户归顺。

1254年，帕竹多吉贝3次到元都，被元朝中央封为万户长。多吉贝回藏后，将万户府址从扎囊的冲准扎喀迁到乃东南杰岗，建乃东、哈鲁岗、卡多等豁卡寺庙，统治乃东等地，开创帕竹万户强盛的基业。

1268年，忽必烈派阿贡、米林等官员会同萨迦本钦释迦桑布第二次清查户口，同时正式划定十三万户。乃东归帕竹万户（元史作伯木古鲁万户），驻地乃东，包括今泽当、昌珠、颇章和亚堆的大部分及温地，其间上部温地和多颇章曾先后被甲玛万户和止贡万户分别占领。1272年，亚桑千户从帕竹分出，建立亚桑万户（元史作牙里不藏思巴万户），驻地今亚堆的亚桑村亚桑寺旧址，在乃东县主要占有今亚桑村和曲德贡村一带。

1302年，绛曲坚赞继任帕竹万户第十任万户长，管辖乃东江南直到亚堆的曲德贡北部一带及温地的一半，曲德贡及以南部分属亚桑万户。绛曲坚赞依靠乃东的地理自然优势和自身能力，凭借武力先后战胜蔡巴、止贡和亚桑等万户，兼并前藏大部分地区，并乘萨迦地方政权内讧之机，1354年，推翻萨迦地方政权，建立帕竹地方政权，被元朝封为"大司徒”，确立在西藏的统治地位。绛曲坚赞执政期间，废除了万户制度，创建宗谿制度，建立13个宗，下设谿堆。帕竹地方政权时期，在乃东范围内未建宗，只是在原多吉贝所建谿卡的基础上增建谿卡，作为最基层的行政管理机构。1385—1432年，阐化王扎巴坚赞建立格桑谿卡。1618年，辛厦巴·彭措南杰推翻帕竹地方政权，建立嘎玛嘎地方政权，乃东归其管理，仍维持帕竹谿卡建制。

1642年，五世达赖凭借青海和硕特蒙古固始汗兵力，建立甘丹颇章地方政权。1650年到1657年，帕竹地方政权后裔5次向清朝中央朝贡，1652年，派人进京上缴明朝旧敕印，换取清朝新印，1657年，顺治皇帝册封帕竹后裔彭措坚赞为阐化王。1751年，噶厦在乃东设宗，任命宗本，为一级大宗。其地域内先后建立颇章、亚堆、格巴三大谿卡，在今江北的结巴、索珠，即温地，设宗级的温地扎喀宗。乃东宗设五品俗官宗堆，即大缺营官2名，为大宗。温扎喀宗驻地今结巴乡扎喀雪后面，设六品僧俗各1名的谿堆，即中缺营官；亚堆设七品俗官宗堆2名；颇章设七品俗官谿堆1名。

1909年，噶厦在山南设洛嘎基巧（山南总管），乃东、温扎卡仍设宗。乃东宗为一级宗，配宗本二名，为一僧一俗五品官员，配1名孜仲，1名仲科，由“洛基”发给任命书及2种印章。温扎喀宗属于二级宗，管辖整个温地，驻地今结巴乡扎卡雪，后驻格桑，配有宗堆。颇章谿和亚堆谿仍存，均属洛嘎基巧领导。

1912年，噶厦在泽当设嘎曲聂章，配一僧一俗五品官员进行管理，属宗级，但与颇章、亚堆一样，名义上属乃东宗管，乃东地域共有5个宗。

1956年9—10月，自治区筹备委员会先后成立乃东宗和温宗办事处，隶属自治区筹备委员会山南总管办事处。1957年，根据中央“六年不改”的方针，6月撤销乃东宗和温宗办事处，乃东宗辖地包括今亚堆（上雅砻）颇章、昌珠、泽当和金鲁的鲁、甲两村庄（金村属琼结宗管辖）及多颇章今桑日县的江乡（有泽当嘎曲聂仓的谿卡乃东宗德吉康沙的儿户差民）。今江北的结巴、索珠属温扎喀宗管理。地域内共有74个谿卡、61座寺庙。此外，乃东宗还代管今曲松的却巴地方，有土地16顿，为乃东宗支差。1959年4月，乃东、泽当、颇章、亚堆合并为乃东县，6月，温宗地域并入乃东县。至2000年，维持其建置。

庄园谿卡　乃东因土地肥沃，历来也是西藏地方政权和许多权臣外戚的封邑。

吐蕃“五尚”之一的外戚贵族蔡邦氏（氏族官邸在今才朋村）家族在亚堆有其领地，至今尚有上、下蔡邦两村落。

甘丹颇章地方政权建立后，乃东的土地被西藏地方政权封赐、赠予或由三大领主管理，其中17世纪前期，大贵族索康家族的祖先被噶厦封在克松地方，建立克松谿卡（庄园）。1679年，甘丹颇章地方政权第四任第悉洛桑金巴经五世达赖批准，以“卸任第悉”名号赐给乃东孜为食邑；克美谿卡属于大贵族凯墨家族；扎西托美谿卡、日苏谿卡、亚堆（江洛金）谿卡分别属于拉鲁家族和江洛金家族。

1934年，因龙夏事件，江洛金庄园的亚堆部分和颇章除玛波谿卡以外的大部分土地收归西藏地方政权所有，3年后又赐予哲蚌寺阿巴扎仓所有。颇章其余部分和亚堆仍属江洛金家族。温地车门谿卡属大贵族车门家族，格巴谿卡属结莎根保。结莎的格巴谿卡，因负责承担噶厦和拉萨三大寺的船渡和木材，虽不算宗级单位，但其根保（保长）的权势较大，与泽当嘎曲聂仓一样，可不执行乃东宗命令，属洛嘎基巧直辖的一级机构。

【区划】 1354年，帕竹地方政权建立后，绛曲坚赞在乃东设宗，成为西藏地方13个大宗之一。到1642年，甘丹颇章政权建立，乃东境内共有乃东、温宗、颇章、亚堆、格巴等5个宗谿（卡），乃东为一级大宗，温宗为二级宗。

1959年3月，乃东、泽当、颇章、亚堆合并为乃东县。5月，县人民政府成立。6月，温宗划归乃东县，琼结县色岗、衮当、白蓉3个村划归乃东县，全县共成立亚堆、颇章、昌珠、泽当、乃东、温区6个区。7月5日，成立克松农民协会。此后，6个区相继全部成立农民协会共计47个。协会选举1名主任，管理日常事务。10月，成立丁拉区。12月，撤销乃东区，乃东区所辖东嘎乡上东嘎部分划入昌珠区，下东嘎部分划入泽当区。年底，多颇章从泽当区划归温区管辖，成立多颇章乡；原属琼结宗的今金鲁金村划归乃东县；今措美县的卡珠乡划入乃东县，1960年，又划回措美县。全县辖亚堆、颇章、昌珠、泽当、温区、丁拉6个区，区下设34个乡，撤销协会。

1965年10月，开始成立人民公社，至1968年8月，全县34个乡逐步更名为人民公社，下辖167个生产队。1969年11月8日，乡更名为“革命领导小组”，1971年11月24日，更名为革命委员会，并成立各公社革命委员会。1978年9月撤销，恢复区公所名称。1979年11月，公社革命委员会更名为人民公社管理委员会。

1984年撤销人民公社，9月，区以下建立乡级人民政府。

1987年，进行撤区并乡，对原6个区、34个乡进行撤改。颇章区日苏乡划归亚堆区，与亚堆区原7个村一起分为曲德贡和曲德沃2个乡，每乡辖4个行政村，共8个行政村。颇章区余下的6个乡，撤并分为地新乡和颇章乡，地新乡辖4个村，颇章乡辖5个村。将泽当镇郭莎居委会划给昌珠乡，并分为郭莎与赞塘2个村，昌珠乡分为昌珠乡和卡多乡，各辖7个村。泽当镇划出金鲁居委会，单独成立金鲁乡，余下3个居委会仍由泽当镇管辖。温区划出多颇章乡单独成立多颇章乡，余下部分成立结巴乡。丁拉区改名索珠乡，其辖地不变。区改乡后，全县辖10个乡、1个镇、49个行政村、3个村级居委会。

1999年，对乡（镇）、村（居）委会行政区划进行一次调整，将原11个乡（镇）合并调整为5个乡、2个镇，下辖50个行政村（居）委会，319个自然村，118个村民小组。曲德贡、曲德沃二乡合并为亚堆乡，地新乡和颇章乡合并为颇章乡，昌珠乡和卡多乡合并为昌珠镇，撤销金鲁乡，与前卡多乡划出的郭莎、赞塘二村一起并入泽当镇，作为泽当镇的3个居委会。多颇章、结巴、索珠3个乡不变。

2008年，结合换届选举开展村级建制整合工作。换届选举后，原有50个村（居）委会整合为47个村（居）委会。

2016年1月7日经国务院批准，根据西藏自治区人民政府《关于同意西藏自治区撤销山南地区设立地级山南市的批复》国函〔2016〕8号文件批复，撤销乃东县，设立乃东区，以原乃东县的行政区域为乃东区的行政区域。6月5日，乃东区举行揭牌仪式。

2019年5月29日，根据乃东区人民政府关于设立泽当街道办事处和11个社区实施方案的请示（乃政〔2019〕20号），经市人民政府批准，2019年7月19日，山南市人民政府《关于同意设立泽当街道办事处的批复》（山政复〔2019〕1号）：同意撤销泽当镇，设立泽当街道办事处，以原泽当镇的行政区域为泽当街道办事处的行政区域。行政区划调整后，泽当街道办事处辖乃东、泽当、结莎、琼嘎顶、嘎玛庆、色嘎顶、罗布林卡、鲁琼、郭莎、金鲁、赞唐11个社区，总面积233.438平方千米，总人口53524人，街道办事处驻地乃东区英雄路21号。

2020年6月12日，根据多颇章乡人民政府关于成立中共多颇章乡嘎东团结新村委员会的请示（多党发〔2020〕40号），经2020年6月15日，一届区委第113次常委会研究，中共乃东区委员会《关于成立中共多颇章乡嘎东团结新村委员会的批复》（乃委〔2020〕51号）：同意成立中共多颇章乡嘎东团结新村委员会；同意中共多颇章乡嘎东团结新村委员会下设3个党支部，同意3个党支部书记由村党委委员担任，如搬迁党员群众人数增加，可根据实际增加下设的党支部数量；同意中共多颇章乡嘎东团结新村委员会设书记1名、副书记1名、委员5名。

2021年，乃东区辖1个街道：泽当；1个镇：昌珠；5个乡：颇章、结巴、多颇章、索珠、亚堆；23个社区、30个村。

泽当街道 街道办事处驻乃东社区。辖11个社区：乃东、泽当、结莎、琼嘎顶、嘎玛庆、色嘎顶、罗布林卡、鲁琼、郭莎、赞堂、金鲁。

昌珠镇 辖12个社区居民委员会：昌珠、克松、茶如、洞嘎、玉莎、门中岗、扎西曲登、扎西妥美、克麦、白荣、色岗、卡多。

颇章乡 辖9个村委会：格拉、雪、布仁、斯堆、哈鲁岗、达当、地新、夏果、阿巴。

结巴乡　辖6个村委会：结巴、格桑、门仲、多若、桑嘎、滴新。

多颇章乡　辖3个村委会：索朗、布麦、嘎东团结新村。

索珠乡　辖4个村委会：索珠、丁拉、恰当、支岗。

亚堆乡　辖8个村委会：亚桑、热木那、曲德贡、支那村、才朋、郭乃、曲德沃、日苏。

西藏第一座宫殿雍布拉康

特色地情

【风景名胜（选录）】　昌珠寺　昌珠寺位于昌珠镇雅砻河东岸，为国家AAAA级旅游景区，是西藏三大古寺庙之一，属格鲁派寺院。始建于松赞干布时期，是西藏最古老的寺庙之一，是吐蕃时期西藏第一座佛堂，距今已有1300多年的历史。昌珠寺由大殿、转经围廊、廓院三部分组成，共两层，砖木结构。寺院内珍藏着许多珍贵的文物，其中珍珠唐卡“观音憩息图”“莲花生八岁等身像”“文成公主亲手绣制的绛丝唐卡”为三大镇寺之宝。1961年被国务院定为全国重点文物保护单位。

雍布拉康　雍布拉康位于昌珠镇东南约5千米、雅砻河东岸、扎西次日山头上，为国家AAA级风景名胜区，是西藏历史上第一座宫殿，距今已有2000多年的历史。相传是雍仲本教徒于公元前2世纪为第一代赞普聂赤建造，后来成为松赞干布和文成公主在山南的夏宫，五世达赖时改为黄教寺院。雍布拉康主要供奉释迦牟尼佛像。宫殿内的壁画上生动地描绘西藏的第一位赞普，第一座宫殿，第一块耕地的历史故事。雍布拉康分为两部分，前部是一幢多层建筑，后部是一座方形高层碉堡望楼，与前部相连。1962年公布为自治区级文物保护单位。

西藏第一个农村党支部旧址　西藏第一个农村党支部旧址位于乃东区昌珠镇克松社区。1959年7月5日，克松村的433名农民成立西藏第一个农民协会，组建西藏民主改革第一村。12月2日，克松村响应西藏工委（西藏自治区党委前身）建设基层党组织的决定，发展5名党员，成立西藏第一个农村党支部。克松村是西藏第一个进行民主改革的村庄，建立西藏历史上第一个农村基层党支部、第一个农民协会、第一个人民公社、第一个教学点等诸多

昌珠寺

第一，一直以来被誉为“一块红色的土地”。2002年，克松居委会利用西藏第一个农村基层党支部旧址，大力开展爱国主义教育活动。2006年，以克松庄园的大量图片为题材，建成克松居委会新旧对比展览室。

西藏民主改革第一村陈列馆　西藏民主改革第一村陈列馆位于乃东区昌珠镇克松社区。2011年建成开馆，占地5400平方米，建筑面积2134平方米。7月，被西藏自治区宣传部授予“全区爱国主义教育基地”称号。2013年3月，被西藏自治区人民政府授予“全区国防教育基地”称号。西藏民主改革第一村陈列馆共分四大部分。第一部分历史的变迁：讲述1951年西藏和平解放以后，克松人积极响应党和国家的号召，始终以爱国、爱党、团结、创新的精神为指引，积极开展民主改革等工作。第二部分苦难岁月：讲述西藏封建农奴制、民主改革之前的生活在水深火热之中的克松村。克松村在西藏民主改革之前是大农奴主索康旺青格勒所属庄园，庄园里的农奴被当成“会说话的牛马”，承受着沉重的差役负担，成年累月地辛勤劳动，终年不得温饱，饥寒交迫。索康旺青格勒是旧西藏噶厦政府的噶伦之一，在山南有6个庄园，其中的克松庄园是旧西藏统治最黑暗、最残酷的庄园之一。西藏上层统治集团一些人企图永远保留封建农奴制，在1959年3月发动全面武装叛乱，克松庄园主索康旺青格勒参与武装叛乱，武装叛乱失败后叛逃国外，当时克松庄园内有59户农奴、302人、土地1200亩都属于索康家。在克松庄园内生活最底层的是差巴、堆穷和朗生。对于旧西藏的差役赋税，在克松庄园内，每年庄园主索康及其代理人摊派的税收有18项、差役14项，西藏地方政府摊派的差税9项、差役10项，热乌曲林摊派的税收7项、差役4项。第三部分喜获新生：讲述1951年5月23日中央人民政府与西藏地方政府签订《中央人民政府和西藏地方政府关于和平解放西藏办法的协议》，西藏人民从此获得新生。一首家喻户晓的歌《翻身农奴把歌唱》表达农奴对翻身解放当家做主的激动心情，同时表达对新生活的热爱和对党的感恩之情。一幅画记录历史的经典一刻——农奴们烧毁与农奴主所签的人身契约，围着熊熊燃烧的火堆情不自禁地跳起舞抒发获得新生的喜悦。第四部分幸福之路：讲述西藏民主改革50多年来，克松村在各级党委政府的坚强领导下，各项社会事业发生翻天覆地的变化。2009年1月19日，经西藏自治区九届人大二次会议表决通过，将每年的3月28日定为西藏百万农奴解放纪念日。在克松居委会党支部的带领下农牧民收入不断增加，农牧民素质不断提高，村容村貌得到极大的改善。馆内展示克松居委会历届党支部书记及主任的任职时间，介绍克松居委会现在“两委”班子的成员及分工情况。2010年7月20日，时任中宣部部长刘云山在克松村视察工作。克松村一直开展着形式多样的爱国主义教育活动，湖北省武汉市的对口支援，对克松村的发展增添新的活力。克松村有一技之长的人也越来越多，农业生产实现机械化。2021年，克松村人均年收入达到27468.29元。

文化遗产　乃东历史文化悠久，雅砻河流域是藏民族文明发祥地之一，文化底蕴丰厚，文化遗址甚多，集自然景观和人文景观为一体。历史遗存有第一代赞普居住的雍布拉康（国家AAA级旅游景区、西藏自治区级文物保护单位）、后期所建的赞唐玉益拉康、吉如拉康（国家级文物保护单位）、松赞干布时期所建的昌珠寺（国家AAAA级旅游景区）等25座寺庙及拉康，有以闻名西藏的“乃松”（三圣寺）、“登松”（三佛塔）、“普松”（三岩洞）为代表的文物古迹，有古塔、古桥、古建筑17处，古遗址及碑刻13处，古墓葬7处，革命纪念地（烈士陵园）1处。有国家级风景名胜区雅砻风景名胜区。乃东区共有文物点76处，其中全国重点文物保护单位3处3个点、自治区级文物保护单位10处、县级文物保护单位24处、其他文物保护单位39处。非物质文化遗产29项，其中国家级3项、代表性传承人2名；自治区级非物质文化遗产3项、代表性传承人2名；市级非物质文化遗产2项、代表性传承人3名；区级非物质文化遗产21项、代表性传承人21名。

【名优特产】 藏毯　西藏地毯主要是仿古毯，是中国地毯百花园中的一朵鲜花，氆氇为手工织成的毛呢，是做服装、鞋帽的主要材料，有200多年的历史。氆氇曾是西藏主要贡品，拉萨、日喀则、泽当、扎囊、江孜是重要产区。

金银器　金银器是西藏传统的工艺品，距今已有1000多年历史。金银器大体上分为两类：一类是装饰品，如镯子、头饰、刀鞘及鼻烟壶上的装饰等；另一类是生活用品，如酒壶、酒杯、盘等。

德堂糌粑　糌粑是用生长在西藏高原的青稞干炒磨制而成，是藏民族千百年繁衍生息的主要食品之一。炒熟后，以酥油为黏合剂制作而成。其做法：将酥油融化在热奶茶中，然后加上适量的青稞粉，搅拌成团状后，用手捏成形状后直接进嘴吃。糌粑含各种人体所需要的氨基酸和微量元素。德堂糌粑，采用当地天然、无污染的优质青稞，传统工艺加工而成，经过清洗、取渣、沙炒、去皮、水磨等精制而成。

乃东核桃　核桃树是西藏古老的树种之一，相传乃文成公主进藏时带入，繁衍至今。核桃树在山南境内分布较广。核桃富含多种氨基酸、维生素，还有丰富的蛋白质，有益智补脑之功。山南核桃品种较多，分布在山南市乃东区境内的"酥油核桃"和"鸡蛋核桃"尤为出名。"酥油核桃"藏语称为"曲达嘎"或"马达嘎"，属于薄皮核桃，该品种果实长圆形、色泽淡黄、壳薄、质好、味香、风味独特。含油量高达67%，是炼制植物油和色拉油的上等原料。"鸡蛋核桃"，藏语称"共阿达嘎""姑畜达嘎"，属夹棉核桃，果实卵圆或长圆形，果实中等大小，果壳较厚，核仁饱满。

乃东青稞　乃东青稞是西藏山南乃东区的特产，在吐蕃时期就有种植，是西藏人民的主要粮食作物。乃东青稞在4月上旬至下旬播种，当年8月中旬至9月中旬成熟，生长周期120—140天。乃东青稞属于大麦类，无壳、无黏性，种子为颖果，籽粒是裸粒，与颖壳完全分离，由胚、胚乳和皮层三部分组成，籽粒长6—9毫米、宽2—3毫米，形状有纺锤形、椭圆形、菱形、锥形等，表面光滑、胚乳中淀粉含量多，面筋成分少，籽粒含淀粉45%—70%，蛋白质8%—14%。乃东区青稞性平、味咸。富含蛋白质、脂肪、淀粉、维生素B类，具有丰富的营养价值，它有补脾养胃、益气止泻、壮筋益力、除湿发汗的功效，有突出的医药保健作用。

乃东藏鸡　乃东藏鸡是山南市乃东区的特色畜禽资源之一，生长在2200—4100米的高原。乃东藏鸡作为高海拔地区养禽，体型较小，较长而低矮，成船形，好斗性强，翼羽和尾羽发达，初生重为0.0281—0.0308千克，成年公鸡体重为1.145千克，母鸡体重为0.8602千克；头部清秀，少数有毛冠，母鸡稍多，占1%—3%，从冠为红色单冠，公鸡冠直立，冠齿4—6个，母鸡冠小稍有扭曲；以黑色居多，少数肉色；耳朵为白色，少数红白相间。乃东藏鸡作为高海拔地区养禽业中的当家品种，有人这样形容它："草原鸡的自然，乌鸡的滋养，珍珠鸡的玲珑，取之精华，集之大成，世界脊梁上，孕育出这鸡界的珠穆朗玛。"它能产出特色鸡蛋，为人民提供廉价优质的动物蛋白。

乃东藏鸡蛋　乃东藏鸡蛋主要由卵白蛋白和卵球蛋白构成，其中含有人体必需的8种氨基酸，并与人体蛋白的组成极为近似，人体对乃东藏鸡蛋蛋白质的吸收率可高达98%。乃东藏鸡蛋由长期生长在高寒环境下的乃东藏鸡产出，乃东藏鸡蛋中铁、铜、锌等具有重要生理功能的微量元素以及粗蛋白、粗脂肪含量均高于普通鸡蛋，也更加容易被人体吸收，具有强体免疫的功效，比普通鸡蛋具有更高的营养价值和市场价值。

乃东藏香猪　乃东藏香猪，又名"乃东人参猪"是乃东原始的瘦肉型猪种，属野外牧养类。生长在海拔3000—4000米的地区，以天然野生可食性食物、果实、藏药材等为主食，体型较小，成年猪平均体重不足50千克。被称为"喝泉水、吃山珍"长大的乃东藏香猪正在成为藏族饮食文化的一个品牌。品质上有"六个最"，即肉品中氨基酸含量最高、微量元素含量最高、脂肪含量最低、猪肠最长、猪皮最薄、鬃毛最长，是藏民族的传统民族美食。尤其是猪皮，口味Q弹爽嫩，远优于一般生猪。乃东藏香猪体格健壮，心肺功能特别发达，善于奔跑，几乎不生病，脂肪含量很低，皮薄，肉质鲜美且不油腻，营养丰富。乃东藏香猪在市场上广受欢迎，供不应求。

乃东草莓　乃东草莓是山南市乃东区特色农业产品，乃东草莓是一种红色花果，为蔷薇科，性喜凉爽，不耐高温干旱。乃东草莓外观呈心形，鲜美红嫩，果肉多汁，含有特殊的浓郁水果芳香，具有润肺生津、健脾和胃、利尿消肿等功效，果期6—8月，可溶性固形物含量11.2%，维生素C 53.7毫克，"春旭"休眠期短。乃东草莓富含氨基酸、果糖、蔗糖、葡萄糖、柠檬糖、苹果酸、果胶、胡萝卜素、维生素B_1、维生素B_2、烟酸及矿物质钙、镁等，这些营养对人体生长发育有很好的促进作用。

乃东红皮土豆　乃东红皮土豆形状独特，颜色特别，呈粉红色、紫红色等，相对于一般土豆口感更糯、面、汁多有黏性，具有色泽鲜艳，口感特殊，营养丰富的特点。乃东红皮土豆花青素含量为每百克3.15毫克，淀粉含量16%，每千克红皮土豆中粗淀粉100.7克，还原糖1.23克，每百克红皮土豆中微量元素及维生素含量：碳水化合物15.5克、维生素C 18.7毫克。乃东红皮土豆因其品质好、环保型、无病害、出粉高、原料丰富、加工增值空间大等特点，曾获武汉市第四届农业博览会"特色农产品"和"金奖农产品"称号，加上其生长在高原，无污染、纯天然，符合现代人健康饮食习惯，深受人们的青睐。

乃东菜籽油　乃东菜籽油选用优质的乃东菜籽作为原料，呈透明或半透明状液体，色泽金黄或棕黄，有一定的刺激气味，主要成分有油酸、亚油酸、亚麻酸、生育酚，具有一定的软化血管、延缓衰老的功效，对血管、神经、大脑的发育有十分重要的作用，胆固醇很少或几乎不含。乃东菜籽油不饱和脂肪酸中的油酸含量仅次于橄榄油，平均含量在61%，此外，乃东菜籽油所含有的对人体有益的油酸及亚油酸含量居各种植物油之冠。

人口和民族宗教

【人口分布】 2021年年末，乃东区户籍总人口为68485人，其中，泽当街道36358人、昌珠镇7263人、多颇章乡3340人、索珠乡2616人、结巴乡5072人、亚堆乡6752人、颇章乡7084人；城镇人口28599人、乡村人口39886人；男性34805人，女性33680人；0—17岁14356人、18—34岁16877人、35—59岁28784人、60岁以上8468人。

【人口自然变动】 2021年，乃东区出生人口707人、死亡446人，年出生率10.58‰，年死亡率6.67‰，年自然增长率3.91‰。

【民族】 2021年，乃东区户籍总人口68485人，其中，藏族58126人、汉族9591人、回族71人、门巴族186人、珞巴族51人、纳西族21人、土家族73人、满族37人、蒙古族31人、傈僳族3人、苗族68人、壮族27人、白族28人、布依族8人、彝族57人、其他民族107人。

【宗教】 2021年，乃东区共有25座寺庙（拉康）、4处宗教活动点，其中，宁玛派6座：西扎寺、本仓寺及西扎修行区、嘎玛拉康、才德拉康、吉如拉康、卓德拉康。萨迦派3座：结莎拉康、扎西曲登寺、甲萨拉康寺。格鲁派13座：昌珠寺、达杰林寺、曲德沃寺、日乌曲林寺、甘典曲果林寺、安曲寺、桑阿申钦寺、扎西多卡寺、德庆央孜拉康、达庆拉康、雍布拉康、贡当拉康、赞唐拉康。噶举派3座：亚桑寺、日琼布寺、强久顶拉康，均为全国重点文物保护单位。

国民经济和社会发展

【概况】 2021年，乃东区国民经济保持较快增长，人民生活水平稳步提高，各项社会事业全面推进，实现发展速度和质量效益同步提升。

2021年，乃东区完成地区生产总值76.06亿元，同比增长7.5%，增幅高于全市0.6个百分点。总量与增速均排名全市第一，其中，第一产业增加值1.62亿元，增长6.6%；第二产业增加值28.76亿元，增长5.9%；第三产业增加值45.68亿元，增长8.6%。三次产业结构由上年的2.2 ∶ 44.2 ∶ 53.6调整为2.2 ∶ 37.8 ∶ 60，经济结构持续优化。

【农牧业】 2021年，乃东区实现农林牧渔业总产值3.06亿元，实现增加值0.95亿元，增长12.4%。农业产值1.35亿元，增长13%；林业产值0.02亿元，下降6.3%；牧业产值1.57亿元，增长12.8%。农作物总播种面积4293.1公顷，粮食作物面积3060.5公顷，粮食总产量24536.2吨，同比增加203.73吨，增长0.8%。青稞、小麦面积分别为1304.01公顷、1677.17公顷，青稞产量同比减少4032.19吨，下降47%。小麦产量同比增加4040.23吨，增长26%。油菜产量1266.8吨，增加654.5吨，增长52%。蔬菜21339.79吨、同比增加2338.64吨，增长11%。

年末牲畜存栏头数104942头（只、匹），其中牛、羊、猪、马、驴分别为45199头、33538只、25699头、278匹、228头，家禽存栏数409805只。全年牲畜总出栏头数51458头（只），牛、羊、猪分别出栏20395头、13107只、17956头。肉类总产量达到5605.46吨，同比增长15%。猪牛羊肉类产量达到4733.94吨，同比增长23.84%；奶产量达到6766.87吨，同比增长3.6%；禽蛋产量787吨，同比增长61.37%。

【工业和建筑业】 2021年，乃东区完成工业总产值5.15亿元，工业增加值1.8亿元，同比增长27.9%，高于上年同期5.5百分点。规模以上工业企业6家，新增2家（山南市星河商品混凝土有限公司、山南星路沥青混凝土有限公司），完成增加值1.5亿元，同比下降4.1%。规模以下工业企业34家，完成工业增加值0.3亿元，同比增长21.4%。建筑业实现增加值26.94亿元，同比增长27.9%。

【固定资产投资】 2021年，乃东区完成全社会固定资产投资64亿元，同比增长4.4%，在全区七（地）市主城区中增速排第二，位居全市增速第五。民间投资推动作用明显。乃东区民间投资同比增长82.4%，比上年增长47个百分点，民间投资是乃东区投资保持平稳增长的有力支撑。

【商业和贸易】 2021年，乃东区完成社会消费品零售总额49.1亿元，同比增长10.4%。总量位居全市第一，增速第二。限额以上完成社会消费品零售总额12亿元，同比增长26.8%，限额以下完成消费品零售总额37.1亿元，同比增长5.9%。限额以上增速高于限额以下20.9个百分点。

【交通和旅游】 2021年，乃东区客运量及旅客周转量分别完成121万人、423万人千米，年末公路通车里程476.46千米，桥梁46座14延米。全年共接待游客27.1万人次，实现旅游收入2976万元。

【财政和金融】 2021年，乃东区完成一般公共预算收入3.4亿元，同比增长1.4%，其中税收收入完成2.6亿元，同比增长13.1%，占一般公共预算收入的75.0%。增值税完成1.3亿元，同比增长14.7%，企业所得税完成0.7亿元，同比增长51.4%，个人所得税完成0.3亿元，同比下降39.3%。

全年财政预算总支出17.8亿元、同比增长53.0%。其中一般公共服务支出4.1亿元、同比增长59.8%，公共安全2.1亿元、增长13.7%，教育支出2.1亿元、同比增长29.6%，文化体育传媒支出0.19亿元、同比下降28.0%，国防、科学技术、社会保障和就业分别支出0.02亿元、0.01亿元、1.01亿元，分别同比增长111.7%、下降25.5%、下降4.5%，医疗卫生、节能环保、农林水分别支出0.69亿元、0.16亿元、5.07亿元，分别同比增长15.4%、下降5.7%、增长175.6%，交通运输支出0.07亿元，同比增长34.7%，城乡社区、住房保障分别支出0.96亿元、0.58亿元，分别同比增长4.9%、14.3%。

【教育】 2021年，乃东区共有各类学校42所，在校生4844人，其中初中生1165人、小学生2362人、幼儿园1317人。学前教育毛入园率达100%，小学毛入学率达100%，初中毛入学率达100.8%。

2021 年乃东区教育主要指标一览表

表2 单位：人

指标	在校学生	专任教师
普通中学	1165	131
小学	2362	213
幼儿园	1317	61

【文化和卫生】 2021 年，乃东区共有专业艺术团体 1 个，从业人员 24 人，县（区）艺术团体 1 个，从业人员 24 人，县级综合文化活动中心 1 个，从业人员 17 人。广播电视人口覆盖率达到 99.6%。

共有卫生机构 9 家，其中，医院 1 家、卫生院 7 个（含乡镇）、疾病预防控制中心 1 个，实际开放床位 30 张。

【人民生活和社会保障】 2021 年年末，乃东区总人口 81735 人（含流动人口），总户数 27413 户，其中农牧民户数 11627 户，占户总数的 42.41%。

全区城镇居民人均可支配收入 43100 元，同比增长 13.1%，完成农村居民人均可支配收入 21855 元，同比增长 15.7%。位居全市总量第二、增速第五。

2021 年农村居民人均可支配收入结构一览表

表 3

指标	绝对量（元）	比重（%）
人均可支配收入	21855	100
工资性收入	6557	30
经营性收入	10709	49
财产性收入	1530	7
转移性收入	3059	14

城乡居民基本医疗保险参保率达 99.9%，兑现城乡居民基本医疗保险、大病保险等资金 4722 万元。城乡居民基本养老保险参保率达 98%，发放养老金 1600 万元。农村最低生活保障 231 户 571 人，全年落实资金 139.89 万元；城镇最低生活保障 271 户 450 人，全年落实资金 396.78 万元。特困供养 492 人，其中集中供养 243 人、分散供养 249 人，儿童福利院集中收养孤儿 21 名。城镇登记失业率控制 3% 以内。全年实现劳务输出 1.3 万人，劳务创收 1.4 亿元。

【安全生产】 2021 年，乃东区共发生各类生产安全事故 16 起，造成死亡 2 人、受伤 18 人，直接经济损失 7.6 万元；发生道路交通事故 15 起，造成死亡 1 人、受伤 18 人，直接经济损失 7.6 万元。

中国共产党乃东区委员会

综述

【概况】2021年，中共乃东区委员会（以下简称乃东区委）在党中央、区党委、市委的坚强领导下，坚持以习近平新时代中国特色社会主义思想为指导，全面贯彻落实中共十九大，十九届二中、三中、四中、五中全会精神，认真贯彻落实中央第七次西藏工作座谈会、区党委九届八次全会和市委一届六次全会精神，紧紧围绕年初确定的各项目标任务，勠力同心、攻坚克难，开展“六稳”工作，全面落实“六保”任务，统筹推进常态化疫情防控和经济社会发展，社会局势持续和谐稳定、经济社会持续健康发展。全年共召开中共乃东区委员会全体会议5次、区委常委会会议46次、区委理论学习中心组会议16次。

【党的建设】2021年，乃东区委始终把坚决维护习近平总书记党中央的核心、全党的核心地位，维护党中央权威和集中统一领导作为最高政治准则和根本政治规矩，明确要求全区党员干部胸怀“两个大局”，心系“国之大者”，时刻关注习近平总书记和党中央在关心什么、强调什么，自觉在思想上、政治上、行动上同以习近平同志为核心的党中央保持高度一致。全年共召开46次区委常委会会议、16次区委理论学习中心组会议，传达学习习近平总书记重要指示批示精神，全区党员干部思想文化素质不断提升，文化自信更加坚定，学习氛围更加浓厚，学习型党组织和学习型社会建设深入推进。

【经济建设】2021年，乃东区完成地区生产总值76.06亿元，同比增长7.5%；完成固定资产投资64亿元（含市直），同比增长4.4%；完成财政收入3.4亿元，同比增长1.4%；完成社会消费品零售总额49.1亿元，同比增长10.4%；完成农村居民人均可支配收入21855元，同比增长15.7%。储备“十四五”规划项目301个，估

2021年6月28日，乃东区委书记张维（中）到结莎社区调研新冠肺炎疫苗接种工作

算总投资262.64亿元，录入国家重大项目库项目181个，总投资76.21亿元。泽当大桥建成通车，乃东家园二期、哈达家园、宏农藏鸡养殖、3个棚改金包银等投资上亿元的项目开工建设。完成火车站站前广场、城市绿心公园、泽当大道延伸段、乃东家园二期等重大项目征地拆迁工作，开展乃东老城区棚户区改造项目拆迁，累计兑现拆迁补偿资金2.32亿元。引进西藏德程建设等优质企业8家，注册资金5.3亿元，市场投放松果电单车480辆。实施桑吉林花园、雅达花园、羊湖时代广场等重大项目，累计完成招商投资25.44亿元，同比增长66.3%。湖北省“十三五”对口援助乃东区规划建设项目（1‰以内）18个，计划总投资1.91亿元，累计完成投资1.47亿元。储备“十四五”援藏项目7个，总投资2.6亿元。

【疫情防控】 2021年，乃东区按照中共中央、自治区党委、市委疫情防控决策部署和工作要求，及时启动重大突发公共卫生应急响应，立即成立领导小组，设立7个专项组，细化实化工作，积极应对、努力克服疫情带来的不利影响。本级财政累计投入100万元，保障疫情防控工作开展。累计抽调党员干部、公安民警、医护人员200余人投入抗疫一线，开展隔离人员服务工作。组织300余名志愿者到街头巷尾开展疫情防控志愿服务705次。为武汉市组织捐款269.54万元，捐赠新鲜猪肉30吨、蔬菜15吨。严格监督检查，开展过往人、车、物盘查验证、登记检查工作，严防输入性隐患。

2021年12月7日，山南市副市长、乃东区委书记张维（中）为全区党员干部宣讲党的十九届六中全会精神和自治区第十次党代会精神

【生态发展】 2021年，乃东区“两江四河”流域造林绿化工程全部完工，义务植树造林2300余亩，造林5000亩、森林抚育2.5万亩、封山育林1万亩。突出环境问题集中整治要求，围绕重点区域、重点行业领域、热点难点问题等方面深入开展生态环境“六大专项”整治行动。严控沿江河道和生态保护区内采石采砂。全面建立区、乡级河长制管理体系，清查34个入河排污口并登记造册。启动实施泽当城区环境整治百日会战行动。按照中央第六环保督察反馈意见进行整改，完成城区50家烧烤店安装油烟净化器工作。布设地表水监测断面3个，均达到国家地表水环境质量标准。泽当街道集中式生活饮用水环境4个点位、119个农村饮用水各项指标达到地下水质量标准。城市污水收集率82%，处理率100%，环境空气质量优良天数比例达98%。

【意识形态】 2021年，乃东区委建立健全区委书记亲自抓、负总责的意识形态工作机制，形成区委统一领导、党政齐抓共管、宣传部门组织协调、相关部门分工负责的工作格局。以宣传乃东建设成就、经济发展成果、各条战线先进典型为重点，加大与国家、自治区、市级媒体的联系和沟通，不断加强新闻宣传工作力度，先后接待自治区及以上媒体采访团30余次，300余人，累计刊发各类成果稿件60余篇（条），编播新闻160余条，在《人民日报》、新华社及自治区内各大媒体平台上刊播乃东区新闻报道50余条。用活“书香乃东”、新时代文明实践中心（所、站）、“藏源发布”App等宣传平台宣传乃东“稳定发展、生态强边、四件大事”取得的成就。原创宣传片在新华社、中国文明网等浏览量超过1500万次。引领带动全区各级理论学习中心组重点围绕习近平新时代中国特色社会主义思想和《习近平谈治国理政》第三卷等内容进行深入学习，累计集中学习200余场次，撰写学习笔记1140余本、体会文章1400余篇。

【改革工作】 2021年，乃东区始终把改革创新作为引领经济社会发展的动力，精准发力、完善机制，奋力开创高质量发展新局面。巩固机构改革成果，对涉改部门的“三定”规定落实情况、改革后部门履职情况进行调研评估，对事业单位职责和运行情况进行摸底调研，撤销事业机构1个，更名1个，调整隶属关系1个。完成农村集体资产清查核资工作，认定农村集体经济组织成员3.58万人，量化农村集体资产8.79亿元，成立农村集体股份经济组织合作社47个，清产核资“三聘模式”和股权静态管理模式在全自治区推广，农村宅基地改革工作被推荐为国家试点。出台《乃东区小型基建项目施工单位遴选管理办法（试行）》《乃东区关于进一步促进民营经济健康发展暂行办法》，市场准入环境逐步优化，市场主体9018户，从业人员3.5万余人，注册资金181亿元。开展财政暂付性款项清理，清理违规出借资金691.65万元。中央直达资金及抗疫特别国债全部完成拨付，第七次全国人口普查工作深入开展，年底完成清查摸底8.94万人。

【社会事业】 2021年，乃东区培养出山南市中考状元、自治区道德与法治单科状元，小考录取人数居全市第三名，中学其他省市西藏班上线率达11%，乃东区内重点高中、普通高中录取率均有大幅提升，与全市13所县（区）学校均分相比，乃东区中考有六门学科平均成绩高于市均分。城乡居民医疗保险参保率98.5%，截至10月底，兑现医疗保险1800余万元。“两降一升”成效显著，高危孕妇管理率100%，五岁以下儿童死亡率6.8‰。克松村和门中村卫生室，亚堆、颇章、索珠、多颇章乡卫生院基本建成。区人民医院顺利通过二级乙等综合医院终审。城乡居民医疗基本实现“一站式”结算。食品药品监管工作全面加强，“明厨亮灶”达95%。公共文化服务水平全面提升，组建完成52个村居（社区）文艺演出队，昌珠阿尔谐、达杰林大威德金刚坛城（彩砂绘制）、茶如朵果被列入山南市第二批市级非物质文化遗产名录，哔叽手工编织技艺（泽贴尔）申报国家级非物质文化遗产。实施昌珠寺、雍布拉康、赞塘玉意拉康修缮工程。成立乃东区朗玛堆谐社团，开展“文艺下乡”64场次。扎西曲登民宿、雅砻扎西雪巴藏戏演艺运营良好。《克松村志》完成评审，《乃东县志（2001—2010）》通过自治区验收，《乃东年鉴（2020）》《雅砻史话》年内出版。全力开展社会保障工作，兜底政策有效落实。乃东区双创中心基础设施建设完成，建立转移就业基地12个，累计转移就业1.1万余人，务工总收入近1亿元。投入资金450万元，举办农牧民培训班15期，培训1083人。高校毕业生实现充分就业，应届毕业生就业率达99.5%。成功举办全民创新创业大赛。农村低保、特困人员救助、残疾人、临时救助救急等落实有力，做到动态管理下应纳尽纳、应退尽退。落实优抚政策，加强退役军人服务保障体系建设，深入开展“双拥”工作。坚持摘帽不摘责任、不摘政策、不摘帮扶、不摘监管，切实落实消费扶贫举措，采取工会“以购代帮”，后勤食堂、福利院采购，直播带货等方式，累计消费扶贫276.43万元。顺利通过国家脱贫攻坚普查及自治区脱贫攻坚成效考核，多颇章、鲁琼、斯堆、志岗4个安置点全部建成并搬迁入住，多颇章乡同步搬迁安置点项目开工建设，规划安置168户、815人。谋划安置点产业项目13个，解决就业岗位254个、483人。“十三五”精准扶贫产业项目已全部实施完成，完成总投资10.52亿元，直接带动建档立卡群众1180人。完善扶贫产业利益联结机制，设立脱贫监测预警机制。“两不愁三保障”实现全覆盖，完成水质检测104处、农村危房改造124户，家庭医生签约率达100%，调整生态岗位2458人。

重要会议

【区委全会】 2021年，区委常委会共主持召开5次区委全会。

1月12日，中共乃东区第一届委员会第七次全体会议暨区委经济工作会议召开。山南市政府副市长、乃东区委书记尼玛次仁出席会议并讲话，区委副书记、区长张维对全区经济工作进行安排部署。会议传达学习自治区党委九届九次全会暨经济工作会议、市委一届七次全会及经济工作会议精神，听取和讨论尼玛次仁受区委常委会委托作的工作报告，审议通过《中共乃东区委员会关于制定国民经济和社会发展第十四个五年规划和二〇三五年远景目标的建议》。尼玛次仁就建议讨论稿作说明。

4月29日，中共乃东区第一届委员会第八次全体会议召开。会议表决通过《关于召开中国共产党乃东区第二次代表大会的决议（草案）》。区委书记张维就《中国共产党乃东区第一届委员会工作报告的决议》作起草说明。

6月25—27日，中共乃东区第二次代表大会召开，区委书记张维代表一届乃东区委所作的题为《把握新发展阶段，构建新发展格局，为建设社会主义现代化新乃东接续奋斗》的工作报告。张维、索朗平措、梅先阳、殷功博、邹云、杜飞、李欣、江建军、强巴、高良平、张靖、白玛维色、张俊以及各党代表出席会议。

8月30日，中共乃东区第二届委员会第二次全体会议召开，会议传达学习习近平总书记视察西藏重要讲话重要指示精神和区党委九届十次全会、市委一届九次全会精神；听取区委常委会工作报告；审议通过《中共乃东区委员会关于坚决贯彻落实习近平总书记视察西藏重要讲话重要指示精神 奋力谱写长治久安和高质量发展新篇章的实施方案》。区委书记张维代表区委常委会向大会作报告，并就实施方案审议稿作说明。

10月15日，中共乃东区第二届委员会第三次全体会议召开。会议表决通过乃东区出席中国共产党山南市第二次代表大会代表候选人预备人选。

【区委常委会会议】 2021年，乃东区委共召开46次区委常委会会议。传达学习贯彻中央、自治区党委、市委重要会议精神及习近平总书记系列重要讲话精神，研究各项事宜。

1月9日，山南市副市长、乃东区委书记尼玛次仁主持召开一届区委常委会第127次（扩大）会议，研究区委一届七次全体会议暨区委经济工作会议相关事宜。

1月14日，山南市副市长、乃东区委书记尼玛次仁主持召开一届区委常委会128次（扩大）会议，听取村（社区）“两委”换届工作指导检查情况汇报，研究乃东区村（社区）“两委”换届选举事宜。

1月18日，山南市副市长、乃东区委书记尼玛次仁主持召开一届区委常委会129次会议，会议传达学习自治区、山南市“政治标准要更高、党性要求要更严、组织纪律性要更强”专题教育的工作方案，自治区党委书记吴英杰对全区开展“政治标准要更高、党性要求要更严、组织纪律性要更强”专题教育的指示精神，市委“政治标准要更高，党性要求要更严，组织纪律性要更强”专题教育动员部署会议精神。

1月28日，山南市副市长、乃东区委书记尼玛次仁主持召开一届区委常委会130次（扩大）会议，传达学习中央农村工作会议精神，习近平总书记在省部级主要领导干部学习贯彻中共十九届

2021年12月2日，二届区委第19次常委（扩大）会议暨16次中心组学习会议召开。传达学习习近平总书记《关于〈中共中央关于党的百年奋斗重大成就和历史经验的决议〉的说明》等内容

五中全会精神专题研讨班开班式上的重要讲话精神，国务院应对新型冠状病毒感染肺炎疫情联防联控机制关于进一步做好当前新冠肺炎疫情防控工作的通知，区党委、市委主要领导在《关于从严从紧做好宗教领域聚集性新冠肺炎疫情防控工作的通知》上的批示精神，市委书记许成仓在《关于转发〈2021年春节期间疫情防控督查专刊（1—6）〉的通知》上的批示精神，《中共中央办公厅关于认真做好市县乡领导班子换届工作的通知》《中共中央纪委机关 中共中央组织部 国家监察委员会关于严肃换届纪律加强换届风气监督的通知》精神，中共中央办公厅印发《关于2020年中央政治局贯彻执行中央八项规定情况的报告》《关于持续解决形式主义问题深化拓展基层减负工作情况的报告》的通知精神，西藏自治区第十一届人民代表大会第四次会议精神，区党委人大工作会议精神及山南市第一届人民代表大会第六次会议精神，政协第十一届西藏自治区委员会第四次会议精神和政协第一届山南市委员会第八次会议精神，研究3项事宜。

2月9日，山南市副市长、乃东区委书记尼玛次仁主持召开一届区委常委会131次会议，传达学习中共中央政治局会议精神及习近平总书记在中共中央政治局第二十七次集体学习时的重要讲话精神，习近平总书记对信访工作作出的重要指示精神和李克强总理等中央领导的批示精神，十九届中央纪委五次全会，自治区纪委九届六次全会精神及一届市纪委六次全会精神，中共西藏自治区纪委关于林芝市巴宜区“4·14”重大森林火灾责任追究情况的通报及市委书记许成仓的批示精神，中央农村工作领导小组、农业农村部关于做好当前农村地区新冠肺炎疫情防控有关工作的通知精神，自治区关于切实做好倡导就地过年服务保障工作的通知精神，关于冬春季疫情防控工作督查情况报告，市“两节”期间防疫工作电视电话会议精神，市委书记许成仓批示精神，关于做好当前农村地区疫情防控工作的通知精神，山南市纪委关于少数单位和党员干部违反会风会纪的通报，自治区纪委关于4起违反中央八项规定精神典型问题和关于4起扶贫领域腐败和作风问题典型案例的通报。

2月26日，山南市副市长、乃东区委书记尼玛次仁主持召开一届区委常委会132次（扩大）会议，传达学习《西藏自治区国家生态文明高地建设条例》，习近平总书记在党史学习教育动员大会上的重要讲话精神及中共中央关于在全党开展党史学习教育的通知精神，中央第十巡视组巡视自治区党委反馈会议精神及区党委落实中央第十巡视组巡视反馈意见整改工作动员会议精神，全国、全区、全市宣传部长会议精神，全国统战部长会议和全区、全市统战民族宗教工作会议精神，研究同意《召开中国少年先锋队乃东区第一届第一次代表大会有关事项》《乃东区西藏自治区中长期青年发展规划（2018—2025年）实施方案》。

3月1日，副市长、乃东区委书记尼玛次仁主持召开一届区委常委会第133次（扩大）会议，传达学习自治区、市国安指挥部视频会议精神，专题安排部署全国“两会”及三月重要时期工作。

3月10日，山南市副市长、乃东区委书记尼玛次仁主持召开一届区委常委会134次（扩大）会议，研究《中央第十巡视组反馈意见整改方案》。

3月26日，山南市副市长、乃东区委书记尼玛次仁主持召开一届区委常委会135次（扩大）会议，听取中央第十巡视组反馈问题整改工作汇报、党史学习教育工作开展情况汇报、“政治标准要更高、党性要求要更严、组织纪律性要更强”专题教育工作开展情况汇报、政法队伍教育整顿工作开展情况汇报。

3月30日，副市长、乃东区委书记尼玛次仁主持召开一届区委常委会第136次会议，通报山南市纪委监委关于对乃东区林业和草原局党组书记、局长丁华涉嫌严重违纪违法进行纪律审查和监察调查的决定，并代表区委及区委班子作表态发言。

4月9日，山南市副市长、乃东区委书记尼玛次仁主持召开一届区委常委会137次会议，传达学习自治区党委吴英杰在自治区党委常委班子2020年度民主生活会上的讲话精神及一届市委141次、142次常委会精神，全国“两会”精神，习近平总书记在全国脱贫攻坚总结表彰大会上的重要讲话精神,2月26日中共中央政治局会议精神和习近平总书记在中央中央政治局第二十八次集体学习时的重要讲话精神,习近平总书记在中央党校(国家行政学院)中青年干部培训班开班式上发表的重要讲话精神,习近平总书记在中央全面深化改革委员会第十八次会议上的重要讲话精神,习近平总书记在福建考察时的重要讲话精神,全国、全区、全市组织部长会议精神,全国、全自治区、全市政法工作会议精神,政法队伍教育整顿工作相关精神。

4月9日,副市长、乃东区委书记尼玛次仁主持召开一届区委常委会138次(扩大)会议,研究4项事宜。

4月13日,山南市副市长、乃东区委书记尼玛次仁主持召开一届区委常委会139次(扩大)会议,传达学习《中共中央 国务院关于全面推进乡村振兴加快农业农村现代化的意见》,听取第一季度经济运行情况。

4月27日,副市长、乃东区委书记尼玛次仁主持召开一届区委常委会140次(扩大)会议,研究4项事宜。

5月7日,副市长、乃东区委书记尼玛次仁主持召开一届区委常委会141(扩大)次会议,研究1项事宜。

5月19日,区委书记张维主持召开一届区委常委会142次(扩大)会议,研究1项事宜。

5月21日,区委书记张维主持召开一届区委常委会143次(扩大)会议,传达学习政法队伍教育整顿中央督导组片区座谈会精神、全国政法队伍教育整顿中央第十四督导组下沉督导情况反馈会议精神,听取乃东区政法队伍教育整顿工作开展情况。

6月4日,区委书记张维主持召开一届区委常委会144次(扩大)会议,传达学习《中共中央办公厅关于庆祝中国共产党成立100周年组织开展"永远跟党走"群众性主题宣传教育活动的通知》《中共西藏自治区委员会关于印发庆祝中国共产党成立100周年活动安排的通知》精神,听取乃东区农村宅基地制度改革试点工作开展情况。

6月11日,区委书记张维主持召开一届区委常委会145次会议,传达学习《中共中央办公厅关于印发党委(党组)网络意识形态工作责任制实施细则的通知》《中共西藏自治区委员会办公厅 西藏自治区人民政府办公厅印发自治区关于改革完善社会救助制度的若干举措的通知》精神,4月30日中共中央政治局会议精神、5月31日中共中央政治局会议精神和习近平总书记在中共中央政治局第29次集体学习时的重要讲话精神,习近平总书记在河南专题调研南水北调时的重要讲话精神,习近平总书记在参加首都义务植树活动时的重要讲话精神,习近平总书记对打击治理电信网络诈骗犯罪工作作出的重要指示和李克强总理重要批示精神,《山南市委员会办公室关于〈区党委贯彻落实党中央领导经济工作规定的实施意见〉的落实措施的通知》精神,听取中央巡视整改工作情况汇报、全区党史学习教育工作情况汇报及全区"政治标准要更高,党性要求要更严,组织纪律要更强"专题教育工作情况汇报。

6月18日,区委书记张维主持召开一届区委常委会146次(扩大)会议,研究1项事宜。

6月19日,区委书记张维主持召开一届区委常委会147次(扩大)会议,研究5项事宜。

6月21日,区委书记张维主持召开一届区委常委会148次(扩大)会议,研究中共乃东区委员会第二次代表大会相关报告,听取中国共产党山南市乃东区第二次代表大会筹备工作情况的报告。

6月23日,区委书记张维主持召开一届区委常委会149次(扩大)会议,研究1项事宜。

2021年6月26日,区委书记张维主持召开一届区委常委会150次(扩大)会议,研究3项事宜。

7月7日,区委书记张维主持召开二届区委常委会第1次会议,传达学习《中共中央办公厅关于认真学习贯彻〈习近平总书记在庆祝中国共产党成立100周年大会上的讲话〉的通知》精神、习近平总书记在庆祝中国共产党成立100周年大会上的重要讲话精神及习近平总书记在"七一勋章"颁授仪式上的重要讲话精神、《中共西藏自治区委员会办公厅关于违反党的政治纪律行为的处分规定》。

7月21日,区委书记张维主持召开二届区委常委会第2次

（扩大）会议，传达学习《中共中央办公厅　国务院办公厅关于印发〈地方党政领导干部食品安全责任制规定〉的通知》精神、《中共西藏自治区委员会　西藏自治区人民政府关于实现巩固拓展脱贫攻坚成果同乡村振兴有效衔接的实施意见》精神、《西藏自治区发展和改革委员会关于转发〈关于继续大力实施消费帮扶巩固拓展脱贫攻坚成果的指导意见〉的通知》精神等内容，安排部署相关工作，研究5项事宜。

7月29日，区委书记张维主持召开二届区委常委会第3次（扩大）会议，传达学习习近平总书记在西藏视察时的重要讲话精神，听取乃东区西藏和平解放70周年庆祝活动筹备情况，安排部署相关工作。

8月5日，区委书记张维主持召开二届区委常委会第4次（扩大）会议，听取巡视反馈问题整改工作推进情况、上半年经济运行情况、生态环境保护工作开展情况汇报，安排部署相关工作。

8月16日，区委书记张维主持召开二届区委常委会第5次（扩大）会议，传达学习《中共中央关于中国共产党成立100周年庆祝活动总结报告》精神并安排部署西藏和平解放70周年大庆期间维稳工作，听取疫情防控、食品安全等工作情况汇报。

8月27日，区委书记张维主持召开二届区委常委会第6次（扩大）会议，听取乃东区西藏和平解放70周年庆祝活动筹备工作总结报告，研究中国共产党乃东区第二届委员会第二次全体会议相关事宜。

9月10日，区委书记张维主持召开二届区委常委会第8次（扩大）会议，研究《乃东区农村宅基地存量问题处理意见（审议稿）》《乃东区农村宅基地管理暂行办法（审议稿）》《关于稳慎推进农村宅基地制度改革工作的指导意见（审议稿）》《乃东区深化农村宅基地制度改革工作四级联动机制》。

9月12日，区委书记张维主持召开二届区委常委会第9次会议，传达学习习近平总书记在中央党校（国家行政学院）中青年干部培训班开班式上的重要讲话精神、习近平总书记在河北承德考察时的重要讲话精神。

9月22日，区委书记张维主持召开二届区委常委会第10次（扩大）会议，传达学习习近平总书记在中央民族工作会议上的重要讲话精神、全国农业农村援藏工作座谈会精神等内容，安排部署相关工作。

9月30日，区委书记张维主持召开二届区委常委会第11次会议，传达学习习近平总书记在中央人才工作会议上的重要讲话精神，习近平总书记向全国广大农民和工作在“三农”战线上的工作人员致以节日祝贺和诚挚慰问精神。

10月15日，区委书记张维主持召开二届区委常委会第12次（扩大）会议，传达学习《西藏自治区实施〈宗教事务条例〉办法》，听取乃东区流浪乞讨人员救助管理工作开展情况的汇报，安排部署重点工作。

10月18日，区委书记张维主持召开二届区委常委会第13次（扩大）会议，会议传达学习《自治区纪委监委调研组关于蹲点乃东区调研反馈意见整改情况及“四件大事”落实情况的调研督导报告》，研究《中共乃东区委员会关于自治区纪委监委蹲点乃东区调研反馈意见整改情况及“四件大事”落实情况的调研督导报告整改方案》。

10月22日，区委书记张维主持召开二届区委常委会第14次（扩大）会议，传达学习《中共中央办公厅　国务院办公厅关于进一步加强生物多样性保护的意见》精神、习近平总书记在中央人大工作会议上的重要讲话精神、全自治区领导干部会议精神，听取自治区直属机关工委、安全生产、商务工作情况汇报。

10月27日，区委书记张维主持召开二届区委常委会第15次会议，传达学习自治区党委书记王君正调研自治区维护稳定工作时的讲话精神、调研督查自治区疫情防控工作时的讲话精神，安排部署相关工作。

11月8日，山南市副市长、乃东区委书记张维主持召开二届区委常委会第16次（扩大）会议，传达学习中国共产党山南市第二次代表大会、山南市第二届人民代表大会、政协第二届山南市委员会会议精神，安排部署相关工作。

11月15日，山南市副市长、乃东区委书记张维主持召开二届区委常委会第17次（扩大）会议，传达学习自治区党委书记王君正在听取山南市工作汇报时的讲话精神、中共西藏自治区委员会办公厅关于持续深入学习贯彻习近平总书记视察西藏时重要讲话精神的通知精神、听取2021年前三季度全区经济运行情况的汇报，安排部署相关工作。

11月24日，山南市副市长、乃东区委书记张维主持召开二届区委常委会第18次（扩大）会议，传达学习自治区党委书记王君正在政法战线调研时的讲话精神，研究关于落实市委涉粮问题第四专项组反馈意见的整改方案。

12月2日，山南市副市长、乃东区委书记张维主持召开二届区委常委会第19次（扩大）会议，传达学习习近平总书记《关于〈中共中央关于党的百年奋斗重大成就和历史经验的决议〉的说明》，自治区第十次党代会报告及有关会议精神，安排部署相关工作。

12月7日，山南市副市长、乃东区委书记张维主持召开二届区委常委会第20次（扩大）会议，传达学习习近平总书记在全国宗教工作会议上的重要讲话精神，听取自治区纪委监委关于蹲点乃东区调研反馈意见整改情况及“四件大事”落实情况的调研督导报告反馈问题整改情况。

2021年12月20日，区委书记张维主持召开二届区常委会委第21次（扩大）会议，传达学习中央经济工作会议精神，习近平总书记在中国文联第十一次全国代表大会、中国作协第十次全国代表大会开幕式上的重要讲话精神，习近平会见平安中国建设表彰大会代表及会议精神，中共西藏自治区委员会关于深入学习宣传贯彻落实中国共产党西藏自治区第十次代表大会精神的通知精神，自治区党委书记王君正在十届自治区党委常委会第1次会议上的讲话精神，中共西藏自治区委员会关于进一步改进作风狠抓落实的意见精神，安排部署相关工作，研究有关事宜。

2021年12月31日，区委书记张维主持召开二届区委常委会第22次（扩大）会议，传达学习习近平总书记在中央全面深化改革委员会第二十三次会议上的重要讲话精神，中共中央政治局专题民主生活会和习近平总书记在会议上发表的重要讲话精神，中共中央纪委印发《关于做好2022年元旦春节期间正风肃纪工作的通知》精神，中央纪委国家监委集中通报十起案例精神、中共西藏自治区委员会办公厅 西藏自治区人民政府办公厅关于做好2022年元旦春节藏历新年期间有关工作的通知精神，市委书记许成仓在山南市第二届委员会第二次全体会议上的讲话精神和二届市委第4、5次常委会议精神，12月30日自治区国安指挥部视频会议精神和刘宗昌同志在市国安指挥部视频会议上的讲话精神，许成仓在《关于第41届雅砻物资交流会的总结报告》上的批示精神，中共山南市委员会 山南市人民政府印发《关于全面实施预算绩效管理的实施方案》的通知精神，西藏自治区纪委关于四起违反中央八项规定精神典型案例的通报精神，听取人大、政府、政协、法院、检察院党组工作汇报，研究有关事宜。

区委办工作

【概况】 2021年，中共乃东区委办公室（以下简称区委办）以迎接服务中国共产党成立100周年和西藏和平解放70周年为主线，围绕中心、服务大局，转变作风、狠抓落实，干在实处、走在前列，推进区委办工作高质量发展。

【办会工作】 2021年，区委办坚持把握大势、抓住关键，做到思考在前、建议在前、行动在前，对需要区委召开会议及时研究解决的事项，提前充分酝酿，认真审议事项，科学制定方案，确保会议的严谨性和时效性。对需要贯彻召开的法定会议及重要全区性会议，第一时间提出学习贯彻意见、做好会务准备，确保会议的科学性和有效性。完成乃东区第二次党代会、二届一次全会、区委经济工作会议等15场重大会议，组织筹备区委常委会（扩大）会议46次。

【以文辅政】 2021年，区委办始终践行一线工作法，深入基层、深入群众，拜群众为师，向群众学习，了解实情、研讨思路，寻求对策，将调研成果及时转化为文稿内容，确保文稿的真实性。起草中共乃东区第二次代表大会工作报告、二届一次讲话、区委教育工作会议讲话等大型文稿20余份,制定《坚决贯彻落实习近平总书记视察西藏重要讲话重要指示精神 奋力谱写长治久安和高质量发展新篇章的实施方案》等制度文件23份。

【督查工作】 2021年,区委办充分发挥办公室督查作用,聚焦巩固脱贫成果、乡村振兴、人居环境整治、疫情防控、党史学习教育等重点工作开展督查,督重点、督难点、督进度、督成效,确保各级党委重大决策部署在哪里,督导工作就跟进到哪里。改进督查工作方式,优化督查队伍资源,对于工作相近、性质相似、内容相同的事项上,联合纪委、政府办等督查力量,连续跟踪实施全过程,随时向领导报告进展情况,在解决督查过频过繁问题的同时,不断提升督查工作的精准度、扩大督查工作的覆盖面、增强督查工作的实效性。全年督办、督查、上报各类工作任务50余件。

【保密工作】 2021年,区委办制定下发《涉密人员管理制度》《保密专兼职人员管理制度》《泄密事件报告和查处制度》,对保密工作人员和场所管理、涉密载体管理、应急处置预案和保密安全检查与考核等作出明确的规定和要求,从制度上杜绝失密泄密事件的发生。以政治强、纪律严、业务精为标准,选优配强,审核备案涉密人员280人,并及时组织召开2次保密委员会全体会议暨保密业务培训会。始终将监督检查作为落实保密要求、提高保密意识的重要抓手,先后对各乡镇(街道)及重点单位开展8次保密隐患大排查,消除保密隐患80余个,确保保密工作万无一失。

【信息工作】 2021年,区委办发挥党委"信息"联系群众的"直通车"、捕捉部门状况的"晴雨表"、汇集重要动态的"蓄水池"作用,聚焦乃东长治久安和高质量发展中出现的新问题新情况,及时收集基层群众所思所盼所求所想,梳理日常不易看到、听到、接触的真实情况,形成原汁原味的一手信息上报区委,为区委把方向、管大局、作决策、抓落实提供精准信息服务。找准乃东工作与国家、自治区、山南市长远发展规划和决策部署的结合点、实践点,深入总结全区经济高质量发展的新成效,提炼保障和改善民生的新亮点,挖掘改进作风、狠抓落实的新气象,不断展示全区各族干部群众创新创优创造的热情和积极性。全年上报信息481份,信息工作位列全市第一。

2021年4月12日,乃东区委办(国家保密局)开展保密检查工作

【档案工作】 2021年,区委办坚持"应收尽收、应归尽归和随时收集、及时归档"的原则,强化沟通衔接,积极指导推动,完成全区精准扶贫档案及疫情防控档案移送交接工作。牢固树立服务至上、档案为民理念,推进社会主义新农村建设档案工作,先后20余次深入各乡镇(街道)、村居(社区)指导帮助整理多年积压零散文件共计155520件(1965—2011年)、各类统计1240份、记录本178本、照片档案271张,优化基层一线档案便民利民服务环境,得到群众的广泛好评。及时成立克松村全国基层档案试点工作领导小组,制定工作方案,主动挖掘克松历史文化资源,整理存档1989—2020年档案189盒4008件,并投入5万元,改善克松档案馆设施设备,打造能讲好克松故事的档

案精品。组织全区档案工作人员集中开展档案业务培训，并利用3个月的时间，深入乃东区各乡镇（街道）、村居（社区）及区直各部门，开展调研指导和行政执法检查，推进档案工作高质量发展。

【密码工作】 2021年，区委办紧盯“聚焦主责主业，服务中心大局”目标，在立足推动高质量发展工作中找到与自身工作的结合点，着眼建设“高效、运转、优质、服务”部门，推行“四强化四提升”工作法，不断提升密码通信服务规范化、科学化、专业化水平，为全区高质量发展提供坚强的密码管理保障。及时完成对机要涉密设备清退换装工作，完成“520”加密视频会议系统UPS电源升级扩容，并保障加密视频会议136场次。开展密码安全保密检查2次，县乡党政信息网技术维护30次，确保密码设备绝对安全。高效完成全区机要密码系统应急演练14次，做到全要素、全系统操作熟练，响应快速。坚持密码电报专人专管，办理及时，中央电报按时清退，全年无误办延办漏办情况，确保密码电报绝对可控。

【服务中心工作】 2021年，区委办将服务保障西藏和平解放70周年大庆工作作为锤炼党性的重要契机，先后制订《乃东区委关于分片包干集中整治主干道沿线综合环境卫生工作方案》等制度方案，以最强使命担当、最实工作作风参与点位筹备、城区环境整治、活动氛围营造等重点工作，开展人员政审及纪念品发放等工作，全面展现党员干部昂扬向上的精神风貌。承担区委巡改各项工作任务，配合中央第十巡视组、区党委第三巡视“回头看”、自治区纪委监委蹲点乃东区调研、市委涉粮问题第四专项巡察组下沉乃东各项工作，先后4次起草制定巡视、调研、巡察反馈意见整改方案及整改报告。以办公室督查和调研为契机，紧盯增强“感党恩、听党话、跟党走”思想的目标，组织党员干部深入农户、学校、寺庙，与大家面对面接触，推心置腹谈心，在了解党和政府各项惠民政策和决策部署落实落地情况的同时，宣传中国共产党成立100周年及西藏和平解放70周年以来取得的全方位进步和历史性成就，引导大家满怀对党中央和习近平总书记的衷心拥护和感激之情。结合办公室业务专长，持续与各乡镇（街道）、区直部门交流公文格式、发布、办理和管理办法。充分发挥为基层减负办公室统筹协调作用，从力戒形式主义、官僚主义的现实需要出发，结合各部门上年发文实际情况，科学合理制定发文计划，实行督导检查工作报备制度，制定《进一步改进工作作风的意见》，确保各级党委为基层减负各项工作举措在乃东落地落细落实。

【为民办实事】 2021年，区委办结合党史学习教育“我为群众办实事”实践活动，开展“学史力行送温暖、用心用情办实事”“慰问送温暖、关怀暖民心”等主题党日活动，分别为亚桑村5组残疾老人次仁及2组老人古桑帮助解决助行器、坐便椅等出行基本辅助器具，到医院看望慰问因翻修房子不慎跌伤住院的离任干部布桑次仁。对接结对企业，成功为亚桑村2户无劳力家庭争取每年2.4万元的救助资金。结合基层志愿服务活动，开展“金色童年”主题党日及“10元微公益”爱心援助活动。

组织工作

【概况】 2021年，中共乃东区委组织部（以下简称区委组织部）始终坚持围绕中心，服务大局，在抓班子、带队伍上出实招，在抓基层、打基础上求实效，在抓创新、求突破上下功夫，推进各项工作深入开展，为推动乃东经济社会长足发展和长治久安提供坚强的组织保证和人才支撑。

【干部队伍建设】 2021年，区委组织部紧紧围绕乃东经济社会发展重点难点工作，对照事业需求、领导班子建设需要和职位资格条件，选拔想干事、能干事、干成事的干部。

干部选拔任用。2021年，区委组织部紧盯干部最合适、事业最需要，辩证看待资历、经历和能力、潜力，让有资历、经历的干部不吃亏，更让有能力、潜力的干部挑重担，把事业为上的理念体现到干部选拔任用全过程。全年提拔调整的636名干部中，第一书记、驻村工作队员20人，专招大学生(士官)12人,驻寺干部48人,政法干警283人,占提拔晋升干部总数的57%。

干部教育培训。2021年,区委组织部坚持政治教育"第一课"原则,牢固树立"抓培训就是抓发展、缺什么就补什么"的干部教育培训理念,依托区内外干部教育培训优势资源,统筹开展各级各类干部教育培训工作。全年共计调训干部219人,自主举办培训班培训干部91人,切实增强广大党员干部"七种能力""八项本领"。

干部作风建设。2021年,区委组织部坚持惩前毖后、治病救人原则,建立健全违纪违法信息双向反馈机制,加大督导检查力度,严禁乡镇干部、驻村干部"走读"现象发生。严格落实任前谈话制度,先后4次组织新提拔调整干部开展集体谈心谈话,并安排县级干部进行个别谈话。坚持严管与厚爱结合、激励与约束并重,坚决查处12名违规违纪干部,辞退1名因长期病假且未履行相关手续人员,2名干部因担当精神不强、违纪违规被处理。

【人才队伍建设】 2021年,区委组织部始终坚持党管人才原则,大胆探索人才工作新机制,坚持在创新中培育人才,在发展中聚集人才,在实践中识别人才,为推动乃东经济社会长治久安和高质量发展提供坚强的人才支撑。

援藏人才建设。2021年,区委组织部科学申报短期援藏专业技术人才需求。先后引进一年半期援藏人才3名、短期援藏专业技术人才6名,涉及国土空间规划、医疗卫生、食品安全应急管理、项目建设与管理等多个领域,各领域短援人才积极主动作为,作用发挥明显。

2021年10月10—16日,乃东区村(社区)党组织书记到武汉社区干部学院进行"乡村振兴领头雁"专题培训

培养锻炼。2021年,区委组织部注重发挥教育培训在人才队伍建设中的积极作用,依托内地省市干部人才教育培训资源和各行业系统挂职、跟班、进修等形式,选派63名具有发展潜力、能够发挥作用的各类人才赴自治区内外参加培训和挂职、跟班、进修,极大地提高本地人才专业技术水平。加大本级财政投入,设立乃东区人才资源开发专项资金10万元,为人才工作开展提供资金支持。

人才机制创新。2021年,区委组织部立足乃东实际,建设乃东区双创中心,将武汉"乃东智库"作为以后五年重点实施的人才工作目标任务,对接武汉援藏工作队,拓宽武汉人才援藏渠道,将武汉对口支援乃东干部人才培养列入"十四五"总体规划和武汉市援藏工作"总盘子",研究制定乃东区"211"干部人才培养计划,推动大批干部人才赴其他省市接受教育培训。

【干部人事档案管理】 2021年,区委组织部紧紧围绕强化人事档案职能,加快人事档案工作规范化管理,不断强化措施、严格标准扎实工作,不断推动干部人事档案工作系统化、规范化、专业化。

严格审核标准。2021年,区委组织部严格执行干部人事档案审核的规定要求,坚持原则、依法办事、不徇私情,对干部人事档案中的原有材料和新补充材料,逐页逐项地核对,对个人信息注重前后印证,努力做到事实准确、说服力强。对审核出的问题,逐一进行登记,找准问题产生的原因,研究提出纠正和完善的具体措施和意见。全年共完成对2014年全区干部人事档案专项审核工作范围外的188名干部的签字认定工作。

完善档案内容。2021年，区委组织部将材料收集与每年的公务员年度考核、人事调整、高校毕业等工作相结合，及时对相关材料进行收集。全年共对1万余份干部个人材料进行归档。坚持档案审核、信息反馈和材料收集同步进行原则，采取电话催补和专人查补等方法，对档案缺失材料进行完善。完成对全区干部"三龄两历一身份"再次进行认定工作，并对1532册档案进行干部人事档案审核理据、补充认定并全面排查缺项。

发挥档案室职能。2021年，区委组织部充分发挥职能作用，履行职责任务，为各级各部门开展工作及领导决策提供重要依据。配合开展公务员统计工作，共扫描3000余份材料，制作电子档案并补充52名干部的公务员登记表。配合纪委，对问题干部的档案进行审查工作。协助市委组织部，对31名县级领导干部档案、14名乡镇党政正职等市管干部档案进行重新审核，补充相关档案材料，并完善目录，配合老干部局，核查198名退休党员干部的基本信息工作。

【干部教育培训】2021年，区委组织部依托河南红旗渠干部学院、浙江大学，分别举办2021年乃东区党政领导干部党性修养专题培训班、浙江大学举办党建促乡村振兴暨党员干部综合素质能力提升培训班。依托援藏省市干部教育培训资源，实施村（社区）"两委"班子、后备干部和乡村振兴专干能力素质提升工程，特别是村（社区）换届以来，先后举办乃东区第一书记、乡村振兴专干暨大学生村官党务素质提升培训班、新任村（社区）"两委"干部培训班。以驻村工作队、第一书记和乡村振兴专干为主要力量，以开办夜校为主要方式，按照便捷高效、务实管用的原则，实施国家通用语言培训，逐步提高村（社区）干部文化知识水平。创新开展"用身边事教育身边人"活动，选派本地干部紧密结合实际讲党课，邀请兄弟县、区实际工作经验丰富的老干部，为村（社区）干部传授经验、教授方法，提升教育培训工作的针对性、实效性。

【党组织建设】2021年，乃东区共有部门党委（党组）37个（其中3个党委分别为公安局党委、税务局党委、应急管理局党委）；区委派出工委3个（泽当街道党工委、区直机关工委、"两新"工委）；基层党组织301个，其中党委11个（6个乡镇党委、5个村党委），党总支48个【其中区直机关党总支11个、村（社区）党总支37个】，党支部242个【其中128个村（社区）党支部、7个乡镇（街道）机关党支部、58个区直机关党支部、25个"两新"党支部、10个寺管会党支部、9个学校党支部、4个离退休党支部、1个国有企业党支部】。

【党员队伍建设】2021年，乃东区实施"三培养"工程，注重把致富带头人培养成党员，把党员培养成致富带头人，把党员致富带头人培养成村（社区）干部。建立"党员服务站"，组织开展党员联系农户、党员户挂牌、承诺践诺、设岗定责、志愿服务等活动，在疫情防控、维护稳定、环境整治、服务发展等中心工作中发挥先锋模范作用。严格按照5个阶段25个程序，2021年发展党员230名。稳步推进违规违纪发展党员专项整治工作，排查296个党组织2600名党员，甄别疑似违反入党程序问题588个，已逐人逐项、对表对标完成整改。截至年底，乃东区有党员5808人。

【党建工作】2021年，乃东区全面落实党中央、自治区党委、市委关于基层党建的部署要求，全面压实压细基层党建工作责任，推动基层党建全面提质增效。

政治建设。2021年，乃东区结合庆祝中国共产党成立100周年和西藏和平解放70周年系列活动，开展"我为群众办实事"实践活动，全区各级党组织和党员干部深入基层，解决群众急、难、愁、盼事情484件，完成全区"两优一先"评选表彰，颁发"光荣在党50年纪念章"59枚、"光荣在党30年纪念证"400余本。

全面从严治党。2021年，乃东区准确把握全面从严治党永远在路上的深刻内涵，坚持把管党治党作为重大政治责任，先后召开7次常委会、4次党建工作领导小组会议，安排部署基层党建和换届选举工作。持续整治基层党组织党建主体责任缺失问题，对全区各级党组织进行地毯式“体检”，确定软弱涣散基层党组织5个，全部完成整改。

重点党建活动。2021年，乃东区深入开展“八星党支部”创建，强化基层党组织标准化规范化建设，本级投入770万元打造示范活动场所，推动全区基层党建工作全面进步、全面过硬。围绕铸牢中华民族共同体意识这一主线，深化“寺管会干部入僧舍教育服务僧尼”活动，探索“党建引领城市治理、促进民族融合”新模式，民族团结示范社区、示范商圈带动作用充分发挥，常态化开展农牧区党员群众国家通用语言培训，组织乡村振兴实用人才赴援藏省市考察学习，推动民族团结进步事业深入发展。

基层党建治理。2021年，乃东区创新党建引领基层治理和服务体系新路径，制定《乃东区关于城市基层党建引领基层治理的具体措施》，搭建社区党组织、网格党支部、党小组、党员中心户、“五位一体”党组织架构，推动网格内党政机关、企事业单位等党组织党建资源要素下沉，联动开展报到服务184次，实现由“被动管理”向“主动服务”的有效转变。持续深化“三零社区”创建，以自治“消化矛盾”，以法治“定纷止争”，推动城市基层治理提档升级。打造扎西曲登社区“党建+美丽乡村建设+文旅融合”、索珠乡“乡村振兴党支部引领村级产业抱团发展”等党建精品示范点，以高质量党建撬动村级集体经济蓬勃发展。

【基层组织建设】 2021年，乃东区委组织部选优配强468名村（社区）干部、53名村（社区）党组织第一书记、159名驻村工作队员、5名大学生村官、43名乡村振兴专干，推动治理力量落到最基层，让数量多、素质高、结构优的“五支”人才队伍成为乡村振兴的“源头活水”。探索建立一线培育干部机制和人才培养联系制度，建立县级“乡村振兴人才数据库”“‘95后’年轻干部数据库”“优秀科级干部后备数据库”，作为区委使用干部的第一手资料。强化村级后备人才储备，将本土大学毕业生、本村致富带头人、退役军人、外出务工返乡人员等纳入后备干部数据库，采取跟班学习、导师结对、挂职锻炼等“传帮带”方式进行培养，此次村级换届选举有25名大学毕业生进入“两委”班子，切实增强村级班子的青春力和战斗力。

【“两新”组织党建】 2021年，乃东区委组织部深化两新组织“双覆盖”行动，符合“三有”标准的非公有制企业党组织覆盖率达到65%，推进“小个专”经济组织网格化管理，探索选派72名“两新”党建指导员，引导168名企业员工递交入党申请书，46名转为入党积极分子，非公有制企业党组织的凝聚力持续释放。开展“两新”基层党组织提质增效工作，选树非公有制企业党建品牌。

【城市基层党建】 2021年，乃东区委组织部完善市、区、街道、社区四级联动机制，持续推行联席会议制度，研究解决辖区内的重大事项和群众反映的突出问题，把社区组织活动场所、人员配备、待遇保障等列入城市建设规划，制定贯彻落实《关于加强和改进城市基层党的建设工作意见》的工作措施，推进城市治理体系和治理能力现代化。推广“社区吹哨、机关报到，支部吹号、党员报到”经验做法，继续深化“七彩志愿服务”和点亮“微心愿”活动，开展“零上访、零事故、零发案”创建工作，推动街道社区党建、驻区单位党建、新兴领域党建共驻共建共享。

【“三老”人员管理】 2021年，乃东区委组织部落实“三老”人员生活补助，坚持扎实开展“三老”人员生活补助管理发放工作，并从人员、制度、业务等方面逐步完善、加强管理。对“三老”人员进行业务知识和党性、党规知识培训，提高党纪法规意识。县级干部采取主题座谈、实地走访等方式全覆盖慰问“三老”人员317人。区、乡、村三级责任分工明确，准确掌握“三老”人员的变动情况，确保各项工作落到实处。

【换届工作】 2021年是乃东区县乡村三级组织换届选举之年，区委聚焦“绘出好蓝图、选出好干部、配出好班子、树立好导向、形成好气象”五好目标，严格程序步骤、严把资格条件、严肃换届纪律、严控时间节点，于2月底完成

53个村(社区)换届选举工作,实现村(社区)干部“双好双强”,年龄、学历“一降一升”目标,4月底完成6个乡(镇)换届选举工作,“80后”干部在乡镇领导班子中占比提高到70%,6月底完成县区换届选举工作,至此县乡村三级换届选举全部完成。

乡镇换届。截至2021年4月30日,乃东区6个乡镇党代会全部召开完毕,6个乡镇的党委委员、纪委委员以全票当选,共选举产生党委委员54名,纪委委员26名。全区乡镇党委领导班子中35岁以下有34人,占比63%;30岁以下的年轻干部有11人,占比20.4%,平均年龄34岁;妇女干部12人,占比22.2%;大学及以上学历41人,占比75.9%。6月27日,中共乃东区第二次党代会胜利闭幕,区委委员、常委、书记、副书记,纪委委员、书记、副书记均以全票当选。

村(社区)换届。2021年,乃东区选举产生53个村(社区)党组织和居民委员会班子成员362名,平均年龄41.7岁,较上届降低2.7岁;初中及以上学历269人,较上届提升39.2%,实现年龄、学历“一降一升”目标,为推动乡村振兴、强化基层治理、夯实基层基础提供坚强保障。乃东区有7个乡镇(街道)53个村(社区),其中30个村、23个社区,共核定职数358个,实配“两委”班子成员362人(含选派干部5人),预留空缺职数1个。“两委”班子成员中,新进93人、留任269人;中共正式党员355人、中共预备党员7人,实现100%是党员。交叉任职:书记、主任“一肩挑”3人,占村(社区)党组织书记总数的5.7%,其他成员交叉任职188人,占班子成员总数的51.9%。性别结构:女性干部117人,占班子成员总数32.3%,比上届增加7.8%。年龄结构:平均年龄41.7岁,比上届降低2.7岁,其中35周岁及以下101人,占27.9%;36周岁至40周岁59人,占16.3%;41周岁至45周岁62人,占17.1%;46周岁至50周岁54人,占14.9%;51周岁至55周岁59人,占16.3%;56周岁至60周岁25人,占6.9%;61周岁至65周岁2人,占0.6%。学历结构:初中及以上学历269人,占74.3%,较上届增加142人,较上届提升39.2%,其中高中学历31人,占8.6%,较上届增加15人;大专及以上学历37人,占10.2%,较上届增加34人;会使用国家通用语言323人,占89.2%。身份属性:致富带头人81人、技术能手45人、优秀双联户长3人、返乡大中专毕业生24人、外出务工经商返乡人员3人、民族团结家庭1人、选派干部5人(乡镇街道选派,其中公务员4人、事业干部1人,副科级干部3人、一般干部2人)、离退休干部职工1人、乡村振兴专干11人、其他188人。选配党组织书记53人,新任11人、留任42人。其中,致富带头人37人、技术能手8人、返乡大中专毕业生2人、选派干部5人,其他1人;女性干部7人,占13.2%;35周岁及以下4人,占7.5%、36周岁至40周岁7人,占13.2%;41周岁至45周岁9人,占17%;46周岁至50周岁15人,占28.3%;51周岁至55周岁10人,占18.9%;56周岁至60周岁6人,占11.3%;61周岁至65周岁2人,占3.7%;初中及以上学历53人,占100%,其中高中学历6人,占11.3%;大专及以上学历6人,占11.3%;会使用国家通用语言53人,占100%。选配村(居)民委员会主任53人,新任33人,留任20人,其中,致富带头人20人、技术能手15人、外出务工经商返乡人员1人、其他17人。女性干部6人,占11.3%;35周岁及以下4人,占7.5%;36周岁至40周岁7人,占13.2%;41周岁至45周岁11人,占20.8%;46周岁至50周岁,13人占24.5%;51周岁至55周岁11人,占20.8%;56周岁至60周岁7人,占13.2%;初中及以上学历37人,占69.8%,其中高中学历3人,占5.7%;大专及以上学历1人,占1.9%。会使用国家通用语言53人,占100%。

宣传工作

【概况】 2021年,中共乃东区委宣传部(以下简称区委宣传部)统一管理新闻出版、电影和广播电视工作,对外加挂区新闻出版局、区政府新闻办公室、区广播电视局牌子,归口管理区广播电视台。

【党史学习教育】 2021年,区委宣传部制定《乃东区党史学习教育实施方案》《乃东区党史学习教育“我为群众办实事”实践活动的实施方案》，成立由区委主要领导担任组长的乃东区党史学习教育领导小组，抽调7名人员成立党史学习教育领导小组办公室。3月2日，区委召开党史学习教育动员部署会议，对党史学习教育进行安排部署，并提出具体要求。全年本级财政投入50万元专项经费，各级各部门征订学习书籍4630本，定制学习专用笔记本200本，制作学党史MG动漫系列宣传片，印制《中共党史精编知识》口袋书4000本，刻录党史视频学习光盘2期、1000张。整合乃东区各层级、各部门办实事项目资金2.45亿元，保障乃东区党史学习教育顺利开展。成立8个党史学习教育巡回指导组，分别由县级领导任组长，结合各级巡视巡察工作，对7个乡镇（街道）和区直单位学习教育工作情况进行全程督导，区委常委会先后7次专题听取研究党史学习教育推进情况，分析解决存在的问题。

专题学习研讨。2021年，乃东区委召开专题学习研讨会5次，各级党组织开展专题学习研讨200场次、重温入党誓词900余人次，撰写高质量心得体会600余篇。

理论宣讲。2021年，乃东区委组建由24名专家、党校教师、全国全区优秀共产党员、老党员老干部等组成的宣讲队，深入各部门、乡镇（街道）、村（社区）宣讲以及中共十九届六中全会精神、习近平总书记“七一”重要讲话和在西藏视察时重要讲话精神，结合乃东实际，深入宣讲克松改革故事、亚堆支前故事、泽当发展故事，切实做到用身边事教育身边人。全年开展理论宣讲240余场，1000余名干部接受教育。

爱国主义教育。2021年，乃东区各单位集中观看党史题材电影139场次、参观红色教育基地88场次，开展讲党课90余次，引导党员干部坚定共产主义理想信念。克松陈列馆累计接待参观团体413批次、2.5万人次，被评为自治区级基层理论宣讲教育基地。

2021年10月11日，乃东区委宣传部在白日街开展网络安全宣传活动

党史学习教育实践活动。2021年，区委宣传部结合党史学习教育“我为群众办实事”实践活动，制定出台《乃东区2021年“十件民生实事”实施方案》，涵盖特色产业发展、基础设施建设、民生领域、环境整治、城市管理、弱势群体帮扶等方面23个具体项目，涉及资金1.96亿元。解决县级干部调研发现问题36个，涉及资金2646.68万元。各级各部门办实事446件，投入资金2147.09万元。各部门、各乡镇（街道）结合自身实际，开展各种办实事主题活动。昌珠镇持续打造扎西曲登社区党建+文旅产业品牌，帮助群众增收致富；结巴乡开通“绿色银行”兑换点，引导群众保护环境；索珠乡依托六芽农牧业发展公司，向群众分享发展红利；多颇章乡设置“夜话嘎东”栏目，引导搬迁群众融入新环境、共建新生活。区委宣传部建立理论学习中心组巡回旁听制度，开展巡回指导2次。颇章乡建立书记批阅学习笔记制度，不断提升学习成效。区纪委监委坚持将党史学习教育纳入巡察日常工作，确保党员干部将党史学习教育成果转化为干事创业的动力。区党史办建立“我为群众办实事调研问题回访”制度，索珠乡建立“党支部+企业带动增收”模式，颇章乡建立“三包一联一评”机制，引导党员干部主动服务群众，解决急难愁盼问题。

【"扫黄打非"】 2021年，区委宣传部利用新春走基层、"五下乡"、"3·5"学雷锋系列志愿服务活动、开耕节、"格桑花开青稞飘香"歌手比赛、永远跟党走群众文艺演出、基层理论政策骨干宣讲员培训会和各类国家法定宣传日和文艺活动，宣传"扫黄打非"举报奖励办法等相关知识，提升"扫黄打非"进基层工作的知晓率。全年共开展23次宣传活动，发放宣传资料2万余张，张贴2000余张宣传海报，受众人数达4万余人次。先后5次深入各乡镇（街道）、村（社区）监督指导"扫黄打非"基层站点建设工作推进情况，对存在问题的提出具体指导意见，推进全区"扫黄打非"进基层工作。为35个村（社区）制作发放站点牌子，指导基层站点和新时代文明实践所站工作有效衔接、有序推进。通过不断检查，巩固日常监管成果。截至年底，共开展联合检查12次，涉及36家书店、38家网咖、30家广告店、18家佛事用品店、30家KTV、26家朗玛厅，检查中未发现异常。

【宣传报道】 2021年，区委宣传部以学习中共十九大精神为主线，以中国特色社会主义理论武装头脑，不断加强新闻宣传工作力度，加强与国家、自治区、市级媒体联系和沟通，组织外宣上稿。在"学习强国"学习平台、《人民日报》、新华网、《西藏日报》及自治区内各大媒体平台上刊播乃东区新闻报道81条，原创稿件在"学习强国"客户端刊发10条，新华社刊发23条，总点击量破500万人次。融媒体中心正式挂牌成立，优化整合区域媒体资源，整合政务服务平台5个、便民服务平台23个、微信矩阵9个、电商服务平台5个；推出栏目22个，各媒体实现资源共享，线上线下联动。

【新时代文明实践工作】 2021年，区委宣传部印发《乃东区新时代文明实践中心建设试点工作实施方案》，及时调整充实由区委书记担任领导小组组长和志愿服务总队长的区新时代文明实践中心工作领导小组，先后2次召开专题工作推进会议，研究存在问题，安排部署下一步工作，区委统筹安排专项工作经费100万元。建立"区委宣传部统筹协调、乡镇（街道）监督指导、村（社区）具体落实"的工作机制，截至年底，形成2个平台、3级纵轴、6个大平台、14个基地、9个大实践点、2个爱心企业志愿服务队，"13+N"志愿服务队的新时代文明实践组织体系，先后组建志愿服务队伍353支，登记志愿者10289人，累计开展志愿活动3000余场次，参与人数2万余人次，服务群众5万余人次。

新时代文明实践宣讲。2021年，区委宣传部组织106名基层骨干宣讲员深入各乡镇、街道、村居、学校、寺庙、田间、牧场开展巡回宣讲，同时借助扎西妥门微信公众号、桑嘎之声、克松"学习强国"直播等载体，推动党的创新理论"飞入寻常百姓家"。全年共宣讲395场次，受众达6万余人次。充分利用克松陈列馆、朗生互助组等红色资源，开展爱国主义教育30余场次，受教育群众5000余人次，教育引导群众感党恩、听党话、跟党走。

新时代文明实践活动。2021年，乃东区成立民间朗玛堆谐社团、民间锅庄队、青年锅庄队、朗玛堆谐和新时代文明实践养身志愿服务队，开展各项群众性文化活动，跳锅庄280余次，开展宣传

2021年，乃东区各族人民跳锅庄舞庆祝中国共产党成立100周年

活动20余场次，参与群众1万余人。举办“学习百年党史　汲取奋进力量”第三期道德讲堂总堂、“永远跟党走　奋进新征程”大型文艺演出1次、演讲比赛1场、基层骨干宣讲员宣讲大赛1场，各乡镇（街道）、村（社区）举办文艺会演活动80余场次，参加群众4万余人次。开展红色电影巡展活动，在村（社区）播放360余场次，参与群众2.8万余人。

新时代文明实践表彰。乃东区旦增多吉等10人被评为县级道德模范，其中2人被评为市级道德模范，乃东区多颇章乡嘎东团结新村、乃东区亚堆乡郭乃村被评为第六届西藏自治区文明村镇，民族哞叽手工编织专业合作社、乃东区泽当街道琼嘎顶社区被评为第六届西藏自治区文明单位，乃东区昌珠镇门中岗社区央金卓嘎家庭被评为第三届西藏自治区文明家庭，乃东团区委被山南市评为2021年未成年人思想道德建设先进单位。

推进爱国卫生运动。2021年，乃东区委宣传部组织5000余名志愿者和3万余名基层群众，共清理旧横幅500余条，帮助农户和商铺更新国旗3000余面，打扫卫生273场。

【新闻出版】 2021年，区委宣传部审核藏书阁、文雅书店、艾巴仓3家书店，并办理经营许可证。

【广电事业】 2021年，区委宣传部开展农村电影放映工程，深入各乡镇（街道）、村居、敬老院、学校放映《雪山泪》《智取威虎山》等30部爱国主义题材、反贪以及养成良好生活习惯电影，共放映392场次，2.7万余名农牧民群众观影。乃东区广播电视局为广大农牧民群众、寺庙僧舍维修更换电视、调试广播，广播电视覆盖率达到100%。开展“村村通”建设项目，多颇章乡嘎东团结新村、泽当镇鲁琼安置点发放745台广播电视地面卫星接收设备，维修1179台广播电视卫星锅和机顶盒。加大对违法违规销售、安装、使用广播电视地面卫星接收设备行为整治活动，收缴8套非法广播电视地面卫星接收设备。到雅砻数字影城和华远影院电影排片放映工作、安全生产、疫情防控、影院票务系统等工作进行督导检查，共督导检查6次。

统战工作

【概况】 2021年，乃东区成立区委主要领导任组长的工作领导小组，形成党委统一领导，政府依法管理、统战民族部门牵头协调履职尽责、各部门通力合作、全社会共同参与的新时代民族工作格局。中共乃东区委统战部（以下简称区委统战部）召开统战民族宗教工作会议，总结2020年的工作，安排部署2021年的工作。

【宗教领域清理清查】 2021年，区委统战部结合开展“六个专项”整治工作，各寺管会组织僧尼清理乱牵乱挂宗教标志物78次，整治清理破旧经幡15.02吨；环境重点区域整治33处，处理垃圾41.5吨。各乡镇（街道办）针对拉林铁路山南段沿线、交通干线、重要旅游目的地、城乡接合部等区域内共472次，整治清理旧经幡60.32吨、处理垃圾177.45吨。规范清理煨桑点114个，经幡点158个，玛尼堆14个。

【宗教事务管理】 2021年，区委统战部结合新形势下对统战工作的新要求，研究制定《乃东区关于进一步加强和改进新形势下宗教工作的实施意见》等“六项制度”，不断建立完善依法管理、民主管理、社会化管理的长效机制，提升宗教领域管理工作科学化、制度化、规范化水平。

【“四条标准”教育实践活动】 2021年，区委统战部紧紧围绕“四条标准”主题主线，强化组织领导、整合教育资源、创新宣传手段，制定“遵行四条标准、争做先进僧尼”教育实践活动实施方案、宣讲方案、督导方案，成立领导小组，明确活动的指导思想、目标要求、重点任务以及工作职责。召开2021年“四条标准”安排部署会议。在干部僧尼中开展升国旗唱国歌活动、建设美丽寺庙活动、举办国家通用语言文字学习培训班等，激励他们爱国爱教。开展维护稳定反对分裂专题教育活动，僧尼撰写心得体会100余篇。开展庆祝中国共产党成立100周年、西藏和平解放70周年藏语书法比赛活动，丰富僧尼业余生

2021年3月24日，乃东区委统战部组织在家党员干部观看由中共中央组织部、中央广播电视总台联合制作的反映优秀共产党员和基层党组织典型事迹的专题节目《榜样5》

活。举办“雅砻杯”篮球比赛，增进干部僧尼之间的情感。按照“以人为本、按制度办事、用制度管事”的原则，完善《寺规僧约》等各项规章制度，并翻译成藏文上墙。

【非公有制经济领域统战工作】2021年3月26日，为庆祝中国共产党成立100周年、西藏和平解放70周年、纪念第62个西藏百万农奴解放纪念日，开展以“民族团结传佳话、革命精神永相随”为主题实践活动。组织会员企业为乡镇完全小学、孤寡老人开展献爱心活动，并到克松陈列馆和烈士陵园参观爱国主义教育基地开展红色教育活动。动员和鼓励会员企业巩固脱贫攻坚“百企帮百村”成果，同乡村振兴“百企兴百村”结合起来，通过开展村企共建促增收工作，8家企业结对8个村，促进农牧民群众致富增收。为防止脱贫群众返贫，3家企业与3家易返贫致贫监测户建立结对帮扶关系，投入帮扶资金3万余元。开展以“真情助学、关爱老人，民营企业在行动”为主题的献爱心活动，为亚堆乡完全小学、五保集中供养中心351名学生和247名孤寡老人，送去价值3.2万元的学习用品和生活用品。截至年底，会员企业为农牧民学生、孤寡老人、困难村居等帮扶资金达150余万元。开展“山南民营企业生态共建林”活动，8家会员企业筹集资金35.2万元，植树1760棵。

【疫情防控】2021年，区委统战部严格执行“外防输入、内防疏忽”的工作要求，各寺管会坚持每日排查、每日消毒、每日上报制度，紧盯关键环节，全面排查宗教领域人群中有高、中风险地区旅游居史者、接触者、行程轨迹交集者，严格落实不同风险等级地区的疫情防控工作要求，上报疫情专报60多篇。加强防疫物资储备，提高疫情防控保障能力。

巡察工作

【概况】2021年，中共山南市乃东区委员会巡察工作领导小组办公室（以下简称区委巡察办）和2个常设巡察组，部门领导2名、2个常设巡察组领导6名。其中，正科（含二级主任科员）4名，副科（含三级主任科员）4名，汉族3名，藏族5名。区委巡察工作领导小组召开常委会会议2次、书记专题会1次、动员部署会1次、领导小组会议4次，学习巡视巡察相关文件精神，研究巡察具体工作，推动巡察成果运用。谋划二届区委巡察工作，起草完成五年工作规划，确定区直单位巡察对象64个、村（社区）巡察对象53个。在全市率先完成县（区）换届后首轮巡察。

【一届区委巡察全覆盖】2021年，区委巡察办开展一届区委第八轮整改工作，制定巡察整改销号台账、督促召开民主生活会、整改巡察反馈问题133个，清理清退35.3308万元，建立完善各项规章制度37项，实现一届区委巡察工作收官。全面总结一届区委巡察工作，提炼经验做法，形成经验文章并在“雪域清风”上刊载。一届区委8轮巡察反馈812个问题完成整改811个，整改率达99.88%，立行立改事项整改完成69件，清理清退违规资金90.31万元，建立完善规章制度275项。

【二届区委巡察工作】2021年，区委巡察办谋划二届区委巡察工

2021年8月30日，中共乃东区第二届委员会第一轮巡察工作动员部署会召开

作，起草完成五年工作规划，确定区直单位巡察对象64个、村（社区）巡察对象53个。研究中央巡视办关于巡视巡察上下联动的指导意见，结合实际研究制定《二届乃东区委第一轮巡察工作安排》，成立3个巡察组，选派23名专兼职干部，采取“一托二”“一托三”方式对2个乡的7个村党组织开展常规巡察，发现并反馈问题140个。

【监督整改】 2021年，区委巡察办加强和改进巡察反馈、移交工作，落实“双反馈”要求，分别向村党组织和书记反馈情况，反馈意见同时抄送区纪委监委、区委组织部、乡党委，第一轮巡察共反馈问题140个。梳理巡察发现需要移交办理的问题，向11家职能部门移交有关问题。推进巡察监督与纪律监督、监察监督贯通融合，成立综合监督检查组，对一届区委巡察整改情况进行“回头看”，开展综合监督检查9次，及时督促完善整改台账、资料。

【队伍建设】 2021年，区委巡察机构干部参加区纪委监委机关集体学习、支部学习，深入学习贯彻习近平新时代中国特色社会主义思想，特别是习近平总书记关于巡视巡察工作的重要论述，参与党史学习教育、“三更”专题教育，提高政治站位，保持理论上的清醒、政治上的坚定。加强规范化建设，学习借鉴自治区党委巡视办工作做法，对照市委巡察工作，进一步梳理巡察各环节工作，修改完善具体操作流程。重视巡察干部培养使用，向外交流干部3人，向内交流干部4人，提拔晋升3人。

机构编制工作

【概况】 2021年，乃东区委编办严格按照“严控总量、盘活存量、增减平衡”的思路，坚持结构和总量“双控”，统筹制定全年用编计划，做到用编必审、从严审核。截至年底，乃东区核定总编制1444名，实有在编人员1965人，总超编521人，超编主要集中在政法和教育系统。

【乡镇（街道）机构改革】 2021年，乃东区委编办深入贯彻落实自治区改革部署，按照推进基层整合审批服务执法力量的总要求，组织实施乡镇（街道）机构改革前期工作，印发实施《乃东区优化和调整乡镇机构设置的方案》，实行乡镇（街道）差异化编制配置，推动构建简约高效的基层管理体制。

【事业单位改革】 2021年，乃东区委编办统筹开展事业单位改革前期调研、机构编制执行情况和使用效益评估，持续调整规范事业单位设置，撤并整合“小散弱”、职能相同相近事业单位，做好基础教育编制调整优化工作。

【事业单位管理】 2021年，乃东区委编办加大“双法人”“僵尸”事业单位清理力度，配合开展参照公务员法管理事业单位重新认定工作。

【机构编制核查和实名制核查】 2021年，乃东区委编办贯彻《中国共产党机构编制工作条例》和《机构编制监督检查工作规定》《机构编制报告制度实施办法（试行）》等机构编制法定化最新制度成果，落实机构编制定期核查制度，完善机构编制问题台账管理，组织开展全区机构编制核查和实名制核查工作，开展条条干预、变相干预专项清查，聚焦机构编制巡视整改问题，完成机关事业编制核销工作，以高质量的整改工作推动机构编制工作健康发展。

农改工作

【概况】 2021年，乃东区被列为国家新一轮农村宅基地制度改革试点，探索农村宅基地“三权分置”改革，重点开展农村宅基地制度改革工作任务。

【农村宅基地制度改革】 2021年，乃东区按照《中共中央办公厅 国务院办公厅关于印发〈深化农村宅基地制度改革试点方案〉的通知》精神和中央关于农村宅基地“三权分置”改革的总体要求，区委、区政府在广泛征求市直区直各相关部门、乡镇（街道）、村（社区）等多方意见建议的基础上，编制《乃东区农村宅基地制度改革试点方案》，提请中央农办、自治区农业农村厅、市委市政府审核，于1月22日由自治区党委办公厅、自治区人民政府办公厅批复同意《乃东区农村宅基地制度改革试点方案》。根据改革步骤和工作需要，结合农业农村部《关于做好农村宅基地制度改革试点地区宅基地基础信息调查工作的通知》精神，完成全区5个乡1个镇1个街道7307宗农户房地一体外业测量和9355宗农村宅基地基础信息摸底调查工作，颁发6个精准扶贫易地搬迁点共827户搬迁群众不动产权证书。

【政策创新】 2021年，乃东区制定《乃东区深化农村宅基地试点改革工作指导意见》《乃东区农村宅基地管理暂行办法（试行）》《乃东区农村宅基地存量问题处理意见（试行）》等制度办法，探索宅基地规范管理制度，为有效推进改革工作提供政策保障。

2021年8月4日，乃东区农改办到结巴村检查指导宅基地改革工作

老干部工作

【概况】 2021年，乃东区共有退休干部208名，设有4个退休党支部，即亚堆乡退休党支部、颇章乡退休党支部、结巴乡退休党支部、机关退休党支部。

【退休党组织建设】 2021年，乃东区以党史学习教育为契机，为45名退休党员统一订购党史学习教育必读书籍，组织退休老党员老干部深入学习习近平新时代中国特色社会主义思想。组织开展“不忘初心砥砺前行 不忘本来开辟未来”“退休不褪色 永远跟党走”等主题活动。组织老党员集中观看中国共产党成立100周年及西藏和平解放70周年大会盛况，带领大家重温“参与、见证西藏革命事业”的宝贵经历，巩固“发扬、传承‘老西藏精神’”的优良作风，引导大家信念坚定、思想常新、理想永存。组织大家观看爱国主义影片《长津湖》，开展“忆党情、颂党恩”活动，引导大家走得再远，也不能忘记来时的路。开展“永远跟党走”庆“七一”系列活动，通过唱国歌、重温入党誓词，强化对伟大祖国、中华民族、中华文化、中国共产党、中国特色社会主义的认同，通过藏语汉语书法比赛，充分表达对伟大祖国和中国共产党的热爱，通过党史知识竞赛及支部书记讲党课，回顾党的峥嵘岁月和光辉历程，坚定退休干部学党史、知党恩、听党话、跟党走的决心和信心。根据部分老党员年事已高、行动不便等实际情况，制定支部班子与困难党员结对制度，开展送教上门，全年共送教上门6次。落实兑现各项经费，为退休党组织下拨党建经费2.18万元，为安置在拉萨的党员下拨活动经费17118元，兑现离退休党支部成员工作补贴3.48万元，为机关退休党支部解决的20万元活动场所租赁费，为活动场所工作人员解决2.4万元工资补贴。

【老干部作用发挥】 2021年，乃东区组织老干部参加区党代会、区委全会等重大会议，开展报告审议、研讨交流。在“三大节日”、“七一”中国共产党建党节等重大节日活动期间，宣讲各类政策及会议精神，并对基层治理、村集体经济、乡村振兴、人居环境整治等工作提出意见建议5条。乃东区机关退休党支部代表乃东区退休干部第二次参加山南市老干部工人运动会，展现乃东区老干部的风采。

【关心关爱老干部】 2021年1月，由区委副书记、组织部部长马小强带队的老干局、人社局相关人员组成的慰问组赴拉萨、各乡镇及泽当城区，召开“三大节日”（元旦、藏历新年、春节）慰问座谈会，通报乃东区经济社会发展情况，发放慰问金，听取老干部意见建议，为乃东区退休干部发放“三大节日”慰问金21万元。看望慰问生病住院的老干部、去世老干部的家属共10次，送去慰问金1万元及慰问品。兑现204名退休老干部的护工费，共计20.4万元，解决老干部生病住院护理难的实际困难，及时报销老干部赴内地住院路费、三年探亲费等。分3批组织102名老干部到厦门开展党史学习教育暨健康疗养活动。在退休党支部开展“光荣在党30年”纪念章颁发仪式及大庆纪念品发放工作。

档案工作

【概况】 2021年，乃东区档案局（馆）（以下简称区档案馆）为事业编制，由区委办公室统一管理，有事业编制3名，实有干部职工3人，其中藏族2人、汉族1人，本科3人；馆藏历史档案5748卷、149639件，实物档案544件、照片档案4846张，档案主要以文书档案为主，馆藏档案种类有文书、科技、工程、新闻、照片、实物、资料等，馆藏共有88个全宗。

【档案信息资源建设】 2021年，区档案馆加强业务指导工作，确保全年度文件资料归档工作质量。开展文书档案立卷归档工作指导，主动联系各相关部门，采取上门指导、跟踪服务、接受电话及网络咨询等方式，指导与督促各立档单位做好归档工作，重点开展克松试点档案工作。

【档案接收归档】 2021年，区档案馆共接收精准扶贫文书档案1222盒6215件、疫情文书档案17盒728件。并在3月中旬完成档案统计年报工作。

【档案业务指导】 2021年3月，区档案馆开展乃东区档案工作暨业务培训会议。4月开始对寺管会及乡镇档案归档工作进行上门指导，5月中旬对疫情办档案归档进行培训，自开始承接全国档

2021年11月9日，西藏自治区党委办公厅档案业务指导工作组到乃东区档案馆检查、指导档案工作

案工作服务农村社会治理试点工作以来，区档案馆把开展试点作为“为党管档、为国守史、为民服务”的重要工作，严格按照国家档案局试点工作总体要求，以克松社区档案服务基层治理试点工作，先后制定切实可行的实施方案，明确试点任务的轻重、进度安排和保障措施等方式，认真组织开展试点工作，多次深入克松社区试点，向工作人员详细讲解档案归档要求及程序并现场演示、手把手教学档案缝制技巧，同时按季度报送试点工作进展情况报给市档案局。选派干部参加自治区组织的全国档案工作者业务培训，提高干部自身业务素质。

【档案利用】 2021年，区档案馆紧紧围绕全区中心工作，不断强化档案服务意识，提高档案查阅利用服务效能。落实以人民为中心的发展思想，提升政务服务水平。严格实行档案查阅利用登记制度，让来档案馆查阅档案有证可查，做好档案服务工作，利用档案库房资源，实行档案登记外借、档案原件复制、档案查询开立证明等，及时做好借阅登记和档案利用效果反馈登记。全年共接待社会各界档案查阅利用者324人次，复制材料2400余页。

【档案安全管理】 2021年，区档案馆落实档案安全检查制度，贯彻落实“八防”要求，建立健全档案安全事故问责办法，加大日常监督管理工作力度，每天上午9时30分和下午3时30分按时观察温湿度，并做好记录，定期不定期地对库房开展全面检查，发现问题做到及时整改。

【档案宣传教育重要活动】 2021年，区档案馆创新档案宣传形式和载体建设，充分利用“国际档案宣传日”和“平安西藏宣传日”等重要节点，开展“档案记录历史 传承文明 服务社会 造福人民”主题的宣传活动，加大《中华人民共和国档案法》的宣传力度，提高全社会的档案意识，普及档案知识，弘扬档案文化，让档案工作更好地服务社会、服务民生，扩大档案工作的社会知晓度和影响力。

强基惠民

【概况】 2021年，乃东区创先争优强基础惠民生活动领导小组办公室（以下简称区强基办）由4名干部组成，藏族2名，汉族2名，男3名，女1名。分管全区53支驻村工作队，159名驻村工作队员。区强基办贯彻落实自治区党委书记王君正“驻村干什么、怎么干、为谁干”的重要指示精神，推进新时代干部驻村“七项重点任务”，为村居的发展提供动力。

【学党史感党恩】 2021年，广大驻村干部扎根基层一线，带领全区农牧民党员以及群众开展党史学习教育，通过党史宣讲、专题培训，带领党员学史明理、学史增信、学史崇德、学史力行，激励全党不忘初心、牢记使命，不断加强党的建设。同时，进村入户组织群众参与党史学习教育，推动实现党员群众全面学习党史，继承光荣传统、传承红色精神。开展党史、新中国史、改革开放史、社会主义发展史以及西藏地方和祖国关系史宣讲教育活动477场次，受教育群众21256人次。结合党史学习教育、“三更”专题教育、“四讲四爱”群众教育实践活动等，教育引导各族党员和群众增强“四个意识”、坚定“四个自信”、做到“两个维护”。全年召开宣讲大会700余场次，进行入户宣讲530次，发放宣传资料4000余份，受教育群众达1.2万余人次。

【推进乡村振兴战略】 2021年，各驻村工作队围绕促进产业发展，争取派驻单位和社会力量支持，着重发展实体经济、实体产业，发展乡村休闲旅游、高山畜牧养殖等，保持农牧区经济发展旺盛活力。贯彻落实《关于实现巩固拓展脱贫攻坚成果同乡村振兴有效衔接的意见》，对易返贫户、易致贫户、边缘户实行动态监测，巩固脱贫攻坚成果。帮助村（社区）厘清发展思路，帮助壮大村集体经济。全年深入开展人居环境整治工作1450次，帮助群众构建宜居生产生活环境。加强农牧民使用技能培训力度，指定1名队员对接就业、务工信息，引导群众有序外出务工，实现群众增收致富。全年开展技能培训53次。发挥“传帮带”作用，配合开展村（社区）干部掌握国家通用语言文字两年攻坚行动，开展集中培训547次，开办文化补习班、夜校128场次。

【维护基层社会和谐稳定】 2021年，各驻村工作队宣传党的民族宗教政策、党中央关于对达赖集团斗争的方针和区党委关于反对分裂、维护稳定的决策部署，坚守岗位、落实措施，全年制订完善方案和应急预案188份，召开专题会议141场次，开展矛盾纠纷排查135场次，化解和妥善处理各类矛盾11件。发挥维稳社会力量作用，强化干部联组、党员联户、民兵联防等措施，各驻村工作队共参与联合巡逻2350人次。

【党建工作】 2021年，各驻村工作队以建成“听党话、跟党走、善团结、会发展、能致富、保稳定”，遇事不糊涂，关键时刻起作用的坚强战斗堡垒为抓手，协助村居持续做好整顿软弱涣散基层党组织、发展党员、建立村居后备干部储备库及完善村规民约、规范议事办事程序等工作，指导村居党组织落实“三会一课”“四议两公开”等制度。协助村居党支部抓好发展党员、党建带团建妇建工作。协助推进村（居）活动场所标准化建设，突出政治功能和服务功能，使活动场所发挥作用，打造成为“群众最想来、最愿来的地方”。驻克松社区工作队帮助所驻村指导开展支部主题党日活动，将主题党日与当前各项重点工作有效结合，把支部主题党日活动丰富化、规范化。

【项目建设】 2021年，区强基办保持以解决群众最关心、最直接、最现实的利益为工作重点。为最大限度发挥强基惠民工作经费效益，由区委组织部主持召开强基惠民项目筛选会议，对接发改委、住建局、生态环境分局、农业农村局、林草局、国土局等部门负责人，对各乡镇、村（社区）上报的21个项目征求意见建议。会议讨论研究推荐6个项目，交由部务会审议，最终部务会提交区委常委会正式通过昌珠镇饲草加工厂建设、索珠乡蜜蜂养殖等3个乡镇的4个项目，项目合计经费349.8万元。截至年底，项目均已正式立项。

2021年7月1日，乃东区在克松社区集体收听收看庆祝中国共产党成立100周年庆祝大会

【队伍建设】 2021年，区强基办坚持把严管厚爱贯穿干部驻村工作始终，实行“一月一督导、两月一推进、一季度一考核、一季度一交流、半年一观摩、全年一故事会”，为干部驻村工作出实招，各乡镇党委强化组织保障，充分发挥“属地管理”作用，实行“一周一检查制度、一周一通报制度、一季度一评比制度、一季度一交流制度、一季度一流动红旗制度”，做到管理与服务齐抓。为实现“严管与厚爱、激励与约束”并重，区强基办要求各派驻单位驻村伊始由派驻单位全程接送，保障驻村干部的人身安全并督促派驻单位落实“一季度一慰问”，深入派驻点了解驻村工作中存在的困难和问题，当好坚强后盾。为进一步体现区委、区政府关心关爱基层一线驻村干部，了解掌握乃东区第十批驻村工作队大庆期间迎检工作，真正体现严管与厚爱结合，激励与约束并重，激发驻村干部干事创业热情，切实做好大庆期间各项工作。8月9—15日，区强基办深入53个村（社区）看望慰问驻村工作队，送去蔬菜、肉类等共计价值23065.8元的慰问品。

乃东区人民代表大会

综述

【概况】2021年，乃东区人民代表大会常务委员会（以下简称区人大常委会）核定编制为10名，实有14名，其中县级领导5名、四级调研员1名、乡科级8名，其中，土家族1名、汉族4名、藏族9名。全年共召开人民代表大会3次、人大常委会6次、主任会议15次，顺利完成换届选举工作。

【重大事项决定】2021年，区人大常委会审查批准乃东区“十四五”规划和二〇三五年远景目标纲要、乃东区2016—2021年国民经济和社会发展计划执行情况与今后五年工作安排的报告、乃东区2016—2021年财政预算执行情况的报告、国土空间总体规划、财政预决算报告、国民经济计划报告等重大事项，依法作出决议决定6项。听取审议乃东区人民政府工作报告、2020年度审计工作专项报告、2020年以来审计查出问题整改落实情况报告、国有资产管理情况报告等5个工作报告，形成审议意见5份。审查批准2020年度财政预决算公开情况、2021年上半年国民经济和社会发展计划执行情况、2021年上半年财政预算执行情况3个报告；协助市人大常委会开展民营经济发展调研。

2021年7月4日，乃东区第二届人民代表大会第一次会议主席团会议召开

【换届选举工作】2021年是县乡人大换届选举之年，按照党中央、自治区党委、市委、区委关于做好县乡两级人大换届选举工作的要求，完成乃东区乡两级人大换届选举工作，选举产生市级人大代表38名、区级人大代表151名、乡级人大代表286名；选举产生新一届区人大常委会组成人员，区人民政府区长、副区长，区监察委员会主任，区人民法院院长和区人民检察院检察长。68011名选民参与换届选举，占总选民的96.55%。

【自身建设】2021年，区人大常委会深入学习贯彻落实中央人大工作会议精神、习近平总书记在中央党校开班式上的讲话精神，深入学习贯彻落实习近平总书记关于“四个机关”的重要论述，不断提高政治判断力、政治领悟力、政治执行力。坚持以政治建设为统领，开展党史学习教育，进行专题研讨8次。深入开展“三更”专题教育，进行交流研讨5次。不断强化常委会党组建设，加强人大常委会机关党组、党支部建设，召开党建工作专题会议2次、党风廉政建设专题会议2次、意识形态领域专题会议2次、常委会党组成员讲党课8次，党建质量稳步提升，不断提高人大干部的思想政治素质和履职能力。

重要会议

【乃东区人民代表大会】 2021年1月13—16日，乃东区第一届人民代表大会第六次会议在泽当召开。会议由大会执行主席、区委副书记、人大常委会主任梅先阳主持，应到代表130名，实到代表113名，会议听取和审议区长张维所做的《乃东区人民政府工作报告》，审查《乃东区国民经济和社会发展第十四个五年规划和二〇三五年远景目标纲要（草案）》《乃东区2020年国民经济和社会发展计划执行情况与2021年国民经济和社会发展计划草案的报告》《乃东区2020年财政预算执行情况与2021年财政预算草案的报告》；听取和审议《乃东区人大常委会工作报告》《乃东区人民法院工作报告》《乃东区人民检察院工作报告》。会议以举手表决方式，通过《关于乃东区人民政府工作报告的决议（草案）》《关于乃东区国民经济和社会发展第十四个五年规划和二〇三五年远景目标纲要（草案）的决议（草案）》《关于乃东区2020年国民经济和社会发展计划执行情况与2021年国民经济和社会发展计划报告的决议（草案）》《关于乃东区2020年财政预算执行情况与2021年财政预算的决议（草案）》《关于乃东区人民代表大会常务委员会工作报告的决议（草案）》《关于乃东区人民法院工作报告的决议（草案）》《关于乃东区人民检察院工作报告的决议（草案）》。山南市副市长、乃东区委书记尼玛次仁，区委副书记、区长张维等出席。

7月2—4日，乃东区第二届人民代表大会第一次会议在泽当召开。会议听取和审议《乃东区人民政府工作报告》，审查《乃东区2016—2021年国民经济和社会发展计划执行情况与今后五年工作安排的报告》《乃东区2016—2021年财政预算执行情况的报告》；听取和审议《乃东区人大常委会工作报告》《乃东区人民法院工作报告》《乃东区人民检察院工作报告》；会议表决通过关于乃东区第二届人民代表大会常务委员会组成人员名额的决定、关于设立乃东区第二届人民代表大会专门委员会的决定；选举产生乃东区第二届人民代表大会常务委员会主任、副主任、委员和乃东区人民政府区长、副区长；乃东区监察委员会主任；乃东区人民法院院长；乃东区人民检察院检察长；表决通过乃东区第二届人民代表大会专门委员会组成人员名单。

10月28—29日，乃东区第二届人民代表大会第二次会议在泽当召开。会议传达学习中央人大工作会议精神，选举产生乃东区出席山南市第二届人民代表大会代表38名。

【乃东区人民代表大会常委会会议】 2021年，区人大常委会共召开6次常委会会议。传达学习贯彻中央、全国人大、自治区党委、自治区人大、市委、市人大重要会议精神及习近平总书记在相关会议和考察时的重要讲话精神。

1月12日，区委副书记、区人大常委会主任梅先阳主持会议，会议审议《乃东区第一届人民代表大会第六次会议议程（草案）》的议案、《乃东区第一届人民代表大会第六次会议主席团和秘书长名单（草案）》的议案、《乃东区第一届人民代表大会第六次会议列席人员名单（草案）》的议案、乃东区第一届人民代表大会代表资格审查委员会关于个别代表的代表资格的报告。

4月1日，区人大常委会副主任琼美朵主持召开乃东区第一届人民代表大会常务委员会第三十四次会议，会议审议乃东区第一届人民代表大会常务委员会关于乃东区乡两级人民代表大会换届选举时间的决定（草案）、关于县乡人民代表大会代表名额的决定、乃东区第一届人民代表大会常务委员会关于乃东区第二届人民代表大会代表名额分配的决定（草案）；听取和审议《乃东区人民政府关于2020年法治政府建设专项工作报告》;研究人事任命事项。

4月14—15日,区委副书记、区人大常委会主任梅先阳主持召开乃东区第一届人民代表大会常务委员会第三十五次会议,会议研究《乃东区第一届人民代表大会常务委员会关于乃东区乡两级人民代表大会换届选举时间的决定(草案)》《乃东区第一届人民代表大会常务委员会关于设立区乡两级选举委员会的决定(草案)》《乃东区第一届人民代大会常务委员会关于乃东区第二届人民代表大会代表名额分配的决定(草案)》;听取和审议乃东区人民政府关于《乃东区2021年本级财政预算调整方案的报告》。

8月4日,区委副书记、区人大常委会主任梅先阳主持召开乃东区第二届人民代表大会常务委员会第一次会议。会议听取乃东区2021年上半年国民经济和社会发展计划执行情况的报告、乃东区2021年上半年财政预算执行情况的报告、乃东区就业创业工作专项报告、乃东区退役军人保障工作专项报告、乃东区“七五”普法情况专项报告,并对三个专项工作报告进行满意度测评,并研究有关人事任命事项。

10月19日,区委副书记、区人大常委会主任梅先阳主持召开乃东区第二届人民代表大会常务委员会第二次会议,会议听取乃东区人大常委会组织部分人大代表赴昌都考察学习情况的报告、乃东区人大常委会关于《中华人民共和国土地管理法》《中华人民共和国农村土地承包法》《中华人民共和国城乡规划法》《山南市城市建设管理条例》实施情况的执法检查报告、乃东区人大法制委关于《西藏自治区民族团结进步模范区创建条例》实施情况的执法检查报告、乃东区人大财经委关于乃东区乡村振兴和人居环境综合整治工作的调研报告、乃东区人大财经委关于组织人大代表对乃东区“百千万”工程和重大项目建设视察情况的报告、乃东区人大教科委关于《中华人民共和国食品安全法》实施情况的执法检查报告、乃东区人民政府关于2020年财政预决算公开情况的说明、乃东区2020年审计查出问题整改落实情况的报告、乃东区人民政府关于2020年度审计专项工作报告、乃东区人民法院关于民事审判工作和刑事审判工作情况报告、乃东区人民检察院关于适用认罪认罚从宽制度、执行活动法律监督情况的报告,并对3个专项工作报告进行满意度测评、研究有关人事任免事项。

11月16日,区委副书记、区人大常委会主任梅先阳主持召开乃东区第二届人民代表大会常务委员会第三次会议,会议听取区人民政府关于2021年度区人大常委会审议审查意见落实情况报告、区人民政府关于2021年环境质量状况和生态环境目标完成情况报告;并对2个专项报告进行满意度测评,审议人事任免事项。

【议案建议交办会】 2021年2月26日,召开乃东区第一届人民代表大会第六次会议意见建议交办会。代表们共提出19条意见、建议,副区长李欣、区人大常委会副主任刘积庭、区政协副主席夏成昆、区人大教科委主任委员巴桑次仁,区政府各承办单位参加会议,会议就人大代表提出的意见建议办理工作作出部署。7月29日,召开乃东区第二届人民代表大会第一次会议意见建议交办会。代表们共提出14条意见建议,副区长仁青旺堆、区人大常委会副主任蒋宏伟、区政协副主席夏成昆、区人大四级调研员巴桑次仁,区政府各承办单位参加会议,会议就人大代表提出的意见建议办理工作作出部署。

【人大务虚会议】 2021年3月4日,在乃东区政府三楼人大代表之家召开乃东区2021年度人大工作务虚会议,区委副书记、人大常委会主任梅先阳主持会议,区人大常委会副主任琼美朵、边巴刚组、刘积庭、达娃以及区人大“一室三委”负责人,各乡镇(街道)人大主席(主任)参加会议。会上,各乡镇(街道)人大就2021年度工作计划、当前工作中存在的主要问题、下一步打算三个方面进行汇报。

执法监督

【概况】 2021年,区人大常委会聚焦群众普遍关注的民生问题,开展乃东区“百千万”工程和重大项目建设情况代表视察，对乃东区“三农”工作、防止返贫、群众增收等进行专题调研，对土地管理法、农村土地承包法、城乡规划法、食品安全法等5部法律法规进行执法检查，听取审议乃东区就业创业、退役军人保障、2021年度区人大常委会审议审查意见建议落实情况等5个专项报告，并进行满意度测评。

【法治监督】 2021年，区人大常委会听取审议乃东区“七五”普法工作报告、区人民法院工作报告、区人民检察院工作报告、区人民法院刑事和民事审判工作专项报告、区人民检察院执行活动法律监督和适用认罪认罚制度执行情况专项报告，确保司法公正和社会公平正义。

【环境监督】 2021年，区人大常委会深入开展以建设美丽乃东为内容的“雅砻环保行”活动，推动绿色发展，驻乃东区的各级人大代表315人参与活动。开展乡村振兴和人居环境综合整治工作专题调研，提出针对性的建议意见6条。听取审议2021年度环境状况和环境保护目标完成情况报告，形成审议意见1份，为践行“绿水青山就是金山银山、冰天雪地也是金山银山”理念积极作为。

【民族团结监督】 2021年，区人大常委会组织各级人大代表深入学习宣传中央民族工作会议精神、《西藏自治区民族团结进步模范区创建条例》、区委民创工作会议精神，召开关于全区人大系统开展“铸牢中华民族共同体意识学习教育实践活动”启动部署会，召开推进会1次，5人交流发言，开展乃东区民族团结进步模范区创建工作专题询问1次，开展《西藏自治区民族团结进步创建条例》执法检查，提出加强乃东区民创工作的意见建议4条，推动“铸牢中华民族共同体意识学习教育实践活动”往深里走、往实里走，增强铸牢中华民族共同体意识的政治自觉、思想自觉、行动自觉，构建各民族共有精神家园，持续促进各民族交往交流交融。

【维稳和疫情防控监督】 2021年，区人大常委会牢固树立总体国家安全观，始终坚持旗帜鲜明反分裂，坚决维护稳定，坚决扛起维稳责任，严格落实区委关于维稳和疫情防控各项措施，人大常委会党组成员在重要时段深入乡镇(街道)、村居(社区)、寺庙联系点，开展维护稳定和疫情防控调研，蹲点督导维稳和疫情防控等工作26次，参与指挥部带班值班56天，夯实社会和谐稳定基础，为乃东区维护稳定和疫情防控工作积极作为。

【建议督办】 2021年11月1—2日，区人大常委会副主任次仁罗布率队，赴7个乡镇(街道)20个村居，通过查看答办资料，听取乡镇人大和具体提出意见建议代表的汇报、实地察看项目建设情况、意见建议答复办理情况满意度测评等方式，对14件代表意见建议答复及办理情况进行督办。

人事任免

【概况】 2021年，区人大常委会依法组织干部任前法律知识考试34人次，任职发言14人次，依法任免国家机关工作人员53人次，任命人民法院审判员4人次、人民检察院检察官1人、检察委员会委员2人，组织新任命人员依法进行宪法宣誓。

【任免事项】 4月1日，乃东区第一届人民代表大会第三十四次会议任命达娃卓玛、德琼旺姆、索朗德吉、吉米念扎为乃东区人民法院审判员。会议任命洛桑西绕为乃东区人民检察院检察官、检察委员会委员，严琼为乃东区人民检察院检察委员会委员。

8月4日，乃东区第二届人民代表大会常务委员会第一次会议决定任命江建军为乃东区人民政府副区长、张琥为乃东区人民政府副区长、达瓦扎西为乃东区发展和改革委员会(粮食和物资储备局、经济和信息化局)主任(局长)、强巴为乃东区民族宗教事务局局长、邹云为乃东区公安局局长、赵龙为乃东区司法局局长、拉巴次仁为乃东区财政局(国有资产监督管理委员会)局长(主任)、魏林为乃东区人力资源和社会保障局(劳动保障监察大队)局长(大队长)、曲央卓玛为乃东区自然资源局局长、朗嘎为乃东区水利局局长、才仁顿珠为乃东区农业农村局(科学技术局、乡村产业发展局)局长、刘思为乃东区商务局局长、多吉普尺为乃东区文化局(文物局)局长、李红兵为乃东区卫生健康委员会主任、德央为乃东区旅游发展局局长、阿军为乃东区退役军人事务局局长、次旺为乃东区应急管理局局长、扎西洛宗为乃东区审计局局长、刘茹萍为乃东区市场监督管理局局长、次珍为乃东区统计局局长、郝磊为乃东区乡村振兴局局长、张水仙为乃东区医疗保障局局长、边巴次仁为乃东区信访局局长、仓决为乃东区行政审批和便民服务局局长。会议任命次吉卓玛为乃东区监察委员会副主任、郭源园为乃东区监察委员会委员。

10月19日,乃东区第二届人民代表大会常务委员会第二次会议决定任命高开方为乃东区政府办公室(外事办公室)主任、马玉玲为乃东区交通局局长、丹平为乃东区卫生健康委员会主任、仓决为乃东区民政局局长、马恩友为乃东区行政审批和便民服务局局长、米玛扎西为乃东区林业和草原局局长、次旺为乃东区教育局(体育局)局长、尼玛次仁为乃东区应急管理局局长。决定免去李红兵的乃东区卫生健康委员会主任职务、仓决的乃东区行政审批和便民服务局局长职务、次旺的乃东区应急管理局局长职务。

11月16日,乃东区第二届人民代表大会常务委员会第三次会议表决通过:免去格桑多布杰的乃东区人民法院审判委员会委员职务、旦增宗巴的乃东区人民法院审判委员会委员职务。任命拉巴卓玛为乃东区人民法院审判委员会委员、白玛群宗为乃东区人民法院审判委员会委员。

视察与调研

【概况】 2021年,区人大常委会围绕区委中心工作,常委会重点工作和人大代表,人民群众关心、关注的热点问题,组织常委会组成人员、人大代表开展视察和调研、执法检查。

【调研工作】 2021年9月6—7日,由区人大常委会副主任次仁罗布带队,人大财政经济委员会组织人大代表围绕乃东区乡村振兴和人居环境综合整治工作,到7个乡镇(街道)开展专题调研。调研组采取实地察看项目建设情况、开展座谈、听取汇报、进村入户走访等方式,广泛收集乃东区乡村振兴和人居环境综合整治工作情况以及相关工作的意见建议,进行认真的梳理和分析,并形成调研报告。10月11—13日,区人大常委会副主任次仁罗布率人大代表开展防止返贫工作专题调研,深入部分村居走访监测户群众、实地察看情况、查阅相关单位资料、召开座谈会。

【代表视察】 2021年10月10日,区人大常委会副主任次仁罗布率人大代表对乃东区“百千万”工程和重大项目建设情况进行视察。视察组听取发改委、农业农村局关于“百千万”工程和重大项目建设情况汇报,实地察看西藏宏农藏鸡养殖场、贡桑禽类养殖场、白荣奶牛养殖基地、结巴乡多若村千亩休闲农业园区以及走访当地群众,深入了解项目建设情况。

【执法检查】 2021年8月10—11日,区人大常委会党组成员、副主任琼美朵率区人大教科委、教育局、市监局、文化局等相关部门组成的执法检查组对《中华人民共和国食品安全法》贯彻实施情况进行执法检查。8月31日,区人大常委会副主任次仁罗布率执法检查组,深入颇章完小、泽当街道办事处琼嘎顶社区、民族团结商圈(天马市场)、乃东区民族团结进步创建展厅、乃东区民创办对《乃东区民族团结进步模范区创建条例》实施情况进行执法检查。9月6—7日,区人大常委会党组成员、副主任次仁罗布率人大财政经济委员会有关委员组成的执法检查组对《中华人民共和国土地管理法》《中华人民共和国农村土地承包法》《中华人民共和国城乡规划法》《山南市城市建设管理条例》贯彻实施情况进行执法检查。

【考察工作】 2021年7月26日至8月1日,区人大常委会副主任琼美朵、次仁罗布率人大代表考察员一行10人,围绕人大代表之家、特色小城镇建设、扶贫开发产业区建设、村集体经济建设,乡村便民服务大厅、人大工作开展情况等,先后赴昌都市卡若区、八宿县、察雅县、类乌齐县等地考察学习。11月18—24日,区人大常委会组织人大代表、乡镇人大主席、人大专干等一行12人，赴日喀则市部分县区考察学习。

代表工作

【概况】 2021年，区人大常委会完善人大代表和人民群众参加人大常委会会议和活动制度，先后组织人大代表和普通群众参加乃东区重大项目视察、执法检查、专题调研、“八岗五访三结对”、“三日四周八个一”等活动392人次，邀请人大代表列席人大常委会88人、人民群众27人。

【落实“双联系”制度】 2021年，区人大常委会组成人员联系人大代表、人大代表按选区或选举单位联系选民实现“双百”目标。落实人大代表选岗、人大定岗、年度考核评岗制度，加强代表监督管理，每名代表主动认领3—5个岗位，推动人大代表岗位职责落到实处，区乡两级437名人大代表设岗定责实现全覆盖。

【代表活动阵地规范化建设】 2021年，区人大常委会制定《区人大常委会关于贯彻落实〈山南市人大常委会关于进一步推进“人大代表之家”规范化提升和常态化活动的实施意见〉的方案》，投入61万元，对8个“人大代表之家”、38个“人大代表联络站”进行规范化建设和提升。

【“雅砻环保行”活动】 2021年，区人大常委会开展以建设美丽乃东为内容的“雅砻环保行”活动，推动绿色发展，驻乃东区的各级人大代表315人参与活动。开展乡村振兴和人居环境综合整治工作专题调研，提出针对性的建议意见6条；听取审议2021年度环境状况和环境保护目标完成情况报告，形成审议意见1份，为践行“绿水青山就是金山银山、冰天雪地也是金山银山”理念积极作为。

【学习培训】 2021年，区人大常委会组织驻乃东区的四级人大代表、区乡两级人大工作人员集中学习培训4次753人，组织人大代表考察团3批47人，赴林芝、昌都、日喀则等市县考察学习，接待安徽省、湖南省、湖北省、日喀则市、林芝市、昌都市、那曲市、阿里地区等省、市、县区及乡镇人大考察团19次197人次，参加自治区、市两级人大和组织部组织的干部培训19人次。

办公室工作

【概况】 2021年，乃东区人大常委会办公室（以下简称区人大办）有主任1名、副主任1名、四级主任科员2名。

【筹备会议】 2021年，区人大办筹备乃东区第一届人民代表大会第六次，乃东区第二届人民代表大会第一次会议，乃东区第二届人民代表大会第二次会议。全年共筹备人大工作务虚会议1次、代表意见建议交办会1次、人民代表大会3次、人大常委会6次、主任会议16次，接待19批考察团（197人次）及座谈会等事宜。

【撰写各类报告和会议文件】 2021年，区人大办撰写《乃东区人大常委会2021年度工作要点》、《乃东区人大常委会2021年度“双联系”工作计划》、《乃东区人大常委会组织部分人大代表赴昌都考察学习情况的报告》、乃东区人大常委会关于《中华人民共和国土地管理法》、《中华人民共和国农村土地承包法》、《中华人民共和国城乡规划法》、《山南市城市建设管理条例》实施情况的执法检查报告、乃东区人大法制委关于《西藏自治区民族团结进步模范区创建条例》实施情况的执法检查报告、乃东区人大财经委关于乃东区乡村振兴和人居环境综合整治工作的调研报告、乃东区人大财经委关于组织人大代表对乃东区“百千万”工程和重大项目建设视察情况的报告、乃东区人大教科委关于《中华人民共和国食品安全法》实施情况的执法检查报告、《乃东区人大常委会2021年工作报告》、《乃东区第二届人民代表大会第一次会议有关材料》。

【编制有关决定】 2021年，区人大办编写关于召开乃东区第二届人民代表大会第一次会议的决定》《关于设立乃东区第二届人民代表大会专门委员会的决定》《乃东区第二届人民代表大会第二次会议选举结果报告》《关于召开乃东区第二届人民代表大会第三次会议的决定》。

乃东区人民政府

综述

【概况】 2021年，乃东区人民政府(以下简称区政府)坚持以习近平新时代中国特色社会主义思想为指导，深入贯彻落实习近平总书记关于西藏工作重要论述和新时代党的治藏方略，以及习近平总书记视察西藏重要讲话重要指示精神，坚持稳中求进工作总基调，立足新发展阶段，完整准确全面贯彻新发展理念，服务和融入新发展格局，推动高质量发展，实现“十四五”良好开局，全区经济社会发展取得良好成效。全年完成地区生产总值76.06亿元(含市直)，同比增长7.5%；完成固定资产投资64亿元(含市直)，同比增长4.4%；完成社会消费品零售总额49.1亿元(含市直)，同比增长10.4%；实现农村居民人均可支配收入21855元，同比增长15.7%；实现工业增加值1.8亿元，同比增长27.9%；完成税收收入2.6亿元，同比增长13.1%；完成一般公共预算收入3.4亿元，同比增长1.4%。

2021年3月10日，乃东区委副书记、区长张维（前排右一）到拉林铁路乃东段调研沿线环境整治工作

【项目建设】 2021年，乃东区共实施项目68个(不含市直)，总投资101.38亿元。储备“十四五”项目355个，纳入自治区总盘子68个，估算总投资分别为161.93亿元、11.3亿元。江北公安一级检查站、斯堆村批布组公路、贡布日山旅游景区建设、西藏宏农藏鸡产业园一期、矮化苹果种植以及嘎东团结新村、志岗村、斯堆村易地搬迁庭院经济建设项目建成投用。乃东家园一、二期项目基本建成。江萨吉祥花园、贡康小区、格巴小区沿街商业开发、诺一·雅江天街商业广场、恒宇商业广场、锦砻·御江府、泽当大道片区城中村(棚户区)改造等项目有序推进。乃东区疾控中心、乃东居委会片区城中村(棚户区)改造、支那村水库等项目正式启动。

【产业发展】 2021年，乃东区完成总播种面积6.02万亩，粮经饲比例74∶15∶11，粮食产量达到2.4万吨，同比增长1%。乃东区青稞种植系统被列入第六批中国重要农业文化遗产名单。推进结巴3500亩连片饲草基地开发建设项目前期工作。新生仔畜3.98万头，成活率95%。猪牛羊肉产量4900吨、禽肉产量407.9吨、蛋产量750吨，同比分别增长35.7%、400%、176%。完成黄牛改良冻配5294头，春秋两季重大动物疫病免疫密度达100%。生猪（藏猪）、奶牛、藏鸡等特色产业基地初具规模。完成27个“十三五”产业项目产权归属明晰和固定资产清产核资工作。锦泽商砼、协和太阳能等规上企业运营良好，累计实现营业收入2.3亿元，较2020年增长35.29%。推进嘎东团结新村房顶分布式光伏项目。才朋、郭乃风力发电项目进入测风阶段。举办2021西藏山南乃东旅游推介会，与湖北省中国旅行社达成游客输送合作协议。扎西曲登民宿、夜伴蜂声休闲园等特色旅游产业持续壮大。各大景点累计接待游客27.1万人次，实现旅游综合收入2976.28万元，同比分别增长82%、182%。成功举办第41届雅砻物资交流会，总成交额6.1亿元，同比增长22%。

2022年10月26日，乃东区委副书记、区长索朗平措一行深入山南火车站、高速公路一级检查站、乃东区人民医院等重点领域开展常态化疫情防控工作督查调研

【民生保障】 2021年，乃东区统筹四级资金46540.38万元，巩固拓展脱贫攻坚成果同乡村振兴有效衔接，脱贫群众人均纯收入达到15980.49元。本级投入4300余万元实施2021年“十件民生实事”，解决一批群众急难愁盼问题。本级投入6700余万元实施教育教学质量提升行动，中（小）考成绩名列全市各县（区）前列。中（小）学入学率、农牧区学前三年受教育率均达到100%。兑现“三包”、大学生资助金等3243.84万元。26所村（社区）藏语汉语幼儿园饮水改造、颇章乡小学标准化建设、乃东实验小学学生公寓楼建成投用。乃东区融媒体中心入选2021年全国县级融媒体中心能力建设十佳创新案例。克松钔谐等11个文艺项目被认定为县级非物质文化遗产代表性项目。开展常态化疫情防控、疾病防控、妇幼保健等工作，超额完成2021—2022年农村妇女“两癌”筛查任务。城乡居民基本医疗保险参保率达99.9%，兑现城乡居民基本医疗保险、大病保险等资金4722.1万元。城乡居民基本养老保险参保率达98%，发放养老金1600.5万元。兑现城乡低保、残疾人“两项补贴”等资金1385.1万元。新建成区级转移就业基地2个。实现转移就业12155人、外出务工总收入13141.7万元，完成全年目标任务的101%、154%。675名应届高校毕业生实现就业，就业率达99.85%。

【城乡建设】 2021年，乃东区国土空间规划编制成果初步形成，42个村（社区）乡村振兴规划进入深度编制阶段。完成农村集体土地所有权确权登记。实施农牧区人居环境整治三年行动，完成户厕改造6467户。建成亚桑美丽宜居示范村项目、色康居委会人居环境整治工程。开展国家数字乡村试点工作，与钉钉（中国）信息技术有限公司签订数字乡村框架合作协议。完成纬一路、湖北大道南延伸段二期等9个重点项目征地拆迁工作，累计兑现拆迁补偿资金8808.04万元，完成回迁安置46户。推进卫生城市创建。完成西藏和平解放70周年，泽当城区环境整治工作。

【生态环境保护】 2021年，乃东

区完成32个生态文明村(社区)创建。完成《乃东区生态文明建设规划》《乃东区农村生活污水处理专项规划(2021—2035)》编制工作。推进生态环境六大专项整治工作。完成自治区第三环保督察反馈问题整改,全部关停全区所有非金属矿产企业,推进中铁五局多颇章道砟场等生态环境治理恢复。建成医疗废物提标升级改造项目,加快推进雅砻库区生态清洁流域综合治理工程、支那村污染土壤钝化修复项目。全面启动自然灾害综合风险普查。完成义务植树、"四旁"植树3000亩、项目造林21954亩(含飞播造林13650亩)。全年空气质量优良指数达98%以上,集中式饮用水水源地和主要江河湖泊水质达标率100%。

【改革开放】 2021年,乃东区稳步推进农村宅基地改革试点工作,基础信息摸底调查入户率达100%。建成农村集体资产"三资"管理平台。探索推进农村股份合作社股权抵押贷款,发放结莎社区股份经济合作社股权抵押贷款1000万元。产权制度改革在自治区、市级验收中均被评为优秀档次。持续深化"放管服"改革,四级、三级、二级发布事项办理深度分别为51.3%、97.72%、100%,即办事项占比36.7%,承诺时间压缩52.9%。持续推行"先照后证""多证合一""证照分离"等惠企政策,企业登记事项网上办理率达95%。养老保险、医疗保险关系转移等实现"跨市通办"。引导个体工商户转型升级,全区共有市场主体10232户,从业人员41258人,注册资金198.45亿元,商标1270件。持续优化营商环境,兑现4家企业产业扶持金、代理招商购买服务费10751.6万元,减税降费3600余万元。完成"十四五"对口援藏项目投资2620万元,完成社会援藏投资655.98万元。

【社会治理】 2021年,乃东区依法管理宗教事务,不断健全寺庙管理长效机制。建成7个乡镇(街道)、53个村(社区)综治中心(站),完成习近平总书记视察西藏、西藏和平解放70周年庆祝活动期间维稳安保任务,荣获"2017—2020年平安中国建设示范区"称号。全面启动"八五"普法,深入开展"法律七进"活动。落实社区矫正、安置帮教人员教育管理措施。强化部门联动执法,加强重点部位隐患排查整治和重点领域公共安全监管。严格落实安全生产工作责任制,全区安全生产形势总体平稳。畅通群众来信来访渠道,受理各类来信来访119件388人次,办结率97.5%,受理拖欠农民工工资案件212起、1563人,追回劳动报酬2586.9万元。

【政府自身建设】 2021年,乃东区深入开展党史学习教育和"三更"专题教育,开展政府党组理论中心组学习31次。加强对"三重一大"事项研究,全年召开政府常务会议11次,研究事项124项,提交区委研究审定34项。坚持政府带头过紧日子,"三公"经费支出505.4万元,同比下降27%。自觉接受人大、政协监督,办理人大代表意见建议38件、政协委员提案28件,办复率、满意率均达到100%。坚持依法履行政府职能,法治政府建设取得新成效。政务公开信息682项,较2020年增长27.7%。广泛听取工商联、社会各界人士意见,工会、共青团、妇联作用发挥明显,妇女、儿童和残疾人事业取得新进展。

重要会议

【政府常务会议】 2021年,区政府召开区政府常务会议9次。

1月29日,研究4个项目纳入"十四五"扶贫产业项目中的请示、藏鸡产业集群建设项目合作意向等8项事宜,安排部署原自治区副主席、山南市委副书记、市长普布顿珠离任审计涉及乃东区问题整改工作。

3月25日,传达学习习近平总书记《在全国脱贫攻坚总结表彰大会上的讲话》《中共中央国务院关于实现巩固拓展脱贫攻坚成果同乡村振兴有效衔接的意见》,研究上报国家乡村振兴重点支持县(区)名录、2021年度脱贫县统筹整合财政涉农资金实施方案等6项事宜。

3月31日,研究2021年本级财政预算调整方案、加强政府采购管理工作的意见等6项事宜。

4月29日,研究2021年乃东区本级财政预算存量资金统筹使用方案、乃东区2021年度工会会员福利发放方案、乃东区2021年“十件民生实事”实施方案、乃东区2021年本级财政教育投入资金使用方案等11项事宜。

6月4日，研究政府工作报告（征求意见稿）、乃东区2016—2021年国民经济和社会发展计划执行情况与今后五年工作安排的报告（征求意见稿）、乃东区2016—2021年财政预算执行情况（征求意见稿）等9项事宜。

6月24日，研究乃东区“十三五”扶贫产业项目决算“审减”资金、解决亚桑村美丽宜居示范村（人居环境整治）建设项目缺口资金等14项事宜。

8月16日，研究使用江北统筹城乡发展示范园区剩余资金、调剂国有资产车辆及解决车辆维修资金等11项事宜。

7月20日，研究乃东区全区电子商务进农村综合示范项目后续资金使用方案、解决西藏凯风进取创业投资有限公司招商引资企业扶持资金等11项事宜。

9月12日，研究市藏医医院藏医药传承创新建设项目工程变更所产生费用的资金出处、请求解决乃东区多颇章乡沥青搅拌站建设项目征占林地补偿费等18项事宜。

10月25日，研究乃东区2021年财政预算中期调整、乃东区村庄规划编制工作方案、乃东区泽当镇泽当大道片区（城中村）棚户区改造项目缺口资金等13项事宜。

【政府党组会议】 2021年，区政府召开政府党组会议21次。

1月12日，传达学习《中央经济工作会议精神》《中央农村工作会议精神》《自治区党委九届九次全会暨经济工作会议精神》《市委经济工作会议精神》《西藏自治区人民政府〈关于防止耕地“非粮化”稳定粮食生产的工作方案〉》《山南市纪委〈关于两起违反中央八项规定精神典型问题的通报〉》，研究《中共乃东区人民政府党组2020年度民主生活会班子对照检查材料（征求意见稿）》《关于聘任巴桑等16名教师二级教师职称的请示》。

1月21日，传达学习《中共西藏自治区委员会印发〈关于在全区开展“政治标准要更高，党性要求要更严，组织纪律性要更强”专题教育的实施方案〉的通知》、自治区党委书记吴英杰对全区开展“政治标准要更高，党性要求要更严，组织纪律性要更强”专题教育指示精神及山南市委“政治标准要更高，党性要求要更严，组织纪律性要更强”专题教育部署会议精神、中共乃东区委员会印发《〈关于在全区开展“政治标准要更高，党性要求要更严，组织纪律性要更强”专题教育的实施方案〉的通知》精神；传达保密工作通知精神。

1月26日，学习传达习近平总书记在省部级主要领导干部学习贯彻中共十九届五中全会精神专题研讨班开班式上的重要讲话精神，传达学习《西藏自治区人民政府工作报告》《西藏自治区2020年国民经济和社会发展计划执行情况与2021年国民经济和社会发展计划草案报告》《西藏自治区2020年预算执行情况和2021年预算草案的报告》。

2月2日，传达学习《中共中央　国务院关于实现巩固拓展脱贫攻坚成果同乡村振兴有效衔接的意见》《中共中央　国务院关于全面推进乡村振兴加快农业农村现代化的意见》《关于在农业农村基础设施建设领域积极推广以工代赈方式的意见》《关于省级党委、政府脱贫攻坚成效考核评估情况的报告》文件精神，安排部署相关工作。

2月9日，传达学习习近平总书记在十九届中央纪委五次全会上的中央讲话精神、自治区书记吴英杰在自治区纪委九届六次全会上的讲话精神、山南市委书记许成仓在市纪委一届六次全会上的讲话精神及《中共西藏自治区委员会宣传部关于九届区党委第七轮巡视对落实意识形态工作责任制监督检查情况的通报》，安排部署相关工作。

3月2日，传达学习党中央、区党委、市委和区党委党史学习教育动员大会精神，动员部署区人民政府党组党史学习教育工作。

3月16日，传达学习习近平总书记在参加十三届全国人大四次会议青海代表团审议时的重要讲话精神，在参加全国政协十三届四次会议医药界、教育界委员联组会上的重要讲话精神，自治区主席齐扎拉在全区政府系统“政治标准要更高、党性要求要更严、组织纪律性要更强”专题教育推进会议上的讲话精神,《振聋发聩的耿飚之问》《"半条棉被"的故事》等党史故事,以"加强党的政治建设、全面从严治党""三更"专题教育为主题进行交流研讨,并对重点工作进行安排部署。

3月25日,传达自治区人大常委会副主任、市委书记许成仓在《山南市发展和改革委员会关于进一步做好"十四五"规划项目对接工作的报告》上的批示、3月24日山南市人民政府专题会议精神、《"十四五"支持西藏经济社会发展规划建设项目建议方案》以及《山南市"十四五"支持经济社会发展规划建设项目初步方案》,安排部署乃东区"十四五"规划项目沟通对接事宜,研究《关于徐安培等17名专技人员初级职称聘任的请示》。

3月30日,通报《山南市纪委监委关于山南市乃东区林业和草原局党组书记、局长丁华涉嫌严重违纪违法,正在接受山南市纪委监委纪律审查和监察调查的决定》,传达学习《习近平总书记给西藏隆子县卓嘎、央宗姐妹的回信》《习近平总书记致"2019·中国西藏发展论坛"贺信精神》《习近平总书记致中国科学院青藏高原综合科学考察研究队的贺信》《习近平总书记致西藏民族大学建校60周年的贺信》《习近平总书记给在首钢医院实习的西藏大学医学院学生的回信》,研究《区政府班子2020年民主生活会对照检查发现问题整改任务分解表》《各乡镇(街道)、区直各单位对区政府党组班子提出的意见建议整改落实任务分解表》《关于卓玛措等5名专技人员职称聘任的请示》《关于将泽当街道部分社区管理费交给社区的提案》。

4月6日,观看《全面从严治党在西藏》警示教育宣传片,传达学习《西藏自治区违反扶贫领域腐败典型案例通报》和《西藏自治区违反国家法律法规典型案例通报》,区公安局、财政局和自然资源局就党风廉政建设进行交流研讨,并安排部署相关工作。

4月13日,听取2021年一季度经济运行情况汇报,分析当前经济形势,部署下一阶段经济工作,研究乃东区高质量发展领域整改工作相关事宜,书面传达《专题教育党性要求篇》中关于《中国共产党党委(党组)理论中心组学习规则》《关于进一步激励广大干部新时代新担当新作为的实施意见》,以及《论中国共产党历史》中关于《知史爱党,知史爱国》篇目,传达《市委"政治标准要更高,党性要求要更严,组织纪律性要更强"专题教育领导小组办公室督导检查专题教育开展情况的通报》,围绕党史学习教育和"三更"专题教育开展交流研讨。

4月20日,观看《中共党史专题讲座——遵义会议和长征胜利》,传达学习《中国共产党组织处理规定(试行)》,研究《乃东区人民政府党组落实全面从严治党主体责任清单》,区政府班子成员格桑罗布、张琥,副区长仓巴次仁就党史学习教育进行交流研讨,安排部署相关工作。

5月11日,传达学习《"三更"专题教育组织纪律篇》中关于《严明党的纪律 增强组织纪律性》《中国共产党党支部工作条例》《关于禁止领导干部借婚丧嫁娶喜庆事宜大操大办收敛钱财的暂行规定》《关于严禁在项目评审验收中发放和收受红包的通知》篇目,围绕"三更"专题教育第三专题"严守党的政治纪律和政治规矩以及反分裂斗争纪律"开展交流研讨。

6月10日,传达学习《习近平总书记在十九届中央纪委四次全会上的重要讲话精神》《中国共产党廉洁自律准则》《十八届中央政治局关于改进工作作风、密切联系群众的八项规定》《中央政治局贯彻落实中央八项规定的实施细则》《自治区关于改革完善社会救助制度的若干措施》,研究《关于高沙沙等5名专技人员初级职称聘任的请示》《关于次仁白玛等2名专技人员中级职称聘请的请示》《关于罗桑旺姆等2名合同制工人退休的请示》。

6月16日,传达学习习近平总书记在广西考察期间重要讲话精神和在青海考察期间重要讲话精神,中央政治局常委、中央纪律检查委员会书记赵乐际在全国巡视工作会议暨第十九届中央第七轮巡视动员部署会上的讲话精神,《中共中央办公厅在全社会开展党史、新中国史、改革开放史、社会主义发展史宣传教育的通知》精神,自治区主席齐扎拉在市一届自治区人民政府第四次廉政工作会议上的讲话精神和在一季度全区经济运行情况通报暨经济工作部署电视电话会议上的讲话精神，以及一届市委150次常委会（扩大）会议精神；研究《乃东区一届人大会议期间代表意见建议办理情况报告》《关于普布卓玛等4名同志任免职的建议》《关于多吉次仁等同志任免职的通知》。

6月23日，传达学习《党委（党组）落实全面从严治党主体责任规定》《中共中央关于加强党的政治建设的意见》《中共中央关于加强对“一把手”和领导班子监督的意见》《中国共产党组织工作条例》《中共中央纪委机关　中共中央组织部　国家监察委员会关于严肃换届纪律　加强换届风气监督的通知》及党委常委、组织部部长陈永奇《致各地市委书记、组织部部长的一封信》《中共乃东区人民政府党组“三更”专题教育自查整改报告》。

7月1日，传达学习习近平总书记在庆祝中国共产党成立100周年大会上的讲话精神、参观“不忘初心、牢记使命”中国共产党历史展览时的讲话精神和主持召开十九届中共中央政治局第三十一次集体学习时的讲话精神；传达学习李克强总理主持召开国务院西部地区开发领导小组会议时的讲话精神、《中共西藏自治区委员会办公厅　西藏自治区人民政府办公厅印发〈关于推动基础设施高质量发展的若干措施〉的通知》精神，传达学习《中共中央　国务院关于新时代加强和改进思想政治工作的意见》（摘要）；通报农牧民增收及山南市审计局对乃东相关部门审计工作；研究《乃东区农村宅基地资格权认定暂行办法（征求意见稿）》《乃东区农村宅基地管理暂行办法（征求意见稿）》《乃东区农村宅基地存在问题处理办法（征求意见稿）》《乃东区2021年法治政府建设工作要点》《关于索朗曲珍等7名专技人员初级职称聘任的请示》《关于次仁曲珍副高职称聘任的请示》。

7月1日，传达学习习近平总书记在中共中央政治局第三十一次集体学习时的重要讲话精神、在“七一勋章”颁授仪式上的重要讲话精神、《关于认真学习贯彻习近平总书记在参观“不忘初心、牢记使命”中国共产党历史展览时的重要讲话精神的通知》、《关于认真学习贯彻习近平总书记在青海考察期间重要讲话精神的通知》、李克强总理关于促进粮食生产稳定发展提高粮食安全保障能力的讲话精神、《中共西藏自治区委员会　西藏自治区人民政府关于实现巩固拓展脱贫攻坚成果同乡村振兴有效衔接的实施意见》、《关于印发〈西藏自治区“大棚房”问题专项清理整治行动“回头看”方案〉的通知》、《中共西藏自治区委员会办公厅关于违反党的政治纪律行为的处分规定》、《西藏自治区纪委关于2021年1—5月全区违反中央八项规定精神问题情况的通报》；研究《2021年上半年经济运行情况暨第三季度工作计划》（汇报材料）。

7月27日，传达学习习近平总书记在西藏考察时的重要讲话精神，习近平总书记对防汛救灾工作作出重要指示精神，李克强总理在主持召开国务院常务会议时对防汛救灾工作作出指示精神，《关于做好汛期全市工程建设领域安全生产工作的通知》《继承发扬伟大建党精神》《自治区应对新型冠状病毒感染肺炎疫情工作领导小组会议纪要》《西藏自治区加强扶贫项目资产后续管理工作的实施方案》，传达学习市委副书记、代市长次仁平措在《关于深化江河湖泊生态保护专题调研报告》上的批示精神，《中共中央办公厅　国务院办公厅印发〈关于深化统计管理体制改革提高统计数据真实性的意见〉的通知》精神，《中共中央办公厅　国务院办公厅关于印发〈统计违纪违法责任人处分处理建议办法〉的通知》精神，《中共西藏自治区委员会办公厅　西藏自治区人民政府办公厅印发〈关于深化管理体制改革统计数据真实性的实施意见〉的通知》精神，《山南市人民政府办公室关于转发市统计局〈关于进一步加强和规范统计工作自查方案〉的通知》；听取区党委第三巡视组巡视“回头看”反馈意见（高质量发展和生态环保领域）整改落实情况汇报；研究《关于阿旺卓嘎等两名专技人员初级职称聘任的请示》。

8月10日，传达学习习近平总书记在西藏视察时的重要讲话精神、习近平总书记对深入推进农村厕所革命作出的重要指示精神、7月30日中共中央政治局会议精神、自治区九届十次会议精神、7月26日市委常委会（扩大）

会议精神、《自然资源部 农业农村局关于农村乱占耕地建房“八不准”的通知》《山南市统计违纪违法案件移送办法》，研究《山南市乃东区江北产城一体示范园区涉及拆迁群众回迁实施方案》的请示。

9月9日，传达学习习近平总书记在中央民族工作会议上的中央讲话精神、习近平总书记在中央党校（国家行政学院）中青干部培训班开班式上的重要讲话精神、中央全面深化改革委员会第二十一次会议精神、自治区主席齐扎拉在上半年全区经济运行情况通报暨经济工作部署电视电话会议上的讲话精神、次仁平措在市政府2021年第一次全体会议暨经济运行通报会议上的讲话精神和《山南市“十四五”规划项目前期经费使用暂行办法》，研究《关于研究乃东区矮化苹果种植项目拨款等具体事宜的请示》《关于燕成浪等2名专技人员初级职称聘任的请示》《自治区党委第三巡视组巡视“回头看”反馈意见整改专题民主生活会班子对照检查材料（征求意见稿）》。

9月28日，传达学习习近平总书记在河北承德考察时的重要讲话精神、习近平总书记在陕西榆林考察时的重要讲话精神、李克强总理对森林草原防灭火工作作出的重要批示精神、全区农业农村援藏工作座谈会精神、市委书记许成仓在《关于贯彻落实全国和区市两级河湖长制工作推进会议精神的情况报告》上的批示精神、《中华人民共和国安全生产法》、《中共中央办公厅 国务院办公厅关于印发〈涉密人员保密管理办法〉的通知》、《国务院关于支持西藏经济工作高质量发展若干政策和重大项目的意见》、《关于两起漠视侵害群众利益问题典型案例的通报》、《关于两起违反中央八项规定精神典型问题的通报》，研究《关于高开方等同志任免职的通知》事项。

10月13日，传达学习习近平总书记在中央人才工作会议上的讲话精神、习近平总书记在纪念辛亥革命110周年大会上的重要讲话精神、习近平总书记在十九届中央政治局第三十三次集体学习会议上的重要讲话精神、党史学习教育领导小组印发《关于充分发挥基层党组织战斗堡垒作用和党员先锋模范作用 进一步深化党史学习教育“我为群众办实事”实践活动的通知》、中央企业援藏工作会议暨国资中企助力西藏高质量发展会议精神、市委书记许成仓在《全市重点项目建设情况的报告》上的批示精神。

11月3日，传达学习《习近平谈治国理政》第三卷第七章“形成全面开放新格局”、习近平总书记在深圳经济特区建立40周年庆祝大会上的讲话精神、《中国共产党第十九届中央委员会第五次全体会议公报》及杨晓渡在西藏调研时的讲话和苗庆旺在西藏巡视指导督导专题培训会上的讲话精神。

11月10日，传达学习《习近平关于〈中共中央关于制定国民经济和社会发展第十四个五年规划和二〇三五年远景目标的建议〉的说明》《中共中央关于制定国民经济和社会发展第十四个五年规划和二〇三五年远景目标的建议》。

11月17日，传达学习《习近平谈治国理政》第三卷第九章“推动经济高质量发展”、中华人民共和国国务院令第728号《保障中小企业款项支付条例》、山南市第一届委员会第六次全体会议精神，研究《次旦卓嘎等5名合同制工人退休的请示》。

12月14日，研究《政府工作报告（征求意见稿）》《乃东区2020年国民经济和社会发展计划执行情况暨2021年国民经济和社会发展草案的报告》《乃东区2020年财政预算执行情况暨2021年财政预算草案报告》《乃东区国民经济和社会发展第十四个五年规划纲要建议》《乃东区第一届人民代表大会第五次会议意见建议办理情况报告》。

12月28日，学习《中国共产党章程》、《习近平谈治国理政》第三卷第十九章，研究《2021年区委经济工作会议讲话（征求意见稿）》《乃东区2021年元旦、春节、藏历新年慰问活动实施方案》《关于乃东区暂付款清理工作相关事宜的请示》《关于达娃等17名专技人员职称聘任的请示》。

【专题会议】 2021年，乃东区召开区政府专题会议69次。1月7日，研究《乃东区全域旅游规划方案（2020—2035年）》。1月21日，研究砖厂搬迁选址和机械设备租赁市场搬迁选址事宜。1月19日，研究市藏医医院藏医药传承创新工程项目设计有关事宜。1月28日，召开山南市乃东区专业市场项目有关事宜专题会议。1月28日，传达学习市一届人民政府第50次常务会议精神，研究多颇章骨料厂建设有关事宜。2月1日，协调乃东区优质蔬菜生产基地建设项目相关事宜。2月9日，召开乃东区安全生产委员会2021年第一次全体会议。2月24日，召开2021年区政府第一次全体会议，就深入贯彻落实区委经济工作会议精神和区一届人民代表大会第六次会议精神进行安排部署。2月24日，召开乃东区历年建设用地及征占用林地问题整改工作专题会议。3月1日，召开政府专题会议，研究乃东区边疆明珠小镇建设项目规划方案事宜。3月11日，召开乃东区违法用地及违规征占用林草地问题整改工作推进会议，听取区自然资源局（违法用地整改工作专班）、区林草局（违规征占用林草地整改工作专班）整改工作情况汇报，就相关工作进行再安排再部署。3月17日，召开乃东区"十四五"项目储备专题会议，通报"十四五"期间项目储备情况和2021年重点项目推进情况，听取各部门工作落实情况。3月23日，召开政府专题会议，研究部署"十三五"期间项目审前调查相关事宜。3月24日，召开乃东区与武汉市旅游援藏2021年宣传推广实施项目合作协议专题工作会议，传达《武汉市旅游援藏2021年宣传推广实施项目合作协议（草案）》，征求各相关部门意见建议，对武汉市旅游援藏宣传推广合作相关事宜进行安排部署。3月21日，召开乃东区高质量发展和生态环保专项整改组落实中央第十巡视组反馈意见整改工作推进会议，传达学习《乃东区高质量发展领域专项整改组关于落实中央第十巡视组反馈意见整改措施责任分工方案》和《关于中央第十巡视组反馈意见乃东区整改工作领导小组高质量发展领域专项整改组组成及运行有关事宜的通知》，就问题整改工作进行安排部署。4月14日，召开武汉市旅游援藏推介相关事宜专题会，充分征求与会人员意见、建议，并对相关工作进行安排部署。4月26日，召开国有牧场改制工作专题会议，研究部署国有牧场改制收尾工作专题会议。5月3日，召开湖北省"十四五"带动集体经济薄弱村藏鸡集中养殖项目相关事宜专题会议。5月12日，召开乃东区2021年自治区级生态文明建设示范县（区）、乡镇（街道）、村（居）动员部署暨创建专题会，听取四川省核工业辐射测试防护院关于对西藏自治区生态文明建设示范区指标的讲解、对乃东区生态文明建设工作进行安排部署。2月1日，召开乃东区2021年第1次征地协调会议，研究部分重点项目征地工作相关事宜，并就下一步工作进行安排部署。5月5日，召开乃东区脱贫攻坚工作专题会议，传达学习《中央财政衔接推进乡村振兴补助资金管理办法》《住房和城乡建设部 财政部 民政部 国家乡村振兴局关于做好农村低收入群体等重点对象住房安全保障工作的实施意见》《中华人民共和国乡村振兴促进法》《关于巩固拓展医疗保障脱贫攻坚成果有效衔接乡村振兴战略的实施意见》《关于推动贫困地区特色产业可持续发展的指导意见》《关于继续支持脱贫县统筹整合使用涉农资金工作的通知》、区扶贫办通报西藏自治区巩固拓展脱贫攻坚成果同乡村振兴有效衔接基础信息统计、乃东区乡村振兴摸底情况，各乡镇（街道）主要负责人针对2020年脱贫户收入出现零增长、负增长问题进行专题汇报。5月19日，召开乃东区公益林动态调整工作会议，研究乃东区国家级公益林动态调整工作有关事宜。6月8日，召开乃东区草原承包经营权确权登记颁证工作会议。6月11日，召开乃东区应对新冠肺炎疫情工作领导小组调度会，传达市常态化疫情防控会议精神，对乃东区疫情防控工作进行安排部署。6月18日，召开乃东区初中学业水平考试暨小升初考务工作专题会，通报乃东区初中学业水平考试和小升初考务工作准确情况，并对相关工作进行安排部署。6月8日，召开乃东区安全生产委员会2021年第二次全体（扩大）会议，传达学习市安委会第二次全体（扩大）会议精神，听取区安委会办公室关于乃东区1—5月安全生产情况通报，安排部署下一阶段安全生产各项工作。6月17日，召开山南市金牧粮草田园综合园区建设项目相关事宜工作会议，安排部署相关工作。6月30日，召开乃东区高产优质饲草种植推广试点项目推进会议。6月23日，召开乃东居委会片区棚户区（城中村）改造方案征求意见专题会议。6月23日，召开山南火车站站前市政配套设施建设项目固定资产接收后运行维护会议。5月10日，召开乃东区政府协调会议。5月10日，研究乃东区畜禽粪污资源化利用建设项目等17宗设施农用地事宜。6月16日，乃东区安全生产工作专题会议，传达学习习近平总书记关于安全生产、应急管理，防灾减灾的重要指示批示精神；自治区安全生产紧急电视电话会议精神；山南市委书记许成仓关于安全生产工作的批示指示精神。听取1—5月安全生产工作开展情况汇报，安排部署相关工作。6月16日，召开乃东区环境保护工作专题会议，传达学习习近平总书记关于生态文明建设的重要论述，听取上半年环境保护工作开展情况汇报，安排部署相关工作。6月16日，召开乃东区食品安全工作专题会议，传达学习中央、自治区和山南市食品安全会议精神，听取上半年食品安全工作开展情况汇报，安排部署相关工作。7月6日，召开乃东区征地协调会议，并就下一步工作进行安排部署。同日，召开乃东区设施农用地及临时用地专题会议，并就下一步工作进行安排部署。7月9日，召开乃东区颇章乡斯堆村批布组公路项目第4次复核会议。7月12日，召开关于研究西藏东方企慧投资有限公司协议续签工作专题会议，听取西藏东方企慧投资有限公司基本情况，并对协议内容进行研究审定。7月14日，召开乃东区颇章乡斯堆村批布组公路项目第5次复核会议。7月19日，召开乃东居委会片区棚户区（城中村）改造项目专题会。8月5日，召开乃东区第一次全国自然灾害综合风险普查工作专题会议，安排部署相关工作。8月10日，召开区人大、政协二届一次会议意见建议、提案交办会议。同日，召开区党委第三巡视组巡视“回头看”反馈问题（高质量发展领域）整改落实调度会议。8月24日，研究乃东区人民政府与乃东区万物春生态农业科技有限公司签订的《解除运营合作协议》中退款等事宜。同日，研究《关于稳慎推进农村宅基地制度改革工作的指导意见（审议稿）》《乃东区深化农村宅基地制度改革工作四级联动机制》，安排部署相关工作。8月26日，召开乃东区历年违法用地问题整改工作专题会议，传达学习《关于开展制止耕地“非农化”行为监督执纪问责的方案》《关于做好农村乱占耕地建房问题摸排工作监督的提醒函》《西藏自治区自然资源厅

西藏自治区农业农村厅关于保障乃东区农村村民住宅建设合理用地的通知》《土地管理实施条例》（修订版）《关于转发〈自然资源厅关于扎实做好2021年督查自查工作的通知〉的通知》，安排部署相关工作。8月27日，召开消防隐患整治专题会议，传达学习区委书记张维关于消防安全的重要批示精神，听取区安委办、消防大队汇报消防隐患整改情况，研究鲁琼木材市场消防安全工作事宜，安排部署相关工作。8月28日，召开乃东区迎接西藏耕地保护督查工作专题部署会，听取各乡镇（街道）违法占用耕地基本情况，对做好迎检工作进行安排部署。9月7日，召开乃东区人民政府与山南市旅游文化投资有限责任公司、上海景域驴妈妈集团旅游开发合作事宜专题会议。9月9日，召开湖北省“十四五”对口支援乃东区规划项目推进调度会议。9月22日，召开乃东区“十四五”规划项目前期衔接情况汇报会议，听取各部门“十四五”项目谋划、衔接情况，安排部署相关工作。9月27日，召开区属国有企业改制专题会议，研究《关于乃东区国合联营、粮食局、国营牧场、百荣奶牛基地4家区属国有企业改制中引入无偿划转程序的请示》，听取有关单位、企业工作汇报，安排部署下一步工作。同日，召开乃东区2021年第4次征地协调会议。9月28日，召开全区安全生产委员会2021年第3次全体（扩大）会议，通报前三季度安全生产情况，研究部署相关工作。10月12日，召开招商引资企业入驻、代理招商协议修订会议。10月13日，召开生态保护修复专题会议。10月20日，召开乃东区国土空间总体规划编制工作初步成果有关事宜专题会议。10月25日，召开山南市2021·第41届雅砻物资交流会专题会议，研究物交会相关事宜，安排部署相关工作。11

月2日，召开乃东区2021年度生态环境保护考核工作安排部署会议，传达学习《西藏自治区2021年度生态环境保护考核工作实施方案》。11月9日，召开乃东区重点项目建设暨固定资产投资调度会议。11月27日，召开乃东区昌珠镇农村家庭合作医疗工作专题会议。12月10日，召开乃东区申报政府专题债券项目推进会议。12月14日，召开乃东区泽当城区砖厂搬迁工作推进会议。12月22日，召开乃东区冬春季防抗灾工作部署会议，传达学习自治区党委书记王君正、山南市委书记许成仓关于当前防抗灾工作的批示精神和市冬春季防抗灾工作部署会议精神，听取有关部门冬春季防抗灾工作应急准备工作开展情况，安排部署全区冬春季防抗灾各项工作，并就迎接2021年度巩固脱贫攻坚成果同乡村振兴有效衔接考核评估相关工作进行再强调、再安排、再调度。

政务服务

【概况】 2021年，乃东区人民政府办公室（以下简称区政府办）围绕区委、区政府中心工作，充分发挥办公室在履行参谋助手、综合协调、督查落实、政务公开、运行保障等方面的职能作用，制定县级领导深入基层调研工作制度，提出政府年度工作重点和党组学习计划，完成政府工作报告、经济工作会议、政府系统党风廉政建设会议及季度经济运行会议和项目推进会议等各类材料的撰写，完成请示、报告、函、批复、通知、会议纪要及调研报告及各类汇报材料的编发，完成各类文件归档和规范性文件清理。

【基层减负】 2021年，区政府办严格落实基层减负制度，严控发文总量，以区政府和区政府办名义制发的文件适度调减，可发可不发文件一律不发，提高文件运转效率。全年实际印发文件和实际召开会议同比减少35.1%和14.2%。

【政务公开】 2021年，区政府办通过“网信乃东、魅力乃东”等政务微博、政务微信新型信息渠道推动政府信息资源共享，方便群众查询信息。全年共发布各类政府信息动态5568条，政策解读49条；在政府服务平台认领、发布704个事项，电子证照录入总量107558个，签发总量15686个，二级、三级、四级办理深度约已达到国办考核要求。在“两微一端”发表图文信息数达11738条，点击量共387万余次。

【督查督办】 2021年，区政府办加大对区政府重大决策部署、目标管理责任书完成情况、项目建设、疫情、脱贫攻坚等方面的督查力度，严格办理期限，确保督查时效和质量。全年下发督查任务交办单30件，办理上级督查事项84件，办理市长热线12件，形成督查专报62件。

【自身建设】 2021年，区政府办坚持以习近平新时代中国特色社会主义思想为指导，深入学习贯彻中共十九大，中共十九届二中、三中、四中、五中、六中全会精神，增强“四个意识”、坚定“四个自信”、做到“两个维护”，增强顾大局、识大体的岗位职责意识，强化干部队伍建设，不断提高自身能力水平；严格落实政府支部“三会一课”制度，认真组织学习党的各项理论、方针、政策和法律法规，

2021年2月9日，乃东区政府办公室组织全体干部为新型冠状病毒隔离群众开展送温暖活动

加强各级各类会议文件精神的学习，提高工作质量和效率。制定职责分工，发挥参谋助手作用。完善政府督查机制，督促各个部门及时、高效地完成工作任务。

【机关事务管理】 2021年，区政府办加强办公耗材和办公用品的采购、保管及发放环节的管理。在办公耗材及用品的采购保管等环节，做到物有所用、价有所值、利旧存新，发放领用登记、进出库登记，物品专人保管、减少浪费、降低办公成本。加强印章管理。凡需加盖公章的都经过领导审签后办理，并进行登记备案，确保印章安全使用。抓好文档管理及文件收发公章。办公室承担政府30多个部门的文件保管、分发工作，做到登记准确，保管安全，收发及时。各类文件的起草及报送，经办公室主要领导的审核和指导，使发文做到语言精练、表达准确、数据真实、上报及时。

信访工作

【概况】 2021年，乃东区信访局（以下简称区信访局）围绕年度工作要点，推行网上信访，推进积案化解，推开信访改革，推动业务提升，打造“阳光信访”“责任信访”“法治信访”。继续按照“来访必登”原则，所有信访事项均通过网上受理、办理、查询。全年受理群众来电来访119件388人次，其中个体访94件、集体访25件。办结率为97.5%，实现“三不出”的工作目标。群众依法上访、网上信访的意识提高，网上信访信息系统逐渐成为群众表达诉求的主渠道。继续巩固和深化“三级信访接待日”制度。

2021年11月10日，乃东区信访局班子学习相关会议精神

【法治化建设】 2021年，区信访局坚持诉访分离，引导上访人以书面或走访形式逐级向问题属地信访部门和有权处理机关反映。并落实属地管理、分级负责的工作原则，落实涉访问题领导包案，限期办理等制度，依法及时源头化解。

【制度建设】 2021年，区信访局继续推动信访制度改革措施落实，特别是信息化智能化建设、全面推进让群众“最多访一次”等方面进一步发力。严格落实“一岗双责”，突出化解重点矛盾和问题，采取主要领导重点约访、专题接访、带案下访等形式，经常深入到问题集中和矛盾突出的地方认真倾听信访人员诉求，耐心细致答疑解惑、释法明理，对疑难信访案件主要领导亲自协调、亲自督促、亲自推动、亲自落实。继续发挥信访工作联席会议统筹指导、协调调度、督促落实、形成合力等方面的优势和作用，定期召开，通过协调、互通信访问题和潜在隐患的同时分析研判信访形势，安排部署下一步工作，对信访工作提出具体要求，进一步明确任务，压实责任促进信访工作扎实开展、问题隐患妥善解决。完全中学项目“双拖欠”问题，雅砻阳光小区业主未拿到房产证问题、刘某工伤问题等一批疑难信访案件得到成功办结，确保市、区重点项目的顺利实施。召开工程建设领域“双拖欠”信访问题化解工作推进会，加大“双拖欠”治理力度，妥善化解拉林铁路、众益广场项目民工工资拖欠等一批工程领域“双拖欠”问题。不断完善党政领导接访包案制度。重要时期制定值班表，县级领导每天轮流到信访局访接待中心坐班接访，督导重点信访问题化解工作。严格落实信访工作首办责任制和责任倒查追究制，把好信访工作的“第一道关口”，督促各职能部门提高初信初访一次性办结率，提高群众满意率。建立“重复信访回头看”制度，重点督查督办久访不结和程序办结、久访不息的信访问题，推动责任单位多元化解。

【矛盾纠纷处理】 2021年，区信访局坚持源头治理，结合“扫黑除恶、打非治乱”专项斗争，开展信访矛盾纠纷月排查制度，对突出信访问题实行日报、周报、专报机制，不断减少信访存量，坚持和发展新时代“枫桥经验”，充分发挥基层党组织战斗堡垒作用和网格化管理的优势，努力将矛盾纠纷隐患化解在基层，确保矛盾吸附在当地、化解在萌芽状态。西藏自治区十次党代会期间实现零越级访。全年累计排查矛盾纠纷40余次，主要涉及土地征用、工程建设、资源纠纷、劳动关系、就业分配等群众关心的问题和可能引发群体性事件，成功协调刘某在某工地工伤纠纷、三木园林有限公司拖欠工资等问题。

【督促督办】 2021年，区信访局深入贯彻落实《国家信访局关于加强和统筹信访事项督查督办工作的规定》，按照自治区、山南市关于信访事项督查督办工作相关要求，加大力度主要对自治区、山南市领导批示的信访事项，来信来访、网上投诉反映强烈的信访事项以及重访信访事项，通过信访系统、电话和实地等方式进行督查督办。全年开展实地督查10余次，信访系统、电话督办90余次，通过跟踪督促，有效化解信访突出问题。

【积案化解】 2021年，区信访局重点围绕征地拆迁、工程建设等易引发群体性矛盾的领域，深入开展调查摸底、风险评估，针对排查出的问题，按照“问题不解决、领导不撤摊”要求，开展矛盾疏导、问题化解等工作。对“钉子案”“骨头案”，主要领导亲抓亲管，亲督亲办，亲力亲为，妥善化解老城区改造、征地拆迁等一批信访难点问题。与拉林铁路总指挥部对接，解决中铁五局项目部5000余万元民工工资问题。

行政审批　便民服务

【概况】 2021年，乃东区行政审批和便民服务局（以下简称区行政审批局）核定行政编制3名，事业编制2名，实有6人，其中乡科级3人，专技人员3人。全年财政收支1606968.36元，属于财政全额拨款。

【服务窗口自查】 2021年，区行政审批局针对办件少，审批工作周期性强的部门及时将未进驻单位的事项进行统计梳理，并在市级大厅设立乃东综合窗口，安排专人负责。推动转变政府职能，深化简政放权，提升区政务服务水平，实现行政审批服务事项“全面进驻窗口办理”的工作目标。按照自治区统一规划、统一建设一体化在线政务服务平台，服务覆盖五级的建设框架要求，协调发改委（经信局）、电信等部门，对区直各部门、各乡镇电子政务外网铺设、使用情况进行全面排查，对于已铺设但未使用投入的进行指导，确保电子政务网使用专用，使用安全。协同市行政审批局对乃东区9家入驻政务大厅的部门定期检查考勤、请销假等窗口工作人员管理制度，强化窗口工作人员管理，规范服务行为。

【互联网+政务服务梳理】 2021年，区行政审批局按照全面推行“马上办、网上办、就近办、一次办”的审批服务工作目标。在政务服务平台认领、发布560个事项，形成审批服务事项目录清单。截至年底，“互联网+政务服务”行政许可类事项二级办理深度达到100%，三级办理深度达到92.16%，四级办理深度达到38.56%，承诺时间按照法定时间压缩至52.63%，即办件占比超过14.38%，各项指标均已达到国办考核的要求。按照“有效期内的证照均要录入”的原则，电子证照录入总量115689个，签发总量93600个；政务服务运行平台录入总量133498条，“互联网+监管”平台录入总量32995条。

【一网通办服务】 2021年，区行政审批局设置跨省通办专窗、固定工作人员。征求人社部门的养老保险关系转移、医保部门的

2021年6月15日，乃东区行政审批和便民服务局向商户讲解西藏政务服务网的注册事项

医保关系转移、卫生健康部门的老年优待证、交通部门的道路货运许可4个被列入首批“跨市通办”事项意见。邀请上海卓繁公司“互联网+政务服务”专家到乃东区开展培训，共有14个部门30名业务骨干参加。8月，深入各乡镇（街道），村委会发放宣传海报、办事流程图，促使企业、群众申请办理更便捷、审批流程更规范、政务服务更高效、权力运行更阳光。

【便民服务】 2021年，区行政审批局对照《关于落实和衔接自治区取消和下放行政许可事项的通知》文件要求，取消“典当特种行业许可证核发”由区公安局负责，取消后区公安局停止核发典当业特种行业许可证；取消“乡村兽医登记许可证”核发改为备案，由区农业农村局负责；取消“部分医疗机构（除三级医院、三级妇幼保健院、急救中心、急救站、临床检验中心、中外合资合作医疗机构、港澳台独资医疗机构外）设置医疗机构批准书核发”，该许可由市、县卫健委根据属地管理原则进行审批，取消后将停发设置医疗机构批准书，改为对社会创办的医疗机构指导性规划，严格实施“医疗机构执业登记”。8月23日，利用政务服务专项经费4.8万余元，改造颇章乡阿巴村便民服务中心，完善便民服务窗口相关业务和职能，实现群众办事只进“一扇门”。12月，为昌珠镇白蓉社区便民服务中心解决档案柜共计1.5万元。

后勤服务

【概况】 2021年，乃东区机关后勤服务中心（以下简称区后勤服务中心）有在职干部职工15人，其中主任1人，副主任2人，一般干部3人，固定工9人；高级工4人，中级工5人，其他6人；男10人，女5人。

【安全保障】 2021年5月21日，区后勤服务中心完成政府大楼2部电梯的年检工作。指定专人不定期对办公楼、住宿区、食堂水电、消防、电梯设施进行检查。

【环境卫生】 2021年，区后勤服务中心开展卫生清理整治，集中清理整治院内外环境。对办公室、厕所、走廊、窗台、食堂等地进行彻底的卫生大扫除，清除卫生死角，定期开展预防消毒工作。

【车辆管理】 2021年，后勤车辆全部粘贴公车二维码，防止公车私用的情况发生。在车辆安全运行方面，后勤与驾驶员签订出车安全责任书，保证出车安全，遵守交通规则。在保证工作正常运行的情况下，加强车辆管理，做好车辆的正常保养及维修，要求每位驾驶员严格执行车辆管理措施，每天上班第一时间对各自车辆进行常规检查，包括水、油、轮胎气压、清洁、灯、车内必备品等，及时排除故障，保持车况良好。

【食堂管理】 2021年，乃东区机关食堂建立和健全各项规章制度和工作流程，各岗位人员按章工作，贯彻安全卫生第一，严格监督和管理食品的选购、加工、制作及存放，杜绝变质变味食品，保证餐厅就餐环境的整洁，餐具实行严格消毒，让干部职工放心用餐。从6月开始，食堂周五下午提供各种卤菜、馒头、饺子等食品的外卖服务。6月1日，开办超市，方便干部职工的生活。

2021年2月18日，乃东区机关后勤服务中心干部职工清扫政府大楼前后积雪

【基础设施建设】 2021 年 4 月 29 日，区后勤服务中心投入 99965 元改造机关食堂超市和外卖间。6 月 1 日，机关食堂超市正式投入使用。7 月 15 日，为政府会议中心更换音响设备。10 月 21 日，投入 150142 元改造政府大楼后车库。

【疫情防控】 2021 年，区后勤服务中心在政府大楼大堂电梯门口和轿厢内外张贴告示，提醒乘客乘坐电梯佩戴口罩。并在电梯门口配置非接触式快速手消和棉签，可使用棉签接触按键，用完后丢弃在指定垃圾箱内。政府大楼门口保安佩戴好口罩，协助值班人员做好来访人员的体温检测和登记工作。保洁人员做好政府大楼的清洁工作，定期对会议室、楼道、电梯和卫生间进行消毒，及时清理垃圾。1 月 23 日，区后勤主任西绕顿松为索珠乡恰当村送去消毒液、酒精、洗手液等防疫物资。

藏语文工作

【概况】 2021 年，乃东区藏语文工作委员会办公室（编译局）（以下简称区编译局）有机构编制 8 人，领导职数 2 名，实有干部 5 名，其中局长 1 名，副局长 1 名，二级主任科员 1 名，三级主任科员 1 名，四级主任科员 1 名；大学学历 4 名，大专学历 1 名。

2021 年，区编译局指导全区藏语文工作，承办区藏语文工作委员会的日常工作，宣传、贯彻、执行党和国家新时期民族语文方针政策，指导和监督检查全区学习、使用和发展藏语文工作和指导藏语文软件安装、使用工作，承担区委、人大、政府、政协 4 家单位的两会大型材料和区直各部门的专题性会议材料、领导讲话、宣传手册等翻译、打字、校对审核等工作任务，管理泽当镇城区及 5 个乡 1 个镇 1 个街道办事处和 53 个行政村（居）、学校、寺庙、拉康等社会用字规范工作。

【学习使用藏语言】 2021 年，区编译局以每年 4 月藏语言文字工作宣传周活动和综治宣传月、周、日以及民族团结宣传月、各类法治宣传日等活动为契机，在泽当城区开展学习、使用和发展藏语文宣传活动，宣传《中华人民共和国宪法》《中华人民共和国民族区域自治法》《中华人民共和国国家通用语言文字法》《西藏自治区学习、使用、发展藏语文的规定》《山南市社会用字管理办法》等法律法规，全年共计发放各类图书 1000 余本、宣传册 1500 余本、宣传单 3500 余张。

【社会用字工作】 2021 年，区编译局按照《山南市社会用字管理办法》，由市、区联合组成的社会用字清理整顿和规范检查组，对泽当城区的各级党政机关、人民团体、企事业单位、集体和个体商户的门牌、牌匾、标语、横幅、广告牌、宣传栏、LED 电子显示屏等，全面开展藏语文社会用字清理整顿工作，特别是 2021 年中国共产党成立 100 周年暨西藏和平解放 70 周年大庆活动前夕，对山南火车站、泽当城区人流量较多的街道、体育场、泽当大桥及娘果大桥、结巴乡道路沿线，大庆活动期间，对哗叽民族手工专业合作社、昌珠镇克松社区及扎西曲登社区多次开展社会用字督导检查工作，截至年底，共开展检查 15 次，其中发现问题 50 处，整改 50 处；译文有误的 10 处、藏语汉语比例

2021年12月5日，乃东区藏语委办（编译局）召开《乃东区地名历史文化释义》复审会议

大小不一致的13处、牌子老化的10处、未使用两种文字或无藏文的6处、错字漏字、错拼9处、LED电子显示屏无藏文2处,发放整改通知单50张,限定20天完成整改。

【翻译工作】 2021年,区编译局围绕中心、服务大局,克服人员少、任务重、时间紧等困难,开展藏语言文字翻译工作。完成区委、人大、政府、政协大型会议材料及区直各部门专题性会议、宣传、通知、协议书、政策性文件、领导讲话等材料翻译,全年翻译、校对审核各类文件150余份、宣传横幅200余份、材料160份、翻译字数总数达58万余字。同时对已翻译过的材料进行分类汇编成册,入档保存。

【书籍评审】 2021年10月16日,区编译局组织召开《乃东地名历史文化释义》及《乃东山水文化》书籍评审会议,并顺利通过初审。12月5日,召开《乃东地名历史文化释义》书籍复审会议。

【业务培训】 2021年,区编译局组织乡镇翻译员及新调任本部门工作人员到甘肃省兰州市参加6月16—25日的西藏基层干部藏语汉语能力提升培训班,到湖北省武汉市参加11月10—20日的藏语文工作者国家通用语言文字素养提升培训班。

地方志工作

【概况】 2021年,乃东区地方志办公室(以下简称区志办)完成《乃东年鉴(2021)》编纂出版工作。4月7日,完成《西藏年鉴(2021)》《山南年鉴(2021)》乃东区分目的编写上报工作。

【《乃东县志(2001—2010)》】 2021年,区志办加快推进志稿修改补充工作,完成图片、序言、概述、内文、专记、附录等修改补充工作,并重新撰写大事记、编后记,形成17篇71章319节110万余字的《乃东县志(2001—2010)》总纂稿,报送至自治区地方志办公室。

【《乃东年鉴(2021)》出版】 2021年1月,区志办下发《关于报送〈乃东年鉴〉(2021卷)资料的通知》,至7月中旬应参与组稿的全区75家单位完成稿件报送。8月中旬完成编辑、总纂成书报方志出版社审查出版,11月底按照方志出版社审查意见完成修改,12月底付印出书。该卷年鉴设特载、专辑、大事记、区情综述、中国共产党乃东区委员会等25个类目,下设97个分目、710个条目,收录577幅图片、18张表格。卷首专题图片设大事要闻、幸福乃东,卷末附录、索引。该卷年鉴以马克思列宁主义、毛泽东思想、邓小平理论、“三个代表”重要思想、科学发展观、习近平新时代中国特色社会主义思想为指导,坚持辩证唯物主义和历史唯物主义的立场、观点和方法,力求全面、客观、系统地记述区域发展情况,为各级领导了解乃东区情、实施科学决策提供依据;为各行业、各部门、各单位查询资料,为国内外各界人士认识、研究乃东提供可靠的信息,是乃东区精神文明建设和对外宣传的窗口。《乃东年鉴(2021)》采用分类编辑法,由类目、分目、条目组成,条目为主要记事单元。全书50.5万字。

【乡镇村志编纂工作推进会议】 2021年9月10日,《昌珠镇志》《克松村志》编纂工作推进会议在乃东区召开。会议由山南市委副秘书长蒋敏主持。自治区党委副厅级督查专员、自治区地方志办公室副主任王会世,自治区地方志办公室专家邹廷波,乃东区委副书记、区长索朗平措,区委常委、区委办公室主任张俊,政府副区长李学军,市委党史研究室(地方志办公室)主任普布曲珍,市委党史研究室(地方志办公室)干部成志刚,乃东区地方志全体工作人员及昌珠镇、克松村负责人共13人参加会议。会上,张俊汇报地方志工作开展情况;邹廷波传达学习《西藏自治区地方志办公室关于印发〈西藏自治区乡镇村志系列丛书编纂实施方案〉的通知》(藏志办发〔2021〕5号)文件精神;王会世就推动《昌珠镇志》《克松村志》编纂工作提出5条意见建议;蒋敏充分肯定乃东区乡镇村志的成绩;索朗平措作表态发言。

【村、镇志编修工作】 2021年,乃东区地方志积极编纂《克松村志》《昌珠镇志》工作,《克松村志》完成图片收集,编写第一篇"基本村情"里的第一章"建置沿革"、第二章"区位交通"、第三章"自然地理"、第四章"人口"、第五章"发展概况"里"政治建设"等内容。《昌珠镇志》完成第一篇"基本镇情"里的第一章"建制沿革"、第二章"行政区划"、第三章"自然地理"、第四章"乡村聚落"编纂工作等内容。

拆迁工作

【概况】 2021年,乃东区征地拆迁办公室(以下简称区征拆办)核定事业编制11名,核定科级领导3名(一正两副),实有14名,其中正科级负责人1名,事业管理岗七级1名,事业管理岗八级1名,专技人员11名;汉族4名,藏族10名;男10名,女4名。全年共兑现拆迁补偿(补助)资金8808.05万元,兑现过渡安置费298.74万元。

【征地拆迁】 2021年,乃东区完成纬一路、市国土储备地(结莎四组)、拉林铁路沿线环境整治项目、香曲西路北入口打造项目、贡布路提质改造、萨热路西侧、湖北大道南延伸段二期、贡布路改扩建和鲁琼片区43号和8号路中段9个重点项目征地拆迁工作,拆除民房、温棚、违建等34户,签订拆迁协议34份,拆迁面积26768.71平方米。开展三湘大道南延伸段测绘和房屋等级评定工作。

【还迁安置】 2021年,乃东区共完成回迁安置37户,其中结莎安置小区安置12户、站前广场建设项目2户、市直二期建设项目安置4户、数码广场建设项目安置1户、环境整治建设项目(泽当大道南侧)安置1户、乃东家园二期建设项目安置1户,拉林铁路建设项目安置8户,结巴乡多若村安置小区8户。

【安置房屋收缴】 2021年,泽当城区重大项目民房拆迁安置结莎、泽当、乃东房屋共计553户,安置房屋622套,需要补交房款户数303户,补交安置房款73604241.81元。截至年底,完成39户房屋房款收缴工作,收缴资金868.15万元,向自治区住房和城乡建设局和区自然资源局调减从拆迁费中扣除5个项目安置房款4133.93万元。

2021年7月24日,山南市副市长、乃东区委书记张维(左三)到香曲西路改扩建项目调研拆迁工作

中国人民政治协商会议乃东区委员会

综述

【概况】 2021年，中国人民政治协商会议乃东区委员会（以下简称区政协）坚持以习近平新时代中国特色社会主义思想为指导，全面贯彻中共十九大和十九届历次全会精神和中央第七次西藏工作座谈会精神，深入学习贯彻中共自治区第十次党代会精神及自治区党委书记王君正参加山南代表团讨论时的讲话精神，贯彻落实习近平总书记视察西藏时重要指示精神，习近平总书记关于加强和改进人民政协工作的重要思想和中央、自治区党委、市委政协工作会议精神，围绕中心、服务大局，为乃东长治久安和高质量发展作出积极贡献。全年共筹备召开全体会议2次、常委会会议5次、主席会议12次。

【疫情防控】 2021年春节、藏历新年前，区政协坚决贯彻落实中央、自治区党委、市委、区委决策部署，第一时间向全体委员发放春节、藏历新年新冠肺炎疫情防控“9个不”倡议书，得到全区各级各界政协委员的积极响应。在区政协的号召下，广大政协委员、政协工作者立足本职岗位，履行社会责任。

2021年8月5日，乃东区政协主席格桑（右一）带队开展环境卫生整治活动

【沟通学习】 2021年3月9—11日，区政协副主席夏成昆带队，赴各乡镇（街道）开展委员谈心谈话活动。倾听政协委员履职方面的困难，收集对区政协工作的意见建议。6月3日，组织办公室全体干部参观廉政警示教育基地。7月16日，组织部分政协委员参观山南市博物馆、中国共产党成立100周年主题展。

【主题党日活动】 2021年，区政协为加强党员队伍建设，围绕忠心履职，扎实历练工作本领，提升政协机关党员干部战斗力，努力打造一支“开口能讲、提笔能写、遇事能办”的队伍。到隆子县玉麦、扎日、斗玉、列麦等地开展“重温红色历史、传承奋斗精神”重走

2021年6月22日，乃东区政协组织党员到玉麦开展党支部主题党日活动

红色路线主题活动，增强党员干部担当尽责的使命意识、自觉继承革命传统、传承红色基因、补足精神之钙、弘扬爱国情怀。

【宣讲活动】 2021年12月13日，区政协主席格桑、副主席夏成昆、张秀丽分为2组，分别深入索珠乡索珠村、索珠乡完小、雍布拉康、泽当街道办事处、金鲁社区、扎西曲登寺和日琼布德央孜拉康等地开展中共十九届六中全会和自治区第十次党代会精神宣讲，受众人数350余人。

【委员学习培训】 2021年11月1—3日，乃东区政协及曲松县政协联合开展委员能力提升培训班，组织政协委员、乡镇(街道)政协工作联络员，集中学习《习近平总书记西藏考察时的重要讲话精神》《优先发展农业农村全面推进乡村振兴》《全面把握党的宗教理论与政策》《准确把握党的历史发展的主题和主线、主流和本质》《铸牢中华民族共同体意识凝聚民族复兴精神力量》。

重要会议

【政协第一届乃东区委员会第七次会议】 2021年1月12—14日，中国人民政治协商会议第一届乃东区委员会第七次会议在泽当召开，应到委员64人，实到委员58人。会议听取并审议政协第一届乃东区委员会常务委员会所作的工作报告、政协第一届乃东区委员会常务委员会关于区政协一届六次会议以来提案工作情况的报告。听取并讨论政府工作报告及其他有关报告。学习中共十九届五中全会、中央第七次西藏工作座谈会精神，学习中央和自治区、市、区有关会议精神。审议通过政协第一届乃东区委员会第七次会议关于常务委员会工作报告的决议、政协第一届乃东区委员会第七次会议关于区政协一届六次会议以来提案工作情况报告的决议、政协第一届乃东区委员会第七次会议提案审查情况报告；审议通过政协第一届乃东区委员会第七次会议政治决议。

【政协第二届乃东区委员会第一次会议】 2021年7月2—3日，中国人民政治协商会议第二届乃东区委员会第一次会议在泽当召开，应到委员82人，实到委员77人。会议听取并审议政协第一届乃东区委员会常务委员会工作报告、政协第一届乃东区委员会常务委员会关于提案工作情况的报告。选举产生政协第二届乃东区委员会主席、副主席和常务委员。审议通过政协第二届乃东区委员会第一次会议政治决议、政协第二届乃东区委员会第一次会议关于一届政协常务委员会工作报告的决议、政协第二届乃东区委员会第一次会议关于一届政协常务委员会提案工作情况报告的决议以及政协第二届乃东区委员会第一次会议关于政协二届一次会议提案审查情况的报告。

【常委会会议】 2021年，区政协召开5次常委会会议，会议由政协党组书记、主席格桑主持。

1月12日，召开政协第一届乃东区委员会常务委员会第十六次会议。审议通过区政协一届十六次常委会议程、关于召开区政协一届七次会议的决定、区政协一届七次会议议程、区政协一届七次会议日程、常委会工作报告、提案工作情况报告及报告人、区政协一届七次会议秘书长、副秘书长名单、提案审查委员会组成人员名单、赵文霞辞去政协第一届乃东区委员会委员的申请、增补7名该届政协委员以及政协第一届乃东区委员会第七次会议分组名单(草案)及分组讨论召集人。

1月14日,召开政协第一届乃东区委员会常务委员会第十七次会议。审议通过区政协一届十七次常委会议程、政协第一届乃东区委员会常务委员会工作报告决议、政协第一届乃东区委员会常务委员会关于区政协一届六次会议以来提案工作情况报告的决议、政协第一届乃东区委员会第七次会议提案审查情况的报告(草案)及报告人、政协第一届乃东区委员会第七次会议政治决议。

5月24日,召开政协第一届乃东区委员会常务委员会第十八次会议。审议通过关于召开政协第二届乃东区委员会第一次会议的决定、听取区委组织部关于政协第二届乃东区委员会委员推荐人选建议名单及界别情况的说明、听取政协第一届乃东区委员会常务委员会工作报告(草案)起草情况的说明、听取政协第一届乃东区委员会常务委员会关于提案工作情况的报告(草案)起草情况的说明、小组酝酿讨论委员推荐人选建议名单及界别、常务委员会工作报告(草案)、提案工作情况的报告(草案);审议通过政协第二届乃东区委员会委员推荐人选建议名单及界别、提交政协第二届乃东区委员会第一次会议审议的政协第一届乃东区委员会常务委员会工作报告,推举报告人、提交政协第二届乃东区委员会第一次会议审议的政协第一届乃东区委员会常务委员会关于提案工作情况的报告,推举报告人、政协第二届乃东区委员会第一次会议议程(草案)和日程(草案)、政协第一届乃东区委员会常务委员会第十八次会议关于授权主席会议处理未尽事宜的决定;听取综合委员会工作报告。

7月16日,召开政协第二届乃东区委员会常务委员会第一次会议。审议通过政协第二届乃东区委员会关于设立专门委员会的决定、政协第二届乃东区委员会专门委员会主任名单。

12月15日,召开政协第二届乃东区委员会常务委员会第二次会议。讨论中国人民政治协商会议第二届乃东区委员会常务委员会工作报告(征求意见稿)、讨论中国人民政治协商会议乃东区第二届委员会常务委员会关于区政协一届七次会议以来提案工作情况的报告(征求意见稿)、讨论政协党组2022年工作要点(征求意见稿)、研究通过委员辞职名单、研究通过增补1名该届政协委员。

【主席会议】 2021年,区政协共召开12次主席会议。

1月22日,召开政协第一届乃东区委员会第42次会议,研究《乃东区政协2021年春节、藏历新年慰问活动实施方案》。

2月26日,召开政协第一届乃东区委员会第43次会议,研究《区政协2020年工作要点》研究《关于开展优秀提案评选活动的通知》。

3月26日,召开政协第一届乃东区委员会第44次会议,研究《区政协二届乃东区委员会委员结构、界别设置建议》研究《关于召开政协工作推进会暨提案工作表彰会的请示》。

4月19日,召开政协第一届乃东区委员会第45次会议。研

2021年9月2日,乃东政协组织各界政协委员开展庆祝西藏和平解放70周年座谈会

究《政协换届工作委员名额分配建议》及《全区政协工作推进会暨提案工作表彰会召开情况的报告》。

4月28日，召开政协第一届乃东区委员会第46次会议。研究《区政协一届七次会议重点提案督办工作方案》。

5月18日，召开政协第一届乃东区委员会第47次会议。研究《政协第二届乃东区委员会第一次会议有关工作的请示》。

5月24日，召开政协第一届乃东区委员会第48次会议。审议区政协一届常委会工作报告（草案）、区政协一届常委会提案工作情况报告（草案）、关于召开政协第二届乃东区委员会第一次会议的决定（草案）及政协第二届乃东区委员会第一次会议议程（草案）》；研究政协第二届乃东区委员会第一次会议日程（草案）、审议常务委员会工作报告和提案工作情况的报告及报告人建议名单（草案）、政协第一届乃东区委员会常务委员会第十八次会议关于委托主席会议处理未尽事宜的决定（草案）、区委组织部副部长丹平作关于政协第二届乃东区委员会委员推荐人选建议名单及界别情况的说明、审议通过政协第二届乃东区委员会委员推荐人选建议名单及界别。

5月29日，召开政协第一届乃东区委员会第49次会议。研究《政协第二届乃东区委员会第一次会议各类会议名单》、政协第二届乃东区委员会第一次会议分组办法（草案）、政协第二届乃东区委员会第一次会议各次全体会议执行主席和主持人名单（草案）。

7月2日，召开政协第一届乃东区委员会第50次会议。区委组织部常务副部长次仁多吉作关于主席团组成人员的人事事项安排的说明；审议通过政协第二届乃东区委员会第一次会议主席团组成人员和大会秘书长名单（草案）、政协第二届乃东区委员会第一次会议主席团会议主持人名单（草案）、政协第二届乃东区委员会第一次会议主席团常务主席名单（草案）、政协第二届乃东区委员会第一次会议副秘书长名单（草案）、政协第二届乃东区委员会第一次会议提案审查委员会组成人员名单（草案）、政协第二届乃东区委员会第一次会议分组办法（草案）和小组召集人名单（草案）。

7月15日，召开政协第二届乃东区委员会第1次会议。审议通过政协第二届乃东区委员会关于设立专门委员会的决定（草案）、政协第二届乃东区委员会专门委员会主任名单（草案）。

8月18日，召开政协第二届乃东区委员会第2次会议，审议通过政协第二届乃东区委员会主席、副主席工作分工。

12月14日，召开政协第二届乃东区委员会第3次会议，审议通过中国人民政治协商会议乃东区第二届委员会常务委员会关于区政协一届七次会议以来提案工作情况的报告、中国人民政治协商会议第二届乃东区委员会常务委员会工作报告、二届二次常务委员会议议程（草案）、二届二次常务委员会议日程（草案）、研究制定政协党组2022年工作要点（征求意见稿）。

【中国共产党成立100周年、西藏和平解放70周年座谈会】 2021年7月16日，区政协庆祝中国共产党成立100周年、西藏和平解放70周年座谈会在泽当召开。区政协主席格桑主持并讲话。会议传达学习《习近平总书记在中国共产党成立100周年庆祝大会上的重要讲话精神》《各民主党派、工商联合无党派人士联合致中国共产党成立100周年贺词》。区政协副主席张秀丽及9名政协委员代表立足岗位实际，结合自身体会，畅谈中国共产党成立100周年和西藏和平解放70年来，中国共产党为西藏各族群众，特别是乃东翻天覆地的变化和跨越式的发展，由衷赞扬和讴歌中国共产党的百年丰功伟绩，同时表达建设团结富裕文明和谐美丽的社会主义现代化新乃东的信心和决心。

政协履职

【协商议政】 2021年，区政协紧扣脱贫攻坚同乡村振兴统筹衔接，采取召开专题议政性常委会会议协商；围绕学校思想政治教育，开展座谈协商；围绕区政协一届七次会议征集提案，进行提案办理协商；同时围绕生态环境、商贸物流、民族团结进步创建工作等议题积极开展调查研究。在区政协一届七次及二届一次会议上，委员们提出的意见建议也得到采纳及体现，为建设现代化新乃东献计出力。

【民主监督】 2021年，区政协强化委员监督，探索民主监督新途径，切实加大监督力度，不断提高监督实效。围绕重点项目建设工作“昌珠镇色康社区人居环境整治项目”，及时与组织辖区和区直相关部门负责人实地协商。全年组织政协委员38人次参加区内征求意见会、组织生活会、评议会、审判会和各类监考等。

【视察调研】 2021年，区政协参与自治区政协开展乡镇农牧服务综合中心运行情况专题视察，组织2批各乡镇（街道）政协工作联络员和政协委员共17人分赴昌都、阿里等地考察学习，形成考察学习报告2篇。4月9日，联合市政协开展重大精神疾病患者肇事肇祸管理及疗愈情况和学前教育工作专题调研，并提出意见建议5条。7月12—14日，围绕宗教领域“四条标准”教育实践活动，深入亚桑寺、甘典曲果林寺、昌珠寺、扎西多卡寺等9个寺庙拉康开展视察调研。7月18—20日，聚焦农村人居环境整治和污水处理工作，共组织30名政协委员深入亚桑村、扎西妥门、扎西曲登、色康等村居和泽当污水处理厂开展视察调研。11月23—25日，围绕重点项目建设工作，对颇章乡弘农藏鸡养殖场、昌珠镇色康社区人居环境整治项目、多颇章乡易地搬迁点手工编织加工项目等10个项目开展视察调研，撰写专题调研报告4个，提出意见建议22条。

【委员工作】 2021年1月，区政协副主席达娃格桑、区政协副主席、雍布拉康寺管会副主任普布多吉、区政协办四级调研员白玛吉宗分别带领3个组深入各乡镇（街道），向委员发放《春节、藏历新年新冠肺炎疫情防控“9个不”倡议书》。1月26—29日，区政协副主席达娃格桑，区政协副主席、雍布拉康寺管会副主任普布多吉、区政协办四级调研员白玛吉宗深入各乡镇（街道）开展节前看望慰问政协委员活动。部分政协委员为颇章乡达当村、亚堆乡郭乃村帮扶解决57万元村集体经济资金，慰问困难群众5人，送去2500元的慰问金。

【提案工作】 为加强提案办理工作，二届一次会议上共提出提案7件，经审查立案5件，占提案总数的71.43%；未立案2件，占提案总数的28.57%。已立案的提案中，涉及区发改委1件，区水利局2件，区文化局1件，区乡村振兴局1件。一届七次会议上共提出提案34件，经审查立案23件，占提案总数的67.6%；未立案11件，占提案总数的32.4%。已立案的提案中，涉及区政府1件、区委组织部2件、区委统战部1件、区发改委2件、区教育局1件、区公安局1件、区生态环境分局1件、区住房和城乡建设局1件、区交通局1件、区水利局1件、区农业农村局8件、区旅发委1件、区农业银行1件、区受援办1件。截至年底，已全部办复完毕。区政协向区政府转办提案建议28件，答复率100%，办结率85%，满意率96%。经过办理，提案质量和提案办理质量均有显著提高，许多意见建议已被吸纳并落实到相关政策。开展各地政协到乃东参观考察的接待工作，全年共接待33批368人学习考察团。

中共乃东区纪律检查委员会
乃东区监察委员会

综述

【概况】 2021年，中共乃东区纪律检查委员会、乃东区监察委员会（以下简称区纪委监委）共设7个内设机构、1个所属事业单位，分别为综合办公室（组织宣传室）、党风政风监督室、案件监督管理室（信访室）、监督检查室、审查调查室、案件审理室、纪检监察干部监督室（政治纪律监督检查室）、纪检监察信息中心，核定编制29名（行政编26名、事业编3名）。配备纪检监察人员25名，其中领导班子7名，占28%；副县1名，占4%；正科（含二级主任科员）4名，占16%；副科（含四级主任科员、事业编管理人员）13名，占52%；一级科员4名，占16%；专技人员3名，占12%。汉族13名，占52%；藏族11名，占44%；苗族1名，占4%。

【理论学习】 2021年，区纪委监委认真落实常委会、理论学习中心组学习制度，班子成员带头学习习近平新时代中国特色社会主义思想和中共十九届五中全会精神、习近平总书记关于西藏工作的重要论述和新时代党的治藏方略；围绕学习贯彻习近平总书记在庆祝中国共产党成立100周年大会和在西藏视察时的重要讲话精神、中共十九届六中全会精神，开展学习研讨，纪委常委会和理论学习中心组开展学习20次。以开展党史学习教育、“三更”专题教育为抓手，组织学习《习近平谈治国理政》、习近平总书记重要讲话精神、中央第七次西藏工作座谈会精神，开展专题学习21次、主要领导讲党课4次、组织观看红色电影4次。立足提高履职能力，组织学习监察法及其实施条例、监察官法、监督执纪工作规则、监督执法工作规定等法规制度，增强纪检监察干部纪法观念、规则意识。

2021年6月27日，中共乃东区第二届纪律检查委员会第一次全体会议在泽当召开

【自身建设】 2021年，区纪委监委制定印发纪委常委会工作规则、监委委员会工作规则，建立常

委会理论学习中心组学习制度。围绕加强乡镇纪委建设开展调研,深入了解乡镇(街道)纪(工)委工作开展、人员配备、干部履职等情况。组织纪检监察干部学习相关法规制度,选派18人次到上级纪委跟班学习、跟案锻炼。建立乡镇(街道)纪(工)检干部跟班轮训制度,13人次到上级纪委监委机关跟班。纪委监委机关、巡察机构交流提拔干部18人,其中提任上一级领导职务8人、进一步使用4人、晋升职级3人。乡镇(街道)纪(工)委交流提拔11人。抽调8人次配合自治区纪委调研组开展调研走访工作。安排人员配合市纪委开展重点节点监督检查;安排4人对浪卡子县巡视整改情况开展交叉检查;协助自治区纪委和市纪委开展案件协查,提供"走读式"谈话场所保障。坚持"严"的工作主基调,加强纪律作风建设,严格请销假、报批报备制度,严格干部上班、值班管理;主动对照《自治区党委第三巡视组巡视"回头看"山南市反馈意见》认领问题,安排部署整改工作5次,有效推动自查整改。

重要会议

【概况】 2021年,中共乃东区纪律检查委员会主持召开3次全体会议,分别是中国共产党乃东区第一届纪律检查委员会第六次全体会议、中国共产党乃东区第一届纪律检查委员会第七次全体会议、中国共产党乃东区第二届纪律检查委员会第一次全体会议。

【中共乃东区第一届纪律检查委员会第六次全体会议】 2021年3月30日,中国共产党乃东区第一届纪律检查委员会第六次全体会议在泽当召开。全会以习近平新时代中国特色社会主义思想为指导,全面贯彻中共十九大和十九届二中、三中、四中、五中全会精神,全面贯彻落实十九届中央纪委五次全会、自治区纪委九届六次全会精神和市纪委一届五次六次全会决策部署,回顾2020年乃东区纪检监察工作,部署2021年工作任务。审议通过杨立代表区纪委常委会所作的题为《坚定不移推动全面从严治党走深走实 为稳步推进"十四五"规划开好局起好步》的工作报告。

【中共乃东区第一届纪律检查委员会第七次全体会议】 2021年5月26日,中国共产党乃东区第一届纪律检查委员会第七次全体会议在泽当召开。区委常委、纪委书记、监委主任杨立主持会议并讲话。全会审议并通过中国共产党乃东区第一届纪律检查委员会向中共乃东区委第二次代表大会的工作报告,同意将报告提请中共乃东区第一届委员会第九次全体会议审议。

【中共乃东区第二届纪律检查委员会第一次全体会议】 2021年6月27日,中共乃东区第二届纪律检查委员会第一次全体会议在泽当召开,区委常委、纪委书记高良平主持会议并讲话。全会选举产生二届纪委常委会常务委员,提出今后五年工作的总体思路和重点任务,对高质量做好乃东纪检监察工作具有重要指导作用。

执纪监督

【概况】 2021年,区纪委监委对推动工作不力的单位和负责人下发工作提醒单12份。结合监督情况综合研判政治生态,回复廉政意见3284人次,对9名干部提出暂缓使用或不予评先评优、1家单位暂缓干部提拔和晋升职级的建议。

【政治纪律监督】 2021年,区纪委监委围绕庆祝中国共产党成立100周年、西藏和平解放70周年等重要节点开展监督检查179场次,及时通报执行维稳纪律不严的单位和个人,约谈提醒主要负责人,有效传导责任压力。围绕贯彻自治区党委《关于违反党的政治纪律行为处分规定》开展监督。

【加强同级监督】 2021年,区纪委监委认真贯彻《党委(党组)落实全面从严治党主体责任规定》,采取个别汇报沟通、会上发表意见、适时工作提醒等方式推动同级监督具体化,向区委、区政府相关领导送达工作提醒函6件。

【深化下级监督】 2021年,区纪委监委深入贯彻中央关于加强

2021年8月11日，乃东区纪委监委到多颇章乡监督检查贝母项目效益情况

对“一把手”和领导班子监督的意见，分类研究制定监督检查方案，统筹纪检、巡察力量，对59家单位开展综合监督，发现问题205个。主要领导带队深入7个乡镇（街道）开展履行全面从严治党主体责任监督检查，推动责任落实。派员列席政府有关专题会议、参加区直单位民主生活会55场次，了解掌握有关情况。

【换届纪律监督】 2021年，区纪委监委围绕区、乡、村换届，制定换届监督工作方案，制作换届纪律提醒卡，加强纪律宣传。成立联合督导组，深入10个村居走访调研，开展监督检查20余次，回复换届人选廉政意见84批次2548人次。

【疫情防控责任监督】 2021年，区纪委监委采取联合监督、专项监督方式，深入60多家疫情防控重点单位、场所开展监督检查125场次，督促整改问题15个。

【扶贫产业运营监督】 2021年，区纪委监委对“十三五”期间实施的扶贫产业项目建设、运营等情况开展监督检查，督促整改5个蔬菜生产基地项目管理运营问题。配合自治区纪委蹲点调研组深入了解11个产业项目运营情况，推动虹鳟鱼养殖、现代农业种植项目整改。

【耕地“非农化”整改监督】 2021年，区纪委监委开展乱占耕地、违规建房监督检查5次，督促整改2020年7月3日之后发生的乱占耕地问题6宗。开展粮食购销领域腐败问题专项整治，指导督促区发改委（粮食局）自查整改。

【惠民政策落实监督】 2021年，区纪委监委加大惠民资金落实监督，发现11人重复领取企业养老保险金、城镇居民养老保险金问题，督促收缴违规资金141708.94元。督促整改养老金重发错发、丧葬费发放不及时等问题，函询责任单位主要负责人。受理扶贫领域问题线索2件，立案查处2人，给予党纪政务处分2人。

【政法教育整顿监督】 2021年，区纪委监委指导推动整顿工作7次，为政法队伍讲廉政党课3次，受理问题线索11件，移交市纪委4件，办结7件。落实“自查从宽”“被查从严”政策要求，对1名干警进行诫勉谈话。受理群众身边“微腐败”问题线索8件，立案4件，已办结3件，给予党纪处分3人、组织处理13人。

【纠“四风”】 2021年，区纪委监委指导督促财政局开展出借财政资金清理清退、惠民“一卡通”整治。对群众反映的城北市场监督管理所办证大厅窗口2名工作人员服务意识淡薄、与群众发生争执问题开展问责。开展公车私用、私车公养专项治理，督促报销佐证资料缺乏的6家单位清退报销的私车油料费25087元。检查44家单位109辆公车二维码粘贴情况，纠正35辆公车粘贴不规范问题，函询2家单位主要负责人。紧盯党代会、人民代表大会等重要会议，派人现场监督会风会纪，对未按要求着装、玩手机、打瞌睡等问题进行现场纠正、依规处理。

党风廉政建设

【概况】 2021年，区纪委监委受理信访7件，处置问题线索91件

（含遗留件20件），移送相关单位33件，立案办结22件、予以了结1件、并案处置5件、谈话函询了结5件、初核了结11件、在办14件，给予党纪政务处分22人，其中运用第一种形态处置15人、第二种形态处置11人、第三种形态处置9人、第四种形态处置9人。检察院、公安局移送涉及酒驾醉驾和打架等问题线索45件，涉及乃东区的9名干部职工、10名农牧民党员受到处理。

【党风廉政教育】 2021年，区纪委监委开展党风廉政建设宣传活动，向群众发放廉政宣传手册、宣传包2000余份。利用“乃东风纪”微信公众号、手机短信等平台发送廉政信息1万余条，编发报送简报信息115期。督促乡镇（街道）、区直单位及时通报违纪违法典型案件、收看警示教育片、参观廉政教育基地；开展干部任前廉政谈话2次，涉及党员干部230余人次。

【“以案促改”】 2021年，区纪委监委召开处分决定宣布暨“以案促改”会议21次，下发案件通报1份，向涉及受“双开”处分人员的2家单位分管副区长送达“以案促改”提醒函2份，印发纪律检查建议2份、监察建议1份，点名通报酒驾醉驾典型案例10起。

【严管厚爱】 2021年，区纪委监委开展2018年以来处分决定执行情况专项检查，督促组织部、人社局完善受处分人员档案，落实年度考核、工资调整要求。通过实地走访、谈心谈话方式，对6名受处分党员干部进行回访，了解其工作生活情况、思想状态。

群众团体

乃东区总工会

【概况】 2021年，乃东区总工会（以下简称区总工会）有干部职工共12人，其中主席1人、副主席1名、一级主任科员1人、二级主任科员1人、四级主任科员2人、公益性岗位2人、志愿者1人、社会化工作者3人。

2021年，区总工会以非公有制企业建会和组织进城务工人员入会为重点，探索和采用联合、依托、挂靠等多种新的建会形式，不断扩大工会组织的覆盖面，把各工会组织建设成为党政靠得住、企业离不开、职工信得过的群众组织。截至年底，乃东区“两新”组织和非公有制企业建立工会组织共计105家。按照推动“八有”工会和村级基层工会“五有”规范化建设目标，五乡一镇一街道办及所属村（居）均已配齐基层工会主席和副主席。

【思想教育】 2021年，区总工会始终坚持把深入学习贯彻习近平新时代中国特色社会主义思想作为首要政治任务，引领带动干部职工、各非公有制企业学习，先后召开4次专题会议，累计集中学习42次，撰写学习笔记2万余字、心得体会9篇。

2021年9月5日，国策环保山南分公司开展第二届“安康杯”职工安全健康知识竞赛活动

【慰问帮扶】 2021年，区总工会开展“五送”服务职工活动，邀请乃东区法院工作人员进行法律政策现场咨询服务、发放法律法规手册，同时邀请区人民医院一线工作人员为乃东区索珠乡志岗村群众免费义诊、送医送药。“三大节日”期间，对区机关、企事业困难职工、农民工、环卫工人、劳模、驻村工作队、各寺管会及公安便民警务站、警务室、派出所、检查站等基层工会组织及个人进行慰问，共发放慰问金47.36万元。开展“我为群众办实事——微心愿”实践活动3次，为泽当社区村民桑珠次仁、边巴次仁、仓木啦送去微波炉和电饭锅，价值1500元。

【职工福利方面】 2021年，区总

2021年9月7日，乃东区总工会开展非公企业基层工会送温暖活动

工会加大基层工会职工集体福利用于消费扶贫力度，助力打赢脱贫攻坚战，共投入资金 277.38 万元。走访慰问 206 名因病住院会员、结婚会员、生育会员、离退休会员、有直系亲属去世的会员，共送去 13.36 万元的慰问补助金。

【劳动竞赛】 2021 年，区总工会深化以“安康杯”知识竞赛为载体的安全生产活动和职工技能培训，非公有制企业国策、哗叽 2 家开展“安康杯”知识竞赛活动和职工技能培训。

【职工培训】 2021 年，区总工会选派 4 名基层工会专干参加区总组织的业务培训，选派 8 名农民工参加市总组织举办的装载机培训。

【宣传教育】 2021 年，区总工会坚持将《中华人民共和国工会法》及实施办法纳入“七五”普法重要内容，充分利用 3 月、6 月、9 月综治普法宣传活动、女职工维权宣传月、“3 · 15”国际消费者权益保护日、七月“绿色低碳 · 全面小康”、八月“新时代文明实践志愿服务”等契机，在全区范围内开展横向到基层工会，纵向到乡镇（街道）、村（居）委会的宣传活动。在城区主干道悬挂宣传横幅，多次走上街头开展义务宣传活动，下发《中华人民共和国工会法》及其实施办法、《中国工会章程》、《中华人民共和国劳动合同法》、《工伤保险有关规定》等 1500 余册，编印各种宣传材料 5000 余份，接待职工群众咨询 2000 多人次。

【关爱女职工】 2021 年，区总工会继续加强对妇女干部职工，企业女职工的关心关爱，开展“两癌”筛查健康体检活动，体检人数共计 178 人。

【职工活动】 2021 年，区总工会联合团区委、区妇联开展职工“铭刻百年风华 · 践行初心使命”党史知识竞赛活动，投入资金 2961.6 元。与区委、区政府、宣传部等一起开展庆祝中国共产党成立 100 周年大型演讲比赛等活动，投入资金 1.23 万元。

中国共产主义青年团乃东区委员会

【概况】 2021 年，中国共产主义青年团乃东区委员会（以下简称团区委）行政编制 3 人，实际在岗人员 7 人，其中书记 1 人，副书记 1 人，科员 2 人，“三支一扶”人员 1 人和西部计划志愿者 2 人。全年共收缴团费 762 元，新发展团员 57 人，有下级团组织 83 个，团委 8 个，团支部 49 个，毕业生团组织 26 个，学校领域团支部 1 个，共青团员 1787 人。摸底排查五类重点青少年，留守儿童 132 人，无闲散青少年、服刑人员未成年子女、有不良行为青少年、流浪未成年人。有 3 名学生享有芙蓉学子助学金，每人 5000 元；3 名享有国酒茅台助学金，每人 5000 元。建立非公有制企业团组织、青年工作委员会共 60 家。

【思想教育】 2021 年，团区委深入广大青年开展宣传教育工作，青少年思想道德教育工作。以“开学第一课”“国旗下的讲话”“团员意识教育”、队日团日、“五四”青年节“七一”中国共产党建党日等重要节点为契机，以“青春乃东”“乃东融媒体”为平台，开展普法教育、民族团结教育、党史学习教育等网络宣传，把家风家教工作与法治教育相结合，开展法治宣传教育进家庭。3月，组织全区7所完小和乃东中学学生以年纪和班级为形式，开展以“从小学党史，永远跟党走”为主题的春季开学第一课主题班会活动。4月6日，组织各学校到烈士陵园开展“学党史·缅先烈·承精神”主题团少日活动。4月9日，团区委组织青年志愿服务队在乃东区曲德贡村党员群众活动中心开展新时代文明实践活动之党史教育“五个起来”活动暨“五下乡”启动仪式，结合乃东区党史学习教育重点宣传《论中国共产党历史》《习近平新时代中国特色社会主义思想学习问答》《中国共产党简史》等，并发放青少年自护手册、青少年自护背包、青少年党史学习字帖、青春自护笔记本等关于扫黑除恶专项斗争、民族团结内容的宣传材料500余份。4月23日，团区委组织各学校开展读书日活动，引导学生全面了解和正确认识党的光辉历史、伟大成就、宝贵经验、光荣传统和优良作风。5月27日，在乃东区实验小学开展《写给青少年的党史》书籍发放仪式暨各学校党史学习教育交流会。7月22日，团区委带领乃东区各学校15名少先队员先后到克松民族改革第一村，参观克松陈列馆和乃东区易地扶贫搬迁点多颇章乡嘎东团结新村开展教育活动，在克松村参观并重温入队誓词，学习红色精神；在嘎东团结新村，嘎东新村党支部书记晋美向少先队员们介绍易地扶贫搬迁点建设的重大意义。

【宣传引导】 2021年3月15日，团区委在白日街开展综治宣传活动，重点教育青少年知法、懂法、用法、守法。4月6日，开展追寻英雄足迹，继承先烈遗志，缅怀革命先烈，弘扬民族精神，增强责任感和使命感，加强爱国主义和民族团结教育。4月9日，组织青年志愿服务队在乃东区曲德贡村党员群众活动中心，开展新时代文明实践活动之党史教育“五个起来”活动。4月16日，组织青年志愿者协会、新时代文明实践青年志愿者开展全民国家安全教育日宣传活动，增强广大群众和青少年依法防范危害国家安全行为的意识。4月20日，组织青年普法志愿者联合驻村工作队在驻村点开展预防青少年违法犯罪普法宣传活动，预防学生违法乱纪的行为，增强村居安全管理和民族团结进步创建工作。5月11日，团区委联合区司法局、区人民法院、区检察院、区公安局、区教育局开展“青春与法同行，呵护阳光少年”法治宣传活动。5月14日，组织人员到乃东8所中小学开展未成人保护宣传活动，向学生们普及新修订的《中华人民共和国未成年人保护法》《中华人民共和国预防未成年人犯罪法》。6月10日，在乃东中学开展“两法一办法”宣传活动，加强对“两法一办法”的法律法规宣传普及。9月9日，组织乃东区各学校通过班会的形式观看藏语汉语版“两法”宣传教育动画片，并通过“青春乃东”公众号进行推送。

2021年3月16日，团区委在雅砻河4楼会议室率先召开乃东区第一届第一次少代会

【志愿服务活动】 2021年，团区委广泛开展“新时代文明实践中心”志愿服务活动、青年学生“返乡大学生志愿服务活动”、西部计划志愿服务活动，鼓励更多中学生加入“小小格桑花志愿服务队”并成为注册志愿者，引导青年参与社会公共服务和社会公益事业。1月14日，联合华康医院

（青年文明号）志愿服务小组赴泽当社区开展金色童年之“一对一”系列帮扶送温暖活动，进行彩超、量血压等身体检查。1月30日，组织返乡大学生志愿者开展“吾‘乃’青年之盛志，齐心协力共抗疫”为主题的志愿服务活动。3月2日，团区委组织青年志愿者在白日街开展“疫情防控 普法同行”专项普法宣传活动。3月31日，组织群团支部青年志愿者及所有党员以开展好“我为群众办实事的实践活动”，切实为群众办实事、解难题为契机，进行“我为群众办实事的实践活动之一——为困难母子捐款”活动。5月20日，联合泽当社区开展“七彩志愿服务”之“金色童年”志愿服务活动——党史教育宣讲活动，重点向社区群众、青少年宣传党史教育、青少年自护教育、民族团结、扫黑除恶、打非治乱专项斗争及预防青少年违法犯罪和未成年人保护等法律法规。5月20日，团区委工作人员及西部计划志愿者到泽当社区开展微心愿志愿服务，点亮他们的微心愿，为贫困户送去价值450元的微心愿物品。6月18日，团区委联合团市委、华康医院到乃东区多颇章易地搬迁嘎东社区开展“健康义诊志愿行，青春献礼迎百年”主题活动，讲解医疗科普知识，为辖区群众进行免费测量血压、血糖，进行B超检查，开具健康处方，指导合理用药，对常见的慢性病、多发病的预防和治疗提供专业的指导。8月18日，组织返乡大学生开展社会实践，为返乡大学生在社区内

2021年7月15日，团区委在白蓉社区开展“青春与法同行，呵护阳光少年”宣传活动

提供相应岗位并开展大学生“返家乡”社会实践活动。9月28日，组织群团志愿者组成乃东区河小青行动队，开展以“‘河’我一起，保护母亲河”为主题的志愿服务活动，到雅砻河捡拾河岸两侧白色垃圾、烟头，清扫树叶，检查设施。

【青年就业创业服务】 2021年，团区委鼓励和支持青年在基层就业、市场就业、区外就业、自主创业，为就业困难青年提供就业援助，帮助长期失业青年就业，完善就业服务功能。为农牧区青年创业青年提供培育工作，搭建各类青年创业政策对接平台。促进乃东区高校毕业生就业。开展招聘信息推介，借助微信、乃东融媒体等活动6次，分享大学生就业信息30余条。开展职业技能培训2期，共120人参与培训。开展电子商务培训69场，累计培训3142人次。通过电商渠道，带动直接就业10人，间接就业24人，临时用工55人次。5月，建立乃东区双创中心，投入资金200.06万元，共入驻企业35家。鼓励帮助有创业意愿的高校毕业生创业，已审核48名乃东籍创业补贴申领材料，兑现自治区创业启动资金288万元，兑现16名乃东籍创业大学生场地水电补贴38.4万元。为解决返乡大学生、农民工创业资金紧张问题，乃东区每年投入上一年本级财政收入的2%作为就业创业补助资金（每年不低于300万元），重点开展返乡创业工作。武汉市第八批援藏工作队投入创业扶持资金100万元，用于重点长夜项目的扶持，80万元用于小微企业、农民专业合作社、创新创业项目的扶持，20万元用于高校毕业生创业启动资金支持。全年为56名返乡农民工和135名高校毕业生提供创业指导、政策咨询、创业培训报名等服务。

【青年婚恋】 2021年，团区委广泛传播正面的婚恋观念，宣传婚姻政策及相关法律法规，弘扬文

明婚恋风尚。9月，配合团市委举办一期以“情定藏源　情留藏缘”为主题的交友联谊活动，为青年婚恋交友提供必要的基础保障和适合青年特点的便利条件。

【维护青少年合法权益】 2021年，团区委加强“两法一办法”的宣传和实施，利用青少年维权工作网络平台和“12355”青少年综合服务平台，深化“青少年维权岗”创建活动，加强对困难青年群体、进城务工青年及其未成年子女等群体的关爱和权益维护工作。在7个乡镇(街道)张贴宣传海报，各学校进行宣传教育等，开展“两法一办法”的宣传活动。对“12355”平台反馈进行走访调查，确认接访情况，进行协调。开展青少年禁毒宣传、网络安全教育工作，形成打击毒品犯罪和网络犯罪的良好氛围。加强学校思想政治工作，持续深入开展社会主义核心价值观进校园、进课堂、进学生头脑“三进”活动。集中整治文化市场，建立网吧实名上网登记核查制度，建立查处“黑网吧”联动机制，坚决取缔“黑网吧”；开展打击互联网及移动多媒体淫秽色情和低俗之风专项整治行动；开展文明办网、文明上网活动；加强对中小学校周边互联网上网服务营业场所、娱乐场所和商业网点的管理；宣传推介优秀少儿精神文化产品。在寒暑假放假期间，对学校周边进行安全检查17次，对19所学校进行检查，发现火灾隐患5处，出动警力40人次，出动警车12辆次。

【预防青少年违法犯罪】 2021年，团区委在青少年中广泛开展法治宣传教育和政德教育，把法治教育纳入国民教育体系，坚持课堂教学主渠道，开拓第二课堂，充分发挥中小学校兼职法治副校长、法治辅导员作用，发展壮大青少年法治宣传志愿者队伍和青少年事务社会工作人才队伍。开展法治宣传36次，受众群体达3600余人次。以乡镇(街道)为载体，建立“五类重点”青少年群体动态排查监测机制，建立完善“五类重点”青少年群体基础信息数据共享平台。对他们提供困难帮扶、法治教育、法律援助、心理疏导、行为矫治等服务。围绕新修订的“两法”开展法治进校园活动5次，受教师生300人次，开展法治进社区、乡镇活动5次，受教育群众500余人次，发放宣传册800余份。

【青年社会保障】 2021年，团区委健全完善残疾青年送教上门、医疗检查、就业创业等方面的服务保障政策，提高保障水平和服务能力，建设志愿助残服务阵地。2021年1—11月，乃东区医保局对18—35岁青年实行医疗救助30人次，合计金额49004.75元。团区委联合华康医院赴泽当社区对2名残疾青少年进行义诊活动。经摸排，乃东区随班就读残疾儿童36人，投入融入性教育资金20万元，用于项目定点学校和班级残疾教学技能的培训经费、学校无障碍设施改造经费、儿童互助、心理辅导、关心关爱的相关活动经费。区内重度残疾人员、孤儿参加城乡居民医保按最高档次给予全额资助，全年个人缴费320元全部由县(区)医疗救助资金代为缴纳。对重残青年符合基本医疗保险支付范围内的住院、门诊特殊医疗费用提高5%的报销比例。联合团市委在嘎东易地扶贫搬迁点建立希望小屋10家，改善青少年的学习和生活环境。联合团市委建立乃东区青年之家，投入10万元。

【学雷锋活动】 2021年2月1日，团区委组织返乡大学生开展学雷锋志愿先行志愿服务活动，到乃东社区孤寡老人家进行年前大扫除。3月5日，以第58个全国学雷锋纪念日和第22个中国青年志愿者服务日为节点，组织青年志愿者到山南市烈士陵园打扫卫生，全面彻底捡拾清理烈士陵园内的垃圾。

【“七彩假期　童心筑梦”假期小课堂】 2021年7月26日，团区委组织动员返家乡大学生和西部计划志愿者开展留守儿童假期陪伴和教学活动，丰富青少年暑期生活，加强民族交流，开展“七彩假期　童心筑梦”活动。联合泽当社区，在团区委大会议室开展爱心小课堂活动，共6名学生参加。与学生家长签订假期课堂安全责任书，并向家长解释责任与义务，双方共同做好孩子安全保障。返乡大学生和西部计划志愿者作为活动老师，负责学生的学业辅导、安全自护和心理辅导、趣味游戏等。

【“书香乃东”之“青春与信仰同行”】 2021年6月10日，团区委联合乃东区委宣传部在乃东融媒体中心开展书香乃东“青春与信仰同行”青年读书分享会活动，区委常委、组织部部长张靖，区委常委、宣传部部长白玛维色出席活动，西部计划志愿者刘相、王玉娟主持活动。活动重温入党入团誓词，召开书友分享会。

【知识竞赛活动】 2021年4月30日，团区委开展庆“五一”、迎“五四”“铭刻百年风华·践行初心使命”知识竞赛活动，知识竞赛由群团党支部全体员工（社会工作者、志愿者）共同筹备，比赛由12支队伍组成，共设有一、二、三等奖、团体综合奖4个，优秀组织奖5个，个人风采奖12个，共计奖金8000元。

乃东区妇女联合会

【概况】 2021年，乃东区妇女联合会（以下简称区妇联）核定编制4名，其中领导职数有主席1名，副主席1名，乡科级非领导职数2名。实有在职人员6名，其中汉族1名，藏族5名，党员5名，均为女性。

【宣传工作】 2021年，区妇联结合3月宣传月、6月宣传周、9月宣传日等活动，举办法律知识讲座、发放宣传手册、设立咨询点等，全年共开展宣讲300场次，参加人数3万人次，其中妇女2.7万人次，发放《中华人民共和国妇女权益保障法》《中华人民共和国未成年人保护法》《中华人民共和国反家庭暴力法》等各类法律宣传资料1.6万余份。为未成年人提供法律援助服务2起，为受困妇女提供法律援助5起，妥善解决问题率达98%。

【关心关爱儿童】 2021年，区妇联开展“童心向党庆祝建党百年”系列活动3次，共计300名学龄前儿童和小学生参加，发放课外读物200本、文具盒60个、彩笔60套。开展“六一”国际儿童节，关心关爱儿童健康成长，联合区编译局，为昌珠镇克麦社区的留守儿童送去文具、书籍和衣服等慰问物资，促进儿童健康茁壮成长。4月，在山南市人民医院为服刑人员未成年子女及其母亲办理全面体检、申请特殊门诊、办理全年医保等，为未成年子女解决实际困难。

【走访慰问】 2021年，区妇联开展“巾帼暖人心、关爱娘家人”走访慰问活动，分别慰问在寺尼姑22名及4名后勤人员，驻寺女干部16名，学经回流人员4名，贫困母亲共计8人，发放价值8100元的慰问品。

【乡村振兴巾帼行动】 2021年，区妇联开展“平安家庭——美丽家园 幸福人家”创建活动，结合妇联“乡村振兴巾帼行动”助推乃东乡村振兴，发挥广大妇女和家庭在生态文明和精神文明中的重要作用，以家风文明促进乡风文明。年末，扎西曲登社区和扎西曲登社区米玛央吉等5个家庭分别荣获2021年乃东区级“美丽家园 幸福人家”示范村、示范户称号。

【妇女儿童合法权益保护】 2021

2021年3月8日，妇联开展“以文沁心 做书香女人”活动，分享个人成长及乃东故事

2021年7月1日，乃东区妇联开展心里话向党说活动，庆祝中国共产党成立100周年

年，区妇联完善和发挥妇联信访窗口作用，参与调解和解各类家庭纠纷、家暴案件，全年共受理来访案件7件，协助走失妇女回家1件，调解制止家暴1件。

【关心关爱“两癌”女性】 2021年，区妇联开展贫困妇女“两癌”救助申报工作。3次对农村贫困妇女“两癌”救助对象进行全面摸排，将新摸底符合救助条件的5名“两癌”患病妇女信息及时上报山南市妇联、自治区妇联，争取符合条件的患病贫困妇女能享受到“两癌”救助健康扶贫的惠民政策。

【“三八”国际妇女节活动】 2021年3月8日，乃东区妇联联合区委宣传部举办以“以文沁心　做书香女人”“花开疫散庆‘三八’，书香温婉女人花”为主题的读书分享活动。乃东区在家县级领导（女性）、乃东区（中）直各单位负责人（女性）、乃东区（中）直各单位60余人参加会议。

【巾帼志愿者服务】 2021年，团区委以乃东区机关女干部巾帼志愿者为主体。发动广大巾帼志愿者在日常倡导文明新风，普及文明礼仪，引导妇女和家庭提高文明素质和修养；普及妇女儿童法律知识，提供维权帮助；疏导不良情绪，缓解工作压力，提供心理咨询；宣传卫生保健知识，提供医疗保健服务；倡导和传播科学育儿知识；宣传农村农业科普知识，普及农业技术，引导农村妇女创业致富，以及其他与妇女儿童相关的服务活动。疫情防控期间，组织社区（村）志愿队，开展疫情防控宣传，向群众宣讲防疫知识、洗手七步法、如何正确佩戴口罩以及过年期间少聚会等内容，为群众提供公益性服务。

【妇联换届工作】 2021年3月6日，乃东区召开妇女大会，选举产生52个村级妇联主席、111名执委。8月28日，山南市妇联、乃东区妇女联合会对乃东区7个乡镇（街道）52个村居（社区）妇联主席开展“基层妇联领头雁”培训班。区妇联干部及乡村两级妇联主席共计62人参加培训。

【江措拉姆到乃东调研】 2021年12月9日，西藏自治区妇联党组副书记、主席江措拉姆一行到乃东区昌珠镇扎西曲登社区妇女茶馆、家庭旅馆、巾帼服务站对基层妇女工作情况进行调研。山南市妇联党组书记、妇联主席马玉玲，乃东区委常委、组织部部长张靖陪同。

【平安家庭——美丽家园幸福人家表彰大会】 12月24日，乃东区妇联在扎西曲登社区召开平安家庭——美丽家园幸福人家表彰大会，区妇联主席顿珠卓玛、沈纤出席会议，会议授予昌珠镇扎西曲登社区2021年度乃东区“美丽家园幸福人家”示范村居称号，授予扎西曲登社区1组米玛央吉家庭、扎西曲登社区1组巴桑家庭、扎西曲登社区1组索朗群宗家庭、扎西曲登社区2组西洛家庭、扎西曲登社区2组仁增白玛5个家庭为2021年乃东区“美丽家园幸福人家”先进示范户称号。

乃东区工商业联合会

【概况】 2021年，乃东区市场主体达到10232户，总注册资金198.4546亿元，从业人员共41258

人，其中注册企业1085户，注册资金180.1605亿元，从业人员18699人，同比分别增长20%、8%、23%；个体户8877户，注册资金16.5367亿元，从业人员19828人，同比分别增长12%、16%、11%；农民专业合作社270户，注册资金1.7574亿元，从业人员2731人，同比分别增长2%、2%、42%。全区非公有制经济实现税收5.83亿元，同比增长14.3%。

【思想教育】 2021年，乃东区工商业联合会（以下简称区工商联）组织非公经济人士及干部职工学习习近平总书记关于保护民营企业发展的重要指示精神以及习近平总书记在企业家座谈会上的讲话精神，深入企业宣讲习近平总书记“七一”重要讲话、在视察西藏时重要讲话精神以及认真学习习近平新时代中国特色社会主义思想、十九届历次全会精神和中央第七次西藏工作座谈会精神。开展一系列“学党史、听党话、跟党走”建党百年庆祝活动。3月26日，为庆祝中国共产党成立100周年、西藏和平解放70周年、纪念第62个西藏百万农奴解放纪念日，以“民族团结传佳话、革命精神永相随”为主题开展实践活动，组织会员企业为乡镇完小、孤寡老人开展献爱心活动，并到克松陈列馆和烈士陵园参观爱国主义教育基地开展红色教育活动。

【民族团结】 2021年，区工商联联合乃东区民创办向乃东区会员企业宣传《西藏自治区民族团结进步模范区创建条例》及各类政策，发放宣传资料及物品。将天马商贸打造成“民族团结示范商圈”，将哗叽服饰有限公司打造成民族团结示范点。

【安全生产】 2021年，区工商联开展安全生产检查指导工作，并就存在安全隐患及疫情防控不到位情况，督促及时整改，将责任落实到企业法人，召开非公有制经济领域疫情防控工作专题会议。

2021年6月28日，乃东区工商联组织会员企业党员开展共庆百年华诞活动

【走访慰问】 2021年，区工商联对企业困难职工和民营企业代表人士开展节前慰问，共发放慰问金1.25万元。

【营商环境优化】 2021年，区工商联开展“送法入企业，护航助发展”“我为民企办实事”暨法律法规政策宣讲会活动为主题的法律宣传活动。主动帮助辖区企业提高风险防控意识和法律意识。

【社会责任履行】 2021年，区工商联引导非公有制经济人士履行社会责任，持续巩固脱贫攻坚“百企帮百村”成果，结合乡村振兴“百企兴百村”，开展帮扶活动。截至年底，乃东区会员企业为农牧民学生、孤寡老人、困难村居等捐赠帮扶资金230余万元。

【非公党建】 2021年，区工商联深入非公有制企业指导党建工作，持续提升“双覆盖”工作水平。指导所属企业党支部的党建工作，严格要求帮助企业将党建工作抓实抓细，整改贡桑党支部软弱涣散整顿工作。开展“学党史强信念感党恩勇担当”主题活动。6月28日，乃东区工商联组织所属党支部全体党员、入党积极分子、民营经济人士代表到琼结县强吉农牧民党员教育基地、桑嘎村朗生穷棒子互助组开展爱国主义教育。

乃东区残疾人联合会

【概况】 2021年,乃东区共有各类持证残疾人2391人,其中一级残疾人320人,二级残疾人447人,三级残疾人617人,四级残疾人1007人;肢体残疾人869人,视力残疾人296人,精神残疾人73人,智力残疾人43人,听力残疾人881人,言语残疾人 38人,多重残疾人191人;男性残疾人1161人,女性残疾人1230人;农业户口残疾人2174人,非农业户口残疾人217人。重度残疾人共有767人,占持证残疾人总数的32%。

【残疾人证办理】 2021年,乃东区办理发放残疾人证245本,其中一级残疾3本,二级残疾13本,三级残疾69本,四级残疾160本;多重残疾2本,精神残疾3本,视力残疾19本,听力残疾160本,言语残疾3本,肢体残疾56本,智力残疾2本。

【村(社区)残疾人协会工作】 2021年,乃东区残联每周定期安排2天,组织工作人员深入基层与残疾人专职委员交流,提出工作要求。截至年底,全区53个村(社区)选聘68名残疾人专职委员,完成落实发放专职补贴16.32万元。

【残疾儿童的托养和康复服务工作】 2021年,乃东区残联组织工作人员深入6个乡镇(街道)、部分村(居)对有意愿托养的0—6岁智力、精神及重度肢体残疾儿童开展入户筛查。经入户筛查,乃东区有意愿托养且符合托养条件的残疾儿童5名,及时将筛查情况和作证材料上报上级部门,实现5名符合条件的残疾儿童享受市级托养中心的托养服务。并为4名符合条件的残疾儿童落实2021年康复救助资金8.8万元。

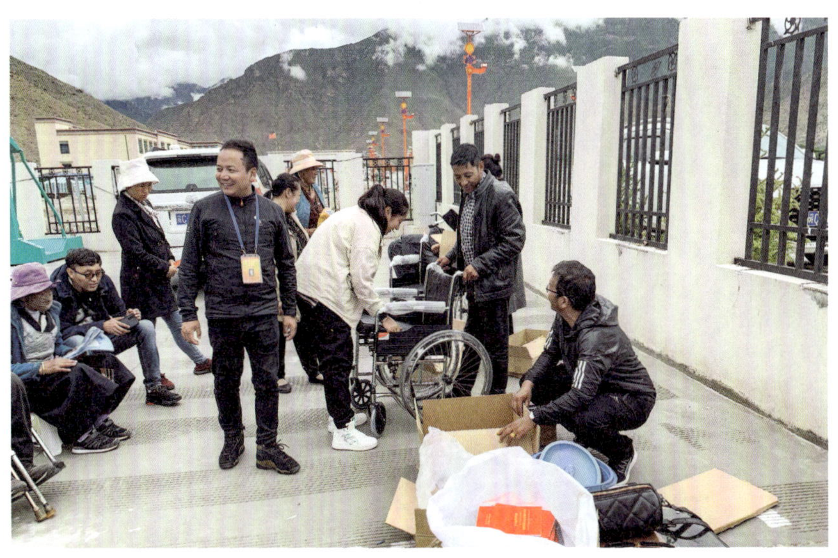

2021年5月21日,乃东区残联组织工作人员到多颇章乡嘎东团结新村为有需求的易地搬迁残疾人发放残疾人辅助器具

【家庭医生服务】 2021年,乃东区残疾人家庭医生服务实现全覆盖,通过"医生进家庭"模式,开展残疾人家庭医生签约项目,要求在全区各乡镇卫生院负责具体管理,开展家庭医生签约服务,每2月由结对的村医入村(社区)服务。对村(社区)里有医疗检查需求的残疾人进行医疗服务,截至年底,全区签约的残疾人服务对象2261人,落实家庭医生服务费40.68万元。

【关心关爱残疾人士】 2021年,乃东区残联根据《残疾人辅助器具适配补贴办法》,对有实际需求的残疾人按照相关分类免费发放辅助器具328件,受益1032人。开展2021年全国助残日慰问活动,共计慰问70户贫困重度残疾人,为他们送去3.5万元慰问金。对有需求的符合条件的7户残疾人家庭开展无障碍改造工作,落实资金2.45万元,改善残疾人家居环境。落实兑现残疾人"两项补贴"资金共411.5万元、市十大民心工程资金451.68万元。

【残疾人创业就业】 2021年,乃东区残联为残疾人创业提供支持,落实3名残疾人自主创业资金5万元。开展2021年全国残疾人动态更新工作,经专项调查摸底,乃东区有328名残疾人实现就业。

法 治

政法委及综治

【概况】 2021年，中共乃东区委政法委员会（以下简称区委政法委）核定编制数6人，部门领导职数4人，实有工作人员10人，副县级领导1人、科级领导3人、其他6人。

2021年，区委政法委将专项治理和系统治理、综合治理、依法治理、源头治理结合起来，夯实平安建设基础、筑牢平安建设根基、提高防范化解的能力、推进社会管理向纵深发展、持续推进教育整顿常态化，有效维护全区社会和谐稳定，为全区经济社会发展提供坚强保障。年内，乃东区荣获“平安中国建设示范县”称号。

【政法工作会议】 2021年3月31日，乃东区召开区委政法工作会议暨平安建设（综治工作）部署会，深入贯彻落实中央、自治区、山南市政法工作会议精神，全面总结2020年全区政法工作，安排部署2021年政法工作暨平安建设（综治工作）。区委副书记、组织部部长马小强出席会议并讲话。区委常委、政法委书记、公安局党委书记、局长兼督察长邹云主持会议。

【社会治理现代化】 2021年，区委政法委以“雪亮工程”建设为契机，在辖内重点公共区域、重点城乡接合部、乡镇（街道）和村（社区）推动社会面视频监控资源的整合接入，分级有效整合各类视频图像资源，促进信息互补、网络互联、平台互通。截至年底，累计建成覆盖区乡村三级的标准综治中心26个，构建“综治中心＋雪亮眼睛”城市智能化管理体系，实现用“雪亮眼睛”看护百姓安全。按照先行、先试的要求，在泽当街道琼嘎顶社区开展市域社会治理现代化试点，“智能化门牌”App安装423处、录入人员信息1284人，推进社会管理创新和信息化建设。8月30日，为加强“雪亮工程”设备管理和配备，规范场所配置，提高“雪亮工程”质量，山南市

2021年7月，乃东区委政法委（护路办）连同铁路公安派出所，区司法局、教育局、泽当街道办事处成立铁路安全普法分队，开展“五进五主题”铁路安全普法活动

委政法委组织市公安局、第三方公司等人员对乃东区“雪亮工程”建设及设备应用开展初审工作。

【网格化社会管理】 2021 年,区委政法委探索打造“网格 + 社区 + 警务站”联动融合新机制,深化社区警务站,加强社区(驻村)警务室建设,“一村(社区)一警一辅警”100% 全覆盖。加强网格员管理,全区网格员按照系统管理、系统分析、系统决策,突出网格化管理助力社会治理成效。制定出台《乃东区网格员及社区戒毒康复员薪资发放办法(试行)》《乃东区网格员薪酬发放、奖惩办法》。优化网格管理机制,提升基层管理精细程度。

【群防群治】 2021 年,区委政法委坚持县(区)、乡镇(街道)、村(社区)三级联动,统筹推进、齐抓共管,合理划分联户单位,民主推选联户长。截至年底,全区共组建联户单位 2265 个,涉及联户群众 21784 户 56340 人,覆盖乡镇(街道)、村(社区)、商户、市直部门,覆盖率达 96%。建立“四护一队”“红袖标”平安志愿者群防群治队伍 57 支 557 人,在重要时段、节点实施泽当城区“红袖标”工程,全民参与群防群治守平安。

【扫黑除恶专项斗争常态化】 2021 年,区委政法委以“村霸村闹”和黑恶势力干扰村务等七类问题为重点逐一排查,持续推进 10 大重点行业领域专项整治,特别是群众反映强烈、问题比较突出的重点行业,深化行业日常监管,健全日常监管制度,完善落实市场准入、规范日常管理等日常性工作机制。对 2018 年以来已办结的 80 条线索开展倒查回访工作,深入了解举报人对线索办理情况的满意度。

【打击违法犯罪】 2021 年,区委政法委持续保持对各类违法犯罪分子的严打高压态势,严厉打击刑事犯罪活动,严厉打击治理电信网络诈骗犯罪。截至年底,公安机关共立刑事案件 216 起,交通事故接处警 1331 起,累计查处交通违法行为 28963 起(其中查处酒驾 42 起),开展防范电信网络新型违法宣传 80 余次。

【矛盾纠纷化解】 2021 年,区委政法委坚持和发展新时代“枫桥经验”,健全“监测、预警、处置、反馈”风险闭环管理机制,构建“信访打头、调解优先、诉讼断后”的矛盾纠纷过滤体系,探索标本兼治的矛盾纠纷多元化解长效之策。截至年底,建立人民调解委员会 72 个,共有人民调解员 729 人。乃东“云”调解站、克松社区“乡贤馆”、结巴乡“枫桥经验”派出所、交警行业调解“七步法”等矛盾纠纷化解新模式已初见成效。全年公安机关调解矛盾纠纷 400 余起,基层人民调解矛盾纠纷 79 件,调解率 100%。收到来信来访 44 件、100 人次,已办结 36 件,在办 8 件,办结率 81.8%。12 月 9 日,乃东“云”调解站在泽当街道嘎玛庆社区挂牌成立。

【法治宣传教育】 2021 年,区委政法委坚持把法治宣传融于群众工作、寺庙管理、乡村治理等各个环节,以综治宣传、“4・15”国家安全教育日、国家宪法宣传日等活动为契机,以“大视频 + 云广播”为载体,利用普法大屏、广播喇叭、巡回宣讲分队和宣讲骨干,深入开展“法律七进”、民族团结进步“四讲四爱”等宣讲活动。截至年底,共开展平安建设(综治工作)宣传 30 余场次,发放宣传资料、宣传品 3 万余份,受益群众 6 万人次。开展网络安全宣传 10 次,推送信息 86 万条,发放宣传资料 8600 余份,受教育群众 80 余万人次。

【铁路护路联防】 2021 年 6 月,拉林铁路正式开通。区委政法委护路办和拉林铁路乃东段专职铁路护路联防队成立。拉林铁路乃东段专职铁路护路联防队立足辖区铁路护路实际,探索“物防为基础、技防为手段、人防为保障”的铁路沿线立体化防控网,提升铁路护路联防工作能力和科技化水平。

物防 2021 年,拉林铁路乃东段专职铁路护路联防队开展各类隐患排查整治工作,及时发现和解决防护网破损、轻便漂浮物侵线、沿线生活垃圾等方面的突出问题。组织护路队员义务对铁路护栏加设 5 处共 200 余米铁丝密网、清理铁路沿线生活垃圾约 8 吨。

技防 2021 年,拉林铁路乃东段专职铁路护路联防队充分利用铁路公安监控设备资源,与山南站铁路公安派出所进行信息资源共享共用和防控联动，坚持24小时无缝隙值守，及时发现、快速处置安全隐患问题，有效防控和打击涉路违法犯罪，以科技手段提高重点地段管理力度。使用“钉钉”App严格考勤。采取“人脸识别打卡”方式，每天对队员进行不少于6次定时、定位、定人的考勤打卡，利用科技手段进行督导和推进护路联防工作。

人防 2021年，拉林铁路乃东段专职铁路护路联防队坚持严管厚爱，建立完善专职护路队员《铁路护路联防队伍学习制度》等9项管理制度，定期开展业务培训、理论学习、队列训练、体能锻炼，不断强化队员作风养成和纪律意识。持续开展“五进五主题宣传教育活动”“6月宣传周”“9月宣传日”等铁路安全宣传教育活动，与沿线社区逐一签订《铁路安全管理责任书》，各社区与各联户长全面签订《安全责任书》，层层压实护路联防工作责任，提高广大群众铁路安全意识。争取本级财政资金49万元，解决护路联防队配套设备和队员伙食补助，保障队员生产生活。

【政法队伍教育整顿】 2021年全国第一批政法队伍教育整顿开展以来，乃东区各政法单位深入贯彻习近平法治思想和习近平总书记关于政法队伍教育整顿的重要指示精神，全面落实党中央、自治区党委、市委决策部署和中央第十四督导组、自治区第三指导组工作要求，紧扣教育整顿“四项任务”“三个环节”等重点工作，高位谋划部署、精心组织实施、全程严督实导，推动政法队伍教育整顿走深走实、纵深推进。其间，累计开展三轮谈心谈话2422人次，廉政家访74次，如实填写个人自查事项报告表1825份，主动交代问题干警122人，依法依规核实认定、及时兑现“自查从宽”政策64人。以举报线索核查、涉黑涉恶案件倒查、重点案件交叉评查、涉法涉诉信访案件清查、法律监督专项检查、队伍建设巡查等“七查”工作为着力点，开展线索查办和六大顽瘴痼疾排查整治，共收集问题线索164件135人，其中核实认定69件64人（顽瘴痼疾66件61人、N类问题3件3人），查否92件68人，移交区纪委监委2件2人，移交其他部门1件1人，办结率达100%。立足“我为群众办实事”活动，结合政法业务实际和开门纳谏征求意见，从简化行政审批、上门办证、法律宣传、司法援助、协调就业、关爱帮扶等方面深化为民办实事活动，累计为民办实事474件。3月11日，乃东区政法队伍教育整顿动员部署会在区公安局召开。山南市政府副市长、区委书记尼玛次仁出席会议并讲话，区委副书记、组织部部长马小强主持会议，区委常委、政法委书记、公安局局长兼督察长邹云作具体安排部署。

【疫情防控】 2021年，为做好疫情防控工作，巩固疫情防控成果，区委政法委多次大力部署疫情防控工作，各乡镇（街道）组织动员广大“双联户”，抓实抓细各项工作任务。广大联户长配合社区工作，对辖区所有人员开展“地毯式”入户排查，逐户逐人登记造册，劝导居民出入佩戴口罩、少出门、勤洗手、不聚集，做好个人防护，同时积极宣传新冠疫苗接种的必要性，做好群众思想工作。组织疫情宣传防控组，深入辖区内发挥“双联户”示范带头作用，通过社区“小喇叭”及入户形式以

2021年12月9日，乃东区举行“乃东‘云’调解站”揭牌仪式

通俗易懂的语言，向广大群众讲解新型冠状病毒感染肺炎疫情的医学常识和防护措施并示范正确的洗手方式和口罩佩戴方法，并开展群众舆论引导工作。

公安

【概况】 2021 年，乃东区公安局（以下简称区公安局）以高度的责任感、使命感开展维稳安保、打击犯罪、治安管理、安全监管、队伍建设等重点工作，履行“保一方平安，护一方发展”的职责使命。

【案件侦破】 2021 年，区公安局刑警大队全面贯彻落实刑侦、禁毒、经侦工作要求，持续保持对各类违法犯罪分子的严打高压态势，严厉打击各类刑事犯罪活动，先后侦破李某、张某涉嫌特大系列盗窃案，多某涉嫌系列盗窃案，沙某、张某涉嫌系列盗窃案，洛某涉嫌系列入室盗窃案等群众反映强烈的案件，挽回损失 60 余万元。严格按照《刑事案件现场勘查规则》要求，10 类案件现场勘验 103 起、提取痕迹物证现场数为 60 起，提取率 58.8%，勘验率、录入率、书面分析率和勘验检查记录及痕迹物证建档率达 100%。利用指纹比对成功破获 1 起盗窃案件。

【治安案件查处】 2021 年，区公安局结合乃东实际，推出“中心站”警务模式，安排城区派出所整合警务站警力组成巡逻中队，每天固定 2 个巡逻小组、4 台车，共 12 人，负责泽当城区社会面 24 小时机动巡逻、一线接处警，复杂可疑区域，特别是学校周边随时治安巡逻和常态应急处突准备，街面巡逻防控、治安清查频率和密度进一步增强。全年累计接处警 18969 起，有效警情 5175 起（案件回访率达到 100%），查处治安案件 167 起，治安处罚 132 人，警告 1 人。全面推进社会治安防控体系建设，提升公安机关依法严密防范和打击各类违法犯罪活动的能力及水平。

【“黄赌毒”打击】 2021 年，区公安局充分发挥治安、派出所、便民警务站及社区警务室作用，将警力下沉基层，持续加大娱乐场所违法经营、“黄赌毒”等社会乱象和藏污纳垢场所的专项整治，铲除黑恶势力滋生土壤。全年查处赌博类案件 27 起，行政拘留 44 人，行政罚款 66 人；查处卖淫嫖娼案件 3 起，其中行政拘留 5 人。辖区社会乱象得到有效治理。

【执法规范化建设】 2021 年，区公安局始终坚持以实战需求为导向，以执法规范化建设为抓手，不同层次、不同警种、不同岗位分类施训，全面提升基层民（协、辅）警业务能力及水平。全年累计开展各类培训、训练 310 次，参训人数 1.8 万余人次。

【队伍建设】 2021 年，区公安局始终落实《民警、协辅警、工勤人员考勤制度》《环境卫生清扫制度》《早点名制度》等制度。围绕教育整顿过程中暴露出的问题，对照评估要求，及早补弱项、强短板。持续深化“我为群众办实事”实践活动，坚持把建章立制作为治本之策，研究管方向、治根本、谋全局的新举措、新机制，努力把教育整顿理论成果、实践成果转化为制度成果。全年共建立、印发中短期重点性、综合性、指导性文件 4 个、制度 19 个。

【基层基础建设】 2021 年，区公

2021年3月16日，乃东路派出所到山南市第二高级中学开展预防电信网络诈骗“千人宣讲”活动

安局推进山南火车站派出所建设、江北高速检查站项目建设以及亚堆、颇章、索珠乡公安派出所建设项目。根据公安局基础建设薄弱环节，申报“十四五”规划储备项目10个(资金1.818亿元)。山南市火车站派出所建设项目总投资1102万元，江北高速检查站建设项目总投资2600万元，索珠乡公安派出所建设项目总投资800万元，颇章乡公安派出所建设项目总投资800万元，亚堆乡公安派出所建设项目总投资800万元，多颇章乡公安派出所周转房建设项目总投资3104.62万元。

【安保警卫】 2021年，区公安局以全年重要会议、大型活动、赴藏赴泽工作组的有序引导和安全管理为主线，坚持党委领导牵头、“办公室协调、各部门重点负责、纪检督察跟踪督促”，开展各项安全警卫工作。全年共投入警力参与完成各类大小型安保执勤180余次，完成习近平总书记赴藏调研、中国共产党成立100周年、西藏和平解放70周年大庆中央代表团以及肯尼亚、乌拉圭驻华大使一行在藏期间，安徽省、湖北省党政代表团赴山南考察调研，雅砻文化旅游节，第41届雅砻物资交流会等重大活动安保工作。

【应急处突】 2021年，区公安局完善《指挥中心突发事件处置指挥流程》及各类《突发事件应急处突方案》，并先后集中开展反自焚、反暴恐实战演练。派出所、警务站等一线部门按照实战的要求，细化规范实用、简单具体的应急处突流程。截至年底，累计开展日常实战演练110余次，基层一线民警应对突发事件能力得到提升。

2021年6月29—30日，乃东区公安局持续开展社会面集中清查行动，图为在街面巡逻

【治安清查】 2021年，区公安局专门针对出租房屋、旅店业、娱乐场所、废品收购业等治安复杂领域集中开展80余轮次治安清查专项行动，社会治安秩序有所好转。全年共召开娱乐场所座谈会1次，下发《责令整改通知书》10份，有效整改隐患20余处，配合民政部门遣返流浪乞讨人员14人，遣送1人。落实区委、区政府关于环境整治的工作要求，持续加大强化犬只管理及流浪狗抓捕工作。治安大队联合辖区各派出所抓捕流浪狗722只，办理家养犬证30个。

【危爆物品管理】 2021年，区公安局治安大队、派出所等部门在严格执行危爆物品管理措施的同时，不定期对危爆物品储存点进行实地检查，做到对危爆物品的购买、运输、储存、使用全程跟踪管理。截至年底，治安大队组织开展民爆仓库消防安全演练1次，约谈烟花爆竹仓库负责人2次。

【公安检查站】 2021年，区公安局一、二级公安检查站及江北高等级公路检查站始终严格按照“四必查”的要求，坚持全时做好过往人、车、物的盘查验证、登记检查工作。全年累计检查人员104万余人次、车辆560857辆、物品102190件，收缴各类过期(涉假)、违规证件和号牌148张，移交交警大队交通违法行为23起。

【从优待警】 2021年，区公安局严格落实从优待警要求，坚持对民警、协辅警因公受伤、因病住院等情况进行看望慰问。走访慰问疫情防控期间因病住院人员5人次，送去慰问金5000元。累计投入50万余元为民（协、辅）警统一购买工伤保险、人身意外伤害险。

【政法队伍教育整顿】 2021年，区公安局成立以邹云为组长，党委班子成员为副组长，党支部书记、各部门负责人为成员的领导小组，抽调7名民警组成教育整顿办公室，形成齐抓共管、条块联动的工作格局。全年共发现问题线索67条60人；召开征求意见座谈会64场次，累计收集整理意见建议76条（均已解决）。出台“我为群众办实事”措施7条，设立举报箱5个，发放调查问卷800余份，制作下发《致广大群众的一封信》《致离退休干警一封信》《致广大民协辅警一封信》《致广大民协辅警家属一封信》等“四封信”1550余篇。累计开展各类宣传110余次，发放宣传资料19600余份、宣传品4541份，受教育群众35930余人。开展主动上门送证15次、883张。各派出所及便民警务站为群众找回失物4次、找回人员6人、帮助求助群众53次。在区公安局微信公众号上发布失物招领及居民身份证出证、驾驶证到期未换证、机动车到期未年审等信息8期。

【科技强警】 2021年，区公安局坚持“立足实战、服务基层”的原则，探索科技引领警务的新举措。组织警力对通信信号无覆盖和信号较弱区域进行全面摸排，及时维护基站设备，并对500余部手台进行升级，与山南市公安局PDT（350兆数字对讲机）系统组网，实现无线通信信号到基层科所队的目标。投资48万余元，为基层民警配发120部4G执法记录仪；投入85万余元，购买1套无人机反制设备。

【疫情防控】 2021年，区公安局成立疫情联防联控综合作战指挥室，明确职责分工，全力确保各项防控措施落实落地。检查站严格按要求查验行程码、登记入泽人员信息，配合区卫健委开展高中风险入泽人员的移交、隔离工作。派出所、警务站会同社区（镇村）干部，全面梳理排查区外入泽人员信息，为疫情防控提供准确数据支撑。始终保持对涉疫违法犯罪打击的高压态势，及时封堵、删除涉疫负面言论。截至年底，各检查站（卡点）累计检查车辆178万余辆、人员298万余人次。

【“放管服”改革】 2021年，区公安局利用公安内网、电子档案扫描等措施，解决群众办理户口迁移往返审批问题。户籍民警针对老弱病残人员行动不便问题，提供上门采集、上门办证、送证上门等服务，打通服务群众“最后一公里”。简化网上网下审批，各乡镇派出所能审批的户籍业务无须再经过区局户政科二次审批。全年办理户籍迁入人员1209人，办理户籍迁出1412人，出生申报547人，补录715人；死亡注销396人，清理无照片人员36人，解决纠正重户、重证29人，办理区间和所内移居823人；办理主项变更、更正169人次；非主项变更、更正2714人；办理身份证7887张、临时身份证428张。

【道路交通】 2021年，区公安局交警大队坚持“严字当头，以打促安”的原则，严格按照上级业务部门部署，深入开展泽当城区环境综合整治百日会战、酒驾夜查专项行动、摩托车专项整治等15场专项整治行动。深入学校、企业、村居、社区等开展道路交通安全宣传教育活动40次，悬挂各类宣传横幅9条，发放各类宣传资料1300余份、各类宣传纪念品3270余份，受教育群众达20000余人次，发送微信、抖音提示信息11条，群发提示短信6次；排查安全隐患88处；重点车辆安全检查35次、网上巡查39次。

检察

【概况】 2021年，乃东区人民检察院（以下简称区检察院）内设机构为5个（4个业务部门、1个检察综合部门），分别是第一检察部、第二检察部、第三检察部、第四检察部、检察综合部，编制35人，实有干警33人，党组班子5人，员额检察官14人（其中三级高级检察官1人，四级高级检察官1人，一级检察官10人，二级检察官2人），空缺1人；检察官助理10人，法警2人，司法行政人员4人（空缺1人），书记员1人，工勤人员2人。有聘任制书记员8人。男干警10人，占30%；女干警

23人，占70%。

【刑事检察】 2021年，区检察院办理审查逮捕案件36件44人，办理审查起诉案件147件190人，办理危险驾驶案件60件60人，办理侵财类案件43件60人，办理侵犯公民人身权利、民主权利类犯罪案件24件37人。参与公安机关提前介入案件4件，通过提前介入引导公安机关侦查取证。监督公安机关撤案2件、有案不立案件1件。针对侦查机关在侦查活动中存在的程序性问题，发出《侦查活动监督通知书》6份、《纠正违法通知书》5份，均得到有效整改、回复。对不构成犯罪或证据不足的，不批捕9人、不起诉12人。

【为民办实事】 2021年，区检察院全面推进检察听证，举办11场听证会，以听证解纠纷、促公正。深化未成年人司法保护，在办案中邀请心理咨询师对未成年犯罪嫌疑人进行心理疏导，保护未成年人健康成长，2名检察官担任法治副校长，开展送法进校园、进企业等活动22次。针对办案中发现的行政违法行为，向侦查机关制发《检察建议书》，为被害人挽回经济损失2000余元。落实最高人民检察院“七号检察建议”，强化寄递安全监管，助推疫情防控。打造“党建+检察业务”模式，推动“我为群众办实事”，累计为民办实事34件，解决为民办实事资金20万余元。

【服务“六稳”“六保”】 2021年，区检察院党组落实西藏自治区人民检察院服务“六稳”“六保”的工作要求，汇编《企业高发易发犯罪风险防控指引》，开展送法进企业活动5场次。邀请企业家代表进入庭审现场，深入了解网络诈骗犯罪常见手法，帮助企业家提高风险防控意识，营造良好的营商环境。与乃东区国资委、工商联签订《关于建立健全沟通联系机制的实施意见》。走访了解疫情对企业发展带来的影响，助力乃东“零疫情”，帮助企业复工复产。

2021年5月28日，山南市委巡察三组召开巡察“回头看”乃东区人民检察院党组情况反馈会

【公益诉讼】 2021年，区检察院排查公益诉讼案件线索37件，立案43件，发出诉前检察建议20份，整改回复率100%。排查安全生产领域公益诉讼案件线索2条。办理食药领域公益诉讼案件7件。落实最高人民检察院“四号检察建议”，办理窨井盖安全保护案件3件。稳妥推进公益诉讼“等”外案件办理，年内办理“等”外公益诉讼案件6件。落实“河(湖)长+检察长+警长”协作机制，组织开展河道生态环境监督和治理工作，依法对相关行政机关予以立案审查，督促行政机关依法履行职责。

【民事检察】 2021年，区检察院落实最高人民法院、最高人民检察院《关于建立全国执行与法律监督工作平台 进一步完善协作配合工作机制的意见》，加大监督力度，强化执行活动监督。依法审查乃东区人民法院生效裁判文书共861份，其中民事判决书117份、民事调解书475份、民事裁定书269份。调阅乃东区法院民事一审卷宗52卷、民事执行卷宗62卷，针对存在的问题立案37件，公开送达民事执行监督检察建议书1份并被采纳。

【行政检察】 2021年，区检察院贯彻落实《中共中央关于加强新时代检察机关法律监督工作的

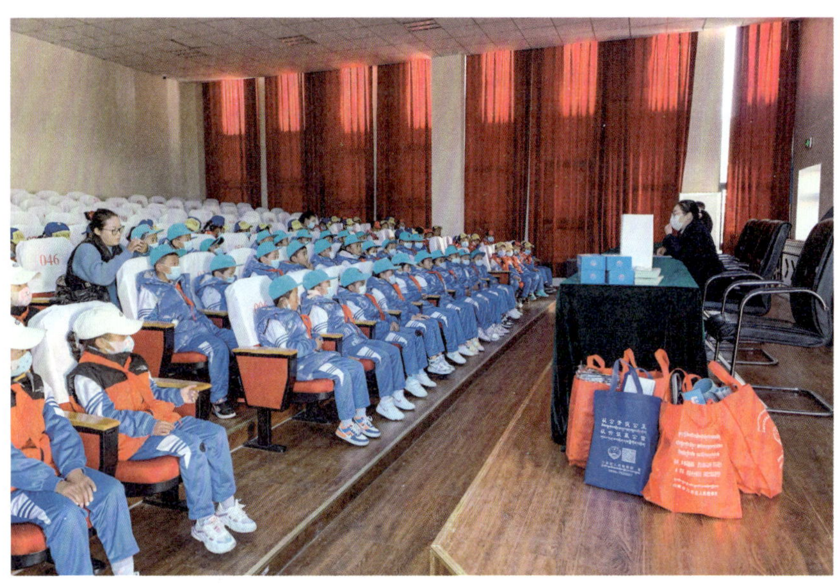
2021年11月1日，乃东区人民检察院法治校长到小学开展电信反诈宣传活动

意见》，加强与行政机关的沟通协作，推动行政检察工作向纵深发展，与乃东区司法局和自然资源局签订《关于加强行政检察与行政执法监督衔接工作的意见》，实现信息共享、案情通报、案件移送。调阅法院行政诉讼案卷2件，调阅行政机关行政处罚案卷4件，针对存在的问题，制发《检察建议书》1份。

【接受监督】 2021年，区检察院依法接受人大监督，向区人大常委会专题报告法律执行活动监督和适用认罪认罚情况，主动向乃东区政协通报工作情况，诚恳听取意见建议。用心开展代表、委员联络工作，邀请参加调研座谈、征求意见建议等检务活动14人次。列席乃东区人大常委会会议6次，走访各级人大代表3人次，听取人大代表对区检察院工作的意见和建议。自觉接受社会监督，举办“检爱同行，共护未来”检察开放日活动，邀请人大代表、政协委员、人民监督员参加检察听证等活动29人次，“零距离”接受监督。优化检律关系，听取律师意见。深化检务公开，公开法律文书120份，利用新媒体推送检察信息442条，不断提升检察工作透明度。

【政治建设】 2021年，区检察院开展党史学习教育、政法队伍教育整顿、“三更”专题学习教育。查摆各类问题31个，新建、修订机制20余项。在学习教育环节中，打造的“1+2+3+4+5”学习教育法，被自治区政法委采纳推广；在查纠整改环节中打造以“‘精准滴灌式’思想发动、‘三个突出’开展谈心谈话、‘刀刃向内’的决心勇气、‘一筛三核’工作方法”，确保查纠整改见实效。通过教育整顿，“六大顽瘴痼疾”得到有效整治，干警的政治“三力”得到不断夯实。侦办司法工作人员利用职权实施的玩忽职守、刑讯逼供、滥用职权等职务犯罪案件4件4人。对照巡察反馈的3个方面25个问题，细化69项具体整改措施，所有问题全部整改到位。选派2名干警参与驻村工作，助力乡村振兴。严格落实意识形态工作责任制，维护检察领域意识形态绝对安全。

【队伍建设】 2021年，区检察院强化干警的理论学习和检察业务培训，落实“网络+检察”培训机制，分类组织实施教育培训工作，全年干警接受培训30余人次。充分利用“检答网”专业平台，促进检察理论与实践融合发展。强化素能培养，举办各类培训班、知识竞赛7次，实现全员全覆盖，组织干警学习刑法、刑事诉讼法，开展公检法“同讲一堂课”。安排7名年轻干警参与上级检察院大案要案办理，为干警成长成才搭建平台。加强纪律作风建设，整风肃纪，以检察队伍教育整顿为重点，狠抓全面从严治党主体责任落实，加大队伍作风建设，落实中央八项规定精神，持之以恒纠正“四风”，将全面从严治党与当前各项重点工作结合起来，一体推进、统筹落实。不断深化内部监督，狠抓“三个规定”落实，严查严防违规干预、插手和过问检察办案等问题，筑牢公正司法“防火墙”。

法院

【概况】 2021年，乃东区人民法院（以下简称区法院）核定编制66名，内设副科级机构8个，分别为政治部、综合办公室(司法警察大队)、刑事审判庭、民事审判庭、立案庭(诉讼服务中心)、执行局、行政审判庭(综合审判庭)、审判管理办公室(研究室),派出机构为颇章乡人民法庭。实有干警55名,其中入额法官25名,司法辅助人员24名,司法行政人员6名。有三级高级法官1名,四级高级法官2名,一级法官13名,二级法官2名,三级法官6名;县处级1名,乡科级42名,科员9名,机关工勤3名;汉族10名,藏族43名,其他少数民族2名;男21名,女34名。本科以上学历干警达51人(其中研究生学历6人)。聘用制人员20人。

2021年,区法院共受理各类案件3286件(含诉前调解691件、司法确认50件),审执结2960件,综合结案率87.4%,与上年同期相比收案量与结案量分别上升73.9%和61.9%,案件总量新增1056件,上升68.6%,各项审执指标持续保持全市基层法院前列。

【刑事审判】 2021年,区法院受理刑事案件132件(含旧存2件),审结125件,结案率为94.7%。全面贯彻落实宽严相济刑事政策,严惩危害群众生命财产安全犯罪,审结故意伤害案件14件19人、强奸案件3件3人、强制猥亵侮辱妇女案件1件1人、盗窃案件19件21人。严厉打击酒后驾驶行为,审结危险驾驶案件62件62人、交通肇事案件3件3人。审结电信网络新型诈骗案件2件5人。按照繁简分流的原则,实行简案速审。推进刑事案件律师全覆盖,完善便利律师参与诉讼机制,依法保障辩护人权利,律师参审率达96%以上。

【民商事审判】 2021年,区法院受理各类民商事案件1357件(含旧存66件),审结1227件,结案率为90.4%。依法受理合同纠纷案件1212件,受理权属、侵权类案件26件,稳妥审理劳务纠纷案件250件。加强家事审判工作,受理家事案件52件,其中离婚案件23件。发放离婚证明书71份。坚持“调解优先、调判结合”,调解结案632件,裁定撤诉202件,调撤率达71.6%。

【行政审判】 2021年,区法院充分发挥行政审判职能,支持、监督行政机关依法行政,保护行政相对人合法权益,受理行政案件8件,审结6件。

【执行工作】 2021年,区法院受理各类执行案件1099件,执结913件,结案率为83.08%。实际到位金额3823.7万元,标的到位率48.88%,有财产可供执行案件法定期限内实际执结率达100%,无财产案件终本合格率达100%,无一例执行信访案件。开展“迎春”集中执行行动,先后到隆子、加查、朗县等县进行集中查找被执行人31人,传唤5人,共执结案件18件,执行到位金额69.2万元,达成执行和解4件。做到案件终结程序不终结执行,办理恢复执行案件82件。执行委托事项88件、执行督办事项27件、发起事项委托25件,期限内办结率100%。加强执行联动,调查被执行人财产1000余人次、扣划执行款项68万余元、扣留提取被执行人收入35件、限制高消费294人、纳入失信名单133人、司法拘留16人。严格规范使用一案一账户系统,发放执行案款774笔,实现案款进出账全程留痕。开展“六稳”“六保”工作,保障民生权益,办结78件追索劳动报酬案件,158.42万元农民工工资发放到位。补录2019年以来所有线下发放案款案件,完成“三个清零”工作。

【司法改革】 2021年,区法院按照《山南市基层人民法院内设机构改革方案》,全面落实机构改革工作,将原有10个正科级部门整合为8个副科级部门,及时配备部门领导,调整充实审判委员会委员2名,干部交流轮岗3名,晋升职级15名,晋升法官等级5名,选任法官助理5名。3月15日重组“速裁组+快审组+繁案组”的团队新模式,制定并出台《民事案件繁简分流诉讼程序规程》,合理有序分流繁简案件,重塑诉讼格局,实现简案快审、普案细审、繁案精审,民事案件平均审限降至34天,对1166件民事案件实行繁简分流,提升审判质效,减轻群众诉累。民事速裁平均审理期限为15.6天,快审案件平均审理期限为44.9天。全面改版审判质效通报,推出每月红黄绿榜公示通报制度;加强审判流程节点管理,推出日沟通、周催办、月通报,制定《案件质量评查实施办法》,完善案件评查监督制度,组织开展案件质量专项评查工作,对157件案件进行自查。对政法队伍教育整顿中发现的2件超审限、2件压案不查问题,制定《案件审理期限管理规定(试行)》《审判流程管理办法(试行)》,加大审判监管和节点管理,有效遏制此类问题出现。全年共召开案件质量评查反馈会、分析会3次,制发审判质效通报12期、审判运行态势4期、审判管理通报8期。应用移动微法院、智能保全系统、人民法院送达平台、人民法院调解平台、人民法院"12368"服务平台、人民法院委托鉴定系统等审判辅助平台开展审判辅助工作。7月24日,开通电子集约送达,全面实现送达集约化管理,集约送达260件465人次,电子送达成功率73.33%。强化"四公开",裁判文书上网989篇、案件信息公开244份和审判流程信息、执行信息公开2428次,庭审网络直播432场次,观看人数达23.5887万人次。同北京华宇公司、云南资合信公司签订《信息化运维、卷宗随案生成外包合同》,助力审判提质增效。

【维稳工作】 2021年,区法院始终坚持把开展反分裂斗争、维护社会稳定放在首位,牢固树立总体国家安全观,落实维护国家安全和社会稳定各项措施。坚持24小时值班带班和重大事项请示报告制度,完善维稳工作制度及工作台账,建立健全各类突发事件处置预案,强化庭审安全和公务用枪管理,完善矛盾纠纷排查调处机制和隐患案件风险评估机制,加强对涉法涉诉案件的释法答疑、教育管理工作,调整充实应急处突队、加大街面巡逻,组织开展消防、防恐演练,落实日常巡逻与安全隐患排查,持续推进常态化疫情防控工作。完成中国共产党成立100周年、西藏和平解放70周年和各个重要时期维稳安保工作。全年共召开维稳工作会议10余次,抽调干警400余人次参与中心工作,安排值班备勤900余人次,出动车辆50余台次。

2021年10月28日,湖南省高院一行三人考察团赴乃东区法院调研受援工作

【队伍建设】 2021年,区法院深入开展党史学习教育、"三更"专题教育和政法队伍教育整顿等活动,牢牢坚持党对法院工作的绝对领导,向区委、区政府、区委政法委及上级法院报告工作17次,召开党组会议25次,落实全面从严治党管党责任。11月4日,成立中共乃东区人民法院总支部委员会,下设第一、二党支部,推进基层党组织标准化、规范化建设。全年共开展集中学习32次,交流研讨9次,谈心谈话3次160人,召开支部委员会11次,支部党员大会4次,党组书记讲党课3次,支部书记讲党课2次,干警个人学习笔记达3万余字,上交心得体会8篇。开展"三包五带五促"工作,落实"双报到"工作。通过召开"以案为鉴、警钟长鸣"警示教育大会,举办"政治忠诚大研讨",邀请老党员讲党课,集体观看警示教育片,2名干警现身说法等方式,加强警示教育与英模教育。选树先进典型,向自治区高级人民法院推送先进集体宣传片,向区教整办和市中院上报先进典型3人。组成学习考察组分2次赴区内法院学习先进经验、做法。组织全院干警举办为期2个月的"线上学《中华人民共和国民法典》逐条精解培训班"。邀请安徽省烈山区法院黄磊法官开展以

未成年人保护法和预防犯罪方面的专题培训,加强智力援藏。组织干警参加上级法院业务培训20余期320余人次,组织全体员额法官分批到自治区高级法院参加业务培训,实现全员轮训。

【党风廉政】 2021年,区法院党组成员参加区委理论中心组学习15次,召开本院党组理论中心组学习会12次。针对六大顽瘴痼疾和突出问题等全面清查队伍作风建设。填报个人自查报告、业务团队自查报告、自查统计表159份,撰写"三个规定"承诺书78份,37名干警主动向组织说明情况。制定《"自查从宽、被查从严"政策细化工作方案》,明确从宽处理幅度和具体操作流程。对区法院核定为顽瘴痼疾内容的2件超审限案件的2名法官,结合宽严政策导向,作出处理。坚持边查边治边改边建,制定完善各类长效机制28项,实现"当下治"与"长久立"有效结合。制定《我为群众办实事工作方案》,党组书记带头深入基层一线现场解决群众急难愁盼问题14件,向有关部门反馈问题6件。出台"登记立案不拖延、跨域立案全覆盖、绿色通道优先办"等10项爱民实践服务公开承诺,并全部兑现。推出诉讼服务"便民诉"、打击犯罪"保民安"、案件回访"疏民难"、执行攻坚"兑民利"、司法救助"纾民困"等10个方面21条便民利民举措,落实"我为群众办实事"67件。

2021年6月18日,西藏自治区高级人民法院司法警察总队一行到乃东区法院检查验收"六专四室"建设工作,并对法院审判大楼、诉服大厅安全保障工作进行督察

【诉讼服务】 2021年,区法院打造"厅网线巡"一体化诉讼服务格局,为了让当事人享受更加便利、快捷的诉讼服务,新诉讼服务中心建立无线网络全覆盖,集诉讼引导、便民服务、调裁服务、繁简分流、诉讼服务、案件受理、执行事务等七大功能为一体的智能化"一站式"。依托"中国移动微法院",开通实现网上立案、网上阅卷、网上退费等功能的网上诉讼服务。开设"12368"诉讼服务热线。坚持和发展新时代"枫桥经验",将非诉纠纷解决机制挺在前面,创新工作模式,简化调解流程,依法诉前调解。完善和推广"多元化解纷机制",强化诉源治理,主动向区委、区委政法委请示报告,并于12月9日,成立"乃东'云'调解站",健全诉讼和非诉讼的有机衔接,形成多渠道、深层次化解社会矛盾纠纷的合力。全年诉前调解691件,成功调解436件,当庭履行82件,调解成功率为63.1%,诉前调解案件占一审立案数量的56.8%。使用人民调解平台音视频在线办理调解占31.05%。

【法治宣传】 2021年,区法院发挥法治宣传工作主力军作用,利用微信公众号"藏源发布""乃东融媒体"等媒体以及驻村工作队、车载流动法庭、审判庭等力量,全领域、多举措开展法治宣传工作。并与中国移动达成协作,当日即在全市范围内发送民法典正式实施短信,开通干警防止司法干预"三个规定"手机铃声。落实"谁执法谁普法"普法责任制,深入社区、村居、企业、校园、军区等法治宣传17场次,发放宣传册4000余册、其他宣传物品1000余份,受益群众达3万余人次。邀请百名公职人员参加危险驾驶案件庭审观摩,邀请20名交警旁听公职人员涉嫌危险驾驶案件庭审。

【基础建设】 2021年11月,干警周转房竣工,12月31日投入使用。

落实最高人民法院《关于人民法院"六专四室"建设规范的通知》要求，投入73.45万元，升级改造"六专四室"。全年，收缴诉讼费442.6万元，罚没款151万元，均全额上缴国库。

【监督工作】 2021年，区法院向区人大常委会作五年工作报告及刑事审判、民商事审判工作专题报告。配合中央、自治区、市教整办政法队伍教育整顿督察及区高级法院人民法庭工作、业务工作调研等8次。邀请人大代表委员等旁听案件2件3人次，依法接受检察机关诉讼监督，报送生效裁判文书685份。召开"开门纳谏"座谈会，邀请代表委员、群众、当事人、企业、律师代表以及政法单位参加座谈。深入各乡镇、村（居）征求群众意见建议6次，向政法及各单位发放征求意见表，征求意见9条。全年人民陪审员参与审理案件99件。

【司法为民】 2021年，区法院开展执行案款集中发放仪式，邀请区人大代表、政协委员、政法委领导全程监督案款发放过程，为26位申请执行人现场集中发放执行款共计260.43万元。发放执行救助金2人17万元。区法院党支部"乃东天平助贫基金"捐助1万余元。干警开展结对帮扶每人不少于4次。法院党组协同江西盛义律师事务所援藏律师毛巧云、教授刘桂明为结巴乡门中村和桑嘎村家境困难的3名农村学生给予长期资助（每人每年5000元）。

司法行政

【概况】 2021年，乃东区司法局（以下简称区司法局）下设6个副科级乡镇（街道）司法所，分别为泽当街道办司法所、昌珠镇司法所、结巴乡司法所、亚堆乡司法所、索珠乡司法所、多颇章乡司法所。

【普法依法治理】 2021年，区司法局推动落实"谁执法谁普法"责任制，组织开展"法律七进"活动，全面开展《中华人民共和国民法典》宣传教育工作，结合国家安全日、平安建设、疫情防控等时间节点，累计开展各类普法宣传教育115场次，发放普法宣传资料及宣传品3.5万册（件），受教育学生、僧尼、干部群众6万余人次，营造良好的法治氛围。

【矛盾纠纷化解】 2021年，乃东区有各级各类人民调解委员会共72个，其中乡镇（街道）人民调解委员会7个、村（社区）人民调解委员会53个、行业性专业性人民调解委员会9个，企事业调委会3个，人民调解员480人。全年各级人民调解组织开展矛盾纠纷排查581次，调解案件总数84件，调解成功率达100%，涉及金额190.91万元，协议履行率达到100%。兑现人民调解员"以案定补"补助20750元，未发生因调处不及时引起的矛盾激化和民转刑案件，确保矛盾纠纷不上交、不升级、不蔓延。

【公共法律服务体系建设】 2021年，乃东区公共法律服务中心共开展法律援助154起，其中区司法局指派刑事案件法律援助案件148起，代写法律文书240份，提供法律咨询520人次。以培养"法律明白人"工程为抓手，优先从村（居）"两委"班子、先进双联户、人民调解员中选择具有一定法律基础知识和接受表达能力，热衷于法治公益的人员，举办法律知

2021年8月26日，乃东区司法局组织山南宾馆、雅砻河酒店员工开展"法律七进"活动——送法进企业活动，邀请西藏珠峰律师事务所律师为企业员工授课

2021年6月11日，乃东区司法局邀请区人民法院法官为全区各乡镇、村（居）农牧民陪审员开展业务培训

识培训，全区有“法律明白人”151人，针对百姓提出的各类诉求第一时间解决、帮助、帮扶，让群众能够第一时间得到法律的帮助。

【特殊人群管理服务】 2021年，乃东区在册社区矫正对象共38人，均为缓刑，累计接收社区矫正对象87人，解矫56人，无脱管漏管、无重新犯罪。在册安置帮教人员152人，衔接率100%，累计接收安置帮教人员50人，解除27人，无脱管漏管、无重新犯罪。通过入户走访、社区摸排、集中谈话和个别谈话等方式深入了解他们的生活状况，帮助他们解决实际困难和问题。全年共开展集中教育9人次，开展心理辅导16人次，组织公益劳动43人次。

【法治政府工作】 2021年，区司法局为乃东区重大行政决策、重大行政和经济合同签订以及政府及政府各部门涉法事务提供法律意见84件次，有效规避决策层面的法律风险。累计清理规范性文件27件，其中继续有效16件、拟修改2件、失效7件、废止2件，将清理结果及时在政府门户网站进行公示，并听取公众意见。办理行政复议案件1件，当事人均认可复议决定，未进行诉讼程序。协调组织13名执法人员参加市级执法培训班，提高执法人员的依法行政意识和业务水平。

军 事

人民武装

【概况】 2021年，乃东区人民武装部（以下简称区人武部）深入学习习近平新时代中国特色社会主义思想和习近平强军思想，坚持以军事斗争准备任务为牵引，以全区人武部达标考评和民兵调整改革检查为契机，聚焦举旗铸魂、聚力备战练兵、聚能国动主业、聚效强固根基，全面规范、统筹推进各项工作任务，部队全面建设保持良好发展势头，被西藏自治区党委、政府和西藏军区联合评定为“全面建设一级达标人武部”。

【党管武装】 2021年，区人武部党委以学习贯彻《新时代西藏人民武装部建设规范》为契机，协调区委、区政府，严格落实党管武装“九项制度”，先后召开党委议军会、国动委等专题会议，组织区领导班子在“八一”中国人民解放军建军节过“军事日”，巩固深化军地协力抓武装的工作格局。

【思想政治建设】 2021年，区人武部党委坚持把学习贯彻习近平新时代中国特色社会主义思想、习近平强军思想和中共十九届六中全会精神作为当前和今后一个时期的首要政治任务，常态落实，习近平主席讲话随到随学，持续抓好每周理论学习和组织生活，参加党委中心组理论轮训，围绕习近平主席视察西藏发表的重要讲话、给军区“高原戍边模范营”回信等组织深入学习讨论，推动学习往深处走、往心里走。持续深化“传承红色基因、担当强军重任”主题教育活动，推进党史学习教育，指导乡镇武装部抓实抓好民兵政治教育，引导官兵和广大民兵坚决把握正确政治方向，增强“四个意识”、坚定 “四个自信”、做到“两个维护”。

【民兵军事训练】 2021年，区人武部科学筹划、严密组织乡镇武装部部长集训、民兵应急连训练，开展防恐维稳、山林灭火、卫生救护等实践操作科目学习训练与考核。

【民兵组织整顿】 2021年，区人武部贯彻上级关于民兵预备役建设的一系列指示要求，适应新形势新要求，组织民兵整组潜力调查，开展民兵整组业务培训，编建普通、应急、专业、特殊民兵。按“八步法”要求，开展民兵整组，重点对应急民兵分队进行2轮点验检查，民兵应急连在位率达到85%、基干民兵整体在位率达到80%，达到“拉得出、上得去、打得赢”要求。

【兵役征集】 2021年，全国征兵工作全面落实“一年两征”制度。面对新情况、新特点，区人武部党委牢固树立“既要保证数量、更要保证质量”工作指导，按照兵役征集12项步骤，完成征兵工作。

【国防教育】 2021年，区人武部按照年度民兵政治教育工作安排部署，深入学习贯彻习近平新时代中国特色社会主义思想，结合聚焦“传承红色基因、担当强军重任”深化主题教育活动，广泛开展民兵形势战备教育和国防教育。

3月，根据新修订《中华人民共和国国防动员法》，通过进校园、下乡镇的方式进行集中宣讲，提高人民群众全民国防意识。

【营院改造】 7月，区党委议军会决定投入资金，实施区人武部营院提升改造。该项目包括新建工程、维修工程、附属工程三部分，于2021年10月1日开工，截至年底，工程进度完成40%。

武警

【概况】 2021年，中国人民武装警察部队乃东中队（以下简称武警乃东中队）官兵始终牢记领袖嘱托和“忠诚于党”的铮铮誓言，教育引导官兵牢固树立“四个意识”和“维护核心、听从指挥”政治觉悟，从打基础蓄底蕴入手，不断提升中队建设内涵层次，完成年初的既定目标。

【政治教育】 2021年，武警乃东中队重点学习习近平总书记“七一”重要讲话精神、中共十九届六中全会精神、军队党内法规。注重用习近平主席讲话精神武装头脑，用上级党委决策明确方向，夯实忠诚精锐的思想根基。坚持把学习贯彻中共十九大精神和习近平强军思想作为首要任务，强化“听习主席的话、做习主席的好战士”的政治自觉，推动党的创新理论在基层扎根。围绕庆祝中国共产党成立100周年，学习贯彻全军和武警部队思想政治教育工作会议精神，以党史学习教育为重点，教育引导官兵做到学史明理、学史增信、学史崇德、学史力行。

【执勤战备】 2021年，武警乃东中队聚焦执勤战备工作，紧盯中心任务，狠抓常态执勤，加强实战化训练，提高履职执勤能力。以打赢三场维稳行动为牵引，教育官兵牢固树立“危险就在身边，战斗随时打响”意识，修订完善战备方案，落实战备制度；中队始终坚持中心居中，作为“饭碗”工程来抓，筑牢官兵“执勤无小事”的思想根基，完成全年战备执勤工作。结合国际疫情形势、中美战略博弈等重要时节，开展形式多样的形势战备教育，依托担负任务实际，培育官兵“一不怕苦、二不怕死”的战斗精神，强化官兵军人职业精神塑造。先后2次4天担负武装警戒任务。

【科学施训】 2021年，武警乃东中队深入贯彻执行《军事训练与考核大纲》，坚持按纲施训，科学组训，正规训练秩序，有效提高训练水平。着重抓好军事体育、军事技能“五大技术”等科目的突破提高，对接协调乃东区委、区政府购置健身器材（跑步机5台、动感单车2台、划船器2台），坚持“主官抓训、全员参训，急用先训、管用常训”的原则，从干部跟训、操课制度落实、训练场秩序规范抓起，严格按纲施训，营造“训练有功、训练有奖、训练有为”的良好氛围。

【从严治军】 2021年，武警乃东中队从经常性的管理入手，以正规软件登记和安全隐患整治为载体，依法从严治军。抓好“三有三责”群众性安全创建活动，开展百日安全竞赛。深入查找中队存在的软硬隐患，搞好挂账销号，利用早检查、晚点名、周分析等形式，对排查出的问题，进行定点、定向跟踪，确保排查出的隐患能够得到整改。对一日生活秩序、内务设置、本簿登记、营区环境等内容常抓不懈。把经常性安全工作八个基本规范分解细化，促进部队秩序的正规，提升中队正规化建设；以安全教育整顿和作风纪律暨士官队伍教育整顿为抓手，实现全年安全工作“六无”目标。开展保密教育、严格网络使用和手机管理，促使官兵的保密意识提升。

【日常管理】 2021年，武警乃东中队深入开展条令条例学习活动，落实不定时抽问、每月考制度，达到队列动作周周练、作风纪律天天抓、保密警钟时时敲的效果，促进学习条令、贯彻条令常态化。扎实落实安全常识教育、安全法规学习、安全案例警示等经常性思想政治教育，严格落实每日安全零报告制度，牢牢掌握安全工作主动权。

【后勤保障】 2021年，武警乃东中队始终以官兵是否满意为工作的出发点和落脚点，围绕服务大局、服务中心开展工作，提升后勤保障综合效益。落实后勤工作制度，搞好后勤经费物资管理，坚持账目及财务公开，树牢“小而精”的理念。结合中队人员饮食习惯，精心调剂，每周定期收集意见，不断改善伙食，更新口味，做到粗菜细做、细菜精做，力求官兵满意。严格静态枪弹管理，落实每日检查、每周擦拭保养、每月专题分析等制度，结合“装备安全大检查”活动，盘点装备器材，查找安全隐患，逐条逐项抓好问题整改，确保枪弹和装备器材不失管失控。

综合经济管理

发展与改革

【概况】 2021年，乃东区发展和改革委员会(以下简称区发改委)加挂乃东区经济和信息化局、粮食和物资储备局牌子，不设内设机构。在职人员12名，其中部门领导职数4名，四级调研员1名、四级主任科员4名、公益性2名、“三支一扶”人民1名。为更好地开展各项工作，经区委、区政府研究同意，成立项目办、受援办、招商办、易地搬迁办、抵边搬迁办等办公室，负责具体业务工作的开展。

【宏观经济发展】 2021年，乃东区坚持稳中求进、补齐短板工作总基调，立足新发展阶段，完整、准确、全面贯彻新发展理念，积极服务和融入新发展格局，以推动高质量发展为主题，以供给侧结构性改革为主线，聚焦稳定、发展、生态、强边四件大事，开展“六稳”工作，落实“六保”任务，持续巩固拓展疫情防控、脱贫攻坚和经济社会发展等各项成果，全年经济社会发展主要目标任务基本完成，实现“十四五”良好开局。完成地区生产总值76.06亿元(含市直)、同比增长7.5%；固定资产投资64亿元(含市直)、同比增长4.4%；一般公共预算收入3.4亿元，同比增长1.4%；社会消费品零售总额49.1亿元(含市直)，同比增长10.4%；农村居民人均可支配收入达到21855元，同比增长15.7%。

【项目建设】 2021年，乃东区实施项目68个(不含市直)，总投资101.38亿元；全年完成固定资产投资62.1亿元(含市直)，同比增长1%。乃东实验小学学生公寓楼、矮化苹果种植、江北公安一级检查站、亚桑村美丽宜居示范村、贡布日山旅游景区等项目全部建成；诺一天街商业广场、恒宇商业广场、锦砻·御江府等项目有序推进，有效拉动乃东区消费、提高资源配置、带动就业，为建设高质量发展先行区形成有力支撑。储备“十四五”项目355个，计划投资161.93亿元；已纳入自治区总盘子项目68个，投资11.3亿元；累计录入国家重大建设项目库项目202个，总投资89.23亿元。

【经信工作】 2021年，区发改委强化疫情防控知识宣传力度，及时组织人员到辖区内重点企业开展防疫知识和疫苗接种等相关知识宣传，累计开展宣传4次，接种疫苗816人次。加大对区域内重点企业经济运行监控力度，及时掌握锦泽商混、金珠藏药、协和太阳、哗叽、阿巴家园等重点企业运行情况，星河商混、清匠电器顺利入库，星河商混完成升规，才朋、郭乃风力发电项目试风塔完成建设，并与国家能源集团签订光伏开发项目框架协议。截至年底，全区实现工业增加值1.3万元，同比增长4.6%。

【援藏工作】 2021年，乃东区动工建设援藏项目2个，完成投资约2620万元。乃东区带动集体经济薄弱村藏鸡养殖项目总投资

2021年11月12日，乃东区常务副书记殷功博（左一）代表乃东区湖北省武汉市第九批援藏工作队向西藏自然科学博物馆捐赠科普援藏资金

5000 万元（2021 年投资 2500 万元），2021 年 3 月开工建设，2021 年 11 月竣工。武汉乃东乡村振兴“领头雁”培训交往交流交融品牌项目总投资 600 万元（2021 年投资 120 万元），10 月 16 日完成第一期培训，由于疫情影响将延期举办。西藏和平解放 70 周年大庆武汉旅游援藏成果展示主题费用总投资 6.35 万元，2021 年 11 月竣工。组织藏鸡养殖示范户赴湖北培训项目总投资 30.836 万元，2021 年 12 月完成。

【招商引资】 2021 年，乃东区招商引资入驻企业 4 家（西藏湘商房地产开发有限公司、西藏长投农业科技发展有限公司、山南市千慧商贸有限公司、山南市大远仓储有限责任公司）。全年招商引资项目 25 个，其中续建项目 12 个，新建项目 13 个。截至年底，完成固定投资 29.5265 亿元，同比减少 10.7%。

【易地搬迁】 2021 年，嘎东团结新村易地扶贫已搬迁 563 户，2057 人（其中一期脱贫户 448 户、1644 人，二期同步搬迁 115 户、413 人）。鲁琼易地搬迁安置点计划搬迁 130 户 367 人，全部搬迁完成。对嘎东团结新村、琼嘎顶、鲁琼等 3 个易地搬迁点的后续管理及存在问题已基本解决。

【价格监测和认定】 2021 年，区发改委推进价格认证，共受理价格认定案件 43 份，涉及金额 438234.34 元，出具不予受理认定书 19 份。开展价格监测工作，严格执行价格监测周机制，持续加大对粮油肉奶蛋等涉农商品、民生商品价格监测。

乃东区 2021 年项目计划完成情况表

表 4　　单位：万元

序号	单位详细名称	项目名称	计划总投资	自开始建设累计完成投资	本年完成投资	本月完成投资
小计（项目 151 个，其中续建 91 个）			2875465	2144467	640316	91311
1	山南市乃东区发展和改革委员会	乃东区索珠乡支岗村安置点斜坡治理工程施工项目	898	620	620	0
2	西藏锦南医疗器械有限公司	医疗器械加工经营企业建设项目	2000	852	749	263
3	拉萨市城关区哈达集团公司	哈达幸福花苑	111145	106380	20230	0
4	西藏山南雅砻投资有限公司	山南市藏医院藏药传承、创新建设项目	12733	12431	1944	0
5	山南城市建设投资有限责任公司	山南市格桑路提质改造工程	7814	7814		0

续表 4

序号	单位详细名称	项目名称	计划总投资	自开始建设累计完成投资	本年完成投资	本月完成投资
6	山南城市建设投资有限责任公司	山南市泽当镇泽当大道主路东延伸段建设项目	9361	9361	461	0
7	山南城市建设投资有限责任公司	山南市泽当镇湖北大道南延伸段二期(和平南路至金珠南路段)建设项目	7649	4500	300	110
8	山南城市建设投资有限责任公司	山南市2018—2019年市直公租房整合建设项目	114749	65703	33850	2500
9	山南市幸福家园建设管理局	山南市产城一体示范点园区24号道路项目	26666	23012	510	0
10	中共山南市委员会政法委员会	山南市公共安全视频监控建设联网应用项目	10316	10107	563	0
11	西藏自治区山南地区发展和改革委员会	拉林铁路站前市政公共基础设施和服务配套设施建设项目	47781	17536	6432	364
12	山南市教育局	山南地区第二职业技术学校二期建设项目	18967	18575	0	0
13	山南市教育局	山南市第二小学建设项目	8955	6671	2647	256
14	海思科医药集团股份有限公司	西藏海思科制药有限公司厂区建设项目	12500	6600	3680	0
15	乃东县人民政府	乃东区昌珠镇洞嘎等17个村委会基层政权建设项目	5100	4800	0	0
16	山南城投工程咨询有限责任公司	山南市站前路、站东路、站西路、通站路建设	14585	14300	4600	300
17	山南城投工程咨询有限责任公司	山南市贡布路扩宽工程建设项目	13098	13098	1698	0
18	山南神力置业有限公司	神力时代雅苑	8200	7333	1832	7
19	山南神力置业有限公司	山南神力时代广场	63000	41164	21695	200
20	西藏山南市乃东区葡桃农业科技有限公司	雅砻现代休闲农业园二期	20000	14755	55	0
21	山南市旦玛实业发展有限公司	江萨吉祥花园小区沿街商业(金包银)开发项目	21847	17762	11762	480
22	西藏宏农农业发展有限公司	西藏宏农100万只全智能化藏鸡产业建设项目	50000	27695	19045	850
23	山南市住房和城乡建设局(山南市人民防空办公室)	山南市雅砻河生态综合治理项目(一期)	27629	21400	14950	100
24	山南市住房和城乡建设局(山南市人民防空办公室)	山南市城市绿心建设项目	41056	38873	7384	100
25	山南市住房和城乡建设局(山南市人民防空办公室)	山南市湖北大道综合管廊建设项目(和平北路至和平南路段)	13836	13650	9600	100

续表 4

序号	单位详细名称	项目名称	计划总投资	自开始建设累计完成投资	本年完成投资	本月完成投资
26	山南市住房和城乡建设局(山南市人民防空办公室)	山南市泽当镇萨热路北延伸段市政道路工程	9918	9624	6184	0
27	西藏山南众益投资发展有限公司	山南市众益商业广场建设项目	18000	15961	5200	500
28	山南市雅达实业发展有限公司	格巴小区沿街商业(金包银)开发项目	23264	15328	9261	600
29	国网西藏电力有限公司	山南市农村电网通信自动化完善工程	4780	4780	2486	0
30	山南市教育局	山南市第四幼儿园建设项目	4504	3758	1033	0
31	山南市教育局	山南市第一高级中学教学楼建设项目	1113	1113	349	0
32	山南城投工程咨询有限责任公司	山南市乃东区老旧小区改造项目	3097	3097	397	0
33	山南城投工程咨询有限责任公司	山南市市区垃圾中转站建设项目	1200	1200	806	0
34	山南市住房和城乡建设局(山南市人民防空办公室)	山南市泽当镇金珠南路(泽琼公路至湖北大道段)建设	3441	3441	884	0
35	山南市住房和城乡建设局(山南市人民防空办公室)	山南市雅砻林卡西路建设工程	2784	2486	1103	0
36	山南市林业局	山南市 2019 年、2020 年万人万亩义务植树项目	2043	395	0	0
37	山南市乃东区农牧局	结巴乡次德畜牧养殖专业合作社奶牛养殖建设项目	1376	193	77	0
38	山南市乃东区农牧局	乃东区农业生物菌生产基地建设项目	500	113	4	0
39	山南市乃东区农牧局	乃东区 2018 年全国农村一二三产业融合试点建设项目	1000	930	19	0
40	山南市乃东区农牧局	2019 年现代农业生产型示范园区建设项目	1477	101	87	6
41	山南市乃东区农牧局	乃东区泽当、昌珠镇 2019 年高标准农田建设项目	1479	977	93	10
42	山南市乃东区农牧局	乃东区多颇章乡异地扶贫搬迁耕地开发配套工程建设项目	587	524	33	0
43	山南市乃东区农牧局	乃东区亚桑村美丽宜居示范村人均环境整治建设项目	1509	1059	578	44
44	山南市乃东区农牧局	乃东区泽当昌珠镇和结巴索珠颇章乡亚堆乡 2020 年度高标准农田建设项目	3395	2340	1407	44
45	山南市乃东区公安局	山南市火车站派出所	1102	1102	353	0

续表 4

序号	单位详细名称	项目名称	计划总投资	自开始建设累计完成投资	本年完成投资	本月完成投资
46	山南市乃东区公安局	乃东区江北公安一级检查站	2600	1814	530	0
47	山南市乃东区公安局	乃东区公安局索珠乡公安派出所	800	800	557	267
48	山南市乃东区公安局	乃东区公安局颇章乡公安派出所	800	800	557	267
49	山南市乃东区公安局	乃东区公安局亚堆乡公安派出所	800	800	557	267
50	山南市乃东区旅游发展局	山南市乃东区泽当猴子洞旅游景区建设项目	1000	817	563	0
51	山南市乃东区旅游发展局	山南市乃东区贡布日山旅游景区建设项目	1000	915	662	9
52	中国建设银行股份有限公司山南分行	中国建设银行股份有限公司山南分行新建营业用房	4326	1820	1117	0
53	西藏正林医疗器械有限公司	西藏正林医疗器械有限公司标准化车间建设	1500	142	0	0
54	乃东区善为扶贫开发投资有限责任公司	乃东区农副产品交易中心	3132	3003	128	128
55	山南市蔬菜育苗中心	山南市蔬菜育苗中心	800	796	296	0
56	山南市乃东区农牧局(乃东区科学技术局乃东区科学技术协会)	乃东区白荣奶牛养殖扩繁场(以工代赈)附属围墙大门建设项目	528	515	515	28
57	山南市住房和城乡建设局(山南市人民防空办公室)	山南市乃东区湖北大道(和平南路金珠南路段)综合管廊工程	12174	9729	9729	500
58	山南市雅达实业发展有限公司	乃东区 2019 年公共租赁住房建设项目(结莎社区地块)	6667	6334	6334	897
59	山南市旦玛实业发展有限公司	乃东区 2019 年公共租赁住房建设项目(泽当社区地块)	5198	4938	4938	0
60	西藏帕竹商务服务有限公司	乃东区 2019 年公共租赁住房建设项目(乃东社区地块)	7965	7567	7567	567
61	乃东住房和城乡建设局	乃东区多若村棚改安置房(一期)建设项目	1323	1071	1071	0
62	乃东住房和城乡建设局	山南市香曲西路(格桑路至泽当大道段)市政道路工程	3491	2903	2903	658
63	山南城投工程咨询有限责任公司	乃东区泽当社区综合提升建设	1602	1602	1602	0
64	山南城投工程咨询有限责任公司	山南市雅砻林卡小区改造项目	1251	1251	1251	0
65	山南城投工程咨询有限责任公司	山南市吉祥苑、邮政退休基地、平安小区改造项目	2390	2390	2390	0
66	山南星路沥青混凝土有限公司	山南星路沥青混凝土有限公司	4500	4500	4500	0
67	乃东区林业局	乃东区 2021 年矮化苹果种植项目	26500	26500	26500	0

续表 4

序号	单位详细名称	项目名称	计划总投资	自开始建设累计完成投资	本年完成投资	本月完成投资
68	山南市乃东区农牧局	山南市乃东区畜禽粪污资源化利用整县推进建设项目(一期)	2050	867	867	11
69	乃东区索当投资有限公司	山南市乃东区藏源路幸福路建设项目	2393	2393	2393	1803
70	山南爱尔眼科医院有限公司	山南爱尔眼科医院	2001	1466	1466	0
71	灵康药业集团股份有限公司	灵康药业总部大楼建设	5000	4307	552	0
72	山南城投工程咨询有限责任公司	山南市中心城区停车场项目	18270	8500	8000	500
73	西藏山南羊湖建筑工程有限公司	陇巴国际商场酒店建设项目	22095	7740	7740	380
74	西藏山南羊湖建筑工程有限公司	羊卓峰住宅小区建设项目	49918	17800	17800	385
75	山南市乃东区农牧局	乃东区色康社区人居环境整治项目	940	866	866	236
76	山南市教育局	山南市东辉中学建设项目	1900	1039	1039	511
77	山南市妇幼保健院	山南市妇幼保健院预防保健综合楼项目	12000	3514	3514	3514
78	山南市林业局	乃东区 2021 年营造林先造后补工程(多颇章乡布麦村Ⅰ)	1346	346	346	0
79	山南市乃东区公安局	乃东区公安局多颇章乡派出所周转房	3105	900	900	0
80	山南市乃东区教育局	乃东区多颇章乡小学改扩建建设项目	2847	793	793	793
81	山南市乃东区教育局	山南市乃东区昌珠镇小学供暖项目	533	96	96	96
82	山南市农业农村局	山南市藏鸡产业研究院建设项目	4909	1462	1462	0
83	山南市教育局	山南市一高教学楼建设项目	3261	1339	1339	1339
84	国网西藏电力有限公司	2021 年户表低压侧改造项目	1318	1318	1318	18
85	乃东区林业局	乃东区 2021 年营造林先造后补建设工程(多颇章乡布麦村)	861	258	258	0
86	乃东区林业局	乃东区 2021 年营造林先造后补建设工程(多颇章乡嘎东团结新村西侧山体)	861	204	204	0
87	乃东区交通运输局	山南市乃东区颇章乡斯堆村批布组公路项目	1472	1472	1472	579

续表 4

序号	单位详细名称	项目名称	计划总投资	自开始建设累计完成投资	本年完成投资	本月完成投资
88	乃东住房和城乡建设局	山南市乃东区结莎社区热邓老旧小区改造项目	630	399	399	199
89	乃东住房和城乡建设局	山南市乃东社区9组、乃东区尼木沟、岗巴小区改造项目	978	831	831	482
90	山南市乃东区旅游发展局	乃东区雅砻河流域污染治理工程农村生活污水处理工程项目	1277	864	864	0
91	山南城投工程咨询有限责任公司	山南市萨热路城市更新建设	562	390	390	390
92	山南城投工程咨询有限责任公司	山南市格桑路、贡布路城市更新建设项目	1743	1220	1220	1220
93	山南城投工程咨询有限责任公司	山南市泽当镇乃东路城市更新改造	1319	923	923	923
94	西藏山南源景酒店管理有限公司	西藏山南源景酒店施工工程项目	2200	600	600	0
95	乃东区乡村振兴局	乃东区多颇章乡易地搬迁嘎东团结新村厅都沟林草兼种项目	2421	1606	1606	0
96	乃东区乡村振兴局	西藏山南乃东区索珠乡茹巨藏香猪养殖产业链延伸加工项目	2000	643	643	0
97	乃东区乡村振兴局	山南市乃东区多颇章乡易地搬迁嘎东团结新村水利设施项目	1270	473	473	0
98	乃东区乡村振兴局	乃东区多颇章搬迁点防洪工程	937	831	831	0
99	乃东区乡村振兴局	乃东区多颇章乡易地搬迁点手工业编制加工建设项目	1007	770	770	0
100	乃东区乡村振兴局	西藏山南市乃东区多颇章乡农村人居环境整治项目	3468	2395	2395	1226
101	山南市生态环境局乃东区分局	山南市医疗废物集中处置中心提标升级项目	1800	1451	1451	0
102	山南市乃东区发展和改革委员会（乃东区粮食和物资储备局、乃东区经济和信息化局）	山南市卓吉林小区建设项目	53865	30800	16800	16800
103	山南市住房和城乡建设局（山南市人民防空办公室）	乃东区泽当大道（泽当大道—和平北路段）综合管廊工程建设	38497	9850	9850	9850
104	山南市乃东区发展和改革委员会（乃东区粮食和物资储备局、乃东区经济和信息化局）	雅砻木森度假酒店建设项目	20000	3000	3000	3000
105	山南市住房和城乡建设局（山南市人民防空办公室）	山南市泽当城区三湘大道北延伸段、南延伸段、改扩项目建设	9141	2561	2561	2561
106	国网西藏电力有限公司	2021年财政户表项目	7167	7167	7167	7167
107	山南市乃东区农牧局	乃东区畜禽粪污资源化利用整县推进建设	1748	363	363	363

续表 4

序号	单位详细名称	项目名称	计划总投资	自开始建设累计完成投资	本年完成投资	本月完成投资
108	山南市乃东区教育局	乃东区实验小学学生公寓建设项目	1208	1208	1208	1208
109	国网西藏电力有限公司	2021 年生产零购专项投入项目	2406	2406	2406	2406
110	国网西藏电力有限公司	2021 年生产技改专项投入项目	3740	3740	3740	3740
111	国网西藏电力有限公司	2021 年电力市场营销专项投入项目	2320	1998	1998	1998
112	国网西藏电力有限公司	2021 年生产辅助技改项目	600	600	600	600
113	国网西藏电力有限公司	2020 年电力营销户表改造工程项目	1286	1286	1286	1286
114	国网西藏电力有限公司	国网西藏电力有限公司 2021 年业扩配套预列项目	1360	1360	1360	1360
115	山南市乃东区旅游发展局	乃东区雅砻河流域污染治理工程——配套设施建设项目	687	418	418	418
116	乃东区索当投资有限公司	乃东区亚堆乡支那水库建设项目	2553	607	607	607
117	乃东区索当投资有限公司	乃东区多颇章乡嘎东团结新村(易地搬迁)灌区工程项目	1499	366	366	366
118	乃东区索当投资有限公司	西藏山南市乃东区雅砻库区生态清洁流域综合治理工程	2292	572	572	572
119	山南市住房和城乡建设局	山南市吉玛巷 10 千伏泽航、泽粮及低压入地改造工程	600	163	163	163
120	山南市住房和城乡建设局	山南市湖北大道南延伸段(和平北路至和平南路段)建设	3998	1202	1202	1202
121	山南市乃东区教育局(山南市乃东区体育局)	乃东区规范化学校建设项目(一期)项目	1793	1793	239	132
122	乃东住房和城乡建设局	乃东区 2018 年泽当镇泽当大道片区(城中村)棚户区改造项目	27860	20200	7000	600
123	乃东住房和城乡建设局	乃东区 2018 年公租房建设项目(藏医药传承创新地块)	2759	2249	1502	1
124	山南城投工程咨询有限责任公司	山南市火车站站前广场建设项目	2832	2690	2690	0
125	乃东区水利局	乃东区达当水库灌区配套及节水改造工程	2028	1627	382	0
126	山南市乃东区教育局	乃东区规范化学校建设项目(二期)项目	2317	2317	858	445
127	山南市乃东区教育局	乃东区昌珠镇完全小学标准化建设项目	1651	1651	942	715
128	乃东县经济合作局	乃东区电子商务进农村示范项目	1500	1500	300	0
129	山南市林业局	2018 年山南市主城区森林绿色围城工程	2000	1741	1741	0

续表 4

序号	单位详细名称	项目名称	计划总投资	自开始建设累计完成投资	本年完成投资	本月完成投资
130	乃东区林业局	乃东区 2018 年两江四河流域绿化工程项目	1761	1175	465	465
131	乃东区交通运输局	乃东区 S202 至日乌曲林公路	869	397	0	0
132	山南市福豪商贸有限公司	山南市福豪商贸有限公司标准化厂房建设项目	2000	380	0	0
133	乃东区水利局	乃东区颇章乡批布沟流域水土保持综合治理工程项目	799	647	169	0
134	山南市乃东区教育局	亚堆乡完全小学标准化建设项目	1565	1565	310	304
135	西藏山南泰安房地产有限公司	桑吉林花园	36000	33400	1800	0
136	西藏山南泰安房地产有限公司	山南城投桑吉林花园二期	40000	42700	2000	0
137	西藏山南江南房地产有限责任公司	山南市英雄路住宅开发项目	42107	41686		0
138	西藏山南江南房地产有限责任公司	山南市泽当大道商住楼开发项目	238329	198100	76200	0
139	西藏八角街投资有限公司	山南雅砻湾花园小区综合楼（B 座）	2000	2000	566	0
140	西藏珠穆朗玛集团有限公司	山南万源府	24153	500	500	500
141	西藏山南恒宇房地产开发有限责任公司	山南恒宇商业广场建设项目	18000	10490	10490	0
142	西藏雅拉香波房地产开发有限公司	贡布日家苑	27327	7400	5100	0
143	西藏帕竹商务服务有限公司	贡康小区沿街商业（金包银）开发项目	28127	22577	22577	460
144	西藏雅润房地产开发有限公司	诺一雅江天街商业广场	12000	10452	10452	300
145	乃东区宏图房地产开发有限责任公司	乃东家园二期	131080	137109	36800	0
146	山南市雅达实业发展有限公司	雅达花园小区	11600	11600	115	0
147	乃东区宏图房地产开发有限责任公司	乃东家园一期	5170	5200	5200	0
148	西藏乃东区锦东房地产有限公司	锦砻．御江府	48000	25400	25400	1000
149	山南市同源置业有限公司	同源翡翠城	16000	16000		0
150	铁路总公司拉林铁路建设总指挥部	新建川藏铁路拉萨至林芝段（乃东段）	333378	283712	35802	5695
151	西藏自治区交通厅重点公路建设项目管理中心	贡嘎至泽当高等级公路	650000	461945	0	0

自然资源

【概况】 2021年，乃东区自然资源局（以下简称区自然资源局）设有行政编制5人、事业编制4人，实有干部职工22人，其中行政编制9人、事业编制8人，副科级以上干部9人，专技人员8人。下设办公室、财务室、国土空间用途管制室、国土空间规划室4个科室，驻山南市政务服务大厅不动产登记中心1个窗口。

【土地资源】 根据乃东区2020年国土变更调查成果数据，乃东区国土调查总面积为218241.97公顷，其中湿地3425.53公顷、耕地7581.49公顷、种植园用地94.57公顷、林地48380.57公顷、草地144141.86公顷、商业服务业用地311.27公顷、工矿用地325.56公顷、住宅用地1290.39公顷、公共管理与公共服务用地406.52公顷、交通运输用地1067.09公顷、水域及水利设施用地4256.33公顷、其他土地6960.79公顷。

【耕地保护】 2021年，区自然资源局加强耕地保护责任，与各乡镇（街道）层层签订耕地保护目标责任书，把保护责任落实到村、组、户，明确责任，加强考核，根据乃东区土地利用总体规划，2021年乃东区耕地保有量为97497亩（6499.8公顷）、永久基本农田保护面积5524.83公顷（82872.45亩）。

【土地执法监察】 2021年，区自然资源局摸排2020年7月3日后农村乱占耕地问题共6宗，涉及昌珠镇5宗、结巴乡1宗，共计面积612.19亩。截至年底，6宗违法用地中已完成整改3宗，整改中3宗。

【建设用地】 2021年，区自然资源局响应国家城乡建设用地增减挂钩政策，助推乡村振兴战略工作，缓解建设用地供需矛盾，2019年申报增减挂钩指标251.75亩，其中建新区8.43亩，结余指标243.32亩，拆旧工作已全部完成，复垦复绿工作完成85%。2020年审批结余指标158.568亩，拆旧工作完成52.85亩。以每亩30万元的资金计算，共争取资金1205.664万元。

【非农建设项目用地】 2021年，区自然资源局成功上报宏农藏鸡、山南市疾控中心、拉林铁路护路配套设施项目、山南市医疗废物处置中心等项目报件，涉及面积149.99亩。共召开4次征地协调会，涉及藏源加油站、金牛加油站、三湘大道南延伸段等30宗土地，已完成签订市储备地、山南市医疗废弃物处理中心、拉林铁路护路联防配套设施营区、区储备地等24个项目的征地协议。截至年底，共兑现征地费12433.43万元，上缴区财政耕地开垦费3785.90万元，收缴土地出让金483.17万元。

【矿产资源管理】 2021年2月，乃东内的所有非金属矿山企业完成关停取缔工作，矿山生态环境逐步恢复。区内共4家探矿企业，分别为金鲁西铬铁矿、金鲁铬铁矿、努日铜矿、拖浪拉铜矿，以上4家探矿企业2021年未开展任何作业。12月15日，由区政府组织相关业务部门完成对《乃东区矿产资源总体规划（2021—2025年）》的初审工作，按照会议提出的修改意见编制单位正在

2021年6月28日，乃东区自然资源局组织相关部门到斯堆村易地搬迁点，为21户搬迁户发放不动产权证

2021年12月15日，乃东区召开《乃东区矿产资源规划（2021—2025年）》审查会

进行修改完善。

【地质灾害防治】 2021年，区自然资源局协助配合405地质队完成乃东区汛前、汛中、汛后的地质灾害排查工作，9月27日，邀请地质队专家组织亚堆乡、颇章乡（重点隐患区域）的相关负责人及群测群防员开展应急知识培训，并结合往年及全区1∶50000数据，统计出2021年乃东区共计地质灾害点185处，对比2020年新增3处（泥石流：多颇章乡索朗村4组养猪场、多颇章乡布麦村3组水库、昌珠镇门中岗社区格曲沟），核销2处（泽当镇郭莎社区1组3号、4号泥石流）。

【不动产登记】 2021年，区自然资源局共发放不动产权证书2702本，7月，乃东区不动产登记中心开通受理预告抵押业务，推进“放管服”改革工作，为高效快速地提供办证服务。12月9日，乃东区自然资源局完成昌珠寺、亚桑寺、雍布拉康、日乌曲林、吉如拉康、扎西托卡6座寺庙的确权登记工作，并颁发不动产权证书。12月28日，区自然资源局在颇章乡举办集体土地确权登记发证仪式，全区集体土地确权工作完成登记432宗，涉及面积143445916.4219平方米，发证率达99%。

【城乡规划】 2021年，乃东区完成国土空间规划初审和村庄规划编制启动工作。办理规划审批工作，办理山南市泽当城区北入口、山南市产城一体示范点园区24号道路北延伸段等建设项目用地预审与选址意见书共25件；办理乃东家园一期、锦砻·御江府（商业）等项目建设用地规划许可证共36件；办理山南恒宇商业广场、拉林铁路（山南站）站前市政公共基础设施和服务配套设施建设项目一标段等项目建设工程规划许可证共64件；办理乃东区多颇章搬迁点防洪工程项目乡村规划许可证共19件；办理结莎社区集体机械停放场地临时用地规划许可证1件。共受理乃东区规划区内个人建房申请283件，已办理252起，组织第三方机构对123户房屋进行危房鉴定，5户已签订临时过渡安置补助协议。

审计

【概况】 2021年，乃东区审计局（以下简称区审计局）核定行政编制数3人，实有在岗行政人数4人，领导职数2人。设6个职能股室，分别是办公室、经济责任审计股、财税金融审计股、固定资产投资审计股、法规审计股和整改监督股。

2021年，区审计局充分发挥审计监督职能，紧扣全年审计项目计划，结合上级审计机关安排的审计项目和区委、区政府下达的各项审计任务，精心组织、分步实施，为保障全区经济健康稳定发展，促进廉政建设发挥积极作用。全年共完成审计项目2个，其中，经济责任审计1个，财政财务收支审计1个。查出管理不规范资金37490.09万元。盘活存量资金1200.98万元。上缴坐支非税收入0.11万元、违规及超标准报销0.49万元。聘请第三方对寺庙财税监管审计6个。

【预算执行审计】 2021年，区审计局对2020年度区本级预算执行和其他财政收支情况进行审计，重点审计区财政局本级预算编制、预算管理和决算、预算执行情况，审计区委统战部、区农业农村局、区人力资源和社会保障局、颇章乡人民政府等4个部门的预算执行情况，并延伸审计调查政府采购的合规性及非税收入的征缴情况。审计发现各单位存在不同的问题共20个，针对财政收支管理、固定资产、政府采购、财务报销、内控等方面存在的问题和制度的完善提出多项加强管理的意见和建议，加大对问题整改的监督力度，促进预算执行的规范化和科学化。针对审计披露的问题，区政府主要领导作批示，明确相关责任单位认真进行整改。

【经济责任审计】 2021年，区审计局受市委组织部委托，对1名领导干部任期经济责任进行审计，重点关注领导干部在担当作为、规范用权、令行禁止、廉洁从政等方面责任落实情况。加强审计资源配置管理，把经济责任审计与财政财务收支审计相结合；审计查账与审计调查、谈话相结合；纵向和横向相结合，提出审计建议3条。

【寺庙财税监管】 2021年，为做好乃东区寺庙财税试点审计监督工作，规范寺庙财务及资产管理，区审计局对吉如拉康、扎西多卡寺等6座寺庙的财务收入、支出和结余及规模结构做审前调查，通过对寺庙的业务经营范围、财务状况、收支情况和接受、使用捐赠情况以及经营成果的调查，为审计工作的开展打下基础。

【审计能力建设】 2021年，区审计局派出1名业务骨干到南京审计学院进行为期1个月的大数据及计算机审计培训，1人抽调区纪检委专案组，组织参加网络培训班40人次。参加市审计局内部培训班20余人次，内容涵盖法律法规、审计流程、审计案例、审计文书、风险防控等方面，提高审计人员依法审计能力。

2021年9月7日，乃东区审计局党支部到颇章乡阿巴村宣传习近平总书记“七一”重要讲话和视察西藏工作时重要讲话精神

统计

【概况】 2021年，乃东区统计局（以下简称区统计局）为正科级行政单位，核定编制6名，实有7名，其中乡科级5名，事业2名，汉族3名、藏族4名，女5名。年内，区统计局提升统计局能力，统计数据质量和政府统计公信力，完成各项工作任务。

【群众安全感调查】 2021年，区统计局对乃东区居住半年以上的18—70周岁居民开展公众安全感测评调查。测评调查向不同行业、不同人群发放问卷调查200份（其中汉文100份、藏文100份）。调查结果显示公众对社会治安总体评价满意度为100%。

【月度劳动力调查】 2021年3月，根据《国家统计局山南调查队关于山南市开展省级月度调查失业率统计工作方案》要求，对泽当街道办事处辖下的乃东社区、泽当社区、结莎社区、罗布林卡社区、色嘎顶社区、嘎玛庆社区、琼嘎顶社区、赞堂社区、郭沙社区、鲁琼社区，昌珠镇辖下的昌珠居委会共11个社区（村居）设为调查点，每个社区（村居）每月调查16户家庭的就业失业等指标。

【人口抽样调查】 2021年10月，区统计局开展乃东区泽当街道办事处辖下的乃东社区、泽当社区、嘎玛庆社区，结巴乡门中村委会，亚堆乡才朋村委会2021年人口

2021年3月3日，乃东区统计局召开2021年度农牧业报表培训会

变动情况抽样调查。

【常规统计工作】 2021年，区统计局严格执行各类月度、季度、年度报表制度，狠抓一套表联网直报工作，组织企业、相关项目单位召开固定资产统计工作培训会，强化业务培训和指导，督促企业规范统计基层基础工作，完善统计台账、严格数据审核把关，夯实源头数据质量。按时完成名录库维护更新，做好新增单位申报工作。截至年底，全区在库“四上”单位97家，“四上”单位位居全市第一，“四上”单位总量逐步壮大，经济增长动力逐步加强。

【统计法治工作】 2021年，区统计局利用统计年报会、专业培训会等，对统计专业人员、乡镇统计人员和企业报表负责人员，宣传统计法律法规，加大统计法治宣传力度。在人口抽样调查入户登记阶段，重点宣传《中华人民共和国统计法》。贯彻落实《全面深化统计管理体制改革提高统计数据真实性的意见》和《加强新时代高质量统计工作实施意见》精神，加大统计执法检查及核查力度，推进依法统计，提高统计数据质量。

乡村振兴

【概况】 2021年5月，根据《关于推进全区市县两级乡村振兴局挂牌工作的通知》要求，乃东区乡村振兴局（以下简称区乡村振兴局）挂牌成立，为乃东区人民政府直属正科级事业单位。

2021年，区乡村振兴局以推动高质量发展为主题，坚定不移贯彻新发展理念，以脱贫攻坚成果持续巩固，脱贫攻坚政策体系和工作机制同乡村振兴有效衔接、平稳过渡为目标，推进脱贫群众持续稳定增收，全面启动农村人居环境整治提升工程，为乡村全面振兴奠定坚实基础。

【扶贫资金投入与使用】 2021年，乃东区实施统筹整合项目17个，共投入资金4.64亿元，已完工3个，其中乡村振兴类项目3个，投入资金6339万元，分别为克松乡村振兴示范村建设、色康人居环境整治项目、多颇章乡农村人居环境整治项目；生产发展类项目5个，投入资金3.18亿元，分别为乃东区多颇章乡易地搬迁嘎东团结新村厅都沟林草兼种项目，乃东区嘎东团结新村、志岗村、斯堆村易地搬迁庭院经济建设项目，乃东区索珠乡茹巨藏香猪养殖产业链延伸加工项目，乃东区易地搬迁矮化苹果种植项目，乃东区多颇章乡易地搬迁点手工业编织加工项目；基础设施类项目6个，投入资金7156万元，分别为乃东区多颇章乡嘎东团结新村防洪沟项目、乃东区多颇章乡易地搬迁嘎东团结新村水利设施项目、颇章乡易地搬迁点斯堆村委会至批布组公路、乃东区多颇章搬迁点防洪工程、乃东区多颇章乡嘎东团结新村厅都沟防洪堤、山南市乃东区支那村水库工程；其他类项目3个，投入资金1063万元，分别为技能培训项目、生态岗位类项目2个。

【产业扶贫】 2021年，区乡村振兴局立足资源优势，优化产业布局，聘请8名自治区农科院资深专家担任产业顾问，采取“公司+科研单位+基地+合作社+贫困户”、土地入股等多种形式，巩固提升粮食、禽畜等传统产业，深化发展设施养殖、绿色蔬菜、文化旅游等惠民产业，培育壮大主导产业。扶贫项目稳定就业带动脱贫户510人，实现月人均增收4500元以上；带动周边群众798人就业，月人均增收3500元以上。

【易地扶贫搬迁后续扶持工作】2021年，区乡村振兴局紧盯搬迁群众稳得住、有就业、逐步能致富目标，统筹整合资金3.8亿余元，实施易地扶贫搬迁后续扶持项目10个。截至年底，开工10个，完工7个。配套完善6个集中安置点基础设施、公共服务。健全完善搬迁点村居“两委”，选派优秀年轻干部担任支部书记。面向集中安置点，开发城镇和社区环卫、绿化、安保、公共设施等岗位，搭建平台引导搬迁群众从事餐饮服务行业，确保每个有劳动力的搬迁家庭至少有1人稳定就业。加强扶贫项目资金管理使用，坚持时间和质量并行，规模和效益并重，加快推进扶贫项目建设。

【防止返贫动态监测和帮扶机制】2021年，区乡村振兴局实施“驻村摸排、包村到户”“筛查预警、全力监测”举措，对“边缘易致贫户、脱贫不稳定户、突发事件困难户”三类人群实施常态化监测，重点监测收入支出状况、“两不愁三保障”及饮水安全状况，做到早发现、早干预、早帮扶。密切关注全国防返贫监测信息系统中未消除风险的突发严重困难3户12人及脱贫不稳定4户9人生产生活情况。截至年底，全区无返贫问题。

【转移就业】2021年，区乡村振兴局制定出台《乃东区关于实施就业创业政策补贴的暂行办法》，完善农牧民劳动力数据信息库，实行月收入“一月一统一分析”的工作机制。统筹整合援藏单位、本地企业资源力量，开展定岗定向职业技能、“以工代训”等培训，促进劳务输出由体力型向技能型、普通工向技术工转变。2065户6477名建档立卡脱贫群众人均纯收入达到14252.87元，超额完成增长目标。严格落实400万元以下项目交由具备条件的农牧民施工企业实施，采取以工代赈方式吸纳群众就业。建成区级转移就业基地14个，成立9个民工联队，转移就业12155人，外出务工总收入1.3亿余元。

2021年10月28日，乃东区乡村振兴局召开乡村振兴联席会议，安排部署重点工作暨数据统计录入培训工作

【安全饮水工程】2021年，区乡村振兴局严格落实“四个不摘”要求，围绕“两不愁三保障”开展巩固衔接工作。制定出台《乃东区农村饮水安全工程运行管理办法》，建立53个行政村安全饮水联系和调度制度，不定期开展农村饮水安全薄弱环节排查。加强水源点保护和蓄水池的消杀消毒工作，组织技术人员在丰水期、枯水期对全区104处供水点开展全面水质检测工作，持续提升农牧区供水保障水平。全年投入100万元解决全区3个乡镇、5个村居的安全饮水问题。

【义务教育均衡发展】2021年，乃东区全面深化教育教学改革，实施“科教兴区”战略，先后2次制订实施深化教育改革全面提升教育教学质量的行动计划，建立全方位教育扶智精准扶贫体系。坚持执行控辍保学“四书”制，实行学前幼儿及义务教育阶段学生免试就近入学，为11名送教上门对象开展“3+1+N”服务，让每个学生都能享受教育均衡成果。全

2021年6月2日，乃东区乡村振兴局挂牌成立

年共兑现教育惠民资金3304.75万元。

【社会保障】 2021年，区乡村振兴局深入实施健康扶贫，强化医保信息化基础设施建设，区内定点医疗机构实现基本医保、大病保险、医疗救助“一站式结算”。实行“先诊疗、后结算”，为重特大疾病患者和易致贫监测户开通医保结算绿色通道，零星报销实现30日内结算，全面解除脱贫群众疾病医疗后顾之忧。城乡居民参保应保尽保，建档立卡脱贫户参保率达100%。健全完善2065户6477脱贫群众健康档案，持续开展家庭医生签约服务，乡村振兴险实现全覆盖。全年资助参保121.7万元，兑现城乡居民医疗保险4000余万元。

【巩固住房安全保障】 2021年，区乡村振兴局拓展农村住房安全保障对象范围，健全完善农村低收入群体等重点对象住房安全动态监测机制，综合运用农户自主申报、基层干部排查、部门筛查预警、第三方实地鉴定四种方式，健全监测对象快速发现和响应机制。全年兑现资金16.2万余元，完成10户危房户改造任务。

【生态扶贫】 2021年，区乡村振兴局执行生态扶贫政策，引导有劳动能力和意愿的建档立卡脱贫群众参与生态环境保护和生态修复，通过雅江两岸营造林、荒漠化治理等方式，实现当地群众增收2000万元以上，新增绿地面积2.5万亩。2705个生态岗位稳岗稳员，共兑现生态补偿岗位资金946.75万元。

【金融扶贫】 2021年，区乡村振兴局对接银行机构，加大扶贫小额信贷力度，加强群众政策宣传，充分发挥扶贫小额信贷作用。全年发放小额贷款资金150万元，扶贫项目贴息798.42万元，用于扶贫产业发展。

市场监督管理

【概况】 2021年，乃东区市场监督管理局（以下简称区市监局）在编干部职工25名，其中男13名，女12名；汉族8名，藏族17名；研究生1人，本科14名，专科8名，高中2名；党员24名。截至年底，乃东区各类市场主体共计10232户，总注册资金198.4546亿元，从业人员共41258人，比上年分别增长25%、23%、31%，其中个体8877户，注册资金16.5367亿元，从业人员19828人；企业1085户，注册资金180.1605亿元，从业人员18699人；农专270户，注册资金1.7574亿元，从业人员2731人。全区拥有商标1270件，其中地理标志商标2件，国际商标1件，已申报驰名商标1件，推荐地标保护产品1件。

【市场执法】 2021年，区市监局实施“双随机、一公开”抽查工作2次，抽查企业61户，建立列入经营异常名录企业3户，现场责令改正企业1户，待注销企业1户。聚焦民生领域价格收费行为，召开餐饮行业代表违法违规收费行为提醒告诫会和网络订餐企业约谈会，对餐饮业违规收取餐具费、餐位费、设置最低消费标准、捆绑销售等行为，率先在全区开展专项整治行动。开展查处取缔无照经营违法行为，整顿规范市场主体489户，引导办证办照175户，截至年底，辖区内亮证亮照率超过99%。

【业务培训与指导】2021年，区市监局以《中华人民共和国食品安全法》《餐饮服务食品安全操作规范》等专业知识为框架支撑，组织林卡、农家乐、食品安全示范店等食品经营主体法人，召开食品安全工作培训会。向餐饮服务者逐户推广使用“西藏餐饮两库一平台”，指导经营者注册、学习、考核，提升经营者食品安全意识。选派16名干部兼任非公党建工作指导员，加强对非公党建工作的指导，非公支部共解决就业10人，捐赠各类疫情防控物资，价值23.03万元。

【行政审批和行政许可】2021年，自治区市监局持续推行注册资本认缴制、放宽经营场所、开放企业名称库、取消企业名称预先核准、推行企业名称自主申报等注册便利化改革，简化审批流程，降低民营企业的制度性成本。先后推进“三证合一”“五证合一”“十八证合一”“三十三证合一”等改革，持续压缩企业开办时间，做到开办企业“全程网办、一日办结”，促使企业登记事项网上办理率提升到95%以上，实现信息多跑路，让群众少跑腿。持续推行“先照后证”改革，仅保留登记前置审批32项，已向相关部门和企业抄送双告知文书337份。通过清算组外网备案、简易注销等措施推行注销改革，建立方便快捷的市场退出机制。全年共注销64户，其中企业60户、农专4户。开展“证照分离”改革，分别按照“直接取消审批、审批改为备案、实行告知承诺、优化准入服务”四种方式与全国同步实施“证照分离”改革，着力解决“准入不准营”问题。

【食品安全监管】2021年，自治区市监局立足乃东特点、部门实际，以专项检查为主，以企业约谈、食品安全培训为辅，以部门监管为主、以行业自律为辅，以食品抽检为主，食品领域违法案件震慑为辅，先后组织开展以城乡接合部、农牧区、校园周边、林卡、旅游景区、养老院、福利院、网络订餐等领域为重点的食品市场专项整治工作和食品销售风险分级评定工作。通过量化分级和差异化监管，树立鲜明导向，引导食品销售者提高管理水平和风险防范意识。截至年底，完成辖区食品销售主体食品安全风险等级评定635家。检查食品经营户10254户，出动检查1245人次，车辆865台次，监督商家自行销毁过期食品9385千克，查封过期食品5576千克，签订《食品安全责任书》2765份，下达《日常监督检查意见书》258份、《责令整改通知书》132份。约谈网络餐饮服务第三方平台1家，下架美团线上食品经营户52户。向市市场监督管理局移交案源30起。协助第三方抽检公司开展食品安全抽样检测工作17次，对166个批次食品进行抽样检测，抽检合格率达到100%。开展食品安全保障7次，食品快速检测89个批次，34个品种。开展坚持厉行节约，制止餐饮浪费行动，张贴宣传标语2000余份，检查餐饮单位厉行节约152次。

2021年7月12日，乃东区市场监督管理局开展冷链食品“回头看”排查工作

【餐饮服务食品安全示范店授牌】2021年7月9日，乃东区市场监管局举行乃东区餐饮服务食品安全示范店授牌仪式，对首批通过验收的7家优质餐饮服务市场主体进行授牌。

【药品、化妆品安全监管】2021年，自治区市监局加大药品、化妆品和医疗器械的飞行检查、跟踪检查、认证检查力度，强化“四类药品”监管力度。签订《乃东区市场监督管理局疫苗质量安全责任书》17份，发放药品安全宣传资料500余份，宣传品120余件。组织辖区人民医院、乡镇卫生院、药店、监管人员参加山南市“两品一械”不良反应事件监测培训，提高监测人员、医疗机构、药店等经营单位对不良反应监测报告意识和监测主体责任意识。

2021年10月13日，乃东区市场监督管理局开展转供电环节收费专项清理整顿工作

【知识产权监管】 2021年，区市监局引导企业实施商品品牌战略，开展宣传活动和侵权打击力度，营造良好的知识产权保护氛围。针对辖区企业在商标注册、运用、保护和管理等方面存在的问题，深入企业了解企业在商标信息、商标价值、商标运用保护和管理等方面的基本情况，并进行面对面宣传、交流、答疑解惑、行政指导，提出针对性建议，并通过提供商标注册查询服务，帮助企业挖掘商标资源。

【打击传销监管】 2021年，区市监局制订《2021年乃东区市监局打击传销工作方案》，调整充实打击传销工作领导小组，明确工作目标，细化工作任务，压实工作责任。先后多次深入5个乡、泽当街道、昌珠镇了解相关涉传情况，观察涉传人员的动态，避免更多的人员受骗参与传销。截至年底，共创建无传销单位8个，其中创建无传销乡镇2个、村居1个、小区3个、学校2个，实现无传销案件、无外出参与传销人员的“双零”目标。

【质量、安全生产、合同和价格监管】 2021年，区市监局开展成品油、易燃易爆化学品、农资、文化、红盾护农、旅游市场等领域的专项整治达65次。检查各类市场主体1800户次，督导纠正格式合同条款6条。先后在全区范围开展重要民生领域商品价格监管、转供电环节收费专项清理整顿工作和餐饮业违规收取餐具费、餐位费等行为开展专项整治工作，组织召开餐饮行业违规收取餐具费、餐位费提醒告诫会和实地核查，及时下达责令改正通知书，确保违规收费、违法加价行为得到有效遏制。

【消费者权益保护】 2021年，区市监局通过设立消费维权联络站、消费宣传活动、消费纠纷调解，增强消费维权影响力，提升维权能力水平。全年共发放消费维权宣传资料4000余份，宣传物品6400余份，接受咨询300多人次。创建14个“12315”消费维权联络站，处理消费者投诉举报共计126起，争议金额9.8万元，挽回经济损失5.2万元。

【社会治安综合治理】 2021年，区市监局配合开展社会治安综合治理工作，自觉参加6月综治宣传周、9月平安建设宣传工作。宣传期间，发放《中华人民共和国消费者权益保护法》《中华人民共和国广告法》《打击传销知识》等共10余种2200余份宣传资料及宣传图册。组织机关工作人员开展送温暖、献爱心活动，为困难群众和联系对象捐款捐物，献计献策。通过这些实实在在的帮扶行动，理顺疏导群众的一些情绪，化解一些社会矛盾，维护社会稳定大局。对一些可能造成信访的苗头性问题，及时排查化解。加强《信访条例》等法规政策的宣传，教育群众通过正当渠道理性地反映问题，不听信谣言超越政策提过高的要求，不参加非法组织活动。常态化开展扫黑除恶打非治乱专项斗争工作，对重点市场、重点领域开展全面排查摸底，准确掌握重点领域、重点行业市场主体的登记信息和经营动态，建立台账，做到底数清、情况明。

【疫情防控】 2021年，区市监局修订完善《乃东区市场监督管理局新冠肺炎疫情防控应急预防》和《乃东区市场监督管理局常态化疫情防控工作方案》。开展进口冷链食品“回头看”行动，销毁415千克无海关入境检验检疫证明和核酸检测报告的进口冷链食品。会同区疾控中心对辖区6家水果店从业人员，8个品种的车厘子及外包装开展核酸检测工作，督促落实食品经营单位疫情措施。对辖区内商场、超市、餐饮单位、茶园、咖啡厅等人员较为密集的场所开展常态化疫情防控督导检查工作，共检查3000余家次，指导商户落实主体责任、严格执行疫情防控措施、规范疫情防控工作台账。加强进口食品安全检查，先后组织工作人员及时对辖区印度、尼泊尔产品销售主体进行全面排查，下架资质不齐全、无中文标识的茶叶、咖喱粉等125盒产品，采集各类核酸检测样品113批次，从业人员采集核酸检测样品178个，均为阴性。建立乃东区餐饮经营户疫情防控一户一档，摸清商户新冠疫苗接种底数，加强新冠疫苗接种的宣传，截至年底，接种新冠疫苗12600人，签订《疫情防控承诺书》634份。组织辖区内的30户冷链食品经营单位参加全区冷链食品追溯平台操作视频培训会议。开设专场组织对230名美团骑手进行核酸检测。对109名冷链从业人员进行登记建档，所销售冷链食品及相关从业人员均进行核酸检测工作。

乃东区善为扶贫开发投资有限责任公司

【概况】 2021年，乃东区善为扶贫开发投资有限责任公司(以下简称区善为公司)共收益2232571.27元，其中代管项目所产生收益517314.5元，项目投资收益共计1589800元，理财利息125456.77元。代管增信资金6000万元，利息133433元，巴山农牧1000万元增信资金使用费150万元。

【农副产品交易中心项目】 农副产品交易中心项目 总投资3241万元(含土地购买费用)，项目地位于江北新区一体示范园区内。2021年1月租赁给西藏山南市乃东区葡桃农业科技有限公司，解决当地就业9人，年收租金96万元。

【乃东区民政扶贫商业楼项目】 乃东区民政扶贫商业楼项目 总投资626.89万元，其中民政局整合资金500万元，公司投资126.89万元。2019年整体对外出租，年租金35.19万元。每满5年在上个租赁合同总金额的基础上增长20%，为新五年期房屋年租金标准。

【乃东区多颇章乡藏香猪养殖建设项目】 乃东区多颇章乡藏香猪养殖建设项目 产业资金281万元，公司投资210.16万元，建筑设施及维修改造费用106.66万元，800头三月龄仔猪56万元，25吨仔猪饲料、100吨中猪饲料47.5

2021年1月，乃东区农副产品交易中心租赁给乃东区葡桃农业科技有限公司

万元。2020年6月初与乃东区次仁加措藏香猪养殖专业合作社达成协议,采取租赁方式交由合作社自主经营管理,按照第一年10万元、第二年15万元、第三年20万元支付公司租赁费用。2020年签订合作协议,区善为公司投资100万元用于新建厂房,每年不论盈亏区向善为公司支付10%的固定收益(即每年10万元),收益年限不少于3年,投资年限暂定为5年。截至2021年年底,带动贫困就业人数7人。

索当投资有限公司

【概况】 2021年,索当投资有限公司(以下简称索当公司)有员工38人(含索当物业保安、保洁),除政府借调的4人外其余都是外聘。实现收入1098.74万元,实现利润464.05万元。

【乃东家园二期项目建设】 乃东家园二期建设项目位于泽当大道南侧、市人行退休基地北侧,项目总投资为131080万元,年底完成项目总投资的99%。

【乃东家园一期项目建设】 乃东家园一期建设项目位于原乃东区财政局地块,项目总投资为5170万元,完成项目总投资的90%。截至年底,项目处于外墙干挂安装、电梯设备采购、总平回填等阶段。

【藏源路、幸福路建设】 藏源路、幸福路建设项目位于通站路东侧、格桑路北侧,项目总投资为2299万元,于2021年11月18日竣工验收,完成资料交接等工作,2021年11月19日通车。

【诺一雅江天街商业楼】 2021年,索当投资有限公司投入5100万元购买诺一雅江天街一栋九层楼商业楼房屋,出租给第三方经营四星酒店。

【瑞砻乡村客运公交有限公司运行】 2021年,乃东区委、区政府投入100万元,保障乃东区农村客运正常运行。3辆宇通混合动力城市公交车客流量为42709人次、4240趟次。11辆客车客流量为75557人次、7077趟次。包车费27400元,车费收入总计1124126元,调度2辆客车保障疫情防控工作。运输疫情客流量为2093人。

【索当物业公司交接】 2019年5月,碧桂园物业和索当投资有限公司进行交接,2021年物业收入231145.92万元,水电费收入25万元,日常维护大约4万元。人工薪酬支出约12万元。

财税·金融

财政

【概况】 2021年，乃东区财政局（以下简称区财政局）核定编制10名，实有9人，领导职数4人。

2021年，区财政局本级收入34426万元，较上年同期33966万元相比增加460万元，增长1.35%，其中税收收入25517万元，较上年同期22570万元相比增加2947万元，增长13.06%；非税收入8909万元，较上年同期11396万元相比减少2487万元，减少21.82%。上级补助收入20亿元，一般债券转贷收入13600万元，动用预算稳定调节基金15125万元。完成公共财政预算支出合计177959万元，同比增加61633万元，比上年决算数增加52.98%。完成2021年支出目标任务数。

【“三公”经费】 2021年，区财政局“三公”经费总额549.3万元，比上年减少182万元，同比下降24.9%，其中会议费43.9万元，比上年增加7.2万元，同比增长19.6%；公务接待费1.1万元，比上年减少1.3万元，同比下降54.2%；公务用车运行维费、购置费504.2万元，比上年减少187.9万元，同比下降27.1%。

2021年6月24日，乃东区财政局开展预算管理一体化系统培训

【资金管理】 2021年，区财政局到位直达资金10326.34万元，支出5200.08万元，全年支出进度为50.35%，重点用于城乡义务教育、保就业、危房改造、医疗救助、保基本民生、保基层运转，保障基层政府实施公共管理、提供基本公共服务及落实各项民生政策的基本财力需要，兜牢区级“三保”底线。

【区委、区政府中心工作保障】 2021年，区财政局支持推动乡村振兴。统筹整合国家、自治区、市、区四级资金共46540.38万元，支持巩固拓展脱贫攻坚成果同乡村振兴有效衔接。支持城市功能提升。累计安排重点基础设施建设项目资金6324万元，深入实施城市更新行动和泽当城区补短板工程，推进重点区域持续提升。支持实体经济发展，兑现招商引资企业产业扶持资金和代理招商服务费10751.6万元，惠及凯风进取、东方企慧等优质企业，兑现扶贫产业项目贷款贴息资金65.69万元。

【民生事业保障】2021年，区财政局基层和民生领域相关支出达101618.67万元，占一般公共预算支出的46%以上。

助力教育优先发展。2021年，区财政局落实教育资金25514.96万元，本级投入教育6793万元，重点用于15年公费教育、教育振兴和乡村教师支持计划、大学生资助、教育体制、薄弱学校改造、教育均衡发展等，改善基础教育办学条件。

健全社会保障体系。2021年，区财政局落实困难群众救助补助资金1071.84万元，重点用于城乡、农村低保、特困人员临时救助、事实无人抚养儿童等。落实残疾人事业发展补助及残疾人两项补贴848.06万元，落实优抚对象、医疗保障经费及退役安置补助1442万元。

落实增资政策。2021年，区财政局及时将2018年7月至2021年12月机关事业单位人员西藏特殊津贴标准增资4890.78万元落实到位，惠及乃东区机关事业单位干部职工2050人，保障干部职工正常福利待遇。

为民办实事资金保障。根据区委、区政府决策部署，安排"我为群众办实事"专项资金4359.44万元，实际投入3312.84万元，解决一批群众急难愁盼问题。

2021年11月2日，乃东区财政局举办寺庙财务人员业务培训班

【财政监督管理】2021年，区财政局不断规范预算管理。牢固树立政府过"紧日子"思想和零基预算理念，削减低效、无效支出。全年中央预算直达资金10376.58万元，全部用于民生领域。加强直达资金监管，盯紧盯牢直达资金的分配、拨付和使用，确保每笔资金用到最急需、最紧要的地方。

强化结余资金管理。2021年，区财政局深度清理财政专户，盘活本级存量资金7216万元，主要用于"十四五"项目前期经费、多颇章乡扶贫安置点视频监控建设项目、白荣奶牛扩繁场饲草料款、江北"产城一体"设计等重大项目，确保财政资金高效运行。

坚决防范化解债务风险。2021年，区财政局落实政府债务常态化监测机制，全年乃东区债务余额27919.7万元，财政部累计核定乃东区政府法定债券余额26800万元，其中2021年发行新增地方政府债券13600万元，重点用于标准化厂房建设、泽当社区公租房建设等项目。

加大财政监督力度。2021年，区财政局邀请第三方对索当、善为公司开展审计工作。

【财税体制改革】2021年，区财政局完成4家国有企业改制工作。对改制企业资产进行资产评估、履行法律程序。提升国有资产管理水平和资产保值增值能力。稳步推进预算管理一体化改革，以建设"标准规范、横联纵通、账表一体、业务协同、信息共享"的地方财政预算标准化管理平台为目标，对区直55家预算单位基础信息进行完善，对各级预算管理业务流程、管理要素和控制规则等进行规范和统一，加强政府预算、部门预算、单位预算以及上下级预算之间的业务环节无缝衔接和有效控制。完成6座寺庙财税体制改革任务。推进全区惠民惠农财政补贴资金"一卡通"专项治理工作。制定《乃东区惠民惠农财政补贴资金“一卡通”管理实施方案》,明确工作职责,清理整合补贴政策和项目,及时在政府或部门门户网站进行公开。开展国有资产清查工作,累计清查预算单位55家,固定资产总值达31678万元。

【促消费活动】 2021年12月1—7日,区财政局为活跃消费市场,更好地满足各族群众消费需求,保障和改善民生,开展山南市第41届雅砻物资交流会“金冬嗨购·惠暖雅砻” 促消费活动,乃东区财政局筹备500万元,在雅砻物资交流会现场兑现抵扣券。

【公车及物品拍卖】 2021年7月22日,区财政局委托西藏圣光拍卖有限公司开展两次公车及物品拍卖会。此次参与竞标的竞买号牌达15号,参与竞买人数9人次,区财政局局长拉巴次仁、乃东区纪委监委办公室主任姚军亚参加拍卖会。4辆车、3盒虫草、2个金条、1条皮带、1部手机进行拍卖。成功拍卖2辆车(按降两次20%后的价格拍卖)、3盒虫草、1条皮带、1部手机,拍卖成交价33860元。因2个金条无法降价,根据《罚没财物管理办法》执法机关应协同财政提出处置方案。

税务

【概况】 2021年,国家税务总局山南市乃东区税务局(以下简称区税务局)有干部18人,行政编制13人、事业编制5人,为正科级单位,设有正局长1名、副局长3名、纪检组长1名,机构改革后内设机构8个,分别为办公室、法制股、征收管理股、纳税服务股、收入核算股、税源管理股、信息中心、纪检组。

2021年12月1日,乃东区税务局利用雅砻物资交流会开幕式,举行“法治宣传暖人心 税惠同行促发展” 宣传活动

2021年,区税务局坚持“依法征收,应收尽收,坚决不收过头税,坚决防止越权减免税”的收入原则,坚持以党建促改革,不断加强政治机关建设,大力推动党建与业务深度融合,正确处理减税降费和征税收费的关系,完成收入任务。全年累计组织各项收入为76509万元,同比增收10692万元,增长16.25%,其中税收收入完成58323万元,同比增收7289万元,增长14.28%;非税收入完成1788万元,同比增收735万元,增长69.80%;社会保险基金收入完成15246万元,同比增收2646万元,增长21.00%;职业年金收入完成1152万元,同比增收24万元,增长2.13%。分级次看,省级、市级税收增长明显,其中省级税收收入1209万元,同比增收905万元,增长近3倍;市级税收收入539万元,同比增收396万元,增长2.77倍;县级税收收入25376万元,同比增收2897万元,增长12.89%。省级、市级、县级分别占税收收入的2.07%、0.92%、43.51%。分行业看,支柱行业税收贡献突出,第一产业税收收入完成−40万元,同比减收170万元,下降130.77%;第二产业税收收入完成13022万元,同比减收421万元,下降22.33%;第三产业税收收入完成45341万元,同比增收7880万元,增长21.04%。

【减税降费】 2021年,区税务局采取多种方式开展政策宣传辅导,贯彻落实各项税费优惠政策,充分释放税收政策红利,牢固树立落实好减税降费政策措施是硬任务的理念,加强日常减税降费统计核算,深化减税降费效应分析，切实做好过渡期内各项政策的衔接，强化舆论引导和解读，切实增强市场主体的获得感。全年累计减税降费 5769.85 万元，涉及享受各项税费优惠政策纳税人缴费人 2742 户次；深入贯彻落实税务总局制造业中小微企业缓税政策，累计缓税 42 户次，缓征税款 148.01 万。

【纳税服务】 2021 年，区税务局结合“便民办税春风行动”“党史学习教育——我为群众办实事”主题活动，全年开展各类宣传辅导 20 余次，举办纳税人缴费人税费培训 15 场次。持续做好电子税务局和移动办税 App、24 小时自助办税推广工作，全年电子税务局申报率达到 98.78%，财税库银入库笔数占总入库笔数的 98%，电子专用发票新办户 19 户，推广电子专用发票 19 户，电子专票推广率达到 100%。根据纳税人的诉求，有针对性地开展政策解读培训，规范办公场所相关标识，以“周五讲堂”为载体，解读最新税收政策，梳理分析纳税服务及税收征管中存在的问题，提出有针对性的解决措施，不断提高税务干部的服务能力和业务水平。

【税收征管】 2021 年，区税务局共征管纳税户 6509 户，其中，企业纳税人 1164 户、个体工商户纳税人 5345 户。一般纳税人 283 户，登记注册缴纳社保费机关事业单位 56 户，企业 149 户，城乡居民基本养老保险缴费 22820 人，城乡居民基本医疗保险缴费 39320 人。结合税源规模、税源特点、纳税人数量、税源管理力量等因素，对辖区税源进行分类，实施差异化风险管理，并针对 62 户重点税源企业开展风险排查，全年累计排查问题企业 54 户。深化落实“放管服”改革、优化税收营商环境，落实首违不罚政策。加强涉税信息共享，与住建部门、环保部门建立共享机制，抓好环保税征免工作。

【税费职责划转】 2021 年，区税务局严格按照“政府主导、提早部署、部门联动、稳步推进”的总体工作思路，稳步推进社保费和非税收入征管职责划转改革工作。实现残疾人就业保障金、防空地下室易地建设费、水土保持补偿费、土地闲置费四项非税收入征收职责划转。全年残疾人就业保障金征收 408.39 万元、水土保持补偿费征收 16.25 万元。

乃东区税务局 2021 年组织税收收入情况统计表

表 5　　　　单位：万元

税种	分配级次			
	中央	自治区	地市	县级
增值税	12821	—	—	12821
资源税	—	2	3	6
企业所得税	13883	—	—	6606
个人所得税	4495	—	—	2997
城市维护建设税	—	—	—	1734
印花税	—	—	—	215

续表 5

税种	分配级次			
	中央	自治区	地市	县级
城镇土地使用税	0	—	—	—
土地增值税	—	1126	375	375
耕地占用税	—	81	161	564
环境保护税	—	—	—	11
契税	—	—	—	47

说明：2021 年共组织收入 76330 万元（其中税收收入合计 58323 万元、非税收入合计 1787 万元、社保费及其他收入合计 16398 万元、个人所得税代扣代缴手续费退税 -178 万元）

中国农业银行股份有限公司乃东支行

【概况】 2021 年，中国农业银行乃东区支行（以下简称农行乃东区支行）下设网点 11 个，其中区支行本部网点 1 个，二级支行 1 个，营业所 6 个，分理处 3 个。设立自助存取款机（ATM）等自助机具 151 台（其中 ATM 机 28 台、自助服务终端 8 台、POS 机 67 台、智付通 48 台）。在农牧区设立 28 个“三农”金融服务点，覆盖全市 100% 的空白金融机构乡镇和 100% 行政村。共设部门 8 个，分别为行长办公室、综合办、客户部、普惠专营部、营业室、分理处、营业所及保卫部。全行员工 99 人（女职工 65 人），党员 48 人。

【存款余额及增速】 2021 年年底，农行乃东区支行各项存款余额 835941 万元，较上年净增 550614.9 万元，其中储蓄存款 308833 万元，较年初净增 131787.7 万元；对公存款余额 527108 万元，较年初净增 418827.2 万元。

【贷款发放及增速】 2021 年年底，农行乃东区支行各项贷款余额 210476 万元，较年初净增 124839.4 万元；农户贷款 29322 万元，共计发放贷款 2352 笔，其中发放精准扶贫贷款 377 万元，扶持 77 户建档立卡贫困户，涉农贷款余额 60447 万元，较年初净增 12448 万元；累计发放贷款证 7267 张（其中金卡 5072 张、银卡 1361 张、铜卡 637 张、钻石卡 197 张）。

【金融服务】 2021 年，农行乃东区支行坚决提高政治站位，巩固

2021年5月26日，农行山南分行与乃东区泽当街道结莎社区、罗布林卡社区举行山南市首家智慧乡村示范点挂牌启动仪式

金融扶贫的工作机制。截至年底，发放农户贷款 29322 万元，共计发放贷款笔数 2352 笔，其中发放精准扶贫贷款 377 万元，扶持 77 户建档立卡贫困户，为乃东区与全国同步脱贫进入全面小康社会贡献一份微薄之力。全年共计发放非"三农"个人贷款 67014 万元，共计贷款笔数 4238 户，其中发放生产经营贷款 3059 万元，为乃东区干部职工有效解决日常消费资金需求；共计发放小微企业贷款 8357 万元，为 43 家小微企业解决融资需求。

【支持实体经济发展】 2021 年，农行乃东区支行紧紧把握乃东区经济发展脉动，始终坚持金融服务实体的初心和本源，支持地方经济发展，支持实体企业转型升级。组织召开"稳企业 保就业"银企对接会，充分利用"微捷贷"等线上产品，加大产品宣传推广力度，促成"白名单"客户成功办理"微捷贷"业务，并以此为契机，做好、做实小微企业线上产品客户基础，年末普惠型小微企业法人贷款户数 45 户，较年初增加 27 户。推进"三农"金融业务，开展农牧区产权制度改革金融服务，时刻关注政府部门对农村集体产权改革和集体经济组织发展的相关政策及举措。创新农牧区信贷方式，立足农行乃东支行实际，推出"惠农 e 贷"。

【金融风险监测】 2021 年，农行乃东区支行开展各项风险监测工作。实时掌控全行资产质量变动状况，加强季度不良贷款变动预测工作。通过定期或不定期系统监测，提取风险线索，分析、挖掘、总结规律，向各行下发各类风险提示，为各行有效识别、控制信用风险及提前采取防控措施提供有力的保障。运用"企查查""天眼"等外部查询系统，甄别客户行为真实性，提高信贷业务资料的可靠性，有效夯实信贷管理基础。截至年底，资产质量稳定，各类单项风险保持稳定可控，未发生重大风险事件或案件。强化不良贷款考核，定期不定期对各行（部）不良贷款绝对额增减、不良贷款占比、每月新发生不良贷款情况进行通报，狠抓贷款贷后管理工作，多管齐下、控新降旧，将不良贷款控制在区分行目标值以内。截至年底，全行不良贷款余额 285 万元，较年初增加 220 万元，不良率 0.13%。

【金融改革】 2021 年，农行乃东区支行推进"渠道＋场景""线上＋线下"各项工作，提升基层网点的服务速度、服务深度和服务温度。加快步伐数字化转型，对结莎社区、罗布林卡社区开展 "智慧乡村"挂牌，试点推广乡镇党费缴费场景，完成辖属所有行政村的"三资"账户开户，试点运行乃东赞堂居委会"三资平台"。严格落实"3+2"流动服务制度，保质保量完成农户信息建档工作，全年"双增任务"完美收官。实现新业务拓市场、抓客户目的。乡镇党费线上缴费业务已全覆盖，深入打造智慧医院、智慧停车、智慧食堂等场景建设工作。将渠道转型作为农行山南分行党委的核心工作之一，统筹推进线上、线下、远程三大渠道转型。全面上线新一代超柜，推广网点智能化。按照"减柜员、减成本、促营销、增效能"的总体原则，多渠道释放人力资源潜能、多维度实施角色换位管理，最大限度地盘活人力、饱和劳动、创造价值。

【外汇管理】 2021 年，农行乃东区支行派遣 3 名工作人员，包括分管业务工作的副行长，前往四川省分行参加国际业务跟班培训。在乃东雅砻支行继续开办国际外汇业务，截至年底，售汇 2 笔 2000 美元，开立外币账户 1 户。

【银行业经营监管】 2021 年，农行乃东区支行按月下发到期贷款在线监控提示函，及时发现风险、防范债务逾期风险；通过定期或不定期系统监测，提取风险线索、分析、挖掘、总结规律，向下属机构发各类风险提示，为有效识别、控制信用风险及提前采取防控措施提供保障；按季通过内部邮箱、电话等方式对经营行法人客户评级、结息等情况进行事前提示、事中监测、事后监督，防范因评级过期或形态下调导致信贷资产质量下滑和影响客户信用的问题发生；按月下发关注及不良贷款清单，对不良贷款绝对额增减、不良贷款占比、每月新发生不良贷款情况进行通报，狠抓贷款贷后管理工作，多管齐下、控新降旧，将不良贷款控制在西藏自治区分行下达的目标值以内；为掌握客户的各类风险指标，如实反映真实资产质量，及时调整风险等级相对应的分类形态；按季做好非信贷资产风险分类，提高分类准确性；按月核实非零售客户的各项风险指标的真实性，审慎执行定性指标评分依据，按月向区分行报送“负面展望清单”“模型评级AA级（含）以上客户3个月内到期债务逾期风险排查表”；对新非零售评级系统进行业务指导，并组织各经营行开展2021年度非零售客户年度评级更新、重检工作，更新率达100%；为进一步加大零售评分的管理力度，督导经营行认真核实个人贷款的基础信息，确保申请评分结果的真实性、准确性；开展全年消费者权益保护工作，并上报信息简报等相关资料，成功堵截1起电信网络诈骗案。

【金融机构建设】 2021年，农行乃东区支行深化机构改革工作。根据业务流程和岗位属性，将划分为客户经理团队、大堂经理团队、柜面经理团队、分理处团队及营业所团队、新增普惠金融专营机构，细分工作分工和职责，细化责任落实。依据《中国共产党章程》，乃东区支行党委重新成立6个党支部，其中联合党支部3个。全行各级党组织组建党员先锋队、突击队2个、青年突击队1个。

【民间融资及监管】 2021年，农行乃东区支行在员工范围先后开展“员工参与经商办企业、民间借贷和非法集资专项治理活动”，按照“有责必究，违规必处”的原则在员工中开展调查和自查，未发现员工参与经商办企业、民间借贷、民间融资和非法集资行为。

【疫情防控】 在新冠肺炎疫情防控期间，农行乃东区支行主动对接防疫相关部门，积极落实政府、监管部门及总分行疫情防控工作及系列优惠政策，助力打赢疫情防控阻击战。与山南市各家医院签订“总对总”服务协议，聚焦医护工作者落实15条优惠金融服务政策，推进“医护e贷”“药商e贷”等产品，对全区药品零售商户和二级甲等以上医护人员提供融资支持，全力满足经营或消费需求。截至年底，共导入“医护e贷”872户，金额26160万元。同时聚焦复工复产，同步创新推广“教育e贷”“房抵e贷”等个人线上经营贷款产品。开展现金回笼消毒工作和营业网点各类自助设备的消毒及维护工作；保障基本金融服务畅通，合理调配现金资源，确保现金供应充足。支持复工复产，开辟疫情资金划拨绿色通道，保障有关救援和捐赠资金及时划拨到位、社会资金流转高效顺畅。畅通国库紧急拨款通道，确保疫情防控资金及时、安全、准确拨付到位。

农林牧水

农牧·科技

【概况】2021年,乃东区农业农村局(以下简称区农业农村局)认真贯彻落实2020年中央1号文件精神,中央、自治区党委、山南市委经济工作会议和农村工作会议精神,以及全面贯彻落实中央和自治区关于疫情防控和农业生产工作的安排部署,坚持"两手抓"实现"两不误",取得疫情防控和农业农村经济发展"双胜利"。

【种植业】2021年,区农业农村局与各乡镇签订目标责任书,在稳定粮食生产的基础上,结合全区农业发展实际和市场需求,加大种植业结构调整力度,加强高产创建、测土配方施肥,抓好农用物资调运、分配,提高农机装备水平,开展农产品农残检测,建立起职责明确、效益公平、保障有力、充满活力的农技推广服务体系。全年总播种面积60193.85亩,粮经饲比例为74∶15∶11;粮食产量达到2.47万吨、蔬菜产量达到2.13万吨;建立二级种子田0.17万亩,落实高产创建面积5.3万亩,建立区级千亩示范片5个,完成测土配方任务5.41万亩,共建成百亩以上示范片14个;实施青饲玉米("利合228""利合328")种植1700亩。落实农机购置补贴116万余元,受益农户80户、村集体及合作社6个,发放农机具57台。完成深松整地作业面积3500亩。开展农业生产托管服务工作,托管面积达8000余亩。

2021年8月5日,山南市农业农村局、乃东区农业农村局到结巴乡门中村开展耕葵粉蚧排查工作

【畜牧业】2021年,区农业农村局狠抓重大动物疫病防控,加大黄牛(犏牛)改良力度,落实农牧民补助奖励,开展动物检疫等工作。年末牲畜存栏头数11.08万头,新生仔畜3.98万头,仔畜成活率95%,牲畜出栏5.15万头(只);猪牛羊肉产量0.47万吨、禽肉产量407.9吨、奶产量0.68万吨、禽蛋产量787吨。完成春季、秋季重大动物疫病防控工作,免疫密度达到100%。全面完成黄牛改良冻配5294头(任务4300头),完成犏牛经济杂交30头(任务30

2021年11月2日，山南市农业农村局到索珠乡、亚堆乡开展2020年度农村户厕改造市级复核工作

头)。完成2021年农牧民补助奖励工作,兑现草畜平衡奖励资金4279882.28元,草原监督员资金3.5万元。开出动物检疫合格证819张,驻场检疫生猪8869头,市场提供新鲜猪肉1300余吨。发放防灾抗灾饲料151吨,储备今冬明春防灾抗灾饲草料309吨。

【农牧民技能培训】 2021年,区农业农村局举办农牧业技术培训3次,培训内容包括青稞栽培技术、农作物病虫害防治、重大动物疫病防控、黄牛改良等,合计培训260人。

【人居环境整治】 2021年,乃东区农村人居环境整治工作,在各乡镇(街道)主要领导、村(居)两委班子、双联户户长的带领下,以环境综合整治行动为契机,采取一系列强有力措施,对村容村貌进行集中整治,农村环境脏、乱、差的情况得到扭转,农民的环境卫生意识明显增强,各村面貌焕然一新,推动生态、宜居、秀美村庄建设。全年组织清扫各村居主干道、河道等,参与人数53670人次,清理河道、湖泊达1418.6千米;清理农村生活垃圾455.95吨,清理村内残垣断壁185处,清理村内秸秆乱堆乱放469处;清洁各乡(镇)辖区内废旧机械37辆;清理畜禽养殖粪污等废弃物790.3吨。开展进村入户宣传教育1360场次、62983人次;发放宣传资料4178份,张贴宣传标语和通过,报刊、电视、抖音、微信等媒体宣传信息1093条。社会力量投入村庄清洁行动资金1.55万元。截至年底,完成群众自建3971户,兑现户奖补资金793.6万元,卫生厕所普及率达85%以上。

【合作社】 2021年,乃东区共有农牧民专业合作社270家,其中运营规范的农牧民专业合作社75家,运营一般的农牧民专业合作社195家;总资产1000万元以上合作社6家,总资产100万—1000万元合作社32家,100万元以下合作社232家;国家级农牧民专业合作社示范社4家,自治区级农牧民专业合作社10家,自治区级示范家庭农(牧)场1家。

【"三品一标"认证】 2021年,乃东区共有"三品一标"认证14个,其中无公害农产品1个,绿色食品10个,地理标志农产品3个;西藏自治区著名商标2家。

【农村宅基地改革】 2021年,区农业农村局编制《乃东区农村宅基地制度改革试点方案》,完成全区农村宅基地基础信息摸底调查以及泽当街道城市规划区以外7257户农户房地一体外业测量工作,颁发6个精准扶贫易地搬迁点,共办理827户搬迁群众不动产权证书;深入33个村(社区)实地审查329户涉及农村宅基地新建、原址翻建等问题的用地情况,审批受理农村宅基地90户,其中易址新建28户、原址翻建53户、扩建9户。

【农牧业项目】 2021年,乃东区农牧业续建项目2个,分别是乃东区亚桑村美丽宜居示范村(人居环境整治)建设项目和乃东区2020年高标准农田建设项目,均完成竣工验收。新建项目5个,其中乃东区色康人居环境建设项目、畜禽粪污资源化利用整县推进建设项目(一期)完成竣工验收,乃东区藏鸡养殖建设项目办理用地报备手续,乃东区2021年高标准农田建设项目建设进度达10%,畜禽粪污资源化利用整县推进建设项目(二期)正在办理施工许可证。申报“十四五”时期农牧业项目20个,估算投资规模达9.7亿元。

【“十三五”精准扶贫产业项目】“十三五”精准扶贫产业项目27个,总投资为10.52亿元(政策性资金23162万元、社会资本55492万元、金融资金26530万元),完工率达100%,已完成上缴2020年度利益联结资金137.15万元。邀请第三方(四川德汉会计师事务所)开展清产核资工作,其中总投资500万元以下项目清产核资工作已完成。

【特色产业基地】青稞基地 乃东区青稞种植面积为1.956万余亩。2021年,以绿色青稞原料基地标准化建设作为重点,推进青稞加工产业,提升产业附加值,坚持“公司+基地+农户”的模式,促进农牧民群众增收、就业。11月12日,区农业农村局申报的西藏乃东青稞种植系统被农业农村部列入第六批中国重要农业文化遗产名单。

蔬菜基地 乃东区优质蔬菜生产基地建设项目的124座温室全部投入使用,种植青笋、西红柿、大白菜等蔬菜。蔬菜主要向城区蔬菜批发市场供应,配送高峰期达2000千克/天,占市场总量10%。

葡萄基地 雅砻休闲农业园区建设项目共种植葡萄656亩。试种克伦生等9个葡萄品种,2021年葡萄挂果率达80%以上。

奶牛基地 乃东区奶牛养殖基地一期建设项目于2019年12月竣工并通过验收,已投入使用。2021年,日均产奶量达到12.5千克/头,截至年底,奶牛存栏530头。

生猪(藏猪)基地 截至2021年年底,巴山万头生猪出栏0.8869万头,销售额2085万元,存栏1.468万头。索珠乡藏香猪受非洲猪瘟疫情影响,出栏较少,扩增复养后存栏1250头。多颇章乡藏香猪出栏0.23万头,销售额300万元左右,存栏0.45万头。

藏鸡基地 2021年5月1日,西藏宏农藏鸡养殖场投入使用,主要以蛋鸡养殖为主,截至年底存栏30万只,产蛋率达80%以上。贡桑禽类养殖场原场存栏5.7万只、蛋鸡6000只、肉鸡4.95万只、鸭1500只。贡桑搬迁藏鸡养殖项目办理林草征占手续。

【科技工作】2021年,乃东区配备大学生村(社区)科技专干53名,选派农牧民科技特派员58名,并完成科技特派员及专干考核。实施自治区科技厅项目1个,市本级科技计划项目3个,总投资206万元,项目总体进度达到90%以上。申报2022年自治区科技项目1个,山南市本级科技计划项目8个。开展“五下乡”“科技活动周”“科普活动日”等大型科普宣传活动5次,制作宣传横幅4条,发放宣传挂图800张,发放科普宣传单1450张,发放科普资料3300套。授权国内发明专利2个,分别是“一种防治包虫病的复方中药提取物及其应用”和“一种提高家禽产蛋量的中药组合物及其制备方法和应用”。

林业和草原

【概况】2021年,乃东区林业和草原局(以下简称区林草局)没有内设机构,有5个办公室,分别为局长办、副局长办(林政办)、办公室、财务室、森防办(野保办)。在职干部职工8名,其中局长1名,副局长2名,三级主任科员1名,四级主任科员2名,一级科员1名,驾驶员1名。根据乃东区森林资源三类调查报告,乃东区林地面积48380.57公顷,占土地面积的22.17%(乃东区国土调查总面积为218241.97公顷);森林覆盖率32.67%;城市绿化率38%,占林地面积的8.25%;乃东区基本草场面积1635.92公顷,占土地面积的0.75%。

【造林绿化工作】2021年,乃东区开展义务植树1000亩,投资275.06万元(含干部职工缴纳17.25万元);“四旁”植树造林2000亩,投资414万元。

【造林项目建设】2021年,乃东区林草局实施7个先造后补工程,新增造林面积3180亩,投资4132万元;完成2021年飞播造林工程,投入资金2700万元,飞播造林面积13650亩;完成2021年乃东区矮化苹果种植工程,造林面积5000亩,投资26500万元;完成百万弘农藏鸡产业园绿化工程,造林面积112亩,本级投入资

2021年9月28日，乃东区林业和草原局开展先造后补造林项目自验工作

金373万元；完成鲁琼大道东入口绿化工程，造林面积16亩，投资52万元。

【林政工作】 2021年，区林草局对辖区内涉及违法违规占用林地情况进行全面自查，全年森林督查案件98件持续整改。强化风景区管理，统计乃东区“十四五”期间在雅砻风景名胜区实施建设项目127个，项目涉及扶贫、教育、村居政权建设、矿泉水、藏鸡养殖、蔬菜基地、苗圃等民生领域，加快对风景名胜区范围内的已建项目的整改处理，有序开展雅砻风景名胜区的保护工作。

【野生动植物保护】 2021年，区林草局根据《中华人民共和国野生动物保护法》，组织全区358名护林员开展野生动植物保护巡山工作，全年未发生盗猎野生动植物现象。以3月、6月、9月“综治宣传月”，“12・4”国家宪法日为契机。宣传保护野生动植物法律法规，全年共发放宣传手册1000份、横幅7条、宣传袋3000个、宣传纸杯1000个。

【林业有害生物防治及监测】 2021年，区林草局监测的主要病害为腐烂病、虫害为春尺蠖。组织护林员进行巡护监测，根据护林员及工作人员巡护的虫情，每月及时上报相关数据。宣传和贯彻《森林病虫害防治条例》和《植物检疫条例》，全年共开展复检工作49次，产地检疫45次，到木材销售点排查检疫松材线虫病7家。4月中旬，乃东区雅江两岸发生春尺蠖虫害，出动446人次，30台大小机械，共发放民工工资7.89万元，有效控制了虫灾。6月，乃东区鲁琼社区与桑日县交界处发生草原（高原）蝗虫，组织社区党员开展义务防治工作，发放40台手动喷雾器，有效防治了高原蝗虫灾害。

【生态岗位落实】 2021年，乃东区生态岗位共有2701人，较上年增加243人。其中，林草1145人，水利244人，农村公路养护员60人，旅游33人，保洁员1166人，地质灾害53人，全年兑现工资945.35万元。

【森林生态效益补偿金】 2021年，乃东区生态公益林面积721195亩，涉及5个乡、1个街道、1个镇，管护人员共有358人。区林草局落实管护责任单位，签订管护责任书，与各乡镇、街道办事处护林员签订责任书，明确职责范围。根据《西藏自治区公益林管护办法》，认真清查护林人员选聘程序，健全护林队伍，完善及规范公益林管护工作。按照财务规定，严格按照《西藏自治区公益林管护办法》，实行年度考核，考核结果均为合格，并规范兑现护林员工资，全年共兑现护林员工资375.47万元。

【森林草原防火工作】 2021年，区林草局深入各乡（镇）传达全国森林草原防火会议精神，并安排部署森林草原防火工作。配合索珠乡党委、乡政府、区应急管理局开展森林防火宣传和灭火演练活动，组织群众开展森林草原防火宣讲活动，讲解《森林防火条例》《森林法实施条例》《野生动物保护法》等法律法规，传达《西藏自治区人民政府关于2021年冬季至2022年春季森林草原防火灭火命令》，特别强调林区范围内的“十个严禁”。

【森林草原火灾普查工作】 根据《乃东区森林和草原风险普查方案》，乃东区共有24块采样点、1

块大样地、6块乔木林标准地、17块灌木林标准地。截至2021年年底，全部完成外业采样工作，并送到林芝农牧学院检测。

【集体林权制度改革后续工作】为核定乃东区2018年集体林权制度改革项目界址，岳阳百利勘测科技有限公司于2018年9月1日进行宗地测绘。中标单位完成外业测绘，共测量54块宗地，面积9953.9921亩，涉及6个乡镇、30个村。2021年，将符合办证的15块宗地录入不动产登记中心数据库，面积为1378.4526亩。

水利

【概况】2021年，乃东区水利局（以下简称区水利局）核定编制5名，实有人数10人。乃东区水利工作以“节水优先、空间均衡、系统治理、两手发力”为目标，狠抓规划建设与创新管理，全年未发生水事违法案件，办理人大代表建议2件，抗旱、防汛工作取得重大胜利。截至年底，全区共有各类水库7座。其中，中型水库1座，库容2206万平方米；小型水库6座，库容1089.59万平方米。落实最严格水资源管理，加强水河排污口监管，构建责任明确、分级管理、监管严格、保护有力的河湖管理保护机制，全面建立区、乡级河长制管理体系，严格控制用水计划，规范取水用水管理秩序，全年用水总量0.715亿立方米，控制在上级下达的用水控制指标内。开展自然灾害风险普查，共排查出水自然灾害隐患点199处，其中重点隐患点20处，一般隐患点179处。全年实施水利项目6个，共计投资6851.34万元。

【水利项目建设】2021年，乃东区水利项目共有6个，分别为亚堆乡支那水库工程、多颇章乡团结新村灌区工程、乃东区2021年农村饮水维修工程、乃东区鲁琼社区水库移民安置点基础设施改造工程、乃东区2021年本级水毁修复工程和山南市乃东区雅砻库区生态清洁流域综合治理工程。亚堆乡支那水库工程新建取水枢纽1座，取水枢纽沉砂池1座，兴建旁侧水库1座，总投资2627.16万元。多颇章乡团结新村灌区工程渠道总长22千米，配套渠系建筑物312座，工程总投资1510万元，工程于2021年12月开工。乃东区2021年农村饮水维修工程包括维修颇章乡哈鲁岗2组、哈鲁岗3组、亚堆乡曲德贡果麦组，以及颇章乡格拉村、索珠乡志岗村修建蓄水池、更换管道等，总投资98.7万元，工程于2021年11月开工。乃东区鲁琼社区水库移民安置点基础设施改造工程包括土石方工程、道路工程4125平方米、绿化工程480平方米、给排水工程，总投资223.12万元，工程于2021年11月开工。乃东区2021年本级水毁修复工程，包括新建结莎社区一组排洪沟215米、达当村2组防洪堤244米、门中村3组排洪沟230米、卡多社区排洪沟120米、日苏村2组防洪堤200米、日苏村3、4组防洪堤500米，总投资99.93万元，工程于2021年11月开工。山南市乃东区雅砻库区生态清洁流域综合治理工程包括新建干渠5条、支渠2条、田间渠95条、退水渠2条，维修渠道85米，分水口298个，农道桥2座，公路桥5座，分水、节制闸4个，渡槽3座，跌水工程1项及金属机构设备安装和临时工程等，总投资2292.43万元，工程于2021年12月开工。

2021年8月4日，山南市河长办及乃东区水利局检查雅鲁藏布江沿岸情况

2021年10月19日，乃东区水利局到亚堆乡召开支那水库征地说明会

【河湖管理】2021年，乃东区全面建立和实行河长制，构建责任明确、分级管理、监管严格、河湖管理保护机制，全面建立区、乡级河长制管理体系。在乃东区四大河系中选择12条主要河流（雅鲁藏布江泽当段、雅鲁藏布江多颇章段、雅鲁藏布江结巴段、雅砻河泽当段、雅砻河昌珠段、雅砻河颇章段、雅砻河亚堆段、温曲河索珠段、温曲河结巴段、多雄河、曲鼻河、琼结曲乃东段）设立区级河长，分别由区委常委担任，并设立河长制公示牌，公示牌上公布流域图、河流名称、河段范围，以及河长姓名、职务、职责、整治目标和联系方式，接受群众监督举报。全年乃东区财政预算85万元，用于河长制办公室经费及河道划界经费。截至年底，完成曲鼻河、多雄河河道划界编制工作。按照河面无漂浮物、河中无障碍物、河岸无垃圾物的“三无”标准，开展环境整治行动整改6处，开展河湖垃圾清理活动12次，参与人数共计1079人次，清理垃圾15吨。

【水资源管理】乃东区境内有骨干河流4条、小型水库6座、中型水库1座、小型水塘3座，年均水资源总量4.11亿立方米。2021年，乃东区用水总量0.715亿立方米。其中，农业用水0.266亿立方米，占37.2%；工业用水0.09亿立方米，占12.59%；生活用水0.251亿立方米，占35.1%；人工生态环境补水量0.108亿立方米，占15.11%。全区工业用水量0.09亿立方米，同比增加0.001亿立方米。全区农田灌溉水有效灌溉面积6.2万亩，实际灌溉面积6.2万亩，有效灌溉用水量0.263亿立方米，有效利用系数为0.439。全区共建成105处饮水工程点，每年为农牧区提供82.5万立方米优质用水。全区安全饮水率达99.9%，水质检测覆盖率100%，落实“三项制度”，水价改革有序推进，全年办理取水许可证3份。实施节水灌区工程，陆续实施雅砻灌区、江北灌区续建配套与节水灌溉工程。截至年底，全区建有混凝土水渠270.3千米，有效灌溉面积6.2万亩、林草地4.12万亩，每年实现节约用水0.2万余立方米。

【水法宣传】2021年，区水利局加大水法律法规、河湖管理、取用水许可等方面的宣传工作，利用世界水日、中国水周等宣传活动，通过悬挂横幅、发放宣传单、开展现场咨询活动等多种宣传形式，向群众宣传水资源管理和保护、水土流失治理与监督执法等方面的知识，增强人们节约用水、科学用水、保障水安全的意识，全年共开展宣传4次，发放宣传单500余份。

【防汛抗旱】2021年，区水利局始终坚持人民至上、生命至上，健全完善防汛抗旱体制机制，落实落细各项防范措施，制定下发《乃东区2021年抗旱应急预案》《乃东区2021年防洪应急预案》《乃东区2021年山洪灾害防御预案》等，将各个防洪区进行分组管理，明确责任人和责任单位，明确防洪抗旱重点。严格执行防汛24小时值班制度，实施日报告和零报告制度。区政府拨付防汛抗旱专项资金40万元，储备防汛袋9万条、铅丝笼20吨、铁丝8吨，做到早预防、早准备，切实增强防洪抗灾能力。自5月初起，乃东区防汛办对所有防洪堤坝、水库、小流域的堤防险段开展检查，并加大水毁设施修复力度，消除洪汛隐患，提高防洪工程设防标准，增强防洪能力。截至年底，全区未发生重大旱涝灾害。

商贸·旅游

商贸

【概况】 2021年，乃东区商务局（以下简称区商务局）核定行政编制3名，一正两副。下设股级事业单位乃东区供销合作社，核定事业编制2名。

2021年，区商务局坚持以人民为中心的发展思想，开展商务工作，按照“政府牵头、企业参与、市场动作”的方式，在雅砻文化节、国庆节等重要节假日和旅游推介期间，开展商品展销会，组织货源和对接产销，坚持线上线下共同发力，全力保障市场供应，满足群众生活需求，保障米面油、肉蛋奶和蔬菜等群众生活必需品供应，有效实现供销两旺，全年社会消费品零售总额再创新高。全区实现社会消费品零售总额49.1亿元，较上年同期增长10.4%，位居全市第一。

【商品流通】 2021年，区商务局全力做好物资保障、物资配送、数据上报、保供保销等监测及预警，发挥供销合作社作用，确保供应不断档、不脱销。深入商超、农贸市场等指导工作20余次，确保商贸、物流行业安全稳定，发挥市区商务联系机制作用，畅通生活必需品进藏渠道，有效保障生活必需品保供稳供和物价平稳，推动商品流通。

【电子商务】 2021年，区商务局加强农村电子商务建设，累计开展培训69场3142人次，孵化企业网店3家、个人网店17家，带动电商直接就业10人、间接就业26人，电商临时用工52人次。区、乡、村三级物流配送体系建设稳步推进，建成乃东区电子商务仓储物流中心，配备物流车3辆，实现物流、快递乡村件统一分拣、统一配送，完成物流配送23808件，同比增长50%。其中网络购物快递件达20896件，较电商物流开通运营前，为农牧民节约物流成本30万余元。乃东区电商零售额达到293万元，完成工业品下行金额350万余元，网络代缴36万余元。

2021年10月23日，乃东区商务局参加商务部组织的“2021全国农商互联大会”展销活动

2021年12月1—3日，山南市第41届雅砻物资交流会网络直播带货现场

【疫情防控】 2021年,区商务局加大监管领域的疫情防控,制定常态化监管措施,落实商超、农贸市场等人口密集场所的检查和监督,重点强化进口冷链食品的督查,对12家冷链食品供销商和15个冷库开展监督检查16次,确保无一例输入风险,保证放心食品供应。

【安全检查】 2021年,区商务局加强成品油市场规范运营,先后10余次对9家加油站开展监督检查,排查安全生产隐患。对中石化新建2家加油站进行综合验收。加强再生资源企业经营行为监督与指导,严防报废汽车整车及“五大总成”流入市场,确保市场秩序稳定、规范运行。

【第41届雅砻物资交流会】 2021年12月1—7日,山南市第41届雅砻物资交流会在泽当街道鲁琼专业市场成功举办,现场搭建2726个展位,参展商户达3921户,上市商品895种,吸引商家及群众20万余人次,累计实现成交额6.1亿元,同比增长22%。此届物交会实行线上销售展位票,来自区内外的参展商户无须到现场排队即可使用微信小程序完成购票。利用物交会平台开展促进消费活动,435万元财政配套经费直接拉动消费2790万元。邀请多名主流网红现场直播带货,向区内外推销风干牦牛肉、青稞产品、藏药材、藏饰品等特色商品,共计销售商品1.28万件,创收124万元。

旅游

【概况】 乃东区旅游发展局(以下简称区旅发局)为正科级行政单位,有编制人员8名,其中乡科级3名,科级非领导3名,科员2名,共男2名,女6名。

2021年,乃东区境内有2个国家A级旅游景区,分别是国家AAAA级旅游景区昌珠寺、AAA级旅游景区雍布拉康。还有全国乡村旅游示范村扎西曲登社区。全年乃东区共接待游客271010人次,同比增加122310人次,增长82%;实现旅游收入2976.28万元,同比增加1921.12万元,增长182%。

2021年乃东区节假日旅游数据汇总表

表6

节假日名称	日期	人数(人次)	收入(万元)
春节、藏历新年	2月11日至2月20日	—	—
清明节	4月3日至4月5日	1419	16.69
“五一”国际劳动节	5月1日	871(扎曲21人)	12.96(扎:2100元)
	5月2日	935(扎曲35人)	13.85(扎:3500元)
	5月3日	700	105000
	5月4日	943(扎曲43人)	13.93(扎:4300元)

续表 6

节假日名称	日期	人数（人次）	收入（万元）
“五一”国际劳动节	5 月 5 日	824（扎曲 25 人）	12.24（扎：2400 元）
“十一”国庆节	10 月 1 日	1147	137640
	10 月 2 日	1830	219600
	10 月 3 日	2318	278160
	10 月 4 日	2610	313200
	10 月 5 日	2007	240899
	10 月 6 日	1860	223200
	10 月 7 日	1033	123960

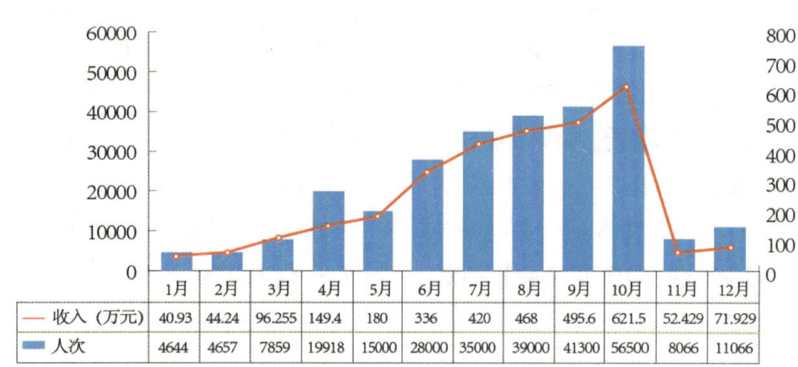

2021年每月旅游收入统计图

【旅游景点】 昌珠寺 昌珠寺景区位于山南市雅砻河东岸的昌珠镇政府驻地，距山南市区中心约 5 千米。据史料记载，该寺始建于 7 世纪，系吐蕃前期最早兴建的镇边寺之一。1961 年被国务院公布为第一批全国重点文物保护单位。2012 年 10 月被确定为国家 AAA 级旅游景区，2019 年 11 月被确定为国家 AAAA 级旅游景区。

昌珠寺面积达 4667 平方米，拥有 21 个拉康和漫长的转经回廊，屋顶饰以富丽堂皇、熠熠生辉的金顶，更显得非同凡响。寺中还保留有文成公主曾经用过的灶和陶盆，古色古香，同时珍藏着许多珍贵的文物，其中珍珠唐卡“观音憩息图”“莲花生本尊像”“缂丝释迦牟尼唐卡”为该寺的三大镇寺之宝。

雍布拉康 雍布拉康位于雅砻河东岸、扎西次日山的山头上。始建于公元前 2 世纪吐蕃第一位赞普聂赤赞普时期，至今已有两千多年的历史。相传最初并非寺庙，而是早期雅砻部落首领的宫殿。后来成为松赞干布和文成公主在山南的夏宫。五世达赖时期又在碉楼式建筑上加修四角攒尖式金顶，将其改为黄教寺院。距此约 100 米东北山脚处，有一眼泉水终年不涸，现在被人们称之为“嘎尔泉”。

扎西曲登社区 扎西曲登社区位于山南市乃东区昌珠镇往南约 300 米处，是藏戏雅砻扎西雪巴的发源地，产生于公元 14 世纪初，由噶举教派著名高僧汤东杰布所创，距今已有 700 多年的历史。其鼓钹伴奏、唱腔、服饰等与西藏其他藏戏不同，在表演过程中经常有“唉哈哈哈”的叫声，是汤东杰布看自创的藏戏大喜过望而发自内心的笑声。2008 年，该戏剧被评为国家级非物质文化遗产，有国家级非物质文化遗产藏戏代表性传承人 2 名。社区北面有扎西曲登寺。该寺属于萨迦派，据传由宗喀巴大师的师傅仁达瓦·雄奴洛追于公元 1259 年修建。2019 年，乃东区委、区政府投入近 5000 万元对扎西曲登社区人居环境进行全面整治，大力挖掘藏戏文化，积极打造乡村旅游示范点，开办旅游民宿。2020 年扎西曲登社区被列入第二批全国乡村旅游重点村名录。

克松居委会　西藏第一农村基层党支部位于西藏自治区山南市乃东区昌珠镇往南100米左右泽错公路旁克松村庄内。克松居委会获得西藏历史上民主改革第一村、第一个农民协会、第一农村基层党支部、第一个换届选举等诸多第一，为自治区级爱国主义教育基地。

2021年8月3日，乃东区旅发局举办“最美林卡节”，迎来各地游客和媒体

【旅游产业化发展】 2021年，区旅发局以创新品牌为载体，发展乡村文化旅游。打造农业旅游观光，推进乡村旅游。为助力乃东乡村旅游产业振兴，促进乃东生态旅游发展，让更多人走进乃东大美乡村，扩大乃东乡村旅游知名度和吸引力，推动乃东旅游业高质量发展。通过旅游与农业结合，与夜伴蜂声蜜蜂厂联合，在结巴乡举办第一届“西藏蜜蜂文化主题生态体验园采摘节”活动。参加采摘游客达6000人次，增加当地农民收入22万元。发展乡村游、农业观光游、瓜果采摘游，抓好农业观光休闲游。依托地域特色，发展民俗文化。结合扎西曲登传统藏戏文化，深入挖掘扎西曲登旅游资源，按照谋长远、高起点改善扎西曲登社区旅游基础服务设施，成功开发扎西曲登社区民宿建设。截至年底，该社区经营民宿从2020年的49户170多个床位增加到64户440个床位，接待游客20329人，实现民宿收入99.68万元，集体经济收入46.67万元，村级文艺演出队收入20.13万元。通过文化与旅游结合，以扎西曲登社区为示范引领，辐射带动周边乡村特色文化，打造一批特色旅游品牌。

2021年6月8日，乃东区泽当猴子洞旅游景区建设项目竣工，总投资1000万元，项目新建游步道1000米、景区内道路800米、停车场及附属工程。图为猴子山景区一角

【旅游基础设施建设】 2021年，区旅发局以项目建设为支撑，加快景区提档升级。加大投资力度，促进旅游产业升级。全年建设项目共5个，总投资4361.67万元。其中，续建项目2个，分别是总投资1000万元的山南市乃东区泽当猴子洞旅游景区建设项目（于2021年9月竣工）、总投资1000万元的山南市乃东区贡布日山旅游景区建设项目于（2021年9月竣工）；新建项目3个，分别是总投资1480万元的乃东区雅砻河流域污染治理工程——农村生活污水处理工程（于2021年12月

竣工)、总投资687.07万元的乃东区雅砻河流域污染治理工程及配套设施建设项目(于2021年11月竣工)、总投资194.6万元的雍布拉康生态度假村建设项目(于2021年10月竣工)。

【招商引资】 2021年4月20日,区旅发局在拉萨市参加由山南市政府、西藏旅发厅主办,山南市旅发局承办的"美丽乡村,绿色出行"2021年西藏山南春季特色乡村旅游产品推介会,向各大主流媒体及旅行社宣传乃东区乡村旅游和乃东区招商引资优惠政策,共发放招商引资宣传资料、旅游文创产品80余份。

4月21—22日,区旅发局邀请武汉旅游援藏考察团一行,到乃东区对乃东旅游线路进行考察,并进行深入交流,促进乃东与武汉两地密切合作,互利共赢。

5月28日,乃东区组织湖北省援藏领导和武汉市人民政府、山南市人民政府、乃东区人民政府、昌珠镇人民政府的有关负责人共计50余人参加"英雄武汉人,畅游藏源地"山南市乃东区旅游推介会。在会上,经过与湖北旅游部门、旅游骨干企业、旅游协会、新闻媒体的协商,推进乃东区的区域旅游合作,为乃东区在武汉的旅游招商奠定基础。

9月11日,区旅发局与上海景域驴妈妈集团、山南旅投公司就乃东区旅游发展召开座谈会,共同商议打造乃东昌珠历史文化名镇项目。

9月30日,区旅发局在拉萨市举办"共谋发展,合作共赢"乃东区政府与区内重点旅行社交流座谈会。会上,乃东区与区内重点旅行社进行交流,推介乃东区旅游线路及产品。

11月17日,区旅发局参加山南市旅发局主办"藏源山南 雪域领秀"2021"冬游西藏"山南"3+1"精品旅游线路采风活动,向广大旅行社、主流媒体介绍乃东文化和精品线路。

11月26日,乃东区人民政府与上海景域驴妈妈集团以及山南旅投公司召开座谈会,在昌珠镇历史文化名镇项目上深化合作,并初步确立上海景域驴妈妈集团对乃东区昌珠镇历史文化名镇旅游公共服务提升项目进行设计,在昌珠镇历史文化名镇项目上深化合作。

11月26日至12月2日,区旅发局到宜昌、长沙参加由山南市旅游局主办的"藏源山南 雪域领秀"2021山南冬季旅游促销推广活动,发放旅游和招商引资宣传资料100多份。

【旅游市场监督】 景区日常安全检查。2021年,区旅发局联合区市监局、区安监局开展日常安全旅游行业综合执法检查共计12次,出动检查人员36人。主要检查景区周边商铺的安全生产责任落实情况、景区所在地施工单位落实安全生产责任情况、消防安全落实情况等,维护当地群众及游客的人身安全,及时消除安全隐患,维护景区正常运行。

加强节假日旅游市场整治工作。2021年,区旅发局组织相关职能部门,深入景区开展食品、交通等专项安全隐患排查6次,排查安全隐患3处,整改3处,并在节日期间安排专人对景区服务和市场秩序开展调查。

【疫情防控工作】 2021年,区旅发局始终把严防输入性隐患作为首要任务,结合乃东区旅游场所实际,建立健全疫情防控机制,定期不定期组织人员通过明察暗访等方式,对管辖区内各旅游场所开展疫情防控检查8次,下达整改通知书10份,投入资金5万元,对雍布拉康景点、扎西曲登藏戏文化场所等安装红外线体温检测器,确保实现"零输入"。

城乡建设·生态保护

城乡建设与管理

【概况】 2021年,乃东区住房和城乡建设局(以下简称区住建局)有编制8名(其中部门领导职数4名),实有19人。

2021年,区住建局突出重点,落实责任,聚焦房屋建筑和市政基础设施工程建设领域突出问题,补齐城市环境卫生和城市管理的治理化水平的短板,始终保持对安全生产的高压态势,不断延伸拓展职责担当和城市建设的主力军地位。

【老旧小区改造】 乃东九组、乃东区尼木沟、岗巴小区改造工程总投资937万元,2021年5月20日开工,11月15日完工。乃东区结莎社区热邓老旧小区改造项目总投资630万元,年内完成投资499万元。乃东区岗布、罗布林东老旧小区、乃东区香曲西路退休区老旧小区、乃东区月光老旧小区等改造项目完成招投标工作。

2021年4月7日,乃东区住建局邀请香曲西路退休区老旧小区改造项目设计方、老旧小区住户代表召开意见交流会

【市政基础设施建设】 香曲西路(格桑路至泽当大道段)市政道路工程总投资3706.46万元,2021年2月开工,年内完成投资2903万元。

【保障性住房建设】 乃东区2018年公租房建设项目藏医药传承地块86套公租房,总投资2758.5万元,2020年10月开工,2021年12月完工。乃东区2018年泽当镇泽当大道片区(城中村)棚户区改造建设项目新建安置房298套、公租房108套及配套商业用房,总投资27859.86万元,2020年9月开工,年内完成投资12199.9万元。多若村安置房(一期)建设项目新建安置房17套及配套设施总投资1323.25万元,2020年10月开工,2021年7月完工并入住9户。乃东区2019年公租房建设项目新建公租房630套,总投资19829.63万元,年内完成投资13960万元。乃东区泽当老城区棚户区改造工程改造691户棚户区基础设施及新建配套商业用房,总投资2610.75万元,2021年

2021年10月8日，乃东区住建局援藏工程师张志龙（左二）到昌珠镇村集体经济产业用房项目点开展质量安全检查

3月开工，年内完成投资2017.6万元。乃东区乃东居委会片区棚户区（城中村）改造项目（一期）总投资22000万元，年内完成初步设计可研编制及设计审查等前期工作。

【农村住房安全工作】 卡多社区农村房屋安全巩固项目总投资228.96万元，2021年4月开工，10月完工。年内，完成5813户农村房屋安全信息采集录入工作及2021年危房改造目标任务，制定实施《乃东区2021年农村危房改造实施方案》。深入各乡镇，逐村逐户核查农村危房改造情况，统计有10户需要改造，截至年底，完成全部改造并入住。

【公共租赁住房管理】 2021年，区住建局投入乃东区公共租赁住房维修资金29.37万元。8月，开展乃东辖区（包括市直单位）城镇最低收入住房困难家庭廉租住房保障工作，发放补贴3户4人10200元。

【房地产业】 2021年，区住建局通过房地产网签系统批准销售泽当城区商品房4828套644323.93平方米、商品房备案1952套。办理房地产资质3家、物业备案2家。

【住房公积金归集】 2021年，区住建局严格执行《住房公积金管理条例》及自治区的有关文件规定，全年共归集乃东区干部职工个人住房公积金3485.99万元（含财政补贴），支取公积金461人3260万元，住房公积金贷款204人11055万元。

【建筑业】 2021年，区住建局于西藏自治区工程项目管理系统进行线上审批，全年核发施工许可证23份。开展建筑工人实名制管理工作，推行在房屋建筑和市政基础设施工程领域的民工工资银行代发制，将在建项目纳入西藏自治区建筑工人实名制管理平台在线监管、设立工资专户，分账管理，年内对乃东区197个项目（含市直）实行在线监管，工资专户覆盖率达94%。

【质量安全监管】 2021年，区住建局有监管项目（房屋和市政工程）38个，中标价约4.395亿元。办理质量安全监督手续项目26个，完成17个房屋建筑工程和市政基础设施工程竣工验收工作，工程一次验收合格率100%且未收到工程质量投诉，工程质量整体受控。完成5个项目消防设计审查验收（备案）工作。按照《乃东区建筑施工安全专项整治三年行动实施方案》，对投资在1000万元以上房屋建筑和市政工程质量安全文明标准化实行“月考月评＋年终考评”制度，激发企业竞争积极性，提升施工安全管理意识。全年累计开展督导检查103次、下发质量安全隐患整改通知书16份、停工整改通知书3份。联合市住建局、乃东区应急管理局、乃东区市场监督管理局开展建筑市场秩序、起重机械、汛期隐患排查治理、施工现场安全专项检查、工地食品安全及食堂卫生检查等建筑领域安全生产专项大检查4次，未发生较大及以上安全事故。

【城乡环境卫生监管】 2021年，区住建局下设的股级单位乃东区城市综合治理站，以社区统筹使用的模式招录39名城市协管员，累计对39名城市协管员进行200

余小时的专业化培训。制定《乃东区城市管理手册》《乃东区文明环卫作业标准》，划定工作区域、明确工作职责、确定工作方法和考核办法，对泽当城区范围内的保洁路段实施分级管理、落实网格责任。同年，对标国家级卫生城市创建工作，新购买8辆环卫作业机械化设备和24辆小型快保车，按照每周一次白色垃圾清理行动，每周一次背街小巷、花坛草地、雅砻河道、路灯站点等，进行集中人员、集中机械的“大扫除”行动，加大城市环境综合治理力度。全年鲁琼生活垃圾填埋场处置生活垃圾量6.5万吨，督导亚堆乡垃圾填埋场、昌珠镇垃圾转运站、多颇章乡垃圾转运站12次。截至年底，共处置违反市容环境卫生、城市占道经营、违法建筑、违规设置条幅橱窗广告等违法行为2156起，维修泽当城区果皮箱230余个、维护果皮箱160余个、再投放果皮箱860余个。开展城区环境卫生专项整治活动，清除“野广告”3万余张，城区公厕维修440次，出动700余人次，雅砻河道进行垃圾和废弃衣物清理600余辆三轮车，清掏疏通城区排水管道550吨。

【疫情防控】 2021年，区住建局分别对监管项目参建单位及泽当城区21家小区物业负责人召开疫情防控工作安排部署会议，并作要求。1月25日，区住建局到国策环保公司山南分公司检查指导疫情防控工作，了解防疫物资储备和测温工作部署情况，查看公共环境消杀记录，询问口罩、手套、消毒液等防疫必需品供应情况，以及防疫物资进货渠道、安全可追溯体系是否健全，并要求所有环卫工人上班必须佩戴口罩和手套，定期做好环卫车辆的消毒杀菌工作。6月7日，结合党史学习教育“我为群众办实事”活动，联合区疫情办、区人民医院赴泽当大道（城中村）棚户区改造项目部，开展建筑工地务工人员疫苗接种专场活动，当日泽当大道（城中村）棚户区改造、乃东九组老旧小区改造、2018年公租房藏医药传承地块、2018—2019年市直公租房、乃东金包银一标等建筑工地640名务工人员接种疫苗。

生态保护

【概况】 2021年，山南市生态环境局乃东区分局（以下简称生态环境乃东分局）核定编制4名。

2021年，生态环境乃东分局推进生态环境领域各项工作，抓好“稳定、发展、生态、强边”四件大事深度融合、相互促进，辖区生态环境质量持续保持良好，空气质量优良率持续达98%以上，集中式饮用水水源地环境质量达标率100%。

【生态创建】 2021年，生态环境乃东分局落实自治区党委、政府《关于创建国家生态文明建设示范区　加快建设美丽西藏的实施意见》，按照《关于创建国家生态文明建设示范区　加快建设美丽山南的实施方案》要求，组织召开2021年自治区级生态文明建设示范县（区）、乡镇（街道）、村（居）动员部署暨创建工作会议，安排部署相关工作。对照西藏自治区生态文明建设示范市、县、乡（镇）、村（居）指标体系，对西藏自治区生态文明建设示范村（居）各项指标进行详细解读，推动生态文明建设工作落实。截至年底，完成桑嘎、卡多等32个村（居）自治区

2021年6月18日，山南市生态环境局乃东区分局组织相关部门对污水处理厂进行第二季度考核

2021年11月19日，山南市生态环境局乃东区分局监督检查辖区内畜禽养殖场环保措施落实情况

级生态文明建设申报工作，待自治区审批。

【生态环境保护与建设】 2021年，生态环境乃东分局编制完成《乃东区生态文明规划》《乃东区县域农村污水治理专项规划》。投入2700万余元，建设医疗废物提标升级改造项目、亚堆乡支那村污染土壤钝化修复两期项目、雅砻河流域农用地土壤污染调查项目。完成泽当污水处理厂、医疗废物处置中心前三季度考核，完成雅砻河流域农用地土壤污染调查，金珠藏药、巴山农牧等19家固定污染源环境统计工作。

【生态环境监管】 2021年，生态环境乃东分局细化乃东区生态环境“六大专项整治”工作方案，划分责任片区，明确责任单位、责任人，做到整治问题层层分解、整治责任层层压实，确保各项整治工作有人抓、有人管、有人落实。9月以来，通过开展生态环境“六大专项整治”，拉林铁路乃东段临建设施拆除工作取得明显成效，索朗村道砟场等生态修复有序推进，交通沿线环境卫生得到明显改善，宗教标志物乱拉乱牵现象得到有效治理，人居环境明显改善。

【生态环境宣教】 2021年，生态环境乃东分局制定《乃东区2021年“6·5”世界环境日生态环境保护宣传工作方案》，结合中国共产党成立100周年、西藏和平解放70周年深入开展环境保护宣教活动，采取悬挂宣传横幅、制作宣传展板、发放双语宣传资料、引导文明煨桑、举办环保知识讲座、开展环保一条街宣传等形式，营造人人关心、支持、参与生态环境保护事业的浓厚氛围。全年共开展环保知识进校园活动4次、进企业活动2次，累计发放宣传册3000余份、环保袋5000余个、购物篮1500余个、挪车卡1500余份、杯子1000余个、可降解塑料袋3000余个、乡村振兴宣传画册1000余张。

交通运输·邮政

交通运输

【概况】 2021年，乃东区交通运输局（以下简称区交通局）核定编制为9名，实有人员为8人。其中，汉族1名，藏族7名；男性3名，女性5名。

2021年，乃东区乡镇通畅率100%，行政村通畅率98%，自然村通畅率83%。乡镇、行政村、自然村和寺庙通达率100%，形成四通八达的交通网络，公路总里程479.98千米（其中县道1条长5.299千米、乡道3条长44.74千米、村道193条长233.29千米、专用公路2条长3.251千米。产业公路18.4千米、牧场路175千米），成为西藏自治区南部重要的交通枢纽区。

【农村公路建设】 2021年，区交通局完成乃东区颇章乡斯堆村批布组工程，项目于3月15日正式开工，12月13日竣工并验收，项目总投资1472万元。完成乃东区“十四五”时期11条交通农村公路网项目的前期规划。

【农村公路养护】 资金保障 2021年，西藏自治区、山南市、乃东区共计配套资金126.42万元，养护工程资金57.2万元，区政府投入70万元抢险保通资金，“四好”农村公路投入20万元。

养护人员及其职责落实 2021年，区交通局结合精准扶贫将贫困户人员作为交通生态岗位道路养护员共计59人，并层层签订养护人员责任书，实行养护岗位人员至少每年90天在岗的工作责任制，负责各乡镇所辖农村公路日常养护工作，按时落实公路养护人员岗位补贴，确保农村公路养护工作与精准扶贫工作落到实处。全年兑现7个乡镇的农村公路养护经费81万元，兑现生态岗位农村公路养护员工资20.65万元。

道路养护 2021年，区交通局成立公路养护队，由施工信誉较好的农牧民施工队实施，养护期为3年，集中养护农村公路里

2021年6月2日，乃东区交通运输局工作人员到颇章乡斯堆村批布组道路建设项目点进行桥梁架设检查

程 98.872 千米。

【公路抢险保通】 2021 年，区交通局投资 1.85 万元，完成亚堆乡曲才线 3 号桥梁导流坝及桥台路面维修，亚堆乡曲才线 K11+700 处桥梁修建导流坝，增加长度 5.4 米，高 1.3 米，宽度 0.85 米，共计 5.967 立方米；K11+700 处桥头路面维修总长 6.4 米，宽 5.4 米，共计 34.56 平方米；曲才线 K4+142 处下挡墙维修长 8.4 米，高 2.3 米，宽 0.9 米，共计 17.39 立方米。曲才线 K14+060 处道路因受洪水冲击，路基掏空，存在道路下陷隐患，投资 3.06 万元对该路段实施维修养护，路面维修长 8 米，宽 4.5 米，共计 36 平方米；路基维修长 8 米，宽 5.5 米，高 2.5 米，共计 110 立方米；下挡墙维修长 8 米，高 3 米，宽 1.1 米。曲才线 K7+900 处道路因受洪水冲击，路基掏空，存在道路下陷隐患，投资 20.16 万元及时对该路段实施维修养护。共维修 5 处路段，路面全长 126.8 米，高 3.2 米；清淤河道长 38 米，高 2 米，宽 5 米；维护路墩 30 个。1 月 29 日至 2 月 9 日，动用人力 240 人次，对亚桑村道路实施维修，总投资为 4.86 万元。3 月 15—30 日，在支那强久顶拉康 K0+150 处道路修建长 80 米、高 0.85 米的浆砌片石结构的上挡墙，投资为 27.69 万元。3 月 22 日至 4 月 7 日，对索滴线道路 6 处、曲才线 2 处路面进行维修，总投资为 29.51 万元。7—9 月，由于受强降雨影响，发生泥石流造成道路堵塞，群众出行安全存在隐患，及时调动养护队，出动装载机 6 辆次，对通往日乌曲林寺道路、昌珠镇百荣社区、结巴乡门中村三组、亚堆乡曲才线进行抢险保通，确保群众和僧尼的出行安全，共投资 3.34 万元。8 月 12 日，开展第一次全国自然灾害综合风险普查工作，截至年底农村公路自然灾害综合风险承灾体外业普查工作完成 339 千米、290 条路，占乃东区农村公路管养的 100%，所有采集点均通过三级审核。

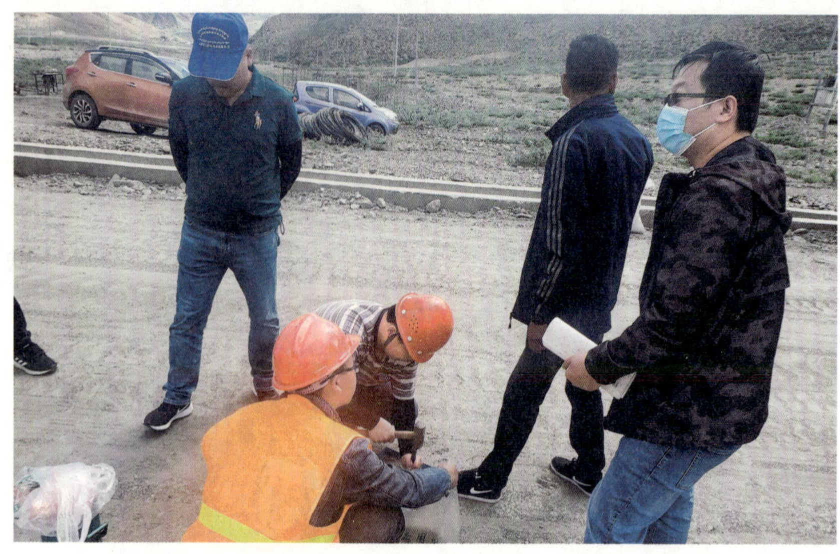

2021年6月23日，乃东区交通运输局派遣3名工作人员同山南市交通运输局执法大队到颇章乡斯堆村批布组道路建设项目点进行路基转序

【道路管理】 2021 年，区交通局坚持以“建设是发展，而且是可持续发展”的新理念，加强对农村公路的管理，从生态岗位中抽取 38 人，层层落实路长制，加大对道路全面管理，实现乡（镇）有监管员、村（居）有护路员的路产路段保护队伍，提升养护的质量，带动生态岗位的积极性。开展农村公路环境整治，加强绿化美化，全面清理路域范围内的草堆、粪堆、垃圾堆和非公路标志，路面常年保持整洁、无杂物，边沟排水通畅，无淤积、堵塞。具备条件的农村公路全部实现路田（牧场）分家、路宅分家，打造“畅、安、舒、美”的通行环境。

【“四好农村路”建设】 2021 年，区交通局紧紧围绕经济社会发展战略目标，全力推进“四好农村路”示范县创建工作，因地制宜，结合乃东实际，创建亮点。以服务现代农业、乡村旅游和美丽乡村为主要目标，按照“统一领导、分级负责”原则，重新划分农村公路养管职责权限。交通运输局全面负责乃东区农村公路养护管理、技术指导和监督检查，承担乡道、村道日常养管工作，监督村养护员村组路日常养管责任，实现有路必养、养必良好的目标。针对“建、管、养、运”工作存在的不足，制定整改台账，继续对申报材料查漏补缺，同时与上级相关部门沟通，争取自治区交通厅和市交通运输局对乃东区创建“四好农村路”全国示范区建设工作的支持。

【运输市场和公交客运管理】 2021年，区交通局坚持“城乡统筹、以城带乡、城乡一体、客货并举、运邮结合”总体思路，按照“城乡客运一体化、农村交通公交化”的总体要求，加快完善农村公路运输服务网络，全面实现全区建制村通客车，按照农民出行规律、市场规律、客运经营规律因地制宜地发展农村客运经营模式，巩固村村通客车成果，提高服务质量，完善配套政策措施，保障稳定运行。

邮政

【概况】 中国邮政乃东区分公司（以下简称邮政乃东区分公司）有干部员工12人，其中A、B类合同制员工11人，劳务工1人，乡邮委代办人员12人（乡邮投递员和营业员各6人）。

2021年，邮政乃东区分公司收入预算388万元，全年完成收入433万元，完成预算进度的111.72%，同比增长13.8%。规模排名全市邮政县、支局第二位，预算进度排名第四位。储蓄余额为10114万元，余额规模排名全市所有县、支局第二位。

【普遍服务工作】 2021年，邮政乃东区分公司按照国家邮政局《普遍服务标准》，履行邮政普遍服务的义务，按照标准的基本内容、要求和服务规范，组织生产、强化管理、保证质量、规范服务，巩固和提升普遍服务水平，从传统的邮政业务迈上多元化经营的道路。邮政乃东区分公司依法从事的业务有邮政储蓄、汇兑、代理保险、代发工资、包裹、函件、中邮广告、报刊发行、报刊零售、特快专递、邮政礼仪、集邮、代缴话费、代收交警罚没款、邮政物流、邮政分销等业务经营活动。

【金融业务】 2021年，邮政乃东区分公司创新发展思路，狠抓基础工作，强化团队营销能力提升。加快代理保险业务的发展，有效满足客户保险需求，全年实现期缴保费69.5万元，其中长期期缴保费35万元，两项指标均排名全市第一，位居西藏自治区前列。开展客户走访工作，以菜市、建材市场和乡镇空白市场3个市场为突破口，加大收单业务拓展，全年累计布放扫码付196户，其中服务的菜市场布放率达到40%，服务的6个乡镇均实现扫码付全覆盖，延伸邮政金融服务窗口，满足客户金融结算需求。推进协同业务发展，通过发动员工，以商户走访和惠农走访为抓手，全年累计开发公司基本户16户，一般户1户，开发数量排名全市第一。抓住第四季度发展旺季，加快余额发展，通过强化客户服务等基础工作，第四季度实现新增余额962万元，完成绝对值排名全市第一位，网点余额规模突破1亿元大关，达到10114万元。

【寄递业务】 2021年，邮政乃东区分公司强化服务，多措并举推动寄递业务转型发展。除日常做好窗口收寄服务外，整合网点人员力量，加大外拓上门揽收，成功开发2户寄递协议客户，月交寄件数在100件以上。做好西藏和平解放70周年大庆礼品配送协议的谈判和签订，累计实现物流收入28.53万元。部队、市纪委、边防等单位物流业务，实现收入15.72万元。服务开学季，组织人

2021年12月15日，邮政乃东区分公司为辖区个体工商户上门提供普惠金融服务

员配送市区4所中学学生教材2020件，累计实现特快收入1.21万元。进入万人小区和援藏家园上门揽收包裹42件，实现寄递收入5600元。

【项目营销】 2021年，邮政乃东区分公司销售党史学习教育系列政务图书及图书馆图书111330元，销售中国共产党成立100周年纪念邮品、纪念币和“521”纪念套装等48362元。加大援藏工作队营销服务，西藏和平解放70周年纪念金套装实现销售额55010元。实施“思乡月”中秋月饼营销项目，实现销售额58833元。销售制作函件各类宣传用品121775元。

【网点建设】 2021年，邮政乃东区分公司设有邮政网点共8个。其中，乃东区网点1个，军分区网点1个，每周营业7天，每天营业9小时，6个乡镇网点均实现邮件投递频次为周三班（每周投递三天）。所有乡镇网点每周营业时间为5天，每日6个小时。

【邮路和投递】 2021年，邮政乃东区分公司有邮路8条。即：县到乡（镇）汽车邮路3条，单程110千米；摩托车邮路5条，单程199千米。年发班达到156班，沿途交接点7个，年发运总千米数9.7万千米。6个乡镇全年党报党刊投递数量共103074份，普通邮件投递共87260件，收寄1219件。其中，多颇章乡邮政所党报党刊投递11339份，普通邮件投递6400件，收寄49件；索珠乡邮政所党报党刊投递14624份，普通邮件投递11200件，收寄47件；昌珠镇邮政所党报党刊投递25939份，普通邮件投递29800件，收寄578件；结巴乡邮政所党报党刊投递13529份，普通邮件投递20300件，收寄107件；亚堆乡邮政所党报党刊投递22289份，普通邮件投递6760件，收寄64件；颇章乡邮政所党报党刊投递15354份，普通邮件投递12800件，收寄374件。

教育·体育

教育

【概况】 乃东区教育(体育)局(以下简称区教育局)核定编制5名,实有6人,其中,领导职数4名,局长1名、副局长3名;实有局长1人、副局长2人,二级主任科员1人、三级主任科员1人、一级科员1人;汉族2人、藏族4人;男2人、女4人。部门教研室为股级事业单位,核定编制4名,实有5人,其中男2人、女3人。公益性1人,为驾驶员。

2021年,乃东区有各级各类教育学校42所,其中幼儿园34所(含民办1所)、乡(镇)小学7所、初级中学1所。学校在校生4844人,其中学前幼儿1317人(含民办幼儿园在校生288人)、小学2362人、初中1165人。各级各类学校正式教职工共计418人,其中幼儿园教师61人、小学教师214人(专任教师213人、工勤人员1人)、初中教师138人(专任教师131人、工勤人员5人、教辅人员2人)、教研人员5人。农村学前教育三年毛入园率达到100%、城镇学前教育三年毛入园率达到100%、小学入学率达100%、初中毛入学率达到100.8%。

乃东区2021年各类学校教育基本情况表

表7

学校名称	学校情况(人)			教职工人数(人)				在校生人数(人)			残疾生入学情况(人)		入学率(%)
	幼儿园	小学	初中	幼儿园	小学	中学	教研人员	初中在校生	小学住校生	幼儿住校生	送教上门	随班就读	
教研室	—	—	—	—	—	—	5	—	—	—	—	—	—
乃东区中学	—	—	1	—	—	138	—	1165	—	—	—	11	100
亚堆乡小学	—	1	—	—	30	—	—	—	352	0	—	2	100
才朋村幼儿园	1	—	—	—	—	—	—	—	—	17	—	—	—
郭乃村幼儿园	1	—	—	1	—	—	—	—	—	26	—	—	—
曲沃村幼儿园	1	—	—	4	—	—	—	—	—	27	—	—	—

续表 7

学校名称	学校情况（人）			教职工人数（人）				在校生人数（人）			残疾生入学情况（人）		入学率（%）
	幼儿园	小学	初中	幼儿园	小学	中学	教研人员	初中在校生	小学住校生	幼儿住校生	送教上门	随班就读	
日苏村幼儿园	1	—	—	2	—	—	—	—	—	11	—	—	—
亚桑村幼儿园	1	—	—	0	—	—	—	—	—	19	—	—	—
热木那村幼儿园	1	—	—	0	—	—	—	—	—	8	—	1	—
曲德贡村幼儿园	1	—	—	2	—	—	—	—	—	22	—	—	—
果麦村幼儿园	1	—	—	1	—	—	—	—	—	13	—	—	—
支那村幼儿园	1	—	—	2	—	—	—	—	—	19	—	—	—
颇章乡小学	—	1	—	0	34	—	—	—	373	—	—	4	100
达当村幼儿园	1	—	—	1	—	—	—	—	—	17	—	—	—
夏果村幼儿园	1	—	—	1	—	—	—	—	—	36	—	—	—
地新村幼儿园	1	—	—	1	—	—	—	—	—	36	—	—	—
哈鲁岗村幼儿园	1	—	—	1	—	—	—	—	—	22	—	—	—
颇章乡幼儿园	1	—	—	2	—	—	—	—	—	41	—	—	—
格拉村幼儿园	1	—	—	1	—	—	—	—	—	16	—	—	—
批布村幼儿园	1	—	—	0	—	—	—	—	—	10	—	—	—
布仁村幼儿园	1	—	—	1	—	—	—	—	—	13	—	—	—
阿坝村幼儿园	1	—	—	1	—	—	—	—	—	15	—	2	—
昌珠镇小学	—	1	—	—	50	—	—	—	494	—	—	—	100
附设幼儿园	1	—	—	3	—	—	—	—	—	43	—	—	—
桑德幼儿园	1	—	—	2	—	—	—	—	—	48	—	—	—
色康幼儿园	1	—	—	0	—	—	—	—	—	23	—	—	—
查如幼儿园	1	—	—	2	—	—	—	—	—	16	—	—	—
泽当镇小学	—	1	—	—	48	—	—	—	649	—	—	4	100
郭沙幼儿园	1	—	—	2	—	—	—	—	—	24	—	—	—
金鲁幼儿园	1	—	—	2	—	—	—	—	—	50	—	—	—

续表 7

学校名称	学校情况(人)			教职工人数(人)				在校生人数(人)			残疾生入学情况(人)		入学率(%)
	幼儿园	小学	初中	幼儿园	小学	中学	教研人员	初中在校生	小学住校生	幼儿住校生	送教上门	随班就读	
鲁琼幼儿园	1	—	—	2	—	—	—	—	—	55	—	1	—
结巴乡小学	—	1	—	—	27	—	—	—	221	—	—	5	100
车门幼儿园	1	—	—	2	—	—	—	—	—	22	—	—	—
门中村幼儿园	1	—	—	1	—	—	—	—	—	36	—	—	—
格桑村幼儿园	1	—	—	2	—	—	—	—	—	52	—	—	—
索珠乡小学	—	1	—	—	16	—	—	—	130	—	—	1	100
附设幼儿园	1	—	—	3	—	—	—	—	—	46	—	—	—
丁拉村幼儿园	1	—	—	2	—	—	—	—	—	24	—	—	—
多颇章乡小学	—	1	—	—	9	—	—	—	143	—	—	2	100
乡幼儿园	1	—	—	2	—	—	—	—	—	41	—	—	—
嘎东新村幼儿园	1	—	—	2	—	—	—	—	—	53	—	2	—
乃东区幼儿园	1	—	—	13	—	—	—	—	—	128	—	—	—
乃东社区幼儿园	1	—	—	31	—	—	—	—	—	288	—	—	—

乃东区 2021 年度各级各类学校高级职称教师一览表

表 8　　单位：人

学校名称	教师总人数	高级职称教师
乃东区中学	138	24
乃东区亚堆乡小学	30	6
乃东区颇章乡小学	34	6
乃东区昌珠镇小学	50	12
乃东区泽当镇小学	48	9
乃东区结巴乡小学	27	5
乃东区索珠乡小学	16	4
乃东区多颇章乡小学	9	2
总 计	352	68

【学前教育】 2021年，乃东区农牧区学前教育三年入园幼儿人数达到1317人，在全市率先实现农牧区学前三年入园率100%，城镇学前三年入园率100%。自2020年乃东区全面推行学前藏语汉语三年制教育以来，坚持加强学前教育普惠性发展的同时，深化学前教育质量提升，提高教师队伍质量，促进学前教育内涵发展。截至2021年年底，全区有1所区级幼儿园、4所乡（镇）级幼儿园、28所村级幼儿园、1所民办幼儿园，全部推行农村学前藏语汉语三年制教育。2021年10月，乃东区藏语汉语幼儿园通过山南市级幼儿园分类评估定级认定，被确定为“一类园”，截至年底共有8所幼儿园通过市级评估认定。

乃东区2021年度学前教育学校学生统计汇总表

表9

类别	学前幼儿在园情况				学前入学率		
	合计（人）	小班（人）	中班（人）	大班（人）	农村学前两年入园率（%）	城镇学前三年入园率（%）	农村学前三年入园率（%）
合计	1317	409	423	485	100	100	100
区幼儿园	128	39	41	48	—	—	—
各乡镇幼儿园	901	301	287	313	—	—	—
民办幼儿园	288	69	95	124	—	—	—

乃东区2021年度学前幼儿教育教职工统计汇总表

表10　　单位：人

类别	幼儿园数量			教职工人数			聘任教师及临时工		
					在职人员				
	合计	公办	民办	小计	公办在编在职教师	民办在职教师	合计	聘任教师	临时工
乃东区各幼儿园	34	33	1	92	61	31	64	0	64

【义务教育】 2021年，乃东区坚持均衡发展和适度集中办学的原则，根据地理环境、人口分布、生源和流动情况等，按1个区1所初中、1个乡（镇）1所乡级小学进行布局义务教育，设有1所初级中学、7所乡（镇）小学，办学半径最大为50千米。4月7日，乃东区县域义务教育均衡发展迎国检“回头看”推进会议在乃东区法院召开，会议由乃东区教育局党组书记、局长朱京涛主持，乃东区政府副区长格桑罗布出席，乃东区教育工作领导小组成员单位及各乡镇（街道）分管教育的领导、乃东区各中小学校长和书记、乃东区藏语汉语幼儿园园长、局机关在家领导及干部职工参加会议。5月24日，由政府副区长格桑罗布带队，组织教育系统40人赴琼结镇完全小学，参观义务教育均衡发展情况，学习兄弟县教育教学管理经验。5月22—28日，对西藏自治区申报验收的县（区）和已通过验收的县（区）进行县域义务教育基本均衡发展工作专项督导检查和复查。乃东区在入学机会、保障机制、队伍建设、质量与管理等方面，对县级人民政府推进义务教育均衡工作自查自评，得分93分；公众满意度调查抽样问卷调查2000人，满意度达到98.5%；访谈100人，总体评价为满意。通过国家级县域义务教育均衡发展复查。

乃东区 2021 年度义务教育学校学生统计汇总表

表 11

类别	在校生情况														入学率、巩固率			
	小学在校生(人)							初中在校生(人)				特殊学生(人)			入学率(%)		巩固率(%)	
	合计	一年级	二年级	三年级	四年级	五年级	六年级	合计	七年级	八年级	九年级	合计	送教上门	随班就读	小学净入学率	初中毛入学率	小学巩固率	初中巩固率
总计	2362	409	438	351	378	367	419	1165	404	371	390	28	1	27	100	100.8	100	100
初中	—	—	—	—	—	—	—	1165	404	371	390	12	1	11	—	100.8	—	100
小学	2362	409	438	351	378	367	419	—	—	—	—	16	—	16	100	—	100	—

乃东区 2021 年度义务教育阶段教职工统计汇总表

表 12　　单位：人

类别	学校数量			教职工人数						聘任及临时工				
	合计	小学	初中	合计	在职人员				离退休人员	合计	小学		初中	
					小计	小学	初中	教研人员			聘任教师	临时工	聘任教师	临时工
合计	8	7	1	480	357	214	138	5	123	141	0	117	0	24
初中	1	0	1	164	138	0	138	0	26	24	0	0	0	24
小学	7	7	0	308	214	214	0	0	94	117	0	117	0	0
教研室	—	0	0	8	5	0	0	5	3	0	0	0	0	0

【教育经费投入】 2021 年，乃东区本级财政收入投入教育6793万元，投入比例达到 20%。区教育局坚持规范使用本级财政教育投入经费的同时，积极争取上级教育各类资金，改善办学条件，完善教育保障措施，优化教育资源配置。

2021 年，乃东区严格落实教育各项惠民政策。落实中小学“三包”经费 1396.2 万元，惠及学生 3360 人，营养改善经费 271.52 万元，惠及学生 3394 人，学前教育补助资金 595.32 万元，惠及学生 1647 人；落实大学生资助资金 980.8 万元，惠及大学生 1332 人次；落实民办辞退、清退、退养教师生活补助资金 609120 元；兑现乡村教师生活及交通补助 61 万元。为提高资金使用效益和财务管理水平，区教育局建立健全各项经费管理制度，强化财务人员培训，加强对经费管理监督检查，做到专款专用，全年无挪用、克扣、截留等现象发生。

【学校标准化建设】 2021 年，区教育局争取 10 个教育项目，总投资 5000 万元。实施乃东区颇章乡小学标准化建设、乃东区实验小学学生公寓楼建设项目、乃东区多颇章乡小学改扩建项目、5 所小学供暖建设项目、猴子山景观栈道建设项目，推进学校标准化建设。通过本级投入教育资金实施办学条件改善项目 13 个，投入资金 826 万元。实施多颇章乡嘎东团结新村幼儿园附属工程建设项目、热木那村幼儿园维修改造项目、乃东区中学监控室建设项目、亚堆乡小学给水及供暖配电项目、乃东中学职教楼维修改造项目、乃东区中学综合楼给水管安装工程、乃东中学室外排水项目、乃东区青少年活动中心办公楼维修改造项目、多颇章乡小学低压线路改造工程、颇章乡附设幼儿园改扩建项目、亚堆乡热木那村幼儿园维修改造项目、索珠乡小学给水工程建设项目、亚堆乡小学给水工程建设项目，改善办学条件，优化学校环境。

【教师队伍建设】 2021年，区教育局开展教师“一考三评”活动，共开展教学公开课528场次，中小学、幼儿园教师听评课2580人次，参加课堂达标418人，参加教师业务考试414人，师德师风考核418人，考核达标417人。通过开展观摩研讨课、示范课、公开课、学科讲座等，教学与教研结合起来，总结教学经验，对教育教学中遇到的问题进行理论研究，探索新的教学规律，对教育教学实践进行反思，不断改进教育教学工作。采取“送出去、请进来”、区本培训、校本培训、远程教育培训、专题讲座等多种培训方式，以培养年轻教师为抓手，以培训骨干教师和学科带头人为重点，以区（校）本培训为主线，提升全体教师的业务与理论水平，促进教师专业化发展。全年教师累计培训913人次（其中网络培训395人次）。乃东区委、区政府对表现突出的乃东区双语幼儿园等28个先进集体，以及次旺多吉等56名优秀教师、阿旺次珠等20名优秀学生进行表彰，共发放表彰资金172.2万元。3月31日，乃东区教育局组织开展第三届幼儿教师教学技能大赛，此次竞赛通过筛选，最后共有11名教师参加决赛。大赛经过激烈角逐，通过对教学设计、说课稿、现场教学、说课四大内容进行评比，最终产生一等奖2名、二等奖2名、三等奖3名。

2021年9月1日，乃东区为教育事业做出贡献的优秀集体、个人进行表彰，共发放170余万元奖金

【党管意识形态】 2021年，区教育局开展党史学习教育。带头谋划并组织开展党史学习教育，共开展集中学习261次。围绕“学史明理、学史增信、学史崇德、学史力行”四个专题和贯彻落实习近平总书记在庆祝中国共产党成立100周年大会上的讲话精神、习近平总书记在西藏视察时的重要讲话精神及汪洋在庆祝西藏和平解放70周年大会上的讲话精神等，开展学习研讨交流37次，组织广大党员干部撰写心得体会160余篇。

【思政教育】 2021年，乃东区教育系统坚持立德树人、强化学校思政工作，开展社会主义核心价值观教育，通过学雷锋纪念日、清明节、“五四”青年节、庆“六一”、民族团结月活动日，以画报、手抄报、黑板报、演讲及社会实践等形式引导学生爱国、敬业、诚信、友善，开展中华优秀传统文化教育。统一使用国家统编教材和国家通用语言授课，从幼儿园起，在日常教学中普遍使用国家通用语言交流。在传统节日组织学生开展一系列纪念活动。在端午节，学校组织学生包粽子、看龙舟比赛、讲解有关屈原的故事，引导学生了解中华优秀传统文化的历史渊源、发展脉络、精神内涵，增强文化自觉和文化自信。通过开展国旗下讲话、主题班会、道德讲堂等，深入开展“五项”教育，培养学生对党的政治认同、情感认同、价值认同，树立为共产主义远大理想和中国特色社会主义共同理想而奋斗的信念和信心。各学校组织开展集中学习23次、诗歌朗诵及文艺活动11次、观看红色影片38次、参观红色教育基地6次、参观廉政教育基地1次、开展党史知识测试、小问答活动5次。

【招生与考试】 2021年，乃东区教育系统组织开展招生考试工作。2021年，初中学业水平考试共有411名学生参加，考上其他省市西藏班32人，录取率比2020年提高2%。小学毕业班共175名考生，报名参加其他省市西藏初中班考试，达到招生分数线学生14人，实际录取学生14人，录取率为8%。

2021年，乃东区教育系统，坚持规范招生行为，严格依法办学。坚持执行控辍保学“四书”制，实行学前幼儿园及义务教育阶段学生免试就近入学，严格落实幼儿园升小学、小学升初中整班交接制度，取缔强化班、消除大班额现象，对师资力量充足的边远学校实行小班额。全年共招生学前幼儿小班409人，小学一年级409人，初中一年级404人。按照自治区课时计划和课程标准，开齐课程、开足课时，上好体育、音乐、美术、劳动综合实践等课程；严格禁止违背规律的教育教学行为，实施“有效课堂教学”，不随意提高课程难度和增加作业量。

【教育信息化建设】2021年，区教育局坚持高度重视教育信息化建设，不断改善学校信息化条件，推进教育信息化发展水平，投资600万元，改善学校信息化建设，其中争取上级投资300万元，用于乃东区中学数字化校园建设；援藏投资300万元，用于乃东区中学建设，各乡镇小学及区幼儿园局域网布线，采购20套电子白板配备索珠乡小学、结巴乡小学、昌珠镇小学、泽当镇小学录播室及监控系统建设，夏果村幼儿园、多颇章乡幼儿园全覆盖监控安装。通过数字化校园建设，改善学校教学环境，初步实现信息化教学，实现“三全、两高、一大”的信息化目标。充分利用互联网教育教学资源，通过集体备课，形成科学、实用、有效的共案。

【乡村振兴】2021年，乃东区教育系统，坚持巩固脱贫攻坚成果同乡村振兴有效衔接，建立乡村振兴教育保障长效机制，坚决贯彻落实好国家、自治区、市委和区委的要求，落实教育“三包”“营养改善”及大学生资助等政策，做到脱贫不脱政策、摘帽不摘政策，建立健全家庭经济困难学生资助体系，坚持不让一个学生因贫困而失学或辍学。制定出台乃东区《关于留守儿童、三类残疾和失亲儿童关爱工作意见》《进城务工人员随迁子女平等接受义务教育工作方案》《关于切实做好进城务工人员随迁子女就学工作的意见》，确保进城务工人员随迁子女、失亲少年儿童公平享受义务教育。坚持开展送教上门工作，按照“三+一+N”送教上门工作模式，开展残疾儿童送教上门，教育局督导室不定时督导，进行家访抽查，通过多措并举，保证残疾儿童同等享受义务教育权利。组织督导室和各校每月认真开展“送教上门”活动，受益学生达104人次。

【安全与管理】2021年，区教育局坚持树牢安全意识、底线意识，维护学校安全稳定，努力创建和谐校园。严抓疫情防控工作，坚持以“四二二五六”要求和“十个到位”为统领，落实组织领导、日常监管、后勤保障等工作，为疫情防控提供体系支撑。开展各重要节点学校安全工作，修改完善乃东区学校安全管理暂行办法和各项应急处突方案，加强学校师生安全常识教育、心理健康教育，落实交通安全、食品卫生安全、消防安全、网络安全举措，深化学校及周边治安综合治理工作，执行幼儿园、中小学集中用餐陪餐制度，逐步解决学校保安年老、量少、质弱

2021年5月24日，乃东区为迎接义务教育均衡发展国检复查，开展自查自评工作

等问题，严格执行校园安全事故“一票否决制”，全年开展校园安全排查10次，安全演练18次，组织各类安全教育36次。深化依法治教和依法治校工作，制定深化教育体制机制建设的实施细则，提高运用法治思维和法治方式抓治理的能力。推进教育系统扫黑除恶专项斗争，开展教育系统综治工作，深化“双联户”创建、矛盾纠纷排查调处、平安校园创建等重点任务，确保校园平安。3月1—2日，根据包校包片责任安排，区教育局领导班子分别带领相关科室工作人员深入乃东区各中小学及幼儿园，进行开学工作督导检查。督导组严格按照《乃东区教育系统2021年各中小学、幼儿园春季开学工作实施方案》及考核细则，对各校开学期间师生入校防疫情况、开学条件保障情况、校舍安全管理情况、食品与饮水安全管理情况、校园消防安全、疫情防控物资储备和校园卫生等方面进行检查。3月4日，乃东区教育局联合乃东区消防大队、乃东区应急管理局、治安大队等部门，对乃东区中学、7所乡（镇）小学校园安全隐患进行排查。

【音体美劳教育】 2021年，根据西藏自治区人民政府办公厅转发教育厅等部门关于《强化学校体育促进学生身心健康全面发展实施意见的通知》、关于印发《西藏自治区义务教育课程设置方案（2018年修订）》的通知及2021年教育部下发的“双减”政策和五项管理要求，乃东区加强监督和指导各校开齐、开足、开好体育课，将音体美劳课和课外体育活动列入学校教学计划，不得削减或者挤占音体美劳课时。强化课外锻炼，将学生课外体育活动列入作息时间安排，切实保证学生每天一小时校园体育活动落到实处。各校组织学生做好广播体操、眼保健操，大多数学校把民族特色优秀集体操融入大课间活动，定期开展阳光体育系列活动和“走下网络、走出宿舍、走向操场”主题群众性课外体育锻炼活动，坚持每年开展学生冬季长跑等活动。

【音体美教师培训】 2021年，区教育局开展音体美教师技能培训，提高乡镇小学音体美教师基本素质及教师体育艺术教学水平。12月，组织乡镇小学21名教师进行乃东区第四期音体美教师专业培训，提高小学音体美教师的专业素质和整体水平。

体育

【概况】 2021年，乃东区有全民健身活动场所1个、多功能民族传统体育活动场所1个、青少年活动中心1所、村办足球场1个、村办游泳馆1个、景观栈道2条（游步道），全年接待健身13万人次；公用市属体育场馆1所（配有篮球场、排球场、足球场和文化广场），全年接纳体育运动和健身人数约50万人次。

【全民健身工作】 2021年，乃东区坚持“健康第一、全面发展”的工作理念，贯彻乃东区全民健身计划，把全民健身工作作为一项重要任务来落实，开展形式多样的体育活动，丰富群众的体育文化生活，促进全民体育锻炼与身心健康发展。争取上级体育设施建设项目，满足群众体育健身需求。

【基础设施建设】 2021年，泽当社区登山健身步道建成，并投入使用。自治区体育局为泽当街道办嘎玛庆社区和泽当社区争取百姓健身房各1间。亚堆乡曲德贡村和泽当街道办赞堂社区已被列为自治区体育局2021年补短板项目。

【竞技体育】 2021年，乃东区足球队参加山南市第十届“体彩杯”足球赛。10月，参加由拉萨市堆龙德庆区举办的“龙腾杯”足球邀请赛。推动乃东区校园足球体育事业发展，全面提升学校足球竞技水平。

【教练员培训】 2021年，乃东区选派5名中小学体育教师参加中国业余足球教练员培训班（山南站），经过线上和线下集中培训，5名参训教师通过考核并取得教练员培训合格证书。

【全民健身场地普查】 2021年，乃东区按照国家体育总局要求，完成2021年全民健身场地普查工作，主要统计录入茶如打牛角场地、昌珠镇全民健身篮球馆、乃东区青少年活动中心数据，并上报国家全民健身信息服务平台。

文化·卫生

文化

【概况】 2021年，乃东区文化（文物）局（以下简称区文化局）为正科级行政单位，核定编制6名，实有7人；汉族2人，藏族5人；男2人，女5人。下属综合文化服务中心，为副科级事业单位，核定编制12名，实有22人（借调10人），其中事业管理人员2人；男8人、女14人。乃东区艺术团在职演员24名，其中合同制工人14人、公益性岗位10人。

2021年，区文化局通过资金投入、项目申报、市场准入、招商引资等方式，在乃东区带动起一批传统文化资源转化文化市场经济优势的文化经营者，如：雅砻扎西雪巴藏戏文艺表演团体、哔叽公司、齐乌冈巴画派传习所等文化单位及文化传承人，成功将文化资源转化为经济资源，促进文化资源优势向文化产业优势转变，通过扶持当地民间艺人及团体，推广当地传统技术，申报非遗项目，促进文化产业兴起。截至年底，辖区内共有文化经营单位61家，其中文化娱乐场所41家、文艺表演团体3家、演出场所经营单位备案5家、网吧12家。

【公共文化服务体系建设】 2021年，区文化局深入7个乡镇（街道）文化站对基层公共文化设施运行管理情况进行督导，组织各乡镇（街道）文化工作负责人召开文化馆、图书馆总分馆制建设工作推进会，提升公共文化服务水平。评出2020年度优秀公共文化服务设施免费开放工作站（点）4个，发放奖金10万元。协同山南市文化局对各乡镇（街道）开展2021年公共文化服务设施免费开放绩效考评，督促各基层文化站对发现的问题进行整改。配合完成自治区文化厅、山南市文化局开展的国家公共文化服务体系示范区创新发展复核工作。2月，开展2020年度艺术团演职人员考核暨2021年工作安排部署工作，提升演职人员创作、演出积极性。

2021年1月18日，乃东区朗玛堆谐社团在雅砻剧院排练参演山南市藏历晚会节目

2021年5月6日，乃东区文化局到颇章哈鲁岗存调研县级文物保护单位情况

【文化市场监管】 2021年，区文化局组织文化经营场所负责人、相关成员单位召开春节、藏历新年期间文化市场疫情防控工作安排部署会，确保辖区内娱乐场所疫情防控工作落到实处。完成文化市场直报系统统计工作。组织文化市场从业人员接种新冠疫苗，完成500余人的接种工作。办理延续业务16家、注销5家、新办业务7家、营业性演出备案4家，接受咨询200余人。联合市文化市场综合行政执法队、区扫黑办、卫健委、公安、消防、市监局等部门累计检查文化娱乐场所31次、120家、出动人员300余人次。

【文化设施建设】 2021年，区文化局结合党史学习教育“倾听民声、回应诉求”活动，为泽当街道办鲁琼社区、昌珠镇扎西曲登社区、多颇章乡嘎东团结新村各解决一套音响设备，共投资15万元，加强基层文化建设，活跃村居(社区)群众文化生活。投资1.19万元，提升打造结巴乡文化站。投资0.85万元，为扎西曲登社区室外演出活动场地解决600个凳子。深入偏远村居亚桑村、“易地搬迁”点嘎东团结新村摸底调研，了解实际需求，投资5万元为两个村购置文化活动室相关设施。11月18日，乃东区综合文化服务中心在第五次全国文化馆评估定级中被评为三级文化馆。

【文物保护与管理】 2021年，乃东区有全国重点文物保护单位3处，自治区级文物保护单位10处，县级文物保护单位24处，野外重点文物保护单位5处，有野外文物看管员10名。对辖区内开展文物安全责任公示牌及消防公开承诺牌设置工作。2021年续建项目有投资500.73万元的赞塘玉意拉康修缮保护工程项目、投资300万元的雍布拉康壁画保护项目、投资70万元的昌珠寺厕所改造维修工程项目，均已建设完成；从文物保护经费中为哲布林寺解决1.3万元，用于微型消防站、防雨隔板的建设安装。为达杰林寺解决1.9万元用于消防水池、围墙建设，为日乌曲林寺解决0.7万元，用于主殿屋顶更换防水卷材，为亚桑寺解决3.5万元，用于寺庙周边监控安装，消除寺庙安全隐患，确保文物安全。利用文化和自然遗产日、综治宣传周等节点，宣传文物保护相关法律法规4次、发放宣传单200余份、组织消防演练2次，提高全民文物保护意识。为做好中国共产党成立100周年暨西藏和平解放70周年期间的文物保护工作，开展文物安全联合检查，截至年底，联合区应急管理局、消防、统战、民宗等单位检查文保单位70余次、出动检查人员200余人次。召开2021年藏传佛教寺庙财税监管工作部署会，与市文化局对接6座寺庙(拉康)的文物实物比对登记工作，深入寺庙并已完成5座寺庙文物登记造册、建立档案等工作。12月，赞塘玉意拉康修缮项目竣工，总投资500万元。

【非物质文化遗产保护】 2021年，乃东区有国家级非物质文化遗产2项，代表性传承人3个；自治区级非物质文化遗产2项，代表性传承人3个；市级非物质文化遗产5项、代表性传承人2个；县级非物质文化遗产28项，传承人28个，有非遗工坊2个。区文物局组织非遗传承人开展春节、藏历年前座谈会暨“两节”慰问。组织辖区30余名非遗传承人开展以“人民的非遗人民共享”为主题的2021年文化和自然遗产日宣传活动。组织亚桑藏香、格桑藏戏参加山南市文化和自然遗产日宣传活动,发挥文化传播功能。投资60余万元装修乃东区非遗展厅,协助开展武汉旅游援藏2021年湖北市场旅游宣传推广踩线工作,组织带领国家级非遗项目扎西雪巴藏戏到武汉参演"英雄武汉人 畅游藏源地"山南乃东旅游武汉专场推介会暨武汉旅游援藏启动仪式。组织乃东区级非物质文化遗产"乃东雪"藏戏(文成公主)参演雅砻文化旅游节。9月18日,泽当毛哗叽手工编织技艺(泽贴尔)被录入第五批国家级非物质文化遗产代表性项目。10月,公布乃东区优秀非遗项目克松钔谐等11项为乃东区第三批区(县)级非物质文化遗产代表性项目。11月3日,乃东区泽当街道(泽贴尔编织技艺)成功入选文化和旅游部《关于命名2021—2023年度中国民间文化艺术之乡》。11月13日,雅砻扎西雪巴非遗旅游景区、西藏哗叽服饰有限公司成功列入首批自治区非遗旅游景区(点)。

【文化惠民活动】 2021年,区文化局组织开展"文化同行携手夕阳辞旧迎新"、"庆'三八'展巾帼风采"、"3·28"西藏百万农奴解放纪念日话剧《农奴泪》展演、"唱响红歌颂党恩、不忘初心强使命人人唱红歌""我与党旗合张影、致党的一句话、留住幸福瞬间""庆'八一'文化进军营""传中华文明、写规范汉字"等文化文艺活动。组织乃东区民间朗玛堆谐社团参演2021年山南市春节、藏历新年晚会展示乃东传统舞蹈风采,并为其解决录音、编排、务工补贴等费用4.8万元。利用朗玛堆谐社团良好的群众基础,组织其参加雅砻文化节子项目"广场舞"演出、第41届雅砻物资交流会演出,聘请社团内老师,在群众中开展为期1个月的"朗玛堆谐"公益培训班,并在市体育场举行成果会演。

【文艺演出】 2021年,区文化局通过宣传习近平新时代中国特色社会主义思想,中央第七次西藏工作座谈会精神,中共十九届五中、六中全会精神等,组织艺术团在偏远村居、易地搬迁点、集中供养中心、学校开展庆祝中国共产党成立100周年暨西藏和平解放70周年"送文艺"67场次,服务群众4.1万余人次。围绕中国共产党成立100周年暨西藏和平解放70周年、乡村振兴、民族团结、环境保护等主题新编舞蹈、小品节目7个。区政府投资14.95万元新创节目3个。组织艺术团前往日喀则亚东县开展"送文化进部队"活动。选派艺术团骨干深入泽当街道11个社区、颇章乡雪村指导编排舞蹈,推荐雪村文艺队参演2021年雅砻文化旅游节子项目"永远跟党走"行政村文艺会演,并获得"优秀组织奖"。开展人才培训活动,提升行政村文艺演出队服务群众的水平。

【文化产业投入】 2021年,区文化局共投入文化大发展资金101.4万元,其中投资10万元为昌珠镇扎西曲登社区制作歌舞音乐、更新藏戏服饰;投资3万元申报昌珠克松社区春耕节非遗项目;投资3.9万元制作首批自治区非物质文化遗产旅游景区(点)推荐宣传片;投资3万元为艺术团创作歌曲《迷人的姑娘》;投资8.5万元抢救复排颇章乡夏果藏戏《苏吉尼玛》;投资73万元实施雍布拉康响箭项目。

广播电影电视与融媒体

【概况】 2021年,乃东广播电视台是区政府直属正科级公益一类事业单位,归乃东区委宣传部领导。有工作人员16人,整合政务服务平台5个、便民服务平台23个、微信矩阵9个、电商服务平台5个,推出《习近平时间》《早知天下事》《党建》《乃东要闻》《脱贫攻坚》《创卫》《理论政策》《旅游文化》《微视频》《信息公开》《新闻》《文明实践》《市民云》《直播》和《藏文版新闻中心》《旅游文化》《新农民》等栏目22个。乃东区融媒体中心是区政府直属正科级公益一类事业单位,归口乃东区委宣传部领导,对外保留乃东广播电视台称号。乃东区融媒体中心有工作人员16名,配备科级事业编制领导3名。中心成立后在全区范围内遴选优秀干部,其中采编记者8人,藏文和汉文编辑4人,财务人员1名,涵盖新闻传播、汉语言文学、播音主持等专业人才。

【融媒体平台建设】 乃东区融媒体中心于2019年12月正式建成并投入使用，并于2021年1月17日正式挂牌成立。累计投入资金达900余万元，改造办公用房850平方米，按照县级融媒体中心建设要求，借鉴先进县区建设经验，建成室内虚拟演播室、融媒体指挥调度中心、无纸化会议室等新型办公设施，为西藏首个“符合新时代要求，具有西藏特色”的县级融媒体中心。中心采用中科院自动化所研发的平台，借助中科院提供的大数据、云计算和人工智能等技术手段，为全媒体新闻生产和传播提供“智能、快捷、方便、高效”的技术平台，形成“一次采集、多元生成、多端发布、立体传播”融媒体新闻生产传播格局。

【媒体整合】 2021年，乃东区融媒体中心以中心新闻共享平台为依托，建立融媒体数据中心和媒体资讯库。整合“藏源发布”手机客户端、“乃东融媒体中心”抖音号、“藏源发布”微信公众号、“网信乃东”等新媒体平台，充分利用《人民日报》、新华网、“学习强国”等合作平台，积极开设专栏，制作图文并茂的资讯，及时落实党中央、国务院及各级党委、政府下发的指令，严格按照要求转播转发权威媒体相关资讯，构建完整的资讯传播链条，及时向全社会传播乃东声音。全年“藏源发布”App共刊发稿件6838篇。向上级媒体推送乃东区先进典型，在《人民日报》、新华社、“学习强国”及自治区内各大媒体平台上刊播乃东区新闻报道。在“藏源发布”和网信乃东平台先后开辟《奋斗百年路 启航新征程》《两会直通车》《乡村振兴》等专栏，对各项重点工作进行宣传报道，如《再唱山歌给党听》《光荣在党50年:“80后”老党员普赤65年初心未改：坚定信仰，永远跟党走》《光荣在党50年：乃东区亚堆乡强巴多吉的故事》《光荣在党50年，这对党员夫妻不简单！》《我们的小康2牧羊人江白多吉的城市新生活》《来藏戏之乡，赴一场寻梦藏源之旅！扎西曲登欢迎您！》《“好药材”闯出致富新路》《同迎党代会 开启新征程》等不同类型的微视频、微小品等音视频作品，对党史学习教育工作中涌现出的先进个人强巴多吉、江白多吉等进行宣传报道，营造良好学习氛围。统筹各类宣传资源、传播载体，在“藏源发布”App、“两微一端”等平台上，开设专栏，制作资讯，及时落实党中央、国务院及各级党委、政府下发的指令，严格按照要求转播转发权威媒体相关资讯，及时宣传报道全区疫情防控工作，做好正面宣传引导。

2021年3月16日，山南市委宣传部副部长贺云松（左一）一行先后到雅砻数字影城和华远影院督导检查庆祝中国共产党成立100周年主题电影排片放映工作、安全生产、疫情防控和影院票务系统等情况

【“藏源发布”App】 2021年，“藏源发布”App整合政务服务平台5个、便民服务平台23个、微信矩阵9个、电商服务平台5个；推出《习近平时间》《早知天下事》《党建》《乃东要闻》《脱贫攻坚》《创卫》《理论政策》《旅游文化》《微视频》《信息公开》《新闻》《文明实践》《市民云》《直播》《藏文版新闻中心》《旅游文化》《新农民》等栏目22个。

【乃东融媒体中心官方抖音号】 截至2021年底，乃东融媒体中心官方抖音号有5.5万余名粉丝，抖音号在全区网民中的普及率达60%以上。平台共发布611件作品，其中属于中心创作的作品

2021年5月10日，乃东区电影站到昌珠镇克松社区开展新时代文明实践之党史电影"放"起来活动

达50%以上，点赞量共135.6万余次。中心创作作品《山南站首列火车即将进站》浏览量200余万人次，点赞量近8万人；中心引用作品《军嫂跨越6000千米探望守边丈夫》浏览量300余万人次，点赞量近12万人；中心引用作品《你永远都可以相信他们，最可爱的人》浏览量514.2万人次，点赞量35.9万人。

【体制机制创新】"藏源发布"是以资讯聚合阅读、互动社交服务等功能为核心的聚合化、平台化产品。主要包括新闻模块、文明实践、市民云、直播大厅四大版块。主要宣传乃东区政府部门工作情况，以及乃东区的地域文化。市民云版块从群众需求出发，围绕网上办事、信息沟通、交通出行、医疗服务、便民缴费等需求，为群众提供衣食住行、安居乐业全方位服务。直播大厅版块为满足受众需求，可以看电视、听电台、读报纸以及收看乃东区融媒体中心的现场云直播。

【意识形态工作】2021年，乃东区融媒体中心严格执行文稿、音频、视频、广播电视节目"三审三校"制度，不断提升舆论引导能力，做强做好主题主线宣传，唱响唱好新时代主旋律，做好重大主题宣传，提升舆论引导实效，增强县级融媒体中心传播力、引导力、影响力、公信力，及时落实党中央、国务院及各级党委、政府下发的指令，严格按照要求转播转发权威媒体相关资讯，切实做好正面宣传引导，守好意识形态阵地，切实维护好广播电视意识形态领域的绝对安全。

卫生健康

【概况】2021年，乃东区卫生健康委员会（以下简称区卫健委）为正科级行政单位，核定编制8名，实有6名，其中汉族2名，藏族4名，其他少数民族1名；男2名，女4名。部门管理乃东区卫生服务中心和乃东区藏医院，为正科级事业单位。医院工作人员总数为100人（含援藏1人），医务人员85人（含援藏1人），各乡镇卫生院有正式干部59人，村医107人。全年卫生服务中心门诊总人数为24577人次，门诊总费用为273.05万元。住院人数为136人，住院总费用为89.1万元。各乡镇卫生院门诊总人数265945人次，门诊费用329.78万元。

【组织保障】2021年，区卫健委为新参工村医举行为期3天乡村医生培训。10月，公开招聘19名村（社区）医生，录取14人，提升基层服务能力，实现"一村两医"的目标，

【培训工作】2021年，区卫健委落实住院医师规范化培训，送出藏医规范化培训3人、西医规范化培训1人，开展2期乡村医疗人才提升培训，强化全区乡村医生基础技能。

【疾病防控】2021年，区卫健委开展疫苗接种工作，持续推进免疫规划管理工作，一类疫苗共接种28819人次，二类疫苗共接种5554人次，接种率达99%以上。开展传染病及突发公共卫生事件应急工作，完善传染病疫情上报制度，网络直报传染病789例，筛查3317份艾滋病血样检测，发放艾滋病防治宣传资料3170份，持续推进家养犬包虫病、犬棘球绦

虫的感染检查监测，加强肿瘤患者监测，开展64例重症精神障碍患者持续跟踪监测管理工作。加强慢性病规范化管理，追踪管理结核病患者，截至年底，全区疑似结核病患者111例，确诊各类结核病58例，其中涂阳12例、III型33例、IV型8例、V型5例，完成结核病患者的网上病案录入、痰检录入、筛查涂阳密切接触者60例、病案审核。

【妇幼健康】 2021年，区卫健委强化推广服用叶酸工作，及时对育龄妇女发放叶酸，发放数量为304盒，服用人数为304人，服用率100%。将艾滋病、梅毒、乙肝三病检查任务纳入常规检查范畴。孕产妇“三病”接受检查人数分别为乙肝545人，其中表面抗原阳性14人；梅毒检查人数为545人，其中初筛阳性14人；艾滋病检查人数为545人，未发现阳性。开展贫困地区儿童营养改善试点项目工作，为0—36月龄儿童发放营养包5461盒，应领取人数1039人，实际领取人数828人。加强妇幼保健管理工作，全年共出生547人，其中地直机关出生264人（男138人、女126人）、农牧民出生283人（男140人，女143人），住院分娩人数547人，住院分娩率为100%；高危孕妇95人，高危孕妇系统管理率为100%；产妇数545人（双胞胎4例），孕产妇系统管理数514人，孕产妇系统管理率94.3%。7岁以下儿童2773人，7岁以下儿童系统管理数2625人，7岁以下儿童系统管理率94.7%；3岁以下儿童1066人，3岁以下儿童系统管理数1030人，3岁以下儿童系统管理率96.6%。全面开展农村妇女“两癌”筛查工作，共筛查2902名妇女。规范准生证办理程序，办准生证268本，落实各项计生政策，完成“三项扶助”制度年审及新增确认工作，深入农牧区开展“一孩双女”“特扶”“半边户”困难家庭扶助对象年审工作，全区新增“一孩双女”家庭218人、退出死亡43人，累计享受“一孩双女”奖扶人数1511人，经费预算1450560元。独生子女伤残死亡家庭新增7人、退出死亡4人，累计享受“独生子女伤残死亡”奖扶人数213人。其中子女死亡181人，经费预算97.74万元；子女伤残32人，经费预算13.44万元，共计111.18万元。

2021年11月16日，乃东区开展3—11岁新冠疫苗接种工作

【卫生监督】 2021年，区卫健委加强公共卫生场所日常监管，新办公共场所卫生许可证25家，延续申请办理22家，变更申请办理1家，为从业人员办理健康证1200本。常态化开展疫情防控和卫生监督检查，对辖区娱乐场所、“四小”行业、学校、医院开展卫生监督检查450户次数，下发整改意见69份。开展市政及农村生活饮用水监测和食品安全检查，对泽当街道进行市政供水、自备式单位采样34份，农村生活饮用水供水点采样29份，对水源点周边防护设施、蓄水池的消毒清淤情况进行现场检查，对市场肉制品、浆果类水果等进行集中采样，及时送市疾控中心检测部门监测。

【巡回诊疗服务】 2021年，区卫健委开展以“送医送药”为主题的巡回诊疗活动，发放高血压、糖尿病、结核病、乙肝等疾病预防知识宣传单、画册和健康素养礼品200多份，免费看诊、康复理疗、发放药品折价7000余元。开展“服务百姓健康行动”义诊活动，对养老院孤寡老人及五保户和农牧区困

2021年9月27日，乃东区卫健委开展村医招聘面试工作

难人群义诊212人次，发放宣传材料100份，免费看诊、康复理疗、发放药品折价6500余元。深入开展家庭医生签约服务，截至年底，人均随访4次，签约总户数达11252户38600人，签约服务率达到100%。

【重大公共卫生服务项目】 2021年，区卫健委开展重大公共卫生服务项目工作，充分调动干部的积极性和主动性，根据2021年基本公共卫生服务文件精神，落实全区基本公共卫生服务补助资金，通过成立领导小组，对乡镇卫生院、疾控中心进行考核，按照实际工作量进行核算，兑现2021年基本公共卫生服务资金116.9343万元。

【医疗卫生建设】 2021年，区卫健委主动谋划，积极对接，争取到人民医院提标扩能项目等3个“十四五”项目，总投资5000万元。分别是疾控中心新建项目、疾控中心新冠病毒核酸实验室、艾滋病初筛实验室及自愿咨询检测室建设，疾控中心新建项目完成前期手续。

【公立医院改革】 2021年，区卫健委积极建立现代医院管理制度，完善医院绩效评价机制，深化公立医院薪酬制度改革，引导医务人员重技术、重服务。执行药品耗材采购制，优化提升公立医院费用指标，严格控制医疗费用不合理增长，加强临床路径信息化管理。

【医联医共体建设】 2021年，区卫健委制定印发《乃东区推进县（区）乡村医疗卫生一体化管理工作实施方案（试行）》，完善医共体制度体系建设，稳步推进基层首诊、双向转诊、急慢分治、上下联动的医疗质量合理化分配就医模式，推进“区乡一体化”管理工作，合理配置基层医疗卫生资源，建立优势互补、合作紧密的区乡村卫生服务体系，全面提升基层医疗卫生机构服务质量和管理水平。成立全区药事管理组，建立区乡村三级统一采购目录，严格在全区采购平台上完成县乡一体药品采购行为，采购药品352类，持续推进药械采购一体化管理工作。

【提高信息化水平】 2021年，区卫健委逐步推进区域卫生信息化建设工作，各级医疗机构加紧建设信息化系统和医保系统。区域影像会诊中心正式挂牌成立，区级公立医院可对基层医疗机构影像学诊断提供技术支撑，同时可与省内外多家三甲医院同步问诊会诊。

【藏医药事业】 2021年，区卫健委利用武汉医疗短期援藏资源，开展心血管疾病、推拿、针灸。其中针灸埋线减肥疗法，治疗患者76人，产生经济效益1.52万元。开展贫困地区县级藏医院及乡镇村卫生室设备服务能力提升工作，投入19万元，为乡镇卫生院、村（社区）卫生室和养老院发放藏医设备17套，采取“请进来”和“走出去”相结合的方式，开展藏医能力提升培训，提升县乡村三级医务人员实践操作能力。组织藏医能力提升及设备使用教学培训，合理安排课程、食宿、交通等，参训人数34人次。

【疫情防控】 2021年，区卫健委加强流行病学调查，形成两个工作闭环，对流调过程中判定的密切接触者，迅速启动“报告、转运、隔离”机制，形成完整处置闭环。区疾控中心接送隔离人员4506人，流行病学调查共127人，核酸采样431人，环境监测报告405份，上报疫情动态338份。开展常态化“日排查”火车站流动人员1000余人次。

新冠疫苗接种工作。2021年，区人民医院累计接种新冠疫苗一针接种41203人次、二针接种36728人次、三针接种6768人次。3—11周岁第一针累计接种8464人次，第二针累计接种6124人次。

医疗物资储备。2021年，全区储备有N95口罩10573个、医用外科口罩27207个、一次性医用口罩41080个、医用防护服4284套、医用隔离衣259套、医用防护面罩2650个、乳胶检查手套2000双、薄膜手套18.5万双、外科手套2986双、一次性帽子2500个、一次性鞋套2400双、一次性靴套1900双、手持测温仪78个、免洗手消毒液3260瓶、手消凝胶990瓶、一次性使用手术衣3885套、84消毒液570瓶、来苏水300瓶、泡腾片900瓶、防护眼罩2115个、医用酒精175箱、医疗设备有创呼吸机1台、无创+有创呼吸机2台、电控性胸外按压机2台等40种防疫物资，配备负压救护车1辆，建立1个核酸实验室，并正式投入运行。疾控中心的核酸实验室建设完毕，设备购置完毕，由于未通电原因尚未调试，未验收及投入使用。

加强医院救治水平。2021年，区卫健委组织医务人员学习上级疫情防控相关文件精神并及时开展培训、演练，开展应急演练4次，组织核酸采样，流调等培训24次，覆盖1524人次。动员医务人员200余人次，参加第41届雅砻物资交流会疫情防控工作，完成相关工作任务。组织20名工作人员到武汉学习防疫先进做法与经验、技术。

【卫生经费投入】

2021年乃东区卫生经费投入情况表

表13　　单位：元

单位名称	项目名称	合计	自治区级	市级	本级	备注
区卫健委	国家免费孕前优生健康检查项目	120000	—	—	120000	—
区卫健委	城乡居民暨在编僧尼健康体检补助经费	4061500	2307650	1753850	0	提告
区卫健委	寿星老人健康补贴（十大民心）	1117400	—	433200	684200	提告
区卫健委	先心病筛查救治经费	50000	—	—	50000	—
区卫健委	爱国卫生运动、创建卫生城市工作经费	300000	—	—	300000	—
区卫健委	寿星老人健康补助资金	160100	—	—	160100	—
区卫健委	突发公共卫生应急事件防控经费	500000	—	—	500000	—
区卫健委	区卫健委维稳值班室（疫情防控值班室）修建	100000	—	—	100000	—
区卫健委	贫困白内障患者救治补助资金	10000	10000		0	提告
区卫健委	寿星老人健康补贴——2020结算	8100	—	8100	0	提告

续表 13

单位名称	项目名称	合计	自治区级	市级	本级	备注
乃东区卫生服务中心	临时工工资	330000	—	—	330000	—
乃东区卫生服务中心	乡镇卫生院、村居(社区)卫生室绩效补贴	2000000	—	—	2000000	—
乃东区卫生服务中心	职称一次性奖励资金	80000	—	—	80000	—
乃东区卫生服务中心	驾驶员工资及保险	288000	—	—	288000	—
乃东区卫生服务中心	多颇章乡嘎东团结新村卫生室设备款	420000	—	—	420000	—
乃东区卫生服务中心	疾控防疫津贴	232696	—	—	232696	—
乃东区卫生服务中心	基本药物零差价补助及取消药品加成收入补偿经费	2599618	2599618	—	0	提告、直达资金
乃东区卫生服务中心	合同工工资(含保险)	550000	—	—	550000	—
乃东区卫生服务中心	公立医院综合改革(含同级藏医院)	1000000	1000000	—	0	提告、直达资金
乃东区卫生服务中心	基本公共卫生服务经费	4257300	4257300	—	0	提告、直达资金
乃东区卫生服务中心	农牧民住院分娩一次性奖励资金(十大民心)	538750	—	301000	237750	提告
乃东区卫生服务中心	妇幼卫生专项经费	70000	—	—	70000	—
乃东区卫生服务中心	“两降一升”奖励金	104000	—	—	104000	—
乃东区卫生服务中心	藏医药事业发展专项经费(中医药传承与发展部分)	15000	15000	—	0	提告、直达资金
乃东区卫生服务中心	村医工资、工龄工资生活补助及工资提标资金(含保险)	5889200	—	110400	5778800	提告
乃东区卫生服务中心	村级卫生室运行经费	520000	520000	—	0	提告
乃东区卫生服务中心	住院分娩补助、奖励待产生活补助	790000	790000	—	0	提告
乃东区卫生服务中心	重大传染病防控经费	467900	467900	—	0	提告
乃东区卫生服务中心	精神病患者肇事补助	43000	43000	—	0	提告
乃东区卫生服务中心	乡镇医护人员生活补助(十大民心)	43200	—	43200	0	提告
乃东区卫生服务中心	村医补贴	1518000	—	607200	910800	提告
乃东区卫生服务中心	疾控中心新建新冠肺炎核酸实验室经费	1980000	—	—	1980000	—
乃东区卫生服务中心	卫生系统人员培训经费	500000	—	—	500000	—

医疗服务

【概况】 2021年，乃东区卫生服务中心（以下简称区卫生服务中心）有工作人员100人（含援藏1人），医务人员85人（含援藏1人），技术人员中有研究生1人（援藏1人）、本科57人、大专20人、中专17人；临床医生为48人（藏医9人）、护理20人、药师5人、超声3人、心电图1人、麻醉1人、放射4人、检验5人；高级1人（援藏1人），中级17人、初级34人（含助理医师）、员级37人。援藏医疗技术人员总数为4人，其中一年半期的1人。

2021年，区卫生服务中心门诊接诊24577人次，门诊总费用为273.05万元。住院接诊人数为136人，住院总费用为89.10万元。

【居民体检】 2021年3月，乃东区卫生服务中心召开全体动员大会，组织80余人，设立江南组、江北组2个组，深入全区47个行政村开展2021年城乡居民暨僧尼免费体检工作。5月30日，体检工作全面完成，体检率为49.9%。

【安全质量管理】 2021年，区卫生服务中心加强科室质量检查监督，规范医疗服务。每月定期对科室医疗质量进行检查，对科室出现的问题在每月的质控工作中进行通报，同时提出整改措施，促进科室不断提高医疗水平。开展医疗、医技质量考核工作，严格按照医疗核心制度、医疗工作制度及医院制定的管理规范开展管理工作，强化急危重症患者的重点监控，按照医疗操作规程标准开展医疗服务，开展科内及全院会诊工作。多次组织参加疑难危重病例讨论、会诊，消除患者及其家属疑虑，消除安全隐患。根据医院《手术安全核查制度》开展甲状腺、乳腺手术，严格执行核查工作，确保患者安全，避免手术安全事故的发生，提高患者的手术满意度。加强乡镇卫生院管理及带教工作，根据2021年度基层医院优质服务的相关评审要求，多次组织人员到乃东区各乡镇卫生院进行自评指导工作。全年区卫生服务中心到各种场所开展义诊和慢病知识等卫生政策宣传活动，共计发放疾病预防知识宣传单和画册1000余份，义诊300余人，免费发放价值1万元的药品。7月16日，在湖北省援藏外科专家何凡的带领下，乃东区人民医院成功开展第一例乳房包块切除术。医院全年施行手术46例。

2021年2月17日，乃东区人民医院医务人员到各大超市开展环境核酸检测

【药品管理】 2021年，区卫生服务中心规范药品采购行为，确保购进药品质量合格、价格合理，成立乃东区药品集中采购实施方案和乃东区药事管理委员会。全年召开6次药事管理委员会；西药全部在线上采购，线上藏药品种必须在线上采购，线上没有的或没有可替代的藏药品种方可线下采购。11月18日，在山南市百日街开展全国安全用药月集中义诊宣传活动，并派出5名医务人员展开宣传，看诊人数100余人，免费发放药品价值3000元，发放宣传单和画册500余份。

【护理质控管理】 2021年，区卫生服务中心完成质控大检查12次。其中，抽查护理病历30份，基础护理131人次，检查急救药品、物品、器材管理28次，病室管理及护理安全管理36次，对患者采取书面式满意度调查12次（共调查131人次）。各项护理质量指

2021年9月27日，乃东区举行卫生系统村医招聘考试

标完成基础护理平均得分 96 分；合格率 100%。护理安全质量管理平均得分 97 分，合格率 100%。护理文件书写平均得分 95 分，合格率达 100%。一次性注射器、输液（血）器用后毁形率达 100%，护理人员"三基"考核合格率达 100%。组织全院护理人员业务学习 26 次，业务考核 26 次，培训率达 99%，考核合格率达 96%；操作学习 12 次，考核 12 次，培训率达 100%，考核合格率达 98%。

【县（区）乡村医疗卫生管理一体化】 行政管理一体化和人员管理一体化。2021 年，区卫生服务中心初步构建行政一体化的管理框架。区卫健委对辖区医疗业务进行统一行政管理，区卫健委负责基础设施建设、行政管理、业务指导、业务考核、日常监督。乃东区人民医院负责辖区医疗资源合理配置、医疗人才交流培训、资产预决算、绩效考核分配、常见病多发病诊疗、重病大病初诊等工作。区卫生服务中心对辖区乡镇卫生院院长人选提出建议，报区卫健委初审后，再上报区委组织部按照干部选拔任用程序进行配备。其间区卫生服务中心上报《关于推荐拉巴顿珠同志任颇章乡卫生院院长的报告》，经区卫健委、区委组织部批准后，由拉巴顿珠担任颇章乡卫生院院长一职。

药械采购一体化管理工作。2021 年，区卫生服务中心按照自治区药品采购规范，建立县乡村三级统一采购目录，由区卫生服务中心药剂科统一实施，严格执行在全区采购平台上完成县乡一体药品采购行为。由药品、器械供应单位配送，实行零差率销售，禁止从非法渠道购进，维护用药安全。成立乃东区药事管理组，并定期召开药事管理委员会会议。

财务管理一体化。2021 年，区人民医院对辖区医疗机构实现财务统一管理，对辖区医疗机构统一预决算，对乡（镇）卫生院、村卫生室资产财务管理实行统一集中核算，负责财务收入支出，建立健全资产、资金账目。

双向转诊一体化。2021 年，乃东区实现家庭医生签约全覆盖，已建立先住院后结算的绿色通道和双向转诊体系，建立医共体工作机制。建立和完善医共体内各级医疗机构的分工协作机制，理顺和规范医共体内双向转诊流程，完善医共体内绩效考核评价体系，落实分级诊疗相关政策。

【医疗设备投入使用】 2021 年，区卫生服务中心投入并使用的大型医疗设备：32 排螺旋 CT、DR、便携式彩色多普勒超声诊断仪（迈瑞 M6）、麻醉机、胃镜机、心电图机、三分类血球分析仪、尿 11 项干扰化学分析仪、超声诊断仪、日立全自动生化分析仪、呼吸机及其他科室相关设备。

【疫情防控】 2021 年，区卫生服务中心严格执行疫情报告制度，及时报告疫情发生、发展、变化情况，严禁瞒报、漏报、迟报和错报、谎报。将新型冠状病毒感染的肺炎列为乙类法定传染病，并参照甲类管理。应急响应期间，区卫生服务中心按照《中华人民共和国传染病防治法》和《突发公共卫生事件应急条例》的规定，实行"日报告""零报告"制度。做到"早发现、早报告、早隔离、早诊断、早治疗"，进入院内必须扫码"藏易通"，再扫"场所码"，必须"测体温"，必须信息登记及"戴医用口罩"，必须进行日常"消毒、消杀"。

严格做到“三不准”：未戴口罩不准入内；未扫码不准入内；体温异常不准入内(按发热进行处置：复测体温、超过37.3℃、进入发热门诊留院观察、做核酸检测、查流行病学史、做血常规及感染相关、做胸部CT)。出台区卫生服务中心新型冠状病毒感染的肺炎应急预案，成立防控医疗组、成立救治小组。实行发热门诊24小时值班制度，有发热病人及时处置。配备有创呼吸机1台、无创+有创呼吸机2台、电控性胸外按压机2台、负压呼吸面罩5份、N95口罩1000个、一次性医用口罩38580个、防护服1023件、隔离服8850件等40种防疫物资，配备负压救护车1辆，建立1个核酸实验室，已正式投入运行。加强疫情防控培训学习，加大传染病防治宣传力度，区卫生服务中心共开展疫情防控培训15次，培训300多人，各乡镇卫生院、村卫生室医务人员集中培训5次，培训200多人。规范预检分诊工作制度，加强做好预检分诊工作。1月，开始承担高速与乡镇、卫健委联合值班10余次，共有130多人值班，每季度到各乡镇疫情防控督导1次。自7月29日起，每天安排医务人员去火车站出站口值班，共156人次。

【疫苗接种】 2021年，区卫生服务中心接种门诊持续开展新冠疫苗接种工作，接种人员20人，急救医护人员8人，累计接种新冠疫苗一针接种41203人次、二针接种36728人次、三针接种6768人次。8月12日，开展12—17周岁青少年新冠疫苗接种工作，11月16日起，开展3—11周岁儿童接种疫苗工作，医务接种人员下乡到各乡镇协同乡镇卫生院开展青少年及儿童接种疫苗工作事宜，3—11周岁第一针累计接种8464人次，第二针累计接种6124人次。

【人才培养】 2021年，区卫生服务中心持续提升基层医疗机构服务能力，实现“一村两医”的目标，9月7—27日，通过发放招聘通知—报名—通知考试—笔试—面试—签合同六个环节完成村医招聘，报名19人，参加考试18人，录取18人，最终签订合同14人。11月17日，面向社会公开通过笔试、技能操作与面试，招聘驾驶员6名。落实《乡村医生从业管理条例》，满足农村医疗卫生需求，全年组织乡村医生的知识培训56人次，新招录村医岗前培训15人次，新进乡镇干部职工培训12人次，从理论水平逐步提高基层卫生健康水平，提高百姓就诊满意度，业务水平不断向“小病不出乡、大病不出县”靠近。医务人员向自治区外派培训25人次，区级外派培训达60余人次。

【乡镇医疗卫生】 昌珠镇卫生院下设12个村卫生室，有正式职工9人、公益性岗位1人，其中藏医3名、西医临床5人、药剂师1人、规培2人。设12个村居卫生室，共有村医24人，其中中级职称2人、初级职称3人、执业助理医师2人。2021年，西医门诊诊治达22805人次(乡卫生院门诊诊治6231人次、各村门诊诊治16574人次)，门诊总费用达837715.11元(乡卫生院门诊总费用106048.57元、各村门诊总费用731666.54元)，藏医门诊诊治210人次，门诊总费用19578.48元。

颇章乡卫生院下辖9个村卫生室，卫生院有正式职工14人，其中6名临床医师、2名护士、4名藏医、2名预防医学、1名为主治医师、1人规培、1人产假、1人读研、5人借调至乃东区人民医院、2人编制在结巴乡卫生院，实际在岗工作人员为7人；有村医18人，其中实习村医3人。2021年，西医门诊诊治70475人次(乡卫生院门诊诊治66160人次、各村门诊诊治4315人次)，门诊总费用达479113.15元(乡卫生院门诊总费用256684.81元、各村门诊总费用222428.34元)；藏医门诊诊治315人次，门诊总费用20467.53元。

亚堆乡卫生院下辖8个村卫生室，卫生院正式职工7人，其中2名临床医师、2名护士、3名藏医、1名为主治医师、1名规培、1名借调、在岗工作人员为5人、村医共15人，其中实习村医3人。2021年，西医门诊诊治6267人次(乡卫生院门诊诊治2263人次、各村门诊诊治4004人次)，门诊总费用达387245.96元(乡卫生院门诊总费用129724.614元、各村门诊总费用257521.35元)；藏医门诊诊治156人次，门诊总费用6265.4元。

结巴乡卫生院下辖6个村卫

生室，卫生院正式职工9人，其中1名主治医师、3名规培、2名护师、1名藏医、1名全科医生、1名影像专技人员，乡卫生院实际在岗工作人员5人；村医共有13人，其中实习村医2人。2021年，西医门诊诊治10571人次（乡卫生院门诊诊治6717人次、各村门诊诊治3854人次），门诊总费用达405087.56元（乡卫生院门诊总费用188309.26元、各村门诊总费用216778.3元）；藏医门诊诊治203人次，门诊总费用5236元。

索珠乡卫生院下辖3个村卫生室，卫生院正式职工8人，1名公益性岗位、其中2名临床医师、1名护师、1名藏医医师、2名全科医士、1名药剂师、1名药剂士、1名影像学、2名规培，在岗工作人员为7人；村医共6人。2021年，西医门诊诊治5236人次（乡卫生院门诊诊治3117人次、各村门诊诊治2120人次），门诊总费用达345512.9元（乡卫生院门诊总费用233182.6元、各村门诊总费用122330.3元）；藏医门诊诊治358人次，门诊总费用15627元。

多颇章乡卫生院下辖2个村卫生室，卫生院正式职工6人，其中1名预防医学医师、1名临床医师、1名药师、1名护士、2名藏医、2名规培生、1人驻村，在岗工作人员为3人；村医共7人，其中实习村医1人。2021年，西医门诊诊治4194人次（乡卫生院门诊诊治2558人次、各村门诊诊治1636人次），门诊总费用达187587.843元（乡卫生院门诊总费用129697.643元、各村门诊总费用57890.2元），藏医门诊35人次、门诊总费用1396.7元。

【泽当街道医疗卫生】 2021年，泽当街道办事处下设7个社区卫生室。

泽当社区卫生室有医务人员5人、公益性2人，村医有3人，在岗工作人员为5人。2021年，西医门诊诊治2314人次，门诊总费用达179658.62元；藏医门诊诊治980人次，门诊总费用59227.6元。

乃东社区卫生室有医务人员6人、公益性3人，村医有3人。2021年，西医门诊诊治1281人次，门诊总费用162658.6元；藏医门诊诊治129人次，门诊总费用27551元。

郭沙社区卫生室有医务人员共2人，村医2人，在岗工作人员为2人。2021年，西医门诊诊治580人次，门诊总费用达20883.6元；藏医门诊诊治12人次，门诊总费用1130.94元。

金鲁社区卫生室有医务人员共2人，区村医2人，在岗人员2人。2021年，门诊诊治589人次，总费用达59982.39元；藏药门诊诊治76人次，总费用10648.32元。

结莎社区卫生室有医务人员5人、事业编制1人、公益性1人、在岗工作人员3人，村医3人。2021年，西医门诊诊治699人次，门诊总费用达55341.359元；藏医门诊诊治29人次，门诊总费用2833.36元。

赞堂社区卫生室有医务人员2人，村医有2人，在岗工作人员为2人。2021年，西医门诊诊治307人次，门诊总费用达16769.93元；藏医门诊诊治4人次，门诊总费用817元。

鲁琼社区卫生室有医务人员2人。2021年，西医门诊诊治120人次，门诊总费用达8500元。

疾病预防控制

【概况】 2021年，乃东区疾病预防控制中心（以下简称区疾控中心）设置于卫生服务中心之下，有专业技术人员18名，内设慢病科、流病计免科、地病科、性艾科、传染病科、宣教科、卫生监督科等科室，担负着全区公共卫生的执法监督、业务管理、突发公共卫生事件处置和技术指导等工作任务。

【重点传染病发病及防治】 2021年，区疾控中心为做好传染病及突发公共卫生事件应急工作，完善传染病疫情上报制度，通过网络直报法定传染病共248例。乙类178例，其中病毒性肝炎57例、细菌性痢疾15例、梅毒45例、肺结核61例。丙类70例，其中流行性感冒2例、流行性腮腺炎14例、风疹1例、其他感染性腹泻2例、手足口病51例。其他传染病50例，其中水痘48例、尖锐湿疣1例、生殖器疱疹1例。

【传染病监测】 2021年，区疾控中心筛查3317份艾滋病血样检测，发放艾滋病防治宣传资料3170份，持续做好鼠疫防控，推进家养犬包虫病、犬棘球绦虫的感染检查监测。孕产妇“三病”接受检查人数分别为乙肝508人，其中表面抗原阳性14人；梅毒检查人数508人，其中初筛阳性14人；艾滋病检查人数为508人，未发现阳性。及时更新传染病疫情动态，落实24小时网络直报制度，加强新冠肺炎疫情防控措施。流行病学调查共114人，核酸采样357人，环境监测共782份，向市疾控办公室上报疫情动态309份。各卡点宣传疫情防控知识7次，并放置防疫健康信息码、疫情防控行程卡海报。各公共场所宣传疫情防控知识5次，各乡镇及居委会宣传疫情防控知识5次，发放宣传材料324份。全年累计接种新冠疫苗一针接种41203人次、二针接种36728人次、三针接种6768人次。3—11周岁第一针累计接种8464人次，第二针累计接种6124人次。

【免疫规划】 2021年，区疾控中心每月免疫规划网络直报及时录入上报，辖区内儿童免疫规划建卡建证率达到100%。一类疫苗共接种16479人次，二类疫苗共接种5868人次，接种率基本达99%以上。2021年度，乙肝疫苗应种3079剂，实种3070剂，接种率99.7%；卡介苗疫苗应种962剂，实种958剂，接种率99.6%；脊灰疫苗应种2749剂，实种2741剂，接种率99.7%；百白破疫苗应种2325剂，实种2315剂，接种率99.6%；白破疫苗应种1247剂，实种1242剂，接种率99.6%，A群流脑疫苗应种1283剂，实种1277剂，接种率99.5%；A+C群流脑疫苗应种1469剂，实种1462剂，接种率99.5%；甲肝疫苗应种707剂，实种703剂，接种率99.4%；麻类疫苗应种1199剂，实种1196剂，接种率99.7%。2021年，入托、入学儿童预防接种证查验工作，托幼机构共计35所，辖区学生数1565名，查验人数1565名，查验率100%，其中需要补接种证8名，需要补种疫苗人数301名（包括脊灰疫苗、A+C群流脑疫苗、麻腮风疫苗等）。学校共计10所，辖区学生数1034名，查验人数1034名，查验率100%，其中需要补接种证4名，需要补种疫苗474名（包括脊灰疫苗、A+C群流脑疫苗、百白破疫苗等）。

【结核病防治】 2021年，区疾控中心管理追踪结核病患者，全区疑似结核患者111例，确诊各类结核58例，其中涂阳12例、III型33例、IV型8例、V型5例，完成结核患者的网上病案录入、痰检录入、筛查涂阳密切接触者60例、病案审核。

【地方病防治】 2021年，区疾控中心为了预防动物间鼠疫流行、防止鼠疫发生，结合乃东区实际制定《乃东区2021年鼠疫防控责任书》，并以政府名义与各相关单位签订责任书，各乡镇政府及镇卫生院共计13家单位、9家企业工地签订2021年鼠疫防控责任书。7月26日至8月9日，开展动物血清血监测，在亚堆乡才朋村、曲德沃村、热木那村等牧区共抽取羊血清血305份，检验结构为阴性。全区有麻风病人5人，按期随访服药康复中。9月3日，根据《西藏自治区大骨节病患者救治行动方案（2021—2022）》，区疾控中心在结巴乡开展大骨节病患者信息和病情状况核查工作，对30名大骨节病患者进行筛查，其中符合手术指征的有25名，有意愿做手术的有16名，大骨节病重度患者17名、中度患者9名、轻度患者4名。在亚堆乡小学对200名8—10岁儿童进行尿碘检测及数据上报，并利用“5·15”碘缺乏病宣传日开展不同形式的宣传活动。全年无新增包虫病患者，一区有包虫病患者33人，不适合手术15人，拒绝手术9人，有禁忌症不能服药4人，服药治疗5人，复发手术治疗1人，管理33人，管理率100%。开展犬粪采集435份，犬粪检测阴性434份、阳性1份，阳性率0.23%。家畜棘球蚴检测牦牛76头，无阳性感染。10月，在昌珠镇小学、颇章乡小学、亚堆乡小学等3所学校针对4—6年级352名学生开展中小学生包虫病防治知识和行为问卷调查，知晓率达90%以上。

【食品安全风险监测】 2021年，区疾控中心开展市政及农村生活饮用水监测和食品安全检查，对泽当街道市政供水、自备式单位采样34份，农村生活饮用水供水点采样29份，对水源点周边防护设施、蓄水池的消毒清淤情况进行现场检查，对市场肉制品、浆果类水果等进行集中采样，并及时送市疾控中心检测部门检测。

【从业人员预防性健康体检】 2021年，区疾控中心加强公共卫生场所日常监管，新办公共场所卫生许可证25家，延续申请办理22家，变更申请办理1家，为从业人员办理健康证1200本。常态化开展疫情防控和卫生监督检查，前三季度对辖区娱乐场所、“四小”行业、学校、医院开展卫生监督检查450户次，下发整改意见69份。

【传染病自动预警】 2021年，区疾控中心落实传染病监测与报告制度，建立以“县（区）—乡—村”三级传染病疫情监测报告网络，实行传染病填卡逐级上报制度。自开展新冠肺炎疫情防控工作以来，全区进一步完善传染病管理和疫情报告相关制度，实行新冠肺炎疫情“日报告”“零报告”制度。并在乃东区疫情防控指挥部设立疫情值班室，公布疫情报告电话，实行24小时值班制度。通过实行突发公共卫生事件的监测与报告制度，确保发生突发公共卫生事件得到及时上报，杜绝漏报误报现象，提高突发公共卫生事件应急处理的快速反应能力。

【应急处置】 2021年，区疾控中心制定并完善《乃东区突发公共卫生事件应急处置预案》《乃东区新型冠状病毒肺炎疫情防控方案》《乃东区新冠疫情防控流程图》《乃东区常态下新冠肺炎疫情防控重点成员单位防控职责》以及《乃东区重点人群新型冠状病毒疫苗接种方案》。为突发公共卫生事件的预警、流行病学调查、应急处理等工作的有序开展提供科学的指导依据。建立突发公共卫生事件应急防治队伍，并组成综合协调组、防控医疗组、物资保障组、宗教领域组、社会稳定组、宣传引导组、督导检查组、物防组等若干分组，为突发疫情的应急处理提供强有力的组织保障。为满足新冠肺炎等重大传染病的集中留观及救治，乃东区人民医院设为新冠肺炎病人救治的后备医院，乃东区人民医院设置完善预检分诊、发热门诊、核酸实验室等应急设施。

【慢性病防治】 2021年，乃东区35岁以上高血压患者2411人，已管理2411人，健康管理率100%；规范管理2411人，规范管理率100%；高血压患者随访人次数9644人，血压控制人数2350人，血压控制率97.5%。2021年，乃东区糖尿病患者共118人，已管理118人，健康管理率100%，规范管理118人，规范管理率100%，糖尿病患者随访人次数472人，血糖控制人数108人，血糖控制率92%。2021年度，乃东区重性精神障碍患者共59人（2021年新增5人），录入系统59人，管理59人，管理率为100%。均建立一人一档随访手册，由乡村医生每一季度随访一次，进行药物指导及心理干预。2021年，乃东区65岁以上老年人数3540人，登记3540人，健康管理3536人，管理率99.9%。完成老年人健康指导3536人次，老年人体检人数3536人。2021年，各乡镇上报肿瘤监测录入上报36例，4大医院上报110例，死亡卡共录入146例，肿瘤随访584人次。家庭医生入户签约服务、慢病随访服务4次全覆盖，签约服务率达100%。

应急管理

综述

【概况】 2021年,乃东区应急管理局(以下简称区应急管理局)为正科级行政单位,核定编制4名,领导职数4名,实有8人,其中男5名、女3名,汉族2名、藏族6名。

2021年,乃东区牢固树立安全生产"红线"意识和"底线"思维,以全面落实"安全生产承诺制"、安全生产"党政同责、一岗双责、齐抓共管、失职追责"和企业主体责任为主线,进一步完善安全生产监管体制,夯实基层监管基础,明确区、乡镇(街道)党政主要负责人是本地区安全生产第一责任人,相关部门负责人为本行业安全生产第一责任人。及时调整充实由区委副书记、区长任主任,区委常委、分管副区长任副主任的乃东区安全生产委员会,推进乃东区安全生产工作,确保安全生产工作统一谋划、统一部署和统一推进。

2021年7月21日,乃东区召开第一次全国自然灾害综合风险普查清查启动会

【第一次全国自然灾害综合风险普查】 2021年7月21日,区应急管理局召开乃东区第一次全国自然灾害综合风险普查清查工作启动暨培训会,截至年底,完成承灾体,减灾能力和历史灾害调查工作,共采集、审核承灾体综合减灾能力数据269条,其中承灾体数据149条,综合减灾能力数据120条,历史灾害706条。8月12日,自治区应急管理厅副厅长巩凡梁率督导组一行到区应急管理局检查指导第一次全国自然灾害综合风险普查试点工作,对第一次全国自然灾害综合风险普查试点工作给予充分肯定。

【经费投入】 2021年,乃东区政府预算安全生产专项经费50万元,用于公共安全基础设施建设、安全生产宣传等。乃东区消防大队业务经费496.85万元,用于消防车保险费、消防应急物资储备、消防信息化保障、信息网络建设、消防文员工资及保险费。

【宣传教育】 2021年,区应急管

理局充分利用综治宣传月、安全生产宣传月、“安全生产”乃东行、“五进” 等活动契机，将安全知识纳入宣传内容，对广大群众进行宣传教育，提高广大群众的安全防范意识。截至年底，共发放各类安全生产宣传资料6万余份、安全生产宣传物品10万余件，为乃东区中小学生发放《乃东区中小学生安全知识读本》，做到每名学生人手一册。

2021年5月2日，乃东区安委会办公室组织区应急管理局、区交通局到亚桑路段开展道路安全检查工作

【队伍建设】 2021年，区应急管理局通过设立专（兼）职安全监管人员，量化责任区域，建立定期报告制度和安全生产监管定期检查、定期通报、考核奖惩等机制，规范和加强应急管理机构和队伍建设。招录文职消防人员6人，为综合性消防救援队伍输送新鲜血液。

安全生产

【概况】 2021年，乃东区共召开安全生产专题会议4次，开展各类执法检查251次，检查安全生产主体2363家，排查并整改安全生产隐患2883处，下发督办通知书2份，下发责令限期整改指令书52份，查封1家，责令停工1家。2021年春节藏历年期间，区应急管理局共审批烟花爆竹临时零售店6家。

【重要时期安全生产检查工作】 2021年，区应急管理局严格执行年度执法计划，全面推行检查诊断、行政处罚、闭环管理工作规范，落实“双随机”检查执法，坚持安全生产大检查常态化、长效化，针对各重点行业（领域）和重点部位，聚焦中国共产党成立100周年、西藏和平解放70周年和中共十九届六中全会，自治区第十次党代会，山南市第二次党代会，3月重要时期、雅砻文化节、防汛抗旱等重点工作进行安全生产检查。

【安全生产责任制】 2021年，区应急管理局落实“管行业必须管安全、管业务必须管安全、管生产必须管安全”，制定《乃东区安全生产委员会成员单位安全生产工作职责》《乃东区2021年度安全生产工作要点》等文件，落实安全生产责任，夯实安全生产基础，形成各部门各司其职、各负其责、齐抓共管的局面。为确保遇到突发事件能及时、有效、科学处置，始终严格执行安全生产“一票否决制”、安全生产例行检查制度和干部到岗带班及关键岗位24小时值班制度。

【责任查处】 2021年11月2日，山南市应急管理局会同乃东区应急管理局，对西藏山南浏阳鞭炮烟花商贸有限公司烟花爆竹仓库开展执法工作。其间，发现该仓库存在未制定年度演练计划、培训计划；未开展应急演练工作；未按照新修订的《中华人民共和国安全生产法》更新相关制度等问题，违反《中华人民共和国安全生产法》第二十五条的相关规定。区应急管理局按照《中华人民共和国安全生产法》第九十七条规定，给予西藏山南浏阳鞭炮烟花商贸有限公司烟花爆竹仓库行政处罚4万元，给予烟花爆竹仓库负责人行政处罚2万元。

防灾减灾

【概况】 2021年，乃东区颇章乡、亚堆乡、昌珠镇发生冰雹、洪涝、泥石流等自然灾情，农牧民群众农作物、房屋不同程度受灾，区应急管理局第一时间同有关部门深入实地开展核灾救援等工作，截至8月底，受灾人员1244人，总受灾面积110.21公顷。经核算，乃东区2021年冬春受灾群众自然灾害生活补助1244人492684元，其中口粮1239人490644元、取暖5人2040元。

【应急演练】 2021年，区应急管理局在日常检查中督促各企业制定操作性强、可行可用的应急预案，要求企业每季度开展一次应急演练，提高企业应急能力。截至年底，各企业共开展应急演练12次，参演人次2488人，参演单位共42家。11月8日，在索珠乡开展森林草原防灭火应急演练1次，参演人数达217人。

消防救援

【概况】 2021年，乃东区消防救援大队（以下简称区消防大队）下辖乃东路消防救援站，有各类消防车9辆，其中水罐（泡沫）车6辆（含老式3.5吨水罐车，共计载液量54.5吨水、9吨泡沫）、抢险救援车1辆、多功能抢险救援皮卡车1辆、32米登高平台车1辆，有各类装备器材1353件（套），辖区内有消防安全重点单位92家。

2021年，区消防大队共接处警80起，出动消防车99辆次、消防救援人员455人次，其中安保执勤77起、抢险救援1起、社会救助2起，营救被困人员14人。

【队伍建设】 2021年，区消防大队推荐2名驾驶员、3名无人机操作员、7名灭火救援攻坚人员、3名地震救援人员参加支队集中基地化培训，1人参加消防南京训练总队的消防设施操作员职业技能鉴定考评员资格培训。

【消防演练】 2021年，区消防大队严格落实"两严两准"要求，强化灭火救援预案制定和实战演练工作，完成重点单位数字化预案修订。全年对辖区重点单位进行92次"六熟悉"和实战演练工作，每周至少对2家重点单位进行演练，并形成常态。

【消防安保】 2021年，区消防大队完成全国"两会"、3月重要时期、中国共产党成立100周年、习近平总书记到西藏视察、西藏和平解放70周年、山南市第41届雅砻物资交流会等消防安保任务，2名消防救援人员分别在中国共产党成立100周年大庆安保、西藏和平解放70周年大庆安保中荣获三等功。7月20—23日，投入执勤人员28人次，出动执勤车辆4辆次，开展定点执勤和不间断巡逻；检查单位46家，发现火灾隐患78处，下发责令改正通知书25份，完成习近平总书记到西藏视察期间消防安保工作。8月18—21日，投入执勤人员37人次，出动执勤车辆5辆次，设定执勤点5个，检查单位54家，发现火灾隐患86处，下发责令改正通知书33份，确保辖区消防安全环境持续稳定，完成全国政协主席汪洋率队出席西藏和平解放70周年庆祝活动消防安保工作。

【火灾防控】 2021年，区消防大队召开议防工作党委会议12次，提请区政府组织召开消防安全专题会议3次，研究辖区火灾形势，联合多部门开展检查30余次，督促社会单位落实"三自主两公开一承诺"制度，累计培养消防安全

2021年3月15日，乃东区消防救援大队开展"3·15"消防产品专项检查

明白人、经理人72名。组织召开消防安全工作联席会议，对乃东区消防风险情况进行集中研究，推动区政府落实专项经费50万元，整治鲁琼木材市场重大火灾隐患，对各行业主管部门标准化管理工作进行部署及推进，推动各行业部门对本行业的监管力度。推动辖区公安派出所、警务站落实消防安全三级监管职责，组织消防监督执法培训2次，参训警员70余名。以实施《乃东区消防安全专项整治三年行动实施方案》为抓手，深入推进打通消防生命通道、寺庙消防安全“五种新措施”、电动自行车充电桩建设等工作，加强重点场所治理、突出风险整治、重点行业管理。全年各寺庙替换供奉酥油灯170盏，集中炊事25家，千供灯外迁22家。19个小区电动自行车充电桩完成安装，覆盖率达36%，16个小区启动前期论证工作。开展人员密集场所和“九小”场所、电气火灾综合治理工作，紧盯易燃易爆、“三合一”、群租房等极易造成群死群伤、较大亡人火灾事故场所，采取集中整治和常态化监管等有效措施。依托“消防安全专项整治三年行动”和“各领域专项整治”累计检查单位1293家(次)，发现火灾隐患2242处，下发责令改正通知书874份，责令“三停”单位1家，临时查封单位1家，提前政府挂牌督办整改重大火灾隐患2家，行政处罚20家，确保辖区消防安全形势持续稳定向好。

2021年6月9日，乃东区消防救援大队到中石油泽当油库开展灭火救援实战拉动演练

【基础设施建设】 2021年，区消防大队协调区政府落实专项经费61.58万元，为大队购置2辆监督执法车辆，有效缓解监督车辆不足的问题。结合中国共产党成立100周年大庆、西藏和平解放70周年大庆、雅砻物资交流会等重大消防勤务实际，及时制定50万元装备采购计划，全部用于购置个人防护装备，以保证指战员灭火救援行动安全。投入45万元用于荣誉室改造、室外党建文化阵地建设、营区标识标牌更换、车库门更换、营区外消防知识宣传栏建设等正规化建设。投入12万元为全体指战员、政府专职消防员、文员购买商业保险。顺利完成食堂社会化保障工作，依托支队为大队招聘1名厨师和1名服务员，提升饮食保障水平。

【宣传教育】 2021年，区消防大队结合辖区火灾特点和消防安全薄弱环节、区域，策划组织贴近群众、操作性强、互动性高的宣传活动，开展消防站对外开放、移动式消防主题乐园、“我为群众办实事”等活动，充分利用防灾减灾周、安全生产月、“119”消防宣传月等大型综合宣传活动时机，向社会、单位及群众开展“上门式、定点式”消防宣传服务。采取“检宣并举”的工作方式，向社会单位消防安全责任人、管理人和员工开展以消防法律法规、灭火器材操作使用、消防设施维护检查和火场逃生自救等为内容的消防教育培训。采取线上线下同步推广的方式，利用消防宣传“七进”、监督检查、微信工作群等形式载体，发动辖区各行业部门、消防安全重点单位、社会群众注册“全民消防安全学习云平台”，让群众足不出户就可以学习消防安全知识。全年共开展各领域消防宣传200余次、灭火及逃生演练50余次、发放消防宣传品6000余份，利用社会各单位LED屏滚动播放宣传标语5000条次，“学习强国”学习平台注册7000余人，2万余人接受消防常识教育。

社会民生

民政

【概况】 2021年，乃东区民政局（以下简称区民政局）核定编制4名，科级领导职数4名。下设部门管理机构1个，为乃东区残疾人联合会，核定编制2名，科级领导职数2名；下设副科级全额事业单位1个，为特困人员集中供养服务中心，核定事业编制2名，科级领导职数1名；下设股级参公事业机构1个，为申请救助居民家庭经济状况核对中心，核定编制2名。

2021年，区民政局坚持以“以民为本、为民解困、为民服务”为工作宗旨，切实保障和改善民生，加强和创新基层社会治理，提升基层服务能力，推进各项民政工作。

【社会救助】 2021年，乃东区城镇低保金从847元提高至910元，农村低保资金从4713元提高至5060元。全区纳入城镇低保救助对象271户450人、农村低保救助对象231户571人，全年发放最低生活保障金536.66万元（其中城镇低保发放资金396.78万元、农村低保发放资金139.88万元，含山南市“十大民心”工程），兑现2021年8月、9月困难群众价格补贴10.84万元（其中城镇低保价格补贴8.23万元、农村低保价格补贴2.61万元，含山南市“十大民心”工程）。根据自治区、山南市《关于困难群众临时救助暂行规定》，对城乡因火灾、交通事故、家庭成员突发重大疾病等意外事件或遭遇其他特殊困难的家庭进行临时救助。按照重点救助与特殊救助相结合的原则，合理划分救助档次和标准5000—10000元。实施分类救助，全年共救助临时有困难的群众79户，共支出临时救助金80.9万元，其中拨付至乡镇临时救助备用金13万元，发放78户城乡临时救助金67.9万元。

【社会福利】 2021年，区民政局严格按照农村分散特困供养金每人每年7590元，集中供养金每人每年3600元，城镇“三无”人员

2021年10月27日，乃东区民政局联合曲松县民政局开展行政区域界线检查工作

2021年12月9日，乃东区民政局救助科开展全区新增特困人员认定入户工作

每人每年14196元的标准。全区纳入特困供养493人，其中集中供养243人、农村分散特困供养250人，全年兑现分散特困人员供养金195.14万元，兑现特困供养价格补贴2.86万元，兑现2021年11名去世特困老人丧葬费8.29万元。乃东区共有留守、困境儿童194名，大部分为祖父辈监管，儿童主任信息52条，儿童督导员信息52条，全年共计发放慰问金20万元。加强对事实无人抚养儿童保障，安排专人入户核查确认事实无人抚养儿童28名，发放补贴资金共计15.73万元，其中价格补贴9261.6元、生活补贴14.80万元。在全国助残日，为70名重度残疾人开展慰问活动，送去慰问金3.5万元，残疾人辅助器具249件（个）；协调上级残联为0—6岁智力、精神及肢体重度残疾的4名儿童申请托养保障。乃东区保障残疾人2176人，发放残疾人两项补贴资金767.54万元，困难残疾人和重度残疾人全部受益，改善残疾人家庭的生活质量。为68名残疾人专职委员发放专职补贴14.96万元。为43名精神病监护人发放监护补贴10.32元。为残疾人发放失业发展补助金、创业扶持金共计5万元。乃东区持证残疾人共计2488人，全年新办理第二代残疾人证323件。

【社会事务】 2021年，区民政局严格执行《中华人民共和国民法典》《中华人民共和国婚姻登记条例》等法律法规，坚持“热情服务、严格审查、依法登记、归档管理”工作理念，加强婚姻登记工作力量，安排2名工作人员在政务大厅办理结婚、离婚登记，选派工作人员到自治区民政厅学习电子证书婚姻登记业务知识和技能，提高婚姻登记办理服务水平。全年办理结婚登记811对、离婚登记145对、补办结婚登记225对、补办离婚登记15人，登记合格率达100%。通过政府电子政务网系统录入婚姻登记信息6768条，补录民政婚姻登记系统历史数据5296条。

【临时救助工作】 2021年，区民政局根据《生活无着落的流浪乞讨人员救助管理办法》规定，从临时生活用品、医疗、返乡等方面，努力为生活困难的流浪乞讨人员提供人性化的帮助，共出动救助车辆50次，街面排查流浪乞讨人员共计141人，其中救助流浪乞讨人员20人（妇女4人、儿童2人），支出救助金1950元，劝返流浪乞讨人员121人（区外54人，区内67人）。

【基层政权建设】 2021年，区民政局根据《中华人民共和国村民委员会组织法》对53个村（居）委员会进行换届选举，新任“两委”班子成员362人和监委会班子成员159人已全部录入到系统里。并对全部班子成员521人发放当选证，且53个村居已全部办理社会统一代码证。

【行政区划勘界】 2021年，区民政局开展行政界线管理维护工作，共完成县级以上行政区域界线两条，总长约29千米，沿线埋设简易界桩3颗，及时维护6个双面界桩工作。根据《关于乃东区泽当街道办事处各社区行政区划勘界、门牌号编制工作的实施方案》精神，继门牌、路牌规范设置工作开展以来，对泽当城区路牌进行统一规范设置，主要对泽当城区门牌、路牌进行安装收尾工作。城区2600余户居民门牌、

70余处巷牌安装完成，交付社区管理。

人力资源与社会保障

【概况】 2021年，乃东区人力资源和社会保障局（以下简称区人社局）加挂山南市乃东区劳动保障监察大队牌子。核定编制8名，部门领导职数3名。全年开展就业创业、社会保险、劳动保障监察、专业技术人员和工勤人员管理等工作。

【社会保险】 2021年，区人社局围绕民生大局，推进社保工作，通过加强宣传、强化措施，全面做好社会保险工作。全区企业职工基本养老保险参保人数1394人，机关事业单位养老保险参保人数2014人，失业保险参保人数2275人，工伤保险参保人数3397人，城乡居民养老保险参保缴费人数26945人。完成失地农牧民基本养老保险一次性补贴资金测算，为269名符合条件的农牧民测算补贴资金1227.5万元。

【就业创业】 2021年，113名乃东籍应届高校毕业生成功创业，兑现自治区创业启动资金682万元，兑现32名创业大学生场地水电补贴73.056万元。全年共实现转移就业12158人，外出务工总收入达13090.58万元。新增乃东区级转移就业基地2个，带动就业人员200人，人均月增收约3500元；成立民工联队9个，共吸纳587名农牧民群众就近就便就业。深入实施高校毕业生就业创业“八个一批”工作措施，全年实现高校毕业生就业675人，就业率达99.8%，其中高校毕业生区外就业70人，占应届高校毕业生总人数的10.49%。加强与各援藏省市协调对接，有针对性地开发适合乃东籍高校毕业生就业岗位325个。对676名应届大学生基础信息进行完善，完成乃东区副科级以上干部“一对一、一对多”结对帮扶，全方位推进乃东区就业创业工作。先后开展“五进一送”就业创业政策宣讲活动7场次，参加活动人数达796人次。

【技能培训】 2021年，区人社局共开展技能培训10期，培训人数399人，通过培训实现就业250人。为实现巩固拓展脱贫攻坚成果同乡村振兴有效衔接，针对易地搬迁劳动力，制定切实可行的职业技能培训计划，重点开展订单式培训和以工代训。泽当民族手工业培训学校在鲁琼易地搬迁点开展25人的编织技能培训，在江北工业园区开展28人“帮典”编织技能培训及30人服装设计培训；方圆培训学校在颇章乡地新村开展62人中式烹调师培训。通过将岗位信息送到田间地头，将就业政策送到庭院门里，带动琼嘎顶易地搬迁点实现长期固定就业43人，鲁琼易地搬迁点实现长期固定就业30人。

【人事人才工作】 2021年，区人社局完成新生分配39人（其中公开招聘医疗卫生事业人员22人，公开招聘“三支一扶”人员13人，部队定向生3人，西部计划志愿者留藏1人）。完成专业技术人员职称聘任48人（其中初级33人、中级13人、副高级2人）。完成乃东区事业单位工作人员西藏特殊津贴增资预发501人金额224.71万元（数据时间段为2021年8月至2021年12月，含援藏干部）。发放退休干部职工护工费21万

2021年10月18日，乃东区人社局举办乃东区高校毕业生暨农牧民转移就业专场招聘会

2021年11月19日，乃东区人社局在山南市人力资源市场举办2021年厨艺技能大赛

元，“三大节日”慰问资金21万元。完成乃东区19家事业单位岗位设置工作，核准岗位总量222个，其中专业技术岗位209个（含高级岗位54个，中级岗位82个，初级岗位73个），管理岗位13个（含正科级岗位4个，副科级岗位9个）。完成2021年度11名工勤人员技能等级考核申报工作，合格8人。完成19人的2021年度技师、高级技师岗位技术等级考核工作，合格8人。

【劳动保障监察】 2021年，区人社局始终将解决好农民工工资拖欠问题作为一项重要而紧迫的政治任务，全年共开展劳动监察执法22次，检查建筑业、服务业等行业部门43家。开展劳动保障法律法规宣传活动8次，发放各类宣传资料2300余份，接受群众咨询300余人次，通过宣传讲解，不断提高劳动者的维权意识，规范辖区内企业劳动用工管理行为。备案第三方金融机构民工工资保函14家，担保金额825.01万元。共接待拖欠工资投诉来访1563人，投诉案件212起，下发询问通知书92份、责令改正决定书40份、行政处理事先告知书1份，追回被拖欠农民工工资2586.91万元。

退役军人事务管理

【概况】 2021年，乃东区退役军人事务局（以下简称区退役军人局）核定事业编制4名，领导职数2名，实有事业人员3人，其中汉族1人，藏族2人。按照退役军人事务部“五有”全覆盖要求，7个乡（镇）、街道成立退役军人服务站，每个乡（镇）、街道确定4名退役军人保障工作专干；在退役军人达到30人以上的乃东、结莎、泽当、昌珠、索珠5个村（社区）成立退役军人服务站，确定2名“两委”班子成员兼职开展退役军人服务保障工作。

【权益保障】 2021年，区退役军人局建立“军休干部”“自主优抚”等10余个服务退役军人微信联络群，退役军人领导小组成员担任群主、管理员，搭建就业创业平台，24小时在线为全区服务对象服务，解决实际困难。年内，为军休干部、伤残军人、随军家属跑办业务30余件，涉及养老、医疗、住房、就业、生活困难临时救助、惠民政策享受等方面。利用宣传月活动走进社区、走进基层，发放《中华人民共和国退役军人保障法》的宣传资料，并充分利用各种微信群、工作群，发挥“互联网+”模式，加大宣传力度，提高退役军人工作者和广大退役军人的思想觉悟和认识水平。全年为15名困难退役军人办实事、解决实际困难5件，解决问题6个，投入资金29.975万余元。

【帮扶援助】 2021年，区退役军人局结合党员干部帮扶困难退役军人工作，建立常态化联系退役军人制度。全局党员结对帮扶困难退役军人，帮助解决实际问题。在得知作为边缘户的退役军人益西平措捐款1万元，改善社区第三党支部党员活动室基础设施后，区退役军人局对他的爱心之举表示感谢，并进行走访慰问，当了解其居住在危房中时，及时对接爱心企业——东旭矿业，捐款29万余元为其新建房屋，解决老人的困难。7月，联合区司法局、区人民武装部、部分退役军代表召开联席会议，引入司法行政调处机制，设立法律援助窗口，向服务对象提供法律咨询服务，指导退役军人依法合理性表达诉求，化解矛盾纠纷。

【拥军优属，拥政爱民】 2021年，区退役军人局创新“双拥”活动载体，加强军地军民交融交流。区委召开议军会议1次，现役军人、干部职工参加会议。联合区文化局开展“送文艺进军营”活动2次，现役、退役军人，干部职工、群众参加活动；组织召开退役军人、现役军人座谈会3次。组织退役军人志愿服务队开展防汛应急演练、乡村环境整治活动2次。“三大节日”期间，由区退役军人局牵头，区“双拥”工作领导小组副组长、区委副书记、区长张维带队，区人武部部长杜飞陪同，以走访慰问形式开展拥军优属活动，走访慰问优抚对象，发放慰问金13.92万元。3月，成立退役军人志愿服务队2支，总人数达92人。中国人民解放军“八一”建军节期间，走访慰问驻军部队及优抚对象，慰问立功受奖14人，共计发放慰问金46.91万元。

2021年7月27日，乃东区退役军人事务局联合区文化局、区综合文化服务中心到山南大站开展“送文艺进军营”活动

【移交安置】 2021年，区退役军人局严格依照退役军人安置政策，开展退役军人接收、安置工作，全年完成退役士兵报到工作，符合政府安排工作1人、带病回乡1人、退役士兵伤残1人，接收军队退休干部。

【优待抚恤】 2021年，区退役军人局及时落实各项优抚政策，按时足额发放优抚对象抚恤补助金。深入开展各类优抚对象核查工作，全年兑现军休干部、无军籍职工的工资，按抚恤补助标准足额兑现2021年重点优抚对象抚恤金，兑现60岁以上农村籍退役士兵生活补助，兑现2020年退役士兵一次性经济补助金和家属优待金。

2021年6月7日，乃东区退役军人事务局召开“创建全国乡镇（街道）退役军人服务站示范建设”推进会

【就业创业】 2021年，区退役军人局利用微信群及时发布退役军人招聘信息，协调区委政法委帮助退役军人通过考试成功考录铁道护路员岗位，妥善安置符合政府安排工作条件退役士兵1人。

医疗保障

【概况】 2021年，乃东区医疗保障局（以下简称区医保局）核定行政编制3名，领导职数3名。下设乃东区医疗保障服务中心，为乃东区医疗保障局管理的副科级事业单位，核定事业编制2名，核定科级领导职数1名。截至年底，区医保局有7名正式人员，分别为局长1名、副局长1名、二级主任科员1名、三级主任科员1名、四级主任科员1名、科员2名，乃东区医疗保障服务中心有2名专技人员。

2021年，乃东区城乡居民参加基本医疗保险38236人，参保率达到99%，其中建档立卡脱贫人口参保率100%。统筹区内城乡居民选择90元缴费人数11318人，选择150元缴费人数10188人，选择280元缴费人数6934人。定额补助4320人，全额补助5368人。受区级、市级、县级补助的僧尼人数分别是26人、39人、43人。

【医保征缴政策】 2021年，城乡居民基本医疗保险缴费标准为90元、150元、280元3个档次，城乡居民个人缴费可根据自身情况选择90元、150元、280元其中一个档次进行缴费。参保时女年满60周岁、男年满65周岁的个人不再缴费，个人缴费280元由自治区、地（市）两财政按事权比例代为缴纳。重度残疾、特困供养人员、孤儿、最低生活保障对象等特殊困难人群参保时个人不缴费（个人缴费280元全部由医疗救助资金代为缴纳）。建档立卡脱贫人员个人缴费60元，由医疗救助资金按照每人220元的标准给予定额补助。被评为自治区级、市级、县（区）级和谐模范先进称号寺庙的在编僧尼和爱国守法先进称号的在编僧尼，由自治区、市、县三级政府分别按100%、50%、25%的比例给予补助。

【医疗保障基金管理】 2021年，区医保局宣传贯彻落实医保基金使用监督管理条例，组织开展以“规范医疗保障秩序，打击欺诈骗保行为”为主题的集中宣传月活动，制作宣传折页1万份，宣传栏104个，宣传栏按各乡镇、卫生院、村居及村卫生室发放，宣传折页按每户一册发放，进行全覆盖张贴，覆盖率达到100%。全年对乃东区人民医院开展医保领域专项检查3次，对存在问题限期整改，加强医疗保障基金监管，打击欺诈骗保行为，营造全社会关注并自觉维护医疗保障基金安全的良好氛围。全年城乡居民基本医疗保险统筹基金支出4085.05万元，大病基金支出511.02万元，医疗救助基金支出126.04万元。窗口受理职工医保结算132人，金额100.24万元；支现29人，金额49.86万元；清户2人，金额8940.61元；生育待遇申请32人，金额42万元。

【医疗服务管理】 2021年，区医保局根据山南市医疗保障局《关于加快推进乡镇卫生院医保联网直接结算工作的通知》要求，依托国家医疗保障信息平台西藏平台，按照《医疗机构医疗保障定点管理暂行办法》规定的协议医疗机构准入条件，与各乡镇卫生院签订医疗保障服务协议，纳入医保协议管理。12月31日，全区6所乡镇卫生院全部实现看病就医直接结算，打通城乡居民参保群众医保结算“最后一公里”。

【医疗保障经办管理】 2021年，区医保局与中国人民财产保险股份有限公司山南分公司进行基本医疗保险经办合作，群众医疗费除定点医疗机构的一站式结算外，零星报销经第三方经办初审、

2021年10—20日，乃东区医疗保障局到各乡镇（街道）及城区各社区宣讲医保征缴政策

局经办复审、局领导终审进行审核办结，费用由中国农业银行乃东支行代为兑现，避免基金套取，维护基金安全。在转诊转院时，区医保局协助各定点医院进行网上备案登记，并安排专人及时办理其他参保登记、转移接续等事项。

【公共服务体系和信息化建设】 2021年7月31日，国家医疗保障信息平台西藏平台系统上线，实现在区内、区外所有联网定点医药机构就医直接结算。新平台上线后，西藏原医保卡已停用，参保人员在区内就医可使用医保电子凭证、身份证、社保卡直接结算；在区外就医（属于当地定点医药机构，并且已联网国家医疗保障信息平台），可使用医保电子凭证、社保卡直接结算。在区外参保人员也可以在乃东区完成相关医保业务的直接结算。

民族与宗教

【概况】 乃东区是一个多民族的散杂居区，全区共有藏族、汉族等28个民族。

2021年，乃东区民族宗教事务局（以下简称“区民宗局”）加强宗教场所和宗教活动管理，依法依规严格审批各类宗教活动。全年，僧尼参保率100%、覆盖率100%。

【宗教场所】 2021年，乃东区共有25座寺庙（拉康）、4处宗教活动点，其中，宁玛派6座，分别为西扎寺、本仓寺及西扎修行区、嘎玛拉康、才德拉康、吉如拉康、卓德拉康；萨迦派3座，分别为结莎拉康、扎西曲登寺、甲萨拉康寺；格鲁派13座，分别为昌珠寺、达杰林寺、曲德沃寺、日乌曲林寺、甘典曲果林寺、安曲寺、桑阿申钦寺、扎西多卡寺、德庆央孜拉康、达庆拉康、雍布拉康、贡当拉康、赞唐拉康；噶举派3座，分别为亚桑寺、日琼布寺、强久顶拉康。25座寺庙均为全国重点保护单位。

【宗教活动】 2021年，佛事活动7场，分别为亚桑寺玖松曲巴、达杰林寺展佛节、强久顶拉康姆谢杰、扎西曲登寺扎西曲玛、日乌曲林寺贡巴嘎玉、昌珠寺美朵曲巴、甘曲寺甘典多夏；民俗宗教活动2场，分别为藏历每月10日“次久”转塔活动、贡唐拉康“嘎玛嘎”转塔活动。根据疫情管理工作要求，2021年未举行各类大型宗教活动。

【宗教管理】 2021年，区民宗局严格遵守国家和自治区有关法律法规，坚持保护合法、制止非法、遏制极端、抵御渗透、打击犯罪的工作原则，依法管理宗教事务，不断提高宗教工作依法管理水平。依法推进寺庙财税监管，按照建立规范透明、制度健全、监管有力、运转高效的寺庙财税管理机制建设要求，完成昌珠寺等6座重点寺庙财税监管全覆盖，依法完成寺庙财税监管14项重点任务，使藏传佛教管理法治化、规范化水平明显提升。结合新形势下对统战工作的新要求，不断建立完善依法管理、民主管理、社会化管理的长效机制，提升宗教领域管理工作科学化、制度化、规范化水平。

【落实党的方针政策】 2021年，区民宗局严格落实《乃东区驻寺干部联系僧尼交友制度》，以入僧舍交心谈心家访等方式了解和掌握僧尼思想动态，宣传党的方针政策，宣传党委、政府的关心关爱，解决僧尼的实际困难，完善寺庙基础设施。区委统战部走访25座寺庙拉康、10个寺管会、5家非公有制企业和69个代表人士，送去慰问金7.3万元。各寺管会走访慰问僧尼及僧尼家庭345人次，投入资金22.57万元。办实事31件、投入2.95万元（其中寺管会干部自筹1.05万元）。区委、区政府特定慰问爱国爱教寺庙，投入16.5万元。

【宣传教育】 2021年，区民宗局严格落实《西藏自治区民族团结进步模范区创建条例》，制定《乃东区创建民族团结进步模范区工作实施方案》，以铸牢中华民族共同体意识为主线，推进民族团结进步模范区创建工作。加大宣讲员的选拔培养力度，严格按照“能讲、会讲、善讲”的要求，重点培养来自各行业、各部门、各层次的12名骨干宣讲员，采取县级宣讲员负责乡镇、乡级宣讲员负责村居、村居宣讲员负责入户的方式，进行全方位、多角度的宣讲。特别是根据不同群体的实际情况，制定家常式、菜单式、订单式的宣讲方案，强化宣讲工作的针对性、实效性和群众性，确保宣讲工作形式新颖、内容贴切、有力有效。开展铸牢中华民族共同体意识主题宣讲活动132场次，受教育干部群众5600余人，制作和发放宣传海报1.2万余份。加强与其他省市的联系交流，通过互派考察团、派出援藏干部、大学生就业、技能培训、招商引资等方式，拓宽各民族交往、交流、交融的渠道，增强各民族之间文化、历史、思想、理念上的融合度，逐步形成你中有我、我中有你，谁也离不开谁的利益共同体、命运共同体和事业共同体。先后召开2次民族团结工作推进会、各界人士代表迎新春座谈会，促进各民族的交流交往。在白日街开展民族团结宣传活动，累计发放宣传资料3000余份、物品1000多件，营造人人参与民族团结的浓厚氛围。

乡镇（街道）概况

泽当街道办事处

【概况】 泽当街道办事处是西藏自治区山南市乃东区下辖街道，是山南政治、经济、文化、交通中心，聚居着藏族、汉族、回族、维吾尔族、撒拉族等多个民族，面积约14万平方千米，海拔3560米，年均温度8—9℃，年降水302毫米，日照时间长，距拉萨市191千米，周围被高山环绕，东面有贡布日神山，西面有西扎山，南面有冈底斯山脉。下辖11个社区居民委员会，分别为泽当社区、琼嘎顶社区、鲁琼社区、乃东社区、罗布林卡社区、色嘎顶社区、结莎社区、嘎玛庆社区、赞堂社区、郭沙社区、金鲁社区等，拥有总人口17219户34633人，其中社区本地居民3208户8476人，耕地面积6574.95亩，草场面积243189.9亩，林地面积30248.9亩。主要以农业为主，农作物有青稞、小麦、玉米、豌豆、油菜、土豆等，畜牧业有牛、羊、猪、鸡等。主要景点有泽措巴寺、桑阿申钦寺、甘丹曲果林寺、西扎寺等。2021年，泽当街道地区生产总值完成4.1亿元，同比增长13.03%，其中第一产业收入3351.22万元、第二产业收入4412.02万元、第三产业收入33283.31万元。实现社区居民人均可支配收入3.01万元，同比增长13.16%；实现劳务输出3865人，创收2.36亿元，同比增长17.41%，11个社区集体经济总收入5091.25万元。

【党建工作】 2021年，街道党工委以“八星党支部”创建、“六个基本”建设为基本抓手，选优配强“两委”班子、优化设置党组织架构，指导社区党组织严格落实“三会一课”、主题党日制度，严肃党内政治生活。全年组织召开理论中心组学习扩大会38次，专题学习会4次，专题研讨9次，参与学习480余人次，专题研讨45人次。严格按照“控制总量、优化结构、提高质量、发挥作用”工作要求，坚持“成熟一个、发展一个”的原则，全年发展积极分子107名。打造党建特色亮点，在色嘎顶社区探索建立“儿童之家”，为辖区驻区单位、商户家庭子女开设“五点半”课堂，义务课业辅导、兴趣教学。在琼嘎顶社区坚持把加强城市党建、巩固党在城市的执政基础作为社区治理和党建工作的根本遵循，依托区位优势，把民族团结教育与社区治理、服务相结合，探索出一条“党建引领社区治理、促进民族融合”新模式。以市、区、街道、社区四级联动体系为主轴，打破体制、隶属、级别壁垒，在城区各社区建立社区“大党委”，并制定联席会议制度，定期召开会议，研究解决辖区群众反映的突出问题，推动议事模式由“街道社区单独议”向“多方共商共议”转变。全年驻共建单位党组织和在职党员开展报到服务11次，认领群众“微心愿”121个。街道党工委成立“爱心基金”，组织干部职工捐款3000元，分别为区实验小学和困难党员送去慰问金1523元。开展红色服务、银色无忧志愿活动，共慰问孤寡老人、困难家庭179户；橙色平安、蓝色文明、白色义

2021年2月5日，中共泽当街道郭沙社区总支部委员召开换届选举党员大会

诊志愿服务活动开展39次，参与群众10033人，发放宣传资料41种4900余份；金色童年志愿服务活动慰问学生798人；绿色环保志愿服务活动开展44次，参与人员1797人，清理垃圾40余吨。各党组织开展主题党日和“我为群众办实事”114件，投入资金1451.06万元。

【党风廉政建设】 2021年，泽当街道党工委推进党风廉政建设和反腐败工作的开展。党工委坚持把党风廉政建设作为一项经常性、长期性工作摆上重要议事日程。全年共开展3次专题学习，组织学习十九届中央纪委五次全会、自治区纪委九届六次全会和山南市纪委、乃东区纪委一届六次全会精神以及上级党委、纪委相关文件精神，并对各项工作提出具体要求。督导检查各社区主体责任落实情况3次，针对发现问题及时指出，落实社区“两委”班子主体责任，实现动态管理。召开“三务”公开推进工作会议，要求各社区书记、居务监督委员会按照“三务”公开内容对社区各项工作开展进行严格把关。开展12次专项监督检查，分别对街道各科室巡察整改情况，各社区5%的扶贫资金专户资金划拨、使用情况，重要时期维稳值班备勤情况，居务监督委员会履职情况，疫苗接种情况等方面进行监督检查。

【意识形态】 2021年，泽当街道党工委严格落实意识形态责任制，层层压实工作责任，确保意识形态和宣传思想工作有效推进。及时调整充实由区委常委、街道党工委书记侯树彬为组长的泽当街道意识形态工作领导小组，建立“街道党工委牵头抓总、宣传办统筹协调、各社区全力参与”的意识形态工作机制。调整充实街道政策理论宣讲团和社区宣讲队成员名单，包括自治区级优秀宣讲员和基层骨干宣讲员，开展理论政策骨干宣讲员培训会及新时代文明实践工作推进会，加大培训力度，提升业务水平。区委常委、泽当街道党工委书记带头学习宣讲党史、习近平总书记“七一”重要讲话及在西藏视察调研的讲话精神等。各社区支部书记、社区“两委”班子、第一书记、驻村干部、乡村振兴专干集中宣讲、深入田间地头、走访入户等形式，面对面宣讲党的惠民政策和脱贫攻坚政策等，并悉心听取群众的意见建议，为群众办好事、解难事。开展农牧民党员思想教育，通过讲党课、学习讨论、知识竞赛、观看爱国影片和参观红色教育基地等方式，开展农牧民党员思想教育，增强广大农牧民党员党性修养和党员意识，坚定党员理想信念。街道优秀宣讲员代表深入下辖寺庙（6座寺庙、2个拉康和1个塔）和学校（3个小学和9个幼儿园），宣讲党的最新政策理论知识、习近平总书记重要讲话精神，引导寺庙僧尼和学校学生牢固树立“四个自信”，坚决维护习近平总书记党中央的核心、全党的核心地位，坚决维护党中央权威和集中统一领导。全年开展宣讲宣传达540余次，受众人数达2.5万余人，知晓率达95%以上。

【产业发展】 2021年，泽当街道党工委始终坚持发展第一要务，与时俱进、开拓进取，街道各社区综合经济实力得到大幅提升，经济发展踏上历史新征程。2021年，完成播种面积6574.95亩，其中粮食播种面积5457.95亩，油菜播种面积400亩，蔬菜播种面积493亩，青饲料播种面积200亩，其他播种面积24亩；完成粮食产量3022.11吨，油菜籽产量32.13吨，青饲料产量1020.77吨，蔬菜类产量2862吨。牲畜总头数6659头（只），新生仔畜952头（只），成活率100%，出栏头数3553头（只），出栏率51%。绵羊毛、山羊毛、牛毛产量5.31吨，牛肉、羊肉、猪肉产量182.47吨，牛奶产量587.43吨。继续坚持毫不松劲抓项目建设不动摇，全力以赴争项目、抓开工、督进度，持续以项目建设拉动投资、推动发展、惠及民生，全年开复工项目3个，总投资11.18亿元，实施（结莎社区格巴小区、乃东社区贡康小区、泽当社区江萨吉祥花园小区）3个“金包银”项目，项目总投资7.2亿元。乃东区公共租赁住房建设项目总投资1.98亿元，2个项目工程主体已基本完成。雅砻木森度假酒店（原泽当温泉酒店）建设项目总投资2亿元，工程进度完成20%。泽当、琼嘎顶、鲁琼社区2021年集体经济收入1196万元，群众分红508.49万元；乃东、罗布林卡、色嘎顶社区2021年集体经济收入1129万元，群众分红721.34万元；结莎、嘎玛庆社区2021年集体经济收入1450万元，群众分红809万元；赞堂社区2021年集体经济收入505万元，群众分红153.65万元；郭沙社区2021年集体经济收入501.25万元，群众分红200.67万元；金鲁社区2021年集体经济收入310万元，群众分红105.79万元。

【维护稳定】 2021年，泽当街道党工委牢固树立稳定压倒一切的思想，全面落实各项维稳措施，制定实施各类维稳应急处突预案、方案等规章制度，严格落实三级维稳责任机制，完成中国共产党成立100周年、西藏和平解放70周年庆祝活动维稳任务。及时调整充实领导小组，下派11名班子成员到社区蹲点督导，成立6个专班对各领域各行业的人员在岗、维稳安保措施落实情况进行明察暗访、实地督查。以技防为抓手，全力做好治安巡逻，确保辖区群众的生命财产安全，杜绝和减少各种治安案件的发生，维护街道社会局势和谐稳定。按照“雪亮工程”要求，投入资金，在重要位置、重点部位安装电子监控设备，实现安全方案科技化、信息化。强化治安联防，调整充实2021年度“平安志愿者”“巡逻队”“护院队”“护校队”“护寺队”“护村队”“红袖标”“护林队”“巾帼女子联防队”“男子维稳应急处突联防队”92支队伍，深入人员密集场所、辖区重要路段、铁路沿线、重点部位持续开展联合巡逻。全年开展维稳巡逻1000余次，出动巡逻队员2.13万余人次。

【矛盾纠纷排查】 2021年，泽当街道办创新发展“枫桥经验”，提前谋划、提前部署，制定下发《泽当街道开展矛盾纠纷“大排查、大调处、促稳定、迎大庆”专项活动实施方案》，组织社区调解员开展矛盾纠纷排查化解工作，做到在重要时期提前排查、研判，及时掌握了解社区矛盾纠纷、信访动向，做到矛盾纠纷早发现、早调处、不激化、不上访，促进街道社会局势和谐稳定。特别是中国共产党成立100周年和西藏和平解放70周年期间重要时段，实现“小事不出村、大事不出镇、矛盾纠纷不上交”的目标。全年共排查调处各类矛盾纠纷31起，成功调处31起，涉及金额65万余元，矛盾纠

2021年3月16日，郭沙社区举行开耕仪式

纷调处成功率达 100%。办理、答复信访案件 6 件，梳理涉稳信访案件 7 件。

【普法宣传】 2021 年，泽当街道严格落实“谁执法　谁普法”责任制，制定 2021 年普法工作计划，及时调整充实普法宣传工作领导小组，持续开展“法律七进”普法宣传活动，以“4・15”国家安全日、6 月综治宣传周、“9・16”综治宣传日等节点为契机，开展形式多样、内容丰富的普法宣传活动，着重开展以《中华人民共和国民法典》《中华人民共和国国家安全法》《中华人民共和国反间谍法》《中华人民共和国道路交通法》《中华人民共和国治安管理处罚法》《中华人民共和国妇女儿童权益保护法》等法律法规为重点的普法宣传活动，宣传扫黑除恶、疫情防控、民族团结等政策法规，创新开展新时代文明实践活动，结合七彩志愿服务之“蓝色文明”，持续开展普法宣传教育，不断提高人民群众的法律素养，自觉做到办事依法、遇事找法、解决问题用法、化解矛盾靠法的良好氛围。依托山南市城市书屋的学习功能，不断充实书屋法律书籍，帮助人民群众休闲娱乐之余学习法律，利用街道文化站户外电子屏不定时播放《中华人民共和国民法典》、《中华人民共和国消防法》、《中华人民共和国妇女儿童权益保护法》、疫情防控等法律法规宣传视频和微视频作品，不断增强辖区群众的法律知识面和法律意识。

【重点场所管理】 2021 年，泽当街道办开展铁路沿线整治工作。按照区委、区政府部署要求，将铁路沿线整治工作纳入重要议事日程，重点针对建筑垃圾、私拉乱建、违规建房等情况进行集中整治清理。配合区委政法委护路办在辖区内开展铁路护路员招聘工作，选拔辖区政治过硬、思想水平高、工作能力强、身体素质好的人员参加考试等工作。做好涉铁路安全普法宣传，街道综治办配合铁路护路办开展普法专题讲座 3 次，并签订知路、爱路、护路责任书，社区班子成员深入铁路周边开展《中华人民共和国铁路法》《铁路安全管理条例》法律法规宣传，培养群众的守法意识，杜绝危害铁路安全行车的违法行为。

【社会保障】 2021 年，泽当街道城乡居民基本医疗保险参保人数为 7836 人，参保率达 98.8％，养老保险参保人数为 3541 人，其中特殊人员（政府缴费）295 人，参保率 100%。城乡低保、特困供养、孤儿保障等政策全面落实，低保 54 户 123 人，特困户 14 户 14 人，五保户 23 户 25 人，残疾人 386 人，发放民生资金 192.82 万元。严格落实好“三包”和大学生资助政策。辖区内学前藏语汉语教育入学率达 100%，义务教育入学率和巩固率达 100%，在青少年人群中非文盲率达 98% 以上。全年兑现农牧民在校大学生及建档立卡大学生资助金 263.08 万元。推进转移就业工作，及时跟进转移就业信息，全方位服务劳动力转移就业，促进经济社会协调发展，全年引导群众转移就业外出务工达 3865 人，创收 2.36 亿元。

【生态环境】 2021 年，泽当街道按照爱国卫生工作要求，实行各负其责的原则，经社区居民的共同努力，社区卫生面貌和绿化、美化工作有很大的改观，卫生管理工作经常化、制度化、规范化、科学化发展水平不断提高。坚持用制度管理人，用制度约束人的原则，严格落实“门前五包”责任制，营造村庄清洁行动主动性高、家庭卫生习惯良好、庭院干净整洁的氛围。泽当街道辖区内商铺、茶馆、宾馆等共有 1498 个，签订责任书 1498 份，签订率达 100%，责任书上墙率达 100%。持续开展人居环境整治工作。结合“七彩志愿服务活动”和“新时代文明实践活动”，利用“五一”国际劳动节、“6・5”世界环保日、每周五爱国卫生运动、每月 10 日泽当清洁日和每月 20 日的生态岗位人员清洁日，对重点区域开展人居环境大整治活动，全年开展活动 1200 余次，参与人数达 15800 余人。开展国土绿化行动，完成义务植树 35714 株，面积达 510 亩；“四旁”植树 1000 株，面积达 14 亩；金鲁社区、结莎社区、嘎玛庆社区飞播造林面积达 35775 亩。为加大义务植树树苗成活率，开展害虫消杀工作，消杀面积约 7000 多亩林地，鲁琼社区蝗虫消杀面积 3000 多亩草地。

【疫情防控】 2021年,泽当街道党工委、办事处坚决贯彻落实自治区党委、市委、区委的决策部署,严格落实"外防输入,内防疏忽"的决策部署,压实"四方责任",落实"四早"要求,开展常态化疫情防控各项工作,主要领导多次召开会议,传达学习自治区党委、市委、区委三级关于疫情防控工作会议精神,安排部署疫情防控各项工作。强化宣传,落实防控措施,利用疫情防控工作群,及时转发权威媒体发布关于疫情防控知识和防控政策,在人员密集场所悬挂疫情防控宣传横幅,引导群众自觉落实疫情防控各项措施,自觉形成戴口罩、勤洗手、不聚集、畅通风、一米线等良好氛围。协调配合乃东区人民医院,深入社区开展新冠疫苗接种,做到就近就便、方便群众、服务上门的便民举措。泽当街道疫苗接种目标人口8045人,接种人口7549人,接种率达93.8%。严格贯彻落实常态化疫情防控工作要求,街道疫情办、社区班子成员、联户长深入辖区对疫情散发地到藏人员进行摸排,对销售周边疫情严重国家零食、物品、地毯、摆件的进货渠道、商店销售人员、边境运输人员、冷链物流从业人员进行排查,印发《住宿行业新冠肺炎疫情常态化防控技术指南》,做到防控措施落实到每一个环节、每一个重点场所。全年街道共发放防疫物资口罩1200余个,消毒液300千克、隔离服60余件,开展各检查100余次。

昌珠镇

【概况】 "昌"藏语意为鹞,"珠"意为龙,合起来即鹞龙的意思。昌珠镇地处北纬29° 11′、东经91° 46′,东与颇章乡接壤,西连琼结县,北接泽当镇,总面积约117万平方千米,处于雅砻河南部。琼结河自镇西由琼结流入昌珠镇,于克麦居民委员会处汇入雅砻河。下辖昌珠、玉莎、茶如、洞嘎、克松、门中岗、扎西托门、卡多、扎西曲登、克麦、白熔、色岗社区12个社区居民委员会。总人口2031户6896人,劳动力3872人。2021年,实现农村经济总收入36325.53万元,同比增长13%,实现农牧民人均纯收入27220.79元,其中现金收入17100.84元,同比增长13%。辖区内有1个派出所、4个便民警务站、1所完全小学、幼儿园4所、1家卫生院、6座寺庙(拉康)。各级党组织共36个,其中3个党委,下设7个党总支,25个社区党支部、1个机关党支部。2021年发展党员13名,积极分子18人,全镇共有党员981名,机关党支部党员47人。昌珠镇驻村工作队12支,区直单位派驻13支(其中,克麦2支、其他社区各1支),工作队成员共计36人,乡村振兴专干10人,科技专干12人,农牧专干2人。镇机关有干部56人,其中:男27人,女29人;汉族18人,藏族36人;党员47人。党委班子成员9个,行政编制35名,事业编制21名。

【农牧业】 2021年,昌珠镇总播种面积9584.4亩,粮经饲比例为71 ∶ 11 ∶ 17,粮食作物总产量为5602.79吨,增收2241.116万元。通过农业产业结构调整,大力推进订单农业的发展,建设"藏青2000" "山青9号" "喜拉22""山冬7号"种子田2164亩。结合规模化连片种植、试点种植露天蔬菜85亩、青饲玉米1225亩、红皮油菜711.2亩、紫花苜蓿

2021年8月17日,昌珠镇开展健康茶发放仪式

草831.2亩等，增收523.73万元。克麦社区粉垄技术推广试用田400亩，农机补贴达12万元。与白荣奶牛扩繁中心签订饲草收购协议363.8亩，增收29.1万元。完成秋收工作，秋翻、秋播前期工作完成率100%。发放调运复合肥137吨、氯化钾14.4吨、尿素68吨、二胺29吨，完成2020年草畜平衡奖励资金兑现118738.34元。色康千亩蔬菜基地、白蓉奶源基地承包给山南市永创公司。开展前三季度动物疫病防控工作，1月小反刍兽疫免疫1381只；2月禽流感病毒（H5+N7）三价灭活疫苗免疫1576只；4月春季重大动物疫病防控疫苗注射牛羊口蹄疫免疫4528头（只），其中牛免疫3278头、羊免疫1250只；猪口蹄疫免疫241头，猪瘟免疫260头；5月禽流感病毒（H5+N7）三价灭活疫苗免疫1257只。昌珠镇春防工作免疫密度达100%。驱虫工作完成率75%。全面启动黄牛改良工作，荷斯坦牛冻配数1205头，配种率达113.15%，仔畜成活率达98%。全年昌珠镇共栽种树苗14052株。

【产业发展】 2021年，昌珠镇启动历史文化名镇升级改造及全域旅游发展前期工作，加快文旅融合发展，设计打造"藏源昌珠""藏戏第一村"文旅品牌；13名旅游讲解员参加山南市旅发局组织的讲解员培训；嘎尔泉送水公司日产水量1000余升，年销售2.8万余桶，共计收入68万余元。阿家啦家政服务公司吸纳社区50名群众，年创收16万元。3月，扎西妥门社区"两委"带头创立扎西妥门社区装修公司，带动社区17名技术能手经营各类装修业务，全年群众创收6.09万元，社区集体收入2.4万元。扎西曲登社区接待区内外游客从上年的0.7万余人增长到2.5万余人，同比增长257.14%。民宿床位从上年32户160个床位增长到64户440个床位，民宿经营者达到全村户数的50%以上，带动增收200余万元。10月10日，山南市旅游发展投资有限公司与乃东区签订昌珠镇历史文化名镇开发合作协议，12月31日成立山南市青禾旅游发展有限责任公司。

【城乡建设】 2021年，区农业农村局在色康社区实施人居环境整治项目，总投资937.9万元，于6月17日开工，对社区内的道路进行硬化，新建污水管及雨水管道，实施村内亮化，建设文化活动广场，对道路沿线的民房通过传统的藏式手抓纹进行美化并于12月8日竣工。门中岗社区137户新建水冲式厕所、配备太阳能热水器、实施污水处理管网项目及新建游客中心，总投资2339万元，于3月1日开工，10月20日竣工。武汉市江夏区对口援藏项目扎西妥门商品房建设、色康完成建设。雅砻河昌珠段9.6千米分片分段划分责任区域，建章立制，定期不定期清理河道内垃圾。昌珠镇召开"农村集体土地使用八不准""防违控违""农村宅基地建房审批程序"等政策宣讲会议6次，2500余人次参加。完成46户新分户宅基地土地性质变更资料上交工作，完成13处待核实林地核查工作。

【民生工作】 2021年，昌珠镇完成2244人转移就业，完成率100%，转移就业创收3529.29万元，完成率224.8%。对36户89人发放农村低保第一季度至第四季度资金20.03万元。全年按月对324人次发放残疾人"两项补贴"资金共138.85万元；对27名特困供养人员发放第一季度至第四季度分散供养金共20.18万元。参加城乡居民医疗保险6790人，城乡居民参保率达100%。大病救助15名，共发放救助资金3.96万元，60岁到龄人员的养老补缴工作已全部完成。新增60岁到龄人员98人，补缴金额7.38万元。截至年底，全镇参加城乡居民养老保险2924人，金额为50.56万元。

【乡村振兴】 2021年，昌珠镇脱贫户共计130户389人，脱贫人口人均可支配收入17442.74元，较上年同期增长29.26%。昌珠镇返贫监测对象为全镇130户脱贫户及低收入人群，排查收集到的致贫、返贫信息，严格按照"入户核实、村级预判、乡镇审核、乡镇认定"程序，紧扣"两不愁三保障"要求，对疑似致贫、返贫户进行分析评判，根据实际情况尽快采取政策兜底、帮扶慰问等行动予以帮扶。生态岗位共计172人，通过开展"主题党日＋人居环境整治”活动，将环境治理与生态岗位考勤相结合，解决村内环境脏乱差问题，昌珠镇共组织清扫各社区主干道、河道等80余次，清理河道达9千米；清理农村生活垃圾10吨，清理农村白色垃圾2吨；清理辖区残垣断壁7处，清理社区内秸秆乱堆乱放21处。12月，区乡村振兴局对克松社区投资1714万元，完成招投标及设计交底等工作。昌珠镇每月开展1次人居环境评比工作，对评分较低的3个社区颁发蜗牛奖，进行鞭策，对评分最高的3个社区进行奖励，不断促进长效机制。

【社会治理】 2021年，昌珠镇制定《2021年综治工作计划》，明确综治工作的目标任务。在3月综治宣传月、6月综治宣传周、9月综治宣传日开展社会综合治理宣传工作，组织召开加油站值班工作部署会，严明值班带班纪律，为切实将信访隐患消灭在萌芽状态，走访120人次，电访70余人次。解决拖欠个人工资以及社区相关资金问题1次，兑现资金16万余元。走访12个社区，为解决道路安全隐患，装减速带2个和反光镜62个。严格按照社区矫正人员服务与管理办法及人员分级管理开展工作，未出现脱管、漏管等现象。新接收社区矫正人员5名，解除社区矫正人员5名，在册社区矫正人员2名，定期了解其思想、工作、生活等情况。调整充实人民调解工作领导小组，实现人民调解组织全覆盖。全镇共有人民调解委员会13个，人民调解员166人，“温馨调解室”共11处；制定人民调解工作计划及相关制度。截至年底，人民调解委员会共调处纠纷18件，其中成功调处18件，成功率100%，形成书面案卷18件。3—12月，门中岗社区实施污水处理项目及色康社区实施人居环境整治项目过程中，实现小事不出村、大事不出镇、矛盾不上交。有效处理2021年新出租车上路信访问题，收储中波台后面土地136.4682亩，兑现征地补偿费1485.25万余元。

2021年8月15日，昌珠镇开展12—17周岁未成年人新冠疫苗接种工作

【文化事业】 2021年，昌珠镇将《昌珠镇志》《克松村志》的编撰工作作为党委政府的一项重大工作，切实保障人员、场所等。开展内容丰富、题材新颖的文娱活动24场次、体育活动10余次，开展“图书阅读活动”“流动图书阅读活动”“法律知识宣传活动”、三大节日、“三八”国际妇女节、“五四”青年节、“3·28”西藏百万农奴解放纪念日、庆祝“七一”中国共产党成立100周年文艺演出等相关活动，如篮球比赛、多种趣味活动等。在克松社区通过群众选举，选出6名德高望重的乡贤，通过举办村民讲堂、以案宣法、关心关爱刑满释放人员、社区矫正人员等形式，引导群众践行社会主义核心价值观；通过乡贤自身的品质感染村民、带动村民树立道德模范，更好地发挥传统文化软实力，从而将德治、自治、法治融为一体。扎西曲登社区、色康社区每晚组织群众跳广场舞，丰富群众的精神文化生活，并起到强身健体的作用。

【疫情防控】 2021年，昌珠镇先后召开5次疫情防控安排部署工作会议，通过大喇叭、微信群、扎西妥门微信公众平台进行广泛宣传，发放宣传页2000余份，悬挂横幅31条。坚持“外防输入、内防疏忽”的工作要求，全面走访摸排，做到“一日一排查一报告”和不漏一人。开展符合接种人员登记造册，镇机关干部已接种疫苗人数60人，接种率达到100%。群众完成接种第一针4604人、第二针4273人，接种率达到87.26%，昌珠镇疫情防控物资储备充足，定期开展消毒消杀，组织开展1次疫情防控应急演练，藏易通行程码全覆盖，充分掌握外来人员信息动态，严防输入。

【西藏和平解放70周年大庆接待】 2021年6—8月，昌珠镇完成西藏和平解放70周年庆祝活动各项工作任务。8月9日，开展70周年庆祝活动首批纪念品发放工作，共发放洗衣机2208台、医疗健康包57个、图书12套，8月17日发放无氟茶叶21吨。

亚堆乡

【概况】 亚堆乡地处雅拉香布雪山脚下，距离泽当城区35千米，总面积630平方千米，平均海拔4100米，最高海拔6635.8米，总人口1781户6527人（其中男3418人、女3109人），总劳力4003人，长期外出务工2586人，下辖8个行政村、38个村民小组、194个联户单位。2021年实现农村经济总收入18673.62万元，农牧民人均可支配收入18200元，同比增长13.1%。全乡党政机关共有编制55个，实有人员41人，驻村8人，长期借调6人。共有党员580名，其中农牧民党员524名，机关党员44名，退休党员12名，下设7个党总支，20个党支部。下设共青团支部1个，联合团支部3个，学社衔接团支部1个，团员206名。全乡建档立卡贫困户138户、410人（低保18户、36人），分散五保供养户80户、80人，残疾人236人，孤儿3人。60岁以上885人（其中60—69岁513人、70—79岁291人、80—89岁76人、90—99岁5人）。辖区内有寺庙2座，其中亚桑寺属于自治区级重点保护文物；达杰林寺属于全国重点文物保护单位；拉康3座。

【农牧业发展】 2021年，亚堆乡耕地总面积1.01万亩，牲畜总头数3.1万头，林地面积0.48万亩，草场面积79.50万亩，粮食总产量2979吨，其中小麦产量1288.44吨，青稞产量1574.83吨。豆类产量115.73吨。油菜产量218.21吨。青饲草产量1618.13吨。蔬菜产量1867.06吨。肉产量372吨。奶产量1100吨。禽肉产量0.61吨。禽蛋产量3.89吨。春耕备耕化肥调运380.7吨。农家肥5700吨。牲畜出栏率50%以上，死亡控制在1.2%以内。黄牛改良工作任务指标500头，实际完成586头，完成率达117.2%。畜禽遗传资源普查系统录入工作全部完成。

【脱贫攻坚】 2021年，亚堆乡农村经济总收入18673.62万元，农村居民人均可支配收入达18218.92元，同比增长13.1%，全乡脱贫人口人均纯收入达13335.88元，同比增长41.5%。亚桑村、热木那村突破农村集体经济收入50万元以上，首次实现农村股份经济合作社分红理想，完善“村企共建促增收”利益联结机制，增加村集体经济和脱贫户收入达65.6万元。

【项目建设】 2021年，亚堆乡实施基本建设项目共6个。亚堆乡新建派出所项目，总投资800万元，2020年11月7日开工建设，2021年3月中旬复工，年底完成总工程量的97%，带动群众增

2021年4月30日，中共亚堆乡第二次代表大会第二次全体会议召开

收150万元。亚桑村美丽宜居人居环境整治项目工程，总投资1312.21万元，2020年11月10日开工建设，2021年10月25日竣工，带动群众增收90万元。亚桑寺停车场项目，总投资239万元，2020年10月12日开工，2021年11月5日竣工，带动群众增收90万余元。曲德沃高标准农田水渠建设项目，总投资390.76万元，2021年4月15日开工，2021年11月15日竣工，带动群众增收27.4万元，机械创收39万元。曲德贡高标准农田水渠建设项目，总投资469.8万元，2021年4月15日开工，2021年11月15日竣工，促进群众增收85.4万元。支那村水库建设项目，总投资2000万余元，2021年9月完成项目评估和前期手续办理，尚未开工建设。

2021年12月7日，亚堆乡人民政府和河南开封经济技术开发区管理委员会签订合作协议

【民生福祉】 2021年，亚堆乡城乡居民养老保险参保人数达2640人，缴费金额52.96万元，新增到龄人员78人，参保率达90%；医疗保险参保人数6543人，参保率98.03%，年度申请医疗救助5人，兑现资金1.3万元。全年兑现农村低保资金9.6万元，发放分散供养人员资金47.2万元，235名残疾人两项补贴7.03万元，兑现其他各类民生资金533.38万元。

【环境整治】 2021年，亚堆乡完成户厕改造1390户，其中2018—2019年改厕任务完成率100%，2020年完成率82%，并兑现完成全部资金。实施美丽宜居乡村振兴示范点项目1个，总投资1500万元，已建设完成并投入运营。开展乡域环境综合整治150余次，参与人数达4000余人次，清理生活垃圾60吨、农村白色垃圾9.5吨、村内水塘22个，清理村内沟渠13千米、河道11千米，清理村内淤泥数量60吨以上。

【社会治理】 2021年，亚堆乡深入各村、寺管会、学校开展民族团结创建宣讲20场次，涉及人数达2500余人次。排查解决矛盾纠纷13起，其中第三方参与矛盾调解13起，均已调解成功。开展创建“平安亚堆”宣传活动25场次，累计参加人数3100余人，悬挂横幅32条，发放宣传单2000余份，设立举报箱26个，悬挂横幅8条，张贴扫黑除恶、打非治乱专项斗争举报宣传海报150余张。

【疫情防控】 2021年，亚堆乡组织各村、乡各部门共召开专题会议，安排部署疫情防控工作12次；组织8个疫情领导工作小组，深入各村、各单位，开展指导检查工作20余次；发放口罩、红外线体温枪、消毒液、防护服、医护手套、消毒液等防疫物资2万余元，发放防疫知识、接种疫苗宣传手册200本，调动联户长、科技特派员对人员密集点等公共场所进行消杀150次，全乡新冠疫苗共计接种4175人。

结巴乡

【概况】 结巴乡位于雅鲁藏布江北岸，距泽当城区18千米，平均海拔3600米，总面积291平方千米，下辖6个村（格桑村、桑嘎村、结巴村、门中村、多若村、滴新村），22个自然组，1277户4875人，总劳力2251人。全乡有1所完全小学（教师23人，临时工8人，学生210人），3所幼儿园（正式教师3人，临时工9人，学生106人）；1座拉康（吉如拉康）、1座寺庙（扎西多卡寺）；1个卫生院（6名乡医、11名村医）。共有各级党组织26个，其中1个党委，下设6个村党总支，20个党支部（1个机关党支部、1个离退休党支部、17个农村党支部、1个非公党支部）。全年发展党员13人，积极分子0人，2021年全乡共有正式党员494人（机关党员34人，农牧民党员448人，离退休党员12人），预备党员13人（机关预备党员1人，农牧民预备党员12人），平均年龄49岁，男女比例63 ∶ 37，其中小学学历314人，初中学历140人，大专及以上44人。有“三老”人员28人，其中老党员25人，老干部3人。乃东区结巴乡核定编制45人，实有33人，其中汉族13人，藏族20人；男15人，女18人。

2021年，结巴乡完成农村经济总收入16717.32万元，同比增长13%，其中第一产业5208.41万元，第二产业4506.15万元，第三产业7002.76万元。实现人均纯收入25183.8元，同比增长13%，其中现金收入15110.33元。

【农牧业生产】 2021年，结巴乡总播种面积13190亩，粮经饲比例65 ∶ 24 ∶ 11，作物总产量10292吨（其中小麦产量2452吨，青稞2009吨，油料作物产量446吨，蔬菜土豆产量5385吨），全年化肥调运223吨，其中氮肥63吨，磷肥26吨、钾肥15吨、复合肥119吨。全乡牲畜总头数8223头（只），新生仔畜2583头（只），仔畜成活率99.5%，牲畜出栏5682头（只），出栏率73.1%；猪牛羊肉产量496.14吨，奶产量584.46吨，禽肉产量0.41吨，蛋产量1.98吨；黄牛改良任务765头，完成943头，完成率123%。开展“春秋”两季重大动物疫病防控强制免疫工作，共计免疫注射大小牲畜18970头（只、匹），免疫注射率达到100%、免疫抗体效价达到100%。

【党建工作】 2021年，结巴乡党委紧紧围绕区委党建“1244”工作思路，探索推行“党建+”模式，夯实基层组织、打造党建品牌、锻造先锋队伍、筑牢党性根基，持续深化基层党建“六个基本”建设，创新推出农牧民就业增收“12345”工作法，组建“结巴乡温心劳工队”，成立微信联络群，推行“意愿清单+个人就业”“零散务工+组团输出”“产业项目+辐射农户”“基层党建+村集体经济”“扶持创业+大学生就业”等5个就业模式，完成年度务工就业任务，有组织劳务输出人数占转移就业人数29.6%，2021年转移就业1575人；以实干实效践行“三包五带五促”，在疫情防控、脱贫攻坚、乡村振兴等工作中“传帮带”到底，提升党和政府的公信力。乡党委、乡政府针对农牧民党员开展技能培训、国家通用语言文字推广普及，对有致富能力的党员进行专项培训，共计开展国家通用语言培训80余次，开展成效测试12次。按照不低于10%的比例整顿软弱涣散基层党组织，并按照党员满意度不低于95%，群众代表满意度不低于85%的标准开展满意度测评，按照正职1 ∶ 2，其他成员和妇女干部1 ∶ 1的比例建立村级后备干部库；第一书记，大学生村官，驻村工作队有效发挥作用，发展壮大村级集体经济，村级活动场所管理使用规范。完成6个村居换届选举工作；储备村居后备干部58名；对村“两委”进行考核，开展群众代表满意度测评，满意度都高于85%。落实《关于新形势下党内政治生活的

2021年4月30日，中国共产党结巴乡第二次党员代表大会召开

若干准则》，坚持党委理论学习中心组、民主生活会、“三重一大”“三会一课”等基本制度，开展机关党支部学习33次，机关党支部专题组织生活会1次，增强党内政治生活的政治性、时代性、原则性和战斗性。结合发展对象培训、历史党员档案整理、村集体经济发展、6个基本党建示范点打造等，先后组织全乡党务工作者开展入党流程情景模拟、实地参观学习等形式多样的培训，累计11场次，392人次，切实把党务工作者培育成为政治上的明白人、党建工作的内行人、党员干部的贴心人。

2021年8月24日，结巴乡新时代文明实践之“学党史、践初心、心系群众办实事”实践活动

【换届工作】 2021年，结巴乡完成乡、村两级党代表、人大代表选举及村“两委”换届选举工作，共选举产生77名党代表(区级党代表16名、乡级党代表61名)，67名人大代表(其中市、区、乡三级代表1名，区、乡两级代表13名，区级代表5名，乡级代表48名)，比上一届减少1名党政领导干部，增加6名农牧民代表，增加4名妇女代表，实现“两升一降”。

【基础设施建设】 2021年，结巴乡党委、政府已召开3次专题会议，确定承揽项目设计公司，开展项目环境评估、社会风险评估、风景名胜区风险评估、地质勘测、水土保质、林地勘测等前期工作，完成滴新、多若2个村基层政权建设项目可研报告和初步设计，其中滴新、多若村各有山南市基层政权建设配套资金110万元、援藏资金200万元，共计620万元。

【党风廉政】 2021年，结巴乡全面落实乡党委从严治党主体责任和班子成员“一岗双责”，坚持“民主集中制”，严格执行“三重一大”决策制度和领导干部重大事项请示报告制度，共召开党委会17场次，集中研究讨论重要事项、重大资金、重要决策。推进三转落实到位，配齐配强乡纪检干部，全年结巴乡配有纪委书记兼监察室主任1人、副书记兼监察室副主任1人、专干2人，狠抓干部作风建设。

【产业项目】 2021年，结巴乡全面完成雅砻现代农业园区建设，项目总投资11391万元，共流转土地1133.12亩。24号道路项目建成通车，矮化苹果项目竣工投产，多若村拆迁群众安置点交付验收。多若村集体经济组织商业楼项目基本建成。多若、滴新基层政权建设项目、综合楼建设项目，滴新村美丽乡村建设项目前期工作有序推进。

【民计民生】 2021年，结巴乡党委、乡政府高度重视各类惠民资金兑现工作，严格落实相关责任，持续做实做细党的各项惠民政策的落实，坚持及时、准确、有序，第一时间将各类到账资金发放至群众“一卡通”，杜绝“卡脖子”问题，累计兑现各类民生资金1127.00万元。社会保险全覆盖，医疗保险参保人数4875人，参保率达到100%，家庭医生服务签约率达到100%，结算医疗保险费用40.94万元；大病集中救治9人，慢性病签约144人，重病兜底救助4人。完善基层教学设施，注重提升基层教学质量，做好资金保障工作；开展学龄儿童摸排工作，送教上门儿童2人、困境儿童2人，开展“4+1”送教上门服务和“献爱心、送温暖”活动。全乡有应届大学生42人。

【农业发展】 2021年，结巴乡农改工作全面完成，清查核实农村集体总资产18478.20万元，结巴乡集体产权制度改革折股量化工作及集体股份经济合作社理事会、监事会全部完成选举，共推选理事会成员24人，监事会成员14人。全面确认农村集体经济成员身份，集体经济组织登记证已发放到位，各村股权证正在办理中，持有股权1732户4289人13504.9股。

【增收工作】 2021年，结巴乡通过“扶持创业＋大学生就业”“能人带动＋群众就业”“民工务工联队＋零散务工”“基层党建＋村民理事会”“产业项目＋辐射农户”等五个方面举措，实现群众稳就业、促增收。已对接十余个项目、企业，转移就业共计2351人，转移人数达7400人次。全面推进雅砻现代园区建设，共流转土地1826.96亩，项目建设计划投资225.51万元，解决群众就业300余人次，实现群众增收100余万元。协调推进24号道路、多若村1152项目、海思科药业厂房等建设、乃东区葡桃产业有限公司，帮助群众不离乡、不离土就近解决就业，共解决就业780余人，实现增收880余万元。结巴乡6个村谋划发展村集体经济28项，培育出农牧民党员带队人33名，探索形成“滴新经验”等发展模式。创新“党组织＋合作社＋农户”利益联结机制，带动140余名群众在村集体经济内就业，1750余名农牧民享受村集体经济发展的“红利”。

【乡村振兴】 2021年，结巴乡结合党员干部“进村入户、为民服务”活动，结合“四讲四爱”群众教育实践活动，创新推出“7+1+7”明白人结对帮扶宣讲模式，深入村组户开展脱贫攻坚同乡村振兴有效衔接宣讲20余场次，涉及全乡贫困户，覆盖率达100%。严格按照生态岗位考核办法，开展考核工作，严格执行选聘任制度，对考核过程中履职不到位、日常管理不规范的一律不兑现工资，并及时调整岗位，全年生态岗位333人，共兑现工资116.55万元。全乡6个行政村共发展村集体经济28项，6个村拥有至少一个集体产业项目或稳定增收途径，滴新村集体经济收益约1080万元、多若村集体经济收益约400万元、桑嘎村集体经济收益约10万元、格桑村集体经济收益约18万元、门中村集体经济收益约19万元、结巴村集体经济收益约20万元，完全消除集体收入5万以下的村；创新“党组织+合作社+农户”利益联结机制，带动140余名群众在村集体经济内就业，1750余名农牧民享受村集体经济发展的“红利”，真正把基层党组织建设成听党话、跟党走，善团结、会发展，能致富、保稳定，遇事不糊涂、关键时刻起作用的坚强战斗堡垒，进一步鼓励群众自主发展创业。

【生态环境】 2021年，结巴乡机关双联户、各村联户单位开展“整治环境美化家园”“爱国卫生运动”志愿服务活动，环境卫生整治531次、投入义务劳动320人，其中爱国卫生运动66次、投入义务劳动200人。2021年“四旁”植树7610株，滴新村种植矮化苹果1600亩，群众增收400余万元。滴新、多若、门中村参与防沙治沙、飞播造林项目，涉及3100余亩，群众增收300余万元。推行“三净四清五勤”工作举措，打造结巴村“绿色银行”兑换站（结巴村“双联户”垃圾分类回收兑换及销售站），通过“绿色银行”兑换的形式，不仅引导和鼓励村民养成爱护自然，节约资源的习惯，更加提高群众的环保意识，从根本上治理辖区“脏、乱、差”问题，兑换垃圾3.5吨，折合资金8456.56元。深入开展农村饮水安全、垃圾、污水治理、“厕所革命”各项工作，强化督导检查，重点抓好辖区村周边、水源点、蓄水池、道路沿线环境卫生、群众生活区生产生活垃圾清理，垃圾污水处理。全乡17座蓄水池分别清洗12次，其中加强整治门中村1、2组水源点和蓄水池周边脏乱差现象，保障群众饮用水安全问题。农村户用厕所改造共完成1069户，普及率高达97%。开展“宜居结巴——绿色先行”等义务植树活动，全年植树7610株。安排生态岗位护林员230名，其中专职护林员58人。

【平安结巴】 2021年，结巴乡认真贯彻落实习近平总书记关于平安建设重要论述，深入贯彻习近平法治思想、党的治藏方略、总书记对政法工作以及加强政法队伍建设的重要指示批示精神，学习贯彻中央、自治区、山南市、区委政法工作会议精神，夯实基础、健全机制。广泛发动宣传，营造良好的工作氛围，张贴宣传标语21个，发放宣传材料1500余册、宣传物品1300余件（雨伞、书包、手提袋、指甲刀套盒、毛巾等粘贴各种安全标语的小物件），宣传工作真正做到进乡村、进校园、进寺庙；强化管理，落实整治，狠抓流动人口服务和管理工作，为辖区范围内流动人口办理居住证，对入藏时间、核酸检测报告、疫苗接种等逐一进行检查，确保不漏一证、不漏一人。经排查，全乡外来人员共630余人。落实维护社会稳定工作责任制，坚持实行矛盾纠纷一月一排查制度，共排查出矛盾纠纷11件。

【维稳工作】 2021年，结巴乡完成换届选举、3月重要时期、中国共产党成立100周年、西藏和平解放70周年和各级重要会议期间等重大节点维稳安保工作，按照戒备等级加强值班备勤，严把零散成品油管理关，真正做到“三不出”“三稳定”，确保社会局势实现持续和谐稳定。调整充实工作力量，狠抓安全生产，制定工作方案，细化分工职责，健全责任体系，确保安全生产工作有人抓、专人管，确保安全生产措施落到实处。狠抓隐患排查，突出隐患消除，建立“月排查”制度，实施安全隐患“清零”行动，重点对寺管会、学校、茶餐馆、乡域内项目施工领域、商品房进行安全隐患排查，协同乡派出所加强道路交通安全宣传教育，严肃查处超员超速超载行为。全年共开展隐患排查45次、排查出6起隐患、整治隐患6起；开展矛盾纠纷排查32次、发现11起、调处11起、走访23次、教育引导23次，化解率达到100%。开展以“民族团结的人民最幸福、民族团结的祖国最强大”为主题的民族团结进步宣讲活动以及“我与国旗、党旗合影”“参观爱国主义教育基地”等教育活动。

颇章乡

【概况】 颇章乡地处北纬29° 6′ 50″、东经91° 50′ 1″，位于乃东区中部，雅砻河谷中段，平均海拔3650米左右，南起日苏与夏果交界处当嘎沟，北至雍布拉康以南1千米处。颇章乡驻地雪村距离乃东区泽当城区以南16千米。2021年颇章乡下辖格拉、布仁、斯堆、雪、哈鲁岗、阿巴、达当、地新、夏果9个行政村，31个组，全乡共计1812户6856人（男3326人、女3530人），占地面积约为137.6平方千米（耕地面积1.11万亩，草场面积39.74万亩）。全乡农村经济总收入15251.54万元，比上年增长12%（其中第一产业收入4251.37万元，第二产业收入6823.91万元，第三产业收入4176.26万元），农村人均纯收入达16849.08元，比上年增长16%，其中人均现金收入达12636.81元，比上年增长16%。全乡宗教活动场所共4座（甲萨拉康、达庆拉康、德庆央增拉康、才德拉康）。各级党组织41个，其中1个党委，下设7个党总支，29个农牧区党支部，1个机关党支部、1个退休党支部，2个“两新”党支部，4个党小组。全年发展党员39名，截至年底，全乡有党员744名，其中机关党员39名、退休党员21名、农牧民党员684名，“三老”人员74名，其中老党员65人、老干部9人。

【农牧业】 2021年，颇章乡种植面积11567.85亩，其中粮食作物8932.05亩（“山冬7号”5286.15亩，“藏青2000号”200亩，“喜拉

2021年6月3日，颇章乡机关干部、村“两委”班子到区内其他乡镇参观学习先进经验

22号”3004.9亩，“山青9号”300亩），产量4875.2吨；油料作物1261.35亩（“藏油5号”150亩、当地油料746亩），产量218吨；蔬菜作物998.85亩，产量3291.33吨；饲料作物347.55亩，青饲玉米242.95亩，产量1390吨。年末全乡牲畜总头数18451头（只），（成畜12915头，当年畜6224头）；完成黄牛改良1184头。

【乡村振兴】 2021年，乡党委、政府高度重视巩固拓展脱贫攻坚成果同乡村振兴有效衔接工作，全年共召开专题会议4次、调度会议5次、各种学习会议18次。并成立由书记为组长、乡长为副组长的“三农”工作领导小组，深入村组户调研、统筹谋划部署、压实职责责任、督促检查落实，共实地督导落实工作9次。全乡享受生态岗位445人，兑现全年工资155.75万元。

【集体经济】 2021年，颇章乡各村集体经济增长迅速，通过带动就业、项目分红等形式，帮助农户实现稳定收入，村级集体经济稳步提升。截至年底，全乡有9个村集体经济，分别是格拉村饲料养殖场、布仁生态养生餐厅、斯堆装载机项目、雪村商品房项目、哈鲁岗村雪穗星水磨糌粑加工厂、阿巴村农机具合作社项目、地新村商品房项目、达当村超市项目、夏果村商品房项目。各村集体经济总收入达212万元，其中40%来源于租赁业、20%来源于农业机械作业、25%来源于农产品加工业、15%来源于养殖业。产业分红增收显著，乃东区无劳力（老、弱、病、残等）贫困户产业分红颇章乡享受人员148人，每人享受1312.33元，其中阿巴村7人、布仁2人、达当村39人、地新村11人、哈鲁刚村10人、斯堆村34人、夏果村6人、雪村6人、格拉村33人，共计享受资金194224.84元。另有35人享受2021年度乃东区城乡特定群体慰问金，每户1000元，资金共计3.5万元。

【民生改善】 2021年，颇章乡适龄儿童入学率达到100%、接受义务教育的学生均享受“三包”政策；在校人数总数为1334人，其中幼儿园学生202人、小学生374人、初中生273人、高中生229人、大学生256人（其中建档立卡大学生56人）。大学生兑现补贴资金总人数172人，共兑现资金126.46万元，其中免补学生共53人（本科生16人、专科生37人，区内区外学生每人统一5000元，共兑现资金26.5万元）；非免补区外生共计104人（本科生38人，每人兑现资金标准1万元，专科生66人，每人兑现资金标准8000元，共计兑现资金90.8万元）；非免补区内生共计13人（本科生6人，每人兑现资金标准8000元，专科生7人，每人兑现资金标准6000元，共计兑现资金9万元）；计划外学生共计2人（专科生2人，均只享受乃东区资助，专科生每人兑现资金标准800元，共计兑现资金1600元）。年建档立卡大学生共56人，自治区对建档立卡学生每人兑现资金标准7000元，并要求大学生不能重复享受资助原则，对建档立卡大学生实行补差额兑现，共兑现资金60394元。农村低保户31户76人，五保户147户147人（其中分散供养106户106人、集中供养41户41人），残疾人（享受补助）459人，寿星老人479人（其中70—79岁364人、80—89岁107人、90—99岁8人）。截至年底，新农保参保

2021年10月19日，湖北武汉市江夏区代表团到颇章乡考察推进对口支援工作

人数 3346 人，参保率达到 99%，城乡居民基本医疗参保总人数 6849 人，参保率达到 99%。

【党建工作】 2021 年，颇章乡全面落实党建责任，抓实党组织书记党建第一责任人职责。始终把抓班子、带队伍作为履行党建工作的基础，组织村干部开展能力素质提升培训 11 次，并为村干部争取赴区外培训的机会。全年共组织召开党建工作部署会、推进会、验收会 8 次，牢固树立抓好党建工作的鲜明导向。抓实抓细重点工作，抓学习促改变，全面深化理论学习效果。把宣传教育和推进全乡各项工作结合起来，坚持用以促学，强化理论学习、锻炼党性修养。截至年底，共组织集中学习 21 次，专题研讨 17 次，专题党课 21 次。

【党风廉政建设】 2021 年，颇章乡党委落实党风廉政建设责任制，推进全面从严治党，压紧压实“两个责任”，推动构建党委主体责任、党委书记第一责任、班子成员“一岗双责”、纪委监督责任“四责协同”机制，制定《2021 年颇章乡党风廉政建设和反腐败工作年度计划》，调整充实党风廉政建设领导小组，把党风廉政建设和反腐败斗争列入全乡党的组织建设、经济社会发展的总体规划，形成乡党委统一领导，乡纪委组织落实，村党（总）支部各负其责的工作机制。加强政治监督，广泛开展乡村振兴领域检查工作，工作专班多次到各村实地了解乡村振兴工作开展情况，对“四议两公开”、项目实施、惠民资金发放、村集体经济财务现况及村务监督委员会工作开展情况进行指导调研，入户走访群众了解惠民资金是否发放到位，结对帮扶干部是否及时给予指导帮助，督促干部落实帮扶政策。

【人大工作】 2021 年，颇章乡人大坚持学习制度不放松，每月组织人大代表集中学习，重点学习《中华人民共和国宪法》、《中华人民共和国全国人民代表大会和地方各级人民代表大会代表法》、《中华人民共和国地方各级人民代表大会和地方各级人民政府组织法》和人大业务知识，提升专业化水平。以“民族团结、从我做起”宣讲活动为契机，组织人大代表集中学习、个人自学《西藏自治区民族团结进步模范区创建条例》，各人大代表深入农户、深入田间地头向群众原文传达条例内容，集中学习 2 次，参与人数 84 人；人大代表宣讲 9 次，受教育人数 309 人。开展“亮出代表身份、密切联系群众、争做四员”主题活动。全年人大代表宣讲惠民政策共 20 余次；对住房安全、饮水安全、生态岗位、村务财务监督 5 次；化解矛盾纠纷 4 起；办实事好事 11 次。以党史学习教育为契机，乡人大办开展“三学一提一转”（学习党史、学习理论、学习法律，提升代表素质转变代表作风）活动。自活动开展以来集中开课 3 期。按照区人大常委会工作要求，深入开展“我为群众办实事，人大代表在行动”活动，广泛发动人大代表为群众办实事、解难题。经过深入调研，人大代表收集群众反映的意见建议 9 条，形成调研清单移交给乡政府，截至年底，已解决 8 条。人大代表为幼儿园学生送去书包、文具盒、水杯等 46 套，为哈鲁岗村一组修建村民小组活动室，帮助解决 10 吨水泥，为患病困难户捐款 1.7 万元。

【换届工作】 2021 年 5 月 22 日，颇章乡人大换届选举各选区一次选举成功，参加投票选举选民 4931 人，参选率为 95%，选举产生区级人大代表 17 名，乡级人大代表 50 名。

【人居环境整治】 2021 年，颇章乡及时成立由乡党委、政府主要领导任组长的人居环境综合整治工作领导小组，以美丽宜居乡村“十清一改一提升”内容为重点，制定《颇章乡农村人居环境整治“十清一改一提升”活动方案》，全年共召开人居环境整治动员大会、推进会等各项会议 10 余次，全乡配备专职保洁员 11 名、生态岗位保洁员 115 名、监督员 1 名，对 202 省道、村道、河道实行全天候保洁，集中人力和动用机械清运垃圾 160 吨。完成 882 户厕改工作和斯堆易地搬迁点道路硬化工程。争取资金 120 万元，对小型农村防洪、灌溉水渠等进行维修维护。实施高标准农田建设工程，建设高标准农田 1336.7 亩。

【平安建设】 2021年，颇章乡党委加强对维稳工作的组织领导，成立社会治安综合治理专项工作领导小组，召开各类维稳会议18次。发动各村驻村工作队、双联户长在重要节点进行巡视和矛盾纠纷排查。全年发生12起矛盾纠纷，均调解成功。

【疫情防控】 2021年，颇章乡召开疫情防控安排部署会议共计56次、传达学习各级党委关于疫情防控的文件精神共计45次。开展秋冬季疫情防控知识宣传活动，引导广大干部群众强化自我保护意识。累计开展消杀次数900余次，倡导群众戴口罩，开展宣传场次共计200余次，发放宣传资料620余份，涉及群众达7200余人。区卫生服务中心工作人员到颇章乡开展疫情防控演练及现场培训11次，共110余人参加。按照上级部署，颇章乡严格落实值班制度，畅通信息收集、报送渠道，确保第一时间掌握疫情防控相关工作情况。加强各村值班守备工作，确保遇到情况及时上报区疫情防控指挥部办公室。持续抓好“外防输入、内防疏忽”，引导各村对近期高中低风险区返乡人员开展全面排查。开展返乡人员的排查工作，安排各村对返村人员开展全面排查，逐一做好每日体温监测，并安排专人负责疫情报告制度；颇章乡统一购买口罩、消毒剂、洗手液、速干消毒剂、体温计等防控物资，并安排专人进行消毒操作规程和疫情防控措施培训，提升疫情防控应急处置能力。

索珠乡

【概况】 索珠乡位于北纬29° 26′、东经91° 52′，在乃东区最北部，东邻桑日县，北与墨竹工卡县相接，西与多颇章乡及扎囊县相连，南为结巴乡，距离乃东区约30千米，面积约381平方千米。驻地索珠乡，海拔约3700米。平均海拔3700米。“索珠”藏语意为六颗牙，引申意为牲畜强壮。乡名以其驻地索珠而得名。除下半部分地势较开阔外，其上半部多为山沟。下辖4个行政村、12个村民小组，共有农牧民663户，2365人，其中纯牧业户16户47人；共有劳动力1177人，其中男604人、女573人；共有党员331人，其中农牧民党员300人。辖区群众主要收入来源为农业、牧业、务工、运输。辖区野生动物资源主要有雪豹、白唇鹿、藏马鸡、狗熊、狼等；辖区药材资源主要有虫草、红景天、贝母等。2021年，全乡农村经济总收入8150.2万元，增长13%（其中第一产业收入4801.13万元、第二产业收入518.7万元、第三产业收入2830.37万元）；劳务输出1096人，农牧民人均收入达17531.75元，增长13%。

【农牧业】 2021年，索珠乡共有耕地面积为5118亩，草场30.11万亩，年末牲畜存栏12874头（只）。全年农作物播种总面积为5418亩，其中青稞3416亩，小麦554亩，油料作物426亩，蔬菜400亩，饲草622亩，实施测土配方施肥技术，全年发放化肥36吨，有机肥43.3吨，积造农家肥189264袋。年末牲畜存栏数为12874头（只），其中仔畜2931头（只），仔畜成活率为100%，成畜死亡为零，死亡率为零，牲畜出栏8560头（只），出栏率为53.33%。强化重大动物疫病防疫及监测工作，免疫密度达到100%，全年未发生重大动物疫情。组织开展农田灌溉水渠清淤30余千米，修复水毁工程6处，共计1563米，修建通往牧区桥梁7座，完成农田网围栏维修加固8000米。全年共组织召开春耕备耕、田间管理、病虫害防治、秋收秋播、重大动物防疫、草原生态保护等工作专题会议12次，及时调整充实领导小组成员，组织开展农业机械操作与保养培训1次，培训农牧民群众84人次，开展农业生产专项检查10次，不断加强兽医、科技特派员的日常管理与考核工作。

【乡村振兴】 2021年，索珠乡开展乡、村两级生态岗位筛选工作，确定312名生态岗位，兑现全年生态岗位资金共计109.2万元。协调发放水泥80吨，解决群众住房问题，索珠村、恰当村3户8人搬迁至泽当鲁琼，支岗村小康示范村搬迁33户142人（其中建档立卡12户44人）。全乡2个扶贫产业项目共计带动村集体增收31万元，带动70人就业增收29.4万元。狠抓牦牛育肥销售及饲草基地建设等工作，抢抓国有牧场改制机遇，成功接手国有牧场经营权，承包牦牛1891头。截至年底，出栏70头，实现增收74万元。继续扩大藏香猪养殖规模，公司有藏香猪700多头，养殖基地面积16亩，流转200亩耕地建设饲草基地（每亩每年500元从群众手中流转），实现群众增收10万元。储备牦牛育肥饲草料30吨，带动长期就业7人（其中贫困户1名），人均月工资3500—4500元，实现增收18万元，带动短期临工46人，日工资130元，实现增收0.6万元。免费为农户提供猪苗30头。严格按照区委、区政府提出的建立“藏药材之乡”的发展思路，乡党委、乡政府高度重视藏药材产业发展，通过“公司+科研单位+基地+合作社+贫困户”的模式，带动藏药材产业发展。全乡藏药材种植基地4个，累计种植面积100多亩（每亩每年300元从群众手中流转）实现群众增收15万元。投入110万元，重点实施食用菌种植工作。截至年底，解决长期就业2人，短期就业40人，带动群众增收5.5万元，村集体经济增收48万元。

【人居环境政治】 2021年，索珠乡成立环境保护与治理工作领导小组，以双联户单元为基础，划分环境卫生责任区，建立环境卫生定期大扫除制度及考评制度。以喜迎中国共产党成立100周年、西藏和平解放70周年，村庄清洁行动春、夏、秋、冬战役等为主题，开展10余次环境卫生大整治活动。对恰当村、乡政府垃圾池进行修缮，制作环保宣传栏8个，建立生活垃圾分类工作机制，健全并实施农村可回收垃圾分类投放、收集、销售工作。全年召开环境整治工作会议12次，清除各村死角垃圾约8吨，出动人员900余人次，清除路面、沿线河流垃圾，清理河道4千米，打捞水面污染物，清理道路两侧边沟1500余米。450余名党员、干部、群众参与清理居民房前屋后、建筑材料乱堆乱放30余处。投入800余人次，对长约10千米的主干道沿线进行治理。

2021年11月9日，索珠乡联合乡派出所到索珠乡完小开展消防演练

【教育事业】 2021年，索珠乡幼儿园在校学生70人，小学在校学生130人。全乡适龄儿童入学率达到100%，“三包”政策、九年免费教育已全面落实，农牧民子女就读大学资助、贫困家庭在校大学生接受高等教育免费补助政策都已按标准要求落实到人，2021学年“建档立卡大学生”免费教育补助共计7人6.4万元。

【文化建设】 2021年，索珠乡为促进公共文化服务体系建设和文体事业发展，在“3·28”西藏百万农奴解放纪念日，举行大型文艺演出及文体活动。“三八”妇女节、“五一”国际劳动节、“五四”青年节，联合辖区各单位、各村，组织羽毛球、足球、篮球等系列体育比赛，活跃青年文化生活。“七一”中国共产党成立100周年之际，开展升国旗仪式，索珠乡全体党员干部职工重温入党誓词，并进行文艺会演，引导广大党员群众不忘初心、牢记党恩。

【人社工作】 2021年，索珠乡组织开展1期农牧民种植培训，1期农牧民养殖培训，参训人员200人。引导群众转移就业外出务工624人次，累计创收529.4517万元。全乡参保人数1113人，缴费人数1113人，特殊人员（政府缴费）43人，共计收缴上报养老金22.45万元。

【社会治理】 2021年，索珠乡共

2021年7月1日，索珠乡开展中国共产党成立100周年、西藏和平解放70周年感党恩活动

排查矛盾纠纷14次，其中家庭婚姻纠纷2起，邻里纠纷3起，其他矛盾9起，共成功化解14起；召开扫黑除恶专项斗争工作会议12次、政法领域知识学习43次，全乡83名“双联户”户长入户走访400余次，摸排消除各类隐患28处，宣传扫黑除恶知识、各类法律法规及惠民政策约127次。评选乡级“先进双联户”共3个联户单位，村级“先进双联户”共16个联户单位，推荐表彰区级“先进双联户”共1个联户单位，区级联户优秀气象员1人，推荐先进集体1个（索珠村区级）。

【党建工作】2021年，索珠乡党委全面落实区委“1244”党建工作举措，研究制定围绕推进乡村振兴战略为中心的“1133”党建工作思路，各项工作得到有序开展。上半年完成乡党委、人大、村“三委”、组长换届选举工作，全年召开党建工作专题会4次，党建工作推进会2次，听取各村党总支书记党建工作汇报4次，召开党建工作现场会1次、班子成员讲党课12次、抓党建业务知识培训3次、国家通用语言培训28次，开展党建工作督导检查32次。按照区委组织部创建“八星党支部”和“六个基本”建设的相关要求，打造1个基层党组织示范点，并对其余3个村活动场所进行提档升级和功能改造。按照违规违纪发展党员专项整治工作要求，对2012年以来全乡发展的165名党员的档案进行全面排查，深入推进农牧民党员档案复核工作，净化党员队伍。新发展党员5名，组织开展党员集中教育培训4次，严格规范党费收缴管理机制，确保每月15日之前党员主动缴纳完党费。集中组织党委理论学习中心组学习12次，机关党支部学习29次，党史学习教育研讨5次，“三更”专题教育研讨4次，围绕“干在实处、走在前列，当好排头兵”进行专题研讨1次，重点突出中共十九大，中共十九届二中、三中、四中、五中、六中会议精神，习近平新时代中国特色社会主义思想，中央第七次西藏工作座谈会、习近平总书记在中国共产党成立100周年大会上的重要讲话和视察西藏的重要讲话指示精神、自治区第十次党代会、山南市第二次党代会和乃东区第二次党代会会议精神等学习内容。开展“主题党日”“党群活动日”“三包五带五促”等活动60余次，组织召开专题民主生活会2次，结合党史学习教育“我为群众办实事”实践活动，开展志愿服务活动36次，为群众解决实际困难73件。

【疫情防控】2021年，索珠乡多元化开展宣传。通过“一封信”、入村组、入户宣讲、公告、微信平台等多种形式，有针对性地开展防控知识宣传，普及疫苗接种相关知识，宣传达4次，参与群众达3000人次。引导群众不信谣、不传谣，科学指导公众正确认识和预防疾病，引导积极参与防控工作，做好个人防护。动员群众疫苗接种，全乡疫苗接种率达到92%。强化返乡人员排查监测，加强中高风险地区返乡人员的排查监测，严格落实好山南市、乃东区疫情防控办相关要求，发现异常情况及时报告并采取相应的防控措施，防止疫情输入。落实中高风险返乡人员及密切接触者的居家健康监测工作，确保索珠乡疫情防控工作不出现任何问题，多方联动形成合力，广泛动员群众参与。充分发挥基层群众自治能力，全面动员群众，实施网格化、地毯式管理，联防联控、群防群控、稳防稳控，有效落实综合性防控措施，实现“早发现、早报告、早隔离、早诊断、早治疗”，防止疫情输入；建立以乡干部包村，村干部包双联户，联户长包户的疫情防控工作网络化组织体系，责任到人，联系到户，确保乡不漏村、村不漏户、户不漏人。落实责任包片、开展消毒消杀工作。各片区制定消毒消杀值班制度，严格对人群聚集的乡办公区、辖区营业所、卫生院、村委会、茶馆、商铺等公共场所进行每天清洁、消毒和通风，召开会议落实好疫情防控措施。

【队伍建设】 2021年，索珠乡干部编制为43人，其中干部职工34个，卫生院9人。实际有干部34人，女12人，汉族13人，其中行政编制17人，事业编制13人，工勤人员4人。全乡共有村“两委”班子成员22人，村监督委员会成员共12人，全部为党员，村级后备干部30人，“双联户”单元83个，“双联户”户长83人，乡级人大代表47人，区级人大代表9人，政协委员3人，全乡有“三老”人员23人，寿星老人129人。

多颇章乡

【概况】 多颇章乡属乃东区下辖乡，位于西藏自治区中南部，冈底斯山南部，雅鲁藏布江中游，乃东区西北部，北靠索珠乡，东连结巴乡，西接桑耶镇。总面积237.3平方千米，平均海拔3680米，距泽当城区16千米。下辖3个行政村，8个自然小组，960户3688人（其中藏族3680人、汉族8人），比上年增加2040人。全乡主要以第一产业为主，农业包括青稞、小麦、油菜等作物，畜牧业包括牦牛、黄牛、山羊、绵羊、藏香猪等。国家野生保护动物有马鹿、狗熊、豺狼、猞猁等。矿产资源丰富，主要以铜、铁矿为主，种植有特色农产品红皮土豆、伊贝母，开采有碎石骨料。2021年，多颇章乡地区生产总值达8192.28万元，同比增长16.2%；农牧民人均可支配收入1.92万元，同比增长13.4%。

【农牧业】 2021年，全乡拥有耕地面积4432.2亩。农作物总播种面积4018.65亩，其中粮食作物3017.55亩，完成总产量1711.32吨，同比增加139.82吨；油料类548.55亩，完成总产量84吨，同比增加24.26吨；蔬菜类350.7亩，完成总产量1100吨，同比增加101.7吨。牲畜总头数10253头（只、匹），出栏总头数3707头（只、匹），出栏率39%。肉类产量240.80吨（猪肉65.18吨、牛肉153.75吨、羊肉20.96吨、家禽肉0.91吨），同比增加95.63吨；羊毛产量1.52吨，同比增长0.98吨。完成黄牛改良任务455头，完成率达100%。春秋两季动物防疫防控共注射牦牛5529头、黄牛4778头、绵羊2388头、山羊3140头、猪1034头、鸡815只，免疫密度达到100%。

【脱贫攻坚】 2021年，多颇章乡立足全乡资源禀赋和优势，不断创新经济发展思路。充分利用产业、项目发展，进一步巩固脱贫攻坚成果，并集中扶持一批符合全乡实际、特色鲜明和较好发展前景的经济实体，把发展产业作为助力巩固脱贫攻坚成果的重要抓手，布麦村德吉岭林卡发展成集观光、餐饮、娱乐为一体的休闲胜地，营业时间为每年5—11月，年底创收20万余元，带动贫困户就

2021年8月2日，多颇章举办庆祝西藏和平解放70周年暨多颇章乡第二届农牧民运动会

2021年11月30日，多颇章乡在嘎东团结新村举行学习宣讲党的十九届六中全会精神暨文化交流文艺演出

业3人，每人每月工资为3500元以上、短期贫困户就业8人，每日工资200元。多颇章乡“祥库”藏香猪养殖场养殖规模5000头，年出栏1500头，全年创收达70万元。多颇章乡乡村农贸市场有效带动当地贫困群众就业，全年收益4.5万元。自嘎东易地扶贫搬迁项目开展以来，共有566户2040人搬迁群众顺利入住。全面落实草原、林业、湿地生态保护补助奖励政策，落实野生动物肇事补偿政策，实行有劳动能力的贫困人口就地转成野保员、湿地保护员、自然保护区管理员、沙化土地管理员、环卫工、养路管理员、网格化检测员、草原监管员、护林员、林业岗位等，全乡共767个生态岗位，岗位资金兑现268万元。人居环境整乡推进项目进度达到30%，厅都沟林草兼种项目达到70%，易地搬迁点防洪沟二期项目总投资1000万元，于2021年10月竣工并通过验收，扶贫车间项目总投资1070万元，尚未竣工。

【交通运输】 2021年，多颇章乡持续运营嘎东团结新村至泽当城区公交线路，完成客运量3万余人次，行驶里程达3.1万余千米；农村客运班线完成客运量1.5万余人次，行驶里程达1.46万余千米。

【社会保障】 2021年，多颇章乡足额发放各类民生保障及惠农资金，发放低保资金63户、181人、353596.74元，残疾补助227人、900800元，寿星老人补贴184人、122700元，特扶补贴7人、37800元，发放“一孩双女”补贴113人、139560元，特困补贴18户、18人、137942.53元，临时救助5人，发放补贴23450元，家庭账本核销457人，核销款45207.808元。

【医疗卫生】 2021年，多颇章乡居民医疗保险参保人数2428人，参保费23.029万元，参保率达100%。城乡居民健康体检1733人，体检率为72.2%（不含嘎东）。农牧民群众“先住院、后结算”服务率达100%。孕产妇、5岁以下儿童零死亡，高危孕妇住院分娩率达100%。家庭医生签约服务率达100%。

【疫情防控】 2021年，多颇章乡按照“五早”（早发现、早报告、早诊断、早隔离、早治疗）要求，深入排查高、中风险地区流入人员，重点排查进入辖区务工、外来经商人员以及返藏学生，在乡卫生院设立发热门诊，并实行日报告制度。严格执行干部职工出入请示报告制度，加大疫情防控宣传，应急演练，重点场所、部位以及公共场所人员聚集地实行定期不定期消毒消杀，对高中风险地区流入人员实行集中隔离观察或居家隔离观察。在全乡不漏一户全覆盖张贴“勤洗手、常通风、戴口罩”等疫情防控宣传标语，提高群众的防控能力和水平。开展疫苗接种3次，符合疫苗接种条件2548人，实际接种人数2230人，第一针接种2036人，第二针接种1930人，第三针接种21人，3—11岁儿童接种符合条件307人，已接种270人。开展消毒消杀工作100余次，开展疫苗接种宣传15次，参与群众4000余人次。

【教育工作】 2021年，多颇章乡农村幼儿学前教育入园率达100%，比上年提高4.7个百分点；适龄儿童小学入学率达100%，与上年持平；初中阶段毛入学率达100%，与上年持平。小升初考试其他省市西藏初中班上线1人，列全区中位，整体成绩稳中有升；高考本科上线9人、专科上线24人，再创历史新高。年内发放大学生资助金达72.8万元。

【水利工作】 2021年，多颇章乡组织各行政村在多雄河流域及农田灌溉水渠进行白色垃圾清理及清淤工作，人畜饮水水池及水源点清淤、清洗、消毒2次，为保障群众用水安全，与上级部门协调资金，购置网围栏、水泥等材料，对索朗村四组水源点进行保护。

【人居环境】 2021年，多颇章乡全面推动“户厕改革”，实施厕所改造，基本完成“一户一厕”目标，全年已完成117户，兑现资金23.4万元。坚持“白色垃圾”综合整治，改善人居环境。嘎东团结新村集中修建482套牛圈，优化村容村貌。多雄河道整治等22项民生工程纳入“十四五”规划进行申报。

【社会治理】 2021年，多颇章乡集中开展综治宣传月活动，加大政策法规宣传，增强人民群众的法治意识。实行乡村一体的网格化管理，提高基层综合服务管理水平。严格按照上级部门的指示精神，及时兑现46名双联户长通讯补助44160元。严格按照双联户“四个一”开展情况及双联户绩效奖惩机制，对年度内不称职的联户长坚决不发绩效补贴，共47840元。持续推动扫黑除恶专项斗争、扫黄打非、缉枪治爆等专项整治，综合治理突出治安问题，加强矛盾纠纷排查，涉访监测，社会治安风险评估，营造安全稳定的社会秩序，人民群众的安全感逐渐提升。

【党建工作】 2021年，多颇章乡开展党委理论中心组学习14次、党史学习教育36次、专题研讨11次、讲党课3次、应知应会测试5次，撰写各类心得体会62篇、观看教育片15次，参观红色基地2场。开展“我为群众办实事”实践活动35次，受惠人数1320人。开展各类精神宣讲活动30余场、参加人数3500人次，组织开展党建工作业务培训4场次，参加人数72人次。严格发展党员程序，做好全年发展党员工作，年内转正预备党员9名，新发展党员8名，培养入党积极分子4名。

人　　物

乃东区受县(区)级以上表彰的先进集体、先进个人名录

乃东区受县(区)级以上表彰的先进集体一览表

表 14

获奖单位	获奖名称	表彰时间	授予单位
乃东区乡村振兴局	全国脱贫攻坚先进集体	2021 年	中共中央、国务院
高速检查站	2021 年度公安部、共青团中央 99 个成绩突出集体	2021 年	公安部、共青团中央
乃东区税务局	全国巾帼文明岗	2021 年	中华全国妇女联合会
乃东区妇女联合会	全国维护妇女儿童权益先进集体	2021 年	中华全国妇女联合会
乃东区融媒体中心	《西藏昌珠镇克松社区：我家门前那条路》作品在 2021 年第 3 期全国县级融媒体中心优秀作品双月赛获三等奖	2021 年	中宣部新闻局、中宣部舆情研究中心、中宣部“学习强国”学习平台
乃东区	2017—2020 年度平安中国建设示范县(区)	2021 年	平安中国建设协调小组
雍布拉康便民警务站	一等功	2021 年	西藏自治区党委、自治区政府
乃东区教育局	全区脱贫攻坚先进集体	2021 年	西藏自治区党委、自治区政府
索珠乡	全区脱贫攻坚先进集体	2021 年	西藏自治区党委、自治区政府
多颇章乡	全区脱贫攻坚先进集体	2021 年	西藏自治区党委、自治区政府

续表 14

获奖单位	获奖名称	表彰时间	授予单位
泽当街道琼嘎顶社区	西藏自治区抗击新冠肺炎疫情先进集体	2021 年	西藏自治区党委、自治区政府
结巴乡滴新村	全区先进基层党组织	2021 年	西藏自治区党委
泽当街道琼嘎顶社区	全区先进基层党组织	2021 年	西藏自治区党委
乃东区	西藏自治区民族团结进步模范县	2021 年	西藏自治区党委
琼嘎顶社区	西藏自治区民族团结进步创建和谐街道（社区）	2021 年	西藏自治区党委
哔叽手工纺织专业合作社	西藏自治区民族团结进步创建城市民族工作服务管理优秀群体	2021 年	西藏自治区党委
乃东区融媒体中心	新华社融媒体产品优秀传播奖	2021 年	新华通讯社新闻信息中心
乃东区融媒体中心	全国县级融媒体中心能力建设十佳创新案例	2021 年	新华通讯社新闻信息中心
昌珠镇	2020 年西藏自治区学习强国先进组织	2021 年	西藏自治区党委宣传部
泽当街道	全区“四讲四爱”群众教育实践活动先进集体	2021 年	西藏自治区党委宣传部
乃东区委组织部	自治区文明单位	2021 年	西藏自治区精神文明建设指导委员会
乃东区民族哔叽手工编制专业合作社	自治区级“巾帼建功”集体奖	2021 年	西藏自治区妇联
乃东区人武部	2020 年度西藏自治区征兵工作先进单位	2021 年	西藏自治区人民政府征兵办公室
乃东区融媒体中心	《同迎党代会 开启新征程》电视鼓励奖	2021 年	西藏自治区广播电视局
中国农业银行乃东支行	“春天行动”零售业务卓越网点奖	2021 年	中国农业银行西藏分行
中国农业银行乃东支行泽当营业所	“春天行动”零售业务卓越网点奖	2021 年	中国农业银行西藏分行
乃东派出所	全市先进基层党组织	2021 年	山南市委
乃东区税务局党支部	市级先进基层党组织	2021 年	山南市委
乃东区	山南市级第一批民族团结进步模范县（区）	2021 年	山南市委
西藏民族改革第一村陈列馆	山南市首批民族团结教育基地	2021 年	山南市委
西藏第一朗声互助组成立旧址	山南市首批民族团结教育基地	2021 年	山南市委
琼嘎顶社区	山南市级第一批民族团结进步模范社区	2021 年	山南市委

续表 14

获奖单位	获奖名称	表彰时间	授予单位
天马商贸有限责任公司	山南市级第一批民族团结进步模范企业	2021 年	山南市委
昌珠寺	山南市级第一批民族团结进步模范寺庙	2021 年	山南市委
雍布拉康寺	山南市级第一批民族团结进步模范寺庙	2021 年	山南市委
多颇章乡布麦村	山南市级第一批民族团结进步模范村居	2021 年	山南市委
乃东区人民政府办公室	政务信息先进集体	2021 年	山南市政府
泽当街道赞堂社区	全市“四讲四爱”群众教育实践活动先进集体	2021 年	山南市委宣传部
中国农业银行乃东支行	“春天行动”先进集体奖	2021 年	中国农业银行山南分行
中国农业银行乃东支行	“万马奔腾”先进集体奖	2021 年	中国农业银行山南分行
中国农业银行乃东支行	“越低突围”竞赛第一名	2021 年	中国农业银行山南分行
昌珠镇	乃东区级宣传思想文化先进集体	2021 年	乃东区委、区政府
昌珠镇	乃东区级新时代文明实践所先进集体	2021 年	乃东区委、区政府
结巴乡桑嘎村	先进基层党组织	2021 年	乃东区委、区政府
泽当街道结莎社区	乃东区先进基层党组织	2021 年	乃东区委
乃东区交通运输局	政协第一届乃东区委员会提案办理先进单位	2021 年	政协乃东区委员会

说明：由于各单位资料提供不全，可能有遗漏。

乃东区受县(区)级以上表彰的先进个人一览表

表 15

姓名	性别	民族	工作单位	获奖名称	表彰时间	授予单位
巴　　桑	男	藏族	民族藏帖尔手工业残疾人福利有限公司	全国脱贫攻坚先进个人	2021 年	中共中央、国务院
央　　宗	女	藏族	乃东区人民法院	全国法院办案标兵	2021 年	最高人民法院
次旺多吉	男	藏族	乃东中学	全国家庭先进个人、全国五好文明家庭	2021 年	中华全国妇女联合会
央金卓嘎	女	藏族	昌珠镇	全国家庭先进个人、全国五好文明家庭	2021 年	中华全国妇女联合会
卓　　玛	女	藏族	东辉中学	全国三八红旗手	2021 年	中华全国妇女联合会
巴桑次仁	男	藏族	昌珠镇扎西曲登社区	2021 年度乡村文化和旅游能人	2021 年	文旅部
央　　宗	女	藏族	乃东区昌珠镇	全国司法所模范个人	2021 年	司法部
刘 茹 萍	女	汉族	乃东区市场监督管理局	全国食品安全工作先进个人	2021 年	国务院食品安全委员会
单增多吉	男	藏族	亚堆乡	全国残疾人工作先进个人	2021 年	国务院残疾人工作委员会
巴桑占堆	男	藏族	乃东区公安局	全区优秀共产党员	2021 年	西藏自治区党委
小 次 仁	男	藏族	亚堆乡	全区优秀党务工作者	2021 年	西藏自治区党委
拉姆次仁	女	藏族	乃东区财政局	自治区创先争优强基础惠民生活动先进驻村(居)工作队员	2021 年	西藏自治区党委
彭 高 原	男	汉族	乃东区公安局	优秀村(社区)党组织第一书记	2021 年	西藏自治区党委组织部
洛桑达娃	男	藏族	亚堆乡	优秀村第一书记	2021 年	西藏自治区党委组织部
小 次 仁	男	藏族	亚堆乡	优秀村第一书记	2021 年	西藏自治区党委组织部
格桑旺堆	男	藏族	泽当街道乃东社区	2020 年度自治区级先进双联户	2021 年	西藏自治区党委平安西藏建设领导小组
李　　文	女	汉族	乃东区人民检察院	西藏自治区检察机关首届民事检察业务竞赛二等奖	2021 年	西藏自治区人民检察院
索朗德吉	女	藏族	乃东区人民法院	西藏法院扫黑除恶专项斗争先进个人	2021 年	西藏自治区高级人民法院
张 小 利	女	汉族	山南市公安局	绿色勤俭最美家庭	2021 年	西藏自治区妇联
顿珠卓玛	女	藏族	乃东区妇女联合会	自治区级妇儿工委优秀工作者	2021 年	西藏自治区妇联
顿珠卓玛	女	藏族	乃东区妇女联合会	自治区妇女儿童发展规划先进个人	2021 年	西藏自治区妇联
洛桑罗布	男	藏族	乃东区公安局	个人二等功	2021 年	西藏自治区公安厅

续表 15

姓名	性别	民族	工作单位	获奖名称	表彰时间	授予单位
旦增卓嘎	女	藏族	乃东区公安局	先进个人	2021 年	西藏自治区公安厅
洛桑桑旦	男	藏族	乃东区公安局	三等功	2021 年	西藏自治区公安厅
王　珊	女	汉族	乃东区公安局	西藏公安十佳接警员	2021 年	西藏自治区公安厅
斯朗曲西	女	藏族	共青团乃东区乃东路消防救援站支部委员会	优秀共青团干部	2021 年	西藏自治区消防救援总队
索朗顿珠	男	藏族	乃东区消防救援大队	三等功	2021 年	西藏自治区消防救援总队
何俊杰	男	藏族	乃东区消防救援大队	三等功	2021 年	西藏自治区消防救援总队
杨思远	男	汉族	乃东区税务局	西藏自治区税务系统个人所得税改革专项工作嘉奖	2021 年	西藏自治区税务局
卓玛措姆	女	藏族	乃东区税务局	西藏自治区税务系统工会积极分子	2021 年	西藏自治区税务局
尼玛扎西	男	藏族	乃东区公安局	先进个人	2021 年	西藏自治区禁毒委员会办公室
旺　青	男	藏族	乃东区公安局	先进个人	2021 年	西藏自治区禁毒委员会办公室
贡觉罗布	男	藏族	乃东区公安局	优秀学员	2021 年	公安部昆明警犬基地
安世伟	男	藏族	乃东区公安局	优秀学员	2021 年	西藏警官高等专科学校
卢晓义	男	藏族	乃东区人民政府办公室	政务信息先进集体	2021 年	山南市政府
唐海乃飞	男	回族	泽当镇	山南市级第一批民族团结进步模范家庭	2021 年	山南市委
德庆曲珍	女	藏族	乃东区文化(文物)局	全市第三批优秀村(社区)党组织第一书记	2021 年	山南市委组织部
巴　桑	男	藏族	泽当街道结莎社区	2017—2020 年全年市"四讲四爱"群众教育实践活动优秀宣讲员	2021 年	山南市委宣传部
旦增次旦	女	藏族	亚堆乡	2017—2020 年全市"四讲四爱"群众实践活动优秀宣讲员	2021 年	山南市委宣传部
小次仁	男	藏族	亚堆乡	2017—2020 年全市"四讲四爱"群众实践活动优秀宣讲员	2021 年	山南市委宣传部
崔春坚参	男	藏族	昌珠镇	山南市"四讲四爱"先进工作者	2021 年	山南市委宣传部
德庆曲珍	女	藏族	亚堆乡	2017–2020 年全市"四讲四爱"群众实践活动优秀宣讲员	2021 年	山南市委宣传部
张　和	男	汉族	乃东区纪委监委	山南市最美家庭	2021 年	山南市妇联
张自磊	男	汉族	昌珠镇	三等功		乃东区委、区政府

说明：由于各单位资料提供不全，可能有遗漏。

2021年乃东区党政机构和负责人名录

中共乃东区委员会

书　记　尼玛次仁(藏族,4月免)
　　　　张　维(4月任)
副书记　张　维(4月免)
　　　　索朗平措(藏族,7月任)
　　　　梅先阳(土家族)
　　　　殷功博(援藏)
　　　　马小强(6月免)
　　　　邹　云(5月任)
常　委　次仁顿珠(藏族,5月免)
　　　　谢爱霞(5月免)
　　　　巴桑次仁(藏族,5月免)
　　　　杨　立(5月免)
　　　　多吉次仁(藏族,5月免)
　　　　杜　飞(5月任)
　　　　李　欣(5月任)
　　　　江建军(援藏)
　　　　强　巴(藏族,5月任)
　　　　侯树彬(5月任)
　　　　高良平(5月任)
　　　　张　靖(5月任)
　　　　白玛维色(藏族,5月任)
　　　　张　俊(5月任)

乃东区人民代表大会常务委员会

主　任　梅先阳(土家族)
副主任　琼美朵(女,藏族)
　　　　次仁罗布(藏族,7月任)
　　　　边巴刚组(藏族,6月免)
　　　　刘积庭(6月免)
　　　　蒋宏伟(7月任)
　　　　达　娃(女,藏族,6月免)
　　　　达瓦云丹(藏族,6月任)
财政经济和农牧城建环境资源委员会主任
　　　　拉巴次仁(藏族,6月免)
　　　　王　瑛(女,6月任)
法制司法监察和民族宗教委员会主任
　　　　巴　桑(藏族)
教育科学文化卫生和社会建设委员会主任
　　　　巴桑次仁(藏族,6月免)
　　　　杜绪梅(女,6月任)

乃东区人民政府

区　长　张　维(4月免)
　　　　索朗平措(藏族,7月任)
区委常委、常务副区长
　　　　巴桑次仁(藏族,4月免)
　　　　李　欣(7月任)
区委常委、副区长
　　　　江建军(湖北省第九批援藏干部)
副区长　刘存松(4月免)
　　　　宗　巴(女,藏族)
　　　　仁青旺堆(藏族,7月任)
　　　　宋　超(5月任)
　　　　仓巴次仁(藏族,4月免)
　　　　达娃顿珠(藏族)
　　　　格桑罗布(藏族,4月免)
　　　　李学军(5月任)
　　　　张　琥(湖北省第九批援藏干部)
　　　　朱京涛(7月任)
　　　　邓文彬(7月任)
　　　　陈荣泽

中国人民政治协商会议乃东区委员会

主　席　格　桑(藏族)
副主席　达娃格桑(藏族,6月免)

夏成昆
普布多吉（藏族）
侯树彬（6月免）
张秀丽（女，5月任）
布　琼（藏族，6月任）

中共乃东区纪律检查委员会、乃东区监察委员会

纪委书记、监委主任
杨　立（5月免）
高良平（5月任）
纪委副书记、监委副主任
达　勇（藏族，6月免）
张　和
次吉卓玛（女，藏族，6月任）
纪委常委、监委委员
米玛扎西（藏族，6月免）
何　磊（6月任纪委常委）
纪委常委
次吉卓玛（女，藏族，6月免）
央庆普赤（女，藏族，6月任）
监委委员
郭源园（6月任）

中共乃东区委办公室

主　任　米玛次仁（藏族，5月免）
张　俊（女，5月任）
常务副主任
米玛次仁（藏族，5月任）
副主任　龚雄超（9月免）
洛桑顿珠（藏族，9月免）
任梦媛（女）
程　超（9月任）
江阿丹（藏族，9月任）

乃东区人大常委会办公室

主　任　李　闯
副主任　罗布央宗（女，藏族）

乃东区人民政府办公室

主　任　普布玉珍（女，藏族，6月免）
高开方（9月任）
副主任　刘　旭（9月免）
邬兴杰
益西次仁（藏族、5月任）
刘世杰（女、9月任）

政协乃东区委员会办公室

主　任　尼玛次仁（藏族，9月离）
次旦卓玛（女，藏族，11月任）
副主任　平措措姆（女，藏族）
综合委员会主任
索　朗（藏族）

中共乃东区委组织部

部　长　马小强（5月免）
张　靖（5月任）
常务副部长
次仁多吉（藏族，4月任）
副部长、编办主任
徐国茂（4月免）
龚雄超（9月任）
副部长、公务员局局长
达娃次仁（藏族，4月免）
高开方（4月任，9月免）
副部长、老干部局局长
次　珍（女，藏族）
副部长　丹　平（藏族，9月免）
高开方（9月免）
区委党校副校长
旦增白姆（女，藏族，9月任）
赵孝伟（9月任）
区委编办电子政务中心主任
李建烨（女，9月任）

中共乃东区委宣传部

部　长　谢爱霞（女，6月免）
白玛维色（藏族，7月任）
常务副部长
刘　勋（9月免）
副部长　冀丽丽（女）

顿　　珠(藏族,9月免)
次旦卓嘎(女,藏族,9月任)
郎杰卓嘎(女,藏族)
刘　　旭(9月任)

网评中心主任
次　　央(女,藏族)

中共乃东区委统战部(民族宗教事务局)

部　长(局长)
多吉次仁(藏族,6月免)
强　　巴(藏族,6月任)

常务副部长
索朗次仁(藏族,6月免)
姚 军 亚(9月任)

副部长(副局长)
巴桑罗布(藏族,9月免)
妮　　妮(女,藏族,9月免)
徐　　龙(4月免)
杨　　月(女,4月任)
次旦央吉(女,藏族,9月任)
米玛更宗(女,藏族,9月任)

中共乃东区委政法委员会

书　记　邹　　云

常务副书记
陈　　辉(5月任)

副书记　次仁旺久(藏族,5月免)
张 圣 东
旺　　珍(女,藏族,4月任)

中共乃东区委巡察工作领导小组办公室

主　任　王　　瑛(女,4月免)
乔 小 龙(4月任)

副主任　达娃卓玛(女,藏族,9月免)
尼玛仓决(女,藏族,9月任)

巡察一组组长
达娃色珍(女,藏族,9月免)
达娃卓玛(女,藏族,9月任)

巡察一组副组长
罗布卓玛(女,藏族)

巡察二组组长
刘　　勋(9月任)

巡察二组副组长
李　　蔚(女,4月任)

乃东区人民法院

院　长　格桑多布杰(藏族,6月免)
拉巴卓玛(女,藏族,6月任)

副院长　次　　旦(藏族,12月免)
央　　吉(女,藏族)
旦增宗巴(女,藏族,6月免)
张　　军

乃东区人民检察院

检察长　汪　　斌

副检察长
邓 晶 晶(女)
洛桑西绕(藏族)

乃东区总工会

主　席　黄 秋 亚(女,11月免)
张 淑 惠(女,11月任)

副主席　张 淑 惠(女,11月免)
央　　拉(女,藏族,10月任)

共青团乃东区委员会

书　记　次旦卓玛(女,藏族,11月免)
黄 秋 亚(女,11月任)

副书记　次旦央吉(女,藏族,9月免)
扎西央珍(女,藏族,9月任)

乃东区妇女联合会

主　席　顿珠卓玛(女,藏族)

副主席　沈　　纤(女)

乃东区发展改革委员会(经济和信息化局、粮食和物资储备局)

主　任　达瓦扎西(藏族)

副主任　次　　珍(女,藏族,4月免)
马 恩 友(9月免)

马 玉 玲(女,4月任,9月免)
张　　敏(女,9月任)
张　　飞(9月任)
何 亚 萍(女)

乃东区教育(体育)局

局　长 朱 京 涛(6月免)
次　　旺(藏族,9月任)
副局长 拉巴次仁(藏族)
任　　娟(女,6月免)
次仁央宗(女,藏族,9月免)
达　　娃(女,藏族,6月任)

乃东区公安局

局长、督察长
邹　　云
政　委 扎　　西(藏族)
副局长 达　　娃(藏族)
格桑次仁(藏族)
副政委 李 腾 永

乃东区民政局

局　长 郭 永 利(6月免)
仓　　决(女,藏族,9月任)
副局长 尼玛卓嘎(女,藏族)
米玛次仁(藏族)
高 小 丽(女)

乃东区司法局

局　长 刘　　思(女,4月免)
赵　　龙(4月任)
副局长 尼　　珍(女,藏族)
赵　　勇(9月免)
扎西多吉(藏族)
魏 梦 琪(女,9月任)

乃东区财政局

局　长 才仁顿珠(藏族,4月免)
拉巴次仁(藏族,4月任)
副局长 郑　　佳(女)
孔　　斌
拉姆次仁(女,藏族,9月免)
央　　金(女,藏族,9月任)

乃东区人力资源和社会保障局

局　长 魏　　林
副局长 米玛卓嘎(女,藏族,9月免)
阚　　敏(女,4月免)
旦　　珍(女,藏族,4月任)
赵 玲 霞(女,9月任)

乃东区自然资源局

局　长 曲央卓玛(女,藏族)
副局长 白玛卓嘎(女,藏族,9月免)
次仁朗杰(藏族,9月任)
王　　伟
黄 培 智(9月免)
次仁央宗(女,藏族,9月任)

生态环境局乃东区分局

局　长 贺 小 均(女)
副局长 达娃卓嘎(女,藏族)

乃东区住房和城乡建设局

局　长 张　　俊(女)
副局长 张 志 龙(援藏)
多吉次仁(藏族)
格列班旦(藏族)
陈　　娟(女,10月任)
央　　拉(女,藏族,10月免)

乃东区交通运输局

局　长 阿　　军(藏族,5月免)
马 玉 玲(女,藏族,9月任)
副局长 尼玛曲珍(女,藏族)
拉巴次仁(藏族,9月任)
黄　　燕(女,9月免)

乃东区水利局

局　长 朗　　嘎(藏族)

副局长 次仁白珍（女，藏族）
孙冬琳（女）
罗　珍（女，藏族，9月任）

乃东区农业农村局

局　长 索朗巴珠（藏族，4月免）
才仁顿珠（藏族，4月任）
副局长 边　巴（女，藏族，9月免）
胡　迪（女，9月免）
伦珠丹增（藏族）
赵　勇（藏族，9月任）
德　吉（女，藏族，9月任）

乃东区商务局

局　长 嘎　玛（藏族，4月免）
刘　思（女，5月任）
副局长 田向军（4月免）
白玛卓嘎（女，藏族，9月免）
拉　珍（女，藏族，4月任）
吴至锋（9月任）

乃东区文化（文物）局

局　长 德　央（女，藏族，5月免）
多吉普尺（女，藏族，5月任）
副局长 王　容（女，9月免）
拉　珍（女，藏族，9月免）
晋美次仁（藏族）
卓　玛（女，藏族，9月任）
胡自豪（9月任）

乃东区卫生健康委员会

主　任 李红兵（9月免）
丹　平（藏族，10月任）
副主任 邓安彬
袁　洋（援藏，12月免）
扎桑拉姆（女，藏族）
马国玲（女，回族）

乃东区旅游发展局

局　长 普布卓玛（女，藏族，5月免）
德　央（女，藏族，5月任）
副局长 张　飞（9月免）
赵　鑫（女，9月任）
洛桑顿珠（藏族）

乃东区退役军人事务局

局　长 多吉普尺（女，藏族）
阿　军（藏族，5月任）
副局长 德　吉（女，藏族，9月免）
周新华（女，回族）
刘　洋（女，4月任）

乃东区应急管理局

局　长 次　旺（藏族，9月免）
尼玛次仁（藏族，9月任）
副局长 巴桑扎西（藏族，4月任）
涂殿威
尼玛格桑（女，藏族，4月免）
李辛杰

乃东区审计局

局　长 扎西洛宗（女，藏族）
副局长 胡秀娟（女，9月免）
格桑央金（女，藏族）

乃东区市场监督管理局

局　长 刘茹萍（女）
副局长 高强民
洛桑卓玛（女，藏族，4月免）
达瓦欧珠（藏族，4月任）
旦增罗布（藏族）

乃东区统计局

局　长 王　佼（女，4月免）
次　珍（女，藏族，4月任）
副局长 罗　珍（女，藏族，10月免）
敖　贝（女，10月任）
加永扎西（藏族）

乃东区乡村振兴局

主 任 郝 磊(蒙古族)
副主任 田 进
卓 嘎(女,藏族)
益 西(女,藏族)

乃东区林业和草原局

局 长 米玛扎西(藏族,10月任)
副局长 成春波
白玛卓嘎(女,藏族,10月任)
次旦罗布(藏族,2月免)

乃东区医疗保障局

局 长 张水仙(女)
副局长 阿布纳(藏族)
田永梅(女)

乃东区档案局(馆)

局(馆)长
程 超

乃东区工商业联合会

主 席 拉 吉(女,藏族)
副主席 次德吉(女,藏族)

乃东区信访局

局 长 边巴次仁(藏族)
副局长 张 雷
拉 珍(女,藏族)

乃东区藏语委办公室(编译局)

主 任(局长)
索朗旺庆(藏族)
副主任(副局长)
美多卓嘎(女,藏族,4月任)

乃东区行政审批和便民服务局

局 长 仓 决(女,藏族,9月免)
马恩友(9月任)
副局长 贡呷彭措(藏族,5月任)
卓 玛(女,藏族,9月免)
曾 芮(女)

乃东区机关后勤服务中心

主 任 西绕顿松(藏族)
副主任 方 姣(女)
仓木拉(女,藏族)

乃东区残疾人联合会

理事长 央 珍(女,藏族,9月免)
旦增朗杰(藏族,9月任)
副理事长
巴桑次仁(藏族,4月免)
张 婷(女,4月任)

乃东区强基础惠民生领导小组办公室

负责人 江 久(藏族)

乃东区农改办

负责人 伦珠旦增(藏族)

乃东区征地拆迁办公室

负责人 格桑多布杰(藏族)
副主任 朱川菊(女,藏族)
尼玛平措(藏族)

中国农业银行乃东区支行

行 长 杨世军
纪委书记
戴建英(女)
副行长 叶 液(女,9月任,西藏分行交流)
张 静(女,蒙古族)
旦增格列(藏族)

乃东区税务局

局 长 扎 西(藏族)
纪检组组长
扎西拉珍(女,藏族,12月免)
次吉卓嘎(女,藏族,12月任)
副局长 平措多吉(藏族)

格　　桑(女,藏族)
旦增罗布(藏族)

乃东区消防救援大队

政治教导员
孙 廷 锋(1月任)
大队长 邓 天 龙(1月任)
副大队长
邓 天 龙(1月免)

乃东区卫生服务中心

院　长 曹 俊 洪
副主任 张 学 磊
叶 先 智(武汉援藏,3月任)
副院长 尕 桑 加(藏族)
米玛央宗(女,藏族)

乃东区广播电视台

负责人 次旦卓嘎(女,藏族)

中国邮政乃东区邮政分公司

副经理 周 晓 婷(女,3月免)
范 广 俊(4月任)

乃东区善为扶贫开发投资有限责任公司

副总经理
邓 涵 月

乃东区索当投资有限公司

董事长 夏 开 仕
总经理 何 志 伟(6月免)
常务副总经理
曹　　清(6月任)

泽当街道办事处

党工委书记
次仁顿珠(藏族,5月免)
候 树 彬(5月任)
党工委副书记、街道办事处主任
候 树 彬(5月免)
加永克珠(藏族,5月任)
党工委副书记、人大工委主任
达瓦次仁(藏族)
党工委副书记
赵　　龙(5月免)
徐　　龙(5月任)
党工委委员、人武部部长
顿　　珠(藏族)
党工委统战委员、政法委员、副主任
洛桑央金(女,藏族)
党工委委员、纪工委书记
代 海 波
党工委组织委员
刘　　洋(5月免)
余 海 英(5月任)
党工委宣传委员
拉　　珍(女,藏族,5月免)
尼　　珍(女,藏族,5月任)
办事处副主任
普布扎西(藏族)
达瓦欧珠(藏族,5月免)
赵　　云(5月任)

昌珠镇

党委书记
达瓦云丹(藏族)
党委副书记、人大主席团主席
群 拥 军(藏族,5月免)
张 自 磊(5月任)
党委副书记、镇长
胡 新 薇(女)
党委副书记
刘 富 国(5月免)
纪委书记
袁　　茳(5月免)
洛桑群培(藏族,5月任)
党委组织委员
高 润 芳(女)
党委宣传委员
崔春坚参(藏族)

党委统战委员、副镇长
　　贡呷彭措（藏族，5月免）
党委政法委员、副镇长
　　加永克珠（藏族，5月免）
党委政法委员、统战委员
　　巴桑次仁（藏族，5月任）
副镇长　尼玛仓决（女，藏族，5月免）
　　旦增平措（藏族，5月任）
　　李煜纬（5月任）

结巴乡

党委书记
　　达　娃（女，藏族，4月免）
　　黎家军（4月任）
党委副书记、乡长
　　黎家军（4月免）
　　达娃次仁（5月任）
党委副书记、人大主席团主席
　　达娃曲吉（女，藏族，4月免）
　　次仁杰布（藏族，4月任）
党委副书记
　　谢振鹏（4月免）
　　次　珍（女，藏族，4月任）
纪检书记
　　洛布扎西（藏族，4月免）
　　刘建峰（4月任）
党委组织委员
　　李　蔚（女，藏族，4月免）
　　田雅鸿（女，4月任）
党委宣传委员
　　巴桑卓玛（女，藏族）
党委统战委员、政法委员、副乡长
　　扎西平措（藏族，4月任）
党委统战委员、副乡长
　　次　珍（女，藏族，4月免）
党委委员
　　格桑次仁（藏族）
党委委员
　　刘宇泽（4月免）
副乡长　尼玛仓决（4月任）
　　刘宇泽（4月任）
　　张　婷（女，4月免）

亚堆乡

党委书记
　　西　洛（藏族）
党委副书记、乡长
　　陶学士
党委副书记、人大主席团主席
　　巴　旺（藏族，5月免）
　　刘富国（5月任）
党委副书记
　　次仁多吉（藏族，5月免）
　　洛桑加央（藏族，5月任）
党委纪委书记
　　唐　严
党委组织委员
　　李　立（4月免）
　　次仁德吉（女，藏族，5月任）
党委统战委员、政法委员、副乡长
　　央　吉（女，藏族）
党委宣传委员
　　次　仁（藏族，5月任）
党委委员、人武部部长
　　李　果
副乡长　益西次仁（藏族，5月任）
　　洛桑尊追（藏族，5月任）
　　洛桑达娃（藏族）
　　旦增次仁（藏族）

颇章乡

党委书记
　　邓文彬
党委副书记、乡长
　　多吉平措（藏族）
党委副书记、人大主席团主席
　　白玛土旦（藏族）
党委副书记
　　文　浩

党委纪委书记
许 振 刚(5月免)
洛布扎西(藏族,5月任)
党委组织委员
边巴参曲(女,藏族)
党委政法委员、统战委员、副乡长
次仁杰布(藏族,5月免)
罗桑旦增(藏族,5月任)
党委委员
巴桑扎西(藏族,5月免)
索朗巴珠(藏族,5月任)
党委宣传委员
吴 彬
副乡长 夏 寅(4月任)
拉姆德吉(女,藏族,5月任)
旦 珍(女,藏族,5月免)

索珠乡

党委书记
张 小 波(4月免)
徐 国 茂(4月任)
党委副书记、乡长
罗布桑珠(藏族)
党委副书记、人大主席团主席
乔 小 龙(4月免)
罗布扎西(藏族,4月任)
党委副书记
罗布扎西(藏族,4月免)
张 阿 奎(4月任)
党委组织委员
夏 寅(4月免)
索朗卓玛(女,藏族,4月任)
党委宣传委员
陈 建
党委政法委员、统战委员、副乡长
仓决卓嘎(女,藏族)
党委委员
刘 建 峰(4月免)
洛桑罗布(藏族,4月任)
副乡长 拉巴德吉(女,藏族,4月免)
洛桑加措(藏族,4月任)
曹 宇 宇(5月任)

多颇章乡

党委书记
王 德 洪(4月免)
旦 增(藏族,4月任)
党委副书记、乡长
旦 增(藏族,4月免)
槐 少 卜(4月任)
党委副书记、人大主席团主席
杜 绪 梅(女,4月免)
巴 旺(藏族,4月任)
党委副书记
杨 月(女,4月免)
晋美朗杰(藏族,4月任)
党委委员、纪委书记
旦增群培(藏族,4月免)
韩 玉 玲(女,藏族,4月任)
党委组织委员
晋美朗杰(藏族,4月免)
石 鑫(4月任)
党委政法委员、统战委员、副乡长
王 俊 东
党委委员
达瓦扎西(藏族,4月免)
鲁 若 飞(4月任)
党委宣传委员
马 玉 玲(女,藏族,4月免)
次仁吉巴(女,藏族,4月任)
副乡长 何 建 波(4月免)
雷 潘 东(4月任)
卓玛央金(女,藏族,4月任)

新任区领导

张 维 男、汉族、1979年10月出生,四川通江人,中央党校研究生学历。2002年9月入党,2001年8月参加工作。1998年9月至2001年8月,在西藏农牧学院水电系农田水利专业学习。2001年8月至2002年8月,任西藏自治区洛扎县边巴乡人民政府科员。2002年8至2004年8月,任西藏自治区洛扎县水利局科员。2004年8月至2006年10月,任西藏自治区洛扎县水利局副局长(其间:2003年8月至2005年12月,在中央党校函授学院本科班法律专业学习)。2006年10月至2007年12月,任西藏自治区洛扎县人事局局长。2007年12月至2010年8月,任西藏自治区洛扎县委组织部副部长、人事局局长。2010年8月至2012年8月,任西藏自治区贡嘎县委常委、组织部部长。2012年8月至2014年11月,任西藏自治区山南地区行署副秘书长。2014年11月至2016年4月,任西藏自治区山南地区水利局党组副书记、局长。2016年4月至2016年5月,为西藏自治区乃东区委副书记、区长人选;2016年5月至2019年11月,任西藏自治区乃东区委副书记、区长(其间:2015年9月至2018年7月,在中央党校研究生班经济管理专业学习)。2019年11月至2021年4月,任西藏自治区乃东区委副书记、区长、一级调研员。2021年4月至2021年11月,任西藏自治区乃东区委书记、一级调研员。2021年11月,任山南市副市长、乃东区委书记。

索朗平措 男、藏族、1979年2月出生,西藏错那人,区委党校研究生学历。1998年5月入党,2000年8月参加工作。1998年9月至2000年8月,在成都理工学院财务会计专业学习。2000年8月至2002年10月,任西藏自治区扎囊县桑耶镇科员。2002年10月至2002年12月,任西藏自治区山南地委组织部组织科科员。2002年12月至2006年8月,任西藏自治区山南地委组织部组织科副科长(其间:2002年8月至2004年12月,在中央党校函授学院本科班行政管理专业学习)。2006年8月至2010年11月,任西藏自治区山南地委组织部组织科副科长、党员电教中心主任(其间:2007年6月至2008年10西藏自治区桑日县白堆乡挂职任乡党委副书记)2010年11月至2011年6月,任西藏自治区山南地委组织部组织科科长。2011年6月至2013年8月,任西藏自治区曲松县委常委、组织部部长。2013年8月至2013年9月,任西藏自治区贡嘎县委常委。2013年9月至2015年1月,任西藏自治区贡嘎县委常委、组织部部长。2015年1月至2016年5月,任西藏自治区贡嘎县委副书记兼组织部部长(其间:2012年9月至2015年7月,在西藏自治区党校在职研究生经济学经济管理专业学习;2015年12月至2016年3月,抽调至西藏自治区贡嘎县杰德秀镇优化发展环境专项教育活动工作组工作)。2016年5月至2016年9月,为西藏自治区贡嘎县委副书记、人大常委会主任人选。2016年9月至2019年4月,任西藏自治区贡嘎县委副书记、人大常委会主任(其间:2017年3月至2017年7月,在中央党校半年制西藏民族干部培训班(第61期)学习)。2019年4月至2021年5月,任西藏自治区山南市旅游发展局党组书记、副局长。2021年5月至2021年7月,为西藏自治区乃东区委副书记、区长人选。2021年7月,任西藏自治区乃东区委副书记、区长。

李 欣 男、汉族、1977年10月出生,四川通江人,中央党校研究生学历。2001年12月入党,2000年7月参加工作。1997年9月至2000年8月,在西藏民族学院语文系新闻学专业学习。2000

年7月至2001年7月，任西藏自治区曲松县罗布莎镇人民政府科员。2001年7月至2002年9月，任西藏自治区曲松县委组织部科员。2002年9月至2003年10月，任西藏自治区曲松县委老干部局局长（其间：2003年4月至2003年8月，在湖南省长沙市岳麓区委组织部挂职，任副部长）。2003年10月至2004年7月，为西藏自治区山南地区文广局办公室副科级干部。2004年7月至2005年9月，任西藏自治区山南地区文广局办公室副主任。2005年9月至2006年10月，任西藏自治区山南地区文广局政工人事科副科长。2006年10月至2010年8月，任西藏自治区山南地区文广局政工人事科科长（其间：2008年9月至2008年12月，在西藏自治区山南地委党校第14期中青班学习）。2010年8月至2012年2月，任西藏自治区山南地区广电局正科级干部（其间：2011年5月至2011年8月，在湖南省株洲市广播电视局挂职，任局长助理）。2012年2月至2013年5月，任西藏自治区山南地区广电局宣传管理科科长。2013年5月至2013年8月，任西藏自治区山南地区广电局办公室主任。2013年8月至2015年1月，任西藏自治区山南地区住建局党组成员、副局长（其间：2011年3月至2014年3月，在西藏民族学院新闻学专业学习并毕业）。2015年1月至2015年3月，为西藏自治区乃东县人民政府副县长人选。2015年3月至2016年4月，任西藏自治区乃东县人民政府副县长。2016年4月至2016年5月，为西藏自治区乃东区人民政府副区长人选。2016年5月至2020年7月，任西藏自治区乃东区人民政府副区长（其间：2017年9月至2020年7月，在中央党校函授学院在职研究生班党的建设专业学习）。2020年7月至2021年5月，任西藏自治区乃东区委常委、副区长。2021.05--2021.06　西藏自治区乃东区委常委、副区长、三级调研员。2021年6月至2021年7月，为西藏自治区乃东区委常委、政府党组副书记、常务副区长人选、三级调研员。2021年7月，任西藏自治区乃东区委常委、政府党组副书记、常务副区长、三级调研员。

强　巴　男、藏族、1977年4月出生，西藏贡嘎人，大学学历，文学学士学位。2008年5月入党，2001年7月参加工作。1997年9月至2001年7月，在中央民族大学藏学系藏学专业学习。2001年7月至2002年1月，为西藏自治区山南地区师范学校教师。2002年1月至2008年11月，任西藏自治区山南地区教育局（体育局）电教馆科科员。2008年11月至2011年9月，任西藏自治区山南地区教育局（体育局）电教馆副馆长。2011年9月至2015年1月，任西藏自治区山南地区教育局（体育局）电教馆馆长（其间：2014年5月至2014年11月，在西藏自治区隆子县雪萨乡加绕村驻村）。2015年1月至2016年5月，任西藏自治区山南地区互联网信息办公室副主任（其间：2015年12月至2016年3月，抽调至西藏自治区贡嘎县杰德秀镇优化发展环境专项教育活动工作组工作）。2016年5月至2017年9月，任西藏自治区山南市互联网信息办公室副主任（副县级）。2017年9月至2021年5月，任西藏自治区桑日县委常委、统战部部长（其间：2015年9月至2018年7月，在中央党校在职研究生院经济管理专业学习并毕业）。2021年5月至2021年6年，任西藏自治区乃东区委委员、常委、统战部部长。2021年6月，任西藏自治区乃东区委委员、常委、政协党组副书记、统战部部长。

侯树彬　男、汉族、1975年2月出生，安徽颍上人，中央党校大专学历。2000年6月入党，1994年12月参加工作。1994年12月至2005年12月，为西藏自治区乃东县泽当镇政府合同制工人（其间：2001年9月至2003年7月，在西藏自治区财经学校双语财会与文秘专业学习）（2005年12月，录用为国家公务员）。2005年12月至2006年4月，任西藏自治区乃东县泽当镇政府科员。2006年4月至2006年7月，为西藏自治区乃东县亚堆乡政府副乡长人选。2006年7月至2010年8月，任西藏自治区乃东县亚堆乡政府副乡长（其间：2007年8月至2010年6月，在中央党校函授学院大专班公共管理专业学习）。2010年8月至2012年3月，任西藏自治区乃东县农牧局（科技局）副局长。2012年3月至2012年5月，任西藏自治区乃东县索珠乡党委副书记。2012年5月至2012年6月，为西藏自治区乃东县索珠乡党委副书记、乡长人选。2012年6月至2016年5月，任西藏自治区乃东县索珠乡党委副书记、乡长。2016年5月至2019年5月，任西藏自治区乃东区泽当镇党委副书记、镇长。2019年5月至2019年7月，为西藏自治区乃东区政协副主席人选、泽当镇党委副书记、镇长。2019年7月至2019年9月，任西藏自治区乃东区政协副主席、泽当镇党委副书记、镇长。2019年9月至2021年4月，任西藏自治区乃东区政协副主席、泽当街道党工委副书记、办事处主任。2021年4月至2021年5月，任西藏自治区乃东区政协副主席、泽当街道党工委书记。2021年5月，任西藏自治区乃东区委委员、常委、泽当街道党工委书记。

高良平　男、汉族、1980年4月出生，贵州绥阳人，区党委党校研究生学历。2004年2月入党，2004年7月参加工作。2000年9月至2004年7月，在西藏民族学院语文系汉语言文学专业学习。2004年7月至2005年11月，为西藏自治区浪卡子县中学教师。2005年11月至2010年6月，为西藏自治区山南地区职业技术学校办公室干事、助讲（其间：2006年7月至2006年11月，在西藏自治区山南地区行署经研室挂职学习）。2010年6月至2011年6月，任西藏自治区党委巡视三组干部。2011年6月至2014年11月，任西藏自治区党委巡视三组副主任科员。2014年11月至2019年1月，任西藏自治区党委巡视三组主任科员（其间：2014年12月至2015年6月，在西藏自治区比如县亚扎村驻村；2015年9月至2018年6月，在西藏自治区党委党校经济管理专业学习并毕业）。2019年1月至2019年6月，任西藏自治区党委巡视组副调研员。2019年6月至2020年3月，任西藏自治区党委巡视组四级调研员。2020年3月至2021年5月，任西藏自治区党委巡视办二处四级调研员。2021年5月至2021年7月，为西藏自治区乃东区委委员、常委、纪委书记、监察委员会主任人选。2021年7月，任西藏自治区乃东区委委员、常委、纪委书记、监察委员会主任。

张　靖　男、汉族、1984年8月出生，四川岳池人，中央党校大学学历。2008年7月入党，2006年8月参加工作。2003年9月至2006年8月，在西藏民族学院信息工程系信息管理与信息系统专业学习。2006年8月至2008年8月，为共青团拉萨市委员会志愿者（其间：2007年8月至2009年12月，在中央党校函授学院本科生班公共管理专业学习并毕业）。2008年8月至2010年6月，任共青团山南地区委员会青工青农部科员。2010年6月至2011年12月，任西藏自治区山南地委组织部组织科科员。2011年12月至2013年12月，任西藏自治区山南地委组织部研究室副主任（其间：2011年11月至2012年12月，在西藏自治区扎囊县桑耶镇乃卡村驻村）。2013年12月至2015年4月，任西藏自治区山南地委组织部干部监督科（举报中心）副科长。2015年4月至2016年9月，任西藏自治区山南地委组织部干部二科（对口支援干部科）副科长、主任科员。2016年9月至2017年3月，任西藏自治区山南市委组织部组织科科长。2017年3月至2019年8月，任西藏自治区山南市委组织部组织一科科长。2019年8月至2019年11月，任西藏自治区山南市委组织部干部一科科长。2019年11月至2019年12月，任西藏自治区山南市委组织部干部一科科长、一级主任科员。2019年12月至2021年5月，任西藏自治区山南市委组织部干部一科科长、四级调研员。2021年5月至2021年7月，任西藏自治区乃东区委委员、常委、组织部部长。2021年7月，任西藏自治区乃东区委委员、常委、直属机关工委书记、组织部部长。

白玛维色　男、藏族、1982年4月出生，西藏扎囊人，大学学历，法学学士学位。2003年11月入党，2004年9月参加工作。2000年9月至2004年9月，在西藏民族学院政法系法学专业学习。2004年7月至2009年9月，任西藏自治区贡嘎县人民检察院科员（其间：2006年6月至　2007年6月，在西藏自治区贡嘎县东拉乡驻村，任组长）。2009年9月至2010年11月，任西藏自治区贡嘎县纪检委科员。2010年11月至2011年4月，任西藏自治区贡嘎县委办科员。2011年4月至2012年3月，任西藏自治区贡嘎县委办副主任科员。2012年3月至2015年9月，任西藏自治区贡嘎县委组织部副部长。2015年9月至2019年12月,任西藏自治区贡嘎县昌果乡党委书记。2019年12月至2019年12月,任西藏自治区贡嘎县昌果乡党委书记、一级主任科员。2019年12月至2021年4月,任西藏自治区贡嘎县昌果乡党委书记、四级调研员。2021年4月至2021年5月,任西藏自治区贡嘎县扶贫开发办公室主任人选、四级调研员。2021年5月,任西藏自治区乃东区委委员、常委、宣传部部长。

张 俊 女、汉族、1982年10月出生,四川彭州人,大学学历,文学学士学位。2008年7月入党,2006年8月参加工作。2003年9月至2006年8月,在西藏大学藏学系藏语言文学专业学习。2004年10月至2006年7月,任西藏自治区乃东县泽当镇人民政府科员。2006年7月至2012年8月,任西藏自治区乃东县委员会办公室科员(其间:2007年9月至2007年12月,在西藏民族学院文秘培训班学习)。2012年8月至2013年5月,任西藏自治区乃东县委员会办公室副主任科员。2013年5月至2014年12月,任西藏自治区乃东县委员会办公室副主任。2014年12月至2016年3月,任西藏自治区乃东县委员会办公室副主任(正科级)。2016年3月至2016年7月,为西藏自治区乃东县环境保护局负责人。2016年7月至2019年5月,任西藏自治区乃东区环境保护局局长。2019年5月至2019年11月,任西藏自治区乃东区住房和城乡建设局局长。2019年11月至2021年5月,任西藏自治区乃东区住房和城乡建设局局长、一级主任科员。2021年5月,任西藏自治区乃东区委委员、常委、区委办公室主任。

次仁罗布 男、藏族、1979年11月出生,西藏拉萨人,中央党校大学学历。1999年6月入党,1999年8月参加工作。1996年9月至1999年8月,在江苏省畜牧兽医学校草原畜牧经济管理专业学习。1999年8月至1999年11月,为西藏自治区琼结县拉玉乡人民政府办事员。1999年11月至2000年6月,为西藏自治区琼结县联合国儿童发展基金会办公室办事员。2000年6月至2002年5月,为西藏自治区琼结县农牧局办事员。2002年5月至2003年11月,任西藏自治区琼结县财政局科员。2003年11月至2006年4月,任西藏自治区琼结县拉玉乡人民政府副乡长(其间:2004年9月至2004年11月,在西藏自治区山南地委党校第21期乡镇班学习)。2006年4月至2006年5月,任西藏自治区琼结县拉玉乡党委副书记。2006年5月至2006年7月,为西藏自治区琼结县拉玉乡党委副书记、乡长人选(其间:2003年8月至2006年6月,在中央党校函授学院大专班经济管理专业学习)。2006年7月至2012年6月,任西藏自治区琼结县拉玉乡党委副书记、乡长(其间:2007年8月至2009年12月,在中央党校函授学院本科班公共管理专业学习;2009年5月至2009年8月,在湖北省襄樊市柿铺街道党工委挂职,任副书记;2010年4月至2010年7月,在西藏自治区山南地委党校第16期中青班学习)。2012年6月至2016年5月,任西藏自治区琼结县琼结镇党委书记。2016年5月至2016年8月,为西藏自治区扎囊县人民政府副县长人选。2016年8月至2021年4月,任西藏自治区扎囊县人民政府副县长。2021年4月至2021年6月,为西藏自治区乃东区人大常委会副主任人选。2021年6月至2021年7月,为西藏自治区乃东区人大常委会党组成员、副主任人选。2021年7月,任西藏自治区乃东区人大常委会党组成员、副主任。

蒋宏伟 男、汉族、1974年8月出生,四川广安人,中央党校大专学历。2002年5月入党,1995年8月参加工作。1991年9月至1995年8月,在西藏自治区农牧学校林学专业学习。1995年8月至1996年11月,为西藏自治区曲松县罗布沙镇政府办事员。1996年11月至2002年8月,任西藏自治区曲松县林管站科员。2002年8月至2003年10月,任西藏自治区曲松县罗布沙镇副镇长。2003年10月至2004年12月,任西藏自治区曲松县曲松镇副镇长(其间:2004年8月至2007年6月,在西藏自治区山南地委党校第21期乡镇干部培训班学习)。2004年12月至2006年4月,任西藏自治区曲松县农牧局副局长。2006年4月至2006年6月,任西藏自治区曲松县曲松镇党委副书记。2006年6月至2006年9月,为西藏自治区曲松县曲松镇党委副书记、镇长人选。2006年9月至2011年8月,任西藏自治区曲松县曲松镇党委副书记、镇长(其间:2007年9月至2007年11月,在西藏自治区山南地委党校13期乡镇理论班学习;2010年5月至2010年7月,在西藏自治区山南地委党校第16期中青班学习)(2004年8月至2007年6月,在中央党校函授学院大专班经济管理专业学习)。2011年8月至2012年10月,任西藏自治区曲松县旅游局局长。2012年10月至2016年5月,任西藏自治区曲松县农牧局(科学技术局)局长。2016年5月至2016年8月,为西藏自治区桑日县政协副主席人选。2016年8月至2021年4月,任西藏自治区桑日县政协副主席(其间:2016年12月至 2017年12月,在西藏自治区桑日县荣乡驻村,任组长;2018年10月至2018年12月,在西藏自治区山南市一届市委第八轮巡察工作;2019年5月至2019年7月,在西藏自治区山南市一届市委第九轮巡察工作)。2021年4月至2021年6月,为西藏自治区乃东区人大常委会副主任人选。2021年6月至2021年7月,为西藏自治区乃东区人大常委会党组成员、副主任人选。2021年7月,任西藏自治区乃东区人大常委会党组成员、副主任。

达瓦云旦 男、藏族、1978年10月出生,西藏乃东人,在职大学学历。2001年6月入党,1998年7月参加工作。1995年9月至1998年7月,在河北师范大学附属民族师范学校普师专业学习。1998年7月至2000年1月,为西藏自治区贡嘎县昌果中心小学教师。2000年1月至2005年9月,为西藏自治区乃东县颇章乡完小教师。2005年9月至2010年8月,任西藏自治区乃东县颇章乡政府科员(其间:2006年3月至2008年1月,在湖北第二师范学院数学与应用数学专业学习并毕业)。2010年8月至2015年5月,任西藏自治区乃东县教育局(体育局)副局长(其间:2011年11--2012.11,在西藏自治区乃东县昌珠镇玉莎居委会驻村,任队长)。2015年5月至2015年6月,任西藏自治区乃东县昌珠镇党委副书记。2015年6月至2015年8月,为西藏自治区乃东县昌珠镇党委副书记、镇长人选。2015年8月至2018年11月,任西藏自治区乃东县昌珠镇党委副书记、镇长。2018年11月至2019年11月,任西藏自治区乃东区昌珠镇党委书记。2019年11月至2019年12月,任西藏自治区乃东区昌珠镇党委书记、一级主任科员。2019年12月至2021年5月,任 西藏自治区乃东区昌珠镇党委书记、四级调研员。2021年5月至2021年7月,为西藏自治区乃东区人大常委会副主任人选、昌珠镇党委书记。2021年7月,任西藏自治区乃东区人大常委会党组成员、副主任、昌珠镇党委书记。

仁青旺堆 男、藏族、1974年11月出生,西藏扎囊人,中专学历。2002年8月入党,1995年7月参加工作。1992年9月至1995年7月,在武汉市司法学校法律专业学习。1995年7月至1998年1月,为西藏自治区扎囊县人民检察院办事员。1998年1月至2001年7月,为西藏自治区扎囊县扎唐镇办事员。2001年7月至2002年5月,任西藏自治区扎囊县扎唐镇科员。2002年5月至2003年9月,任西藏自治区扎囊县吉汝乡副乡长。2003年9月至2005年1月,任西藏自治区扎囊县乡企局局长(副科级)。2005年1月至2012年5月,任西藏自治区扎囊县扎其乡党委书记、人大主席(其间:2009年4月至2009年7月,在西藏自治区山南地委党校15期中青班学习)。2012年5月至2014年3月,任西藏自治区扎囊县扎其乡党委书记。2014年3月至2015年1月,任西藏自治区扎囊县发展和改革委员会(统计局、工信局)主任(局长)。2015年1月至2015年3月,为西藏自治区加查县人民政府副县长人选。2015年3月至2021年4月,任西藏自治区加查县人民政府副县长。2021年4月至2021年6月,为西藏自治区乃东区人民政府副区长人选。2021年6月,任西藏自治区乃东区人民政府党组成员、副区长

李学军 男、汉族、1975年1月出生,湖南岳阳人,大学学历,经济学学士。2000年12月入党,1998年7月参加工作。1994年9月至1998年7月,在湖南师范大学法学院政治与思想品德教育专业学习。1998年7月至2003年9月,为西藏自治区贡嘎县中学教师。2003年9月至2005年6月,任西藏自治区贡嘎县中学副校长。2005年6月至

2007年6月，任西藏自治区贡嘎县政府办副主任。2007年6月至2010年11月，任西藏自治区贡嘎县政府办主任。2010年11月至2012年5月，任西藏自治区贡嘎县政府办（政府外事办、政府法制办）主任（其间：2011年4月至2011年6月，在西藏自治区山南地委党校第17期中青班学习；2011年11月至2012年5月，在西藏自治区贡嘎县昌果乡昌果村驻村，任队长）。2012年5月至2016年5月，任西藏自治区贡嘎县吉雄镇党委书记。2016年5月至2016年9年，为西藏自治区贡嘎县政协副主席人选。2016年9月至2021年4月，任西藏自治区贡嘎县政协副主席。2021年4月至2021年6月，为西藏自治区乃东区人民政府副区长人选。2021年6月，任西藏自治区乃东区人民政府党组成员、副区长。

邓文彬 男、汉族、1983年11月出生，甘肃武威人，中央党校大学学历。2005年12月入党，2001年8月参加工作。1998年9月至2001年8月，在西藏自治区综合中等专业学校统计专业学习。2001年8月至2002年12月，为西藏自治区乃东县昌珠镇政府办事员。2002年12月至2004年7月，为西藏自治区乃东县委组织部办事员。2004年7月至2010年7月，任西藏自治区乃东县委组织部科员（其间：2006年3月至2008年1月，在中南林业科技大学经济管理专业学习；2007年8月至2009年12月，在中央党校函授学院本科班公共管理专业学习；2007年12月至2008年12月，在西藏自治区乃东县昌珠镇挂职，任镇长助理）。2010年7月至2014年12月，任西藏自治区乃东县委组织部副部长（其间：2012年11月至2013年11月，在西藏自治区乃东县泽当镇赞堂居委会驻村，任队长）。2014年12月至2016年6月，任西藏自治区乃东县委组织部副部长（正科级）。2016年6月至2016年10月，任西藏自治区乃东区委组织部副部长（正科级）。2016年10月至2018年11月，任西藏自治区乃东区委组织部副部长、人力资源和社会保障（公务员局）局长。2018年11月至2019年11月，任西藏自治区乃东区颇章乡党委书记。2019年11月至2019年12月，任西藏自治区乃东区颇章乡党委书记、一级主任科员。2019年12月至2021年5月，任西藏自治区乃东区颇章乡党委书记、四级调研员。2021年5月至2021年7月，为西藏自治区乃东区副区长人选、颇章乡党委书记。2021年7月，任西藏自治区乃东区副区长、颇章乡党委书记。

朱京涛 男、汉族、1980年8月出生，河南固始人，在职大学学历。2002年5月入党，1998年12月参加工作。1998年12月至2000年3月，为中国人民武装警察部队北京市总队三支队战士。2000年3月至2002年9月，为中国人民解放军战士。2002年9月至2005年8月，在西藏大学藏学系藏汉文秘专业学习。2005年8月至2006年9月，任西藏自治区乃东县索珠乡人民政府科员。2006年9月至2010年7月，任共青团西藏自治区乃东县委员会科员（其间：2007年12月至2010年7月，在西藏自治区乃东县昌珠镇昌珠居委会挂职，任村党支部副书记）。2010年7月至2010年9月，为西藏自治区乃东县颇章乡人民政府副乡长人选。2010年9月至2011年7月，任西藏自治区乃东县颇章乡人民政府副乡长。2011年7月至2015年7月，任西藏自治区乃东县发展和改革委员会副主任（其间：2010年9月至2013年1月，在中央广播电视大学行政管理专业学习）。2015年7月至2016年7月，任西藏自治区乃东县教育局（体育局）局长。2016年7月至2019年11月，任西藏自治区乃东区教育局（体育局）局长。2019年11月至2020年6月，任西藏自治区乃东区教育局（体育局）局长、一级主任科员。 2020年6月至2021年5月，任西藏自治区乃东区教育局（体育局）党组书记、局长、一级主任科员。2021年5月至2021年6月，为西藏自治区乃东区人民政府副区长人选。2021年6月，任西藏自治区乃东区人民政府党组成员、副区长。

张秀丽 女、汉族、1974年12月出生，山西石楼人，中在职大学学历。2002年4月入党，1997年7月参加工作。1994年9月至1997年7月，在西藏农牧学院农学系农学专业学习。1997年7月至2000年1月，为西藏自治区扎囊县农业技术推广站技术员。2000年1月至2004年5月，为西藏自治区扎囊县农业技术推广站助理农艺师。2004年5

月至 2006 年 4 月,任西藏自治区扎囊县农牧局科员。2006 年 4 月任 2008 年 10 月,任西藏自治区扎囊县扎其乡党委副书记。2008 年 10 月至 2011 年 6 月,为西藏自治区山南地区科学技术局科普科(科协办公室)副科级干部(其间:2006 年 10 月至 2011 年 10 月,在四川大学行政管理专业学习)。2011 年 6 月至 2016 年 5 月,任西藏自治区山南地区科学技术局科普科(科协办公室)科长(主任)(其间:2012 年 11 月至 2013 年 5 月,在西藏自治区加查县洛林乡吉巴村驻村,任副队长)。2016 年 5 月至 2016 年 9 月,为西藏自治区曲松县人民政府副县长人选。2016 年 9 月至 2021 年 4 月,任西藏自治区曲松县人民政府副县长(其间:2017 年 3 月至 2018 年 1 月,在湖北省大冶市挂职,任副市长)。2021 年 4 月至 2021 年 7 月,为西藏自治区乃东区政协副主席人选。2021 年 7 月,任西藏自治区乃东区政协副主席。

布 琼 男、藏族、1969 年 5 月出生,西藏琼结人,中央党校大学学历。1997 年 1 月入党,1993 年 9 月参加工作。1990 年 9 月至 1993 年 7 月,在西藏自治区农牧学院水电系电力系统及其自动化专业学习。1993 年 7 月至 1993 年 9 月,待分配。1993 年 9 月至 1997 年 1 月,为西藏自治区日喀则江孜县强旺电厂技术员。1997 年 1 月至 1999 年 6 月,为西藏自治区山南地区沃卡电厂技术员。1999 年 6 月至 2000 年 10 月,为西藏自治区山南地区沃卡电厂助理工程师。2000 年 10 月至 2002 年 10 月,为西藏自治区山南地区水利发展公司经理。2002 年 10 月至 2004 年 11 月,任西藏自治区山南地区水利局规划建设管理科副科长。2004 年 11 月至 2005 年 7 月,任西藏自治区山南地区水利局农水农电水保科副科长。2005 年 7 月至 2005 年 8 月,任西藏自治区山南地区水利局水政水资源管理科副科长。2005 年 8 月至 2012 年 1 月,任西藏自治区山南地区水利局水政水资源管理科科长(其间:2005 年 8 月至 2007 年 12 月,在中央党校函授学院本科班法律专业学习)。2012 年 1 月至 2012 年 4 月,任西藏自治区山南地区桑耶寺管理委员会正科级干部。2012 年 4 月至 2013 年 6 月,任西藏自治区山南地区桑耶寺管理委员会文物资产管理处副处长。2013 年 6 月至 2016 年 6 月,任西藏自治区山南地区桑耶寺管理委员会文物资产管理处副处长(副县级)。2016 年 6 月至 2018 年 4 月,任西藏自治区山南市桑耶寺管理委员会文物资产管理处副处长(副县级)。2018 年 4 月至 2020 年 7 月,任西藏自治区乃东区昌珠寺管理委员会党总支委员、副主任(副县级)。2020 年 7 月至 2021 年 5 月,任西藏自治区乃东区昌珠寺管理委员会党组成员、副主任(副县级)。2021 年 5 月至 2021 年 6 月,为西藏自治区乃东区政协副主席人选。2021 年 6 月至 2021 年 7 月,为西藏自治区乃东区政协党组成员、副主席人选。2021 年 7 月,任西藏自治区乃东区政协党组成员、副主席。

拉巴卓玛 女、藏族、1975 年 10 月出生,西藏贡嘎人,中央党校研究生学历。2000 年 6 月入党,1994 年 7 月参加工作。1991 年 10 月至 1994 年 7 月,在山东省法律学校法律专业学习。1994 年 7 月至 1998 年 8 月,为西藏自治区贡嘎县人民法院办事员(其间:1996 年 8 月至 1998 年 8 月,在全国法院干部业余法律大学法律专业学习)。1998 年 8 月至 2002 年 9 月,任西藏自治区贡嘎县人民法院科员(其间:2001 年 3 月至 2001 年 8 月,在湖南省长沙市中级法院挂职学习)。2002 年 9 月至 2005 年 7 月,任西藏自治区贡嘎县人民法院副院长(副科级)(其间:2001 年 11 月至 2004 年 7 月,在北京大学继续教育部法学院法学专业学习)。2005 年 7 月至 2011 年 6 月,任西藏自治区贡嘎县人民法院副院长(正科级)。2011 年 6 月至 2011 年 8 月,为西藏自治区桑日县人民法院院长人选。2011 年 8 月至 2019 年 12 月,任西藏自治区桑日县人民法院院长、四级高级法官(其间:2011 年 11 月至 2012 年 11 月,在西藏自治区桑日县夏间村驻村,任队长)。2019 年 12 月至 2021 年 5 月,任西藏自治区桑日县人民法院院长、三级高级法官(其间:2017 年 9 月至 2020 年 7 月,在中央党校在职研究生院党的建设专业学习)。2021 年 5 月至 2021 年 7 月,为西藏自治区乃东区人民法院院长人选、三级高级法官。2021 年 7 月,任西藏自治区乃东区人民法院党组书记、院长、三级高级法官。

汪　斌　男、汉族、1975年5月出生，四川大竹人，中央党校大学学历。1999年4月入党，1996年7月参加工作。1993年9月至1996年7月，在西藏民族学院政法系行政管理专业学习。1996年7月至1999年9月，任西藏自治区加查县公安局科员。1999年9月至2003年1月，任西藏自治区加查县人民检察院副检察长（副科级）（其间：2000年10月至2001年1月，在国家检察官学院学习；2002年4月至2002年8月，在湖北省枣阳市人民检察院挂职，任检察长助理）。2003年1月至2005年4月，任西藏自治区加查县人民检察院副检察长（正科级）（其间：2001年8月至2003年12月，在中央党校函授学院本科班法律专业学习）。2005年4月至2010年9月，任西藏自治区人民检察院山南分院公诉处副处长、正科级检察员（其间：2007年4月至2007年7月，在西藏自治区山南地委党校第13期中青班学习）。2010年9月至2015年9月，任西藏自治区人民检察院山南分院检查委员会委员、副县级检察员、四级高级检察官（其间：2012年10月至2013年5月，在西藏自治区加查县洛林乡扎西岗定村驻村，任驻村工作队中心组组长；2013年6月至2013年10月，在安徽省滁州市检察院挂职，任办公室副主任）。2015年9月至2016年5月，任西藏自治区人民检察院山南分院检查委员会委员、副县级检察员、反渎职侵权局局长、四级高级检察官。2016年5月至2016年8月，为西藏自治区琼结县检察院检察长人选、四级高级检察官。2016年8月至2019年12月，任西藏自治区琼结县检察院检察长、四级高级检察官。2019年12月至2020年4月，任西藏自治区琼结县检察院检察长、三级高级检察官。2020年4月至2021年4月，为西藏自治区乃东区检察院检察长人选、三级高级检察官。2021年4月，任西藏自治区乃东区检察院检察长、三级高级检察官。

平　措　男、藏族、1975年9月出生，西藏贡嘎人，在职中专学历。1997年6月入党，1991年12月参加工作。1991年12月至1994年12月，为中国人民解放军战士。1994年12月至1996年6月，待安置。1996年6月至1997年5月，为西藏自治区错那县郭麦乡工人。1997年5月至1998年12月，为西藏自治区错那县卡达乡工人。1998年12月至1999年7月，在西藏自治区错那县卡达乡八村包村。1999年7月至2001年4月，任西藏自治区错那县卡达乡党总支书记。2001年4月至2005年9月，任西藏自治区错那县卡达乡副乡长（聘任）（其间：2001年9月至2003年7月，在西藏财经学校财会专业学习）。2005年9月至2006年11月，任西藏自治区错那县浪波乡人大专职副主席（2005年12月录用为国家公务员）。2006年11月至2007年8月，任西藏自治区错那县郎波乡代理乡长（副科级）。2007年8月至2007年10月，任西藏自治区错那县浪波乡党委副书记（其间：2010年4月至2010年7月，在西藏自治区地委党校第十六期中青班学习）。2007年10月至2012年4月，任西藏自治区错那县浪波乡政府乡长。2012年4月至2016年5月，任西藏自治区错那县浪波乡党委书记。2016年5月至2021年5月，任西藏自治区错那县浪波乡党委书记（副县级）。2021年5月，任西藏自治区乃东区昌珠寺管理委员会党组书记、主任。

附 录

深入贯彻落实全面从严治党战略方针
为“干在实处、走在前列、当好排头兵”提供坚强保障

——在中国共产党乃东区第二届纪律检查委员会第二次全体会议上的工作报告

中共乃东区委常委、纪委书记、监委主任　高良平

（2022 年 2 月 26 日）

这次会议的主要任务是：坚持以习近平新时代中国特色社会主义思想为指导，深入学习贯彻党的十九大和十九届历次全会精神，深入贯彻落实十九届中央纪委六次全会、自治区第十次党代会和十届自治区纪委二次全会精神，贯彻落实市第二次党代会、二届市纪委二次全会精神、乃东区第二次党代会及二届区委二次、三次、四次全会工作部署，总结回顾 2021 年纪检监察工作，安排部署 2022 年工作。刚才，张维书记作了讲话，深刻阐述了深入贯彻落实全面从严治党战略方针的重要意义，严肃指出我区在推进全面从严治党和作风建设方面存在的突出问题，对推进全面从严治党向纵深发展、落实好“两个责任”、加强和改进作风提出了明确要求。我们要认真学习领会，坚决抓好贯彻落实。

一、2021 年工作回顾

2021 年，乃东区纪委常委会在市纪委监委和区委的坚强领导下，坚持以习近平新时代中国特色社会主义思想为指导，认真学习贯彻十九届中央纪委五次全会和九届自治区纪委六次全会精神，深入贯彻市纪委监委和区委部署要求，忠实履行党章和宪法赋予的职责，坚持稳中求进，坚定不移推进党风廉政建设和反腐败斗争，各项工作稳步开展。

（一）坚持不懈强化理论武装，始终保持理论上的清醒。常委会班子带头学习习近平新时代中国特色社会主义思想，党的十九届五中、六中全会精神，习近平总书记关于西藏工作的重要论述和新时代党的治藏方略；围绕学习贯彻习近平总书记在庆祝建党 100 周年大会和在西藏视察时的重要讲话

精神等开展学习研讨22次。以党史学习教育、“三更”专题教育为抓手，开展专题学习26次，主要领导讲党课4次，组织观看红色影片4次。认真组织学习监察法及其实施条例、监察官法、监督执纪工作规则、监督执法工作规定等法规制度，进一步增强纪法观念、规则意识。

（二）坚持不懈强化大局意识，始终做到“国之大者”心中有数。围绕庆祝建党100周年、西藏和平解放70周年等重要节点开展监督检查179场次。围绕贯彻自治区党委《关于违反党的政治纪律行为处分规定》开展监督，督促6辆公务用车、62辆党员干部私家车整改悬挂和摆放带有宗教色彩饰品问题；紧盯宗教节日开展监督检查78次，督促签订党员不信仰宗教承诺书15000余份。围绕换届加强纪律宣传和监督20余次，回复换届人选廉政意见84批次2548人次。围绕疫情防控，深入60余家疫情防控重点单位、场所开展监督检查125场次。

（三）坚持不懈强化监督责任，始终做到担当尽责。认真贯彻《党委（党组）落实全面从严治党主体责任规定》，推动同级监督具体化。加强对“一把手”和领导班子的监督，对59家单位开展综合监督，对11个党组织履行全面从严治党主体责任情况开展专项监督，参加各党组织民主生活会确保会议质量。开展干部任前廉政谈话2次，涉及党员干部230余人次。运用各类平台推送廉政信息11000余条，督促乡镇（街道）、区直单位及时通报违纪违法典型案件、收看警示教育片，增强党员干部廉洁意识。突出监督成果运用，对推动工作不力的单位和负责人下发工作提醒单12份，对9名干部提出暂缓使用或不予评先评优的建议。

（四）坚持不懈强化民生保障，始终做到人民至上。坚持以人民为中心，开展巩固拓展脱贫攻坚成果同乡村振兴有效衔接专项监督，对“十三五”期间扶贫产业项目建设、运营等情况开展监督检查，推动虹鳟鱼养殖等项目整改。开展乱占耕地、违规建房监督检查5次，督促整改乱占耕地问题6宗。开展粮食购销领域腐败问题专项整治，指导督促涉粮部门推进巡察整改。加大惠民资金落实监督，督促整改养老金重发错发、丧葬费发放不及时等问题。指导推动政法教育整顿工作7次，处置问题线索18件。受理群众身边“微腐败”问题线索9件，给予党纪处分3人；受理扶贫领域问题线索2件，给予党纪政务处分2人。

（五）坚持不懈强化“四风”整治，始终维护良好风气。锲而不舍落实中央八项规定及其实施细则精神，深化整治形式主义、官僚主义顽瘴痼疾，对群众反映的窗口单位工作人员服务意识淡薄问题开展问责。推动公车私用、“私车公养”专项治理，督促6家单位清退报销私车油料费16997元；检查44家单位109辆公车二维码粘贴情况，纠正35辆公车二维码粘贴不规范问题，函询2家单位主要负责人。参与指导督促开展出借财政资金清理清退、惠民“一卡通”整治。紧盯党代会、人代会等重要会议，监督会风会纪。

（六）坚持不懈强化正风反腐，始终注重执纪问责效果。坚持纪严于法、纪在法前，处置问题线索91件，受理信访7件，移送33件，立案办结22件，给予党纪政务处分22人。深化运用监督执纪“四种形态”，运用第一种形态处置15人、第二种形态处置11人、第三种形态处置9人、第四形态处置2人。严肃查处打架斗殴、酒驾醉驾等违法行为，8名干部职工、13名农牧民党员受到处理。召开处分决定宣布暨“以案促改”会议21次，印发案件通报1份、“以案促改”提醒函2份、纪律检查建议2份、监察建议1份。开展2018年以来处分决定执行情况专项检查，督促完善受处分人员档案，落实年度考核、工资调整要求。开展受处分党员干部回访工作，体现组织关心。

（七）坚持不懈强化政治巡察，始终注重提升监督质效。认真总结一届区委巡察，积极谋划二届区委巡察工作，拟定五年工作规划。在全市县（区）换届后率先启动首轮巡察，派出3个巡察组直巡7个村党组织，发现并反馈问题140个。认真规范巡察各环节工作，改进巡察反馈、移交工作，对村巡察反馈意见同时抄送区纪委监委、区委组织部和乡党委，梳理相关问题移交13家职能部门研究解决。认真推进纪律监督、监察监督与巡察监督贯通，加强巡前情况通报、巡后整改监督，下发整改督办函，推动整改落实。

（八）坚持不懈强化自身建设，始终注重规范提升。加强班子建设，制定印发纪委常委会工作规则、监务会工作规则，建立理论学习中心组学习制度，开展乡镇纪委建设调研。注重干部培养锻炼，建立乡镇纪检干部跟班轮训制度，选派19人次到上级纪委跟班学习、跟案锻炼。自觉对照自治区党委巡视“回头看”山南市反馈意见认领问题，安排部署整改工作5次，有效推动自查整改。强化纪律约束，严格请销假、报批报备制度，严格干部上班、值班管理，对纪检监察干部存在的苗头性、倾向性问题及时提醒、批评教育，严防“灯下黑”。

乃东区第二次党代会和二届区委二次、三次、四次全会，对推动实现长治久安和高质量发展作出了一系列安排部署。当前，乃东区正处在自我加压、跳起摸高、守正创新的重要发展阶段，全面从严治党任务依然艰巨繁重，党风廉政建设和反腐败斗争还远没有到松一松、歇一歇的时候。一是从政治建设上看，个别党员干部政治判断力、政治领悟力、政治执行力不强，把做到“两个维护”停留在口头上，贯彻落实党中央、自治区党委和市委决策部署以及区委工作要求不走心、不用力、不落地，纪检监察机关对各种问题“从政治上看”的意识不强，加强政治监督的办法不多、措施不实、效果不佳。二是从作风建设上看，有的党员干部热衷于打麻将、玩游戏，醉酒酗酒，社交圈、生活圈、朋友圈过度泛滥；有的存在“等靠要”“等退休”思想，遇到问题讲特殊、找理由，工作机械应付、推脱绕；有的甘当不作为的“躺平式”干部、慢作为的“蜗牛式”干部 ，以不会干为荣，工作能少干就少干、能不干就不干；有的单位违反中央八项规定精神和“四风”问题仍有发生，形式主义、官僚主义问题依然存在。三是从廉政风险上看，有的党员干部党性观念和宗旨意识不强、理想信念缺失，不知敬畏、不知收敛、顶风违纪；少数党员干部纪法观念淡薄、自律意识不强，心存侥幸，搞违规操作、关联交易，极个别党员干部甚至利用职务便利吃拿卡要、收受好处、贪污挪用。四是从责任落实上看，有的党组织和党员领导干部对全面从严治党主体责任、监督责任认识不清，一说到全面从严治党就习惯性认为是纪委的事，履行主体责任不力，对党员干部日常教育管理和监督不够；少数单位负责人和班子成员习惯当老好人、打太极，对干部职工身上出现的一些苗头性、倾向性问题没有抓早抓小、动辄则咎，个别单位落实中央和自治区党委决策部署、市委和区委部署要求打折扣、作选择、搞变通。五是从自身能力上看。纪检监察队伍整体战斗力不强，机关运行不够规范、作风不够扎实；部分纪检监察干部不适应纪检监察高质量发展需要，开展监督不够有效，分析研判政治生态不够深入，推动案件查办和作风建设不够有力；少数纪检监察干部主动担当作为不够，在敢于善于斗争方面有差距，还存在不敢监督、不会监督、不愿监督等问题。对此，我们必须清醒认识、高度重视，切实加以解决。

二、2022年主要工作

2022年是党的二十大召开之年，是贯彻落实自治区第十次党代会和市第二次党代会的开局之年，是落实区委“干在实处、走在前列、当好排头兵”的关键一年。做好2022年我区纪检监察工作的总体要求是：坚持以习近平新时代中国特色社会主义思想为指导，深入学习贯彻党的十九大和十九届历次全会及中央第七次西藏工作座谈会精神，深入学习贯彻习近平总书记关于西藏工作的重要论述和新时代党的治藏方略，深入学习贯彻十九届中央纪委六次全会、自治区第十次党代会和十届自治区纪委二次全会精神，全面贯彻落实市第二次党代会、二届市纪委二次全会和区委部署要求，捍卫“两个确立”、增强“四个意识”、坚定“四个自信”、做到“两个维护”，贯彻全面从严治党战略方针，坚持稳中求进工作总基调，深化纪检监察体制改革，强化政治监督、做实日常监督、严肃执纪问责，一体推进不敢腐、不能腐、不想腐，继续打好党风廉政建设和反腐败斗争攻坚战持久战，为乃东区“干在实处、走在前列、当好排头兵”提供有力保障，以优异成绩迎接党的二十大胜利召开。

（一）巩固拓展党史学习教育成果，坚决捍卫“两个确立”。持续在学懂弄通做实上下功夫，深入学习贯彻党的十九届六中全会精神,深刻领悟把握"两个确立"的决定性意义,提高政治觉悟、保持政治定力、坚定政治方向。坚持把"两个维护"作为最高政治原则和根本政治责任,以党的政治建设为统领,督促全区各级党组织和广大党员干部把做到"两个维护"作为贯彻落实党中央决策部署的具体行动,体现在履职尽责的实际成效上。牢固树立西藏在党风廉政建设和反腐败斗争问题上没有任何特殊性思想,深入学习贯彻十九届中央纪委六次全会、十届自治区纪委二次全会和二届市纪委二次全会精神,实践运用新时代党的自我革命新鲜经验,推动全面从严治党向纵深发展,不断夯实执政基础。

(二)推动政治监督具体化常态化,坚决做到"两个维护"。坚持党中央和自治区党委决策部署到哪里、市委和区委安排部署到哪里,监督检查就跟进到哪里,确保做到令行禁止、步调一致。督促各乡镇(街道)、各部门把学习贯彻习近平总书记重要讲话指示批示精神作为学习第一议题,第一时间组织学习、抓好贯彻落实。紧紧围绕实现长治久安和高质量发展、落实"四件大事""四个走在前列"、实施"十四五"规划,通过印发工作提示、提醒函、情况通报等方式,督促各级党组织把重点工作任务具体化、责任化、清单化,确保落地见效。深入贯彻落实《党委(党组)落实全面从严治党主体责任规定》,加强监督检查,及时发现和纠正落实上级决策部署不坚决、搞变通,有令不行、有禁不止的行为,搞"包装式"落实、"洒水式"落实、"一刀切式"落实等问题,重点查处不敬畏、不在乎、喊口号、装样子的错误表现,以及空泛表态、应景造势、敷衍塞责等突出问题。聚焦决策权、审批权、监管权及执法司法权,强化对"一把手"和领导班子在履行全面从严治党责任、执行民主集中制、落实重大事项请示报告制度、依规依纪依法履职用权等方面的监督。严明政治纪律和政治规矩,对照查找"七个有之"方面问题,严肃查处拉帮结派、搞小圈子,违反反分裂斗争纪律,党员信仰宗教、参与资助宗教活动,佩戴悬挂宗教饰品等问题,坚决清除政治上的"两面人""两面派"。深入贯彻自治区纪委《关于加强专项监督促进巩固拓展脱贫攻坚成果同乡村振兴有效衔接的实施意见》,落实"五级书记"抓乡村振兴责任要求,坚决整治形象工程、政绩工程以及劳民伤财、盲目决策造成资金浪费和贪污挪用等问题。

(三)牢牢把握纪检机关职责定位,坚决做到"三不"一体推进。在不敢腐上用力,聚焦政策支持力度大、权力集中、资金密集、资源富集的部门、行业、领域,坚决查处项目建设、公共资源交易、执法司法、政府采购、基层财务管理、粮食购销等领域的腐败问题,重点查处"关键少数""关键岗位"特别是"一把手"和年轻干部腐败问题。在不能腐上用劲,健全落实反腐败协调工作机制,定期分析研判反腐败工作,加强与审判机关、检察机关的协作配合,建立健全行贿人"黑名单"制度,做到行贿受贿一起查,不法利益和国家损失一起追。深挖问题根源,查找制度漏洞,用好纪检监察建议,推动系统治理,通过约谈提醒、以案促改、以案促治等方式扎紧不能腐的篱笆。落实"三个区分开来"容错纠错,为担当者担当,严肃追查处理诬告陷害行为,惩办失职渎职者。在不想腐上用功,扎实推进廉洁文化建设,开展廉政教育、警示教育,引导党员干部坚定理想信念、增强纪法意识,加强家教家风建设,营造崇廉尚廉的良好社会氛围。

(四)深入开展改进作风狠抓落实工作,坚决纠治"四风"突出问题。紧扣开展巩固拓展脱贫攻坚成果同乡村振兴有效衔接专项监督,紧盯过渡期各项目标任务,以蔬菜大棚种植运营为切口,严肃整治产业项目运营分红、村(社区)集体"三资"管理使用、农牧民专业合作社经营中的腐败和作风问题。持续深化惠民惠农财政补贴资金"一卡通"、粮食购销领域腐败、农村乱占耕地建房、违规兴建楼堂馆所、长期借用公款不还、违规占用周转房、财政资金借给民营企业等问题专项治理,加大问责力度。常态化开展疫情防控专项检查,推动各项防控措施有效落实。巩固政法教育整顿成果,加强执法司法监督,常态化惩治涉黑涉恶腐败和"保护伞"。集中纠治就业创业、教育医疗、养老社保、生态环保、安全生产、食品药品安全等群众反映强烈的突出问题,推动解决好群众急难愁盼问题。督促乡镇(街道)、区直单位、基层站所、村(社区)深入开展改进作风狠抓落实工作，严肃查处和纠治抓贯彻落实不担当不作为、只表态不行动、“怕慢假庸散”以及“把说了当做了，把做了当做好了，把做了一点当做了全部”等形式主义、官僚主义问题。坚决落实中央八项规定及其实施细则精神，紧紧盯住重要节点，严防公款吃喝、公车私用、滥发津补贴等老问题反弹回潮，深挖细查不吃公款吃老板、私车公养等隐形变异问题。深入纠治政府采购价格虚高、公车过度保养装饰、“三包”费用管理使用乱象以及食堂餐饮浪费等问题。加强作风顽疾整治，严查党员干部赌博、工作期间饮酒、酒驾醉驾、上班混日子、工作推诿等问题。

（五）落实巡视巡察上下联动部署，坚决深化政治巡察。对标对表自治区党委巡视和市委巡察工作，修改出台二届区委巡察工作五年规划。落实上下联动部署要求，同步做好巡前准备、巡察组组建、巡察对象确定等工作。积极谋划对村（社区）巡察，穿插开展1—2轮直接巡村（社区）工作。强化巡察监督政治体检功能，围绕贯彻落实党的十九届六中全会、中央第七次西藏工作座谈会、自治区第十次党代会和市、区第二次党代会精神及“十四五”规划实施等情况，紧盯领导班子和关键少数，紧盯人民群众反映强烈的突出问题，强化政治监督、作风监督。建立健全听取巡视巡察整改监督情况汇报机制，加强巡视巡察整改日常监督。压紧压实巡察整改主体责任，强化落实纪检监察机关、组织部门整改日常监督责任，对落实整改责任不力，搞文字整改、虚假整改甚至拒不整改的严肃追责问责。强化巡察成果运用，把解决共性问题、突出问题与健全完善制度机制、深化改革等结合起来，推动实现监督、整改、治理有机贯通，发挥好巡察综合监督平台作用。加强巡察机构建设，健全完善制度机制，动态管理巡察组长库、人才库，加大巡前培训力度，提升监督质效。

（六）持续推进纪检监察体制改革，坚决强化自身建设。全面准确贯彻执行《中国共产党纪律检查委员会工作条例》，进一步加强班子建设，扎实推进规范化、法治化、正规化建设。抓好纪委机关内设机构改革，优化职能设置、干部配置，充实人员力量，确保工作有人管有人做。建立乡镇（街道）纪检监察协作片区工作机制，统筹使用区、乡纪检监察力量，统筹确定监督任务，一体开展监督执纪。加强对乡镇（街道）纪（工）委（派出监察室）的领导指导，规范乡镇纪检监察干部选配；单独开展乡镇纪检监察干部考核、评优评先，着力破解不敢监督难题。加强村务监督指导培训，发挥好村（社区）务监督委员会作用。推进纪律监督、监察监督与巡察监督统筹衔接，运用好组织监督、人大监督、职能监督、民主监督、司法监督、审计监督、群众监督、舆论监督等资源和力量，形成监督合力。推行“四边”工作法，进一步推动纪法衔接贯通，促进执纪审查与依法调查、执纪执法与刑事司法有效对接。坚持打铁必须自身硬，严格落实西藏纪检监察干部行为规范以及规范饮酒、禁止参与赌博行为规定，从严监督管理纪检监察干部，自觉接受各方面监督，严肃查处执纪违纪、执法违法行为，坚决防止“灯下黑”。

同志们，征途漫漫唯有奋斗。让我们更加紧密团结在以习近平同志为核心的党中央周围，在市纪委监委和区委坚强领导下，弘扬伟大建党精神，坚定理想信念、坚守职责使命、忠诚履职尽责，坚决把全面从严治党落到实处、把反腐败斗争进行到底，为加快推进乃东长治久安和高质量发展走在全区前列而努力奋斗。

乃东区人民法院工作报告

——在乃东区第二届人民代表大会第三次会议上

乃东区人民法院副院长 央 吉

（2022年1月13日）

2021年工作回顾

过去一年，在区委坚强领导、区人大及其常委会有力监督、上级法院正确指导和区政府、区政协、社会各界的关心支持下，坚持以习近平新时代中国特色社会主义思想为指导，深入贯彻落实习近平法治思想，认真贯彻落实党的十九大，十九届二中、三中、四中、五中、六中全会精神，全面贯彻落实习近平总书记关于西藏工作重要论述重要指示和中央第七次西藏工作座谈会精神，以庆祝中国共产党成立100周年和西藏和平解放70周年营造良好的法治环境为己任，以党史学习教育、政法队伍教育整顿和“三更”专项教育为抓手，紧扣“努力让人民群众在每一个司法案件中感受到公平正义”目标，牢牢把握“司法为民、公正司法”主线，忠实履行宪法和法律赋予的职责，为乃东稳定发展生态强边各项事业发展进步提供了坚强有力的司法服务和保障。全年共受理各类案件3286件(含诉前调解691件、司法确认50件)，审执结2960件，综合结案率87.4%，与去年同期相比收案量与结案量分别上升73.9%和61.9%，案件总量新增1056件，上升68.6%，各项审执指标持续保持全市基层法院前列。

一、准确把握人民法院的政治属性，坚定正确的政治方向

坚持把政治建设摆在首位，切实增强“四个意识”、坚定“四个自信”、做到“两个维护”，始终在政治立场、政治方向、政治原则、政治道路上同以习近平同志为核心的党中央保持高度一致。2021年，我院党组成员参加区委理论中心组学习15次，召开本院党组理论中心组学习会12次，把学习贯彻习近平新时代中国特色社会主义思想特别是关于治边稳藏的重要论述作为主题主线，认真学习了党的十九大、十九届历次全会、中央第七次西藏工作座谈会精神，以及总书记关于西藏工作的重要论述和新时代党的治藏方略、“七一”重要讲话精神和视察西藏重要讲话精神等。通过作重点交流发言、撰写学习笔记和心得体会等方式，做到真学真懂真信真用，进一步提高政治理论水平。认真贯彻《中国共产党重大事项请示报告条例》《中国共产党政法工作条例》《区党委贯彻〈中国共产党政法工作条例〉实施细则》，落实重大事项请示报告制度，确保党中央、区党委、市委、区委各项决策部署在人民法院得到不折不扣地贯彻执行。

二、深入贯彻总体国家安全观，维护国家安全和社会稳定

维护社会安全稳定。始终坚持把开展反分裂斗争、维护社会稳定放在首位，牢固树立总体国家安全观，认真落实维护国家安全和社会稳定各项措施。坚持24小时值班带班和重大事项请示报告制度，完善维稳工作制度及工作台账，建立健全各类突发事件处置预案，强化庭审安全和公务用枪管理，完善矛盾纠纷排查调处机制和隐患案件风险评估机制，加强对涉法涉诉案件的释法答疑、教育管理工作，调整充实应急处突队、加大街面巡逻，组织

开展消防、防恐演练，认真落实日常巡逻与安全隐患排查，持续推进常态化疫情防控工作。做好了中国共产党成立100周年、西藏和平解放70周年和各个节点维稳安保工作。全年共召开维稳工作会议10余次，抽调干警400余人次参与中心工作，安排值班备勤900余人次，出动车辆50余台次。真正做到“三不出”和“三稳定”。

依法打击刑事犯罪。受理刑事案件132件（含旧存2件），审结125件，结案率为93.94%。全面贯彻落实宽严相济刑事政策，严惩危害群众生命财产安全犯罪，审结故意伤害14件19人、强奸罪3件3人，强制猥亵侮辱妇女罪1件1人，盗窃19件21人。严厉打击酒后驾驶行为，审结危险驾驶62件62人、交通肇事3件3人。审结电信网络新型诈骗犯罪2件5人。按照繁简分流的原则，实行简案速审。推进刑事案件律师全覆盖，完善便利律师参与诉讼机制，依法保障辩护人权利，律师参审率达96%以上。通过开展排查、回访、宣传等措施，持续深化常态化扫黑除恶专项斗争工作。深入开展案件清查工作，我院无一例判处死刑未予以收监及主动查封、扣押、冻结涉案财物的情形。

三、深入贯彻新发展理念，服务保障经济社会高质量发展

强化民商事审判。受理各类民商事案件1357件（含旧存66件），审结1227件，结案率为90.4%。依法受理合同纠纷案件1212件，积极引导民间合同行为规范化；受理权属、侵权类案件26件，有效维护当事人合法权益；稳妥审理劳务纠纷案件250件，维护和谐劳动关系。加强家事审判工作，受理家事案件52件，其中离婚案件23件。发放离婚证明书71份。坚持“调解优先、调判结合”，调解结案632件，裁定撤诉202件，调撤率达71.6%。

优化营商环境。坚持“法治是最好的营商环境”理念，充分发挥审判职能，不断健全服务机制，提高服务水平，受理涉民营企业民商事案件382件，审理与公司等有关的民事案件8件。审慎适用强制措施，禁止超范围查封、扣押、冻结涉案财物，平等保护各类市场主体合法权益。

促进法治政府建设。充分发挥行政审判职能，支持、监督行政机关依法行政，保护行政相对人合法权益。受理行政案件8件，审结6件。

四、坚持以人民为中心，不断满足人民群众新需求新期待

加强立案工作。坚决落实立案登记制。确定窗口专职立案人员，全面推进网上立、当场立、跨域立“三位一体”便民立案工作，最大限度地为群众提供诉讼便利。全年共立案3129件，当场登记立案率达100%。网上立案审核通过67件，跨域立案41件，其中协作25件、管辖16件。打造“厅网线巡”一体化诉讼服务格局。为了让当事人享受更加便利、快捷的诉讼服务，新诉讼服务中心建立了无线网络全覆盖，集诉讼引导、便民服务、调裁服务、繁简分流、诉讼服务、案件受理、执行事务等七大功能为一体的智能化“一站式”。同时，依托“中国移动微法院”，开通了实现网上立案、网上阅卷、网上退费等功能的网上诉讼服务；开设了“12368”诉讼服务热线。

推进基层社会治理。坚持和发展新时代“枫桥经验”，将非诉纠纷解决机制挺在前面，创新工作模式，简化调解流程，依法诉前调解。同时，为进一步完善和推广“多元化解纷机制”，强化诉源治理，通过前期调研和考察学习情况，主动向区委、区委政法委请示报告，并于2021年12月9日，成立了“乃东‘云’调解站”，健全诉讼和非诉讼的有机衔接，形成多渠道、深层次化解社会矛盾纠纷的合力。全年，诉前调解691件，成功调解436件，当庭履行82件，调解成功率为63.07%，诉前调解案件占一审立案数量的56.8%。使用人民调解平台音视频在线办理调解占31.05%。

加强法治宣传教育。积极发挥法治宣传工作主力军作用，利用微信公众号、“藏源发布”、“乃东融媒体”等媒体以及驻村工作队、车载流动法庭、审判庭等力量，全领域、多举措开展法制宣传工作。并与中国移动达成协作当日即在全市范围内发送民法典正式实施短信，开通了干警防止司法干预“三个规定”手机铃声。认真落实“谁执法谁普法”普法责任制，深入社区、村居、企业、校园、军区等法制宣传17场次，发放宣传册4000余册、宣传物品

1000余份,受益群众达3万余人次。邀请百名公职人员参加危险驾驶案件庭审观摩,邀请20名交警旁听公职人员涉嫌危险驾驶案件庭审。

五、巩固基本解决执行难成果,不断加强执行工作

加大执行工作力度,受理各类执行案件1099件,执结913件,结案率为83.08%。实际到位金额3823.70万元,标的到位率48.88%,有财产可供执行案件法定期限内实际执结率达100%,无财产案件终本合格率达100%,无一例执行信访案件。开展"迎春"集中执行行动,先后前往隆子、加查、朗县等多地进行集中查找被执行人31人,传唤5人,共执结案件18件,执行到位金额69.2万元,达成执行和解4件。做到案件终结程序不终结执行,办理恢复执行案件82件。执行委托事项88件、执行督办事项27件、发起事项委托25件,期限内办结率100%。加强执行联动,调查被执行人财产1000余人次、扣划执行款项68万余元、扣留提取被执行人收入35件、限制高消费294人、纳入失信名单133人、司法拘留16人。严格规范使用一案一账户系统,发放执行案款774笔,实现案款进出账全程留痕。进一步做好"六稳""六保"工作,保障民生权益,办结78件追索劳动报酬案件,158.42万元农民工工资发放到位。补录2019年至今所有线下发放案款案件,圆满完成"三个清零"工作。开展"我为群众办实事"执行案款集中发放仪式,邀请区人大代表、政协委员、政法委领导全程监督案款发放过程,为26位申请执行人现场集中发放执行款共计260.43万元。

六、坚持司法改革和智慧法院建设"双轮驱动",增创法院改革发展新优势

全面落实机构改革工作。按照藏机编办〔2021〕11号《山南市基层人民法院内设机构改革方案》要求,将原有10个正科级部门整合为8个副科级部门,并在区委、区委组织部的关心支持下,及时配备部门领导,调整充实审判委员会委员2名,干部交流轮岗3名,晋升职级15名,晋升法官等级5名,选任法官助理5名,有序推进了内设机构改革工作。

优化团队模式。为加快审判权运行机制改革,合理配置审判资源,提高司法效率,促进司法公正,落实"我为群众办实事"工作,创新"速裁组+快审组+繁案组"团队新模式,制定并出台《民事案件繁简分流诉讼程序规程》,合理有序分流繁简案件,重塑诉讼格局,实现简案快审、普案细审、繁案精审,民事案件平均审限降至34天,进一步提升了审判质效,减轻了群众诉累。自2021年3月15日重组团队以来,对1166件民事案件实行繁简分流。目前,民事速裁平均审理期限为15.6天,快审案件平均审理期限为44.9天。

完善审判管理工作。全面改版审判质效通报,推出每月红黄绿榜公示通报制度。加强审判流程节点管理,推出日沟通、周催办、月通报。制定《案件质量评查实施办法》,完善案件评查监督制度,组织开展案件质量专项评查工作,对157件案件进行自查。同时,为整治政法队伍教育整顿中发现的2件超审限、2件压案不查问题,制定《案件审理期限管理规定(试行)》《审判流程管理办法(试行)》,加大审判监管和节点管理,有效遏制此类问题出现。全年共召开案件质量评查反馈会、分析会3次,制发审判质效通报12期、审判运行态势4期、审判管理通报8期。

推进智慧法院建设。积极应用移动微法院、智能保全系统、人民法院送达平台、人民法院调解平台、人民法院"12368"服务平台、人民法院委托鉴定系统等审判辅助平台开展审判辅助工作。2021年7月24日正式开通电子集约送达,全面实现送达集约化管理,集约送达260件、 465人次,电子送达成功率73.33%。强化"四公开",裁判文书上网989篇、案件信息公开244份和审判流程信息、执行信息公开2428次,庭审网络直播432场次,观看人数达23.5887万人次。同北京华宇公司、云南资合信公司签订信息化运维、卷宗随案生成外包合同,助力审判提质增效。

七、坚持全面从严治党引领保障作用,打造忠诚干净担当法院队伍

加强思想政治建设。深入开展党史学习教育、"三更"专题教育和政法队伍教育整顿等活动,牢牢坚持党对法院工作的绝对领导,向区委、政府、区委

政法委及上级法院报告工作17次，召开党组会议25次，全面落实从严治党管党责任。2021年11月4日，我院成立了中共乃东区人民法院总支部委员会，下设第一、二党支部，推进基层党组织标准化、规范化建设。全年共开展集中学习32次，交流研讨9次，谈心谈话3次160人，召开支部委员会11次，支部党员大会4次，党组书记讲党课3次，支部书记讲党课2次，干警个人学习笔记3万余字，心得体会8篇。认真开展“三包五带五促”工作，落实“双报到”工作。通过召开“以案为鉴、警钟长鸣”警示教育大会，举办“政治忠诚大研讨”，邀请老党员讲党课，集体观看警示教育片，2名干警现身说法等方式，加强警示教育与英模教育。积极选树先进典型，向自治区高级人民法院推送先进集体宣传片，向区教整办和市中院上报先进典型3人。

加强司法能力建设。2021年，我院组成学习考察组分2次赴区内兄弟法院学习先进经验做法。组织全院干警举办了为期2个月的“线上学民法典逐条精解培训班”。邀请安徽省烈山区法院黄磊法官开展以未成年人保护法和预防犯罪方面的专题培训，加强智力援藏。组织干警参加上级法院业务培训20余期320余人次，组织全体员额法官分批到自治区高级法院参加业务培训，实现了全员轮训。抓好保障能力建设，落实最高人民法院〔2020〕47号文件《关于人民法院“六专四室”建设规范的通知》要求，投入73.45万元，升级改造“六专四室”；投入45.23万元，在监控室及羁押室安装音视频监控设备和对讲系统；投入30.88万元，购置囚车一台。全年，收缴诉讼费442.6万元，罚没款151万元，均全额上缴国库。

加强司法作风建设。落实全面从严治党两个责任，严格执行中央八项规定精神，落实意识形态工作责任制。针对六大顽瘴痼疾和突出问题等全面清查队伍作风建设。填报《个人自查报告》《业务团队自查报告》《自查统计表》159份，撰写“三个规定”承诺书78份，37名干警主动向组织说明情况。制订《“自查从宽、被查从严”政策细化工作方案》，明确从宽处理幅度和具体操作流程。对我院核定为顽瘴痼疾内容的2件超审限案件的2名法官，结合宽严政策导向，作出处理。坚持边查边治边改边建，制定完善各类长效机制28项，实现“当下治”与“长久立”有效结合。制定《我为群众办实事工作方案》，党组书记带头深入基层一线现场解决群众急难愁盼问题14件，向有关部门反馈问题6件。出台“登记立案不拖延、跨域立案全覆盖、绿色通道优先办”等10项爱民实践服务公开承诺，并全部兑现。推出诉讼服务“便民诉”、打击犯罪“保民安”、案件回访“疏民难”、执行攻坚“兑民利”、司法救助“纾民困”等10个方面21条便民利民举措，落实“我为群众办实事”65件。

自觉接受监督。认真抓好区委、人大、政法委和上级法院督办案件、交办事项的落实，及时反馈承办情况或结果。2021年，向区人大常委会作了5年工作报告及刑事审判、民商事审判工作专题报告。积极配合中央、自治区、市教整办政法队伍教育整顿督察及区高级法院人民法庭工作、业务工作调研等8次。邀请人大代表委员等旁听案件2件3人次，依法接受检察机关诉讼监督，报送生效裁判文书685份。

同时，召开“开门纳谏”座谈会，邀请代表委员、群众、当事人、企业、律师代表以及政法单位参加座谈。深入各乡镇、村（居）征求群众意见建议6次，向政法及各单位发放征求意见表，征求意见9条。全年人民陪审员参与审理案件99件。

各位代表，区人民法院工作取得的进步，是区委正确领导，区人大及其常委会有力监督，区政府、区政协大力支持，是各位人大代表、政协委员和社会各界共同关心、支持、帮助的结果，是全体法院干警共同团结奋斗的结果。在此，我代表区人民法院表示衷心的感谢，并致以崇高的敬意！

在看到成绩的同时，我们清醒认识到还存在的不足：一是司法服务水平与人民群众的期盼存在一定的差距，审判执行业务能力亟待加强。二是司法改革还需要进一步深入推进，对改革中遇到的新情况新问题应对措施还不够有力。三是队伍建设仍有薄弱环节，有的干警群众工作能力不强、综合素质有待提升等。对于这些问题，我们将紧紧依靠党的领导，紧紧依靠人民群众，争取各方支持，采取有效措施，努力加以解决。

2022年工作思路

各位代表，2022年区人民法院总体工作思路是：坚持以习近平新时代中国特色社会主义思想为指导，认真贯彻习近平法治思想，深入贯彻落实党的十九大和十九届二中、三中、四中、五中、六中全会精神，学习贯彻习近平总书记视察西藏时重要讲话指示精神，贯彻习近平总书记西藏工作重要论述和新时代党的治藏方略，贯彻落实中央第七次西藏工作座谈会、自治区第十次党代会、市委第二次党代会以及区委第二次党代会精神，增强“四个意识”、坚定“四个自信”、做到“两个维护”，始终坚持党对法院工作的绝对领导，紧紧围绕抓好“四件大事”、实现“四个确保”，围绕全区“四个创建”“四个走在前列”，山南市“六个走在全区前列”和我区“干在实处、走在前列、当好排头兵”的奋斗目标，忠实履行好维护全区政治安全、确保社会大局稳定、促进社会公平正义、保障人民安居乐业的职责使命，紧扣司法为民、公正司法主题，推动审判执行、司法改革、队伍建设等各项工作，为实现乃东区高质量发展和长治久安提供强有力的司法服务和保障。

一是围绕党对法院工作的全面领导，在建设政治机关上干在实处、走在前列。坚持用习近平新时代中国特色社会主义思想武装头脑、指导实践、推动工作。旗帜鲜明讲政治，增强“四个意识”、坚定“四个自信”、做到“两个维护”，确保党中央和上级党委决策部署在人民法院不折不扣贯彻落实。持续巩固深化党史学习教育和“三更”专题教育成果，提高干警政治判断力、政治领悟力、政治执行力。把党的政治建设作为根本性建设，坚持抓党建、带队建、促审判，全面加强干警思想、作风、纪律建设。切实加强意识形态阵地建设，坚决维护司法领域意识形态安全。

二是围绕坚持服务大局，在依法充分履行审判职能上干在实处、走在前列。紧紧围绕区委工作大局，充分发挥审判职能作用。全面贯彻落实总体国家安全观，推动扫黑除恶常态化。严惩各类刑事犯罪，服务平安乃东建设。切实防范化解经济发展风险和社会稳定风险，为打赢防范化解重大风险攻坚战提供有力司法服务和保障。坚决贯彻落实党中央关于毫不动摇支持民营经济和中小企业发展的决策部署。深化诉源治理，积极参与基层社会治理，发挥“人民法庭＋法律服务站＋乃东‘云’调解室”作用，加快推进区域社会治理现代化。

三是围绕保障和改善民生，在坚持司法为民，主动回应人民群众司法需求上干在实处、走在前列。积极参与“八五”普法，助推全区法治建设。认真学习、准确适用民法典。积极服务全面推进乡村振兴，依法审理民生案件，增强群众对司法工作的获得感。加强家事审判，保障弱势群体合法权益。加强涉军案件审判，维护国防利益和军人军属合法权益。加强行政审判，支持监督行政机关依法行政，保障行政相对人合法权益。加大“智慧法院”建设力度。完善执行长效机制，切实解决执行难。加大司法救助力度，助力解决人民群众急难愁盼的民生问题。争取区委政府支持，推进人民法庭片区化管理工作，协调解决颇章人民法庭和泽当中心人民法庭编制问题，服务乡村振兴和法治建设，加强司法便民利民。

四是围绕坚持从严治院，在全面加强队伍建设上干在实处、走在前列。巩固政法队伍教育整顿成果，严格落实防止干预司法“三个规定”，建立全面从严治党、重点权力运行廉政风险“联防联控”工作机制，驰而不息正风肃纪，不断提升司法公信力。继续开展司法规范化活动，从司法理念、诉讼服务、庭审活动、法律适用等方面，全方位提升干警司法能力。自觉接受人大监督、政协民主监督和各方面监督。深入开展向先进典型学习活动，发挥典型引领作用，教育引导干警筑牢理想信念。加强高素质人才培养，全面提升队伍履职能力，努力建设一支过硬法院队伍。

名词解释：

1. 宽严相济刑事司法政策：是党中央在构建社会主义和谐社会形势下提出的一项重要刑事司法政策，即根据犯罪行为本身及悔罪表现，对犯罪分子区别对待,该宽责款,当严责严,依法予以或严或宽的刑事处罚,罚当其罪。该政策贯穿于刑事立法、司法、刑罚执行全过程。

2. 家事审判:改革试点涉及的“家事案件”,是指确定身份关系的案件及基于身份关系而产生的家庭纠纷,包括婚姻案件及其附带案件,抚养、扶养及赡养纠纷案件,亲子关系案件,收养关系纠纷案件,同居关系纠纷案件,继承和分家析产纠纷案件等。探索家事纠纷的专业化、社会化和人性化解决方式,建立司法力量、行政力量和社会力量相结合的新型家事纠纷综合协调解决机制,完善多元化纠纷解决机制,形成有效社会合力,切实妥善化解家事纠纷。

3. 扫黑除恶:2017 年 11 月 8 日,习近平总书记在中办《文摘》上作出重要批示:要开展一轮新的扫黑除恶专项斗争,重点在农村,城市也要抓,对群众反映强烈、问题比较突出的地区、行业和领域,应采取强有力的措施,依法重点整治。扫黑除恶要与反腐败结合起来,与基层“拍蝇”结合起来,既抓涉黑组织,也抓后面的“保护伞”,加强基层组织建设,是铲除黑恶势力滋生土壤的治本之策,关键之举,务必把这个基层夯实筑牢。扫黑除恶专项斗争是党中央作出的重要决策部署,自 2018 年初开始,至 2020 年底结束,为期三年。

4. 诉源治理:2019 年 2 月,最高人民法院《关于深化人民法院司法体制改革综合配套改革的意见——人民法院第五个五年改革纲要(2019—2023)》明确将诉源治理列入今后五年人民法院一项非常重要的改革任务,即坚持把非诉讼纠纷解决机制挺在前面,推动从源头上减少诉讼增量。

5. 一站式:为深化司法体制综合配套改革,全面建设现代化诉讼服务体系,进一步增强人民法院解决纠纷和服务群众的能力水平,建设一站式多元解纷机制和一站式诉讼服务中心。总目标是以立体化集约化信息化的一站式诉讼服务中心为载体,建设富有活力和效率的一站式多元解纷机制,形成从矛盾纠纷源头预防,到诉前多元解纷,再到简案快审、繁案精审的分层递进、繁简结合、衔接配套的矛盾纠纷预防调处化解综合机制,为人民群众提供分层次、多途径、高效率、低成本的纠纷解决方案。到 2020 年底,全国法院一站式多元解纷机制基本健全,一站式诉讼服务中心全面建成。普遍开通网上立案功能,全面推行跨域立案服务。中级、基层人民法院建立由多数法官办理少数疑难复杂案件,少数法官解决多数简单案件的工作格局。

6. 失信被执行人名单:被执行人具有履行能力而不履行生效法律文书确定的义务,并具有下列情形之一的,人民法院应当将其纳入失信被执行人名单,依法对其进行信用惩戒。(1)以伪造证据、暴力、威胁等方法妨碍、抗拒执行的;(2)以虚假诉讼、虚假仲裁或者以隐匿、转移财产等方法规避执行的;(3)违反财产报告制度的;(4)违反限制高消费令的;(5)被执行人无正当理由拒不履行执行和解协议的;(6)其他有履行能力而拒不履行生效法律文书确定义务的。

7. 限制高消费:被执行人未按照执行通知书指定的期间履行生效法律文书确定的给付义务的,人民法院可以采取限制消费措施,限制其高消费及非生活或者经营必需的有关消费。被执行人为自然人的,被采取限制消费措施后,不得有以下高消费及非生活和工作必需的消费行为:(1)乘坐交通工具时,选择飞机、列车软卧、轮船二等以上舱位;(2)在星级以上宾馆、酒店、夜总会、高尔夫球场等场所进行高消费;(3)购买不动产或者新建、扩建、高档装修房屋;(4)租赁高档写字楼、宾馆、公寓等场所办公;(5)购买非经营必需车辆;(6)旅游、度假;(7)子女就读高收费私立学校;(8)支付高额保费购买保险理财产品;(9)乘坐 G 字头动车组列车全部座位、其他动车组列车一等以上座位等其他非生活和工作必需的消费行为。被执行人为单位的,被采取限制消费措施后,被执行人及其法定代表人、主要负责人、影响债务履行的直接负责人员、实际控制人不得实施前款规定的行为。

8. “三个规定”:即《领导干部干预司法活动、插手具体案件处理的记录、通报和责任追究规定》《司法机关内部人员过问案件的记录和责任追究规定》《关于进一步规范司法人员与当事人、律师、特殊关系人、中介组织接触交往行为的若干规定》。

9. 移动微法院:是一款可以让公众“打开微信

打官司”的小程序,原被告均不用到庭审现场,通过移动微法院远程参与庭审。具备网上立案、查询案件、在线送达、在线调解、在线庭审、申请执行、网上缴费等功能,从立案到执行全流程在线流转,符合条件的民商事、行政、执行案件均可适用。

10.“六专四室”:“六专”,即专用囚车、专用囚车库、专用羁押通道、专用电梯、专用桌椅、专用卫生间;“四室”,即羁押室、监控室、警用装备室、枪弹室。“六专四室”建设规范化工作是最高人民法院着眼全国法院警务安保工作提出的重要要求,是人民法院审判工作安全有序运行的基本保障,关系着司法安全和司法形象。

11. 集约送达:近年来,随着民商事案件大幅增长,司法文书送达难成为困扰法院的难题,全国人民法院送达平台已在全国法院开展成熟化运行,运行效果良好,实现了与人民法院送达平台的对接,提供电子送达、电话送达、邮政送达、外出送达、公告送达等子模块服务, 能够节约司法资源,提升送达工作效率。

12. 枫桥经验:20世纪60年代初,浙江诸暨枫桥干部群众创造了“发动和依靠群众,坚持矛盾不上交,就地解决,实现捕人少,治安好”的“枫桥经验”。此后,“枫桥经验”在实践中不断丰富发展,特别是党的十八大以来形成了鲜明的新时代“枫桥经验”,其内涵是:坚持和贯彻党的群众路线,在党的领导下,充分发挥群众、组织群众、依靠群众、解决群众自己的事情,做到“小事不出村、大事不出镇、矛盾不上交”。

13. 智慧法院:依托人工智能,围绕司法为民、公正司法、坚持司法规律、体制改革与技术变革相融合,以高度信息化、智慧化方式支持司法审判、诉讼服务和司法管理,实现全业务网上办理、全流程依法公开、全方位职能服务的人民法院组织、建设、运行和管理形态。

14.“四公开”:即庭审公开、审判流程公开、裁判文书公开、执行信息公开。

乃东区人民检察院工作报告

——在乃东区第二届人民代表大会第三次会议上

乃东区人民检察院检察长 汪 斌

2022年1月13日

2021年主要工作

2021年,在乃东区委和山南市院的坚强领导下,在区人大及其常委会的有力监督、区政协的民主监督下,在社会各界的关心支持和武汉检察机关的无私援助下,我院坚持以习近平新时代中国特色社会主义思想特别是习近平法治思想和习近平总书记关于政法工作的重要论述为根本遵循,全面贯彻落实党的十九大和十九届二中、三中、四中、五中、六中及中央全面依法治国工作会议,贯彻落实习近平总书记关于西藏工作的重要论述和新时代党的治藏方略,贯彻落实习近平总书记"七一"重要讲话和在藏考察时的重要讲话精神,以中国共产党成立100周年和西藏和平解放70周年为主线,增强"四个意识"、坚定"四个自信"、做到"两个维护",忠实履行宪法法律赋予的职责,推进各项检察工作发展取得新的进步。

一、旗帜鲜明讲政治,坚定坚决做到"两个维护"

始终坚持党对检察工作的绝对领导,把检察姓党作为不变的根和魂,确保检察工作的正确政治方向。

一是更加突出检察制度的中国特色,旗帜鲜明坚持党对检察工作的绝对领导。遵循《中国共产党政法工作条例》规定要求,及时请示报告检察工作中贯彻党中央决策部署、落实上级党委和上级院相关要求的重大事项,将党的领导贯穿检察工作各领域各方面,确保检察工作的正确政治方向。遵循《中国共产党党组工作条例》规定要求,把充分发挥党组"把方向、管大局、保落实"的领导作用内嵌到检察内部治理中,坚持把推进新时代乃东检察事业发展作为"要办好自己的事"的核心内涵进行把握,召开46次党组会研究审议重大事项118项,召开21次党组理论学习中心组学习会思考谋划事关乃东检察发展的理论与实践问题。

二是更加突出发挥检察制度优势,着力把检察制度优势转化为社会综合治理。把"在监督中办案,在办案中监督"作为严格按照检察制度履职尽责、谋事干事最直接的体现,发挥检察制度指引方向、规范行为、提高效率、维护稳定、防范化解风险的重要作用。深化"信访件件回复"制度,对5件信访案件均在7日内作出程序回复,3个月内办理过程或结果答复率为100%,全年无涉检非正常访。针对办案中发现的社会综合治理方面工作,向相关部门制发《检察建议书》1份。举办全市检察机关首例刑事申诉、"文物保护"行政公益诉讼案件公开听证会。

二、围绕中心顾大局,聚焦"四件大事"协同发力

全年批准逮捕各类刑事犯罪嫌疑人25人、提起公诉150人,保障人民安居乐业、社会安定有序、国家长治久安。

一是依法严厉打击各类刑事犯罪。2021年办理审查逮捕案件36件44人,办理审查起诉案件144件187人。在办案中,认真落实以人民为中心的司法理念,办理危险驾驶案件60件60人,依法

维护社会公共安全。办理侵财类案件43件60人，切实守护人民群众财产安全。办理侵犯公民人身权利、民主权利类犯罪案件24件37人，切实维护人民群众生命健康安全。强化司法办案“三个效果”，办理的徐某拒不支付劳动报酬案入选自治区检察机关认罪认罚从宽和惩治恶意欠薪典型案例。

二是用心用情解决群众急难愁盼。全面推开检察听证，举办11场听证会，以听证解纠纷、促公正。深化未成年人司法保护，在办案中邀请心理咨询师对未成年犯罪嫌疑人进行心理疏导，保护未成年人健康成长，2名检察官担任法治副校长，开展送法进校园、进企业等活动22次。针对办案中发现的行政违法行为，向侦查机关制发《检察建议书》，为被害村（组）挽回经济损失2000余元。落实好《最高人民检察院七号检察建议》，强化寄递安全监管，助推疫情防控。打造“党建+检察业务”模式推动“我为群众办实事”见成效，累计为民办实事34件，解决为民办实事资金20万余元。

三是全力服务“六稳”“六保”。认真落实自治区检察院服务“六稳”“六保”的工作要求，院党组把服务和保障民营经济高质量发展摆在突出位置来抓，依托落实食品药品安全“四个最严”要求专项行动，充分发挥“四大检察”“十大业务”合力为企业服务，让企业家放心投资、安心经营。汇编了《企业高发易发犯罪风险防控指引》，开展送法进企业活动5场次。邀请企业家代表进入庭审现场，深入了解网络诈骗犯罪常见手法，帮助企业家提高风险防控意识，营造良好营商环境。与乃东区国资委、工商联签订《关于建立健全沟通联系机制的实施意见》。积极走访了解疫情对企业发展带来的影响，以高度的检察担当助力乃东“零疫情”，帮助企业复工复产。

三、立足法律监督职责，推进“四大检察”全面发力

坚持在办案中监督、在监督中办案，努力让人民群众在每一个司法案件中感受到公平正义。

一是刑事检察更加有力。在依法履行指控犯罪主导责任的同时，加强对刑事立案、侦查、审判活动的监督。参与公安机关提前介入案件4件，通过提前介入引导公安机关侦查取证。监督公安机关撤案2件、有案不立案件1件。针对侦查机关在侦查活动中存在的程序性问题，发出《侦查活动监督通知书》6份、《纠正违法通知书》5份，均得到有效整改、回复。对不构成犯罪或证据不足的，不批捕9人、不起诉12人。

二是公益诉讼不断做强。“群众利益无小事，民生问题大于天。”认真履行公益诉讼监督职能，排查公益诉讼案件线索37件，立案43件，发出诉前检察建议20份，整改回复率100%，依法维护了社会公共利益。为保护人民群众“头顶上”的安全，排查安全生产领域公益诉讼案件线索2条，切实维护了人民群众生命健康。为保护人民群众“舌尖上”的安全，办理食药领域公益诉讼案件7件，努力让人民群众吃得放心。为保护人民群众“脚底下”的安全，落实好《最高人民检察院四号检察建议》，办理窨井盖安全保护案件3件，维护了人民群众出行安全。积极稳妥推进公益诉讼“等”外案件办理，年内办理“等”外公益诉讼案件6件。认真落实“河（湖）长+检察长+警长”协作机制，组织开展河道生态环境监督和治理工作，依法对相关行政机关予以立案审查，督促行政机关依法履行职责，守护乃东的绿水青山。

三是民事检察不断做精。积极落实“两高”《关于建立全国执行与法律监督工作平台进一步完善协作配合工作机制的意见》，切实加大监督力度，强化执行活动监督。依法审查乃东区人民法院生效裁判文书共861份，其中民事判决书117份、民事调解书475份、民事裁定书269份。调阅乃东区法院民事一审卷宗52卷、民事执行卷宗62卷，针对存在的问题立案37件，公开送达民事执行监督检察建议书1份并被采纳。

四是行政检察持续做实。认真贯彻落实《中共中央关于加强新时代检察机关法律监督工作的意见》，加强与行政机关的沟通协作，推动行政检察工作向纵深发展，与乃东区司法局和自然资源局签订了《关于加强行政检察与行政执法监督衔接工作的意见》，意见的签署实现了信息共享、案情通报、案件移送。调阅法院行政诉讼案件2件，调阅行政机

关行政处罚案卷 4 件，针对存在的问题，制发《检察建议书》1 份。

四、坚持强基固本，积极打造过硬检察队伍

学习贯彻习近平总书记重要训词精神，坚持严管与厚爱并重，努力建设党和人民信得过、靠得住、能放心的检察铁军。

一是政治建设有新成效。扎实开展党史学习教育、政法队伍教育整顿、“三更”专题学习教育。查摆各类问题 31 个，新建、修订机制 20 余项。在学习教育环节中，打造的“1+2+3+4+5”学习教育法，被自治区政法委采纳推广；在查纠整改环节中打造的以“‘精准滴灌式’思想发动、‘三个突出’开展谈心谈话、‘刀刃向内’的决心勇气、‘一筛三核’工作方法”，确保了查纠整改见实效。通过教育整顿，“六大顽瘴痼疾”得到有效整治，干警的政治“三力”得到不断夯实。侦办司法工作人员利用职权实施的玩忽职守、刑讯逼供、滥用职权等职务犯罪案件 4 件 4 人，为维护政法队伍身体健康贡献了检察力量。以高度的政治自觉狠抓巡察整改，对照巡察反馈的 3 个方面 25 个问题，细化 69 项具体整改措施，所有问题全部整改到位。选派 2 名干警参与驻村工作，在助力乡村振兴中守初心、担使命。严格落实意识形态工作责任制，维护检察领域意识形态绝对安全。

二是专业能力有新提升。不断强化干警的理论学习，引导干警坚定社会主义法治信仰，增强干警理论自信，不断提升政治理论水平。不断强化检察业务培训，落实“网络 + 检察”培训机制，分类组织实施教育培训工作，全年干警接受培训 30 余人次。充分利用“检答网”专业平台，促进检察理论与实践融合发展。强化素能培养，举办各类培训班、知识竞赛 7 次，实现全员全覆盖，组织干警学习刑法、刑事诉讼法，开展公检法“同讲一堂课”。安排 7 名年轻干警参与上级院大要案办理，为干警成长成才搭建平台。

三是纪律作风有新变化。加强纪律作风建设，整风肃纪。加大全面从严治党力度，制定落实“两个责任清单”。

以检察队伍教育整顿为重点，狠抓从严治党主体责任落实，不断加大队伍作风建设，认真落实中央八项规定精神，持之以恒纠正“四风”，将全面从严治党与当前各项重点工作结合起来，一体推进、统筹落实。不断深化内部监督，狠抓“三个规定”落实，严查严防违规干预、插手和过问检察办案等问题，筑牢公正司法“防火墙”。

四是办案质效有新突破。认真落实认罪认罚从宽制度，坚持依法能用尽用，适用该制度办结案件 160 人，适用率达 92%，同比上升 5%。一审服判息诉率达 98%。积极推进量刑建议精准化，量刑建议采纳率达 95%，同比上升 16%。律师见证签署具结书参与率 100%，保证犯罪嫌疑人、被告人真心、自愿认罪悔罪。紧盯“案 – 件比”指标，引导检察官办案求极致，形成了“3+1”工作模式，打造最优“案 – 件比”，刑事检察“案 – 件比”同比下降 0.59。

五、自觉接受监督，让检察权在阳光下行使

依法接受人大监督，向区人大常委会专题报告法律执行活动监督和适用认罪认罚情况。自觉接受民主监督，主动向乃东区政协通报工作情况，诚恳听取意见建议。用心开展代表、委员联络工作，邀请参加调研座谈、征求意见建议等检务活动 14 人次。列席乃东区人大常委会会议 6 次，走访各级人大代表 3 人次，虚心听取人大代表对我院工作的意见和建议。自觉接受社会监督，举办“检爱同行，共护未来”检察开放日活动，邀请人大代表、政协委员、人民监督员参加检察听证等活动 29 人次，“零距离”接受监督。优化检律关系，认真听取律师意见。深化检务公开，公开法律文书 120 份，利用新媒体推送检察信息 442 条，不断提升检察工作透明度。

各位代表，过去的一年，全体检察干警充分履行各项检察职责，展现了高度的政治自觉、法治自觉、检察自觉，也涌现出一批先进个人。1 名干警入选全国检察机关普通犯罪检察人才库，1 名干警入围西藏自治区“平安之星”候选人，1 名干警荣获西藏自治区检察机关首届民事检察业务竞赛二等奖。这些成绩的取得，根本在于习近平新时代中国特色社会主义思想的科学指引，离不开区委和山南市人民检察院的坚强领导，离不开区人大、政府、政协的监督和支持，离不开武汉市检察机关的无私援助，

离不开各位代表、委员和社会各界的关心帮助。在此,我代表乃东区人民检察院表示崇高的敬意和衷心的感谢!

对标对表新时代人民群众对法治的新期盼,我院检察工作还有一些问题和短板。一是以党的政治建设统领检察工作的政治自觉还不够强。二是检察工作深度融入乃东经济社会发展大局还有差距。三是履行法律监督职责的能力还不足,不善监督、不会监督仍然存在。这些问题,我们将高度重视,努力解决。

2022 年工作思路

2022 年,我院将坚持以习近平新时代中国特色社会主义思想为指导,深入贯彻习近平法治思想,全面贯彻党的十九大和十九届六中全会及中央政法工作会议精神以及习近平总书记在藏考察时的重要讲话精神,增强"四个意识"、坚定"四个自信"、做到"两个维护",聚焦"六个走在前列",服务保障"稳定、发展、生态、强边"四件大事,以高度的政治责任感和时代使命感,深度融入全面服务保障大局,为乃东经济社会发展贡献检察力量。

一是扛起政治责任,在维护社会稳定中书写检察担当。坚持检察机关政治属性,强化检察政治建设。把服务保障"四件大事"与乡村振兴结合起来,积极参与社会治理,坚持和发展新时代"枫桥经验",探索司法办案、信访风险评估、矛盾化解同步推进,努力把矛盾隐患解决在基层。推进扫黑除恶常态化,坚决打击黑恶势力及"保护伞",促进提升社会治理。

二是聚焦中心工作,在服务经济发展中贡献检察智慧。结合乡村振兴,突出对因案致贫、因案返贫家庭的救助,坚持做到"应救尽救"。推行未成年人刑事、民事、公益诉讼检察业务统一集中办理。精准服务做好"六稳"工作、落实"六保"任务,做到在办案中监督、在监督中办案,以高水平法律监督服务保障民营经济健康发展。

三是牢记为民初心,在增进人民福祉中彰显检察情怀。始终坚持以人民为中心的发展思想,用心用情办好群众身边的案件,努力让人民群众从身边案中感受到公平正义,更好保障民生福祉。坚持绿色发展,推行"河长(湖长、林长)+检察长"协作机制。把生态环境和食品药品安全领域损害公益案件作为必办案件主动作为,增强群众获得感。

四是深化法律监督,在维护司法公正中展现检察作为。加强对刑事立案、侦查、审判活动的监督,真正做到敢于监督、善于监督、规范监督。落实行政执法与刑事司法衔接工作机制,加强对行政执法部门不依法向公安机关移送涉嫌犯罪案件的监督。强化对社区矫正、财产刑执行的监督。切实加强行政争议实质性化解工作。

五是坚持强基固本,在锻造政法铁军中提供检察方案。坚持严的主基调,实化责任清单和工作机制,推动检察队伍教育整顿成果转化,根治顽瘴痼疾。自觉接受纪检监察机关监督,支持纪检监察机关依纪依规依法履职。加强对于干警"八小时之外"的管理,督促管好"生活圈""社交圈""娱乐圈"。持续抓好"一岗双责""三个规定"的落实。

各位代表,新的一年,我们将始终坚持以习近平新时代中国特色社会主义思想为指导,认真落实本次会议的决议要求,干在实处,走在前列,坚定发展信心,保持昂扬斗志,争当山南检察高质量发展的排头兵,为乃东经济社会发展贡献检察力量。

名词解释

1. 七号检察建议:2021 年 10 月 20 日,最高人民检察院针对寄递安全监管向国家邮政总局制发的检察建议,对于推动寄递安全问题治理,维护国家安全、社会稳定和公共利益,推动更高水平的平安中国、法治中国建设具有重要的意义。

2. 四号检察建议:2020 年 4 月 28 日,最高人民检察院针对"窨井盖吃人"向住房和城乡建设部制发的社会治理类的检察建议,主要是依法惩治窨井盖刑事犯罪,推动窨井盖问题治理。

3. "河(湖)长+检察长+警长"协作机制:2021 年 12 月,乃东区人民检察院与乃东区河(湖)长制办公室会签《"河(湖)长+检察长+警长"联动工作机制》,并确立了该机制。检察机关与乃东区河（湖）长制办公室通过信息共享、办案协作、日常联络等方式，强化检察监督与行政执法衔接配合，促进发挥“河（湖）长制”优势，形成河湖管理保护工作合力，更好推动河湖治理。

4. “1+2+3+4+5”学习教育法：即以把方向、明目标，以政治强检作为“一个关键”；把党史和“三更”学习结合与注重学习教育成果转化和运用作为“两翼”；把突出一个“全”字，实现学习过程“全覆盖”，突出一个“考”字，升温学习教育“大环境”，突出一个“严”字，树好学习教育“风向标”；把领导作用发挥“强”、工作方案制定“实”、学习计划安排“细”、上传下达衔接“紧”作为“四项措施”；把“领导先学”上打好基础，着力强化带头示范作用、在传承“红色基因”上下足功夫，提升传承指引作用、在“警示教育”上做好文章，用好正反面典型“活教材”、在“开门搞整改”上做实做细，认真倾听人民群众呼声、在“为民办实事”上做足功课，努力解决人民群众所盼作为“五项抓手”。

5. 检答网：是为检察人员提供法律政策运用、检察业务咨询、答疑服务，加强检察机关政治和业务能力建设的信息共享平台。

6. “3+1”工作模式：“3”是指强化内部监督、党建与业务工作融合、与公安机关密切配合，“1”是指认罪认罚从宽制度适用。“3+1”工作模式的推出，切实扭转了“案－件比”较高的局面。我院“案件－比”指标从2020年的1.86下降到今年的1.27。

7. 行政争议实质性化解：是指通过提出抗诉、再审检察建议和公开听证等方式，使行政实体法律关系得到实质性的处理，使行政争议得到彻底、有效、妥善解决，当事人不再申请启动新的法律程序。

乃东区2021年国民经济和社会发展计划执行情况与2022年国民经济和社会发展计划(草案)的报告

——在乃东区第二届人民代表大会第三次会议上

乃东区发展和改革委员会主任 达瓦扎西

(2022年1月13日)

一、2021年国民经济和社会发展计划执行情况

2021年是"十四五"规划开局之年,也是开启我国全面建设社会主义现代化国家新征程的第一年,在区委、区政府的坚强领导下,在区人大和区政协的监督支持下,全区上下深入贯彻落实十九大和十九届历次全会精神、中央第七次西藏工作座谈会以及习近平总书记视察西藏重要讲话重要指示精神,贯彻落实中央、区党委、市委、区委经济工作会议精神,按照"五位一体"总体布局和"四个全面"战略布局,坚持稳中求进、补齐短板工作总基调,立足新发展阶段,完整、准确、全面贯彻新发展理念,积极服务和融入新发展格局,以推动高质量发展为主题,以供给侧结构性改革为主线,聚焦稳定、发展、生态、强边四件大事,扎实做好"六稳"工作,全面落实"六保"任务,持续巩固拓展疫情防控、脱贫攻坚和经济社会发展等各项成果,全年经济社会发展主要目标任务基本完成,实现了"十四五"良好开局。

预计,全年完成地区生产总值74.57亿元(含市直),同比增长9%;固定资产投资62.1亿元(含市直),同比增长1%;一般公共预算收入3.44亿元,同比增长1.35%;社会消费品零售总额48.9亿元(含市直),同比增长10%;农村居民人均可支配收入达到21344元,同比增长13%。

(一)项目建设稳步推进。始终将经济工作项目化、项目工作责任化作为出发点和落脚点,2021年乃东区实施项目68个(不含市直)、总投资101.38亿元,预计全年完成固定资产投资62.1亿元(含市直)、同比增长1%。乃东实验小学学生公寓楼、矮化苹果种植、江北公安一级检查站、亚桑村美丽宜居示范村、贡布日山旅游景区等项目全部建成;诺一天街商业广场、恒宇商业广场、锦砻·御江府等项目有序推进,有效拉动乃东区消费、提高资源配置、带动就业,为建设高质量发展先行区提供了有力支撑。同时,储备"十四五"规划项目355个、计划投资161.93亿元,已纳入自治区总盘子项目68个、投资11.3亿元;累计录入国家重大建设项目库项目202个、总投资89.23亿元。

(二)三次产业不断优化。农牧业生产稳步推进,全年粮食播种面积6.02万亩,实现粮食产量2.4万吨,粮经饲比例74∶15∶11;肉、奶、蛋产量分别达到5307.9吨、14908吨、750吨。西藏乃东青稞种植系统被列入第六批中国重要农业文化遗产名单,黄牛改良任务超额完成,宏农藏鸡养殖一期项目投产运营。工业经济活力显著增强,星河商砼顺利入库升规,规模以上工业企业达到5家,预计全年实现工业增加值16350万元,同比增长9%。与国家能源集团西藏电力公司签订了战略合作框架协议,

嘎东团结新村屋顶光伏等清洁能源项目稳步推进。第三产业平稳增长，全年累计接待游客 27.1 万人次，实现旅游综合收入 2976.28 万元，分别同比增长 82%、182%。实现社会消费品零售总额 48.9 亿元，同比增长 10%。哗叽手工编织技艺成功入选第五批国家级非物质文化遗产代表性项目，第 41 届雅砻物资交流会成功举办。乃东区各类市场主体达到 10232 户，从业人员 41258 人，注册资金 198.45 亿元。

（三）民生福祉更加殷实。教育事业优先发展，制定出台乃东区《关于弱势群体关爱工作指导意见》《关于切实做好进城务工人员随迁子女就学工作的意见》等，采取“3+1+N”工作模式开展送教上门。投资 5000 余万元，实施乃东区实验小学学生公寓楼建设、乃东区颇章乡小学标准化建设、多颇章嘎东团结新村幼儿园附属工程建设、亚堆乡小学给水及供暖配电等项目，进一步改善办学条件，推进学校标准化建设。医疗卫生不断改善，2021 年城乡居民医保参保率达 99.9%，其中脱贫户参保率 100%，基本实现了应保尽保。兑现城乡基本医疗保险费 4085.05 万元，大病保险资金 511.02 万元，医疗救助资金 126.04 万元。完成 2021—2022 年农村妇女“两癌”筛查，累计接种新冠病毒疫苗 19.12 万人次。文旅事业稳步发展，进一步加大文物保护力度，投资 870 余万元完成赞塘玉意拉康修缮保护工程、雍布拉康壁画保护项目、昌珠寺厕所改造维修工程。投资 4361.67 万元实施泽当猴子洞旅游景区、贡布日山旅游景区、乃东区雅砻河流域污染治理工程——农村生活污水处理工程、雍布拉康生态度假村建设项目均已完工。成功举办第一届“西藏蜜蜂文化主题生态体验园采摘节”活动，采摘游客达 6000 余人次，带动当地群众增收 22 万元。成功开发扎西曲登民宿，参与群众 64 户，接待游客 20329 人，实现民宿收入 99.68 万元，集体经济收入 46.67 万元，村级文艺演出队收入 20.13 万元。社会保障水平不断提升，乃东区“双创中心”挂牌运营，建成区级转移就业基地 14 个，实现转移就业 1.2 万人，外出务工总收入 13141.7 万元，完成全年目标任务的 101%、154%；675 名应届高校毕业生实现就业，就业率达 99.85%。城乡居民养老保险参保缴费 26945 人，完成目标任务的 98%。兑现城乡低保对象资金 536.67 万元，农村分散特困供养金 195.14 万元。特困人员集中供养中心提升改造、供暖系统改造项目有序推进。继续落实好 400 万元以下政府投资项目交由具备条件的农牧民施工企业（施工队）实施的要求，吸纳本地农民工 9249 人，实现增收 518.42 万元。

（四）城乡面貌明显改善。扎实做好巩固拓展脱贫攻坚成果同乡村振兴有效衔接，严格落实“四个不摘”要求，深入开展防止返贫致贫动态监测和帮扶工作，确保返贫致贫人口动态清零。不断完善招商引资、对口支援、社会力量参与帮扶等长效机制，实现巩固拓展脱贫攻坚成果向乡村振兴平稳过渡。按照“产业振兴，文化振兴，人才振兴，生态振兴，组织振兴”目标任务，完成全区 5 乡 1 镇 1 街道初步规划。投入资金 4.65 亿元，实施乡村振兴、生产发展、基础设施及其他类别项目 17 个，嘎东团结新村、志岗村、斯堆村易地搬迁庭院经济、多颇章乡嘎东团结新村防洪沟、颇章乡易地搬迁点斯堆村委会至批布组公路等 8 个项目已基本完工。城镇功能不断提升，山南市香曲西路（泽当大道至格桑路段）市政道路工程左幅已通车、乃东区 2018 年公共租赁住房、多若村安置房以及乃东社区尼木沟、岗巴小区等改造项目已建设完成。人居环境整治工作深入开展，建设完成乃东区亚桑村美丽宜居示范村、乃东区色康人居环境整治项目，多颇章乡人居环境整治整乡推进项目有序推进。组织 4.8 万余人次，开展清扫村居主干道、河道等工作，清理农村生活垃圾 421.35 吨、废旧机械 37 辆、畜禽养殖粪污等废弃物 779.1 吨。完成 6467 户农村户厕改造，完成率 83.3%，兑现户厕奖补资金 730.2 万元。

（五）改革创新成效显著。重点改革稳步推进，深入推进供给侧结构性改革，贯彻落实“三权”分置制度。编制《乃东区农村宅基地制度改革试点方案》，完成全区农村宅基地基础信息摸底调查以及泽当城市规划区以外 7257 户农户房地一体外业测量工作。持续深化商事制度改革，在注册便利化、多证合一、一网通办、证照分离等方面当好“排头兵”，激发了民营经济市场活力和社会投资创业热情，全区民营企业数量呈现出“井喷式”增长。持续深化“放管服”改革，落实“互联网＋政务服务”，全年行政许可类事项二级、三级、四级办理深度达到100%、97.72%、51.3%，“跨省通办、跨市通办”工作与自治区、山南市同步进行。国企改革顺利完成。招商引资不断发力，坚持以互联网模式“请进来＋走出去”的招商引资战略，通过召开区内外各类招商引资洽谈会，2021年乃东区引进招商企业4家，注册资金5000万元，实施项目22个，哈达幸福花苑、乃东家园一期、二期已完工，锦砻·御江府完成工程量的50%，木森度假酒店完成工程量的20%，预计全年完成固定资产投资28亿元。援藏工作持续深化，“十四五”时期，乃东区援藏项目10个，总投资1.48亿元，2021年实施项目2个，完成投资2620万元，乃东美丽乡村、乃东教育信息化建设等6个项目有序推进。

（六）生态环境持续良好。坚守生态保护底线，投资4132万元，新增造林面积3180亩，完成义务植树和“四旁”植树3000亩，2021年飞播造林面积13650亩，2021年乃东区矮化苹果种植造林5000亩，百万宏农藏鸡产业园绿化112亩，鲁琼大道东入口绿化16亩。严格按照西藏自治区生态文明建设示范创建工作要求，编制完成《乃东区生态文明建设规划》《乃东区县域农村污水治理专项规划》，完成32个村居生态文明创建资料上报工作，力争到2030年达到国家生态文明建设示范县（区）标准。有序推进医疗废物提标升级改造项目、亚堆乡支那村污染土壤钝化修复两期项目、雅砻河流域农用地土壤污染调查项目工程建设。完成拉林铁路乃东段临建设施拆除、索朗村道砟场生态修复、森林草原综合检测和森林草原火灾普查等各项工作，用实际行动践行“绿水青山就是金山银山”的绿色发展理念。

（七）社会大局和谐稳定。坚决维护祖国统一和民族团结，严厉打击各类分裂活动。坚持和发展新时代“枫桥经验”，2021年共受理各类来信来访119件（批）388人次，办结率达97.5%，接待拖欠民工工资案件1563人次，追回资金2586.9万元。加强社会治安综合治理，深入推进先进双联户创建工作，常态化开展“扫黑除恶、打非治乱”专项斗争，荣获“平安中国建设示范区”荣誉称号。大力开展森林防灭火专项整治和汛期安全风险隐患大排查，全年未发生较大及以上事故。

各位代表，一年来，在经济下行压力不断加大、经济形势复杂多变等不利条件下，我区经济社会发展继续保持稳中有进良好态势。但也应清醒认识到，当前经济运行还存在一些短板和问题，如产业支撑作用还不强、高质量发展的基础还不牢固、政务服务效能还不够优化、社会治理和营商环境还需进一步提升等。这些问题我们必须高度重视，采取有效措施妥善解决。

二、2022年经济社会发展主要预期目标

2022年，全区经济社会发展将坚持以习近平新时代中国特色社会主义思想为指导，全面贯彻落实党的十九大和十九届历次全会精神、中央第七次西藏工作座谈会和中央、区党委、市委、区委经济工作会议、党代会精神，按照高质量发展要求，坚持稳中求进工作总基调，围绕“四个着力创建”和努力实现“四个走在前列”的重点任务，统筹疫情防控和经济社会发展，统筹发展和安全，突出抓好稳定、发展、生态、强边“四件大事”，推进乃东长治久安和高质量发展走在全区前列。结合“十四五”规划目标和当前经济运行态势，拟定乃东区2022年国民经济和社会发展主要预期目标是：地区生产总值同比增长8%左右，全社会固定资产投资同比增长3%，社会消费品零售总额同比增长11%，城乡居民人均可支配收入分别增长10%和12%，居民消费价格指数涨幅控制在3%以内，城镇登记失业率控制在2%以内。

三、2022年经济社会发展主要任务和措施

为圆满实现目标任务，重点抓好以下几个方面的工作。

（一）加强党对经济工作的领导。要自觉做到同以习近平同志为核心的党中央保持高度一致，增强“四个意识”、坚定“四个自信”、做到“两个维护”，提高把方向、谋大局、促改革、保稳定的能力，切实将政治判断力、政治领悟力、政治执行力落实

到行动上，体现到贯彻习近平总书记西藏工作重要论述和新时代党的治藏方略上，体现到深入贯彻落实习近平总书记视察西藏重要讲话以及王君正书记关于山南工作的讲话指示精神上，坚定不移加强党对经济工作的领导，切实担负起“新担当、新突破、新作为”的重大职责使命，努力把党的政治优势、组织优势转化为发展优势，推动乃东在高质量发展道路上迈出坚实步伐。

（二）聚力推进项目落地见效。坚持项目总抓手、投资主驱动，牢固树立“抓项目就是抓发展”的理念，推动“十四五”重大项目落地落实，用好用足市、县（区）两级前期经费，全力以赴争资金、抓项目。始终把招商引资作为扩大投入的“一号工程”，真正引进一批质量效益好、资源消耗少、科技含量高、辐射带动强的大项目、好项目。认真落实基础设施、产业发展等重点领域补短板项目建设，争取各类债券、基金和项目资金，亲自挂帅、主动出击，加速推动羊卓峰住宅、陇巴国际商场、恒宇商业广场、山南万源府、木森度假酒店、西藏宏农藏鸡产业园二期、乃东区结巴乡结巴村藏蜜之乡产业延伸等重大项目建设，确保项目早建成、早投产，2022 年固定资产投资同比增长 3%。

（三）不断推动产业升级转型。实施增品种、提品质、创品牌“三品”战略，培育一批优势本土品牌，赋能传统产业转型升级，催生新产业新业态新模式，推动产业集群化发展的同时依托互联网、融媒体中心等，加快数字产业布局。针对传统产业，实施技改提能、制造焕新，推动低、散、乱企业“腾笼换鸟”，培育引进一批掌握关键核心技术的领军企业，引导优质中小微企业向专业化和高端化延伸，力争 2022 年规上工业企业、入库企业新增 2 户，工业增加值同比增长 9%。推进优秀民间民俗文化、藏医药文化、农业园区与旅游产品深度结合，打造克松“党建 + 研学实践”基地、桑嘎朗生爱国主义教育基地、业麻沟徒步旅游区、蜜蜂生态园等产业链，全面提升旅游行业服务质量和标准，促进旅游资源向经济效益转化，力争 2022 年旅游综合收入达 5000 万元以上。

（四）着力提升群众幸福指数。坚持以人民为中心发展思想，以改善民生、凝聚人心为出发点和落脚点，紧盯薄弱环节，切实解决好事关百姓生存发展的“头等大事”和影响百姓日常生活的“关键小事”，全面做好就业社保、教育卫生、住房保障等涉及群众切身利益的各方面工作，不断增加人民群众获得感、幸福感、安全感。持续完善创业促就业、多渠道灵活就业的保障机制，推进高校毕业生就业创业工作，做好就业困难人员、残疾人等重点群体的就业帮扶，确保 2022 年完成转移就业 1.3 万人以上。切实抓好社会事业领域补短板项目建设工作，实施乃东家园二期幼儿园、索珠乡小学改扩建、地新村幼儿园、门中村幼儿园、曲德沃幼儿园改扩建等教育项目建设，特困人员集中供养服务中心提升改造项目建设工作，不断提升城市公共服务水平。继续实施好全民参保计划，扩大养老、工伤、失业保险覆盖面。健全全民健身公共服务体系、社会救助体系和住房保障体系等，切实增进民生福祉，顺应人民期盼。

（五）深入促进区域协调发展。推进城乡功能一体化发展，加快中心城市人口、要素和产业集聚，增强城市经济综合实力，优化提升城市综合服务功能，把区域中心城市培育成为综合服务功能完善、集聚辐射能力强的大城市，形成城市集群化发展的格局。推进城乡公共服务一体化发展，推动公共服务向农村延伸、社会事业向乡村覆盖，加强乡镇卫生院、村卫生室、学校标准化建设，促进城市医生、教师资源下沉和交流服务。推进城乡建设一体化发展，统筹城乡生产、生活、生态空间发展，坚持生态建设产业化、产业发展生态化路子，努力构建城镇、乡村和高原山水林田湖草沙冰相互协调、融合互补的可持续发展生态系统。重点推进城区及城乡接合部老旧小区（棚户区）改造，深入实施绿化、美化、亮化、净化工程，加快补齐基础设施和公共服务短板，不断提升城市整体形象和品位。强力推进节能减排工作，大力发展循环经济，稳步推进产业园区循环化改造，科学调整能源结构，推进雅江中游水光风储及电站群建设。扎实推进“美丽乡村”建设，统筹推进人居环境整治行动，全面提升农村教育、医疗、文化等公共服务。

（六）持续激发改革创新活力。改革不停歇，创新不止步。要持续优化营商环境，深化商事制度改革，对标国家先进经验，积极探索投融资模式，衔接落实好企业资金，形成政府、企业投资相互协调、相互补充的投资格局，建设法治化、便利化的营商环境，吸引更多企业到乃东投资兴业。要纵深推进“放管服”改革，以“互联网＋政务服务”创新政府服务，着力搭建线上线下相融合的政务服务模式。要坚持创新引领发展，利用新一代信息技术形成“互联网＋”“职能＋”，大力发展智慧旅游、智慧物流、智慧金融、在线教育、远程医疗等新模式新业态。要坚持人才是第一资源的理念，探索团队引才、项目引才等新方式，积极与孵化加速机构、对口援助地区、合作高校院所等单位开展人才合作，让人才放开手脚创新创造。

（七）全面筑牢生态安全屏障。要牢固树立“绿水青山就是金山银山、冰天雪地也是金山银山”的理念，统筹山水林田湖草沙冰一体化保护和系统治理，充分利用闲置土地开展植树造林、生态恢复工作，加快推进乃东区雅江中段综合治理工程、泽当城区生活垃圾焚烧厂、建筑垃圾消纳场等环境保护工程。推进碳达峰、碳中和与经济高质量协同发展，持续打好污染防治攻坚战，集中攻克群众反映突出的各类生态环境问题，以最坚决的态度、最有力的措施、最严格的责任，加快补齐生态环境短板，推进环境治理持续提升，持续筑牢国家生态安全屏障。

（八）全力保障社会和谐稳定。牢固树立“发展是第一要务，稳定是第一责任”的意识，坚持底线思维，持续抓好疫情防控、森林防灭火、防汛减灾、安全生产、食品药品等重点领域安全防控措施，特别是第三针疫苗接种工作。加强社会治安防控体系建设，推动扫黑除恶常态化，严厉打击各类违法犯罪行为，加快推进立体化、信息化社会治安防控体系建设。坚持和发展新时代“枫桥经验”，有序化解基层矛盾纠纷，全面提升基层社会治理水平，确保社会局势和谐稳定。

各位代表，2022年我们要在区委、区政府的坚强领导下，在区人大、政协的监督支持下，坚定信心、凝聚力量、主动作为、狠抓落实，以更加饱满的热情、更加昂扬的斗志、更加务实的作风，努力推动乃东长治久安和高质量发展，为全区着力推进“四个创建”、努力做到“四个走在前列”作出新的积极贡献，以优异成绩迎接党的二十大胜利召开！

乃东区2021年财政预算执行情况暨2022年财政预算（草案）的报告

——在乃东区第二届人民代表大会第三次会议上

乃东区财政局局长　拉巴次仁

（2022年1月13日）

一、落实区一届人大六次会议预算决议情况

按照区一届人大六次会议的决议要求以及区人大财经委的审查意见，区财政局认真研究，积极采取有效措施贯彻落实预算决议。

（一）聚焦区委区政府中心工作，保障能力持续增强。一是支持推动乡村振兴。统筹整合国家、自治区、市、区四级资金总共46540.38万元，支持巩固拓展脱贫攻坚成果同乡村振兴有效衔接。二是支持城市功能提升。累计安排重点基础设施建设项目资金6324万元，深入实施城市更新行动和泽当城区补短板工程，扎实推进重点区域持续提升。三是支持实体经济发展。兑现招商引资企业产业扶持资金和代理招商服务费10751.6万元，惠及凯风进取、东方企慧等优质企业，兑现扶贫产业项目贷款贴息资金65.69万元。

（二）聚焦群众关切，民生民利持续改善。全区基层和民生领域相关支出达101618.67万元，占一般公共预算支出的46%以上。一是助力教育优先发展。落实教育资金25514.96万元，本级投入教育6793万元，重点用于十五年公费教育、教育振兴和乡村教师支持计划、大学生资助、教育体制、薄弱学校改造、教育均衡发展等，改善了基础教育办学条件。二是健全社会保障体系。落实困难群众救助补助资金1071.84万元，重点用于城乡、农村低保、特困人员临时救助、事实无人抚养儿童等。落实残疾人事业发展补助及残疾人“两项补贴”848.06万元，落实优抚对象、医疗保障经费及退役安置补助1442万元。三是有效落实增资政策。及时将2018年7月至2021年12月机关事业单位人员西藏特殊津贴标准增资4890.78万元落实到位，惠及乃东区机关事业单位干部职工2050人，保障了干部职工正常福利待遇。根据区委、区政府决策部署，安排“我为群众办实事”专项资金4359.44万元，实际投入3312.84万元，解决了一批群众急难愁盼问题。

（三）聚焦效益提升，财政管理不断规范。一是不断规范预算管理。牢固树立政府过“紧日子”思想和零基预算理念，大力削减低效、无效支出。二是严格落实直达资金。2021年中央预算直达资金10376.58万元，全部用于民生领域。加强直达资金监管，盯紧盯牢直达资金的分配、拨付和使用，确保每笔资金用到最急需、最紧要的地方。三是强化结余资金管理。深度清理财政专户，盘活本级存量资金7216万元，主要用于“十四五”项目前期经费、多颇章乡扶贫安置点视频监控建设项目、白荣奶牛扩繁场饲草料款、江北“产城一体”设计等重大项目，确保了财政资金高效运行。四是坚决防范化解债务风险。落实政府债务常态化监测机制，2021年我区债务余额27919.7万元，财政部累计核定我区政府法定债券余额26800万元，其中2021年发行新

增地方政府债券13600万元，重点用于标准化厂房建设、泽当社区公租房建设等项目。五是加大财政监督力度。邀请第三方对索当、善为公司开展审计工作。

（四）聚焦建章立制，推动财政各项改革工作。按照深化财政改革工作要求，积极稳妥推进财政改革，增强了财政发展活力和动力。一是完成了4家国有企业改制工作。对改制企业资产进行了资产评估、履行了法律程序，提升了国有资产管理水平和资产保值增值能力。二是稳步推进预算管理一体化改革。坚持以建设“标准规范、横联纵通、账表一体、业务协同、信息共享”的地方财政预算标准化管理平台为目标，对区直55家预算单位基础信息进行了完善，对各级预算管理业务流程、管理要素和控制规则等进行了规范和统一，加强了政府预算、部门预算、单位预算以及上下级预算之间的业务环节无缝衔接和有效控制。三是完成了6座寺庙财税体制改革任务。四是积极推进全区惠民惠农财政补贴资金“一卡通”专项治理工作。制定了《乃东区惠民惠农财政补贴资金“一卡通”管理实施方案》，明确工作职责，清理整合补贴政策和项目，及时在政府门户网站进行公开，按月上报工作推进情况报告等。五是开展全区国有资产清查工作。累计清查预算单位55家，固定资产总值达31678万元。对2020年区直各单位和2021年各乡镇村级财务开展了暂付清理工作。

二、2021年财政预算执行情况

2021年，是中国共产党成立100周年、西藏和平解放70周年，是实施“十四五”规划的开局之年，面对疫情防控等困难冲击，我局认真贯彻党的十九大和十九届历次全会精神、中央第七次西藏工作座谈会精神和习近平总书记在视察西藏重要讲话重要指示精神，按照自治区党委、市委、区委经济工作会议部署和《政府工作报告》安排，全面落实区二届人大一次会议关于预算的决议，坚持稳中求进工作总基调，立足新发展阶段，完整准确全面贯彻新发展理念，围绕中心、服务大局，强化担当、主动作为，支出结构持续优化，民生福祉全面改善，稳步推进各项财政改革，管理水平稳步提高，全年预算执行情况总体平稳，为全区经济社会持续健康发展作出了积极贡献。

2021年一般公共预算执行情况。全区一般公共预算收支完成情况。一是收入完成情况：全区本级财政收入34426万元，较上年同期33966万元相比增加460万元，增长1.35%，完成2021年年初预算数的137.7%（年初预算数25000万元），其中：税收收入25517万元，较上年同期22570万元相比增加2947万元，增长13.06%；非税收入8909万元，较上年同期11396万元相比减少2487万元，减少21.82%。上级补助收入20亿元，一般债券转贷收入13600万元，动用预算稳定调节基金15000万元。二是支出执行情况：全区一般公共预算支出总量预计完成177959万元，同比增加61633万元，比上年决算数增加52.98%。

政府性基金收支完成情况。一是收入完成情况。全区政府性基金预算收入总量预计完成441万元，同比增长441万元，增长100%。二是支出完成情况：全区政府性基金预算支出总量预计完成8273万元，同比减少29974万元，下降78%。

在肯定成绩的同时，我们也清醒地认识到预算执行和财政管理工作中仍存在一些问题和挑战，主要表现在：一是财政收支矛盾突出。我区财政自身“造血”功能不足，财政收入增长基础不稳，财政自我供给能力依然较低。加之重点和刚性支出增长较快，财政收支矛盾依然突出。二是预算单位对预算执行主体责任落实有待加强。一方面预算支出追加频繁，另一方面却又存在预算执行工作重视程度不足、预算法治意识淡薄、项目前期准备工作不扎实等问题，导致预算执行进度偏慢情况依然存在。三是财政资金的绩效管理和监督管理有待加强。预算管理的刚性约束机制有待增强，资金统筹使用力度仍需加大，预算安排的针对性、精准性仍需进一步提高。四是政府债务偿债压力大。针对我区债务率偏高问题，下一步财政预算将严格按照“量入为出”原则，积极对财政能力进行考量，避免政府过度举债现象频繁发生，另一方面，对财政支出结构进行改进，提高财政支出效率。同时不断完善财政体制，采取有力措施逐步加以改进。

三、2022 年财政收支预算（草案）

2022 年，是党的二十大召开之年，是深入贯彻落实自治区第十次党代会、山南市第二次党代会精神的关键之年，是全面实施“十四五”规划的重要一年，做好预算编制和财政工作意义重大。根据预算法和上级业务部门通知要求，按照规定程序征求各方意见后，编制形成了 2022 年预算草案。

（一）预算编制指导思想和基本原则。以习近平新时代中国特色社会主义思想为指导，深入贯彻党的十九大和十九届历次全会及中央第七次西藏工作座谈会，全面贯彻落实中央、区党委、市委、区委经济工作会议精神，坚持稳中求进工作总基调，立足新发展阶段，完整准确全面贯彻新发展理念，服务和融入新发展格局，推动高质量发展，以深化供给侧结构性改革为主线，以改革创新为根本动力，以满足人民日益增长的美好生活需要为根本目的，坚持系统观念，统筹发展和安全，促进共同富裕，继续做好“六稳”工作、全面落实“六保”任务，着力推进“四个创建”“四个走在前列”，切实抓好“四件大事”，实现“四个确保”。牢固树立政府过“紧日子”思想，加强财政资源统筹，加大优化支出结构力度，深化预算管理制度改革，落实部门和单位预算管理主体责任，完善部门预算约束机制，推动预算绩效管理提质增效，着力推进预算管理一体化建设，为推进我区长治久安和高质量发展走在全区前列贡献财政力量。

按照上述指导思想，2022 年预算编制着重把握以下原则：一是坚持服务大局、对标对表。严格对照自治区第十次党代会、山南市第二次党代会和区委区政府决策部署，逐项梳理财政保障事项，统筹兼顾、突出重点，做到应保尽保。二是坚持依法理财，强化收支。实事求是、科学预测收入预算，与经济社会发展相适应，与财政政策相衔接，落实落细各项减税降费政策。严把预算支出关口，严控一般性支出，区本级非刚性、非重点项目支出压减 6.12%，盘活存量，用好增量，优化资金投向，保持合理支出强度。三是坚持强化零基预算，突出绩效。有序打破支出固化格局，实质性推动预算绩效管理，加大预算安排与预算绩效、支出进度挂钩力度，加快建立“全方位、全过程、全覆盖”的预算绩效管理体系。坚持积极稳妥，防范风险。充分考虑经济发展水平和财力状况，重点安排民生领域支出，不做脱离实际的承诺。加强风险防控，坚决遏制增量，稳妥化解存量，切实防范财政金融风险。

（二）2022 年全区预算安排情况。一般公共预算。全区一般公共预算总财力为 251736 万元，其中：一般公共预算收入安排 27500 万元，同比增长 10%，返还性收入 4560 万元，调入预算稳定调节基金 7000 万元。全区政府性基金预算总财力为 699 万元，其中地方政府性基金预算收入 600 万元。

（三）2022 年财政预算预计安排的重点和工作计划。

（1）坚决落实好“过紧日子”要求。坚持统筹兼顾、突出重点，精打细算、严控开支，切实将政府“过紧日子”要求落到实处，做好节用为民。硬化预算约束，严格执行人大批准的预算，做到无预算不支出、先预算再支出，除上级明确界定的重点支出、刚性支出和区委、政府决策部署需要安排的支出以及疫情防控、应急救灾事项外，预算执行中一般不再追加预算，坚决禁止违反预算规定乱开口子，把每一笔钱都用在刀刃上、紧要处，全力支持保就业、保民生、保市场主体。完善预算执行动态监控机制，督促部门严格执行各项经费开支标准，加强财务报销审核和日常监督管理，加大结余资金收回和结转资金消化力度，精打细算统筹安排使用，避免资金沉淀闲置。保障改善民生投入力度。牢固树立底线思维，严格落实财政“三保”责任。

（2）预计完成区委区政府重点领域财政投入。一是统筹发展和安全，确保社会大局和谐稳定。支持铸牢中华民族共同体意识。安排资金 274 万元，支持开展民族团结、爱国主义教育、反分裂斗争和党史学习教育，推动重点项目建设。支持维护公共安全。安排资金 777.38 万元，支持社会治理模式和维稳制度体系建设，开展打击非法组织、扫黑除恶等专项行动，保障道路交通安全，提升治安管理体系和治理能力现代化水平。深入实施干部驻村驻寺、城镇网格化管理、先进双联户创建评选、民族团结进步模范区创建等活动。支持维护经济安全。

加强经济安全风险预警、防控机制和能力建设，确保重要产业、基础设施等关键领域安全可控。二是精准聚焦发力，确保全区经济高质量发展。支持创业就业。预计安排资金444.54万元，深入实施就业优先战略。充分发挥市场机制作用，落实好扶持奖励政策，引导高校毕业生市场就业、资助创业、加大技能培训力度，促进农牧民持续就业增收。支持教育发展。安排资金25433万元，支持教育政策、教育"三包"、大学生资助，推动义务教育优质均衡发展，办好学前教育。支持卫生健康。安排资金3407.58万元，做好常态化疫情防控资金保障，提高疫情防控应急处置能力，加强卫生健康人才队伍建设，包虫病、大骨节病等地方病防治。支持社会保障。安排资金4245.68万元，落实社会救助政策，加强困难群众基本生活保障，做好机关事业单位干部职工医疗保险和养老保险、城乡居民基本医疗保险和养老保险补助配套，做好工伤、失业和生育保险单位缴费补助配套，支持老旧小区改造和保障性住房建设，解决城镇低收入家庭住房困难。三是坚持系统治理，确保生态环境持续良好。支持生态保护修复。安排资金1583万元，推进重点生态功能区保护、森林生态系统建设等工程，实施好植树造林、防沙治沙，生态环境监测、环境污染防治，落实好草原生态保护补助奖励和生态就业岗位补贴政策。支持打好污染防治攻坚战。安排资金3021.74万元，全面强化环境综合治理，深入打好污染防治攻坚战，推进雅江流域水污染生态修复工程和城市地下水污染防治，强化泽当城区垃圾清扫清运、污水处理。

各位代表：我们将更加紧密地团结在以习近平同志为核心的党中央周围，以习近平新时代中国特色社会主义思想为指导，增强"四个意识"、坚定"四个自信"、捍卫"两个确立"、做到"两个维护"，认真贯彻自治区党委政府、市委市政府决策部署和区委、区政府工作要求，自觉接受区人大的监督指导，虚心听取区政协的意见建议，凝心聚力，攻坚克难，扎实做好财政预算各项工作，努力在推进长治久安和高质量发展上走在全区前列，以优异成绩迎接党的二十大胜利召开。

统计公报

乃东区2021年国民经济和社会发展统计公报

乃东区统计局

2021年,在区委、区政府的坚强领导下,全区上下坚持以习近平新时代中国特色社会主义思想为指导,深入贯彻落实习近平总书记关于西藏工作重要论述和新时代党的治藏方略,以及视察西藏重要讲话重要指示精神,扎实做好“六稳”工作,全面落实“六保”任务,乃东区经济社会发展稳定向好,供给需求逐步改善,市场活力不断增强,就业民生保障有力,社会大局和谐稳定,“十三五”规划圆满收官,为扎实推进“十四五”时期全市经济高质量发展奠定坚实的基础。

一、综合

初步核算,全年完成地区生产总值76.06亿元,同比增长7.5%,增幅高于全市0.6个百分点。总量与增速均排名全市第一。其中:第一产业增加值1.62亿元,增长6.6%,第二产业增加值28.76亿元,增长5.9%,第三产业增加值45.68亿元,增长8.6%。三次产业结构由上年的2.2 ∶ 44.2 ∶ 53.6调整为2.2 ∶ 37.8 ∶ 60,经济结构持续优化。

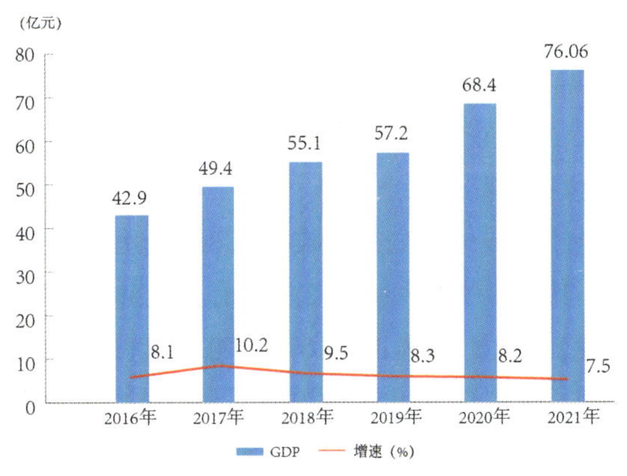

图1 2016—2021年GDP总值及增速

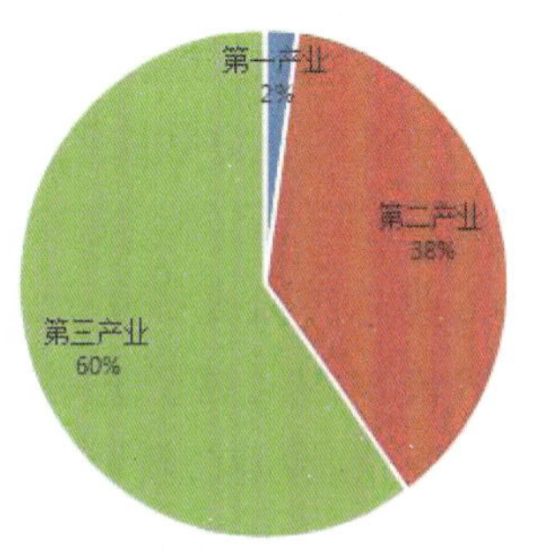

图2 2021年第一、二、三产业比重

二、农牧业

全年实现农林牧渔业总产值3.06亿元,实现增加值0.95亿元,增长12.4%。其中农业产值1.35亿元,增长13%;林业产值0.02亿元,下降6.3%;牧业产值1.57亿元,增长12.8%。农作物总播种面积4293.1公顷,粮食作物面积3060.5公顷,粮食总产量24669吨,同比增加203.73吨,增长0.8%。青稞、小麦面积分别为1304.01公顷、1677.17公顷,青稞产量同比减少4032.19吨,同比下降47%。小麦产量同比增加4040.23吨、同比增长26%。油菜产量1266.8吨、同比增加654.5吨、同比增长52%。蔬菜产量21339.79吨、同比增加2338.64吨、同比增长11%。

年末牲畜存栏头数104942头(只、匹)。其中:牛、羊、猪分别为45199头、33538只、25699头,家禽存栏数409805只。全年牲畜总出栏头数51458头(只),其中:牛、羊、猪分别出栏20395头、13107只、17956头。肉类总产量达到5605.46吨,同比增长15%。其中猪牛羊肉类产量达到4733.94吨,同比增长23.84%;奶产量达到6766.87吨,同比增长3.6%;

禽蛋产量787吨,同比增长61.37%。

图3 2016—2021年粮食产量(吨)

三、工业和建筑业

全年完成工业总产值5.15亿元,工业增加值1.8亿元,同比增长27.9%,高于上年同期5.5百分点。规模以上工业企业6家,新增2家(山南市星河商品混泥土有限公司、山南星路沥青混土有限公司)完成增加值1.5亿元,同比下降4.1%。规模以下工业企业34家,完成工业增加值0.3亿元、同比增长21.4%。建筑业实现增加值26.94亿元,同比增长27.9%。

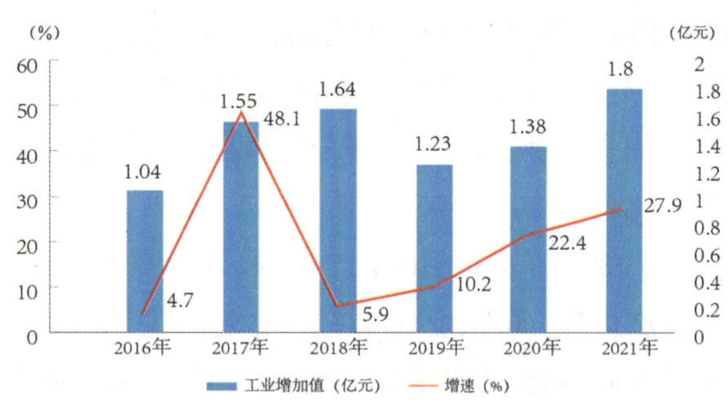

图4 2016—2021年工业增加值及增速

四、固定资产投资

全年完成全社会固定资产投资64亿元,同比增长4.4%,较全区七(地)市主城区中增速排第二,位居全市增速第五。民间投资推动作用明显。乃东区民间投资同比增长82.4%,比上年增长47个百分点,民间投资是乃东区投资保持平稳增长的有力支撑。

图5 2016—2021年固定资产投资及增速

五、商业和贸易

全年完成社会消费品零售总额49.1亿元,同比增长10.4%。总量位居全市第一、增速第二。限上完成社会消费品零售总额12亿元,同比增长26.8%,限下完成消费品零售总额37.1亿元,同比增长5.9%。限上增速高于限下20.9个百分点。

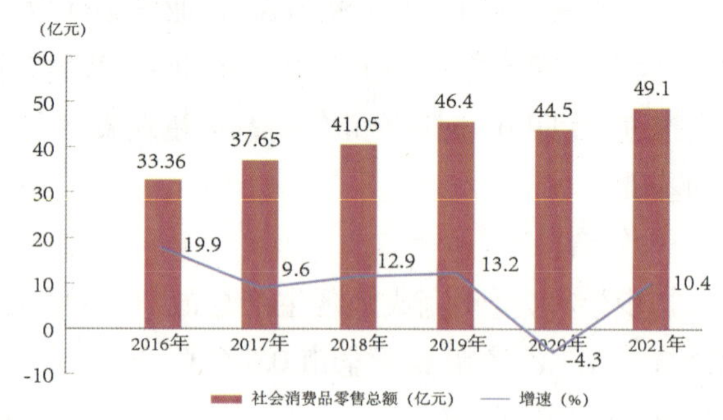

图6 2016—2021年社会消费品零售总额及增速

六、交通、旅游

全年客运量及旅客周转量分别完成121万人、423万人千米,乃东区年末公路通车里程476.46千米,桥梁总数46座14延米。全年共接待游客27.1万人次,实现旅游收入2976万元。

七、财政和金融

全年完成一般公共财政收入3.4亿元、同比增长1.4%。其中税收收入完成2.6亿元、同比增长13.1%,占一般公共财政收入的75.0%。增值税完成1.3亿元、同比增长14.7%,企业所得税完成0.7亿元、同比增长51.4%,个人所得税完成0.3亿元、同比下降39.3%。

全年财政预算总支出17.8亿元、同比增长

53.0%。其中一般公共服务支出4.1亿元、同比增长59.8%,公共安全2.1亿元、增长13.7%,教育支出2.1亿元、同比增长29.6%,文化体育传媒支出0.19亿元、同比下降28.0%,国防、科学技术、社会保障和就业分别支出0.02亿元、0.01亿元、1.01亿元,分别同比增长111.7%、下降25.5%、下降4.5%,医疗卫生、节能环保、农林水分别支出分别0.69亿元、0.16亿元、5.07亿元,分别同比增长15.4%,下降5.7%,同比增长175.6%,交通运输支出0.07亿元,同比增长34.7%,城乡社区、住房保障分别支出0.96亿元、0.58亿元,分别同比增长4.9%、14.3%。

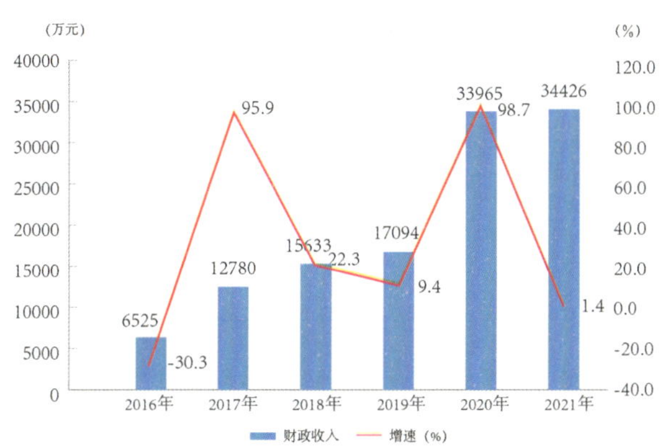

图7 2016—2021年一般公共财政收入及增速

八、教育

全区共有各级各类学校42所(含民办1所),在校生4844人,其中初中生1165人、小学生2362人、幼儿园1317人。学前教育毛入园率达100%,小学毛入学率达100%,初中毛入学率达100.8%。

表1 2021年乃东区教育主要指标

指标	在校学生(人)	专任教师(人)
普通中学	1165	131
小学	2362	213
幼儿园	1317	61

九、文化、卫生

共有专业艺术团体1个,从业人员24人,县(区)艺术团体1个,从业人员24人,县级综合文化活动中心1个,从业人员17人。广播电视人口覆盖率达到99.6%。

共有卫生机构9家,其中:医院1所、卫生院7个(含乡镇)、疾病预防控制中心1个、妇幼保健院(站)1个、医务室47个,实际开放床位30张。

十、人口、人民生活和社会保障

乃东区2021年末总人口68485人(含流动人口),其中:农牧民人口39272人,占总数的57%。

完成城镇居民人均可支配收入43100元、同比增长13.1%,完成农村居民人均可支配收入21855元,同比增长15.7%。位居全市总量第2、增速第5。

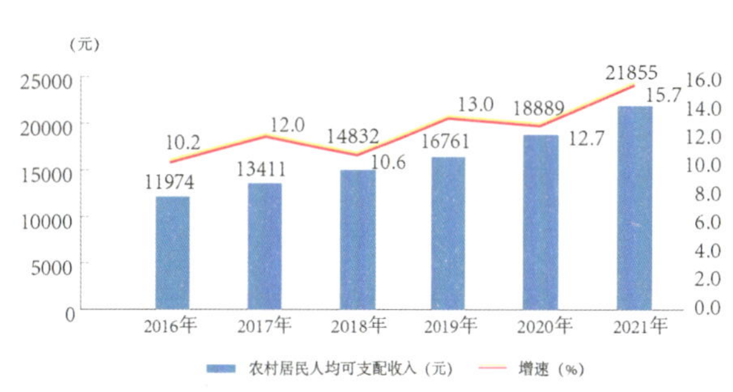

图8 2016—2021年农村居民人均可支配收入及增速

表2 2021年农村居民人均可支配收入结构

指标	绝对量(元)	比重(%)
人均可支配收入	21855	100
工资性收入	6557	30
经营性收入	10709	49
财产性收入	1530	7
转移性收入	3059	14

全年城乡居民基本医疗保险参保率达99.9%,兑现城乡居民基本医疗保险、大病保险等资金4722万元。城乡居民基本养老保险参保率达98%,发放养老金1600万元。农村最低生活保障231户571人,全年落实资金139.89万元;城镇最低生活保障271户450人,全年落实资金396.78万元。特困供养492人,其中集中供养243人、分散供养249人,儿童福利

院集中收养孤儿21名。城镇登记失业率控制3%以内。全年实现劳务输出1.3万人,劳务创收1.4亿元。

十一、安全生产

全年共发生各类生产安全事故16起、死亡2人、受伤18人、直接经济损失7.6万元,道路交通方面:事故15起、死亡1人、受伤18人、直接经济损失7.6万元。

注释:

[1]. 本公报数据均为初步统计数,部分数据因四舍五入的原因,存在总计与分项合计不等的情况。

[2]. 交通、邮电、旅游、财政、金融、教育、文化、卫生、体育、社会保障、安全生产方面的数据均由区各有关部门提供。

[3]. 地区生产总值及其各产业、工业和建筑业增加值绝对数按现价计算,增长速度按可比价计算。其他指标未特殊说明均按现价计算。

[4]. 根据第四次全国经济普查结果及有关制度规定,对乃东历年地区生产总值核算数和社会消费品零售总额数据进行修订。

2021年度农村经济收入分配一览表

表16

指标	单位	2020年	2021年	泽当街道办	昌珠镇	颇章乡	亚堆乡	多颇章乡	结巴乡	索珠乡
(一)农村经济总收入	万元	128798.60	144357.04	41046.55	36325.53	15251.54	18673.62	8192.28	16717.32	8150.20
其中:出售产品收入	万元	6923.08	7619.32	—	1925.62	1560.64	3570.76	562.30	—	—
1. 第一产业收入	万元	27483.82	29850.21	3351.22	2867.81	4251.37	5683.37	3686.90	5208.41	4801.13
其中:出售产品收入	万元	12724.93	12913.56	1635.89	883.82	1542.64	3570.77	1247.62	—	4032.82
(1)种植业收入	万元	11687.80	12726.73	2086.51	1749.64	1946.73	1361.94	1681.13	3189.17	711.62
其中:粮食收入	万元	7882.12	7886.66	736.53	1298.73	1946.73	1361.94	1251.53	777.41	513.79
(2)林业收入	万元	1090.76	1207.89	27.93	0.60	95.16	196.45	440.42	447.34	—
(3)牧业收入	万元	14213.31	15915.58	1236.78	1117.57	2209.48	4124.99	1565.35	1571.90	4089.51
(4)渔业收入	万元	—	—	—	—	—	—	—	—	—
2. 第二产业收入	万元	29159.58	31589.38	4412.02	15245.30	6823.91	—	83.30	4506.15	518.70
(1)工业收入	万元	7694.81	7923.48	847.87	5157.04	331.29	—	83.30	1458.59	45.40
其中:出售产品收入	万元	1970.37	1437.10	—	1041.80	18.00	—	83.30	294.00	—
(2)建筑业收入	万元	21419.23	23665.90	3564.16	10088.26	6492.62	—	—	3047.56	473.30
3. 第三产业收入	万元	71639.52	82918.31	33283.31	18212.42	4176.26	12990.25	4422.94	7002.76	2830.37
(1)交通运输业收入	万元	20463.35	25336.81	10244.64	6436.20	1146.84	3167.35	2058.14	1274.23	1009.40
(2)商业、饮食业收入	万元	9818.99	10091.65	3182.61	2692.10	476.17	1863.02	1071.99	588.66	217.10
(3)服务业收入	万元	11243.22	15952.01	5605.39	1883.60	441.37	6340.29	500.26	907.50	273.60
(4)其他收入(含政策性收入)	万元	25796.56	31537.84	14250.65	7200.52	2111.88	1619.59	792.55	4232.38	1330.27
(二)总费用	万元	51663.65	54165.65	15565.04	17043.42	3699.81	6829.50	2695.64	4328.31	4003.92
其中:生产费用	万元	17325.23	26691.26	466.95	11930.39	602.99	6829.50	721.65	2135.86	4003.92
(三)纯收入	万元	58048.28	89698.95	25481.50	18783.19	11551.73	11844.12	5503.13	12389.01	4146.26
1. 国家税收	万元	21.20	—	—	—	—	—	—	—	—
2. 提留	万元	—	—	—	—	—	—	—	—	—
3. 农民所得	万元	74791.34	89623.51	25481.50	18783.19	11551.73	11844.13	5500.04	12316.66	4146.26
农牧民人均纯收入	元/人	19949.68	22821.22	30063.12	27220.79	16849.08	18218.92	16881.57	25183.88	17531.75
其中:现金收入	元/人	—	13692.73	18037.87	17100.84	12636.81	11842.30	13258.37	15110.33	12272.23

续表 16

指标	单位	2020 年	2021 年	泽当街道办	昌珠镇	颇章乡	亚堆乡	多颇章乡	结巴乡	索珠乡
参与分配人口	人	—	39272.00	8476.00	6896	6856.00	6501	3256	4875.00	2365
附：农村经济总收入	万元	104973.57	128883.80	41046.55	36325.53	15251.54	—	8068.76	20041.22	8150.20
1. 乡(镇)村办企业收入	万元	5639.28	4890.75	—	—	534.00	—	—	4356.75	—
2. 集体统一经营收入	万元	5102.97	9326.17	8807.02	268.00	110.15	—	141.00	—	—
3. 新经济联合体收入	万元	—	151.67	—	—	85.00	—	—	66.67	—
4. 农民家庭经营收入	万元	56088.88	61835.80	19244.97	11011.90	12410.51	—	704.36	10313.86	8150.20
5. 其他收入	万元	21945.88	25232.05	10615.72	7200.52	2111.88	—	—	5303.94	—

2021 年度农村基本情况及农业生产条件一览表

表 17

指标	单位	绝对值	2020 年	2021 年	泽当街道办	昌珠镇	颇章乡	亚堆乡	多颇章乡	结巴乡	索珠乡
一、农村基层组织情况		—	—	—	—	—	—	—	—	—	—
乡镇(街道)个数	个	0.00	7	7	1	1	1	1	1	1	1
其中：街道	个	0.00	1	1	1	—	—	—	—	—	—
其中：镇个数	个	0.00	1	1	—	1	—	—	—	—	—
村民委员会个数	个	1.00	29	30	—	—	9	8	3	6	4
居委会	个	(12.00)	12	—	—	—	—	—	—	—	—
社区	个	11.00	11	22	10	12	—	—	—	—	—
二、农村基础设施	个	0.00	—	—	—	—	—	—	—	—	—
自来水受益村数	个	1.00	29	30	—	—	9	8	3	6	4
通汽车村数	个	1.00	29	30	—	—	9	8	3	6	4
通电话村数	个	1.00	29	30	—	—	9	8	3	6	4
通电的村	个	1.00	29	30	—	—	9	8	3	6	4
通邮的村	个	1.00	29	30	—	—	9	8	3	6	4
能收电视的村	个	0.00	29	29	—	—	9	8	2	6	4
通宽带的村	个	1.00	29	30	—	—	9	8	3	6	4
通有线电视	个	0.00	—	—	—	—	—	—	—	—	—

续表 17

指标	单位	绝对值	2020 年	2021 年	泽当街道办	昌珠镇	颇章乡	亚堆乡	多颇章乡	结巴乡	索珠乡
三、乡村人口与从业人员		0.00	—	—	—	—	—	—	—	—	—
乡村户数	户	624.00	11003	11627	3208	2031	1812	1789	847	1277	663
其中：农业户	户	207.00	10935	11142	3199	2031	1773	1789	449	1254	647
牧业户	户	27.00	58	85	9	—	37	—	—	23	16
半农半牧户	户	390.00	10	400	—	—	2	—	398	—	—
乡村人口数	人	1782.00	37490	39272	8476	6896	6856	6501	3303	4875	2365
1. 男	人	1030.00	18142	19172	3987	3342	3326	3153	1865	2334	1165
2. 女	人	752.00	19348	20100	4489	3554	3530	3348	1438	2541	1200
其中：农业人口	人	131.00	37119	37250	8350	6896	6731	6501	1671	4783	2318
牧业人口	人	75.00	298	373	126	—	108	—	—	92	47
半农半牧业的人口	人	1576.00	73	1649	—	—	17	—	1632	—	—
乡村劳动力资源数	人	721.00	20962	21683	5017	3872	4101	3677	1588	2251	1177
1. 男	人	333.00	10438	10771	2359	1922	2047	1823	860	1156	604
2. 女	人	388.00	10524	10912	2658	1950	2054	1854	728	1095	573
其中：劳动年龄内	人	458.00	20472	20930	4364	3872	4101	3661	1588	2167	1177
乡村从业人员数	人	114.00	19741	19855	4364	3872	3614	3661	1292	1956	1096
其中：劳动年龄内	人	114.00	19741	19855	4364	3872	3614	3661	1292	1956	1096
(一)按性别分		114.00	19741	19855	4364	3872	3614	3661	1292	1956	1096
1. 男	人	25.00	9825	9850	2065	1922	1795	1818	707	949	594
其中：从事农业人员		48.00	3651	3699	498	604	759	766	408	209	455
2. 女	人	89.00	9916	10005	2299	1950	1819	1843	585	1007	502
其中：从事农业人员		207.00	3796	4003	450	620	802	815	302	520	494
(二)按国民经济行业分		114.00	19741	19855	4364	3872	3614	3661	1292	1956	1096
1. 农业从业人员	人	68.00	7634	7702	829	1173	1512	1687	727	817	957
2. 工业从业人员	人	256.00	512	768	102	184	53	268	51	110	—
3. 建筑业从业人员	人	(203.00)	5506	5303	206	1803	1488	1264	173	369	—

续表 17

指标	单位	绝对值	2020 年	2021 年	泽当街道办	昌珠镇	颇章乡	亚堆乡	多颇章乡	结巴乡	索珠乡
4. 交通仓储邮政业从业人员	人	（88.00）	1395	1307	685	275	135	23	55	98	36
5. 信息、传输、计算机服务和软件业	人	28.00	15	43	0	—	0	0	6	1	36
6. 批零及零售业从业人员	人	38.00	806	844	260	155	160	98	49	76	46
7. 住宿和餐饮业	人	225.00	1705	1930	1008	249	186	300	68	98	21
8. 其他行业从业人员	人	（210.00）	2168	1958	1274	33	80	21	163	387	—
四、农业用地情况		0.00	—	—	—	—	—	—	—	—	—
1. 耕地	公顷	105.36	4066.49	4171.85	—	—	—	—	—	—	—
2. 园地	公顷	0.00	15.36	15.36	—	—	—	—	—	—	—
3. 林地	公顷	0.00	72192	72192	—	—	—	—	—	—	—
4. 草地	公顷	0.00	170483	170483	—	—	—	—	—	—	—
5. 设施农业用地	公顷	（3.37）	59.31	55.94	—	27.48	27.58	—	0.88	—	—
五、农业机械化情况		0.00	—	0.00	—	—	—	—	—	—	—
（一）农用机械总动力合计	千瓦	1908.72	210497.37	212406.09	34625.14	31265.48	35836.69	35092.74	7793.40	49164.71	18627.94
1. 柴油发动机动力	千瓦	（292.59）	209269.16	208976.57	—	—	—	—	—	—	—
2. 汽油发动机动力	千瓦	1520.00	—	1520	—	469	—	0	1051	—	—
3. 电动机动力	千瓦	681.31	1228.21	1909.52	314.22	622.5	—	89.8	883	—	—
4. 其他机械动力	千瓦	0.00	—	—	—	—	—	—	—	—	—
（二）主要农业机械与设备		0.00	—	—	—	—	—	—	—	—	—
大中型拖拉机	台	98.00	3536	3634	32	1055	788	648	90	768	253
	千瓦	3379.98	71674.72	75054.70	2035.96	13957.65	14479.50	12776.10	1313.80	23213.65	7278.05
小型拖拉机	台	（210.00）	5236	5026	470	848	1417	1134	342	494	321
	千瓦	（1785.10）	79377.76	77592.66	14982.27	9349.20	18746.91	16452.95	3581.60	9612.43	4867.31

续表 17

指标	单位	绝对值	2020 年	2021 年	泽当街道办	昌珠镇	颇章乡	亚堆乡	多颇章乡	结巴乡	索珠乡
大中型拖拉机配套农具	台	33.00	1889	1922	6	34	463	549	94	776	—
小型拖拉机配套农具	台	（1005.00）	7333	6328	8	1757	2576	1213	220	494	60
农用排灌电动机	台	（8.00）	155	147	57	83	—	7	—	—	—
	千瓦	（263.99）	1228.21	964.22	314.22	622.5	—	27.5	—	—	—
农用排灌柴油机	台	0.00	—	—	—	—	—	—	—	—	—
	千瓦	0.00	—	—	—	—	—	—	—	—	—
联合收割机	台	（1.00）	222	221	27	59	35	12	19	52	17
	千瓦	105.02	12291.88	12396.9	1874.25	1084.13	1991.12	512.00	1824.00	4173.05	938.36
自走式机动收割晒机	台	99.00	360	459	0	98	—	—	—	361	—
	千瓦	1908.23	6023.77	7932	0	1608	—	—	—	6324	—
机动脱粒机	台	（113.00）	2487	2374	9	366	748	1108	8	109	26
农用运输车	辆	99.00	403	502	136	108	27	55	61	59	56
	千瓦	（1435.42）	39901.03	38465.61	15418.45	4644.00	619.16	5324.19	1074.00	5841.59	5544.22
机电井	眼	16.00	228	244	64	83	33	9	13	42	—
节水灌溉机械	套	0.00	13	13	13	—	—	—	—	—	—
农用水泵	台	（7.00）	87	80	47	—	33	—	—	—	—
（三）农机作业情况		0.00	—	—	—	—	—	—	—	—	—
机耕面积	公顷	0.00	4038.755	4038.76	—	—	—	—	—	—	—
机播面积	公顷	0.00	3730.225	3730.23	—	—	—	—	—	—	—
机械收获面积	公顷	0.00	3228.885	3228.89	—	—	—	—	—	—	—
六、农业主要能源物资消耗		0.00	—	—	—	—	—	—	—	—	—
1. 乡、村办水电站数	个	0.00	—	—	—	—	—	—	—	—	—
装机容量	千瓦	0.00	—	—	—	—	—	—	—	—	—
发电量	千瓦时	0.00	—	—	—	—	—	—	—	—	—

续表 17

指标	单位	绝对值	2020 年	2021 年	泽当街道办	昌珠镇	颇章乡	亚堆乡	多颇章乡	结巴乡	索珠乡
2. 农村用电量	千瓦时	124581.43	5317483.86	5442065.29	2500050	702892.69	957529.6	499100	160023	357000	265470
一年户均用电量		（0.28）	483.28	483	804	337.2	528	260	375	280	445
3. 农用化肥施用量（折纯）	吨	（13.71）	1570	1556.29	179.11	498.8	218.9	223.44	134	222.73	79.3
其中：氮肥 46%	吨	（215.17）	740.69	525.53	57.79	181.4	59.4	105.43	36.7	62.8	22
磷肥 50%	吨	35.25	277.71	312.96	82.93	68	25.5	45.18	56	26.35	9
钾肥 46%	吨	230.91	69.11	300.02	0.00	249.4	14	8.49	8.6	14.53	5
复合肥 38%	吨	（63.97）	481.75	417.78	38.38	—	120	64.35	32.7	119.05	43.3
4. 农用塑料薄膜使用量	吨	（90.97）	121.422052	30.45	—	19.34	0.36	—	0.75	10	—
其中：地膜使用量	吨	（71.47）	101.922052	30.45	—	19.34	0.36	—	0.75	10	—
地膜覆盖面积	公顷	（64.45）	188.05	123.60	—	103.17	9.23	—	0.5	10.7	—
5. 农用柴油使用量	吨	（65.50）	913.6982	848.19	89	123.27	211.93	312.00	25.40	—	86.6
6. 农药使用量	吨	（59.62）	63.74855	4.13	0.12	3.08	0.32	0.35	0.16	—	0.1
七、农田水利建设情况		0.00	—	—	—	—	—	—	—	—	—
有效灌溉面积	公顷	0.00	4020.76	4020.76	—	—	—	—	—	—	—
旱涝保收面积	公顷	0.00	3483.93	3483.93	—	—	—	—	—	—	—
机电排灌面积	公顷	0.00	1268.815	1268.82	—	—	—	—	—	—	—
八、合作组织		0.00	—	—	—	—	—	—	—	—	—
农村专业合作组织	个	（7.00）	208	201	16	56	35	24	17	33	20
经纪人	个	（147.00）	398	251	—	—	35	141	29	26	20
其中：签订订单的农业户	户	0.00	—	—	—	—	—	—	—	—	—
签订订单的牧业户	户	0.00	—	—	—	—	—	—	—	—	—
九、自然灾害情况		0.00	—	—	—	—	—	—	—	—	—
受害面积合计	公顷	21.83	2	23.83	—	—	23.3	0.53	—	—	—
成灾面积合计	公顷	（2.00）	2	—	—	—	—	—	—	—	—

续表 17

指标	单位	绝对值	2020 年	2021 年	泽当街道办	昌珠镇	颇章乡	亚堆乡	多颇章乡	结巴乡	索珠乡
粮食减产面积	公顷	8.30	2	10.3	—	—	10.3	—	—	—	—
减产粮食	吨	（4.50）	4.5	—	—	—	—	—	—	—	—
减产油料	吨	0.00	—	—	—	—	—	—	—	—	—
死亡人口	人	0.00	—	—	—	—	—	—	—	—	—
死亡大牲畜	头	0.00	—	—	—	—	—	—	—	—	—
死亡羊	只	0.00	—	—	—	—	—	—	—	—	—
倒塌民房	间	0.00	—	—	—	—	—	—	—	—	—
损坏民房	间	0.00	—	—	—	—	—	—	—	—	—
成灾人口合计	人	0.00	—	—	—	—	—	—	—	—	—
缺粮人口	人	0.00	—	—	—	—	—	—	—	—	—
牛粪	吨	168.25	665	833.25	—	—	—	181.25	—	—	652
薪柴	立方米	7127.00	335	7462	—	—	—	—	7057	—	405
沼气	立方米	6.00	—	6	—	—	—	—	6	—	—
十、农村人居环境建设和环境综合整治		0.00	—	—	—	—	—	—	—	—	—
有贸易市场的村	个	0.00	—	—	—	—	—	—	—	—	—
有绿化建设的村	个	1.00	29	30	—	—	9	8	3	6	4
有农家书屋的村	个	0.00	29	29	—	—	9	8	2	6	4
有综合文化体育设施	个	0.00	29	29	—	—	9	8	2	6	4
村级广播站	个	0.00	29	29	—	—	9	8	2	6	4
观看流动电影的村	个	1.00	29	30	—	—	9	8	3	6	4
有卫生站的村	个	1.00	29	30	—	—	9	8	3	6	4
有太阳能公共照明的村	个	0.00	29	29	—	—	9	8	2	6	4
有硬化道路的村	个	1.00	29	30	—	—	9	8	3	6	4
有农村垃圾污水治理的村	个	0.00	—	0	—	—	—	—	—	—	—

2021 年度农业主要产品生产情况(面积)

表 18

指标	单位	绝对值	2020 年	2021 年	泽当街道办	昌珠镇	颇章乡	亚堆乡	多颇章乡	结巴乡	索珠乡
农作物总播种面积	公顷	226.61	4066.49	4293.10	438.33	902.97	769.32	674.04	267.91	879.33	361.20
一、粮食作物合计	公顷	–188.49	3248.97	3060.48	341.07	648.31	595.47	441.66	201.17	568.13	264.67
(一)谷物	公顷	–219.37	3213.30	2993.93	341.07	648.31	586.07	384.51	201.17	568.13	264.67
1. 小麦	公顷	417.17	1260.00	1677.17	272.68	466.49	352.41	143.16	145.30	260.20	36.93
①春小麦	公顷	39.77	—	39.77	33.97	—	3	—	2.8	—	—
②冬小麦	公顷	377.41	1260.00	1637.40	238.71	466.49	349.41	143.16	142.50	260.20	36.93
2. 玉米	公顷	12.75	—	12.75	12.75	—	—	—	—	—	—
3. 其他谷物	公顷	–649.29	1953.30	1304.01	55.64	181.82	233.66	241.35	55.87	307.93	227.73
其中:青稞	公顷	–649.29	1953.30	1304.01	55.64	181.82	233.66	241.35	55.87	307.93	227.73
(二)豆类合计	公顷	30.88	35.67	66.55	—	—	9.4	57.15	—	—	—
1. 豌豆(与油菜、土豆混种,不占总耕地面积)	公顷	30.88	35.67	66.55	—	—	9.4	57.15	—	—	—
二、油菜合计	公顷	181.01	279.87	460.88	12.57	49.54	84.09	116.38	36.57	133.33	28.40
油菜籽	公顷	181.02	279.87	460.88	12.57	49.54	84.09	116.38	36.57	133.33	28.40
三、蔬菜(含土豆)	公顷	190.06	266.65	456.71	54.44	175.93	66.59	29.70	23.38	80.00	26.67
四、瓜果类	公顷	–20.21	20.21	—	—	—	—	—	—	—	—
其中:西瓜	公顷	0.00	—	—	—	—	—	—	—	—	—
草莓		–1.16	1.16	—	—	—	—	—	—	—	—
葡萄	公顷	0.00	—	—	—	—	—	—	—	—	—
五、其他作物	公顷	64.24	250.79	315.03	30.25	29.19	23.17	86.30	6.79	97.87	41.47
其中:青饲料(不含总耕地面积)	公顷	64.24	250.79	315.03	30.25	29.19	23.17	86.30	6.79	97.87	41.47

2021 年度农业主要产品生产情况（产量）一览表

表 19

指标	单位	增加值	2020 年	2021 年	泽当街道办	昌珠镇	颇章乡	亚堆乡	多颇章乡	结巴乡	索珠乡
一、粮食作物合计	吨	203.73	24332.47	24536.20	3022.11	5603.00	4875.20	2979.00	1711.32	4461.00	1884.57
粮食亩产量		70.37	998.57	1068.95	1181.42	1152.33	1091.55	899.33	1134.24	1046.94	949.41
（一）谷物	吨	98.45	24293.80	24392.25	3022.11	5603.00	4847.00	2863.27	1711.30	4461.00	1884.57
1. 小麦	吨	4040.23	11693.40	15733.63	2568.62	4395.00	3322.00	1288.44	1358.50	2452.00	349.07
小麦亩产		13.41	1237.40	1250.81	1255.99	1256.19	1256.88	1200.00	1246.62	1256.47	1260.00
①春小麦	吨	382.00	—	382.00	320.00	—	18.00	—	44.00	—	—
春小麦亩产		1280.70	—	1280.70	1570.01	—	1244.44	—	2095.24	—	—
②冬小麦	吨	3658.23	11693.40	15351.63	2248.62	4395.00	3304.00	1288.44	1314.50	2452.00	349.07
冬小麦亩产		12.68	1237.40	1250.08	1255.98	1256.79	1256.99	1200.00	1229.94	1256.47	1260.00
2. 玉米	吨	90.41	—	90.41	90.41	—	—	—	—	—	—
玉米亩产		945.46	—	945.46	945.46	—	—	—	—	—	—
3. 其他谷物	吨	–4032.19	12600.40	8568.21	363.08	1208.00	1525.00	1574.83	352.80	2009.00	1535.50
青稞亩产		15.98	860.11	876.09	870.07	885.86	870.00	870.00	841.95	869.89	899.00
其中：青稞	吨	–4032.19	12600.40	8568.21	363.08	1208.00	1525.00	1574.83	352.8	2009.00	1535.50
（二）豆类合计	吨	105.28	38.67	143.95	—	—	28.20	115.73	0.02	—	—
3. 豌豆	吨	105.28	38.67	143.95	—	—	28.20	115.73	0.02	—	—
豌豆亩产		288.40	—	288.40	—	—	400.00	270.00	—	—	—
二、油料合计	吨	654.46	612.36	1266.82	32.13	173.27	218.00	218.21	84.00	446.00	95.21
油料亩产		74.76	291.74	366.49	340.81	466.35	345.66	250.00	306.26	446.00	447.00
其中：油菜籽	吨	654.46	612.36	1266.82	32.13	173.27	218.00	218.21	84.00	446.00	95.21
三、植物采集		350.21	—	350.21	—	344.80	—	4.61	0.8000	—	—
1. 野生药材	千克	–72.26	73.06	0.80	—	—	—	—	0.8	—	—
虫草	千克	–7.82	8.62	0.80	—	—	—	—	0.8	—	—
贝母	千克	–64.44	64.44	—	—	—	—	—	—	—	—
天麻	千克	0.00	0.00	—	—	—	—	—	—	—	—
雪莲花	千克	0.00	0.00	—	—	—	—	—	—	—	—
红景天	千克	0.00	0.00	—	—	—	—	—	—	—	—
2. 柴草	吨	–2464.05	2813.45	349.41	—	344.8	—	4.61	—	—	—

续表 19

指标	单位	增加值	2020 年	2021 年	泽当街道办	昌珠镇	颇章乡	亚堆乡	多颇章乡	结巴乡	索珠乡
五、蔬菜(含土豆)	吨	2338.64	19001.15	21339.79	2862.00	4269.83	3291.33	1867.06	1100.00	6623.50	1326.07
蔬菜亩产量		-3271.02	9501.03	6230.00	7009.55	3236.01	6590.24	8381.86	6273.17	11039.17	6500.00
六、瓜果类	吨	-89.22	89.22	—	—	—	—	—	—	—	—
其中:西瓜		—	—	—	—	—	—	—	—	—	—
草莓	吨	-6.22	6.22	—	—	—	—	—	—	—	—
七、其他作物	吨	4566.88	9404.50	13971.38	1020.77	1532.48	1390.00	1618.13	1118	5226.00	2066.00
其中:青饲料(干草)	吨	4566.88	9404.50	13971.38	1020.77	1532.48	1390.00	1618.13	1118	5226.00	2066.00
青饲料亩产		913.32	4999.87	5913.19	4499.26	7000.02	7998.85	2500.01	21953.85	7119.89	6643.09

2021 年度蔬菜及特种作物生产情况(播种面积)一览表

表 20

指标	单位	绝对值	2020 年	2021 年	泽当街道办	昌珠镇	颇章乡	亚堆乡	多颇章乡	结巴乡	索珠乡
一、蔬菜合计	公顷	190.05	266.65	456.71	54.44	175.93	66.59	29.7	23.38	80.00	26.67
1. 叶菜类	公顷	-10.24	32.24	22.00	6.00	12.83	3.17	—	—	—	—
其中:菠菜	公顷	1.40	9.14	10.54	2.00	5.97	2.57	—	—	—	—
芹菜	公顷	5.36	2.10	7.46	0.00	6.86	0.60	—	—	—	—
油菜	公顷	-17.00	21.00	4.00	4.00	—	—	—	—	—	—
2. 白菜类	公顷	41.62	24.49	66.11	11.61	30.79	9.93	1.31	0.07	12.40	—
其中:大白菜	公顷	41.62	24.49	66.11	11.61	30.79	9.93	1.31	0.07	12.40	—
3. 瓜菜类	公顷	22.14	12.94	35.08	9.47	16.52	5.49	—	—	3.60	—
其中:黄瓜	公顷	6.43	12.94	19.37	6.20	4.08	5.49	—	—	3.60	—
南瓜	公顷	15.71	—	15.71	3.27	12.44	—	—	—	—	—
4. 根茎类	公顷	253.70	21.51	275.21	16.13	74.08	45.30	28.39	23.31	61.33	26.67
其中:白萝卜	公顷	16.61	21.51	38.12	12.00	11.92	4.42	2.42	0.09	7.27	—
胡萝卜	公顷	—	—	6.53	3.00	3.53	—	—	—	—	—
土豆	公顷	67.02	163.54	230.56	1.13	58.63	40.88	25.97	23.22	54.06	26.67
5. 茄果菜类	公顷	26.18	10.80	36.98	9.23	25.05	2.70	—	—	—	—
其中:茄子	公顷	5.95	5.95	11.90	6.13	5.77	—	—	—	—	—

续表 20

指标	单位	绝对值	2020 年	2021 年	泽当街道办	昌珠镇	颇章乡	亚堆乡	多颇章乡	结巴乡	索珠乡
西红柿	公顷	7.98	4.85	12.83	3.10	7.03	2.70	—	—	—	—
辣椒	公顷	—	—	12.25	—	12.25	—	—	—	—	—
6. 葱蒜类	公顷	12.85	0.50	13.35	2.00	8.68	—	—	—	2.67	—
其中：大葱	公顷	11.72	0.50	12.22	2.00	7.55	—	—	—	2.67	—
蒜头	公顷	—	—	1.13	—	1.13	—	—	—	—	—
7. 菜用豆芽	公顷	7.35	0.63	7.98	—	7.98	—	—	—	—	—
其中：四季豆	公顷	2.28	—	2.28	—	2.28	—	—	—	—	—
豇豆	公顷	5.07	0.63	5.70	—	5.70	—	—	—	—	—

2021 年度蔬菜及特种作物生产情况（产量）一览表

表 21

指标	单位	绝对值	2020 年	2021 年	泽当街道办	昌珠镇	颇章乡	亚堆乡	多颇章乡	结巴乡	索珠乡
一、蔬菜合计	吨	2338.64	19001.15	21339.79	2862.00	4269.83	3291.33	1867.06	1100.00	6623.50	1326.07
单产	—	-3270.98	9501.03	6230.05	7009.55	3236.01	6590.24	8381.86	6273.17	11039.63	6629.52
1. 叶菜类	吨	-385.01	734.77	349.76	116.52	109.81	123.43	—	—	—	—
其中：菠菜	吨	-119.57	342.75	223.18	105.00	19.75	98.43	—	—	—	—
芹菜	吨	-0.44	115.50	115.06	0.00	90.06	25.00	—	—	—	—
油菜	吨	-265.00	276.52	11.52	11.52	—	—	—	—	—	—
2. 白菜类	吨	2161.99	1280.20	3442.19	696.24	1337.26	467.95	85.74	18.00	837.00	—
其中：大白菜	吨	2161.99	1280.20	3442.19	696.24	1337.26	467.95	85.74	18.00	837.00	—
3. 瓜菜类	吨	228.62	1008.45	1237.07	532.69	148.31	286.07	—	—	270.00	—
其中：黄瓜	吨	-19.10	1008.45	989.35	348.75	84.53	286.07	—	—	270.00	—
南瓜	吨	247.72	—	247.72	183.94	63.78	—	—	—	—	—
4. 根茎类	吨	13832.09	1098.23	14930.31	942.20	2194.24	2247.98	1781.32	1082.00	5356.50	1326.07
其中：白萝卜	吨	1110.70	1098.23	2208.92	719.82	483.08	298.35	95.67	121.50	490.50	—
胡萝卜	吨	446.24	—	446.24	180.00	266.24	—	—	—	—	—
土豆	吨	-1951.34	14226.49	12275.15	42.38	1444.92	1949.63	1685.65	960.50	4866.00	1326.07
5. 茄果菜类	吨	385.79	600.69	986.48	461.85	358.73	165.90	—	—	—	—

续表 21

指标	单位	绝对值	2020 年	2021 年	泽当街道办	昌珠镇	颇章乡	亚堆乡	多颇章乡	结巴乡	索珠乡
其中：茄子	吨	245.89	114.19	360.08	275.85	84.23	—	—	—	—	—
西红柿	吨	94.30	486.50	580.80	186.00	228.90	165.90	—	—	—	—
辣椒	吨	—	—	45.60	—	45.60	—	—	—	—	—
6. 葱蒜类	吨	309.73	2.20	311.93	112.50	39.43	—	—	—	160.00	—
其中：大葱	吨	301.25	2.20	303.45	112.50	30.95	—	—	—	160.00	—
蒜头	吨	8.48	—	8.48	—	8.48	—	—	—	—	—
7. 菜用豆芽	吨	31.92	50.13	82.05	—	82.05	—	—	—	—	—
其中：四季豆	吨	17.10	—	17.10	—	17.10	—	—	—	—	—
豇豆	吨	14.82	50.13	64.95	—	64.95	—	—	—	—	—

2021 年度设施农业生产情况（播种面积）一览表

表 22

指标	单位	绝对值	2020 年	2021 年	多颇章乡	结巴乡	昌珠镇	颇章乡
一、蔬菜	公顷	33.30	59.31	92.61	0.56	36.00	48.20	7.84
其中：生姜	公顷	0.00	—	—	—	—	—	—
辣椒	公顷	–1.10	1.10	—	—	—	—	—
芹菜	公顷	–19.40	21.00	1.60	—	—	1.00	0.60
油菜	公顷	–9.14	9.14	—	—	—	—	—
菠菜	公顷	–8.87	10.94	2.07	—	—	—	2.07
黄瓜	公顷	8.99	4.85	13.84	—	3.60	7.95	2.29
西红柿	公顷	–10.15	12.28	2.14	—	—	1.44	0.70
其他	公顷	52.75	20.21	72.96	0.56	32.40	37.82	2.18
二、瓜类	公顷	–1.16	1.16	—	—	—	—	—
其中：草莓		0.00	—	—	—	—	—	—
葡萄	公顷	0.00	—	—	—	—	—	—
五、其他作物	公顷	–1125.00	1125.00	—	—	—	—	—
二、设施数量	个	433.10	66.90	500.00	—	—	337.00	163.00
三、设施占地面积	公顷	–26.99	66.90	39.91	—	—	32.07	7.84

2021 年度设施农业生产情况（产量）一览表

表 23

指标	单位	绝对值	2020 年	2021 年	多颇章乡	结巴乡	昌珠镇	颇章乡
一、蔬菜	吨	4575.525	3559.46	8134.98	—	3186	4393.59	1341.7
亩产		3710.247208	8001.92	11712.17	—	11800	12153.78	22818.03
其中：生姜	吨	0	—	—	—	—	—	—
辣椒	吨	0	—	—	—	—	—	—
芹菜	吨	-0.44	115.50	115.06	—	—	90.06	25.00
油菜	吨	-376.52	376.52	—	—	—	—	—
菠菜	吨	-244.315	342.75	98.43	—	—	—	98.43
黄瓜	吨	-367.85	1008.45	640.60	—	270.00	84.53	286.07
西红柿	吨	-139.87	436.50	296.63	—	—	130.73	165.90
其他	吨	5704.52	1279.74	6984.26	—	2916.00	3301.96	766.30
二、瓜类	吨	-89.22	89.22	—	—	—	—	—
其中：草莓	吨	-6.22	6.22	—	—	—	—	—
葡萄		0	—	—	—	—	—	—
五、其他作物	吨	0	—	—	—	—	—	—

2021 年度畜牧业主要产品生产情况表

表 24

指标	单位	绝对值	2020 年	2021 年	泽当街道办	昌珠镇	颇章乡	亚堆乡	多颇章乡	结巴乡	索珠乡	巴山农牧	宏农养鸡	贡桑养殖
牲畜总头数	头	（2064）	107006	104942	6659	6264	18451	24255	10253	8223	12874	17963	—	—
一、大牲畜	头	（1180）	46885	45705	2498	4629	6829	8869	5113	7722	10045	—	—	—
其中：从事农事劳役的	头	（565）	5437	4872	170	71	960	972	607	944	1148	—	—	—
当年成畜死亡	头	43	321	364	17	46	26	228	39	8	—	—	—	—
当年生仔畜	头	（94）	14242	14148	952	1678	2049	2473	1482	2583	2931	—	—	—
1. 牛	头	（1189）	46388	45199	2498	4558	6763	8644	5082	7689	9965	—	—	—
其中：肉牛		（883）	37802	36919	2008	3638	5109	6977	4506	6192	8489	—	—	—
奶牛		52	3862	3914	320	920	760	920	0	586	408	—	—	—
役用牛		（358）	4724	4366	170	—	894	747	576	911	1068	—	—	—
能繁殖的母畜	头	（308）	20535	20227	1063	1908	3026	4871	1989	3305	4065	—	—	—

续表 24

指标	单位	绝对值	2020年	2021 年	泽当街道办	昌珠镇	颇章乡	亚堆乡	多颇章乡	结巴乡	索珠乡	巴山农牧	宏农养鸡	贡桑养殖
当年购入的牛	头	1785	6196	7981	219	1804	292	184	139	2910	2433	—	—	—
当年生仔畜	头	（154）	14219	14065	952	1676	2046	2403	1476	2583	2929	—	—	—
1—2 岁	头	（125）	14344	14219	720	1690	2065	2846	1271	2141	3486	—	—	—
2—3 岁	头	3143	11201	14344	740	1960	2251	2822	1171	2303	3097	—	—	—
当年出售牛	头	2311	176	2487	0	0	202	1359	926	0	0	—	—	—
成畜死亡	头	38	315	353	17	46	26	219	37	8	—	—	—	—
年初存栏数	头	171	46217	46388	2595	4297	6825	10182	5722	7410	9357	—	—	—
（1）黄牛	头	（2334）	14516	12182	438	666	2654	4704	1642	1619	459	—	—	—
能繁殖的母畜	头	（1）	6714	6713	96	521	1333	3044	740	692	287	—	—	—
当年购入黄牛	头	92	1560	1652	39	294	152	184	7	880	96	—	—	—
当年生仔畜	头	（333）	4262	3929	79	292	862	1530	429	572	165	—	—	—
1—2 岁	头	（546）	4808	4262	121	321	909	1757	441	596	117	—	—	—
2—3 岁	头	273	4535	4808	159	748	878	1898	424	456	245	—	—	—
当年出售黄牛	头	1247	176	1423	—	—	22	725	676	—	—	—	—	—
成畜死亡	头	55	116	171	2	16	14	123	12	4	—	—	—	—
年初存栏数	头	（592）	15108	14516	473	899	2876	5585	2371	1812	500	—	—	—
（2）良种及改良乳牛	头	1221	13809	15030	1089	3798	3148	1320	850	3077	1748	—	—	—
能繁殖的母畜	头	347	6519	6866	661	1340	1163	807	369	1528	998	—	—	—
当年购入乳牛	头	834	2869	3703	57	1480	90	—	—	1495	581	—	—	—
当年生仔畜	头	613	4547	5160	615	1343	828	424	272	1106	572	—	—	—
1—2 岁	头	（326）	4873	4547	380	1343	702	513	330	793	486	—	—	—
2—3 岁	头	1929	2944	4873	424	1181	872	361	325	1105	605	—	—	—
当年出售乳牛	头	362	—	362	—	—	26	134	202	—	—	—	—	—
成畜死亡	头	24	88	112	9	27	12	50	12	2	—	—	—	—
年初存栏数	头	（273）	14082	13809	1273	3320	2268	1474	995	2910	1569	—	—	—
（3）牦牛	头	（76）	18063	17987	971	94	961	2620	2590	2993	7758	—	—	—
能繁殖的母畜	头	（654）	7302	6648	306	47	530	1020	880	1085	2780	—	—	—
当年购入牦牛	头	859	1767	2626	123	30	50	—	132	535	1756	—	—	—

续表 24

指标	单位	绝对值	2020年	2021年	泽当街道办	昌珠镇	颇章乡	亚堆乡	多颇章乡	结巴乡	索珠乡	巴山农牧	宏农养鸡	贡桑养殖
当年生仔畜	头	（434）	5410	4976	258	41	356	449	775	905	2192	—	—	—
1—2 岁	头	747	4663	5410	219	26	454	576	500	752	2883	—	—	—
2—3 岁	头	941	3722	4663	157	31	501	563	422	742	2247	—	—	—
当年出售牦牛	头	702	0	702	—	—	154	500	48	—	—	—	—	—
成畜死亡	头	（41）	111	70	6	3	—	46	13	2	—	—	—	—
年初存栏数	头	1036	17027	18063	849	78	1681	3123	2356	2688	7288	—	—	—
2. 马	匹	16	262	278	—	71	2	114	19	12	60	—	—	—
能繁殖的母畜	匹	（17）	83	66	—	8	—	50	6	—	2	—	—	—
当年购入马	匹	7	14	21	—	4	—	—	—	2	15	—	—	—
当年生仔畜	匹	15	13	28	—	2	—	20	4	—	2	—	—	—
1—2 岁	匹	（2）	15	13	—	2	—	7	4	—	—	—	—	—
2—3 岁	匹	（3）	18	15	—	1	—	12	—	1	1	—	—	—
3—4 岁	匹	（71）	89	18	—	—	—	18	—	—	—	—	—	—
当年出售马	匹	（19）	46	27	—	4	2	20	—	—	1	—	—	—
成畜死亡	匹	6	0	6	—	—	—	5	1	—	0	—	—	—
年初存栏数	匹	（19）	281	262	—	69	4	119	16	10	44	—	—	—
3. 驴	头	（7）	235	228	—	—	64	111	12	21	20	—	—	—
当年生仔畜	头	45	10	55	—	—	3	50	2	—	—	—	—	—
当年购入驴	头	（8）	16	8	—	—	—	—	—	2	6	—	—	—
1—2 岁	头	（21）	31	10	—	—	6	4	—	—	—	—	—	—
2—3 岁	头	26	5	31	—	—	4	16	11	—	—	—	—	—
当年出售驴	头	（43）	108	65	—	—	31	13	15	4	2	—	—	—
成畜死亡	头	（1）	6	5	—	—	—	4	1	—	—	—	—	—
年初存栏数	头	（88）	323	235	—	—	92	78	26	23	16	—	—	—
二、猪	头	523	25176	25699	14	395	71	258	3786	383	2829	17963	—	—
其中：藏香猪	头	（3509）	7892	4383	4	395	—	198	3786	—	—	—	—	—
能繁殖的母猪	头	2584	3800	6384	—	152	67	179	296	64	2338	3288	加上了1800	—
当年购入猪	头	（86）	5498	5412	10	159	213	186	4503	341	—	—	—	—

续表 24

指标	单位	绝对值	2020年	2021年	泽当街道办	昌珠镇	颇章乡	亚堆乡	多颇章乡	结巴乡	索珠乡	巴山农牧	宏农养鸡	贡桑养殖
当年生仔畜	头	(4500)	20415	15915	15	221	87	168	177	69	—	15178	—	—
当年出售猪	头	(1413)	2080	667	—	—	—	78	589	—	—	—	—	—
成畜死亡	头	580	1601	2181	—	9	—	15	14	—	—	2143	—	—
年初猪存栏数	头	8056	17120	25176	13	146	45	281	627	206	6632	17226	—	—
三、羊	只	(1407)	34945	33538	4147	1240	11551	15128	1354	118	—	—	—	—
能繁殖的母畜	只	189	19166	19355	2286	514	5829	9807	889	30	—	—	—	—
当年购入羊	只	1751	1615	3366	10	230	1798	977	150	201	—	—	—	—
当年生仔畜	只	(12)	11983	11971	2101	315	4088	4790	637	40	—	—	—	—
当年出售羊	只	2841	160	3001	—	—	—	1964	1037	—	—	—	—	—
成畜死亡	只	72	564	636	33	19	1	531	52	—	—	—	—	—
年初存栏数	只	(4846)	39791	34945	4347	1369	11138	14818	3153	120	—	—	—	—
(1)山羊	只	(1877)	15383	13506	194	185	5618	6767	719	23	—	—	—	—
能繁殖的母畜	只	(928)	8051	7123	68	75	2503	3962	508	7	—	—	—	—
当年购入山羊	只	80	800	880	1	164	504	12	75	124	—	—	—	—
当年生仔畜	只	(397)	4501	4104	39	37	1753	1935	332	8	—	—	—	—
当年出售山羊	只	1354	150	1504	—	—	—	652	852	—	—	—	—	—
成畜死亡	只	(33)	262	229	—	4	1	195	29	—	—	—	—	—
年初存栏数	只	(2196)	17579	15383	252	171	5738	6915	2292	15	—	—	—	—
(2)绵羊	只	470	19562	20032	3953	1055	5933	8361	635	95	—	—	—	—
能繁殖的母畜	只	1117	11115	12232	2218	439	3326	5845	381	23	—	—	—	—
当年购入绵羊	只	1671	815	2486	9	66	1294	965	75	77	—	—	—	—
当年生仔畜	只	385	7482	7867	2062	278	2335	2855	305	32	—	—	—	—
当年出售绵羊	只	1487	10	1497	—	—	—	1312	185	—	—	—	—	—
成畜死亡	只	105	302	407	33	15	—	336	23	—	—	—	—	—
年初存栏数	只	(2650)	22212	19562	4095	1198	5400	7903	861	105	—	—	—	—
四、家禽	羽	299620	110185	409805	25194	1238	3422	3310	664	977	—	—	300000	75000
其中：鸭子		(1800)	3800	2000	—	—	—	—	—	—	—	—	—	2000
其中：鸡	羽	301420	106385	407805	25194	1238	3422	3310	664	977	—	—	300000	73000

续表 24

指标	单位	绝对值	2020年	2021年	泽当街道办	昌珠镇	颇章乡	亚堆乡	多颇章乡	结巴乡	索珠乡	巴山农牧	宏农养鸡	贡桑养殖
肉鸡		（13322）	71596	58274	966	1238	760	3310	—	—	—	—	—	52000
蛋鸡	只	314742	34789	349531	24228	—	2662	—	664	977	—	—	300000	21000
五、禽蛋	吨	483	304.1	787	25.00	7.22	5.14	3.89	0.34	1.98	—	—	612.00	139.00
其中：鸡蛋	吨	483	304.1	787	25.00	7.22	5.14	3.89	0.34	1.98	—	—	612.00	139.00
五、当年出售和自宰的肉用猪	头	3780	14176	17956	24	122	274	284	918	233	3803	12298	—	—
猪出栏率		（0）	0.8	0.71	1.85	0.84	6.09	1.01	1.46	1.13	0.57	0.71	—	—
六、当年出售和自宰的肉用牛	头	642	19753	20395	1251.00	3173.00	2172	2547	1292	5206	4754	—	—	—
牛出栏率		0	0.43	0.44	0.48	0.74	0.32	0.25	0.23	0.70	0.51	—	—	—
七、当年出售和自宰的肉用羊	只	（4613）	17720	13107	2278	655	5472	2962	1497	243	—	—	—	—
羊出栏率		（0）	0.45	0.38	0.52	0.48	0.49	0.20	0.47	2.03	—	—	—	—
其中：出售和自宰的肉用绵羊	只	（2656）	10635	7979	2180.00	472.00	3096	1714	398	119	—	—	—	—
其中：出售和自宰的肉用山羊	只	（1957）	7085	5128	98	183	2376	1248	1099	124	—	—	—	—
牲畜总头数		3274	103732	107006	6955	5881	18104	25478	9544	7769	16049	17226	—	—
本年出栏数		（191）	51649	51458	3553	3950	7918	5793	3707	5682	8557	12298	—	—
本年出栏率		（0）	0.50	0.48	0.51	0.67	0.44	0.23	0.39	0.73	0.53	0.71	—	—
八、出售和自宰的家禽	羽	（133982）	565813	431831	—	—	513	3310	455	553	—	—	—	427000
其中：鸭子		（34280）	50000	15720	—	—	—	—	—	—	—	—	—	15720
其中：鸡	羽	（99702）	515813	416111	—	—	513	3310	455	553	—	—	—	411280
肉鸡		45133	341847	386980	—	—	—	—	—	—	—	—	—	386980
蛋鸡		（149211）	173966	24755	—	—	—	—	455	—	—	—	—	24300
九、当年肉类总产量	吨	844	4761.82	5605.46	182.47	395.42	355.56	371.35	240.79	640.57	835.74	1721.72	—	861.86
1. 当年猪牛羊总产量	吨	1129	3605.19	4733.94	182.47	395.42	354.53	364.73	239.88	639.46	835.74	1721.72	—	—
其中：猪肉	吨	1117	1006.50	2123.43	1.70	8.66	19.45	20.16	65.18	16.54	270.01	1721.72	—	—
毛重	斤	—	142	142	142	142	142	142	142	142	142	280	—	—

续表 24

指标	单位	绝对值	2020年	2021年	泽当街道办	昌珠镇	颇章乡	亚堆乡	多颇章乡	结巴乡	索珠乡	巴山农牧	宏农养鸡	贡桑养殖
牛肉	吨	76	2350.61	2427.01	148.87	377.59	258.47	303.09	153.75	619.51	565.73	—	—	—
毛重	斤	—	238	238	238	238	238	238	238	238	238	—	—	—
羊肉	吨	（65）	248.08	183.50	31.89	9.17	76.61	41.47	20.96	3.40	—	—	—	—
毛重	斤	—	28	28	28	28	28	28	28	28	28	—	—	—
其中：山羊	吨	（27）	99.19	71.79	1.37	2.56	33.26	17.47	15.39	1.74	—	—	—	—
绵羊	吨	（37）	148.89	111.71	30.52	6.61	43.34	24.00	5.57	1.67	—	—	—	—
2. 家禽肉产量	吨	（285）	1156.63	871.52	—	—	1.03	6.62	0.91	1.11	—	—	—	861.86
其中：鸭子		（86）	125.00	39.30	—	—	—	—	—	—	—	—	—	39.30
毛重		0	5	5	5	5	5	5	5	5	5	5	5	5
其中：鸡	吨	（199）	1031.63	832.22	—	—	1.03	6.62	0.91	1.11	—	—	—	822.56
毛重		0	4	4	4	4	4	4	4	4	4	4	4	4
十、奶类产量	吨	248.88	6517.99	6766.87	587.43	2346.4	1500.58	1100	—	584.46	648	—	—	—
其中：牛奶产量	吨	248.88	6517.99	6766.87	587.43	2346.4	1500.58	1100	—	584.46	648	—	—	—
羊奶		—	—	—	—	—	—	—	—	—	—	—	—	—
十一、羊毛产量	吨	7.00	26.49	33.49	5.08	1.13	7.14	18.52	1.52	0.11	—	—	—	—
绵羊毛产量	吨	8.08	19.20	27.28	5.00	1.13	6.68	13.93	0.45	0.09	—	—	—	—
其中：细羊毛	吨	6.27	10.88	17.15	5.00	1.06	—	10.55	0.45	0.09	—	—	—	—
半细羊毛	吨	1.81	8.32	10.13	—	0.07	6.68	3.38	—	—	—	—	—	—
山羊毛	吨	-1.07	7.29	6.21	0.08	—	0.46	4.59	1.07	0.02	—	—	—	—
其中：山羊粗毛		1.44	4.52	5.95	0.08	—	0.46	4.59	0.81	0.02	—	—	—	—
山羊绒		-2.51	2.77	0.26	—	—	—	—	0.26	—	—	—	—	—
十三、牛毛产量	吨	-2.05	18.16	16.11	0.23	—	1.04	13.60	—	1.24	—	—	—	—
十四、牛绒产量	吨	0.27	3.08	3.35	0.26	—	—	—	—	—	3.09	—	—	—
十五、牛皮产量	张	642.00	19753.0	20395.00	1251	3173	2172	2547	1292	5206	4754	—	—	—
十六、羊皮产量	张	-4613.00	17720.0	13107.00	2278	655	5472	2962	1497	243	—	—	—	—
其中：绵羊皮产量	张	-2656.00	10635.0	7979	2180	472	3096	1714	398	119	—	—	—	—

说明：索珠乡包含了索珠茹巨（减少原因非洲猪瘟），昌珠镇数据包含了白荣养牛场数据

2021 年度耕地面积一览表

表 25

指标名称	单位	绝对值	2020 年	2021 年	泽当街道办	昌珠镇	颇章乡	亚堆乡	多颇章乡	结巴乡	索珠乡
一、年初耕地总资源	公顷	-100.90	4282.64	4181.74	397.89	816.73	771.19	747.6	295.48	887.99	264.86
二、年内增加	公顷	8.47	11.33	19.80	19.80	—	—	—	—	—	—
其中：新开荒地	公顷	8.47	11.33	19.80	19.80	—	—	—	—	—	—
园地改为耕地	公顷	0.00	—	—	—	—	—	—	—	—	—
三、年内减少	公顷	-82.54	112.23	29.69	29.69	—	—	—	—	—	—
其中：国家基建占地	公顷	-27.60	57.29	29.69	29.69	—	—	—	—	—	—
其它基建占地	公顷	-54.94	54.94	—	—	—	—	—	—	—	—
退耕还林还草占地	公顷	0.00	—	—	—	—	—	—	—	—	—
耕地改为园地	公顷	0.00	—	—	—	—	—	—	—	—	—
四、年末耕地总资源	公顷	-9.89	4181.74	4171.85	388	816.73	771.19	747.6	295.48	887.99	264.86
(一)常用耕面积	公顷	-9.89	4181.74	4171.85	388	816.73	771.19	747.6	295.48	887.99	264.86
其中：水田	公顷	0.00	—	—	—	—	—	—	—	—	—
水浇地	公顷	-9.89	4181.74	4171.85	388	816.73	771.19	747.6	295.48	887.99	264.86
(二)临时性耕地	公顷	0.00	—	—	—	—	—	—	—	—	—
其中：25 度以上陡坡耕地	公顷	0.00	—	—	—	—	—	—	—	—	—

2021 年度草场建设情况表

表 26

指标	单位	绝对值	2020 年	2021 年	泽当街道办	昌珠镇	颇章乡	亚堆乡	多颇章乡	结巴乡	索珠乡
草场建设	—	—	—	—	—	—	—	—	—	—	—
总草场面积	公顷	0.00	170482.27	170482.27	—	—	—	—	—	—	—
其中：可利用草场面积	公顷	0.00	163592.47	163592.47	—	—	—	—	—	—	—
其中：已利用草场面积	公顷	0.00	163592.47	163592.47	—	—	—	—	—	—	—
围草场面积	公顷	0.00	1013.69	1013.69	255.93	—	—	—	689.30	68.46	—
其中：网围栏面积	公顷	0.00	1013.69	1013.69	255.93	—	—	—	689.30	68.46	—
当年禁牧面积	公顷	0.00	—	—	—	—	—	—	—	—	—
草场灌溉面积	公顷	0.00	126.76	126.76	—	—	—	—	58.30	68.46	—
人工种草面积	公顷	0.00	1170.63	1170.63	72.79	67.87	109.48	—	39.46	881.03	—

索　引

说　明

一、本索引采用主题分析法编制。索引范围包括篇目、类目、部(门)目、条目等。
二、本索引按主题词首字汉语拼音音序(同音按音调)排列,若首字拼音相同则按第二字音序排列,以此类推。
三、索引款目后的数字表示内容所在的页码,数字后的拉丁字母(a、b、c)表示栏别(从左至右)。
四、篇目、类目、部(门)目用黑体字。

D

E

F

G

H

J

K

L

M

N

P

Q

R

S

T

W

X

Y

Z

中共乃东区委员会

2021年2月8日，乃东区委副书记、区长、双拥领导小组副组长张维（中）带队走访慰问驻军部队

2021年8月8日，乃东区委书记张维（中）到辖区各寺管会调研宗教领域工作。区委常委、统战部部长强巴一同调研

2021年8月9日，乃东区委书记张维（右二）以普通党员身份参加区委办党支部党史学习教育专题组织生活会

2021年7月7日，乃东区委书记张维（中）主持召开二届区委常委第一次（扩大）会议

2021年12月7日，山南市副市长、乃东区委书记张维（前排左二）率全体党员干部、农牧民党员代表和乃东实验小学学生一同参观西藏和平解放70周年成就展

乃东区人民代表大会常务委员会

2021年7月3日，山南市乃东区第二届人民代表大会第一次会议召开

2021年7月4日，乃东区第二届人民代表大会第一次会议昌珠代表团分组审议会议召开

2021年7月4日，乃东区第二届人民代表大会第一次会议上新当选的地方国家机关组成人员进行宪法宣誓

2021年7月4日，人大代表在乃东区第二届人民代表大会第一次第三次全体会议（选举大会）上进行投票选举

2021年10月28日，乃东区第二届人民代表大会第二次会议党员大会召开

2021年10月29日，乃东区第二届人民代表大会第二次会议召开

乃东区人民政府

2021年4月23日，乃东区委副书记、政府区长张维（左三）到雅鲁藏布江沿线调研林业项目建设情况

2022年6月15日，乃东区委副书记、区长候选人索朗平措（中）一行深入亚堆乡亚桑村等地指导检查防汛、安全生产、群众增收和疫苗接种等工作

2022年6月28日，乃东区委副书记、区长候选人索朗平措（左二）到索珠乡、高速检查站对“光荣在党50年”纪念章获得者、老干部、第一书记和政法干警开展走访慰问活动

2022年11月6日，乃东乃东区委副书记、区长索朗平措（左一）一行深入乃东菜市场、人民食堂和谭鱼头等食品经营单位，开展食品安全检查

2022年7月1日，乃东区委副书记、区长候选人索朗平措（左一）以“感悟百年激荡党史，推进乃东高质量发展”为主题，为政府系统党员领导干部讲党史学习教育专题党课

中国人民政治协商会议乃东区委员会

2021年4月15日，乃东区政协主席格桑（左一）到委员家中，与委员谈心谈话

2021年1月26日，乃东区政协副主席达娃格桑（中）到各乡镇（街道）开展节前慰问委员活动

2021年7月19日，乃东区政协副主席深入扎西曲登居委会调研人居环境整治情况

2021年3月12日，乃东区政协组织全体干部职工开展新时代文明实践活动之“绿水青山”志愿服务活动

2021年6月23日，乃东区政协组织党员到山南市隆子县列麦乡参观列麦精神纪念馆

2021年7月2日，中国人民政治协商会议第二届乃东区委员会第一次会议召开

中共乃东区纪律检查委员会　乃东区监察委员会

2021年9月10日，乃东区委常委、纪委书记、监委主任高良平（中）宣讲习近平总书记在庆祝中国共产党成立100周年和在西藏视察时的重要讲话精神

2021年11月30日，乃东区委常委、纪委书记、监委主任高良平（中）主持召开乃东区反腐败工作协调小组会议

2021年6月26日，乃东区纪委监委机关党支部组织全体在岗党员干部参观山南市烈士纪念馆，缅怀英烈

2021年7月14日，乃东区纪委监委组织召开党史学习教育暨"三更"专题学习教育第12次会议

2021年8月11日，乃东区纪委监委检查多颇章乡采石厂环境整治情况

2021年10月8日，乃东区纪委监委到乃东区委宣传部召开处分决定宣布暨以案明纪警示教育会议

中共乃东区委办公室

2021年3月28日，乃东区委办在琼嘎顶社区开展“三包五带五促”活动

2021年3月12日，乃东区委办到多颇章乡开展义务植树活动

2021年7月7日，乃东区委办公室组织干部职工观看爱国影片《长津湖》

2021年7月31日，乃东区委办全体干部到分包卫生片区打扫卫生

2021年7月9日，乃东区委办召开机关支部例会

乃东区人民政府办公室

2021年1月27日，乃东区政府党支部组织到龙桑花园开展“三包五带五促”活动

2021年2月4日，乃东区政府党支部召开组织生活会暨政府办党组民主生活会

2021年3月12日，乃东区政府党支部到多颇章乡开展植树活动

2021年11月3日，乃东区政府党支部（机关党组）召开专题学习会议

2021年9月25日，乃东区政府办开展“我为创卫出份力”的主题党日活动

乃东区政协办公室

2021年1月26日，乃东区政协办干部职工入户走访“结对帮扶”户中开展慰问活动

2021年1月28日，乃东区政协办开展“三包五带五促”活动

2021年3月5日，乃东区政协组织政协办全体干部职工到卫生责任片区开展环境卫生整治活动

2021年4月29日，乃东区政协主席格桑率全体干部职工到曲松、桑日县政协学习联络办建设情况。图为在曲松县政协

2021年6月1日，乃东区政协办干部到亚堆乡郭乃村幼儿园开展“六一”国际儿童节慰问活动

2021年6月3日，乃东区政协办组织全体党员干部到山南市廉政警示教育基地开展廉政警示教育活动

中共乃东区委组织部

2021年8月20日，乃东区委常委、组织部部长张靖（中）到联系学校宣讲习近平总书记在建党100周年和视察西藏时的重要讲话精神

2021年5月1日，乃东区召开乡镇党委换届会议，图为与会代表签订换届工作承诺书

2021年10月10—16日，乃东区委组织部组织乃东区党员群众到武汉宏农考察培训

2021年12月20日，乃东区多颇章乡宏农党支部举行揭牌仪式

中共乃东区委宣传部

2021年3月16日，山南市委宣传部副部长贺云松（中）一行先后到雅砻数字影城和华远影院督导检查庆祝中国共产党成立100周年主题电影排片放映工作、安全生产、疫情防控和影院票务系统等工作

2021年3月25日，阿里巴巴数字乡村事业部考察团赴乃东区调研，并与各相关单位座谈

2021年3月25日，乃东区委宣传部组织全体干部赴西藏民主改革第一村克松村，开展以“走红色之旅·讲党史故事”为主题的学习教育活动

2021年3月28日，克松社区党员群众身着节日盛装到广场举行升旗仪式

2021年4月27日，乃东区委宣传部召开党史学习教育动员部署会，动员部署宣传部党史学习教育工作

2021年9月5日上午，乃东区新时代文明实践推动日启动仪式在白日街举行

中共乃东区委统战部

2021年3月，乃东区委统战部、区工商联联合山南乃东区天马商贸有限责任公司、雅砻文化旅游开发有限责任公司、山南茹巨农业科技有限责任公司、西藏哗叽服饰有限公司4家民营企业在亚堆乡完小和乃东区五保集中供养中心开展慰问活动，为351名学生和247名孤寡老人送去价值32000余元的学习用品和生活用品

2021年4月21日，乃东区委统战部党支部组织全体党员前往联系点亚堆乡曲德贡村开展“倾听民生、回应诉求”主题党日活动

2021年10月26日，区委统战部召开乃东区宗教领域疫情防控工作安排部署会议。传达学习各级疫情防控工作会议和相关文件精神，分析当前宗教领域疫情防控工作形势，安排部署宗教领域及本单位疫情防控工作

中共乃东区委政法委员会

2021年3月11日，乃东区政法队伍教育整顿动员部署会在区公安局召开

2021年6月25日，拉林铁路开通，乃东段专职铁路护路联防队员开展执勤守护，并面向行驶的复兴号列车敬礼

2021年8月23日，乃东区委政法委多次部署疫情防控工作，各乡镇（街道）组织动员广大双联户，开展各项疫情防控工作

2021年11月29日，群众宋某将印有“高效迅捷、倍是感恩 勤政为民 排忧解难”的锦旗赠与乃东区委政法委

2021年9月12日，乃东区委政法委组织各乡镇（街道）政法委员、专干开展“先进双联户”创建评选工作专题培训会

中共乃东区委巡察办公室

2021年8月30日，山南市纪委常委、市委巡察工作领导小组成员、巡察办主任孙守英（中）为乃东区委第一轮巡察工作人员作辅导

2021年10月22日，乃东区委书记张维（中）主持召开区委书记专题会议，听取区委巡察工作领导小组关于二届区委第一轮巡察情况汇报

2021年10月13日，乃东区委书记、区委巡察工作领导小组组长张维（中）主持召开区委巡察工作领导小组第三次会议，听取二届区委第一轮巡察情况汇报

2021年9月2日，中共乃东区第二届委员会第一巡察组在多颇章乡嘎东团结新村召开进驻动员部署会

2021年8月27日，乃东区委巡察工作领导小组召开第二次会议，学习文件精神，审议第一轮巡察工作方案

乃东区人民武装部

2021年2月1日，乃东区人武部组织民兵开展战备常识教育

2021年2月8日，乃东区人武部组织民兵开展维稳演练

2021年3月23日，乃东区人武部组织民兵开展应急救援演练

2021年4月9日，乃东区人武部组织民兵开展国防教育

2021年6月14日，乃东区人武部组织专武干部培训

2021年8月2日，乃东区人武部指导乡镇人武部规范化建设

中国人民武装警察部队乃东中队

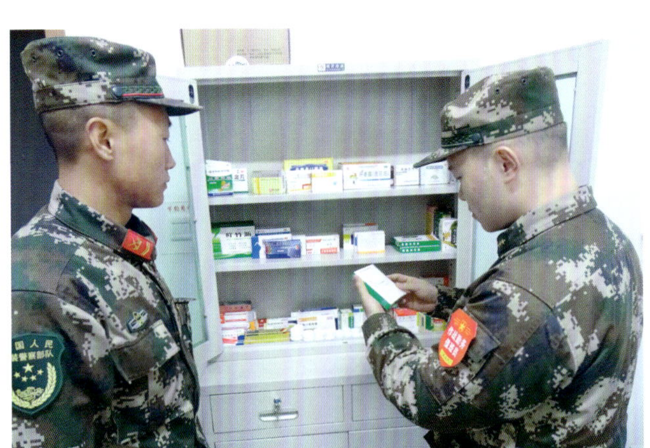

2021年2月9日，武警乃东中队开展安全隐患排查活动

2021年3月25日，武警乃东中队组织官兵开展学习教育活动，讨论交流学习心得

2021年11月27日，武警乃东中队开展识图用图理论授课

2021年12月10日，武警乃东中队召开支委会

乃东区人民法院

2021年7月8日，乃东区委书记张维（中）到乃东区人民法院实地走访调研政法队伍教育整顿“回头看”工作，区领导邹云、高良平、张靖、白玛维色陪同调研

2021年12月13日，乃东区人民法院召开党组理论中心组学习扩大会议，区委常委、宣传部部长白玛维色（右三）出席并讲话，法院各部门负责人参加会议

2021年7月13日，西藏自治区高级人民法院院长索达（中）调研督导乃东区法院学习贯彻习近平总书记“七一”重要讲话精神以及党史学习教育、队伍教育整顿“回头看”和乡镇人民法庭等工作开展情况

2021年5月7日，乃东区人民法院召开队伍教育整顿查纠整改环节征求意见建议座谈会，乃东区委政法委、公安局、司法局、检察院代表及辖区人大代表、政协委员、人民陪审员、律师代表、当事人代表等应邀参会

2021年6月8日，西藏自治区高级人民法院督导检查组到乃东区人民法院督导检查队伍教育整顿工作

乃东区人民检察院

2021年5月31日，乃东区人民检察院以“走出去”的方式到幼儿园开展“检爱同行、共护未来”检察开放日活动

2021年9月24日，乃东区人民检察院党支部全体党员到山南市烈士陵园开展“赓续红色血脉，做对党忠诚的公益卫士”主题党日活动

2021年11月15日，乃东区人民检察院召开理论学习中心组学习会暨安全生产领域法律监督部署会

2021年11月19日，乃东区人民检察院邀请乃东区消防大队开展消防安全检查及消防实地演练

2021年12月21日，山南市人民检察院到乃东区人民检察院进行调研指导工作，宣讲中共十九届六中全会、自治区第十次党代会、市第二次党代会和“两会”精神

2021年12月28日，乃东区人民检察院与乃东区公安局举行“侦查监督与协作配合办公室”揭牌仪式

乃东区总工会

2021年4月30日，乃东区总工会开展“送温暖进企业”活动，庆“五一”迎“五四”铭记百年风华 践行初心使命知识竞赛活动

2021年7月15日，乃东区总工会到亚堆乡开展送温暖活动

2021年8月7日，乃东区总工会携手西藏山南阿爸家园商贸有限责任公司慰问教职工

2021年8月20日，乃东区总工会到社区开展卫生大清理志愿服务活动

2021年8月24日，乃东区总工会联合非公企业开展“我为群众办实事——送屋面卷材”活动

2021年10月9日，乃东区总工会开展为环卫工人送“清凉”活动

2021年12月23日，乃东区总工会开展“微心愿”活动，为泽当社区3组村民边某送上微波炉

共青团乃东区委员会

2021年1月30日，团区委组织青年志愿者在白日街开展防疫宣传

2021年5月14日，团区委在各乡镇、各学校宣传新修订的"两法一办法"

2021年7月26日，团区委在区妇联二楼会议室开展"七彩假期 格桑花开"假期小课堂活动

2021年8月27日，团区委组织青年志愿者和团员在白日街开展预防青少年违法犯罪活动

2021年10月28日，西藏自治区团委到乃东团委及双创中心考察指导工作，并召开座谈会

2021年11月24日，乃东区召开青年联席会议第二次全体会议

乃东区妇女联合会

2021年1月28日，乃东区妇联参与“三包五带五促”工作，摸排登记辖区内商户

2021年6月8日，乃东区妇联到结巴乡调研患尿毒症单亲母亲家庭生活情况

2021年7月15日，乃东区妇联在颇章乡地新村举办幸福茶馆挂牌仪式

2021年12月9日，西藏自治区妇联到乃东区扎西曲登社区调研基层妇女工作情况

2021年12月24日，乃东区妇联在扎西曲登社区召开2021年平安家庭——美丽家园幸福人家表彰大会

乃东区发展和改革委员会（经济和信息化局、粮食和物资储备局）

2021年2月3日，乃东区委常委、常务副区长巴桑次仁（中）带队到嘎东团结新村、琼嘎顶、鲁琼搬迁安置点开展节前送温暖活动

2021年3月18日，乃东区委常委、常务副区长巴桑次仁到多颇章乡沙场检查生态恢复情况

2021年5月8日，乃东区副区长仓巴次仁（中）到藏源矿泉水建设项目联系点开展调研

2021年5月14日，乃东区发改委组织开展走进军史馆“学党史、读军史”主题党日活动

2021年，乃东区发改委联系多颇章村民，为其提供蜜蜂、传授养蜂技艺，6月22日，多颇章乡布麦村村民成功收获第一批蜂蜜，共196公斤

乃东区教育（体育）局

2021年4月7日，乃东区泽当镇小学结合党史学习教育组织学生开展清明节打扫烈士陵园活动

2021年4月7日，乃东区召开教育工作会议

2021年4月30日，乃东区召开县域义务教育迎国检推进会议

2021年7月1日，乃东区教育系统开展喜迎建党100周年文艺晚会

2021年8月11日，乃东区教育局组织干部职工学习习近平总书记考察西藏时讲话精神

2021年9月18日，乃东区教育局检查党的惠民政策“三包”执行情况

2021年11月7日，西藏凯风进取有限公司为乃东区实验小学捐赠400万元

乃东区公安局

2021年1月10日，乃东区公安局开展庆祝2021中国人民警察节暨“共庆警察节 携手创平安”主题警营开放日活动，特邀请退休民警代表及民、辅警家属50余人参加活动

2021年3月13日，乃东区公安局组织警力开展夜查酒驾醉驾行动

2021年3月19日，乃东区公安局组织党员民、辅警到西藏第一个农村党支部——克松红色教育基地开展红色教育活动

2021年3月26日，自治区政法队伍教育整顿第三指导组现场指导一组到乃东区公安局检查指导教育整顿学习教育阶段工作

2021年4月21日，乃东区公安局组织民（辅）警集中观看红色影片《百团大战》

2021年6月7—9日，乃东区公安局组织警力在高考考点周围开展治安巡查，疏导过往车辆，为考生营造良好的考试环境

2021年6月12日，乃东区公安局亚堆乡派出所民警辗转2300余公里，成功找回失联13年的强巴曲宗，并帮助其恢复户籍，及时就医

乃东区民政局

2021年1月7日，乃东区民政局工作人员更换嘎曲巷路牌

2021年8月1日，湖北省民政厅到乃东区泽帖儿残疾人培训基地调研残疾人在基地的生产生活状况

2021年10月12日，民政部基层政权建设和社区治理司基层政权建设处到乃东区调研基层政权建设和社区治理情况

乃东区司法局

2021年9月28日，乃东区司法局开展"民法典进机关"普法知识讲座，邀请西藏珠峰律师事务所律师为乃东区全体干部职工宣讲《中华人民共和国民法典》

2021年10月29日，乃东区司法局联合区委政法委、区法院、区检察院、区公安局召开社区矫正联席工作会议

2021年11月1日，乃东区司法局组织局全体干警学习乃东区《侵害未成年人案件强制报告制度实施细则（试行）》相关法律知识

2021年12月9日，乃东区司法局督查区公安局、区应急管理局、区人社局行政执法"三项制度"落实情况

2021年11月5日，乃东区区司法局联合区委政法委、区公安局、区财政局、区人社局、团区委、区妇联等成员单位召开安置帮教联席工作会议

乃东区财政局

2021年9月1日，乃东区委常委、常务副区长李欣（右一）到区财政局调研财务工作

2021年6月18日，乃东区财政局结合党史学习教育开展“参观红色教育基地，接受红色传统教育”主题的教育活动

2021年7月5日，乃东区在区财政局四楼开展公务车辆拍卖会

2021年7月7日，乃东区财政局到索珠乡移交国有牧场资产

2021年9月11日，乃东区财政局到区检察院检查指导财务工作

2021年11月29日，山南市财政局到区财政局开展一卡通专项治理工作

乃东区人力资源和社会保障局

2021年12月29日，山南市副市长、乃东区委书记张维（中）协同相关部门调解拖欠农民工工资案件

2021年8月24日，乃东区委常务副书记殷功博（右二）、副区长仁青旺堆（右一）到区人社局慰问乃东区公益性岗位人员

2021年8月4日，乃东区人社局召开2021年高校毕业生“五进一送”暨援藏三省现场报名会

2021年8月13日，乃东区召开农牧民转移就业暨高校毕业生就业创业工作会

2021年8月13日，乃东区召开社保基金管理问题专项整治工作推进会

2021年8月31日，人社部规划财务司到乃东区“泽贴尔”纺织技艺有限公司调研就业创业工作

乃东区自然资源局

2021年9月27日，乃东区自然资源局组织各乡镇（街道）办负责人及群测群防员召开地质灾害应急培训会

2021年4月28日，乃东区自然资源局召开土地管理相关政策宣讲会

2021年10月26日，武汉市自然资源和规划局调研考察团向乃东区自然资源局捐赠工作经费

2021年10月26日，武汉市自然资源和规划局调研考察团与乃东区领导召开对口援助工作座谈会

山南市生态环境局乃东区分局

2021年3月，乃东区召开“六大”环境专项整治行动推进工作会议

2021年6月23日，山南市生态环境局乃东区分局到泽当污水处理厂开展联合检查工作

2021年11月28日，乃东区召开环保督察回头看专题部署会议

2021年12月2日，生态环境部西南督察局赴乃东区开展日常督察调研工作

2021年12月14日，山南市生态环境局乃东区分局到乡镇垃圾填埋场验收垃圾转运站工作

2021年12月14日，自治区生态环境厅固废中心到乃东区开展危险废物规范化管理专项检查

乃东区住房和城乡建设局

2021年4月28日，乃东区住建局党支部在扎西妥门社区开展“倾听民声、回应诉求”主题党日活动

2021年5月17日，乃东区城市综合治理站组织城区协管员进行城市管理和治理方面的法律知识培训

2021年5月28日，乃东区住建局结合党史教育开展“我为群众办实事”活动，联合区疫情办、区人民医院到建筑工地——泽当大道（城中村）棚户区改造项目部为建筑工地务工人员开展疫苗接种专场活动

2021年6月14日，乃东区城市综合治理站协管员对城区占道经营现象进行整治

2021年8月10日，乃东区住建局联合市住建局开展预拌混凝土及住建领域工程质量检测机构专项整治工作

2021年10月10—13日，西藏自治区住建厅派驻山南巡查抽查专家组对乃东区范围内的建筑工程质量安全进行第二轮全覆盖巡查

2021年10月19日，乃东区住建局认真践行“我为群众办实事”的宗旨，改造总投资978.32万元乃东九组等老旧小区。图为改造后的道路

2021年11月1日，乃东区委常委、常务副区长、区安委会主任李欣率区住建局、区应急管理局、乃东消防大队、泽当街道办等单位负责人到中国石油鲁琼加油站进行消防安全专项检查

乃东区交通运输局

2021年1月11日，乃东区交通运输局到斯堆村批布组道路建设项目现场进行谋划设计等前期工作

2021年6月18日，乃东区交通运输局组织党员干部到山南市科技二楼参加党总支廉政教育基地参观活动

2021年7月1日，乃东区交通运输局组织党员干部会同玉莎社区党支部开展共庆中国共产党成立100周年升国旗活动

2021年8月1日，乃东区交通运输局组织党员干部到山南市烈士陵园后方仓库所在小巷内开展七彩风之绿色环保志愿者服务活动

2021年8月9日，乃东区交通运输局派遣工作人员到亚堆乡曲才线开展自然灾害风险普查工作

2021年8月11日，乃东区交通运输局组织党员干部到玉莎社区开展以秋收为载体的主题党日活动

乃东区水利局

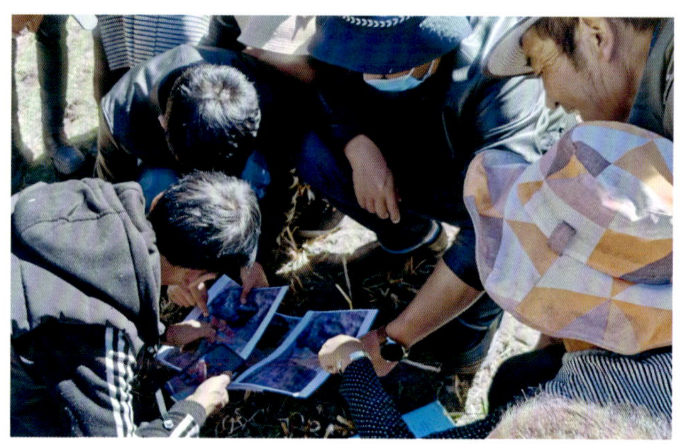

2021年10月8日，乃东区水利局到亚堆乡支那村查看支那水库用地

2021年10月8日，乃东区水利局与亚堆乡才朋村两委商讨消费收缴事宜

2021年10月12日，水利部黄河水利委员会在山南市水利局会议室与山南市水利局、乃东区水利局干部职工就水行政执法工作进行交流座谈

2021年10月22日，市水政水资源科、第三方、乃东区水利局验收山南市星河商砼水资源论证

2021年10月17日，乃东区水利局到亚堆乡查看蓄水池情况

乃东区农业农村局

2021年7月5日，乃东区农业农村局组织泽当街道办、昌珠镇、颇章乡、亚堆乡核实2021年高标准农田建设项目设计图

2021年10月9日，山南市自然资源局、农业农村局到昌珠镇、结巴乡督导农村乱占耕地建房情况

2021年11月22日，乃东区农业农村局举行牲畜良种补贴牦牛种公牛购买及资金发放仪式

2021年12月16日，山南市农业农村局到结巴乡结巴村开展农机深松整地作业市级验收工作

2021年12月27日，乃东区农业农村局组织乡镇对2020年黄牛改良新生犊牛进行区级自验

乃东区残疾人联合会

2021年7月8日，乃东区残联负责人深入山南民族藏帕尔手工业残疾人福利有限公司了解乃东区残疾人就业情况

2021年7月27日，乃东区残联负责人与兄弟县残联工作人员做基层残联组建工作业务交流

2021年9月6日，乃东区亚堆乡郭乃村基层残协专职委员单增多吉荣获全国残疾人工作者先进个人奖

2021年11月16日，乃东区残联组织低视力群众到山南市残联，参加爱尔眼科医院的免费义诊活动

2021年9月10日，乃东区残联在区民政局会议室召开2021年持证残疾人基本状况调查（动态更新）乡镇（街道）级调查员工作培训会

乃东区商务局

2021年9月4日，乃东区委书记张维（左一）到乃东电商公服中心检查指导工作

2021年7月29日，中华全国供销合作社调研组到克松供销合作社指导调研工作

2021年12月1日，第41届雅砻物资交流会开幕

2021年5月13日，乃东区商务局组织其他省市网红到乃东区开展直播打卡活动，推动电商发展

2021年11月30日，物交会专班组工作人员向参展商户发放消防器材

乃东区文化（文物）局

2021年1月27日，自治区文物安全考核组到乃东区考核文物安全工作

2021年2月4日，乃东区文化局在乃东区综合文化活动中心会议室慰问各级非遗传承人

2021年3月9日，乃东区文化局在活动中心4楼组织各乡镇文化站及留守妇女代表召开庆“三八”文艺活动

2021年4月12日，文物保护单位开展消防演练

2021年5月20日，乃东区文化局组织开展文化市场联合检查

2021年6月16日，乃东区文化局到各级文物保护单位开展文物安全责任公示牌踩点工作

2021年11月15日，山南市文化局到乃东区各乡镇开展公共文化考核工作

乃东区卫生健康委员会

2021年7月27日，长江大学到乃东区调研医疗援藏工作

2021年9月23日，乃东区卫健委开展新员工岗前培训工作

2021年9月24日，乃东区卫健委开展服务百姓义诊活动

2021年9月26日，乃东区卫健委开展创建健康促进医院验收工作

2021年10月9日，乃东区卫健委开展村医岗前培训工作

2021年11月3日，乃东区卫健委在雅砻河酒店开展新冠知识培训工作

乃东区旅游发展局

夜伴蜂声产业园

雅鲁藏布江

2021年5月19日，乃东区旅发局在雍布拉康开展宣传活动

2021年6月1日，乃东区旅发局与湖北武汉积极合作交流，启动“荆楚万人惠游山南”活动

2021年9月30日，乃东区人民政府与区内重点旅行社在拉萨泽当饭店举行“共谋发展、合作共赢”座谈会，向旅行社推介乃东

雅拉香布雪山

乃东区退役军人事务局

2021年7月28日，乃东区委副书记、区长索朗平措（中）带队到各驻军部队开展走访慰问，为驻地官兵送上节日问候和价值3000元的慰问物品

2021年7月29日，乃东区副区长李学军（右四）带队到7个乡镇（街道）开展“八一”中国人民解放军建军节走访慰问，为现役军人家属、退役军人代表送去慰问金2.16万元

2021年，山南市军分区现役军人次仁巴珠荣立二等功，6月30日，乃东区退役军人事务局干部职工为他送去立功受奖喜报及3000元慰问金

2021年3月4日，西藏自治区退役军人事务厅到乃东区退役军人事务局、泽当街道退役军人服务站、昌珠镇退役军人服务站调研指导退役军人事务各项工作

2021年7月1日，乃东区退役军人事务局邀请乃东区司法局援藏律师召开法律援助联席会，为现（退）役军人讲解相关法律法规

爱心企业西藏东旭矿业开发有限公司帮扶援助为金鲁社区3组困难退役老兵益西平措修建房屋竣工，10月13日，区退役军人事务局为老兵举办新房入住仪式同时为爱心企业送上锦旗表示感谢

乃东区应急管理局

2021年3月19日，乃东区委常委、常务副区长巴桑次仁（前排右三）带队到建筑施工领域开展复工复产督导工作

2021年6月8日，乃东区委常委、常务副区长李欣（左二）到消防重点领域开展督导检查工作

2021年4月30日，乃东区应急管理局联合区消防救援大队到辖区易燃场所开展节前消防安全检查工作

2021年6月17日，乃东区应急管理局开展安全生产进社区活动

2021年6月21日，乃东区应急管理局开展油库着火应急演练

2021年6月24日，乃东区应急管理局邀请危险化学品专家到辖区加油站开展“隐患排查会诊”

2021年9月29日，乃东区应急管理局开展“十一”国庆节节前重点领域排查安全隐患工作

乃东区审计局

2021年4月9日，乃东区审计局全体党员干部到山南军分区参观军史馆

2021年6月17日，乃东区审计局联系飞阳造型理发店到阿巴村开展爱心义剪活动

2021年6月28日，乃东区审计局组织党员到结巴乡桑嘎村参观朗生互助组历史陈列馆

2021年6月30日，乃东区审计局组织党员到西藏爱国主义教育基地、民主改革第一村——克松村参观学习

2021年7月1日，乃东区审计局参加颇章乡阿巴村开展的庆祝中国共产党成立100周年活动

2021年8月1日，乃东区审计局为喜迎西藏和平解放70周年，参加泽当社区环境卫生大扫除活动

乃东区市场监督管理局

2021年4月9—20日，乃东区市场监督管理局开展“我为群众办实事”农村食品安全专项检查工作，查扣过期食品260公斤

2021年5月27日，乃东区市场监督管理局开设2个新冠疫苗接种点，为市场里的商户接种疫苗

2021年6月20日，乃东区市场监督管理局开展安全帽、防护栏质量安全专项检查工作

2021年6月21日，乃东区市场监督管理局开展中介机构乱收费问题整治

2021年6月23日，乃东区市场监督管理局到土特产店开展冬虫夏草交易市场专项检查

2021年6月24日，乃东区市场监督管理局到兴旺液化气站开展危化行业安全生产专项检查

2021年7月12日，乃东区市场监督管理局开展旅游景区价格检查工作

2021年9月16日，乃东区市场监督管理局到白日街开展平安建设宣传日宣传活动

乃东区统计局

2021年3月5日，乃东区统计局到山南图书馆附近开展“学雷锋活动”志愿活动

2021年3月12日，乃东区统计局参加集体义务植树活动

2021年3月14日，乃东区统计局到百日街开展综治宣传月活动

2021年5月14日，乃东区统计局组织干部职工参观山南市军分区军史馆

2021年6月4日，国家统计局山南市调查大队产业调查科到乃东各街道、乡镇检查指导畜牧、粮食统计等相关工作

2021年6月4日，乃东区统计局到昌珠镇色康社区幼儿园看望慰问小朋友和老师

2021年7月23日，乃东区统计局党支部组织党员召开党史学习教育专题组织生活会

乃东区林业和草原局

2021年11月26日，乃东区委常委、常务副区长李欣（中）带队到昌珠镇开展防火隐患排查工作

2021年4月2日，乃东区林业和草原局到昌珠镇机关义务植树点上指导植树工作

2021年10月7日，乃东区林业和草原局监督发放江北良种苗木基地民工工资

2021年11月10日，乃东区林业和草原局组织乡镇（街道办）分管林草领导召开会议，安排部署工作

2021年11月18日，乃东区林业和草原局到索珠乡宣传森林草原防火知识

乃东区医疗保障局

2021年3月2—15日，乃东区医疗保障局到各个乡镇、村居调研督导城乡居民医疗保险参保情况、基本医疗报销情况、大病保险报销情况、医疗救助情况

2021年4月15日，乃东区医疗保障局到白日街开展以“规范医疗保障秩序，打击欺诈骗保行为”为主题的集中宣传月活动

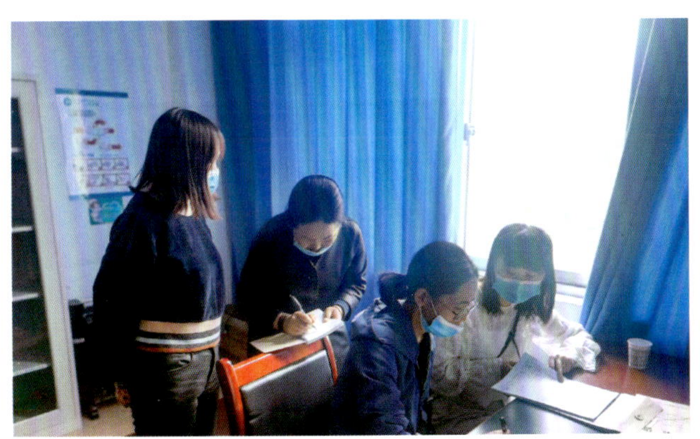

2021年5月25日，乃东区医疗保障局监督检查定点医疗机构——乃东区人民医院

2021年10月9日，乃东区召开医保征缴培训会

2021年11月19日，乃东区医疗保障局联合市医保局、红十字会开展党员志愿先锋服务暨“我为群众办实事”实践活动

2021年12月14日，乃东区医疗保障局下乡督导医保征缴工作

乃东区档案局（馆）

2021年11月5日，乃东区档案馆到区纪委监委检查指导档案工作

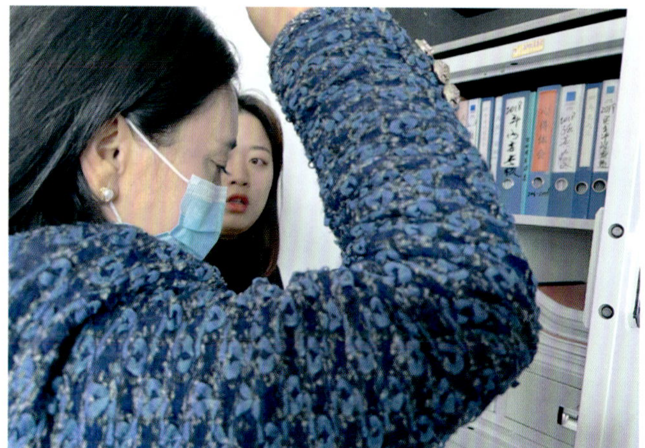

2021年11月5日，乃东区档案馆到泽当街道办事处检查指导档案工作

2021年11月9日，西藏自治区党委办公厅档案业务指导工作组到乃东区昌珠镇克松社区验收档案工作服务农村基层社会治理试点工作

乃东区工商业联合会

2021年1月7日，西藏自治区民营经济考评组到乃东区工商联检查指导民营经济工作

2021年1月25日，乃东区工商联开展节前慰问企业困难职工活动

2021年5月20日，自治区工商联到哔叽公司调研民营企业工作

2021年7月14日，乃东区工商联联合会员企业开展“我为民办实事”活动

2021年9月7日，乃东区工商联联合相关部门开展“我为民企办实事”暨政策宣讲活动

2021年12月16日，乃东区工商联组织会员企业宣讲党的十九大六中全会、自治区第十次党代会精神

乃东区信访局

2021年4月11日，乃东区副书记、区长张维（中），副区长达娃顿珠（左一）到上访人洛某家中了解其生活情况

2021年4月28日，乃东区委常委、常务副区长巴桑次仁（左二）到乡镇排查矛盾纠纷

2021年4月27日，乃东区副区长张琥（右一）协同发改委负责人协调处理牧民施工队资质事宜

2021年7月1日，乃东区副区长仁青旺堆（右二）协调解决中铁十八局拖欠民工工资问题

2021年10月8日，乃东区副区长宋超（右二）协调家具城商户押金纠纷事宜

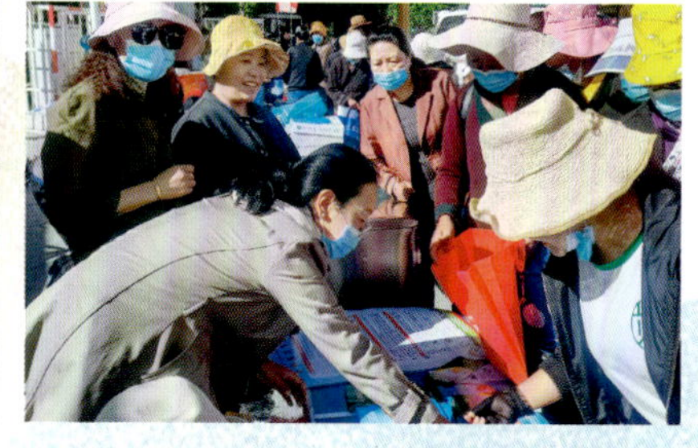

2021年6月12日，乃东区信访局开展信访宣传工作

2021年8月20日，上访群众为乃东区信访局送锦旗致谢

乃东区行政审批和便民服务局

2021年1月6日，乃东区行政审批和便民服务局到泽当街道色嘎顶社区党员仁庆家中开展“微心愿”活动

2021年4月16日，山南市行政审批和便民服务局到乃东区各乡镇调研便民服务中心工作

2021年8月25日，乃东区行政审批和便民服务局到各乡镇、村居发放宣传海报及办事流程图

2021年9月7日，乃东区行政审批和便民服务局到驻村点颇章乡阿巴村田间地头宣讲中国共产党成立100周年

2021年12月1日，乃东区行政审批和便民服务局在物交会现场向群众宣传西藏政务服务网

乃东区机关后勤服务中心

2021年1月23日，乃东区机关后勤服务中心为索珠乡恰当村送去消毒液、酒精、洗手液等防疫物资

2021年2月23日，乃东区机关后勤服务中心电工维修政府大楼一楼大厅的显示屏

2021年3月18日，乃东区机关后勤服务中心工作人员利用午休时间清扫政府大楼负一楼楼道

2021年6月20日，乃东区机关后勤服务中心为索珠乡恰当村送去防汛袋2000个、铁丝网2捆等防汛物资

2021年7月1日，乃东区机关后勤服务中心党支部全体党员到克松陈列馆开展庆“七一”系列活动

2021年9月30日，乃东区机关后勤服务中心组织干部职工全面清扫政府大院

乃东区藏语委办公室（编译局）

2021年6月2日，乃东区藏语委办（编译局）结合党史学习开展“我为群众办实事”实践活动

2021年6月17日，乃东区藏语委办（编译局）组织干部到山南火车站、泽当城区流量较多的街道开展社会用字检查工作

2021年8月16日，乃东区藏语委办（编译局）联合区委组织部到社区检查指导藏语文翻译工作

2021年9月6日，山南市、乃东区社会用字规范检查组到绿心公园开展社会用字督导检查工作

2021年11月15日，乃东区藏语委办（编译局）向群众询问地名历史

2021年12月30日，乃东区藏语委办（编译局）开展“两会”材料翻译工作

乃东区征地拆迁办公室

2021年3月4日，西藏自治区人大常委会副主任、市委书记许成仓（前排右五）到站前广场、诺一项目、乃东家园二期等重点项目地考察调研

2021年11月8日，山南市委副书记、市长次仁平措（中）到滨江路改扩建项目调研拆迁工作

2021年5月12日，山南市副市长、乃东区委书记张维（左一）到幸福路项目调研拆迁工作

2021年7月24日，山南市副市长、乃东区委书记张维（右一）到通站路项目调研拆迁工作

乃东区农改办

2021年3月22日，西藏自治区人民政府农改调研组到乃东区克松村督导调研产改、宅改工作

2021年4月15日，山南市召开农村宅基地制度改革试点工作推进会议，乃东区农改办工作人员参会

2021年4月23日，乃东区农改工作领导小组到昌珠镇检查指导农村产权制度改革及宅基地改革工作

2021年7月22日，乃东区委召开农改领导小组第六次专题会议

2021年8月24日，山南市开展乃东区农村集体产权制度改革市级验收工作

2021年12月25日，乃东区召开深化农村宅基地制度改革试点工作推进会议

乃东区强基础惠民生领导小组办公室

2021年6月18日，乃东区强基办工作人员到郭乃村指导检查驻村工作

2021年10月23日，乃东区委常委、组织部部长、强基办主任张靖（中）慰问驻村工作队员

2021年7月12日，乃东区召开强基惠民项目筛选会

2021年8月16日，乃东区强基办到曲德贡村督导维稳工作

国家税务总局山南市乃东区税务局

在中国共产党即将迎来百年华诞之际，在全党开展党史学习教育重要时刻，乃东区税务局正式成立青年理论学习小组，并于4月2日举办启动仪式

2021年5月28日，乃东区税务局党支部与山南市天马商贸有限公司党支部携手开展“税企共建学党史 凝聚合力促发展”主题党日活动

2021年7月1日，乃东区税务局开展“我和党的故事”主题青年干部演讲比赛

2021年8月10日，乃东区税务局党支部严格按照“三包五带五促” 进社区入户排查主题党日活动

2021年11月5日，乃东区税务局结合党史学习教育“我为纳税人缴费人办实事”实践活动，对制造业纳税人多渠道开展精准宣传

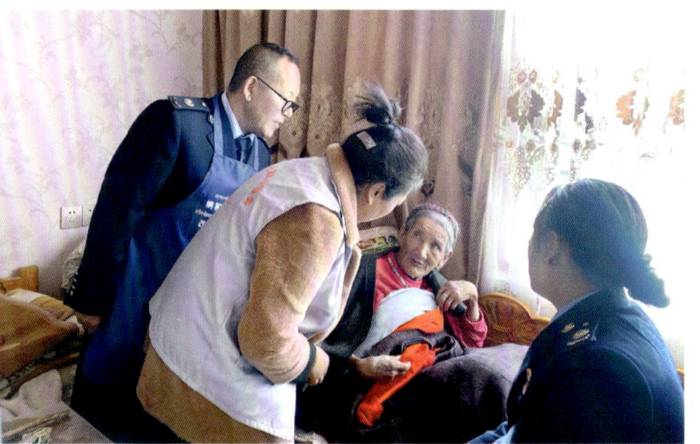

2021年11月26日，乃东区税务局开展“共学党史 共念党恩 传承文明 传播爱心”社区送温暖活动，到色嘎顶社区走访慰问孤寡老人

中国邮政乃东区邮政分公司

2021年1月7日，邮政乃东区分公司利用村（社区）召开会议契机，宣传家电下乡活动

2021年1月5日，邮政乃东区分公司联合乃东区消防支队开展消防安全演练活动

2021年11月10日，乃东邮政组织农牧民开展保险产说会活动，为农牧民提供保险服务

2021年3月3日，邮政山南市公司领导班子到乃东分公司进行节前慰问

中国农业银行股份有限公司乃东区支行

2021年6月8日，农行乃东支行党委书记、行长杨世军（前排右二）一行到结巴乡滴新村慰问孤寡老人，并送去米、油等慰问品

2021年6月8日，农行山南分行泽当联合党支部与乃东区结巴乡滴新村党支部开展党建共建签约仪式

2021年8月16日，乃东支行员工到昌珠镇向群众宣传“三农e贷”等产品

2021年6月8日，农行乃东区支行为滴新村孤寡老人赠送用乃东区支行全体党员自愿捐款并购买的米、油等慰问品

2021年8月19日，农行乃东区支行班子成员到山南市藏医院慰问医护人员

乃东区消防救援大队

2021年4月30日，乃东区消防救援大队联合区应急管理局开展娱乐场所夜查行动

2021年5月20日，乃东区消防救援大队在苹果园小区居民家中灭火救援

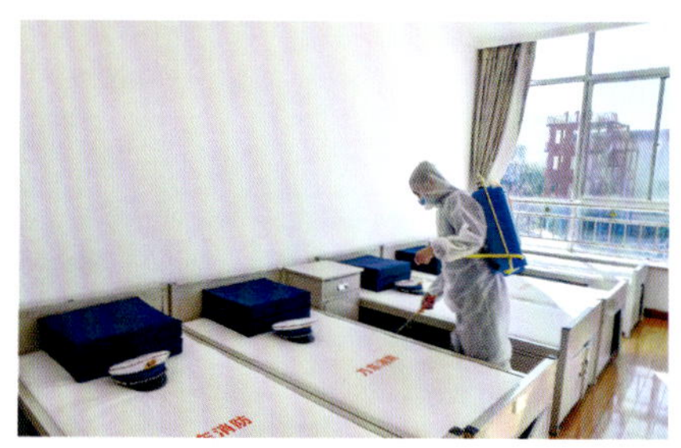

2021年8月5日，乃东区消防救援大队开展营区全面消毒防疫

2021年9月5日，乃东区消防救援大队到山南市实验学校开展“消防安全进校园”活动

2021年11月30日，乃东区消防救援大队到多颇章乡嘎东团结新村开展宣传活动

2021年11月26日，乃东区消防救援大队参加地震救援实战拉动演练

乃东区卫生服务中心

2021年4月7日，乃东区人民医院全体员工进行消防培训

2021年4月15日，乃东区人民医院疫苗接种组到亚堆乡接种疫苗

2021年9月23日，西藏自治区卫生厅到乃东区人民院开展核酸检测能力验收工作

2021年10月9日，乃东区人民医院组织新招录村医进行岗前培训

2021年11月3日，乃东区在雅砻河酒店举办卫生系统新冠肺炎知识培训

乃东区人民医院新院区一景

乃东区善为扶贫开发投资有限责任公司

2021年12月31日，乃东区祥如汽车检测站完成营业收入101.43万元

民政扶贫商业楼项目总投资626.89万元，其中民政局整合资金500万元，公司投资126.89万元，该项目整体对外出租，年收租金35.19万元

多颇章乡藏香猪养殖项目产业资金281万元,公司投资210.16万元（建筑设施及维修改造费用106.66万元，800头三月龄仔猪56万元，25吨仔猪饲料、100吨中猪饲料47.5万元），年收租金10万元

2021年1月，乃东区农副产品交易中心整体出租，年收租金96万元

乃东区索当投资有限公司

乃东家园一期

2021年，索当投资有限公司投入5100万元购买诺一雅江天街一栋九层楼。至年底，共签订90份合同

2021年11月18日，幸福路通车，图为幸福路一段

乃东家园二期

泽当街道

2021年7月1日，西藏自治区党委常委、常务副主席白玛旺堆（右三）到赞堂社区调研集体经济发展情况

2021年5月31日，鲁琼社区慰问鲁琼藏语汉语幼儿园32名学生

2021年7月1日，金鲁社区开展庆祝中国共产党成立100周年系列活动

2021年7月20日，嘎玛庆社区党员参观山南博物馆

2021年7月23日，嘎玛庆社区向河南灾区捐款

2021年11月23日，金鲁社区召开中共十九届六中全会精神宣讲会

昌珠镇

2021年3月31日，昌珠镇开展“法律进社区”法治宣传活动

2021年4月8日，昌珠镇开展安全生产大排查工作

2021年4月9日，昌珠镇向农牧民发放除草剂，开展冬青农田除草工作

2021年4月15日，昌珠镇开展农村低保核查工作

2021年4月25日，昌珠镇开展“书香昌珠”——读党史主题党日活动

2021年5月17日，昌珠镇学习考察组到林芝、拉萨学习旅游发展及人居环境整治工作

2021年12月24日，昌珠镇司法所建立枫桥经验文化廊

颇章乡

2021年6月30日，颇章乡组织无党派人士、党外知识分子和新社会阶层人士召开庆祝中国共产党成立100周年和西藏和平解放70周年座谈会

2021年7月1日，颇章乡庆祝中国共产党成立100周年暨党建工作表彰大会

2021年12月20日，西藏宏农农业发展有限公司党支部举行揭牌仪式

2021年8月27日，颇章乡机关党支部开展主题党日活动

亚堆乡

2021年7月1日，亚堆乡机关党支部开展“庆七一 学党史”朗诵比赛

2021年7月1日，亚堆乡开展喜迎中国共产党成立100周年、西藏和平解放70周年文艺会演暨第六届最美亚堆人评选表彰活动

2021年8月14日，亚堆乡干部职工到受灾群众家中抢险救灾

2021年8月17日，亚堆乡组织全乡干部职工到省道沿线开展环境整治活动

2021年11月24日，亚堆乡发放庆祝西藏和平解放70周年中央代表团赠送的礼品

结巴乡

2021年7月1日，结巴乡开展“七一”系列庆祝活动，全乡干部职工、各村村两委、驻村工作队、群众代表共计200余人参加

2021年7月1日上午，结巴乡组织全乡干部职工集体观看中国共产党成立100周年庆祝大会

2021年7月17日，结巴乡召开党建工作推进会暨强基础惠民生工作交流会，深入分析当前全乡党建工作面临的重点、难点

2021年8月9日，结巴乡全体机关干部以“行政推动、榜样带动、上下联动、群众互动”模式开展环境卫生综合整治活动

2021年9月16日，结巴乡开展平安建设（综治工作）宣传日宣传活动

2021年10月9日，结巴乡组织全乡干部职工到便民服务大厅，观看纪念辛亥革命110周年会议

索珠乡

2021年5月21日，温雄商贸有限责任公司成立

2021年9月3日，索珠乡开展牧区道路维修工作

2021年10月22日，山南市人大常委会到索珠乡检查指导工作

2021年11月11日，乃东区统战部到索珠乡检查综治工作

2021年12月21日，索珠乡开展新时代文明实践工作大检查

多颇章乡

2021年7月1日，多颇章召开庆祝中国共产党成立100周年暨“七一”表彰大会

2021年6月，多颇章乡组织全乡干部职工和村“两委”班子集中参观山南博物馆

2021年12月29日，多颇章乡召开党委、政府班子与易地扶贫搬迁点嘎东团结新村班子成员交流会

2021年12月30日，多颇章党支部开展主题党日活动，在易地扶贫搬迁点入户走访特困群众，详细了解家庭情况、生产生活状况